Manual de Direito da Insolvência

Manual de Direito da Insolvência

2019 · 7ª edição

Maria do Rosário Epifânio

Mestre em Direito
Assistente da Faculdade de Direito da Universidade Católica Portuguesa

ALMEDINA

MANUAL DE DIREITO DA INSOLVÊNCIA
7ª Edição
AUTOR
Maria do Rosário Epifânio
1.ª edição: outubro, 2009
EDITOR
EDIÇÕES ALMEDINA, S.A.
Rua Fernandes Tomás, nºs 76, 78 e 80
3000-167 Coimbra
Tel.: 239 851 904 · Fax: 239 851 901
www.almedina.net · editora@almedina.net
DESIGN DE CAPA
FBA.
PRÉ-IMPRESSÃO
EDIÇÕES ALMEDINA, S.A.
IMPRESSÃO E ACABAMENTO
PENTAEDRO, LDA.

Janeiro, 2019
DEPÓSITO LEGAL
450729/19

ALMEDINA | GRUPOALMEDINA

Biblioteca Nacional de Portugal – Catalogação na Publicação

EPIFÂNIO, Maria do Rosário

Manual de direito da insolvência. – 7ª ed. – (Manuais universitários)
ISBN 978-972-40-7791-8

CDU 347

À memória de Rui Epifânio,
meu saudoso tio,

por quem foi,
e por quem me ensinou a ser.

SIGLAS

AAFDL	Associação Académica da Faculdade de Direito de Lisboa
Ac.	Acórdão
ACE	Agrupamento Complementar de Empresas
AEIE	Agrupamento Europeu de Interesse Económico
al.	alínea
art.	artigo
AUJ	Acórdão de Uniformização de Jurisprudência
BMJ	Boletim do Ministério da Justiça
CC	Contabilistas Certificados
CCivil	Código Civil
CCom	Código Comercial
CCoop	Código Cooperativo
CEJ	Centro de Estudos Judiciários
CIPD	Centro dos Interesses Principais do Devedor
CIRE	Código da Insolvência e da Recuperação de Empresas
CIVA	Código do Imposto sobre o Valor Acrescentado
CJ	Coletânea de Jurisprudência
CMVM	Comissão do Mercado de Valores Mobiliários
Código	Código da Insolvência e da Recuperação de Empresas
CPCivil de 1961	Código de Processo Civil de 1961
CPCivil	Código de Processo Civil de 2013
CPenal	Código Penal
CPEREF	Código dos Processos Especiais de Recuperação da Empresa e de Falência

Por último, salvo se do contexto resultar o contrário, os preceitos desacompanhados do respetivo diploma legal pertencem ao CIRE e a jurisprudência citada econtra-se disponível em www.dgsi.pt.

Porto, 2 de dezembro de 2018

Parte Introdutória
O Direito da Insolvência

§1 O Direito da Insolvência

O Direito da Insolvência constitui um setor normativo-jurídico que disciplina as situações de pré-insolvência e de insolvência[1], através de instrumentos recuperatórios de natureza extrajudicial, mas também, de "esquemas de preservação e de agressão patrimoniais, o reconhecimento e a graduação das dívidas, a execução patrimonial e o pagamento aos credores, eventuais esquemas de manutenção da capacidade produtiva do devedor, a própria situação do devedor insolvente"[2].

[1] Etimologicamente, insolvência consiste na falta de solvência, de *solvo* (*solvi, solutum*). *Solvere* é um verbo latino que significa desatar, livrar, pagar, resolver: *in Dicionário Latino-Português*, por Francisco Torrinha, Porto, 1942.

[2] Assim, CORDEIRO, António Menezes, *Introdução ao Direito da Insolvência, in:* "O Direito", 137, III, 2005, p. 467. Para MENEZES LEITÃO, trata-se do "complexo de normas jurídicas que tutelam a situação do devedor insolvente ou pré-insolvente e a satisfação dos direitos dos seus credores": *Direito da Insolvência*, 8ª edição, Almedina, Coimbra, 2018, p. 14. No *Direito Europeu*, o art. 1º, nº 1, do Regulamento (CE) nº 1346/2000 do Conselho, de 29 de Maio de 2000, delimitava o seu âmbito de aplicação aos "processos colectivos em matéria de insolvência do devedor que determinem a inibição parcial ou total desse devedor da administração ou disposição de bens e a designação de um síndico". O atual Regulamento (UE) 2015/848, do Parlamento Europeu e do Conselho, de 20 de maio de 2015, relativo aos processos de insolvência, estabelece no seu art. 1.º, n.º 1 que "é aplicável aos processos coletivos públicos de insolvência, incluindo os processos provisórios, com fundamento na lei no domínio da insolvência e nos quais, para efeitos de recuperação, ajustamento da dívida, reorganização

Para além disso, o Direito da Insolvência abrange um conjunto de normas jurídicas de índole processual e, antes do mais, de ordem substantiva, que pertencem, no seu conjunto, e na sua essência, ao Direito Privado, e, dentro deste, ao Direito da responsabilidade patrimonial, pois por ele perpassam conceitos de autodeterminação e de auto-responsabilidade, que colocam frente a frente pessoas iguais em direitos iguais[3].

Não obstante, o Direito da Insolvência apresenta uma dimensão transversal pois abrange normas da mais diversa índole, contidas no Código da Insolvência e da Recuperação de Empresas (CIRE), mas também em inúmeros preceitos dispersos pelos mais variados diplomas – Código Penal, Código de Processo Penal, Lei de Organização e Funcionamento dos Tribunais Judiciais, Regime Geral das Instituições de Crédito e Sociedades Financeiras, Código do Registo Comercial, Código do Registo Civil, etc.[4].

Com a entrada em vigor do CIRE, e até à revisão de 2012, o Direito da Insolvência estava imbuído da *finalidade* primacial de "satisfação, pela forma mais eficiente possível, dos direitos dos credores" (ponto 3 do Decreto

ou liquidação: a) O devedor é total ou parcialmente privado dos seus bens e é nomeado um administrador da insolvência; b) Os bens e negócios do devedor ficam submetidos ao controlo ou à fiscalização por um órgão jurisdicional; ou c) Uma suspensão temporária de ações executivas singulares é ordenada por um órgão jurisdicional ou por força da lei, a fim de permitir a realização de negociações entre o devedor e os seus credores, desde que o processo no qual é ordenada a suspensão preveja medidas adequadas para proteger o interesse coletivo dos credores e, caso não seja obtido acordo, seja preliminar relativamente a um dos processos a que se referem as alíneas a) ou b). Nos casos em que os processos referidos no presente número possam ser iniciados em situações em que existe apenas uma probabilidade de insolvência, a sua finalidade deve ser a de evitar a insolvência do devedor ou a cessação das suas atividades".

[3] Assim, CORDEIRO, António Menezes, *Introdução ao Direito da Insolvência, in:* "O Direito", 137, III, 2005, p. 468. Porém, no sentido de que o Direito da insolvência tem uma "feição jurisdicional", veja-se BRITO, Maria Helena, *Falências Internacionais. Algumas Considerações a Propósito do Código da Insolvência e da Recuperação de Empresas, in:* "Themis – Revista da Faculdade de Direito da UNL, Edição Especial – *Novo Direito da Insolvência*", 2005, p. 184. Quanto à discussão em torno da dimensão substantiva ou processual do Direito da Insolvência, veja-se LEITÃO, Adelaide Menezes, *Direito da Insolvência*, AAFDL, Lisboa, 2017, pp. 47 e ss e pp. 83 e ss.

[4] A comprovar tal vastidão, vejam-se as nossas "Leis da Insolvência e da Recuperação das Empresas", 3ª edição, Almedina, Coimbra, 2005.

Preambular)[5]-[6]. Esta satisfação podia ser atingida através do regime supletivo (liquidação do património e repartição do produto obtido pelos credores) ou por intermédio da aprovação de um plano de insolvência, o qual podia consistir, nomeadamente, "na recuperação da empresa compreendida na massa insolvente"[7] (art. 1º, *in fine,* do CIRE), ou apenas na fixação de um regime

[5] Contrariando a posição defendida no Decreto Preambular, CARVALHO FERNANDES afirmava que, "globalmente considerado, o regime do *Código* é dominado pela finalidade de liquidação da massa insolvente". Era, para este Autor, o regresso ao sistema da "*falência-liquidação,* que dominou no sistema jurídico português durante um longo período de tempo e só começou a evoluir para um sistema de *falência-saneamento* com o *C.P.Civ. 61*". Assim, *O Código da Insolvência e da Recuperação de Empresas na Evolução do Regime da Falência no Direito Português, in:* "Estudos em Memória do Professor Doutor António Marques dos Santos", vol. I, 2005, pp. 1206, 1220 e 1221; *Profili Generali del Nuovo Regime dell'Insolvenza nel Diritto Portoghese, in:* "Il Diritto Fallimentare e delle Società Commerciali", anatta LXXIX, Nov.-Dic. 2004, nº 6, pp. 1419-1420. Para MENEZES CORDEIRO, existia uma "primazia do interesse dos credores – cf. artigo 46º/1"– CORDEIRO, António Menezes, *Manual de Direito Comercial,* 2ª edição, revista, atualizada e aumentada, Almedina, Coimbra, 2007. Por seu turno, LEBRE DE FREITAS defendia que o CIRE não constituía um "mero retrocesso às concepções liberais anteriores ao CPEREF: levando mais longe a confiança nos mecanismos reguladores do mercado, [o Código] limita drasticamente os poderes do juiz, conferindo a **soberania aos credores**" – cfr. FREITAS, José Lebre, *Pressupostos Objectivos e Subjectivos da Insolvência, in:* "Themis – edição especial Novo Direito da Insolvência", 2005, pp. 12 e 13. Finalmente, COUTINHO DE ABREU afirmava que o desígnio primacial do plano de insolvência era a recuperação da empresa (art. 1º) – ABREU, Jorge Manuel Coutinho, *Curso de Direito Comercial* (vol. I, 6ª edição), Almedina, Coimbra, 2006, p. 322. Considerando que o Direito da Insolvência não se encerra nas fronteiras do Direito Comercial, LEITÃO, Adelaide Menezes, *Direito da Insolvência,* AAFDL, Lisboa, 2017, pp. 46 e ss. Na *jurisprudência,* no sentido de que "a nova codificação falimentar (CIRE), delineada em função do objectivo precípuo da eficiente e célere satisfação dos direitos dos credores, veio consolidar a vontade destes como informando o comando de todo o processo, assim relegando o administrador para alguma subalternidade", veja-se o Ac. Rel. Guim. de 29-11-2007 (GOMES DA SILVA), in http://www.dgsi.pt.

[6] Para MENEZES LEITÃO, desta filosofia nova afastavam-se bastante as disposições autonomamente consagradas no título XII (disposições específicas da insolvência de pessoas singulares), determinadas pela necessidade de proteção dos devedores pessoas singulares. *Vide Código da Insolvência e da Recuperação de Empresas Anotado,* 1ª edição, Almedina, Coimbra, 2004, p. 189 (em anotação ao art. 235º).

[7] Mesmo quando a finalidade do plano de insolvência fosse recuperatória, ela assumia sempre uma função instrumental da finalidade primeira de satisfação dos interesses dos credores, devendo o juiz verificar isso, fosse no despacho de admissão da proposta (art. 207º do CIRE), fosse, posteriormente, no despacho judicial de homologação do plano aprovado (arts. 215º e 216º do CIRE). Assim, FERNANDES, Luís A. Carvalho/LABAREDA, João, *Código da Insolvência e da Recuperação de Empresas Anotado,* Quid Juris Editora, Lisboa, 2005, vol. II, p. 38, nota 3.

distinto de liquidação do património ou de repartição do seu produto pelos credores (veja-se o art. 192º, nº 1, do CIRE, e também o ponto 6 do Relatório do seu Diploma Preambular)[8]. Com o CIRE entrou-se numa nova etapa na evolução histórica do instituto: à tríade primeiro *reprimir*, depois *pagar*, de seguida *recuperar*, juntou-se, então, a *satisfação dos interesses dos credores*[9].

Porém, a *revisão do CIRE operada pela Lei n.º 16/2012, de 20 de abril*, introduziu um novo processo concursal, com uma feição própria – o processo especial de revitalização (PER). Para além disso, a finalidade assumida pelo Código foi alterada, registando-se um regresso ao passado. Segundo a nova redação do art. 1.º, o processo de insolvência passou a ser considerado como "um processo de execução universal que tem como finalidade a satisfação dos credores pela forma prevista num plano de insolvência, baseado, nomeadamente, na recuperação da empresa compreendida na massa insolvente, ou, quando tal não se afigure possível, na liquidação do património do devedor insolvente e a repartição do produto obtido pelos credores" (nº 1 do art. 1º)[10]. Apesar de a letra do art. 1.º, n.º 1, atribuir prioridade à aprovação de um plano de insolvência, a verdade é que, relativamente a um devedor insolvente, não existem no Código normas que concretizem esta finalidade, continuando, na prática, o plano de insolvência a assumir natureza supletiva e continuando a satisfação dos credores a dominar o processo de insolvência[11]. Só no que respeita a

[8] Cfr. LABAREDA, João, *O Novo Código da Insolvência e da Recuperação de Empresas – alguns aspectos mais controversos, in:* "Miscelâneas", nº 2, IDET, Almedina, Coimbra, 2004, pp. 18 e 23; CANDELARIO, Maria Isabel/RODRIGUEZ, Luisa E., *Apuntes sobre el Nuevo Código de la Insolvencia y de la Recuperación de Empresas de Portugal, in:* "Revista de Derecho Concursal y Paraconcursal", La Ley, 2/2005, p. 396.

[9] Falava-se de um estilo neoliberal do Código, que confia às regras do mercado o destino dos bens da massa, embora com alguns desvios (designadamente através dos institutos privativos das pessoas singulares). Assim, JÚNIOR, E. Santos, *O Plano de Insolvência. Algumas Notas, in:* "O Direito", 138, III, 2006, p. 575.

[10] De acordo com a Exposição de Motivos da Proposta de Lei n.º 39/XII, de 30 de dezembro de 2011, de alteração ao CIRE (e que esteve na origem da Lei n.º 16/2012, de 20 de abril), "o principal objectivo prosseguido por esta revisão passa por reorientar o Código da Insolvência e Recuperação de Empresas para a promoção da recuperação, privilegiando-se sempre que possível a manutenção do devedor no giro comercial, relegando-se para segundo plano a liquidação do seu património sempre que se mostre viável a sua recuperação".

[11] Assim também, MARTINS, Alexandre de Soveral, *Um Curso de Direito da Insolvência*, 2ª edição revista e atualizada, Almedina, Coimbra, 2016, p. 38.

devedores em situação económica difícil ou de insolvência iminente se registou essa mudança, através do processo especial de revitalização.

A *recente reforma de 2017* reforçou a filosofia recuperatória do direito insolvencial através da consagração, no Código, de um mecanismo recuperatório próprio para os devedores não empresários (o processo especial para acordo de pagamento – PEAP) e, em legislação avulsa, de um regime jurídico de conversão de créditos em capital (Lei n.º 7/2018, de 2 de março), bem como de um regime extrajudicial de recuperação de empresas (o RERE – Lei n.º 8/2018, de 2 de março),

Podemos assim afirmar que o Direito da Insolvência atual abrange, não só o processo de insolvência, mas também o processo especial de revitalização, o processo especial para acordo de pagamento, todos regulados no CIRE, bem como o regime extrajudicial de recuperação de empresas, e o regime jurídico de conversão de créditos em capital, disciplinados em diplomas autónomos.

§2 Os instrumentos judiciais, híbridos e extrajudiciais

O Direito da Insolvência abrange uma panóplia de instrumentos, de distintas natureza e finalidade, desenhados para os diversos graus de dificuldade económico-financeira.

I. O processo de insolvência é um processo universal e concursal destinado a obter a liquidação, respetivamente, de todo o património do devedor insolvente, por todos os seus credores.

É um processo *concursal*[12] (*concursus creditorum*), uma vez que todos os credores são chamados a intervir no processo, independentemente da natureza do seu crédito (embora, depois, os poderes processuais ou substantivos que lhes correspondam sejam diferentes), por um lado, e, por outro lado, porque está imbuído do princípio da proporcionalidade das perdas dos credores (princípio da *par conditio creditorum*), por forma a que, perante a insuficiência

[12] Contrariamente ao processo executivo singular, em que, para além do exequente, apenas os credores com garantia real sobre os bens penhorados são chamados ao processo, por um lado, e, por outro lado, vigora o princípio da prioridade. A este propósito, veja-se SOUSA, Miguel Teixeira, *A Verificação do Passivo no Processo de Falência*, *in*: "Revista da Faculdade de Direito da Universidade de Lisboa", vol. 36, 1995, p. 353.

do património do devedor, por todos sejam repartidas de modo proporcional as perdas (art. 604.º, n.º 1 do CCivil, art. 176º do CIRE)[13].

É um processo *universal*, porque, à partida, todos os bens do devedor podem ser apreendidos para futura liquidação, desde que penhoráveis, ou, se não forem absolutamente impenhoráveis, desde que tenham sido voluntariamente apresentados pelo devedor (art. 46º do CIRE).

É um processo de *natureza mista*, pois inicialmente surge como processo declarativo (visa a apreciação e declaração da situação de insolvência), para, depois da declaração de insolvência, surgir com uma feição executiva (apreensão e liquidação do ativo para pagamento dos credores)[14].

O processo de insolvência (incluindo todos os seus incidentes, apensos e recursos) tem caráter *urgente*, gozando de precedência sobre o serviço ordinário do tribunal (art. 9.º, n.º 1) e está sujeito ao princípio do inquisitório, podendo a decisão do juiz (no processo, embargos e incidente de qualificação de insolvência) ser fundada em factos que não tenham sido alegados pelas partes (art. 11.º)[15].

É um processo especial *autónomo*, isto é, com a respetiva disciplina substantiva e processual regulada, essencialmente, num diploma autónomo – o Código da Insolvência e da Recuperação de Empresas.

Para além disso, trata-se de um processo com uma *feição multidisciplinar*, que se situa na fronteira entre o Direito Civil (Direito Obrigacional, Direito das Coisas, Direito da Família, Direito Sucessório), o Direito Comercial, o Direito do Trabalho, o Direito Penal, o Direito Processual Civil e Penal, etc.[16].

[13] Cfr. SOUSA, Miguel Teixeira, *A Verificação do Passivo no Processo de Falência, in*: "Revista da Faculdade de Direito da Universidade de Lisboa", vol. 36, 1995, p. 353.

[14] A este propósito, veja-se o que dispõe o art. 1º, n.º 1, do CIRE ("liquidação do património do devedor insolvente e a repartição do produto obtido pelos credores") e também FREITAS, José Lebre, *Apreensão, Separação, Restituição e Venda, in:* "I Congresso de Direito da Insolvência", Almedina, Coimbra, 2014, pp. 229 e 230.

[15] Sobre o princípio do inquisitório, veja-se na jurisprudência o Ac. Rel. Co., de 23-01-2008 (FALCÃO DE MAGALHÃES), os Acs. Rel. Po., de 20-10-2007 (JOSÉ FERRAZ), de 18-11-2013 (CARLOS GIL) e de 14-12-2017 (CARLOS GIL).

[16] Neste sentido, também, BRITO, Maria Helena, *Falências Internacionais. Algumas Considerações a Propósito do Código da Insolvência e da Recuperação de Empresas, in:* "Themis – Revista da Faculdade de Direito da UNL, Edição Especial – *Novo Direito da Insolvência*", 2005, p. 184.

II. O processo especial de revitalização e o processo especial para acordo de pagamento são processos judiciais pré-insolvenciais (aplicam-se a devedores em situação económica difícil ou em situação de insolvência iminente), *híbridos* (ou seja, processos judiciais fortemente desjudicializados), *urgentes* (tal como o processo de insolvência), que visam a *recuperação* de uma empresa ou de um devedor que não seja uma empresa, respetivamente.

Estes processos pré-insolvenciais *não têm natureza executiva* (diferentemente do processo de insolvência), pois os bens dos devedores não são apreendidos ou liquidados, não havendo lugar a qualquer pagamento aos credores.

Estes processos pré-insolvenciais são *concursais* (à semelhança do processo de insolvência), visto que o acordo recuperatório (no PER) ou de pagamento (no PEAP) aí obtido vincula todos os credores, mesmo que não tenham participado nas negociações.

Por último, trata-se de processos especiais *autónomos*, cuja disciplina substantiva e processual está prevista, essencialmente, em normas especiais do CIRE, mas aos quais também são aplicáveis as restantes regras previstas no CIRE (para o processo de insolvência) que não sejam incompatíveis com a sua natureza.

III. O *regime extrajudicial de recuperação de empresas* (disciplinado em diploma avulso) não é um processo judicial, mas um mero mecanismo puramente extrajudicial de recuperação de devedores em situaão económica difícil ou em situação de insolvência iminente, que tem natureza confidencial e, por isso, apenas vincula os credores que aceitem participar (não é, por isso, concursal, contrariamente ao processo de insolvência, ao PER e ao PEAP).

IV. A *conversão de créditos em capital* (regulada em diploma autónomo) é um regime jurídico exclusivo de sociedades comerciais ou sociedades civis sob forma comercial, com um volume de negócios =/> € 1. 000. 000, que visa a sua recuperação financeira de forma célere, através da aquisição do seu capital social pelos respetivos credores.

§3 Fontes

O processo de insolvência encontra-se previsto e regulado no *Código da Insolvência e da Recuperação de Empresas* (CIRE), aprovado pelo Decreto-Lei nº 53/2004, de 18 de março[17] e alterado pelo D.L. nº 200/2004, de 18 de agosto (que republicou em anexo na íntegra o Código), pelo D.L. nº 76-A/2006, de 29 de março, pelo D.L. nº 282/2007, de 7 de agosto, pelo D.L. nº 116/2008, de 4 de julho, pelo D.L. nº 185/2009, de 12 de agosto, pela Lei n.º 16/2012, de 20 de abril, pela Lei n.º 66-B/2012, de 31 de dezembro, pelo D.L. n.º 26/2015, de 6 de fevereiro, pelo D.L. n.º 79/2017, de 30 de junho (retificado pela Declaração de Retificação n.º 21/2017, de 25 de agosto), pela Lei n.º 114/2017 de 29 de dezembro e pela Lei n.º 8/2018, de 02 de março.

O CIRE é *complementado* por um conjunto de diplomas. Desde logo, o Estatuto do administrador judicial está regulado na Lei nº 22/2013, de 26 de fevereiro; a sua remuneração está prevista na Portaria nº 51/2005, de 20 de janeiro; a Portaria n.º 246/2016, de 07 de setembro, regulamenta o acesso ao sistema informático de suporte à atividade dos tribunais pelos administradores judiciais e pela Comissão para o Acompanhamento dos Auxiliares da Justiça e o documento de identificação profissional que atesta a qualidade de administrador judicial; e as sociedades de administradores da insolvência estão contempladas no D.L. nº 54/2004, de 18 de março. Para além disso, a Portaria n.º 280/2013, de 26 de agosto, que regulamenta a tramitação eletrónica dos processos judiciais (onde se inclui, no âmbito dos processos regulados pelo CIRE, a prática de atos, por via eletrónica, perante administradores judiciais pelos mandatários bem como a realização, por via eletrónica, de comunicações destinadas aos mandatários pelos administradores judiciais).

Por último, o processo de insolvência está também disciplinado em inúmeros diplomas *avulsos*. Apenas a título de exemplo, vejam-se o Código Civil (p. ex., os arts. 182º, 422º, 526º, 1970º, 2100º), o D.L. nº 430/73, de 25 de agosto (que regula o ACE), o D.L. nº 248/86, de 25 de agosto (que se aplica ao EIRL), o Código Cooperativo (p.ex., os arts. 30º, 112º), o Código do Trabalho (arts. 336.º, 347º, 425.º), o Código Penal (arts. 227º a 229º-A), etc., etc.

O processo especial de revitalização e o PER estão, essencialmente, regulados no CIRE, em especial, nos arts. 17.º-A a 17.º-J e 222.º-A a 222.º-J,

[17] Publicado no Diário da República nº 66/2004, série I-A, de 18 de março de 2004, pp. 1402-1465. Doravante, os preceitos desacompanhados da referência ao respetivo diploma legal são respeitantes ao CIRE, exceto se do contexto resultar o contrário.

e por todas as restantes regras do Código que não sejam incompatíveis com a sua natureza.

O regime extrajudicial de recuperação foi criado pela Lei n.º 8/2918, de 3 de março, que, não raras vezes remete para o CIRE (por ex. arts. 3.º, n.ºs 1-4, 6.º, n.º 1, 9.º, n.º 1, 13.º, 16.º, n.º 4, 27.º, n.ºs 1 e 4, 28.º, 29.º) e o regime jurídico de conversão de créditos em capital foi introduzido no nosso ordenamento jurídico pela Lei n.º 7/2018, de 3 de março, que também remete, mais pontualmente, para o CIRE (veja-se o art. 3.º, n.º 2).

§4 Ordem de sequência

O presente estudo tem por objeto o Direito da insolvência, em sentido amplo: o processo de insolvência, o processo especial de revitalização, o processo especial para acordo de pagamento, o regime extrajudicial de recuperação de empresas e o regime de conversão de créditos em capital.

Na primira parte, dedicada em exclusivo ao *processo de insolvência*, começaremos pela análise da *fase inicial (ou declarativa) do processo de insolvência*, onde incluímos os pressupostos objetivos e subjetivos e a tramitação processual, desde a apresentação do requerimento, até ao proferimento da sentença declarativa da insolvência ou de indeferimento do pedido de declaração de insolvência, e respetivos meios de impugnação.

Depois, debruçar-nos-emos sobre o *conteúdo da sentença declarativa* da insolvência, marco fundamental da tramitação subsequente do processo de insolvência (que termina com o despacho de encerramento do processo, em princípio), bem como de todos os inúmeros efeitos que estão associados à declaração de insolvência. A este propósito, desde logo, serão estudados em detalhe os efeitos desencadeados pela sentença declarativa da insolvência: efeitos pessoais e efeitos patrimoniais sobre o devedor ou outras pessoas, efeitos processuais, efeitos sobre os créditos, efeitos sobre os negócios em curso, resolução em benefício da massa insolvente. De seguida, dedicaremos a nossa atenção à *fase executiva do processo de insolvência*, destinada, no essencial, à verificação e graduação dos créditos, apreensão e liquidação dos bens do devedor e pagamento aos respetivos credores.

Para além disso, ainda no âmbito do processo de insolvência, serão objeto de tratamento autónomo os *"casos especiais"*, ou seja, os institutos jurídicos que importam uma modificação substantiva e/ou processual na disciplina insolvencial regra. Aqui incluímos o plano de insolvência, a exoneração do passivo restante, o plano de pagamentos, e a coligação ativa e/ou passiva dos cônjuges insolventes.

Na segunda parte desta obra, estudaremos os *instrumentos* híbridos, que estão disciplinados essencialmente no CIRE (o processo especial de revitalização e o processo especial para acordo de pagamento), e os recentes *instrumentos extrajudiciais regulados em legislação avulsa* (o regime extrajudicial de recupração de empresas e o regime jurídico de conversão de créditos em capital).

Por último, na terceira parte, não deixaremos de abordar no *Direito Internacional da Insolvência* as regras de Direito Internacional Privado, o Direito Europeu e as convenções internacionais.

Parte I
O Processo de Insolvência

Capítulo I – Pressupostos da Declaração de Insolvência

§1 Pressuposto subjetivo

De acordo com o art. 2º, nº 1[18] (sob a epígrafe "sujeitos passivos da declaração de insolvência"), podem ser objeto[19] do processo de insolvência quaisquer pessoas singulares ou coletivas (al. a)), a herança jacente (al. b))[20], as associações sem personalidade jurídica e as comissões especiais (al. c))[21], as sociedades civis (al. d))[22], as sociedades comerciais e as sociedades civis sob forma comercial até à data do registo definitivo do contrato pelo qual se constituem

[18] Na redação anterior à revisão operada pela Lei n.º 16/2012, de 20 de abril, já do art. 1.º resultava a aplicabilidade do processo de insolvência a qualquer devedor insolvente.

[19] Repare-se na incoerência do legislador que, na epígrafe, se refere aos sujeitos passivos da declaração de insolvência, mas no texto legal, no proémio do nº 1, já se refere às pessoas objeto do processo. Assim também, FERNANDES, Luís A. Carvalho/LABAREDA, João, *Código da Insolvência e da Recuperação de Empresas Anotado*, Quid Juris, Lisboa, 2008, p. 64, nota 3.

[20] Nos termos do art. 2046º do CCivil, a herança jacente é a herança aberta (isto é, segundo o art. 2031º CCivil, cujo autor já faleceu), mas ainda não aceita nem declarada vaga para o Estado. Quanto à responsabilidade da herança indivisa, veja-se o art. 2097º do CCivil.

[21] Vejam-se os arts. 195º e ss. do CCivil, para as associações sem personalidade jurídica, e os arts. 199º e ss. do CCivil, para as comissões especiais.

[22] Vejam-se os arts. 980º e ss do CCivil.

(al. e))[23], as cooperativas, antes do registo da sua constituição (al. f))[24], o estabelecimento individual de responsabilidade limitada (al. g))[25], quaisquer outros patrimónios autónomos[26] (al. h)).

No entanto, encontram-se expressamente *excluídas* do regime previsto no CIRE as pessoas coletivas públicas e as entidades públicas empresariais (art. 2º, nº 2, al. a), do CIRE, e arts. 14º e 35º RSPE) e encontra-se expressamente *ressalvado*[27] o regime especial das empresas de seguros[28], das instituições de

[23] Cfr. os arts. 5º e 36º e ss do CSC. Considerando abrangidas as sociedades comerciais e as sociedades civis sob forma comercial constituídas por negócio unilateral, e também a hipótese do art. 36.º, n.º 1, do CSC, veja-se MARTINS, Alexandre de Soveral, *Um Curso de Direito da Insolvência*, 2ª edição revista e atualizada, Almedina, Coimbra, 2016, p. 65.

[24] Veja-se os arts. 17º e 18º do CCoop.

[25] Cfr. os arts. 10º e 11º do D.L. nº 248/86, de 25 de agosto. Considerando que a insolvência do EIRL não acarreta automaticamente a insolvência do respetivo titular, FERNANDES, Luís A. Carvalho/LABAREDA, João, *Código da Insolvência e da Recuperação de Empresas Anotado*, 3ª edição, Quid Juris Editora, Lisboa, 2015, p. 81, nota 10; MARTINS, Alexandre de Soveral, *Um Curso de Direito da Insolvência*, 2ª edição revista e atualizada, Almedina, Coimbra, 2016, p. 66. Em sentido contrário, LEITÃO, Luís M. T. de Menezes, *Direito da Insolvência*, 8ª edição, Almedina, Coimbra, 2018, p. 88.

[26] Ao utilizar, na al. d), a expressão "outros patrimónios autónomos", e atendendo à localização da alínea no preceito em análise, o legislador parece ter querido abranger simultaneamente duas figuras (que se subsumem na figura geral do património separado – cfr. o art. 601º do CCivil): o património autónomo, por um lado, e o património coletivo, por outro. O traço característico do património separado consiste na circunscrição da sua responsabilidade às dívidas que lhe dizem respeito: é um património "com dívidas próprias e privativamente suas, com dívidas que nele e só nele se localizam, e que ao mesmo tempo se conserva imune a quaisquer outras responsabilidades do titular". Mas, se o património autónomo pertence a um só titular, já o património coletivo pertence globalmente a vários titulares. Como exemplo de outro património autónomo, as doações ou deixas testamentárias a nascituros, concebidos ou não concebidos (arts. 952º, 2033º, nº 2, al. a), e 2240º do CCivil), as fundações que não se encontrem regularmente constituídas, os ACE e os AEIE, antes do registo da sua constituição (desde que, em todos os exemplos, já exista património afeto – quanto a este requisito, veja-se o preâmbulo do diploma de aprovação do CIRE). Uma forma considerada incompleta de património coletivo consiste na comunhão conjugal (vejam-se os arts. 1695º, nº 1, e 1696º do CCivil). Cfr., por todos, HÖRSTER, Heinrich Ewald, *A Parte Geral do Código Civil Português – Teoria Geral do Direito Civil*, Almedina, Coimbra, 1992, pp. 193-200. Subsumindo na al. h) do n.º 1 do art. 2.º, os ACES e os AEIE, antes do registo do ato constituinte – ABREU, J. M. Coutinho, *Curso de Direito Comercial*, vol. I, 11ª edição, Almedina, Coimbra, 2018, p. 137, nota 283.

[27] Nestes casos, ao contrário do regime anterior, a lei não exclui mas sim ressalva o regime particular, com vista a acautelar quaisquer lacunas que existam no respetivo regime (cfr. Ponto 20 do Preâmbulo).

crédito[29], das sociedades financeiras[30], das empresas de investimento que prestem serviços que impliquem a detenção de fundos ou de valores mobiliários de terceiros[31] e dos organismos de investimento coletivo[32] (art. 2º, nº 2, al. b)). Por força do art. 16º[33], é também ressalvado o estabelecido em legislação especial sobre o consumidor quanto a procedimentos de reestruturação do passivo e o regime extrajudicial de recuperação de empesas (aprovado pela Lei n.º 8/2018, de 2 de março) (n.º 1)[34], e sem prejuízo do regime

28 Quanto a estas, veja-se o Título VII ("Recuperação e liquidação") da Lei n.º 147/2015, de 9 de setembro (regime jurídico de acesso e exercício da atividade seguradora e resseguradora). Concretamente, o seu art. 316.º estabelece que "os regimes gerais relativos aos meios preventivos da declaração de insolvência e aos meios de recuperação de empresas e proteção de credores não são aplicáveis às empresas de seguros e de resseguros". No que à insolvência de empresas de seguros diz respeito, preceitua o art. 328.º que, sem prejuízo do disposto no capítulo da liquidação de empresas de seguros, é aplicável à insolvência de empresas de seguros, com as necessárias adaptações, o disposto na lei geral, designadamente no CPCivil e no CIRE. Na doutrina, veja-se MARTINS, Alexandre de Soveral, *Um Curso de Direito da Insolvência*, 2ª edição revista e atualizada, Almedina, Coimbra, 2016, pp. 68 e 69.

29 Cfr. os arts. 3º e 139º-173º do RGIC e o D.L. nº 199/2006, de 25 de outubro (que procedeu à transposição da Diretiva nº 2001/24/CE, do Parlamento Europeu e do Conselho, de 4 de abril, relativa ao saneamento e à liquidação das instituições de crédito). A este propósito, veja-se CORDEIRO, António Menezes, *Manual de Direito Bancário*, Almedina, Coimbra, 1998, pp. 176-179; PEDRO, António de Jesus, *Instituições de Crédito e Sociedades Financeiras, Regime Geral – Anotado*, Ediforum, Lisboa, 1994, pp. 190-198; PIRES, José Maria, *Direito Bancário* (1º vol.), Editora Rei dos Livros, Lisboa, 1994, pp. 139-153; MENDES, Armindo Ribeiro, *A Resolução e os Outros Mecanismos de Intervenção em Instituições de Crédito à Luz da Constituição* e MONTEIRO, Nuno Líbano, *O Regime Jurídico da Liquidação Judicial das Instituições de Crédito à Luz das Alterações Introduzidas pela Lei n.º 23-A/2015, de 26 de março*, ambos em "III Congresso de Direito da Insolvência", Almedina, Coimbra, 2015, pp. 23-60 e 61-86, respetivamente.

30 Cfr. os arts. 6º e 198º do RGIC. O art. 198º remete *expressis verbis* para os capítulos I, II, e IV do Título VIII do RGIC.

31 Cfr. os arts. 199º-A e 199º-B do RGIC. Segundo o art. 199º-I, n.º 2, "sem prejuízo do disposto no n.º 1 do artigo 198.º, o disposto nos artigos 116.º-D a 116.º-Z e no título VIII é aplicável às empresas de investimento que exerçam as atividades previstas nas alíneas c) ou f) do n.º 1 do artigo 199.º-A, com exceção do serviço de colocação sem garantia".

32 Cfr. os arts. 42º a 48º do RJOIC (aprovado pela Lei nº 16/2015, de 24 de fevereiro) e o Regulamento nº 2/2015 da Comissão do Mercado de Valores Mobiliários.

33 A redação do art. 16.º resultou da alteração introduzida pelo art. 234.º da Lei n.º 66-B/2012, de 31 de dezembro.

34 O n.º 1 do art. 16.º foi alterado pelo art. 3.º do D.L. n.º 79/2017, de 30 de junho, o qual substituiu a referência ao SIREVE pela referência ao RERE.

constante de legislação especial relativa a contratos de garantia financeira[35] (n.º 3).

§2 Pressuposto objetivo

A declaração de insolvência depende ainda da verificação de um pressuposto objetivo – a insolvência do devedor (art. 1.º, n.º 1).

De acordo com o art. 3º, nº 1, está em situação de insolvência o devedor que se encontre impossibilitado de cumprir as suas obrigações vencidas.

Para além disso, por força do nº 2 do art. 3º "as pessoas colectivas e os patrimónios autónomos por cujas dívidas nenhuma pessoa singular responda pessoal e ilimitadamente, por forma directa ou indirecta, são também consideradas insolventes quando o seu passivo seja manifestamente superior ao activo, avaliados segundo as normas contabilísticas aplicáveis"[36].

Finalmente, a lei equipara à situação de insolvência atual a situação de insolvência iminente, desde que o devedor se tenha apresentado à insolvência (art. 3º, nº 4).

Portanto, a lei atual apresenta três conceitos de insolvência[37] que convém autonomizar na nossa exposição.

1. A insolvência do devedor

O nº 1 do artigo 3º apresenta um conceito geral de insolvência que se preenche com a impossibilidade de cumprimento das obrigações vencidas e que se

[35] Os contratos de garantia financeira encontram-se regulados no D.L. n.º 105/2004, de 8 de maio (alterado pelos D.L. n.ºs 85/2011, de 29 de junho, e 192/2012, de 23 de agosto). Sobre os contratos de garantia financeira e o processo de insolvência, veja-se MARTINS, Alexandre de Soveral, *O Penhor Financeiro e a Alienação Fiduciária em Garantia no Processo de Insolvência, in:* "Revista de Direito da Insolvência", n.º 1, Almedina, Coimbra, 2017, pp. 8-59.

[36] Trata-se de um preceito com inspiração no § 19 da InsO.

[37] No regime *anterior ao CPEREF*, a insolvência dependia da superioridade do passivo em relação ao ativo (art. 1313º, nº 1, do CPCivil de 1961) – veja-se, a este propósito, o Assento nº 9/94, publicado no Diário da República nº 117/94, série I-A, de 20 de maio de 1994, pp. 2705-2708 (para além disso, o processo de recuperação dependia da impossibilidade de cumprimento das obrigações – art. 1º do D.L. nº 177/86, de 2 de julho). Já na *versão inicial do CPEREF* passou a depender da impossibilidade de cumprimento pontual das obrigações por falta de meios próprios e por falta de crédito (art. 3º). Finalmente, com a *versão do CPEREF introduzida pelo D.L. nº 318/98, de 20 de outubro*, o legislador (no art. 3º, nº 1) passou a considerar em situação de insolvência a empresa que se encontre impossibilitada de cumprir pontualmente as suas obrigações, porque o seu ativo disponível é insuficiente para satisfazer o seu passivo exigível.

aplica a qualquer sujeito passivo do processo de insolvência, que se subsuma no art. 2º.

A este propósito, a doutrina tem entendido desde logo que a impossibilidade de cumprimento relevante para efeitos de insolvência não tem que dizer respeito a todas as obrigações do devedor. Pode até tratar-se de uma só ou de poucas dívidas, exigindo-se apenas que a(s) dívida(s) pelo seu montante e pelo seu significado no âmbito do passivo do devedor seja(m) reveladora(s) da impossibilidade de cumprimento da generalidade das suas obrigações[38]. Para estes efeitos, é irrelevante o incumprimento resultante de o devedor não querer cumprir ou de achar que não deve cumprir ao abrigo de alguma causa justificativa para tal, pois nesse caso não existe qualquer impossibilidade de cumprimento[39].

Para além disso, o legislador substituiu o conceito pretérito de obrigações exigíveis (mais amplo) pelo conceito mais restrito de obrigações vencidas[40].

[38] Veja-se, a este propósito, quanto ao conceito de impossibilidade de cumprimento na solução legal anterior, MORGADO, Abílio M. de Almeida, *Processos Especiais de Recuperação da Empresa e de Falência – Uma Apreciação do Novo Regime, in:* "Ciência e Técnica Fiscal", nº 370, abr.-jun. 1993, p. 83; FERNANDES, Luís A. Carvalho/LABAREDA, João, *Código dos Processos Especiais de Recuperação da Empresa e de Falência Anotado* (3ª edição), Quid Juris Editora, Lisboa, 1999, p. 70, notas 4 e 5.

[39] De acordo com o sumário do Ac. Rel. Lx., de 9-07-2009 (EZAGÜY MARTINS), "para a integração da previsão da alínea b), do nº 1 do artº 20º do C.I.R.E., importa ter presente que a ideia-matriz reside na impossibilidade de cumprimento generalizado por parte do devedor e não em qualquer falta de cumprimento sustentada em razões litigiosas sobre a existência ou validade da obrigação".

[40] Por passivo exigível entendia-se todas as obrigações cujo cumprimento podia ser já exigido pelos respetivos credores, mesmo que ainda não se tivessem vencido – por exemplo, nas situações de exigibilidade antecipada previstas nos arts. 780º e ss. CCivil, ou seja, as situações em que o credor podia exigir de *imediato* o cumprimento da obrigação cujo prazo ainda não se encontrava vencido – veja-se, por todos, VARELA, J. M. Antunes, *Das Obrigações em Geral* (vol. II-7ª edição), Almedina, Coimbra, 1997, pp. 47 e ss e COSTA, M. J. Almeida, *Direito das Obrigações* (8ª edição, revista e atualizada), 2000, Almedina, Coimbra, pp. 938 e ss, ABREU, J. M. Coutinho, *Providências de Recuperação de Empresas e Falência (Apontamentos de Direito Português), in:* "Boletim da Faculdade de Direito", vol. LXXIV, p. 112. Para além disso, devia tratar-se de obrigações líquidas (i.e. cujo montante já se encontrasse apurado – nos termos do art. 805º, nº 3 CCivil) e certas (ou seja, cuja existência e cujo montante são indiscutíveis – neste sentido, GUYON, Yves, *Droit des Affaires*, tome 2, 8.e édition, 2001, pp. 137-138).

Finalmente, trata-se aqui de um conceito de solvabilidade[41]. Portanto, pode até acontecer que o passivo seja superior ao ativo mas não exista situação de insolvência, porque há facilidade de recurso ao crédito para satisfazer as dívidas excedentárias. E, por outro lado, pode acontecer que o ativo seja superior ao passivo vencido, mas o devedor se encontre em situação de insolvência por falta de liquidez do seu ativo (é dificilmente convertido em dinheiro)[42].

2. A insolvência de entes especiais

Para além do conceito geral de insolvência, a lei prevê um conceito especial que já não se aplica a todos os devedores, mas apenas àqueles entes que estão circunscritos pela *facti species* do art. 3º, nº 2, e que vamos designar de "entes especiais"[43].

Trata-se, antes de mais, de pessoas coletivas e patrimónios autónomos[44] por cujas dívidas nenhuma pessoa singular responda pessoal e ilimitadamente[45],

[41] Segundo MENEZES LEITÃO, foi adotado o *critério do fluxo de caixa*, de acordo com o qual "o devedor é insolvente logo que se torna incapaz, por ausência de liquidez suficiente, de pagar as suas dívidas no momento em que estas se vencem" – *Pressupostos da Declaração de Insolvência, in* "I Congresso de Direito da Insolvência", Almedina, Coimbra, 2014, p. 176.

[42] Cfr., no sentido de que ativo líquido significa, por ex., dinheiro em caixa, depósitos bancários vencidos, produtos e títulos de crédito fácil e oportunamente convertíveis em dinheiro, ABREU, J. M. Coutinho, *Providências de Recuperação de Empresas e Falência (Apontamentos de Direito Português), in:* "Boletim da Faculdade de Direito", vol. LXXIV, p. 112. "It is likewise possible (and not indeed unusual) for proceedings to take place against a debtor whose total assets are not sufficiently liquid to provide an adequate amount of cash to meet present liabilities as they fall due. Such a predicament, which is sometimes termed "short-term" or "pratical" insolvency, may be distinguished from the situation known as "absolute" or "balance sheet" insolvency, where the sum total of all debts – present, future and contingent – exceeds the total value of all assets, even at their most favourable realisation": *in* FLETCHER, Ian F., *The Law of Insolvency* (second edition), Sweet & Maxwell, London, 1996, p. 5. À luz do CPEREF, segundo o Ac. STJ, de 24 de janeiro de 2006 (FERNANDES MAGALHÃES), o devedor podia "ser titular de bens livres e disponíveis de valor superior ao activo, e mesmo assim, estar insolvente por esse activo não ser líquido e o devedor não conseguir com ele cumprir pontualmente as suas obrigações".

[43] Este conceito foi inspirado na *lei alemã*, que, no §19 da InsO, prevê o sobreendividamento (*Überschuldung*).

[44] Segundo o Ac. Rel. Po., de 18-06-2013 (FERNANDO SAMÕES), este conceito é inaplicável às pessoas singulares, relativamente às quais "apenas releva o critério do fluxo de caixa e nunca o do balanço ou do activo patrimonial".

[45] Para a *lei alemã*, se pelas dívidas de um sócio pessoa coletiva responde limitadamente um sócio pessoa singular, este critério especial não tem aplicação (§ 19, 3 InsO).

direta ou indiretamente. *A contrario sensu*, parece lícito concluir que se houver alguma pessoa singular a responder pessoal e ilimitadamente aplica-se apenas o critério geral[46].

A enquadrar nestas figuras temos, por exemplo, a herança jacente (art. 2071º do CCivil), o EIRL (art. 11º do Decreto-Lei nº 248/86, de 25 de agosto), as sociedades por quotas (art. 197º, nº 3, do CSC), as sociedades anónimas (art. 271º do CSC).

Este conceito especial de insolvência[47] fica preenchido com a manifesta superioridade do passivo em relação ao ativo, avaliados segundo as normas contabilísticas aplicáveis[48]. Porém, as regras não serão aplicáveis se o ativo exceder o passivo, com base em algum dos critérios enunciados nas alíneas a) a c) do nº 3 do art. 3º. Assim, para efeitos de ativo e passivo são relevantes os elementos identificáveis, mesmo que não constem do balanço[49], apurados pelo seu justo valor[50] (al. a)). Quando o devedor for titular de uma empresa, a valorização baseia-se numa perspetiva de continuidade ou de liquidação, consoante o que se afigurar mais provável (mas sempre com exclusão da rubrica trespasse) (al. b)). Em terceiro lugar, para efeitos de apuramento do passivo, não devem ser consideradas as dívidas a ser pagas à custa de fundos distribuíveis ou do ativo restante depois de satisfeitos ou acautelados os direitos dos demais credores do devedor (al. c))[51]. Por último, o art. 20º, nº 1, al. h), atendendo à importância dos elementos de contabilidade da empresa

[46] *A contrario sensu*, o critério especial do nº 2 do art. 3º parece aplicar-se aos casos em que uma pessoa coletiva responda pessoal e ilimitadamente.

[47] Foi adotado o *critério do balanço ou do ativo patrimonial*, segundo o qual "a insolvência resulta do facto de os bens do devedor serem insuficientes para cumprimento integral das suas obrigações". Assim, LEITÃO, Luís M. T. de Menezes, *Pressupostos da Declaração de Insolvência, in* "I Congresso de Direito da Insolvência", Almedina, Coimbra, 2014, pp. 176 e 177.

[48] Mormente, o sistema de normalização contabilística aprovado pelo D.L. nº 158/2009, de 13 de julho.

[49] Com esta alusão, o legislador parece ter querido referir-se, nomeadamente, às reservas ocultas.

[50] À luz do art. 1036º do CPCivil de 1961, a ideia de justo valor era entendida como o seu valor venal no mercado. Veja-se, a este propósito, MACEDO, Pedro de Sousa, *Manual de Direito das Falências* (vol. I), Livraria Almedina, Coimbra, 1964, pp. 221 e ss.

[51] Podemos subsumir a esta hipótese os suprimentos (art. 245º, nº 3, al. a) do CSC). Segundo o Ac. Rel. Po., de 18-11-2013 (CARLOS GIL), "os financiamentos de empresas-mãe e os suprimentos, não são computados para efeitos de passivo (artigo 3º, nº 3, alínea c), do CIRE), pois são créditos subordinados (artigos 48º, alíneas a) e g) e 177º, ambos do CIRE)".

para este efeito, acrescenta aos índices da situação de insolvência o atraso superior a seis meses na aprovação e depósito das contas a que essas entidades eventualmente estejam obrigadas por força da lei.

A Doutrina alemã tem defendido que este conceito de insolvência (*Überschuldung* ou sobreendividamento) deve ser determinado de acordo com os seguintes passos[52]. Primeiro, apura-se o valor aritmético do endividamento excessivo através da contraposição do passivo com o ativo do devedor (para efeitos do ativo deve-se ter em conta os respetivos valores liquidáveis, isto é, aqueles que seriam realizáveis através da sua venda individual na eventualidade de uma liquidação da empresa devedora). Caso o resultado seja um endividamento, dever-se-á fazer um juízo de prognose sobre a continuidade da empresa: se este juízo for positivo (isto é, se a empresa tiver capacidades de sobreviver e de responder economicamente ao passivo dentro do período de tempo considerado[53]), então o estado de sobreendividamento poderá ser superado através do valor de continuidade da empresa; se o resultado for negativo (ou seja, se o endividamento persistir), encontrar-se-á preenchido o fundamento insolvência para efeitos de abertura do processo de insolvência.

Em jeito de conclusão, parece lícito afirmar-se que a estes entes são aplicáveis alternativamente os dois conceitos de insolvência previstos nos n°s 1 e 2 do art. 3.º[54]. Desde logo, com base num argumento literal, pois a lei utiliza a expressão "são também considerados insolventes". Depois, com fundamento na *ratio legis* da solução legal: a previsão de dois critérios aferidores da situação de insolvência para os entes acima referidos parece ter sido ditada pela necessidade de acautelar os credores (desprotegidos pelo respetivo regime de responsabilidade) face a certos entes escudados na responsabilidade limitada dos seus sócios.

[52] Cfr., a este propósito, BREUER, Wolfgang, *Insolvenzrecht. Eine Einführung.* 2. Auflage, Verlag C. H. Beck, München, 2003, pp. 54 e ss.

[53] SOUSA MACEDO, a propósito de conceito legal pretérito equivalente, considerava que a capacidade de recurso ao crédito devia ser tida em conta como forma de afastar a mera superioridade do passivo sobre o ativo como fundamento de insolvência. Cfr. MACEDO, Pedro de Sousa, *Manual de Direito das Falências* (vol. I), Livraria Almedina, Coimbra, 1964, p. 227.

[54] Assim, na jurisprudência, Ac. Rel. Lx, de 30-06-2011 (OLINDO GERALDES), Ac. Rel. Co., de 6-12-2016 (FALCÃO DE MAGALHÃES), Ac. Rel. Guim., de 24-05-2018 (JOÃO DIOGO RODRIGUES).

3. A insolvência iminente

O legislador equipara à situação de insolvência atual a situação de insolvência iminente, desde que o devedor se tenha apresentado à insolvência (art. 3º, nº 4). Trata-se de um preceito muito pouco esclarecedor[55]: não contém qualquer critério auxiliar de interpretação do sentido e alcance da "insolvência iminente", por um lado, e é muito ambíguo quanto aos termos da equiparação entre a insolvência iminente e a insolvência atual, por outro lado[56].

Começando pela primeira questão e consultando a lei alemã, parece lícito afirmar que a iminência da insolvência consiste na probabilidade de o devedor não cumprir as suas obrigações atuais, no momento em que se vençam (§ 18, 2 InsO). A este propósito, a doutrina germânica[57] tem entendido que, decisiva para esta aferição, é, pois, a projeção da sua capacidade de pagamento num determinado espaço temporal, devendo concluir-se que a probabilidade de incumprimento é mais forte do que a sua não verificação[58].

Há, portanto, um juízo de prognose sobre a incapacidade de pagamento futura do devedor que deve ser feito num plano financeiro de liquidez que evidencie quer os meios líquidos existentes, quer as entradas e saídas previstas. Deve-se, relativamente a um determinado período, aferir a diferença entre os meios disponíveis e esperados de pagamentos (por entrada, computando--se aqui as possibilidades futuras de crédito) e as saídas previstas (nas saídas deve-se considerar as dívidas ou responsabilidades futuras mas ainda não constituídas). Não é possível determinar com rigor o período temporal

[55] O que pode ser muito perigoso, pois o pedido de insolvência pode transformar-se numa fuga para a insolvência como forma de se evitar indesejáveis ações executivas individuais.

[56] Contrariamente à lei alemã que no §18 InsO prevê uma disciplina mais detalhada da insolvência iminente (*Drohende Zahlungsunfähigkeit*).

[57] Designadamente, BREUER, Wolfgang, *Insolvenzrecht. Eine Einführung*, 2. Auflage, Verlag C. H. Beck, München, 2003, pp. 52 e ss.

[58] Segundo CARVALHO FERNANDES e JOÃO LABAREDA, "A iminência da insolvência caracteriza-se pela ocorrência de circunstâncias que, não tendo ainda conduzido ao incumprimento em condições de poder considerar-se a situação de insolvência já actual, com toda a probabilidade a vão determinar a curto prazo, exactamente pela insuficiência do activo líquido e disponível para satisfazer o passivo exigível. Haverá, pois, que levar em conta a expectativa do homem médio face à evolução normal da situação do devedor, de acordo com os factos conhecidos e na eventualidade de nada acontecer de incomum que altere o curso dos acontecimentos" – *Código da Insolvência e da Recuperação de Empresas Anotado*, 3ª edição, Quid Juris Editora, Lisboa, 2015, p. 87, nota 7. Assim, também, o Ac. Rel. Lx., de 25-06-2009 (CARLA MENDES).

relevante para a realização deste juízo de prognose, pois depende do devedor em causa e da sua atividade[59].

Quanto à segunda questão, a lei é muito equívoca quanto ao alcance da equiparação: será que se equipara a insolvência iminente à insolvência atual prevista no nº 1 e no nº 2 do art. 3º? será que sobre o devedor impende um dever de apresentação à insolvência na hipótese de insolvência iminente[60]?

Há apenas um aspeto que está regulado de modo claro: a lei restringe expressamente este fundamento da insolvência à hipótese de apresentação do próprio devedor à insolvência (excluindo-se, *a contrario*, os restantes entes legitimados, nos termos gerais), com vista a evitar que os credores exerçam qualquer tipo de poder de pressão na antecâmara da insolvência (art. 3º, nº 4, *in fine*).

4. Os índices da situação de insolvência

O art. 20º contém um *elenco* de factos indiciadores da situação de insolvência que legitimam o requerimento da declaração de insolvência por quem for legalmente responsável pelas suas dívidas, por qualquer credor (ainda que condicional) ou pelo Ministério Público (como representante das entidades cujos interesses lhe estão legalmente confiados).

São índices da situação de insolvência, qualquer um dos factos seguintes:

- a suspensão generalizada do pagamento das obrigações vencidas (al. a))[61];

[59] ALBUQUERQUE, Pedro, *Declaração de Situação de Insolvência, in*: "O Direito", 137, III, 2005, p. 513, nota 22; MARTINS, Alexandre de Soveral, *Um Curso de Direito da Insolvência*, 2ª edição revista e atualizada, Almedina, Coimbra, 2016, pp. 57 e 58.

[60] A *doutrina germânica* tem entendido que não: assim, BREUER, Wolfgang, *Insolvenzrecht. Eine Einführung.* 2. Auflage, Verlag C. H. Beck, München, 2003, pp. 52 e ss. Entre nós, no mesmo sentido, LEITÃO, Luís M. T. de Menezes, *Pressupostos da Declaração de Insolvência, in* "I Congresso de Direito da Insolvência", Almedina, Coimbra, 2014, p. 180; MARTINS, Alexandre de Soveral, *Um Curso de Direito da Insolvência*, 2ª edição revista e atualizada, Almedina, Coimbra, 2016, pp. 58 e ss. Pelo contrário, CARVALHO FERNANDES e JOÃO LABAREDA têm defendido que o devedor está obrigado a apresentar-se à insolvência quando se encontra numa situação de insolvência meramente iminente: *Código da Insolvência e da Recuperação de Empresas Anotado*, 3ª edição, Quid Juris Editora, Lisboa, 2015, pp. 85-86, nota 5.

[61] Este índice constitui uma novidade em relação ao direito pretérito.

- a falta de cumprimento de uma ou mais obrigações[62] que, pelo seu montante ou pelas circunstâncias do incumprimento, revele a impossibilidade de o devedor satisfazer pontualmente[63] a generalidade das suas obrigações (al. b))[64];
- a fuga do titular da empresa ou dos administradores do devedor, ou o abandono do local em que a empresa tem a sua sede ou desenvolve a

[62] Quer se trate de prestação de facto, quer se trate de prestação de coisa, quer seja uma obrigação pecuniária ou não. Existia uma grande divisão no seio da doutrina nos anos 60 acerca da necessidade de não cumprimento de várias obrigações. Repare-se que aqui a lei fala de cessação e no índice anterior fala de suspensão, pois trata-se de conceitos distintos: suspensão é a simples mora, cessação é o incumprimento definitivo. Veja-se, por todos, MACEDO, Pedro de Sousa, Manual de Direito das Falências (vol. I), Livraria Almedina, Coimbra, 1964, pp. 249 e ss.

[63] Quanto ao conceito de cumprimento pontual, veja-se o art. 406º, n.º 1, do CCivil, de acordo com o qual "o cumprimento deve coincidir, *ponto por ponto, em toda a linha*, com a prestação a que o devedor se encontra adstrito". Cfr. VARELA, J.M. Antunes, *Das Obrigações em Geral* (vol. II – 7ª edição), Almedina, Coimbra, 1997, pp. 14 e 15.

[64] A letra da lei é clara quanto à desnecessidade de incumprimento de todas as obrigações do devedor – basta que se trate de uma ou de algumas que tenham a relevância descrita no preceito. Para além disso, tem que se tratar de obrigações existentes, válidas e para cujo incumprimento não existe qualquer causa legal de justificação. Neste sentido, veja-se REIS, Alberto, *Processos Especiais* (vol. II – reimpressão), Coimbra Editora, Coimbra, 1982, pp. 322-333. Este índice, assim como o anterior, são conceitos elásticos que dependem das circunstâncias do caso concreto e do prudente arbítrio do juiz. Na jurisprudência, cfr. Ac. Rel. Po, de 18-02-2010 (JOSÉ FERRAZ) e o Ac. Rel. Lx, de 24-11-2016 (FRANCISCA MENDES). Segundo este último aresto, "apesar do reduzido valor do crédito do requerente, não é de concluir pela manifesta improcedência do pedido de insolvência se os incumprimentos da obrigação do devedor revelarem uma situação de incapacidade de cumprimento, nomea-damente se a sua situação patrimonial e financeira mostra tal penúria que imponha dever concluir-se por impossibilidade de cumprimento das suas obrigações. Não é de concluir pela manifesta improcedência do pedido se, apesar do crédito do requerente ser apenas de €8 112,41, repetidamente exigido e não satisfeito, o devedor, comerciante, não tem bens móveis ou imóveis, rendimentos do trabalho, depósitos em instituições financeiras, tem o estabelecimento comercial invariavelmente encerrado e abandonado e tem outros processos contra si instaurados". De acordo com o Ac. Rel. Co., de 15-05-2012 (CARVALHO MARTINS), "como o incumprimento de só alguma ou algumas obrigações apenas constitui facto-índice da situação de insolvência, quando, pelas suas circunstâncias, evidencia a impossibilidade de pagar, deve o requerente, juntamente com a alegação de incumprimento, trazer ao processo essas circunstâncias das quais, uma vez demonstradas, é razoável deduzir a penúria generalizada (art. 20º CIRE)". No mesmo sentido, o Ac. Rel. Po., de 18-06-2013 (FERNANDO SAMÕES).

sua atividade principal, em virtude da falta de solvabilidade do devedor e sem que seja designado um substituto idóneo (al. c))[65];

- a dissipação[66], o abandono ou a liquidação apressada ou ruinosa de bens[67] e a constituição fictícia de créditos[68] (al. d));
- a insuficiência de bens penhoráveis para pagamento do crédito do exequente verificada em processo executivo movido contra o devedor (al. e))[69_70];

[65] A *fuga* do titular consiste na saída do domicílio de forma precipitada, oculta e que importe o abandono do estabelecimento – ou seja, se o titular se encontra em paradeiro conhecido estaremos perante uma hipótese de abandono. Para além disso, tem que estar relacionada com a sua insolvabilidade e é necessário que não tenha sido designado substituto idóneo. Por isso, a fuga determinada por outras razões (p. ex. sequestro, fuga por razões políticas, fuga pela prática de outro crime, fuga por problemas familiares, loucura) é irrelevante. Por *abandono* devemos entender o afastamento voluntário e injustificado da direção dos negócios, relacionado com a falta de solvabilidade do devedor, sem que tenha sido designado substituto idóneo (enquanto a fuga consiste na ausência da localidade, o abandono consiste na ausência do estabelecimento). Cfr., neste sentido, por todos, FERNANDES, Luís A. Carvalho/ LABAREDA, João, *Código da Insolvência e da Recuperação de Empresas Anotado*, Quid Juris Editora, Lisboa, 2008, pp. 135-136, nota 10. Veja-se uma hipótese jurisprudencial de abandono legitimadora de uma declaração de falência no Ac. da Rel. do Porto, de 14 de maio de 85, sum., *in* BMJ, nº 347, p. 461. Caso o titular tenha mudado o seu domicílio comercial sem comunicação aos credores, não estamos perante uma hipótese de abandono, mas sim de procedimento anómalo revelador do propósito de o devedor se colocar numa situação que o impossibilite de cumprir pontualmente as suas obrigações: neste sentido, MACEDO, Pedro de Sousa, *Manual de Direito das Falências* (vol. I, 1964), Livraria Almedina, Coimbra, p. 276.

[66] A *dissipação de bens* consiste no esbanjamento, no desperdício, em despesas manifestamente desproporcionadas em relação aos bens do devedor. O *extravio de bens* existe quando o devedor procura subtrair bens à efetivação das suas responsabilidades por qualquer meio malicioso (p.ex., ocultação, venda, doações dissimuladas). Cfr., quanto à caracterização destas figuras, REIS, Alberto, *Processos Especiais* (vol. II – reimpressão), Coimbra Editora, Coimbra, 1982, p. 336.

[67] A disciplina deste índice demarca-se do regime previsto na lei anterior: este índice apresenta agora um conteúdo taxativo, por um lado, e, por outro lado, é independente de qualquer relação entre o facto em que se baseie e a impossibilidade de cumprimento do devedor. Assim, por todos, FERNANDES, Luís A. Carvalho/LABAREDA, João, *Código da Insolvência e da Recupe-ração de Empresas Anotado*, Quid Juris Editora, Lisboa, 2008, p. 136, nota 11.

[68] Por exemplo, confissões simuladas de dívidas.

[69] Este índice constitui uma novidade em relação ao direito pretérito (cfr. ponto 19 do preâmbulo).

[70] Veja-se, a este propósito, o art. 2º, nº 2, al. c) do D.L. nº 201/2003, de 10 de setembro, nos termos do qual o registo informático de execuções contém o rol das execuções findas ou suspensas, devendo mencionar-se, designadamente, "a extinção da execução por não terem sido

- o incumprimento de obrigações previstas em plano de insolvência ou em plano de pagamentos, nas condições previstas no art. 218º, nº 1, al. a), e nº 2 (al. f));
- o incumprimento generalizado, nos últimos seis meses, de dívidas de algum dos seguintes tipos: tributárias, contribuições e quotizações para a segurança social, créditos emergentes de contrato de trabalho, da sua violação ou da sua cessação, rendas de qualquer tipo de locação, mesmo financeira, prestações do preço da compra ou prestações do empréstimo garantido por hipoteca, do local onde o devedor realiza a sua atividade ou tem a sua sede ou residência (al. g))[71];
- para efeitos do nº 2 do art. 3º, considera-se ainda a manifesta superioridade do passivo em relação ao ativo segundo o último balanço aprovado ou um atraso superior a nove meses na aprovação e depósito das contas, se a tal estiver obrigado por lei[72] (al. h))[73].

Quanto à natureza deste elenco de factos, podemos afirmar que apresentam uma multiplicidade de *funções*.

encontrados bens penhoráveis". Veja-se também a Portaria nº 313/2009, de 30 de março, que regula a criação de uma lista pública de execuções, disponibilizada na Internet, com dados sobre execuções frustradas por inexistência de bens penhoráveis.

[71] Este índice constitui uma novidade em relação ao direito pretérito, e parece ter sido inspirado no art. 2.4. 4º do diploma espanhol congénere, isto é, a *Ley Concursal*, de 22/2003, de 9 de *Julio*. Na jurisprudência, considerando que "a dívida superior a seis meses atinente a crédito concedido para aquisição de habitação própria constitui, por si só, facto indiciador da situação de insolvência à luz do ponto iv) da alínea g) do n.º 1 do artigo 20.º do CIRE", vide o Ac. Rel. Év., de 26-04-2018 (Isabel Peixoto Imaginário).

[72] Ao contrário do que resulta aparentemente do art. 18º, nº 4, CCom, a obrigação de elaboração e prestação de contas anuais deixou há muito de constituir uma obrigação exclusiva dos comerciantes para se tornar extensível genericamente às empresas, incluindo empresas em nome individual, estabelecimentos individuais de responsabilidade limitada, sociedades civis em forma comercial, cooperativas, agrupamentos complementares de empresas, agrupamentos europeus de interesse económico, e empresas públicas (art. 3º, nº 1, do D.L. nº 158/2009, de 13 de julho, art. 12.º, do D.L. nº 248/86, de 25 de agosto, art. 1º, nº 4, do CSC, arts. 21.º, nº 1, al. d), 28.º, nº 3, 38º, al. c), 53.º, al. b), do CCoop, art. 8º, nº 1, do D.L. nº 430/73, de 25 de agosto (ACE), art. 9º do D.L. nº 148/90, de 9 de maio (AEIE), art. 6º do D.L. nº 1/91, de 5 de janeiro (AEIE), arts. 44º, n.º 1, al. h), e 64.º, n.º 1, al. b), do D.L. n.º 133/2013, de 3 de outubro (RSPE)). A este propósito, veja-se, por todos, Antunes, J. Engrácia, *Direito da Contabilidade – uma introdução*, Almedina, Coimbra, 2018, pp. 109 e ss.

[73] Este índice é novo relativamente ao direito pretérito.

Em primeiro lugar, trata-se de *requisito indispensável* para se preencher o pressuposto da insolvência (quando o requerente não é o próprio devedor), pois tem necessariamente de se verificar um dos factos elencados nas várias alíneas do nº 1 do art. 20º (art. 20º, nº 1, proémio).

Em segundo lugar, parece ser lícito concluir que estes indícios consubstanciam verdadeiras presunções ilidíveis de insolvência (art. 349º do CCivil). Assim, desde logo, constituem condição suficiente para concluirmos pela existência de uma situação de insolvência porque se o devedor não deduzir oposição, a própria lei, no art. 30º, no seu nº 5, considera confessados os factos (que preencham alguma das alíneas do nº 1 do art. 20º), devendo, em consequência, ser declarada a insolvência do devedor. Depois, o devedor pode deduzir -oposição a estes factos por duas formas: ou se baseia na inexistência do facto em que se fundamenta o pedido, ou na inexistência da insolvência, não obstante a ocorrência do facto (art. 30º, nº 3). Do regime exposto parece lícito concluir que se trata de verdadeiras *presunções ilidíveis* (*iuris tantum*), o que aliás é afirmado expressamente pelo ponto 19 do Preâmbulo[74].

Em terceiro lugar, quando o devedor seja titular de uma empresa, o incumprimento generalizado de obrigações de algum dos tipos previstos no art. 20º, nº 1, al. g), durante pelo menos 3 meses, faz presumir inilidivelmente o conhecimento da situação da insolvência (art. 18º, nº 3), o que tem relevância para efeitos do *dever de apresentação* (art. 18º, nº 1).

[74] A lei pretérita era pouco clara, facto que suscitava alguma controvérsia no seio da doutrina. Cfr., no sentido de que se tratava de presunções inilidíveis, MORGADO, Abílio M. de Almeida, *Processos Especiais de Recuperação da Empresa e de Falência – Uma Apreciação do Novo Regime*, *in:* "Ciência e Técnica Fiscal", nº 370, abr.-jun. 1993, p. 85. A favor da sua natureza ilidível, encontrávamos, FERNANDES, Luís A. Carvalho/LABAREDA, João, *Código dos Processos Especiais de Recuperação da Empresa e de Falência Anotado* (3ª edição), Quid Juris Editora, Lisboa, 1999, pp. 82-83, nota 9.

Capítulo II – A Fase Declarativa do Processo de Insolvência

§1 Aspetos gerais

O processo de insolvência é um *processo especial*, sujeito a uma tramitação com regras próprias, definidas em detalhe no CIRE, e regido pelo Código de Processo Civil, como direito subsidiário (art. 17º, n.º 1[75]).

Quanto à *competência territorial*, o pedido de declaração de insolvência deve ser apresentado no tribunal da sede ou do domicílio do devedor ou do autor da herança à data da morte (art. 7º, nº 1), podendo também ser apresentado no tribunal do lugar em que o devedor tenha o centro dos seus principais interesses (i.e. o lugar onde ele os administra de forma habitual e cognoscível por terceiros) (art. 7º, nº 2).

Quanto à *competência em razão da estrutura* do tribunal, é exclusivamente competente (para a instrução e decisão, quer de todos os termos do processo de insolvência, quer de todos os seus incidentes e apensos) o juiz singular, qualquer que seja o valor da causa (art. 7º, nº 3)[76].

Quanto à *competência em razão da matéria*, por força do art. 128º, nº 1, al. a), da Lei da Organização do Sistema Judiciário, abreviadamente LOSJ (aprovada pela Lei nº 62/2013, de 26 de agosto), compete aos juízos de comércio preparar e julgar os processos de insolvência e os processos especiais de revitalização[77], independentemente da natureza jurídica do devedor (pessoa singular, pessoa coletiva ou património autónomo; comerciante ou não; titular de uma empresa ou não)[78].

[75] Para evitar dúvidas, o legislador concretizou no art. 9.º, n.º 2, que as notificações de atos processuais praticados no processo de insolvência, seus incidentes e apensos (exceto os atos das partes), podem ser efetuadas por qualquer das formas previstas no n.º 5 do art. 172.º do CPCivil.

[76] O art. 15º prevê um critério especial de fixação do valor processual da causa: valor do ativo do devedor indicado na petição, corrigido logo que se constate ser diferente do seu valor real.

[77] O art. 128.º da LOSJ foi alterado pelo art. 2.º da Lei n.º 40-A/2016, de 22 de dezembro, que redenominou as "secções de comércio" em "juízos de comércio", e foi regulamentada pelo D.L. n.º 86/2016, de 27 de dezembro.

[78] No mesmo sentido, veja-se o Ac. Rel. Po., de 21-02-2018 (Mário Fernandes), que reconheceu competência material a um juízo de comércio para conhecer da declaração de insolvência de uma associação sem fins lucrativos.

O processo de insolvência (incluindo todos os seus incidentes, apensos, e recursos) tem caráter *urgente*[79], gozando de precedência sobre o serviço ordinário do tribunal (art. 9º, nº 1).

§2 Legitimidade ativa

Nos termos dos art. 18º a 20º, têm legitimidade para desencadear o processo de insolvência o próprio devedor, qualquer responsável legal pelas suas dívidas, qualquer credor e o Ministério Público. Por força dos arts. 17.º-G, n.º 4, e 222.º-G, n.º 4, o administrador judicial provisório também tem legitimidade, em certos termos, para requerer a declaração de insolvência.

1. O devedor

O processo de insolvência pode, desde logo, ser desencadeado pelo próprio devedor, o qual tem sempre o *direito* de se apresentar à insolvência. Se o devedor não for uma pessoa singular capaz, a legitimidade para apresentar o pedido de declaração de insolvência cabe ao órgão social incumbido da sua administração ou a qualquer dos seus administradores (art. 19º). Para efeitos do CIRE, se o devedor não for uma pessoa singular[80], os administradores são aqueles a quem incumba a administração ou liquidação da entidade ou património em causa, designadamente os titulares do órgão social que para o efeito for competente (art. 6º, nº 1, al. a)); se o devedor for uma pessoa singular, serão os seus representantes legais e mandatários com poderes gerais de administração (art. 6º, nº 1, al. b)).

O alcance do art. 19.º tem dividido a Doutrina. Segundo CARVALHO FERNANDES e JOÃO LABAREDA, o preceito não se limita a conferir legitimidade aos administradores para a prática de atos processuais, mas a conferir

[79] Por ser urgente, a regra da suspensão dos prazos processuais nas férias judiciais não se aplica (art. 138º, nº 1, do CPCivil *ex vi* do art. 17º, nº 1, do CIRE). Segundo o Ac. Rel. Co., de 9-02-2010 (CARLOS GIL), "I – Em processo de insolvência a suspensão da instância só é admissível nos casos expressamente previstos no respectivo regime legal disciplinador. II – A aplicação subsidiária do art. 279º, nº 4 do C.P.C. a esse tipo de processo é ilegal face ao disposto no art. 8º, nº 1 do CIRE e posterga as preocupações do legislador com a celeridade no andamento dos mesmos".

[80] Segundo o Ac. Rel. Guim., de 26-09-2013 (CARVALHO GUERRA), se não houver acordo entre os sócios gerentes de uma sociedade por quotas sobre a apresentação da sociedade à insolvência, pode qualquer um deles decidir pela apresentação e fazê-lo em representação da sociedade.

"aos titulares da administração a faculdade legal de tomarem a decisão de apresentação à insolvência, independentemente do modo como normalmente se organizem e distribuam os poderes e competências para o exercício dos direitos, prática de atos e cumprimento de obrigações que incumbem ao devedor"[81]. Para Fátima Reis Silva, sendo o devedor uma sociedade, a apresentação à insolvência depende de uma prévia deliberação dos sócios (por força dos arts. 1007.º e 1008.º do CCivil, e do art. 383.º, n.º 2, do CSC)[82].

Dificuldades acrescidas surgem (ainda quanto ao art. 19.º) quando o devedor está sujeito ao regime do art. 35.º do CSC. Para Coutinho de Abreu e Catarina Serra, prevalece o disposto no art. 35.º do CSC[83]; já para Soveral Martins, o preceito apenas vale internamente, não prejudicando a validade e eficácia da apresentação à insolvência não antecedida de deliberação dos sócios nesse sentido[84].

Se o órgão de administração não delibera no sentido da apresentação à insolvência, pode um administrador individualmente apresentar o devedor à insolvência? Para Pedro Pidwell, pode[85]; para Soveral Martins, não pode, restando-lhe a faculdade de renunciar ao cargo como forma de escapar às consequências da violação do dever de apresentação[86].

[81] *Código da Insolvência e da Recuperação de Empresas Anotado*, 3ª edição, Quid Juris, Lisboa, 2015, p. 193, nota 3. Assim, também, Albuquerque, Pedro, *Declaração de Situação de Insolvência, in:* "O Direito", 137, III, 2005, pp. 516- 517. Na jurisprudência, o Ac. Rel. Lx., de 07-07-2016 (Octávia Viegas). Para Soveral Martins, "o art. 19.º dá a entender que, no plano externo, esse requerimento será válido e eficaz". Porém, "no plano interno (e, portanto, no plano das relações entre o órgão de administração e a sociedade ou entre aquele e os sócios), pode eventualmente discutir-se se a apresentação do requerimento que não foi precedida de deliberação dos sócios dá ou não lugar à responsabilização dos membros do órgão de administração" – *Um Curso de Direito da Insolvência*, 2ª edição revista e atualizada, Almedina, Coimbra, 2016, pp. 87 e 88.

[82] *Algumas Questões Processuais no Código da Insolvência e da Recuperação de Empresas – uma primeira abordagem, in:* "Instituto de Direito das Empresas e do Trabalho – Miscelâneas", nº 2, Almedina, Coimbra, 2004, pp. 265 e 266.

[83] Abreu, J. M. Coutinho, *Curso de Direito Comercial*, vol. I, 11ª edição, Almedina, Coimbra, 2018, pp. 144 e ss; Serra, Catarina, *Lições de Direito da Insolvência*, Almedina, Coimbra, 2018, p. 62.

[84] *Um Curso de Direito da Insolvência*, 2ª edição revista e atualizada, Almedina, Coimbra, 2016, p. 89.

[85] *O Processo de Insolvência e a Recuperação da Sociedade Comercial de Responsabilidade Limitada*, Coimbra Editora, Coimbra, 2011, pp. 100 e ss.

[86] *Um Curso de Direito da Insolvência*, 2ª edição revista e atualizada, Almedina, Coimbra, 2016, p. 89.

Porém, em certos casos, sobre o devedor recai mesmo a *obrigação* de se apresentar à insolvência – é o que dispõe o art. 18[87]º. O art. 18º, nº 1, prevê como regra a obrigatoriedade de o devedor se apresentar à insolvência dentro do prazo de *30 dias*[88] a contar da data do conhecimento da situação de insolvência[89] ou da data em que deveria conhecê-la[90].

Se o devedor é titular de uma empresa, a lei presume inilidivelmente o conhecimento da situação de insolvência, quando forem decorridos pelo menos três meses a contar do incumprimento generalizado de alguma das obrigações referidas na al. g) do nº 1 do art. 20º.

[87] Sobre o dever de apresentação, cfr. Costa, Maria Olímpia, *O Dever de Apresentação à Insolvência*, Almedina, Coimbra, 2016.

[88] O art. 18.º, n.º 1, foi alterado pela Lei n.º 16/2012, de 20 de abril, que reduziu para metade o prazo previsto na redação originária para o dever de apresentação. Com este encurtamento do prazo, não só o legislador procurou "uma maior tutela dos credores, limitando-se tanto quanto possível a existência no mercado de agentes económicos em situação de insolvência, como se antecipa a possibilidade de um determinado devedor, ainda economicamente viável, se sujeitar a um plano de recuperação da respectiva actividade" – Ponto 2.3. do Memorando de enquadramento das propostas de alteração ao Código da Insolvência e da Recuperação de Empresas, de 31 de agosto de 2011.

[89] A lei estabelece expressamente que apenas releva a insolvência prevista no art. 3º, nº 1.

[90] Quanto ao regime legal anterior, no sentido de que o decurso do prazo sem que tenha sido requerida a falência ou a recuperação pelo próprio devedor não extingue o dever, nem lhe retira a faculdade, veja-se, por todos, Fernandes, Luís A. Carvalho, *Natureza do Prazo para o Insolvente Requerer a Falência*, sep. "Revista de Direito e de Estudos Sociais", jan.-set., 1997, ano XXXIX (XII da 2ª série), nºs 1-2-3, pp. 261-264; em sentido contrário, veja-se o Ac. STJ de 15 de novembro de 1995 (Lopes Pinto). À luz do CIRE, veja-se o Ac. Rel. Co. de 26-05-2009 (Artur Dias), segundo o qual "o incumprimento do dever de apresentação à insolvência dentro dos 60 dias seguintes à data do conhecimento da situação de insolvência não retira ao devedor legitimidade para se apresentar em data posterior, não sendo de caducidade aquele prazo [...] A apresentação à insolvência configura-se, pois, não propriamente como um direito cujo não exercício em determinado prazo – nomeadamente no de 60 dias previsto no nº 1 do art. 18º ou no de seis meses previsto na al. d) do nº 1 do art. 238º, ambos do CIRE – determine a sua caducidade, mas antes, para todos os possíveis sujeitos passivos da declaração de insolvência (art. 2º do CIRE), com excepção das pessoas singulares não titulares de empresa na data da situação de insolvência, como um dever, cujo não cumprimento atempado acarreta sanções e, para os devedores pessoas singulares não titulares de empresa na data da situação de insolvência, como um ónus cuja inobservância no prazo previsto no art. 238º, nº 1, al. d), do CIRE, reunidos os demais requisitos ali exigidos, importa a perda do eventual benefício da exoneração do passivo restante".

Por outro lado, o nº 2 do art. 18º *excetua* da obrigatoriedade de apresentação à insolvência todos os devedores pessoas singulares que não sejam titulares de uma empresa na data em que incorrem em situação de insolvência[91].

A *violação* deste dever importa as seguintes consequências: presunção de culpa grave no âmbito do incidente de qualificação da insolvência (art. 186º, nº 3, al. a), e nº 4); eventual preclusão da possibilidade de concessão da exoneração do passivo restante (art. 238º, nº 1, al. d))[92]; é relevante ainda para efeitos de responsabilidade penal (é subsumível no tipo legal de crime de insolvência negligente, regulado no art. 228º, nº 1, al. b) do CPenal)[93].

Alguma doutrina tem entendido que a violação do dever de apresentação pode ser constitutiva de *responsabilidade civil extracontratual* perante os credores, com fundamento na violação de disposição legal destinada a proteger interesses alheios (art. 483º, nº 1, do CCivil). Trata-se de uma responsabilidade que recai, de forma solidária, sobre o devedor e os seus administradores de direito ou de facto, destinada a indemnizar os danos resultantes do atraso na apresentação à insolvência[94]. Neste caso, quanto aos danos indemnizáveis, há que distinguir entre os créditos constituídos até à data em que o devedor

[91] Segundo o Ac. Rel. Co., de 26-05-2009 (ARTUR DIAS), "o devedor pessoa singular que não seja titular de uma empresa na data em que incorra em situação de insolvência, sobre quem não recai aquele dever de apresentação, mantém legitimidade para requerer a declaração da sua insolvência a todo o tempo, sem sujeição a qualquer prazo".

[92] Desde que acompanhada da "constatação de prejuízo para os credores e da consciência da impossibilidade de melhoria da situação económica por parte do devedor" – neste sentido, Ac. Rel. Po. 20-11-2008 (TELES DE MENEZES). Mesmo que não exista qualquer dever de apresentação (ou seja, mesmo que se trate de pessoa singular não titular de uma empresa) dispõe o art. 238º, nº 1, al. d), que fica precludida a possibilidade de beneficiar da exoneração o devedor que se tenha abstido de se apresentar nos seis meses posteriores à verificação da situação de insolvência, desde que exista prejuízo para os credores e, "sabendo, ou não podendo ignorar sem culpa grave, não existir qualquer perspectiva séria de melhoria da sua situação económica". A este propósito, veja-se CASTRO, Osório, *Preâmbulo não Publicado do Decreto-Lei que Aprovou o Código, in:* "Código da Insolvência e da Recuperação de Empresas", Ministério da Justiça, Coimbra Editora, Coimbra, 2004, p. 206.

[93] Esta tutela penal resultou da alteração introduzida no Código Penal pelo D.L. nº 65/98, de 2 de setembro – cfr., quanto aos efeitos penais da falência, EPIFÂNIO, Maria do Rosário, *Os Efeitos Substantivos da Falência*, PUC, Porto, 2000, pp. 103-104; CAEIRO, Pedro, *Sobre a Natureza dos Crimes Falenciais (o património, a falência, a sua incriminação e a reforma dela)*, Coimbra Editora, Coimbra, 1996.

[94] Neste sentido, LEITÃO, Luís M. T. de Menezes, *Direito da Insolvência*, 8ª edição, Almedina, Coimbra, 2018, p. 141.

se devia ter apresentado à insolvência e os créditos constituídos após esse momento. Quanto aos primeiros, a indemnização será calculada com base na diferença entre a percentagem do valor dos créditos se a insolvência tivesse sido atempadamente pedida e a percentagem do valor dos créditos efetivamente percebida no processo de insolvência. Quanto aos segundos, a indemnização deverá ser calculada de acordo com o interesse contratual negativo, ou seja, procurando colocar o credor na situação em que estaria se tivesse tido conhecimento da situação do seu devedor e, por isso, não tivesse celebrado qualquer contrato.

2. Os responsáveis legais, os credores e o Ministério Público

Por força do art. 20º, nº 1, têm legitimidade ativa para desencadear a ação de insolvência o responsável legal pelas dívidas do insolvente, qualquer credor, e também o Ministério Público, desde que se preencha algum dos factos elencados nas suas várias alíneas. Assim, podemos afirmar que a legitimidade ativa de quem não seja devedor depende do preenchimento de dois requisitos em simultâneo: um requisito de natureza subjetiva e um requisito de natureza objetiva[95].

Quanto ao *requisito de natureza subjetiva*, é necessário que o sujeito preencha uma das três categorias enunciadas alternativamente no proémio do nº 1 do art. 20º. Assim, deve tratar-se de um responsável legal pelas dívidas do insolvente ou, em alternativa, ser um qualquer credor ou, em alternativa, tratar-se do Ministério Público.

Por *responsável legal*, e para efeitos do CIRE, entende a lei tratar-se de pessoa que, por força da lei, responda pessoal e ilimitadamente pela generalidade das dívidas do insolvente, mesmo que subsidiariamente (art. 6º, nº 2). Podemos integrar aqui o sócio de sociedade em nome coletivo (art. 175º, nº 1, do CSC), o sócio comanditado de sociedade em comandita (art. 175º, nº 1, *ex vi* do

[95] Considerando tratar-se de verdadeiros pressupostos de prossecução da ação, *vide* SANTOS, Filipe Cassiano/ FONSECA, Filipe Duarte, *Pressupostos para a Declaração de Insolvência no Código da Insolvência e da Recuperação de Empresas, in* "Cadernos de Direito Privado", n.º 29, jan./mar., 2010, p. 15. Para MENEZES LEITÃO, é sobre o requerente que recai o ónus da prova, quer da sua condição de interessados, quer da verificação de algum dos factos índice – *Pressupostos da Declaração de Insolvência, in* "I Congresso de Direito da Insolvência", Almedina, Coimbra, 2014, p. 181.

art. 465º, nº 1, do CSC), as hipóteses dos arts. do CSC 84º (responsabilidade de sócio único), 270º-F (responsabilidade de sócio de sociedade por quotas unipessoal) e 501º (responsabilidade para com credores de sociedade subordinada), as empresas agrupadas nos ACE (Base II, nº 2, da Lei nº 4/73, de 4 de junho), os membros dos AEIE (art. 24º, nº 1, do Regulamento), os sócios das sociedades civis (art. 997º do CCivil). Já parecem não estar aqui incluídos, por exemplo, os sócios das sociedades por quotas que ilimitem a sua responsabilidade convencionalmente (art. 198º do CSC), assim como não estão incluídos os cooperadores que ilimitem convencionalmente a sua responsabilidade pelas dívidas da cooperativa (art. 23º do CCoop)[96].

Nos termos do art. 20º, nº 1, pode *qualquer credor* requerer a declaração de insolvência do devedor, ainda que o seu crédito seja condicional e qualquer que seja a sua natureza[97]. Como incentivo ao impulso processual por estes

[96] Neste sentido, cfr. o Ac. Rel. Po., de 12-06-2008 (AMARAL FERREIRA) e o Ac. Rel. Év., de 10-09-2015 (CONCEIÇÃO FERREIRA) e, na doutrina, FERNANDES, Luís A. Carvalho/LABAREDA, João, *Código da Insolvência e da Recuperação de Empresas Anotado*, 3ª edição, Quid Juris Editora, Lisboa, 2015, p. 102, nota 10.

[97] A legitimidade de titular de crédito litigioso ("o crédito que tiver sido contestado em juízo contencioso, ainda que arbitral, por qualquer interessado" – art. 593.º, n.º 3, do CCivil) não é pacífica. Segundo o Ac. STJ, de 29-03-2012 (FERNANDES DO VALE), "I – O titular de crédito litigioso encontra-se legitimado, ao abrigo do preceituado no art. 20.º, n.º 1, do CIRE, para requerer a declaração de insolvência do respetivo devedor. II – Trata-se, in casu, de legitimidade processual ou ad causam, não contendente com o mérito da causa a que diz respeito a existência ou inexistência do controvertido crédito". No mesmo sentido, MARTINS, Alexandre de Soveral, *Um Curso de Direito da Insolvência*, 2ª edição revista e atualizada, Almedina, Coimbra, 2016, pp. 77 e 78; os Acs. Rel. Guim. de 15-09-2011 (MANUEL BARGADO), de 13-10-2011 (CONCEIÇÃO BUCHO) e de 08-05-2014 (JORGE TEIXEIRA), e, o Ac. Rel. Po., de 13-03-2014 (AMARAL FERREIRA), o Ac. Rel. Co., de 26-05-2009 (ISAÍAS PÁDUA), e o Ac. Rel Lx., de 2-11-2010 (MARIA JOÃO AREIAS). Contra, veja-se, COSTEIRA, Maria José, *O Código da Insolvência e da Recuperação de Empresas Revisitado, in:* "Instituto de Direito das Empresas e do Trabalho – Miscelâneas", n.º 6, 2010, pp. 59-63, e, na jurisprudência, designadamente, o Ac. Rel. Co., de 3-12-2009 (EMÍDIO COSTA). Sobre a inadmissibilidade de o processo de insolvência prosseguir perante a constatação da existência de um só credor, veja-se o Ac. Rel. Guim., de 08-05-2014 (JORGE TEIXEIRA). No sentido de que o crédito não tem que estar vencido, veja-se LEITÃO, Luís M. T. de Menezes, *Direito da Insolvência*, 8ª edição, Almedina, Coimbra, 20128 p. 140. Em sentido contrário, defendendo que não só tem que estar vencido como também tem que estar em incumprimento, veja-se o Ac. Rel. Lx., de 5-06-2008 (ARNALDO SILVA), e o Ac. Rel. Po., de 05-03-2009 (CRUZ PEREIRA). Para SOUSA MACEDO, para quem o direito de ação falimentar exercido pelos credores desempenha uma função social e não uma pura função individual de satisfação dos seus próprios interesses, "o credor a prazo ou condicional tem

entes, a lei consagra no art. 98º a atribuição de um privilégio creditório geral aos créditos não subordinados de que seja titular o credor requerente da declaração de insolvência[98] (veja-se também o ponto 14 do Preâmbulo). Reza o art. 245.º, n.º 2, do CSC que "os credores por suprimentos não podem requerer, por esses créditos, a falência da sociedade"[99]. Tenha-se em consideração, todavia, que os credores por suprimentos poderão requerer a insolvência da sociedade com fundamento na titularidade de créditos de outra natureza[100].

direito a requerer a falência, uma vez que prove que o devedor cessou pagamentos de dívidas certas e líquidas. Compreende-se que assim seja, pois, de outro modo, o credor estaria sujeito a não encontrar valores no património do devedor quando o prazo se vencesse ou a condição se cumprisse". Do *caráter social* do direito de ação pertencente ao credor, SOUSA MACEDO retira a impossibilidade de pacto de renúncia ao direito de intentar ação falimentar, bem como a recusa de atribuição de eficácia extintiva da instância ao pagamento ao credor requerente. Cfr. *Manual de Direito das Falências* (vol. I), Livraria Almedina, Coimbra, 1964, pp. 384-390. Se fosse legalmente exigido o incumprimento do crédito do credor requerente, não sendo suficiente o incumprimento de um crédito de qualquer credor, poderíamos cair no seguinte absurdo: temos, por um lado, um devedor que já se encontra numa situação de suspensão generalizada das suas obrigações vencidas e em que nenhum legitimado desencadeia o procedimento de insolvência, e, por outro lado, um credor cujo crédito ainda não se venceu mas que nada pode fazer perante o descalabro financeiro do seu devedor. Um outro argumento a favor da legitimidade ativa de credor cujo crédito não se venceu reside na possibilidade de invocação da fuga do titular da empresa (al. c)), da dissipação de bens (al. d)) – trata-se de fundamentos que nada têm a ver com o crédito de que é titular o credor requerente. No *direito espanhol*, veja-se o art. 3, 1, Ley Concursal; no *direito germânico*, por expressa estatuição legal (§14 InsO), apenas os credores com um interesse jurídico na abertura do processo ("ein rechtliches Interesse an der Eröffnung des Insolvenzverfahrens") têm legitimidade para desencadear o processo de insolvência.

[98] Afastando a incidência deste privilégio sobre a herança indivisa, por se tratar de um bem imóvel, veja-se o Ac. Rel. Lx., de 17-09-2013 (ANA RESENDE).

[99] Por força do art. 11º do D.L. nº 53/2004, de 18 de março, deve entender-se que a remissão para a falência vale para a insolvência.

[100] Assim, VENTURA, R., *Sociedades por Quotas – Comentário ao Código das Sociedades Comerciais*, Vol. II, 2ª reim. da 1ª edição de 1989, Almedina, Coimbra, 1999, p 143, nota 3, e PEREIRA, J., *O Contrato de Suprimento*, 2ª ed., Coimbra Editora, Coimbra, 2001, p 98; MARTINS, Alexandre de Soveral, *Um Curso de Direito da Insolvência*, 2ª edição revista e atualizada, Almedina, Coimbra, 2016, p. 76. Segundo PINTO, Alexandre Mota, *in Código das Sociedades Comerciais em Comentário*, vol. III, 2ª edição, Almedina, Coimbra, 2016, p. 666: "poderia corresponder a admitir um comportamento contraditório (um *venire contra factum proprium*), dado que o sócio financia a manutenção da actividade social, eventualmente, criando expectativas nos credores da sociedade, e, posteriormente, valendo-se do modo de financiamento escolhido poderia vir requerer o termo da sociedade". Na *jurisprudência*, veja-se, entre outros, o Ac. Rel. Lx, de 24-11-2016 (ANTÓNIO SANTOS): "os credores sociais por suprimentos não têm legitimidade para

Finalmente, e ainda de acordo com o art. 20º, nº 1, pode[101] o *Ministério Público*[102], em representação das entidades cujos interesses lhe estão confiados[103], requerer a declaração de insolvência do devedor.

requerer, na qualidade de titulares de tais créditos, a insolvência da sociedade, não estando porém impedidos de poderem requerer a falência com base em créditos que lhe sejam devidos a outro título". Sobre a falta de legitimidade de adquirente, por via sucessória, de crédito por suprimento, cfr. o Ac. Rel. Év., de 10-09-2015 (Conceição Ferreira).

[101] O Anteprojeto de Diploma que Altera o Código da Insolvência e da Recuperação de Empresas, de 24 de novembro de 2011, acrescentava um n.º 3 ao art. 20.º onde se estatuía que "O Ministério Público junto do tribunal onde correu termos a execução deve requerer a insolvência do devedor inscrito na lista pública de execuções, seguindo o processo de insolvência os termos previstos no artigo 39.º". Esta proposta de alteração não foi incorporada no texto da Proposta de Lei apresentada no Parlamento (Proposta n.º 39/XII, de 30 de dezembro de 2011) – foram muitas as vozes de protesto. O Sindicato dos Magistrados do Ministério Público apontou várias críticas a esta solução: onerosidade; impossibilidade de satisfação dos interesses dos credores através do processo de insolvência quando não há património e "tal já resultou atestado em diversas execuções"; acréscimo do número de processos de insolvência o que contribuiria para "atrasar a tramitação de insolvências de empresas recuperáveis ou os trâmites da própria liquidação, não podendo olvidar-se a escassez de administradores da insolvência". Parecer do Sindicato dos Magistrados do Ministério Público Relativo às Alterações à Insolvência (CIRE), pp. 2 e 3. Também o Conselho Superior do Ministério Público se pronunciou contra, sugerindo que, em vez da imposição de um dever ao Ministério Público, se atribuísse um poder de natureza facultativa e não um dever, solução que, no entanto, não passou para a proposta final – Comentários do Conselho Superior do Ministério Público ao Anteprojeto de Diploma que Altera o Código da Insolvência e da Recuperação de Empresas, pp. 10 e 11.

[102] Como forma de incentivar o Estado, as instituições de segurança social e as autarquias locais a requerer o mais cedo possível a declaração de insolvência, consagrou-se no art. 97º a extinção parcial das hipotecas legais e dos privilégios creditórios que sejam acessórios dos créditos detidos pelas entidades referidas (veja-se, igualmente, o ponto 14 do preâmbulo).

[103] Veja-se, a este propósito, o art. 13º. Veja-se também o art. 22º do CPEREF, segundo o qual o M. P. representava as seguintes entidades: o Estado, os institutos públicos sem natureza de empresas públicas e a segurança social. De acordo com o Despacho, de 10 de outubro de 2011, do Procurador-Geral da República: "Nos termos e para os efeitos do disposto no artigo 12.º, n.º 2, alínea b), do Estatuto do Ministério Público, na redacção da Lei n.º 60/98, de 27 de Agosto, determino que os Senhores Magistrados e Agentes do Ministério Público observem o seguinte: Compete ao Ministério Público, em representação dos trabalhadores e seus familiares, no âmbito da defesa dos seus direitos de carácter social, instaurar processo de insolvência do devedor e requerer, no âmbito do mesmo, a verificação e graduação dos créditos titulados por aqueles, desde que respeitem à execução, violação ou cessação do contrato de trabalho". *In* www.pgr.pt.

O caráter abrangente do art. 20º é atenuado pelo art. 22º ao prever a responsabilidade do autor de pedido infundado de declaração de insolvência, em caso de dolo.

3. O administrador judicial provisório

Segundo o art. 17.º-G, n.º 4, se o processo especial de revitalização encerrar sem aprovação de acordo (ou sem homologação de plano aprovado – art. 17.º-F, n.º 8), o administrador judicial provisório, após ouvir a empresa e os credores, emite parecer sobre se a empresa se encontra em situação de insolvência. Em caso afirmativo, requer a insolvência da empresa, devendo a mesma ser declarada no prazo de três dias úteis a contar da receção pelo tribunal da comunicação prevista no n.º 1 do art. 17.º-G (art. 17.º-G, n.º 3).

Já relativamente ao processo especial para acordo de pagamento, o art. 222.º-G, n.º 4, dispõe que, se o processo encerrar sem aprovação de acordo de pagamento (ou sem homologação de acordo aprovado – art. 222.º-F, n.º 6), o administrador judicial provisório, depois de ouvidos o devedor e os credores, emite o seu parecer sobre se o devedor se encontra em situação de insolvência. Em caso afirmativo, requer a insolvência do devedor, devendo a mesma ser declarada no prazo de três dias úteis contados a partir do termo do prazo previsto no art. 222.º-G, n.º 5 (art. 222.º-G, n.º 3).

§3 Petição inicial

Nos termos do art. 23º, a apresentação à insolvência pelo devedor ou o pedido de declaração de insolvência através de outros legitimados[104] fazem-se através de petição escrita, na qual se apresentam os factos respeitantes aos pressupostos da declaração de insolvência e se formula o respetivo pedido[105].

[104] Os arts. 17.º-G e 222.º-G não remetem para o disposto no art. 23.º, quando a insolvência é pedida pelo administrador judicial provisório, suscitando-se, por isso, dúvidas quanto à sua aplicabilidade.

[105] No direito pretérito, a doutrina defendia à luz do art. 151º, nº 2, do CPCivil de 1961 (aplicável por via subsidiária) a necessidade de o requerimento ser apresentado de forma articulada. Veja-se, por todos, FERNANDES, Luís A. Carvalho/LABAREDA, João, *Código dos Processos Especiais de Recuperação da Empresa e de Falência Anotado* (3ª edição), Quid Juris Editora, Lisboa, 1999, p. 101, nota 4. Atualmente, também a forma articulada é aplicável por força do art. 147, nº 2, do CPCivil de 2013, *ex vi* do art. 17.º, n.º 1 do CIRE. Neste sentido, LEITÃO, Luís M. T. de Menezes, *Direito da Insolvência*, 8ª edição, Almedina, Coimbra, 2018, p. 146.

De realçar que o devedor não pode desistir do pedido ou da instância e que os outros legitimados poderão fazê-lo até ao momento da prolação da sentença (declarativa de insolvência ou de indeferimento da mesma) (art. 21.º)[106].

A petição deve conter as seguintes referências obrigatórias[107]:

- Identificação dos administradores do devedor, de direito ou de facto[108], e dos seus cinco maiores credores[109] (excluindo-se o credor requerente) (nº 2, al. a), e art. 6º, n.º 1);
- Identificação do cônjuge do devedor e respetivo regime de bens do casamento (nº 2, al. c));
- Junção de certidão do registo civil, do registo comercial ou de outro registo público a que o devedor se encontre sujeito (nº 2, al. d)).

A petição deverá ser oferecida em duplicado, em número que permita o depósito de um exemplar para efeitos de arquivo do tribunal, e a sua entrega aos cinco maiores credores conhecidos, e, se for caso disso, à comissão de trabalhadores e ao devedor (art. 26º, nº 1)[110].

Os documentos juntos à petição deverão ser acompanhados de duas cópias: uma destinada ao arquivo do tribunal, e outra destinada à secretaria do tribunal para efeitos de consulta dos interessados (art. 26º, nº 2)[111].

[106] Assim, LEITÃO, Luís M. T. de Menezes, *Pressupostos da Declaração de Insolvência, in* "I Congresso de Direito da Insolvência", Almedina, Coimbra, 2014, p. 184.

[107] Se o requerente não puder apresentar todos os elementos de identificação referidos solicitará que o próprio devedor forneça esses elementos (nº 3 do art. 23º).

[108] A Lei nº 16/2012, de 20 de abril, alterou a redação do art. 23.º, n.º 2, al. b), acrescentando a referência aos administradores de facto. A relevância dos administradores de facto no âmbito do processo de insolvência situa-se sobretudo no âmbito do incidente de qualificação da insolvência e dos respetivos sujeitos passivos (*maxime* os arts. 186.º, n.ºs 1 a 3, e 189º, nº 2, al. a)).

[109] Segundo o Ac. Rel. Lx., de 9-07-2009 (EZAGÜY MARTINS), "a disponibilização pelo "devedor" da "lista dos seus cinco maiores credores, com exclusão do requerente", imposta pelo art. 30º, nº 2, do C.I.R.E., destina-se exclusivamente à facilitação de actos que se seguem à declaração da insolvência, quando esta venha a ter lugar".

[110] A secretaria deverá sempre, oficiosamente, extrair as cópias da petição a entregar aos administradores do devedor (art. 26º, nº 4).

[111] Se faltar algum duplicado da petição ou alguma cópia de documento junto à petição, o processo prossegue, devendo os mesmos ser extraídos oficiosamente pela secretaria a expensas do requerente, ao qual será ainda aplicável uma multa até 2 UC (art. 26º, nº 3).

1. Requisitos

1.1. Pedido apresentado pelo devedor

Caso o pedido de declaração de insolvência tenha sido apresentado pelo devedor, deve ainda conter a indicação da atualidade ou iminência da situação de insolvência (art. 23º, nº 2, al. a)), assim como o requerimento de exoneração do passivo restante (arts. 23º, nº 2, al. a) e 236º, nº 1)[112], o pedido de administração pelo devedor (art. 224º, nº 2, al. a)), ou o pedido de plano de pagamentos (art. 251º). Quanto ao plano de insolvência, o devedor tem a faculdade de o juntar à petição, podendo porém apresentá-lo mais tarde, de acordo com os arts. 24º, nº 3, e 193º e ss.

Para além disso, quando o devedor se tenha apresentado à insolvência, deve ainda juntar à petição os documentos elencados nas várias alíneas do nº 1 e do nº 2 do art. 24º.

1.2. Pedido apresentado por outros legitimados

Quando o pedido de declaração de insolvência tenha sido apresentado por algum credor, o requerente deverá justificar na petição a origem, a natureza e o montante do seu crédito e oferecer os elementos respeitantes ao ativo e ao passivo do devedor que possua (art. 25º, nº 1). Caso o pedido tenha sido apresentado por algum responsável legal, o requerente deverá na petição justificar a sua responsabilidade pelos créditos sobre a insolvência e oferecer os elementos respeitantes ao ativo e ao passivo do devedor que possua (art. 25º, nº 1).

Qualquer requerente para além do devedor deverá ainda oferecer com a petição todos os meios de prova de que disponha, devendo inclusivamente juntar o rol de testemunhas, o qual não poderá, todavia, exceder os limites previstos no art. 511º do CPCivil (art. 25º, nº 2)[113].

[112] O qual, no entanto, pode ser apresentado mais tarde até à assembleia de apreciação do relatório, desde que o juiz o autorize (art. 236.º, n.º 1).

[113] O art. 25.º, n.º 2, foi alterado pelo art. 3.º do D.L. n.º 79/2017, de 30 de junho. Tratou-se de uma de entre muitas alterações justificadas pela necessidade de harmonizar o CIRE (redigido à luz do Código de Processo Civil de 1961, e que, por isso remetia para o art. 789.º do CPCivil) com o Código de Processo Civil de 2013 (aprovado pela Lei nº 41/2013, de 26 de junho).

2. Apreciação liminar do pedido de declaração de insolvência

No próprio dia da distribuição ou, não sendo tal viável, até ao 3º dia útil subsequente, deve o juiz proferir despacho liminar, o qual pode assumir um dos seguintes conteúdos: despacho de indeferimento liminar, despacho de correção, declaração imediata de insolvência ou despacho de citação.

2.1. Indeferimento liminar do pedido

No próprio dia da distribuição, ou, não sendo tal possível, até ao terceiro dia útil subsequente, o juiz indefere liminarmente o pedido, com os seguintes fundamentos (art. 27º, nº 1, al. a)):

- manifesta improcedência do pedido de declaração de insolvência[114]; ou
- evidência de exceções dilatórias insupríveis de que deva conhecer oficiosamente.

Se o pedido de insolvência tiver sido apresentado pelo devedor, deve o despacho de indeferimento, que não se fundamente total ou parcialmente na falta de junção dos documentos devidos por força do art. 24º, nº 2, al. a), ser objeto de publicação no Portal *Citius*, no prazo previsto no nº 8 do art. 38º, contendo as referências indicadas no nº 8 do art. 37º (art. 27º, nº 2)[115].

[114] Segundo o Ac. Rel. Po., de 17-09-2012 (SOARES DE OLIVEIRA), e enquadrando a hipótese no art. 27.º, n.º 1, al. a) do CIRE, "Deve indeferir-se liminarmente o pedido de declaração de insolvência de pessoa singular relativamente à qual se alega não ter património, art. 1.º e 2.º do Código da Insolvência e da Recuperação de Empresas". Já o Ac. STJ, de 14-11-2006 (BORGES SOEIRO), " (...) III. Mesmo que se admita ser de sopesar da verdadeira utilidade em abrir um processo de insolvência quando antecipadamente se presume a inexistência de bens susceptíveis de satisfazerem os interesses dos credores, a verdade é que, mesmo nesse caso, não é de todo inútil o processo, quer porque podem existir outros bens do insolvente que o credor, na respectiva ação executiva, não logrou encontrar, quer porque a finalidade do processo não se resume à apreensão dos bens do património do insolvente para posterior liquidação e pagamento dos credores. IV – Com efeito, relevam, entre outros fins, o saneamento do mercado, expurgando-se as empresas ou pessoas singulares económica ou financeiramente inviáveis, e a produção de vários efeitos decorrentes da declaração de insolvência como o vencimento de todas as obrigações do insolvente".

[115] O art. 25.º, n.º 2, foi alterado pelo art. 3.º do D.L. n.º 79/2017, de 30 de junho Tratou-se de ajustar a remissão para o n.º 8 do art. 38.º, por um lado, e, por outro lado, de substituir a referência ao Diário da República pela indicação ao portal *Citius*. Este era já o nosso entendimento

2.2. Despacho de correção de vícios

No próprio dia da distribuição, ou, não sendo tal possível, até ao terceiro dia útil subsequente, o juiz, caso não haja motivo para indeferimento liminar, e caso encontre vícios sanáveis na petição (tais como, por exemplo, a falta de requisitos legais, a falta dos documentos que devem instruir a petição, nos casos em que a sua ausência não seja devidamente justificada), convida o requerente a, no prazo máximo de 5 dias, corrigir esses vícios, sob pena de indeferimento liminar da petição (art. 27º, nº 1, al. b)).

2.3. Declaração imediata de insolvência

Caso o pedido de declaração de insolvência tenha sido apresentado pelo próprio devedor, a lei considera existir um reconhecimento da situação de insolvência, que importa a sua declaração imediata até ao terceiro dia útil seguinte ao da distribuição da petição ou, caso existam vícios corrigíveis, ao da sua correção[116] (art. 28º). Com esta solução inovadora pretendeu o legislador conferir celeridade ao processo de insolvência (veja-se os pontos 10 e 28 do Preâmbulo). Repare-se que, nesta hipótese, é declarada a insolvência sem que tenham intervindo e sem que tenham sido ouvidos no processo outros sujeitos para além do próprio devedor e o tribunal (como, por exemplo, os credores, o Ministério Público)[117].

na 6ª edição. De facto, a Lei n.º 16/2012, de 20 de abril, não tinha alterado o art. 27.º, n.º 2. Porém, em virtude da substituição (operada por essa Lei n.º 16/2012, de 20 de abril), no âmbito do processo de insolvência, das publicações no Diário da República por publicações no portal *Citius*, defendíamos que a publicação devia ser feita no portal *Citius*.

[116] Desde que não existam exceções dilatórias insupríveis de conhecimento oficioso e o pedido não seja manifestamente improcedente (art. 27º, nº 1, al. a)). A este propósito, veja-se o Ac. Rel. Co., de 20-06-2012 (Francisco Caetano), segundo o qual "não tem fundamento o despacho liminar de indeferimento de declaração de insolvência por manifesta improcedência relativamente ao apresentante que, não dispondo de quaisquer bens ou rendimentos, está desempregado há mais de 3 anos, embora procure trabalho e esteja inscrito no Centro de Emprego e tenha uma dívida por crédito ao consumo (compra de veículo automóvel) a uma instituição financeira, no valor de €10.355,85, em fase de execução judicial".

[117] A propósito da privacidade do processo de insolvência (até à notificação e publicidade da sentença declarativa da insolvência) desencadeado pelo devedor, cfr. Fernandes, Luís A. Carvalho/Labareda, João, *Código da Insolvência e da Recuperação de Empresas Anotado*, 3ª edição, Quid Juris Editora, Lisboa, 2015, pp. 262-263, notas 3 e 4.

Por remissão expressa dos arts. 17.º-G, n.º 4, e 222.º-G, n.º 4, o art. 28.º aplica-se, com as devidas adaptações, à hipótese de a insolvência ter sido requerida pelo administrador judicial provisório.

2.4. Despacho de citação

2.4.1. Regime jurídico

Caso o pedido de declaração de insolvência não tenha sido apresentado pelo devedor, e caso não exista motivo para indeferimento liminar, sem prejuízo do disposto no art. 31.º, n.º 3, o juiz manda citar pessoalmente o devedor (art. 29º, nº 1) até ao terceiro dia útil seguinte à data da distribuição ou, havendo vícios corrigíveis, até ao terceiro dia útil seguinte à data do respetivo suprimento (art. 28º *ex vi* do art. 29º, nº 1)[118].

No entanto, este preceito deve ser cotejado com o art. 12º. De facto, no nº 1 deste preceito, a lei prevê a possibilidade de a audiência do devedor (ou dos seus administradores, caso o devedor não seja uma pessoa singular – nº 3 do art. 12º) ser dispensada com fundamento no risco de demora excessiva em virtude de o devedor se encontrar a residir no estrangeiro, ou de o seu paradeiro ser desconhecido[119]. Todavia, exige-se que, sempre que possível, seja ouvido, em sua substituição, um representante ou, na sua falta, o cônjuge (ou pessoa que com ele viva em união de facto) ou um parente do devedor (nº 2 do art. 12º)[120].

[118] No caso de o processo de insolvência ter sido desencadeado por outro legitimado, para além do devedor, o processo de insolvência desenvolve-se apenas entre o devedor e o requerente, não sendo mais ninguém chamado. A este propósito, veja-se FERNANDES, Luís A. Carvalho/ LABAREDA, João, *Código da Insolvência e da Recuperação de Empresas Anotado*, 3ª edição, Quid Juris Editora, Lisboa, 2015, p. 262, nota 3.

[119] De acordo com o Ac. Rel. Lx., de 25-11-2011 (ANTÓNIO SANTOS), "Porque no âmbito do n.º 1, do art. 12.º, do CIRE, o contraditório não é de todo postergado, antes é ele tão só diferido para momento posterior à declaração de insolvência, sendo sempre o devedor notificado da sentença, e nos **termos previstos para a citação** (aplicando-se-lhe portanto as disposições referentes à realização da citação), podendo então da mesma embargar (cf. Arts 37.º, n.º 2 e 40.º, n.º 1, alínea a), ambos do CIRE), não é de exigir uma aturada, exaustiva e **demorada** indagação do paradeiro do devedor" (destaque no original).

[120] Mais uma preocupação do legislador do CIRE com a celeridade do processo de insolvência.

No ato de citação, o devedor é advertido da cominação legal prevista no art. 30º, nº 5, para a hipótese de não deduzir oposição[121], e da necessidade de os documentos previstos no art. 24º, nº 1, estarem prontos para entrega imediata ao administrador da insolvência (caso a insolvência seja declarada) (art. 29º, nº 2).

Quanto às modalidades de citação do devedor, o CIRE não prevê qualquer disciplina especial[122], pelo que, por força do art. 17º, deveremos recorrer às disposições do Código de Processo Civil na matéria (designadamente os seus arts. 225º e ss)[123].

2.4.2. Efeitos

Com o despacho de citação, pode o juiz ordenar, oficiosamente ou a pedido do requerente, com fundamento no justificado receio da prática de atos de má gestão, as *medidas cautelares* que se mostrem necessárias ou convenientes para impedir o agravamento da situação patrimonial do devedor, até ao momento da prolação da sentença (art. 31º, nº 1).

As medidas cautelares podem ser ordenadas previamente ao despacho de citação – desde que tal antecipação seja considera indispensável para não perigar o efeito útil do processo de insolvência e a citação não seja adiada mais de 10 dias (art. 31º, nº 3)[124].

As medidas cautelares contempladas na lei não têm caráter exaustivo[125]. A título de exemplo (a lei utiliza a expressão "designadamente"), o legislador

[121] Confissão dos factos alegados na petição e consequente declaração de insolvência no dia útil seguinte ao termo do prazo de 10 dias para deduzir oposição.

[122] No direito pretérito, o legislador remetia expressamente para o regime da citação pessoal previsto no Código de Processo Civil.

[123] O art. 40º, nº 1, al. a), respeitante aos embargos à sentença declarativa da insolvência, parece permitir que o devedor seja citado por via pessoal ou por via edital.

[124] O art. 5º da Lei n.º 16/2012, de 20 de abril, revogou o n.º 4 do art. 31.º, nos termos do qual as medidas podiam ser ordenadas previamente à distribuição, desde que o requerente o solicitasse e justificasse a precedência.

[125] A doutrina tem apontado, exemplificativamente, a "proibição geral de o devedor praticar quaisquer actos de administração e disposição dos seus bens, a suspensão das acções executivas contra o mesmo e a apreensão imediata dos respectivos bens". Assim, LEITÃO, Luís M. T. de Menezes, *Direito da Insolvência*, 8ª edição, Almedina, Coimbra, 2018, p. 153.

prevê a nomeação de um administrador judicial provisório[126] com poderes exclusivos para a administração do património do devedor ou para assistir o devedor nessa administração (art. 31º, nº 2).

O administrador judicial provisório deve desempenhar as suas funções até à prolação da sentença, podendo, no entanto, por um lado, ser substituído ou removido em momento anterior, ou, por outro lado, ser reconduzido, na sentença, como administrador da insolvência (art. 32º, nº 2).

Ao administrador judicial provisório podem ser atribuídos *dois tipos de poderes*[127]: poderes exclusivos para a administração do património do devedor ou poderes para assistir o devedor na administração do seu património (art. 31º, nº 2).

Tratando-se de *poderes exclusivos de administração* do património do devedor, o administrador provisório tem o dever de providenciar pela manutenção e preservação do património e pela continuidade da exploração da empresa, exceto se considerar que a suspensão da atividade é mais vantajosa para os interesses dos credores e, ainda, desde que tal medida seja autorizada pelo juiz (art. 33º, nº 1).

Tratando-se, mais restritamente, de *assistência ao devedor na administração* do seu património, o juiz fixa a respetiva modalidade: específica ou genérica. Na 1ª hipótese, o juiz *especifica* os atos que não podem ser praticados pelo

[126] O administrador judicial provisório é escolhido a partir da lista oficial de administradores da insolvência, podendo o juiz ter em conta a proposta eventualmente feita na petição inicial nos processos em que seja previsível a existência de atos de gestão que requeiram especiais conhecimentos e nos casos em que o devedor seja uma sociedade comercial em relação de domínio ou de grupo com outras sociedades cuja insolvência tenha sido requerida e se pretenda a nomeação do mesmo administrador nos vários processos (art. 32º, nº 1) (este preceito foi alterado pelo art. 3.º do D.L. n.º 79/2017, de 30 de junho, alargando os casos em que o juiz pode ter em conta as indicações feitas na petição inicial). A sua remuneração é fixada pelo juiz (devendo respeitar os critérios estabelecidos nos arts. 27.º e 25.º, n.º 2, da Lei n.º 22/2013, de 26 de fevereiro), constituindo, juntamente com as despesas que resultem do exercício das suas funções, um encargo compreendido nas custas do processo, suportado pelo organismo responsável pela gestão financeira e patrimonial do Ministério da Justiça na medida em que, sendo da responsabilidade da massa, não possa ser satisfeito pelas forças desta (art. 32º, nº 3). O art. 32.º, n.º 3, foi alterado pelo art. 3.º do D.L. n.º 79/2017, de 30 de junho – tratou-se de um mero ajustamento da redação do preceito ao novo organismo do Estado.

[127] Sobre o dever, que impende sobre o administrador judicial provisório, de defender a empresa, veja-se Pidwell, Pedro, *Os Poderes e Deveres do Administrador Judicial [da Insolvência] na Reestruturação de Empresas, in:* "Revista de Direito da Insolvência", n.º 2, Almedina, Coimbra, 2018, p. 87.

devedor sem *aprovação* do administrador judicial provisório (art. 33º, nº 2, al. a)). Na 2ª hipótese, o juiz indica *genericamente* que o administrador judicial provisório deve assistir o devedor na prática de todos os atos que envolvam a alienação ou a oneração de quaisquer bens ou a assunção de novas responsabilidades que não sejam indispensáveis à gestão corrente da empresa (art. 33º, nº 2, al. b)).

Seja qual for o alcance dos poderes do administrador provisório (de administração exclusiva ou de assistência, genérica ou específica, ao devedor), o administrador judicial provisório tem acesso às instalações empresariais e à sede do devedor e a faculdade de proceder a quaisquer inspeções e exames (nomeadamente dos elementos da sua contabilidade), estando o devedor obrigado a fornecer-lhe todas as informações necessárias ao desempenho das suas funções, nos termos do art. 83º, com as devidas adaptações (art. 33º, nº 3).

Finalmente, o art. 34º[128], através de remissão expressa para outros preceitos do Código, regula a *publicidade* e o *registo* da nomeação do administrador judicial provisório e dos poderes que lhe são atribuídos (arts. 37.º e 38º, *ex vi* do art. 34º), assim como a fiscalização do exercício do cargo (art. 58º, *ex vi* do art. 34º) e responsabilidade em que possa incorrer (art. 59º, *ex vi* do art. 34º), bem como a eficácia dos atos jurídicos celebrados sem a sua intervenção, quando exigível (art. 81º, nº 6, *ex vi* do art. 34º).

§4 Oposição do devedor

O devedor tem um prazo de 10 dias[129], a contar do momento em que se considera citado, para deduzir oposição (art. 30º, nº 1). A lei regula não só os seus *requisitos externos*, como também o seu conteúdo.

Quanto ao primeiro aspeto, desde logo, o devedor deve juntar, sob pena de inadmissibilidade da oposição, lista dos seus cinco maiores credores para além do credor requerente, indicando o respetivo domicílio (art. 30º, nº 2)[130].

[128] Segundo a redação introduzida pelo art. 1º do D.L. nº 282/2007, de 7 de agosto.

[129] Este prazo conta-se nos termos gerais do art. 138º do CPCivil, por força de remissão subsidiária operada pelo art. 17º, nº 1. Coloca-se a questão da possibilidade de aplicação dos arts. 139º e 140º do CPCivil (que regulam a prática de atos processuais fora do prazo), e da sua compatibilidade com o caráter urgente do processo de insolvência.

[130] Segundo o Ac. STJ, de 17-06-2014 (Azevedo Ramos): "IV – A norma do citado art. 30.º, n.º 2, do CIRE, é materialmente inconstitucional, por violação do direito a um processo equitativo, consagrado no art. 20.º, n.º 4, da CRP, quando interpretada no sentido de não

Depois, na oposição, deve o devedor oferecer todos os meios de prova de que disponha, nos termos do art. 25º, nº 2, *ex vi* do art. 30º, nº 1[131].

Relativamente ao *conteúdo* da oposição, o devedor pode opor-se ao pedido de declaração de insolvência, com fundamento na inexistência do facto em que o requerente baseou o seu pedido ou com base na inexistência da situação de insolvência, não obstante a verificação do facto índice, assim ilidindo a presunção legal que lhe corresponde (art. 30º, nº 3). De qualquer modo, é sobre o devedor que recai o *ónus de provar a sua solvência*, devendo para tal basear-se na escrituração legalmente obrigatória para o seu caso, devidamente organizada e arrumada, ressalvado o disposto no nº 3 do art. 3º (art. 30º, nº 4). Para além disso, a doutrina tem entendido que o devedor pode deduzir a sua oposição com base noutros fundamentos, como, por exemplo, a existência de exceções dilatórias: ilegitimidade do requerente da insolvência por não se tratar de responsável legal nem de um seu credor[132].

Caso o devedor não deduza qualquer oposição, tendo sido citado para o efeito (ainda que editalmente e se encontre, simultaneamente, numa situação de revelia absoluta – art. 40º, nº 1, al. a)), consideram-se *confessados* os factos alegados na petição inicial[133], sendo a declaração de insolvência declarada automaticamente, no dia útil seguinte ao termo do prazo de oposição, desde que os factos constantes da petição inicial preencham alguma das hipóteses

dever ser admitido o articulado da oposição, se este não for acompanhado da lista contendo a indicação dos cinco maiores credores da requerida e sem que a esta tenha sido previamente concedida a oportunidade de suprir essa deficiência". No Tribunal Constitucional, veja-se o Ac. nº 350/2012 (Carlos Fernandes Cadilha), no mesmo sentido. Com um entendimento diverso, veja-se o Ac. TC n.º 606/2013, de 24-09 (Maria Lúcia Amaral).

131 Por força do art. 147º, nº 2, do CPCivil (aplicável subsidiariamente *ex vi* do art. 17º, nº 1, do CIRE), a oposição deve ser apresentada de forma articulada. Sobre a admissibilidade de prova pericial, veja-se o Ac. Rel. Lx, de 19-09-2017 (Luís Filipe Pires de Sousa).

132 Assim, leitão, Luís M. T. de Menezes, *Direito da Insolvência*, 8ª edição, Almedina, Coimbra, 2018, p. 156; fernandes, Luís A. Carvalho/labareda, João, *Código da Insolvência e da Recupe-ração de Empresas Anotado*, 3ª edição, Quid Juris Editora, Lisboa, 2015, pp. 236-237, nota 3.

133 Vale aqui, portanto, o ónus da contestação, consagrado em sede geral na lei processual civil, no seu art. 567º do CPCivil. A este propósito, veja-se varela, J. M. Antunes/bezerra, J. Miguel/nora, Sampaio e, *Manual de Processo Civil* (2ª edição, revista e atualizada), Coimbra Editora, Coimbra, 1985, pp. 342 e ss. Veja-se, na jurisprudência, o Ac. Rel. Év., de 25-10-2007 (fernando bento).

em que a insolvência pode ser requerida por pessoa distinta do devedor – previstas no art. 20º, nº 1 (art. 30º, nº 5).

§5 Audiência de discussão e julgamento[134]

Se o devedor tiver deduzido oposição, ou se a sua audiência tiver sido dispensada (art. 35.º, n.º 5), o juiz deve marcar a data da audiência de discussão e julgamento para um dos cinco dias posteriores, devendo ser notificados o requerente, o devedor e todos os administradores de direito ou de facto[135] identificados na petição inicial para que compareçam pessoalmente ou se façam representar por intermédio de mandatário com poderes especiais para transigir.

Se a audiência do devedor não tiver sido dispensada nos termos do art. 12º, a *não comparência do devedor*, pessoalmente ou por intermédio do mandatário referido, equivale à *confissão* dos factos alegados na petição inicial (nº 2 do art. 35º). Se os factos alegados pelo requerente na petição inicial estiverem compreendidos em alguma das alíneas do nº 1 do art. 20º, o juiz deve ditar logo para a ata sentença de declaração de insolvência (art. 35º, nº 4).

A *não comparência do requerente* ou do seu mandatário com poderes especiais para transigir, se não se verificar a hipótese do n.º 2 do art. 35.º, vale como desistência do pedido (nº 3 do art. 31º), devendo, neste caso, o juiz ditar logo para a ata a sentença homologatória da desistência do pedido (art. 35º, nº 4)[136].

Se comparecerem ambas as partes ou, na hipótese de dispensa de audiência do devedor, se só comparecer o requerente (ou um seu mandatário com poderes especiais), o juiz profere despacho destinado a identificar o objeto do litígio e a enunciar os temas da prova[137] (art. 35º, nº 5), decidindo

[134] A audiência de julgamento encontra-se regulada no CIRE com mais detalhe do que a disciplina respetiva do direito pretérito.

[135] Em consequência da alteração introduzida pela Lei n.º 16/2012, de 20 de abril, os administradores (de direito ou de facto) identificados na petição inicial passaram a ser notificados para comparecer na audiência de discussão e julgamento.

[136] Faltando quer a devedora quer a requerente, segundo o Ac. Rel. Guim., de 26-09-2013 (José Estelita Mendonça), deve dar-se prevalência à falta da devedora, devendo em consequência ser declarados confessados os factos articulados na petição inicial.

[137] O art. 35.º, n.º 5, foi alterado pelo art. 3.º do D.L. n.º 79/2017, de 30 de junho. Tratou-se de uma (de entre muitas) das alterações justificadas pela necessidade de harmonizar o CIRE

de imediato qualquer reclamação que seja apresentada, para que se produza, de seguida, a prova (art. 35º, nº 6). Depois de produzida a prova, serão feitas as alegações orais[138], após o que o tribunal profere a sentença final (art. 35º, nº 7). Porém, se tal não for possível, o tribunal deve proferir a sentença final no prazo máximo de 5 dias (art. 35º, nº 8)[139].

§6 Sentença de declaração de insolvência

1. Conteúdo

1.1. Conteúdo-regra

Na sentença que declare a insolvência – seja na sequência do art. 28º (apresentação do devedor à insolvência ou requerimento da insolvência pelo administrador judicial provisório, *ex vi* do art. 17º-G, n.º 4), seja na sequência do art. 30º, nº 5 (falta de oposição do devedor após a sua citação), seja no âmbito do art. 35º, nº 4 (falta de comparência do devedor à audiência), seja ainda no âmbito do art. 35º, nºs 7 e 8 (na sequência da audiência de julgamento) – o juiz, por força do art. 36º, n.º 1[140]:

- indica a data e a hora da respetiva prolação, considerando-se, na falta de indicação, que teve lugar ao meio-dia (al. a));

(redigido à luz do Código de Processo Civil de 1961, e que, por isso, fazia referência à matéria de facto assente e à matéria de facto que constitui a base instrutória) com o Código de Processo Civil de 2013 (aprovado pela Lei nº 41/2013, de 26 de junho).

138 O art. 35.º, n.º 7, foi alterado pelo art. 3.º do D.L. n.º 79/2017, de 30 de junho. Tratou-se de mais uma (de entre muitas) das alterações justificadas pela necessidade de harmonizar o CIRE (redigido à luz do Código de Processo Civil de 1961, e que, por isso, fazia referência às alegações de facto e de direito) com o Código de Processo Civil de 2013 (aprovado pela Lei nº 41/2013, de 26 de junho).

139 Por força do princípio fundamental do inquisitório, o qual atravessa todo o processo de insolvência, o juiz pode fundar a sua decisão em factos não alegados pelas partes (art. 11º). Embora ainda no âmbito do CPEREF, mas com pertinência para o processo de insolvência, veja-se, sobre o prazo para a prolação da sentença declarativa de falência, o Ac. STJ, de 29-11--2016 (Ana Paula Boularot).

140 Pode o conteúdo da sentença ficar além destas referências (designadamente, na hipótese do art. 66º, nº 1, que contempla a nomeação da comissão de credores na sentença). Mas também pode ficar aquém dessas referências, designadamente, no caso de insuficiência da massa insolvente constatada logo no momento em que é proferida a sentença declarativa da insolvência (art. 39º, nº 1), ou na hipótese de aprovação de um plano de pagamentos (art. 259º, nº 1, 2ª parte).

- identifica o devedor insolvente (com indicação da sua sede ou residência (al. b));
- identifica e fixa residência aos administradores, de direito e de facto[141], do devedor, bem como ao próprio devedor, se este for pessoa singular (al. c))[142];
- nomeia o administrador da insolvência, indicando o seu domicílio profissional (al. d));
- determina que a administração da massa insolvente será assegurada pelo devedor, quando se encontrem preenchidos os requisitos do nº 2 do art. 224º (al. e));
- determina ao devedor a entrega imediata ao administrador da insolvência dos documentos referidos no art. 24º, nº 1, que ainda não se encontrem nos autos (al. f));
- decreta a apreensão, para entrega imediata ao administrador da insolvência, dos elementos de contabilidade do devedor e de todos os seus bens, ainda que arrestados, penhorados ou por qualquer forma apreendidos ou detidos, sem prejuízo do disposto no nº 1 do art. 150º (al. g));
- ordena a entrega ao Ministério Público, para os devidos efeitos, dos elementos que indiciem a prática de infração penal (al. h));

[141] Em harmonia com a alteração introduzida no art. 23.º, n.º 2, al. b), o art. 36.º, n.º 1, al. c) também foi alterado pela Lei n.º 16/2012, de 20 de abril: em consequência, na sentença declaratória da insolvência, os administradores de facto são identificados e são sujeitos à fixação de residência. A fixação de residência imposta aos administradores de facto pode encerrar alguns perigos (designadamente, por violação do princípio fundamental do contraditório relativamente à sua qualificação judicial como administradores de facto – art. 3.º do CPCivil e art. 17.º, nº 1, do CIRE), nas hipóteses em que o devedor se apresente à insolvência ou tenha sido requerida a insolvência sem que o devedor a ela tenha deduzido oposição.

[142] Relativamente à fixação de residência, alguns autores têm defendido a possibilidade, em determinadas situações, a título preventivo e como garantia do cumprimento da obrigação, de apreensão dos elementos do insolvente indispensáveis para a sua deslocação, nomeadamente o respetivo passaporte. Cfr. FERRA, Giampaolo/GUGLIEMUCCI, Lino, *Effetti del Fallimento per il Fallito,* Zanichelli Editore, Bologna, 1986, p. 178; ALBERTI, Alberto Maffei, *Commentario Breve Alla Legge Fallimentare,* Cedam, Padova, 1991, p. 49; SATTA, Salvatore, *Diritto Fallimentare,* Cedam, Padova, 1996, pp. 173-174, nota 58; PAJARDI, Piero, *Codice del Fallimento,* Giuffrè Editore, Milano, 1997, p. 293 e, entre nós, o nosso *Os Efeitos Subs-tantivos da Falência,* PUC, Porto, 2000, p. 69.

- declara aberto o incidente de qualificação da insolvência, com caráter pleno ou limitado, se[143] dispuser de elementos que justifiquem a abertura do incidente de qualificação da insolvência (al. i)), sem prejuízo do disposto no art. 187.º[144];
- designa prazo até 30 dias para a reclamação de créditos (al. j));
- adverte os credores de que devem comunicar prontamente ao administrador da insolvência as garantias reais de que beneficiem (al. l));
- adverte os devedores do insolvente de que deverão realizar as prestações a que estão obrigados ao administrador da insolvência e não ao insolvente (al. m));
- designa, dia e hora, entre os 45 e os 60 dias subsequentes, para a realização da reunião da assembleia de credores prevista no art. 156º (assembleia de apreciação do relatório) ou declara, fundamentadamente, prescindir da sua realização (al. n))[145].

1.2. Casos especiais

1.2.1. A insuficiência da massa insolvente

Se, no momento da prolação da sentença declarativa de insolvência, o juiz constata que o património do devedor não é previsivelmente suficiente para a satisfação das custas do processo e das dívidas previsíveis da massa insolvente[146] e não existir qualquer garantia dessa satisfação, profere sentença declarativa da insolvência apenas com as referências constantes do n.º 1, als. a)

[143] Em consequência da alteração introduzida no CIRE pela Lei nº 16/2012, de 20 de abril, o incidente de qualificação da insolvência passou a ser eventual. Esta solução foi aplaudida pelos vários interlocutores deste processo legislativo, designadamente o Conselho Geral da Ordem dos Advogados, de acordo com o qual "na maioria das vezes, os credores não apresentam alegações de qualificação de insolvência e o administrador de insolvência não tem ao seu dispor elementos que lhe permitam dar um parecer fundamentado, acabando, por isso, por ser o mero cumprimento de uma formalidade". Assim, Parecer do Conselho Geral da Ordem dos Advogados sobre o Anteprojeto de Diploma que Altera o Código da Insolvência e da Recuperação de Empresas, p. 2.

[144] Sem prejuízo do disposto nos arts. 187º e 259º, nº 1.

[145] A Lei n.º 16/2012, de 20 de abril, encurtou o prazo para a realização da assembleia de apreciação do relatório, por um lado, e, por outro lado, conferiu-lhe caráter eventual.

[146] De acordo com o n.º 9 do art. 39.º (acrescentado pelo art. 1.º do D.L. n.º 282/2007, de 7 de agosto), "para os efeitos previstos no n.º 1, presume-se a insuficiência da massa quando o património do devedor seja inferior a €5000".

a d) e h), do art. 36.º (art. 39.º, n.º 1)[147], desde que, antes da prolação da sentença, não tenha sido requerida a exoneração do passivo restante (n.º 8 do art. 39.º)[148]. Se dispuser de elementos suficientes que justifiquem a abertura do incidente de qualificação, o mesmo terá caráter limitado (arts. 39.º, n.º 1, *in fine*, e 36.º, n.º 1, al. i))[149].

Esta "sentença limitada" importa profundas modificações processuais e substantivas (art. 39.º, n.º 7)[150]: desde logo, não se produzem os efeitos associados à declaração de insolvência, previstos no CIRE, designadamente a privação do poder de disposição e de administração dos bens que integram a massa insolvente (al. a)); o processo de insolvência é declarado findo assim que a sentença transite em julgado (al. b))[151]; o administrador da insolvência apenas intervém na elaboração do parecer previsto no art. 188.º, n.º 2 (al. c)).

A prolação da "sentença limitada" não tem caráter definitivo, uma vez que, no prazo de 5 dias, qualquer interessado pode pedir que a sentença seja complementada com as restantes referências previstas no n.º 1 do art. 36:º (art. 39.º, n.º 2, al. a)). Este pedido será julgado procedente se o requerente depositar à ordem do tribunal o montante especificado pelo juiz, ou caucionar

[147] A propósito do art. 39º, nº 1, a jurisprudência tem entendido que o juiz deverá proferir este juízo com um mínimo de segurança. Por isso, se no momento da prolação da sentença declarativa da insolvência o juiz não estiver na posse de todos os elementos que lhe permitam formar um juízo de valor com um mínimo de segurança sobre a carência do ativo insolvente, deverá proferir sentença com todos os elementos previstos no art. 36º (veja-se a este propósito o Ac. Rel. Po., de 7-05-2009 (BARATEIRO MARTINS)). Pelo contrário, se já dispuser de elementos que lhe permitam presumir que o património do insolvente não era suficiente para o pagamento das custas processuais, poderá (poder dever) observar o disposto no art. 39º, nº 1, em nome das razões de celeridade pro-cessual (que estão na origem deste encurtamento processual): assim, o Ac. Rel. Lx., de 19-02-2009 (MARIA TERESA ALBUQUERQUE).

[148] Neste caso, o juiz não pode proferir sentença de insolvência de caráter restrito. A este propósito, veja-se o Ac. Rel. Po., 14-09-2017 (FILIPE CAROÇO).

[149] Se o incidente de qualificação não for aberto, nos termos do art. 191.º, n.º 1, al. a), segundo o Ac. Rel. Guim., de 30-05-2018 (JOSÉ AMARAL), o juiz deve declarar expressamente, na decisão de encerramento do processo, o caráter fortuito da insolvência (de acordo com o art. 234.º, n.º 6).

[150] Por força do art. 78.º, n.º 7, al. b), do CIVA, os sujeitos passivos podem deduzir o imposto respeitante a créditos incobráveis, "em processo de insolvência, quando a mesma for decretada de caráter limitado".

[151] Por força da alteração introduzida pela Lei n.º 16/2012, de 20 de abril, na hipótese de o devedor ser uma sociedade comercial, é aplicável o disposto no n.º 4 do art. 234.º, com as necessárias adaptações (art. 39.º, n.º 10).

esse pagamento através de garantia bancária (art. 39.º, n.os 3 e 4)[152]. O montante objeto de depósito ou de garantia será fixado pelo juiz de acordo com o que razoavelmente entenda necessário para o pagamento das custas e das dívidas da massa e só poderá ser movimentado ou acionado, respetivamente, depois de comprovada a insuficiência da massa e na medida dessa insuficiência[153].

Julgado procedente o requerimento (depois de preenchidos os nos 2 e 3), o juiz deve complementar a sentença com as referências inicialmente omissas e impostas pelo art. 36.º, n.º 1, deve notificar-se, publicitar-se e registar-se a sentença nos termos dos arts. 37.º e 38.º, e o incidente de qualificação passa a prosseguir os seus termos como incidente pleno, sempre que ao mesmo haja lugar (art. 39.º, n.º 4)[154].

1.2.2. O plano de pagamentos

A aprovação e homologação de um plano de pagamentos introduz vários desvios processuais e substantivos ao processo de insolvência de um devedor pessoa singular não titular de uma empresa ou titular de uma pequena empresa (nos termos e para os efeitos dos arts. 249.º e 250.º). Transitada em julgado a sentença homologatória do plano de pagamentos, o juiz declara a insolvência do devedor no processo principal, proferindo uma sentença apenas com as indicações das alíneas a) e b) do n.º 1 do art. 36.º (art. 259.º, n.º 1)[155].

2. Notificação e citação

São *notificados* da sentença declaratória da insolvência os seguintes sujeitos: o devedor, os administradores do devedor a quem tenha sido fixada residência,

[152] O art. 39º, nº 3, tem sido objeto de algumas decisões de inconstitucionalidade, proferidas pelo Tribunal Constitucional (Acórdãos nos 83/2010 e 602/2006, por exemplo). Considerando a norma inaplicável se ocorrer falta de meios económicos do insolvente, que beneficia de apoio judiciário na modalidade de dispensa de pagamento de taxa de justiça e demais encargos com o processo, *vide* o Ac. Rel. Po., de 11-09-2017 (Ana Paula Amorim).

[153] Aquele que pedir o complemento da sentença pode exigir o reembolso das quantias despendidas àqueles que, violando os seus deveres como administradores, se tenham abstido de pedir a declaração de insolvência do devedor, ou se tenham atrasado nesse pedido, dentro de um prazo de cinco anos, sob pena de prescrição (n.º 5 do art. 39.º).

[154] Na jurisprudência, veja-se o Ac. Rel. Lx, de 14-09-2017 (Ilídio Sacarrão).

[155] Diferentemente da hipótese anterior, a sentença declaratória de insolvência não é objeto de qualquer publicidade ou registo (art. 259.º, n.º 5).

o requerente da declaração de insolvência, o Ministério Público e a comissão de trabalhadores.

Os *administradores do devedor* a quem tenha sido fixada residência são notificados pessoalmente, de acordo com as regras gerais do Código de Processo Civil para a citação, devendo a notificação ser acompanhada de cópias da petição inicial (art. 37º, nº 1).

O *devedor* é notificado nos termos gerais das notificações em processos pendentes se já tiver sido citado pessoalmente para o processo; caso contrário, será notificado pessoalmente, nos termos previstos na lei processual para a citação, sendo-lhe igualmente enviadas cópias da petição inicial (art. 37º, nº 2)[156].

A sentença é ainda notificada ao *requerente da declaração de insolvência*, ao *Ministério Público*, ao *Instituto de Segurança Social*[157] e, caso o devedor seja titular de uma empresa, também à *comissão de trabalhadores* (nº 2 do art. 37º).

Os *cinco maiores credores conhecidos*, para além do requerente, que tenham residência habitual, sede ou domicílio em Portugal são citados nos termos das regras gerais do Código de Processo Civil previstas para a citação pessoal, devendo receber cópia da petição inicial (nº 1 do art. 37º, *ex vi* do seu nº 3); se tiverem residência habitual, domicílio ou sede fora de Portugal serão citados por carta registada (art. 37º, nº 3). Porém, os *credores* conhecidos que tenham residência habitual, domicílio ou sede em outro *Estado-Membro da União Europeia* são citados por carta registada de acordo com o art. 54.º do Regulamento (CE) nº 2015/848 do Parlamento Europeu e do Conselho, de 20 de maio de 2015 (art. 37º, nº 4)[158].

[156] Muito embora a redação introduzida em 2007 já não o refira expressamente, tem a doutrina entendido ser aplicável (*ex vi* do art. 17º, n.º 1) o disposto no CPCivil quanto às notificações em processos pendentes. Neste sentido, por todos, FERNANDES, Luís A. Carvalho/LABAREDA, João, *Código da Insolvência e da Recuperação de Empresas Anotado*, 3ª edição, Quid Juris Editora, Lisboa, 2015, p. 263, nota 7.

[157] A referência ao Instituto de Segurança Social foi aditada pelo art. 3.º do D.L. n.º 79/2017, de 30 de junho.

[158] O art. 3.º do D.L. n.º 79/2017, de 30 de junho, alterou o art. 37.º, n.º 4, adaptando-o ao novo Regulamento.

Se existirem créditos do *Estado*, de institutos públicos sem a natureza de empresas públicas ou de instituições da segurança social[159], a sua citação será feita por carta registada (art. 34º, nº 5).

O nº 6 do art. 34º ressalva expressamente o regime das citações e notificações por via eletrónica[160].

Os *restantes credores e os demais interessados* serão citados por edital, com prazo de dilação de cinco dias, afixado na sede ou na residência do devedor, nos seus estabelecimentos e também no tribunal, e por anúncio publicado no portal *Citius* (art. 37º, nº 7)[161]. O conteúdo dos anúncios e editais deve respeitar o disposto no art. 37º, nº 8: indicação do número do processo, dilação, possibilidade de recurso ou de dedução de embargos, reprodução das referências constantes da sentença (e que se encontram previstas nas alíneas a) a e) e i) a n) do artigo 36º, n.º 1), advertência para o momento do início da contagem do prazo para a reclamação dos créditos, para o recurso e para os embargos – o termo do prazo de dilação – e indicação, ainda, do momento em que começa a contar o prazo de dilação – a data da publicação do anúncio no portal *Citius*.

159 Por força do art. 115.º da Lei n.º 114/2017 de 29 de dezembro, "nos processos especiais de recuperação de empresas e insolvência e nos processos especiais de revitalização previstos no Código da Insolvência e da Recuperação de Empresas, compete ao IGFSS, I. P., definir a posição da segurança social, cabendo ao ISS, I. P., assegurar a respetiva representação".

160 A este propósito, vejam-se os arts. 24º e ss. da Portaria nº 280/2013, de 26 de agosto.

161 Na sua redação original, o preceito fazia ainda referência à publicação de anúncios num jornal diário de grande circulação. Essa referência, no entanto, foi suprimida pelo art. 1.º do D.L. n.º 282/2007, de 7 de agosto, o que suscitou a crítica da doutrina, por ter sido eliminada a principal fonte de conhecimento de credores incertos ou outros interessados (o *Diário da República* não constitui um hábito de leitura dos cidadãos correntes) – neste sentido, FERNANDES, Luís A. Carvalho/LABAREDA, João, *Código da Insolvência e da Recuperação de Empresas Anotado*, 3ª edição, Quid Juris Editora, Lisboa, 2015, p. 265, nota 13. Com a redação introduzida pela Lei n.º 16/2012, de 20 de abril, a publicação no Diário da República foi substituída pelo anúncio no portal *Citius*. Pretendeu-se com esta alteração reduzir os custos subjacentes à publicação no Diário da República, em nome dos interesses dos credores, e também reduzir o tempo de efetivação da publicação – Exposição de Motivos da Proposta de Lei n.º 39/XII, de 30 de dezembro de 2011. No sentido de que esta alteração importa alguns ajustamentos nas funcionalidades do Portal *Citius*, veja-se o Parecer do Conselho Geral da Ordem dos Advogados sobre o Anteprojeto de Diploma que Altera o Código da Insolvência e da Recuperação de Empresas, de 24 de novembro de 2011, p. 4. Crítico em relação a esta alteração, por ser mais provável a consulta do Jornal Oficial "pela generalidade da população", veja-se o Parecer do Sindicato dos Magistrados do Ministério Público, p. 9.

3. Registo

A sentença de declaração de insolvência, assim como a nomeação do administrador da insolvência, devem ser objeto de *registo*, oficiosamente, com base na respetiva certidão, para o efeito remetida pela secretaria (art. 38º, nº 2):

- Na Conservatória do Registo Civil, caso o devedor seja uma pessoa singular (art. 38º, nº 2, al. a), do CIRE e arts. 1º, nº 1, al. l), e 69º, nº 1, al. i) do CRCivil)[162];
- Na Conservatória do Registo Comercial, quanto aos factos relativos ao devedor insolvente sujeitos a esse registo (al. b) do art. 38º, nº 2, do CIRE e arts. 9º, al. i), e 64º, nº 1, al. e) do CRCom);
- Na entidade encarregada de outro registo público a que eventualmente se encontre sujeito (al. c)).

Para além disso, por força do nº 3 do art. 38º, deve a declaração de insolvência ser ainda inscrita no serviço de registo predial, quanto a bens que integrem a massa insolvente (art. 2º, nº 1, al. n) do CRPredial)[163].

Por outor lado, a secretaria deve nos termos do art. 38º, nº 6[164], registar oficiosamente a declaração de insolvência e a nomeação do administrador da insolvência no registo informático de execuções estabelecido no Código de Processo Civil (al. a)); deve promover a inclusão dessas informações, e do prazo para reclamações, na página informática do tribunal (al. b)); e deve comunicar a declaração de insolvência ao Banco de Portugal para a sua inscrição na central de riscos de crédito (al. c)).

Por último, e tendo em consideração o Regulamento (EU) n.º 2015/848 do Parlamento Europeu e do Conselho, de 20 de maio de 2015[165], o art. 38.º, n.º 9, dispõe que a publicidade e a inscrição em registo público da decisão de abertura do processo de insolvência estrangeiro e, se for caso disso, da decisão

[162] Tratava-se de uma lacuna do antigo CPEREF (cfr. ponto 29 do Preâmbulo).

[163] O art. 38.º, n.º 3, foi alterado pelo art. 9.º do D.L. n.º 185/2009, de 12 de agosto.

[164] Os três atos de registo previstos no art. 38º, nº 6, constituem uma novidade do CIRE. Veja-se, a propósito do intuito do legislador em aperfeiçoar este momento de publicidade tão determinante do processo, o ponto 29 do Preâmbulo.

[165] O art. 3.º do D.L. n.º 79/2017, de 30 de junho, aditou ao art. 38.º os n.ºs 9 a 11, com a finalidade de adaptar o CIRE ao Regulamento Comunitário.

que nomeia o administrador da insolvência, a que se referem os artigos 28.º[166] e 29.º[167] do referido Regulamento, devem ser pedidas no tribunal português da área do estabelecimento do devedor, ou, não sendo esse o caso, ao juízo de comércio de Lisboa, podendo o tribunal exigir tradução certificada por pessoa que para o efeito seja competente segundo o direito de um Estado-Membro da União Europeia. Se o registo do direito do Estado do processo de insolvência for desconhecido do direito português, e sem prejuízo do disposto no n.º 9, é determinado o registo que com aquele apresente maiores semelhanças (art. 38.º, n.º 10).

4. Meios de reação

São dois os meios possíveis de impugnação da sentença declaratória de insolvência, os quais podem funcionar cumulativa ou alternativamente: a oposição de embargos e o recurso[168].

[166] O art. 28.º do Regulamento (que dispõe sobre a publicação da decisão de abertura do processo de insolvência noutro Estado-Membro) estabelece, no seu n.º 1, que "o administrador da insolvência ou o devedor não desapossado requerem a publicação de um aviso da decisão de abertura do processo de insolvência e, se for o caso, da decisão que nomeia o administrador da insolvência em qualquer outro Estado-Membro onde se situe um estabelecimento do devedor, de acordo com os procedimentos de publicação previstos nesse Estado-Membro. Essa publicação deve indicar, quando adequado, o administrador da insolvência nomeado e se a regra de competência aplicada foi a estabelecida no artigo 3.º, n.º 1 ou n.º 2".

[167] Segundo o art. 29.º do Regulamento (sob a epígrafe "Inscrição em registos públicos de outro Estado-Membro"), "se, nos termos da lei de um Estado-Membro onde se situe um estabelecimento do devedor que esteja inscrito num registo público desse Estado-Membro, ou da lei de um Estado-Membro onde se situe um bem imóvel do devedor, for necessário publicar no registo predial, no registo comercial ou em qualquer outro registo público as informações sobre a abertura de um processo de insolvência referidas no artigo 28.º, o administrador da insolvência ou o devedor não desapossado efetuam todas as diligências necessárias para assegurar esse registo (n.º 1). E dispõe o seu n.º 2 que "o administrador da insolvência ou o devedor não desapossado podem requerer que esse registo seja feito em qualquer outro Estado-Membro, desde que a lei do Estado-Membro onde o registo é mantido o permita". Esta publicidade é determinada oficiosamente pelos serviços de registo competentes, caso o devedor seja titular de estabelecimento situado em Portugal (n.º 11 do art. 38.º do CIRE). Segundo o seu n.º 2, "o administrador da insolvência ou o devedor não desapossado podem requerer a publicação das informações referidas no n.º 1 em todos os demais Estados-Membros onde o administrador da insolvência ou o devedor não desapossado considerem necessário fazê-lo, de acordo com os procedimentos de publicação previstos nesses Estados-Membros".

[168] A "impugnação por via de embargos funda-se na alegação pelo embargante de factos ou indicação de meios de prova que não tenham sido tidos em conta pelo tribunal e que possam

4.1. Oposição de embargos

4.1.1. Legitimidade ativa

Nos termos do art. 40º, os embargos à sentença declaratória de insolvência podem ser opostos:

- pelo devedor em situação de revelia absoluta, caso não tenha sido citado pessoalmente (nº 1, al. a))[169_170];
- pelo cônjuge, pelos ascendentes ou descendentes, afins em 1º grau da linha reta da pessoa singular considerada insolvente, caso a declaração de insolvência tenha como fundamento a fuga do devedor relacionada com a sua falta de liquidez (nº 1, al. b));
- pelo cônjuge, herdeiro, legatário ou representante do devedor, desde que o devedor tenha falecido antes de terminado o prazo para a oposição de embargos que lhe era permitido deduzir (por força da al. a) do nº 1 do art. 40º) (nº 1, al. c));
- por qualquer credor que se legitime como tal (nº 1, al. d));
- pelos responsáveis legais pelas dívidas do insolvente (nº 1, al. e));
- pelos sócios, associados ou membros do devedor (nº 1, al. f)).

4.1.2. Processamento

Os embargos devem ser apresentados dentro de um *prazo* de cinco dias a contar da data da notificação da sentença ao embargante ou, havendo dilação, a contar do termo do prazo dilatório respetivo[171] (art. 40º, nº 2).

afastar os fundamentos da declaração de insolvência (art. 40º, nº 2)". Já o recurso "baseia-se antes na consideração que, face aos elementos apurados, a declaração de insolvência não devia ter sido proferida (art. 42º, nº 1)" – assim, LEITÃO, Luís M. T. de Menezes, *Direito da Insolvência*, 8ª edição, Almedina, Coimbra, 2018, p. 235. Na jurisprudência, sobre os pressupostos dos embargos, veja-se o Ac. Rel. Co., de 6-12-2016 (FALCÃO DE MAGALHÃES).

[169] Os casos de apresentação à insolvência ou de falta de oposição ao pedido de insolvência, quando citado pessoalmente, importam a confissão da situação de insolvência. Deste modo, em hipóteses muito limitadas poderá o devedor deduzir embargos à sentença. Neste sentido, LEITÃO, Luís M. T. de Menezes, *Direito da Insolvência*, 8ª edição, Almedina, Coimbra, 2018, p. 236.

[170] A lei não prevê a possibilidade de o devedor deduzir embargos à sentença nas hipóteses de declaração de insolvência a pedido do administrador judicial provisório (arts. 17.º-G, n.º 4, e 28.º).

[171] O prazo dilatório que poderá acrescer ao prazo para embargar encontra-se previsto no art. 37º, nº 7. Por força da remissão operada pelo art. 37º, nºs 1 e 3, para as regras da citação

Os embargos têm como *finalidade* o afastamento dos fundamentos da declaração de insolvência (a lei não permite a dedução de embargos à sentença que indefira o pedido de declaração de insolvência – art. 45º), mediante a alegação de factos ou o requerimento de meios de prova que não tenham sido tidos em conta pelo tribunal[172] (art. 40º, nº 2) e suspendem a liquidação bem como a partilha do ativo, salvo o disposto no art. 158º, nº 2, o qual regula a venda imediata de bens depreciáveis ou deterioráveis (art. 40º, nº 3).

A petição de embargos é autuada por apenso, de imediato, e conclusa ao juiz, para que este profira despacho liminar, no dia seguinte ao termo do prazo para a apresentação dos embargos (art. 41º, nº 1)[173].

Se não existir motivo para indeferir liminarmente a petição, o juiz ordena a notificação do administrador da insolvência, bem como da parte contrária, para que, no prazo de cinco dias, apresentem a sua contestação[174].

Após a contestação e dentro dos cinco dias posteriores à produção das provas antecipadas (momento que não deverá durar mais de 10 dias) tem lugar a audiência de julgamento, à qual se aplica o disposto nos arts. 41º, nº 1, e 35º, nºs 5 a 8 (art. 41º, nº 4).

Da decisão sobre os embargos cabe recurso para o Tribunal da Relação[175], mas do acórdão proferido pelo Tribunal da Relação não é admitido recurso para o Supremo Tribunal de Justiça, exceto no caso previsto no art. 14.º, n.º 1.

prescritas na lei processual civil para a citação pessoal, será que o prazo dilatório também poderá resultar da aplicação do art. 245º do CPCivil?

172 O embargante deverá apresentar todos os meios de prova de que disponha e juntar à petição o rol de testemunhas (o número de testemunhas não pode ultrapassar os limites estabelecidos no art. 511º do CPCivil) (art. 25º, nº 2, *ex vi* do art. 41º, nº 3, do CIRE).

173 Caso sejam apresentados embargos por várias entidades, é aberto apenas um processo (art. 41º, nº 1, 2ª parte).

174 O contestante deverá apresentar todos os meios de prova de que disponha e juntar à contestação o rol de testemunhas (o número de testemunhas não pode ultrapassar os limites estabelecidos no art. 511º do CPCivil) (art. 25º, nº 2, *ex vi* do art. 41º, nº 3, do CIRE).

175 O recurso da decisão sobre os embargos que mantenha a decisão de declaração de insolvência suspende a liquidação e a partilha do ativo (art. 40º, nº 3).

4.2. Recurso

Por força do art. 42º, nº 1 tem legitimidade ativa para a interposição de *recurso de sentença declarativa de insolvência*[176] quem tem legitimidade para deduzir embargos[177]. Por isso, estes entes têm legitimidade para, cumulativa ou alternativamente, lançar mão destes dois meios de impugnação da sentença. A lei prevê apenas uma exceção a este princípio fundamental de equivalência – mesmo que o devedor declarado insolvente não tenha legitimidade para deduzir embargos, é-lhe sempre facultada a possibilidade de interpor recurso da decisão declaratória de insolvência (art. 42º, nº 2).

A interposição de recurso só pode ter como *fundamento* a alegação de que, perante os factos apurados, não deveria ter sido proferida a sentença (art. 42º, nº 1).

O recurso da sentença declaratória de insolvência *suspende* a liquidação e a partilha do ativo, ressalvado sempre o disposto no art. 158º, nº 2, ou seja, a venda imediata de bens da massa insolvente sujeitos a deterioração ou depreciação (art. 40º, nº 3, *ex vi* do art. 42º, nº 3).

Por força do art. 14º, nº 1[178] (inspirado por uma ideia de celeridade processual[179]), existe apenas um *grau de recurso* (da 1ª instância para o Tribunal da Relação), independentemente do valor da causa, salvo "se o recorrente demonstrar que o acórdão de que pretende recorrer está em oposição com

[176] No sentido de que se trata de um recurso de apelação, por força do art. 644º do CPCivil, veja-se FERNANDES, Luís A. Carvalho/LABAREDA, João, *Código da Insolvência e da Recuperação de Empresas Anotado*, 3ª edição, Quid Juris Editora, Lisboa, 2015, pp. 286-287, nota 6.

[177] Contrariamente à oposição de embargos, a lei não prevê qualquer prazo para a interposição de recurso. Por isso, por força da remissão subsidiária operada pelo art. 17º, nº 1, aplicar-se-á o disposto no art. 638º, nº 1, do CPCivil – 15 dias a contar da notificação da decisão (prazo que corre continuamente, sem interrupção, devido ao caráter urgente do processo, consagrado no art. 9º, nº 1, do CIRE). No mesmo sentido, SILVA, Fátima Reis, *Processo de Insolvência: os Órgãos de Insolvência e o Plano de Insolvência, in:* "Revista do CEJ", 2.º semestre 2010, n.º 14, p. 131. Parece dever aplicar-se o disposto no art. 40º, nº 2, do CIRE, relativamente ao momento *a quo* de contagem do prazo – ou seja, se existir prazo dilatório, será após o seu decurso que o prazo de 15 dias para interposição de recurso começará a correr.

[178] O art. 14.º, n.º 1, foi alterado pelo art. 3.º do D.L. n.º 792017, de 30 de junho. Tratou-se de uma de entre muitas alterações justificadas pela necessidade de harmonizar o CIRE (redigido à luz do Código de Processo Civil de 1961, e que, por isso, fazia referência aos arts. 732.º-A e 732.º-B do CPCivil) com o Código de Processo Civil de 2013 (aprovado pela Lei nº 41/2013, de 26 de junho).

[179] Veja-se o ponto 16 do Preâmbulo.

outro, proferido por alguma das relações, ou pelo Supremo Tribunal de Justiça, no domínio da mesma legislação e que haja decidido de forma divergente a mesma questão fundamental de direito e não houver sido fixada pelo Supremo, nos termos dos artigos 686.º e 687.º do Código de Processo Civil, jurisprudência com ele conforme"[180].

§7 Sentença de indeferimento do pedido de declaração de insolvência

1. Notificação, publicação e registo

A *sentença de indeferimento do pedido de declaração de insolvência* deve ser notificada apenas ao requerente e ao devedor (art. 44º, nº 1), não sendo objeto de qualquer publicidade ou registo. No entanto, se tiver sido nomeado um administrador judicial provisório, a sentença será objeto de publicação e registo nos termos dos arts. 37º e 38º, aplicados com as necessárias adaptações (art. 44º, nº 2[181]). Com isto pretende-se salvaguardar a reputação, eventualmente comercial, daquele contra quem foi indevidamente proposto um processo de insolvência.

Para além disso, por força do art. 81º-A, nº 1, al. a), do CRCivil, os averbamentos de factos respeitantes ao processo de insolvência são eliminados imediatamente (através da elaboração oficiosa de um novo assento de nascimento), depois do registo do trânsito em julgado da sentença de indeferimento do pedido de declaração de insolvência.

2. Impugnação

A sentença de indeferimento do pedido de declaração de insolvência apenas pode ser impugnada por via de recurso (estão excluídos, por isso, os embargos) e apenas pelo próprio requerente (art. 45º). A lei não prevê qualquer

[180] Segundo o Ac. STJ, de 24 de junho de 2010 (MARIA DOS PRAZERES PIZARRO BELEZA) "é condição de admissibilidade do recurso previsto no artigo 14º do Código da Insolvência e da Recuperação de Empresas a demonstração, pelo recorrente, de que o acórdão recorrido está em oposição com outro, do Supremo Tribunal de Justiça ou das Relações, que, "*no domínio da mesma legislação*", "*haja decidido de forma divergente a mesma questão fundamental de direito*", não tendo "*sido fixada pelo Supremo, nos termos dos artigos 732º-A e 732º-B do CPC, jurisprudência com ele conforme*". Para ser relevante a oposição, é imprescindível que a mesma norma (ou o mesmo conjunto normativo) tenha sido interpretada e aplicada, como *ratio decidendi*, de forma diferente no caso apreciado pelo acórdão recorrido e pelo ou pelos acórdãos fundamento".

[181] Com a redação introduzida pelo art. 1º do D.L. nº 282/2007, de 7 de agosto.

disciplina especial para o recurso da sentença de indeferimento, parecendo, por isso, de aplicar, ressalvadas as devidas adaptações, o regime do recurso da sentença declarativa da insolvência. Assim, é aplicável o regime do recurso de apelação (art. 644º do CPCivil) em tudo o que não contrarie o disposto no art. 14º do CIRE[182].

3. Responsabilidade por pedido infundado

O art. 22º regula as consequências da dedução de pedido infundado de insolvência[183]: "a dedução de pedido infundado de declaração de insolvência, ou a indevida apresentação por parte do devedor, gera responsabilidade civil pelos prejuízos causados ao devedor ou aos credores, mas apenas em caso de dolo"[184].

De acordo com este preceito, serão responsabilizados o devedor, pelos danos que cause aos credores, bem como o requerente da insolvência, pelos danos que cause aos credores e ao devedor[185].

Em segundo lugar, é necessário que esses danos resultem de requerimento infundado[186].

[182] Neste sentido, cfr. FERNANDES, Luís A. Carvalho/LABAREDA, João, *Código da Insolvência e da Recuperação de Empresas Anotado*, 3ª edição, Quid Juris Editora, Lisboa, 2015, p. 290, nota 4, defendendo igualmente, com base num argumento de maioria de razão, a aplicação do art. 43º.

[183] Muito crítica em relação a este preceito, cfr. SILVA, Paula Costa e, *A Litigância de Má Fé*, Coimbra Editora, Coimbra, 2008, pp. 510 e ss, de acordo com a qual o preceito é inconveniente, irracional e deve ser mudado.

[184] Segundo o Ac. Rel. Co., de 15-05-2012 (CARVALHO MARTINS), "o art. 22º CIRE (dedução de pedido infundado) nada diz acerca do exercício da responsabilidade adveniente da conduta dolosa do requerente e consequente pedido de reparação dos prejuízos sofridos pelo lesado. Em face desta omissão, justifica-se o recurso ao regime geral da lei processual, tendo, além do mais, presente a estatuição do art.º 17, impondo-se atender ao disposto no art. 456 nº1 CPC".

[185] Quanto à natureza dos prejuízos ("prejuízos ou danos processuais típicos" ou "prejuízos ou danos provocados em quaisquer bens jurídicos do devedor e dos credores"), veja-se SILVA, Paula Costa, *O Abuso do Direito de Acção e o Art. 22.º do CIRE, in:* "Estudos Dedicados ao Professor Doutor Luís Alberto Carvalho Fernandes", UCE, volume especial, 2011, vol. III, pp. 159 e ss.

[186] Segundo o Ac. Rel. Co., de 12-06-2012 (TELES PEREIRA), "I – A dedução de um pedido de declaração de insolvência por um credor do devedor visando pressionar este ao pagamento de determinado valor no quadro da discussão entre os dois do montante de um crédito, consubstancia um uso desviado do processo de insolvência, relativamente a um fim legítimo: propiciar a execução universal do património de um devedor impossibilitado de cumprir as suas obrigações vencidas. II – A dedução desse pedido de insolvência, apurando-se a não verificação de qualquer das situações elencadas nas alíneas do nº 1 do artigo 20º do CIRE,

Em terceiro lugar, a letra da lei exige uma atuação com dolo. Porém, alguma doutrina vai mais longe e, com base no princípio *culpa lata dolo aequiparaturi*, defende a sua aplicação, pelo menos, à negligência grosseira[187].

Capítulo III – Os Órgãos do Processo de Insolvência

Os órgãos do processo de insolvência encontram-se regulados especificamente num capítulo que lhes é dedicado (capítulo II, do Título III – arts. 52º-80º) e podem ser divididos em duas categorias: o órgão obrigatório – o administrador da insolvência (arts. 52º-65º) – e os órgãos eventuais – a assembleia de credores[188] (arts. 72º-80º) e a comissão de credores[189] (arts. 66º-71º).

confere ao comportamento do credor ao requerer essa insolvência a natureza de comportamento temerário, expressando uma total indiferença pela exposição do devedor aos desvalores normalmente associados pelos diversos agentes económicos, à circunstância de alguém (concretamente uma empresa) ser sujeito a um processo de insolvência, mesmo quando esta não vem a ser decretada. III – A temeridade desta conduta do credor e a indiferença que ela expressa quanto aos resultados dela previsivelmente decorrentes para o devedor colocam tal requerimento infundado de insolvência no domínio do dolo eventual. IV – Provocando esse requerimento infundado de insolvência danos ao devedor, designadamente referidos à percepção do mercado quanto a solvabilidade dele, deve o requerente dessa insolvência indemnizar esses danos, nos termos do artigo 22º do CIRE e 483º, nº 1 do CC". Segundo o Ac. Rel. Guim., de 5-11-2015 (Heitor Gonçalves), "no que respeita à obrigação de indemnizar que recai sobre o credor que dolosamente apresenta um pedido de insolvência infundado (artigo 22º do CIRE), os titulares dos interesses protegidos são tão só o devedor e/ou os credores, e os autores não estão incluídos em nenhuma dessas categorias, pois são terceiros indirectamente afetados". Isto porque, "no domínio da responsabilidade extracontratual, o nosso ordenamento jurídico só em situações excepcionais, como são as dos artºs 495º e 496º, nºs 1 e 2, do Código Civil, admite a "deslocação do dano" para terceiros, familiares do lesado".

187 Neste sentido, CORDEIRO, António Menezes, *Litigância de Má Fé, Abuso do Direito de Acção e* Culpa in Agendo, Almedina, Coimbra, 2006, p. 187; FERNANDES, Luís A. Carvalho/LABAREDA, João, *Código da Insolvência e da Recuperação de Empresas Anotado*, 3ª edição, Quid Juris Editora, Lisboa, 2015, pp. 209-210, nota 3. No sentido contrário, SILVA, Paula Costa e, *A Litigância de Má Fé*, Coimbra Editora, Coimbra, 2008, pp. 510-511; SILVA, Paula Costa e, *A Liquidação da Massa Insolvente, in:* "Revista da Ordem dos Advogados", Ano 65, 2005, edição *online*. Segundo o Ac. Rel. Co., de 20-03-2018 (Arlindo Oliveira), o art. 22.º pressupõe uma atuação com dolo, ainda que em qualquer das suas vertentes: directo, necessário ou eventual".

188 Desde a revisão operada pela Lei n.º 16/2012, de 20 de abril, a assembleia de credores passou a ter caráter eventual (art. 36.º, n.ºs 1, al. n), e 2-5).

189 A eventualidade da comissão de credores constitui uma novidade do CIRE em relação ao seu antecessor CPEREF – cfr. ponto 8 do Preâmbulo.

§1 O administrador da insolvência

1. Nomeação e destituição

I. A nomeação do administrador da insolvência constitui uma competência do juiz (art. 52º, nº 1), e tem lugar na sentença declaratória da insolvência (art. 36º, n.º 1, al. d)).

O juiz deve nortear a sua *nomeação* pelos seguintes *critérios*: a escolha recai em entidade inscrita na lista oficial de administradores da insolvência[190], podendo o juiz atender à proposta eventualmente apresentada na petição inicial, devendo a sua preferência recair sobre o Administrador Judicial provisório em funções à data da declaração de insolvência[191] (arts. 32º, nº 1, e 52º, nº 2). De acordo com o art. 13º, nº 2, da Lei nº 22/2013, de 26 de fevereiro (Lei que regula o Estatuto do Administrador Judicial – Estatuto[192]), a nomeação do administrador da insolvência é realizada através de sistema informático que garanta a aleatoriedade da escolha e a distribuição igualitária dos administradores judiciais nos processos[193]. Se não for possível recorrer ao sistema informático, o juiz deve pugnar por nomear os administradores a partir das listas oficiais e de acordo com os princípios estabelecidos no art. 13.º do Estatuto (art. 13.º, n.º 3).

Relativamente à proposta feita na petição inicial, o juiz poderá[194] ter em conta as indicações do credor requerente da insolvência, de outros credores,

[190] O processo de recrutamento para as listas oficiais consta de diploma legal próprio, sem prejuízo do disposto no CIRE (art. 52º, nº 3).

[191] Veja-se, a este propósito, o art. 32º, nº 2.

[192] E que revogou a Lei n.º 32/2004, de 22 de julho.

[193] Muito embora já estivesse previsto no art. 2.º do Estatuto do Administrador da Insolvência de 2004 (aprovado pela Lei n.º 32/2004, de 22 de julho), o sistema de sorteio eletrónico foi implementado apenas com a Portaria n.º 246/2016, de 7 de setembro, que entrou em vigor no dia seguinte ao da publicação do diploma. Em linha com a forte desjudicialização do processo de insolvência, com este sistema pretendeu-se reduzir a intervenção subjetiva do juiz – assim, ARAÚJO, Nuno Marcelo, *A Equidade na Nomeação do Administrador Judicial*, APAJ, Coimbra, 2015, p. 20.

[194] De acordo com o Ac. Rel. Guim. de 20-10-2011 (AMÍLCAR ANDRADE), "Conquanto o juiz possa ter em conta a indicação do devedor e da comissão de credores quanto à nomeação do administrador da insolvência, não está vinculado a essa indicação". No mesmo sentido, veja-se também os Acs. Rel. Lx., de 19-06-2012 (RIJO FERREIRA) e o Ac. Rel. Co., de 26-06-2012 (CARLOS MOREIRA). Segundo o Ac. Rel. Po., de 13-03-2014 (LEONEL SERÔDIO), "perante a actual redacção dos artigos 32º n.º1 e 52º n.º1 do CIRE a faculdade de o requerente da insolvência indicar a pessoa que deverá ser nomeada para administrador da insolvência – e a consequente

do próprio devedor, da comissão de credores (se existir) nos seguintes processos (art. 52.º, n.º 2)[195]:

- processos em que seja previsível a prática de atos de gestão que requeiram conhecimentos especiais (art. 32.º, n.º 1, *ex vi* remissão expressa do art. 52.º, n.º 2);
- processos em que o devedor seja uma sociedade comercial em relação de domínio ou de grupo com outras sociedades cuja insolvência tenha sido requerida (e se pretenda a nomeação de um mesmo administrador da insolvência nos diversos processos) (art. 32.º, n.º 1, *ex vi* remissão expressa do art. 52.º, n.º 2);
- processos em que a massa compreende uma empresa com estabelecimento(s) em atividade[196];
- processos de insolvência de grande complexidade.

Se o processo de insolvência assumir grande complexidade, ou forem exigíveis especiais conhecimentos do administrador da insolvência, o juiz pode, oficiosamente, ou a requerimento de qualquer interessado, nomear *mais do que um administrador da insolvência* (art. 52.º, n.º 4)[197]. Neste caso, incumbe ao

possibilidade de o juiz atender a essa indicação – está restringida aos casos de processos em que seja previsível a existência de actos de gestão que requeiram especiais conhecimentos, designadamente, nos casos em que a massa insolvente integre estabelecimento em actividade".

195 O art. 52.º, n.º 2, foi alterado pelo art. 3.º do D.L. n.º 79/2017, de 30 de junho. Na sua versão anterior, o juiz podia ter em conta as indicações feitas pelo devedor e pela, eventual, comissão de credores nos processos em que fosse previsível a existência de atos de gestão que requeressem especiais conhecimentos

196 Segundo Pedro Pais de Vasconcelos , "o administrador da insolvência típico, em Portugal é tudo menos um empresário. Não tem preparação nem vocação para o ser e nem tem sequer essa expectativa [...] Esta dificuldade terá de ser progressivamente superada na prática. O administrador da insolvência do futuro será sobretudo um gestor da insolvência" – *Responsabilidade Civil do Administrador de Insolvência, in:* "II Congresso de Direito da Insolvência", Almedina, Coimbra, 2014, p. 195.

197 O art. 52.º, n.º 4, foi alterado pelo art. 3.º do D.L. n.º 79/2017, de 30 de junho: 1.º prevê-se a possibilidade de nomeação oficiosa de mais do que um administrador da insolvência; 2.º passou a fazer-se referência à grande complexidade do processo de insolvência (e não do processo de recrutamento); 3.º estendeu-se aos casos em que são exigíveis especiais conhecimentos ao administrador da insolvência.

requerente, não só propor fundamentadamente a pessoa do administrador da insolvência, como também remunerar o administrador da insolvência que tenha indicado, se a massa insolvente não for suficiente para prover à sua remuneração[198].

Se houver *divergência* entre o administrador da insolvência nomeado pelo juiz (ao abrigo do n.º 1[199]) e o(s) administrador(es) da insolvência nomeado(s) a requerimento de qualquer interessado, prevalece, em caso de empate, a vontade do primeiro (n.º 5 do art. 52.º): assim, parece ser decisiva a vontade da maioria, tendo o administrador da insolvência nomeado pelo juiz voto de qualidade apenas em caso de empate[200].

Por último, e ainda no âmbito dos critérios de nomeação do administrador da insolvência, se o devedor for uma sociedade comercial que, segundo o Código das Sociedades Comerciais, se encontre em relação de domínio ou de grupo com outras sociedades relativamente às quais tenha sido proposto processo de insolvência, o juiz pode, oficiosamente, ou mediante indicação do devedor ou dos credores, nomear o mesmo administrador da insolvência para todas as sociedades[201]. Neste caso, deve nomear, nos termos gerais, outro administrador da insolvência com funções restritas à apreciação de créditos reclamados entre devedores do mesmo grupo, assim que verifique a existência destes créditos (designadamente, por indicação do primitivo administrador).

[198] Este preceito, que foi introduzido pela Lei n.º 16/2012, de 20 de abril, não corresponde na íntegra ao texto do respetivo Anteprojeto (de 24 de novembro de 2011): se neste a lei conferia a faculdade de nomeação de mais do que um administrador da insolvência nas hipóteses em que o processo assumisse grande complexidade, e com caráter excecional, no texto final, a lei autoriza esta nomeação com base na complexidade do processo de recrutamento.

[199] E se tiver sido nomeado pelo juiz, oficiosamente, nos termos do art. 52.º, n.º 4?

[200] Este preceito foi acrescentado pela reforma do CIRE introduzida pela Lei n.º 16/2012, de 20 de abril. Entretanto foi alterado pelo art. 3.º do D.L. n.º 79/2017, de 30 de junho, que passou a fazer referência a qualquer interessado (em vez da alusão aos demais administradores da insolvência).

[201] A possibilidade de nomeação de um mesmo administrador da insolvência para o processo de insolvência de sociedades em relação de domínio ou de grupo é uma novidade introduzida pelo art. 3.º do D.L. n.º 79/2017, de 30 de junho. É também uma novidade do mesmo diploma o poder atribuído ao juiz de nomear um administrador "secundário" com funções restritas à apreciação de créditos reclamados entre devedores do mesmo grupo.

II. O administrador da insolvência escolhido pelo juiz pode, todavia, ser *substituído* pelos credores, na hipótese prevista no art. 53º[202]. Desde que previamente à votação se junte aos autos a aceitação do proposto, podem os credores, em assembleia de credores, e após a *designação do administrador da insolvência*, eleger para o exercício do cargo *outra pessoa*, provendo sobre a sua remuneração[203], desde que a deliberação seja aprovada pela maioria dos votantes e dos votos emitidos, não se considerando para tal as abstenções (nº 1)[204].

Aos credores (e contrariamente ao juiz) é facultada a possibilidade de elegerem para o cargo de administrador da insolvência pessoa não inscrita na lista oficial, desde que devidamente fundamentada na especial dimensão da empresa integrada na massa insolvente, na especificidade do ramo de atividade da empresa ou na complexidade do processo (art. 53º, nº 2).

O juiz só pode *deixar de nomear* como administrador da insolvência a pessoa eleita pela assembleia de credores para substituir o administrador em funções, se entender que essa pessoa carece de idoneidade ou de aptidão para o exercício do cargo, se entender que a retribuição aprovada pelos credores é manifestamente excessiva ou se, tendo sido eleito um administrador não inscrito na lista oficial, não ocorrer nenhuma das hipóteses previstas no nº 2 do art. 53º (art. 53º, nº 3).

III. O administrador da insolvência (nomeado pelo juiz ou eleito pelos credores) pode ser *destituído* pelo juiz, a todo o tempo[205], com fundamento *em justa causa*, e ser substituído por outro, desde que tenham sido ouvidos a comissão de credores, o devedor e o próprio administrador da insolvência

202 A nomeação de administrador escolhido pela assembleia de credores é objeto do registo e publicidade constantes dos arts. 37º e 38º (art. 57º, na redação introduzida pelo art. 1º do D.L. nº 282/2007, de 7 de agosto).

203 A sua remuneração será calculada nos termos do art. 24.º do Estatuto.

204 A redação deste preceito foi alterada pela Lei nº 16/2012, de 20 de abril. Na redação inicial, a substituição só podia acontecer na primeira assembleia de credores após a nomeação do administrador.

205 No sentido de que o administrador da insolvência pode ser destituído depois do encerramento do processo, pois com o encerramento não cessam de imediato todas as suas atribuições (designadamente a apresentação de contas e as competências atribuídas no âmbito de um plano de insolvência – art. 233º, nº 1, al. b)), veja-se o Ac. Rel. Lx., de 15-12-2011 (ROQUE NOGUEIRA).

(art. 56º, nº 1)[206]. A lei não define justa causa[207], nem tão pouco apresenta critérios norteadores para o seu preenchimento[208], por um lado, e, por outro lado, não associa qualquer sanção à destituição com justa causa – talvez não fosse de repudiar a condenação do administrador a restituir à massa insolvente as remunerações recebidas desde a data de início de funções[209].

[206] Por força da remissão expressa operada pelo art. 57º, a destituição do administrador e a nomeação de outra pessoa para o seu lugar (com a indicação do seu domicílio profissional – art. 38º, nº 6) são objeto dos registos e publicidade previstos nos arts. 37.º e 38.º, com as devidas adaptações. Para além disso, a destituição deverá ser comunicada à entidade responsável pelo acompanhamento, fiscalização e disciplina dos administradores judiciais (art. 21º do Estatuto).

[207] Há pelo menos dois preceitos no CIRE que preveem casos especiais de justa causa de destituição do administrador: o art. 168º, nº 2 (a aquisição diretamente ou por interposta pessoa de bens compreendidos na massa insolvente), e o art. 169º (o atraso no encerramento do processo).

[208] Para MENEZES LEITÃO, "a justa causa constitui um conceito vago e indeterminado que abrange naturalmente a violação grave dos deveres do administrador, mas também quaisquer outras circunstâncias que tornem objectivamente insustentável a sua manutenção no cargo" – assim, constitui fundamento de destituição, por exemplo, a recusa do administrador em prestar ao juiz as informações a que está obrigado – *Direito da Insolvência*, 8ª edição, Almedina, Coimbra, 2018, p. 118, nota 145. Para SALAZAR CASANOVA, poderá ser fundamento de destituição a não apresentação de relatório no dia designado pela assembleia de credores – *Abordagem Judiciária dos Aspectos mais Relevantes da Marcha Processual do novo Código da Insolvência e da Recuperação de Empresas, in:* http://www.asjp.pt/estudos/salazarcasanova_insolvência2004.pdf, p. 20. De acordo com o Ac. Rel. Guim. de 16-04-2009 (AMÍLCAR ANDRADE), "a justa causa é sempre alguma circunstância ligada à pessoa ou a uma conduta do administrador que, pela sua gravidade inviabilize, em termos de razoabilidade, a manutenção das suas funções e terá sempre de ser apreciada em concreto, face à factualidade que se provar, tendo em conta os vários aspectos relacionados com a sua gestão". Segundo o Ac. Rel. Lx., de 2-02-2010 (LUÍS ESPÍRITO SANTO) "I – O Juiz tem o poder vinculado de destituir o administrador de insolvência ocorrendo, para tanto, justa causa. I – O conceito indispensável de justa causa abrange situações de violação grave dos deveres do administrador e quaisquer circunstâncias que tornem objectivamente insustentável a sua manutenção no cargo. III – Circunstâncias que constituam sinal de quebra irreversível do elo de confiança que o legitima ou por serem susceptíveis de revelar inaptidão ou incompetência para o respectivo desempenho". Diz o Ac. Rel. Po., de 28-02-2013 (JOSÉ MANUEL ARAÚJO BARROS), que "mesmo que a actuação do administrador de insolvência seja susceptível de causar prejuízos à massa insolvente ou aos credores, não gera incompatibilidade que o impeça de continuar no exercício do seu cargo se não revelar falta de qualidade ou de preparação técnica adequada do administrador nem consubstanciar conduta negligente ou dolosa". O Ac. Rel. Év., de 14-09-2017 (ALBERTINA PEDROSO) considerou haver justa causa na falta de resposta, pelo administrador da insolvência, concreta e sucessivamente, às notificações do tribunal.

[209] Tal como audaciosamente havia sido previsto no art. 53º, nº 2, do Anteprojeto de Código que acompanhou a proposta de lei de autorização. Cfr. *Código da Insolvência e da Recuperação de Empresas,* Coimbra Editora, Coimbra, 2004.

O juiz deverá designar como substituto do administrador destituído a pessoa que tenha sido eleita para esse efeito pela assembleia de credores (nos termos do art. 53.º, n.º 1), ressalvado o disposto no nº 3 do art. 53º (art. 56º, nº 2).

2. Estatuto e funções

O processo de recrutamento para as listas oficiais, assim como o estatuto do administrador da insolvência, constam de diploma legal próprio (o Estatuto do Administrador Judicial, aprovado pela Lei n.º 22/2013, de 26 de fevereiro, alterado pela Lei n.º 17/2017, de 16 de maio), sem prejuízo do disposto no CIRE (art. 52º, nº 3). Os administradores da insolvência podem constituir sociedades de administradores da insolvência (SAI), cujo objeto exclusivo é o exercício das funções de administrador da insolvência (Decreto-Lei nº 54/2004, de 18 de março).

Uma vez notificado da sua nomeação[210], o administrador da insolvência assume de imediato a sua função (art. 54º)[211], desempenhando as tarefas que lhe estão cometidas, com a cooperação e sob a fiscalização da comissão de credores, caso tenha sido constituída (art. 55º, nº 1, proémio)[212], e com a colaboração do próprio devedor (art. 83º). De acordo com o art. 2.º, n.º 1, do Estatuto "[o] administrador judicial é a pessoa incumbida da fiscalização e da orientação dos atos integrantes do processo especial de revitalização, bem como da gestão ou liquidação da massa insolvente no âmbito do processo de

[210] O legislador não previu qualquer disposição relativa à forma de notificação do administrador da insolvência, pelo que, por força da norma subsidiária remissiva contida no art. 17º, nº 1, são aplicáveis as disposições do CPCivil relativas à notificação (arts. 247º e ss do CPCivil).

[211] À luz do antigo Estatuto dos administradores da insolvência (Lei n.º 32/2004, de 22 de julho), se a nomeação (e até a designação pela assembleia de credores) do administrador da insolvência dependia de prévia aceitação do proposto (art. 53º, nº 1), já o administrador nomeado pelo juiz tinha, em princípio, o dever de aceitar a nomeação (com exceção do disposto no art. 17º do Estatuto). A este propósito, *vide* FERNANDES, Luís A. Carvalho/LABAREDA, João, *Código da Insolvência e da Recuperação de Empresas Anotado*, Quid Juris Editora, Lisboa, 2008, pp. 252-253, nota 5. Atualmente, com o novo Estatuto (Lei n.º 22/2013, de 26 de fevereiro), por força do art. 12.º, n.º 3, os "administradores judiciais só devem aceitar as nomeações efetuadas pelo juiz caso disponham dos meios necessários para o efetivo acompanhamento dos processos em que são nomeados".

[212] No sentido de que o início de funções é sempre independente do registo da sua nomeação, veja-se, por todos, FERNANDES, Luís A. Carvalho/LABAREDA, João, *Código da Insolvência e da Recuperação de Empresas Anotado*, 3ª edição, Quid Juris Editora, Lisboa, 2015, p. 324, nota 3.

insolvência, sendo competente para a realização de todos os atos que lhe são cometidos pelo presente estatuto e pela lei".

Para além das demais *tarefas* que lhe são atribuídas ao longo do CIRE[213], cabe-lhe em especial preparar o pagamento das dívidas do insolvente à custa das quantias em dinheiro existentes na massa insolvente, nomeadamente das que constituam produto da alienação (que é da sua competência) dos bens de diversa natureza que a integram (art. 55º, nº 1, al. a)); prover à conservação e frutificação dos direitos do insolvente e à prossecução da exploração da empresa, evitando, na medida do possível, o agravamento da sua situação económica (art. 54º, nº 1, al. b))[214_215].

No exercício das suas funções, o administrador da insolvência está sujeito à *fiscalização* não só da comissão de credores (art. 55º, nº 1, proémio), como também do juiz, o qual pode, a todo o tempo, exigir-lhe que preste informações sobre quaisquer assuntos ou um relatório sobre a atividade e sobre o estado da administração e da liquidação (art. 58º).

O administrador da insolvência exerce as competências a seu cargo *pessoalmente*, com exceção dos casos de patrocínio judiciário obrigatório, dos casos de necessidade de prévia concordância da comissão de credores[216]

[213] No sentido de que o administrador desempenha essencialmente funções de administração e liquidação da massa insolvente e repartição do seu produto pelos credores, LEITÃO, Luís M. T. de Menezes, *Direito da Insolvência*, 8ª edição, Almedina, Coimbra, 2018, p. 119. Segundo PEDRO PAIS DE VASCONCELOS, "não deve entender-se acriticamente que o fim reitor da ação do administrador seja apenas defender e maximizar a massa no interesse da liquidação e do pagamento dos credores, mas defender o próprio devedor e outros interessados (*stakeholders*)", *Responsabilidade Civil do Administrador de Insolvência, in*: "II Congresso de Direito da Insolvência", Almedina, Coimbra, 2014, p. 190.

[214] O juiz fixa a remuneração a auferir pelo administrador da insolvência pela gestão de estabelecimento em atividade que integre a massa até à deliberação da assembleia de credores de apreciação do relatório (art. 25.º, n.º 1, Estatuto).

[215] Segundo PEDRO PAIS DE VASCONCELOS, "enquanto houver uma possibilidade de alcançar a solvência, a administração da massa não deve ser dirigida à liquidação" – *Responsabilidade Civil do Administrador de Insolvência, in:* "II Congresso de Direito da Insolvência", Almedina, Coimbra, 2014, p. 193. A este propósito PEDRO PIDWELL fala de um "*"dever de proteção da empresa"*, que impende sobre o administrador da insolvência desde o início das suas funções" – *Os Poderes e Deveres do Administrador Judicial [da Insolvência] na Reestruturação de Empresas, in:* "Revista de Direito da Insolvência", n.º 2, Almedina, Coimbra, 2018, p. 69.

[216] É necessária a prévia concordância da comissão de credores, por exemplo, para a atribuição de alimentos ao insolvente e aos trabalhadores (art. 84º, nº 1).

e dos casos restritos de substabelecimento (art. 55º, nº 2)[217]. O substabelecimento é permitido, desde que se observem os seguintes requisitos expressamente previstos na lei: pela forma escrita, pode o administrador da insolvência substabelecer em outro administrador da insolvência, com inscrição em vigor nas listas oficiais de administrador da insolvência e indicação dos atos concretos[218] que podem ser praticados. Por força do art. 55.º, n.º 7, são da responsabilidade do administrador da insolvência que recorre ao substabelecimento quer a remuneração do administrador "substabelecido", quer todos os atos por ele praticados ao abrigo do substabelecimento[219].

O administrador da insolvência pode, no desempenho das suas funções, e sob a sua responsabilidade, ser coadjuvado por técnicos ou outros auxiliares, remunerados ou não, que podem até consistir no próprio devedor, desde que para tal esteja previamente autorizado pela comissão de credores ou, na sua falta, pelo juiz [220](art. 55º, nº 3). Pode ainda o administrador celebrar contratos de trabalho a termo certo ou incerto, necessários às operações de liquidação da massa insolvente ou à continuação da exploração da empresa, caducando os novos contratos no momento do encerramento definitivo do estabelecimento onde prestam serviço ou, salvo convenção em contrário, no momento da transmissão do estabelecimento (art. 55º, nº 4).

O art. 11.º do EAJ constitui a norma matriz no que concerne ao exercício das suas funções processuais (sob a epígrafe "Direitos dos administradores

[217] O art. 55.º, n.º 2, foi alterado pela Lei nº 16/2012, de 20 de abril. Contrariamente ao regime anterior, é agora possível o substabelecimento, há muito pedido pelos administradores da insolvência (assim, Ponto 5 do Parecer da Associação Portuguesa dos Administradores Judiciais sobre o Anteprojeto de Alteração do Código da Insolvência e da Recuperação de Empresas, de 24 de novembro de 2011.). Crítico em relação a esta solução veja-se o Parecer do Sindicato dos Magistrados do Ministério Público Relativo às Alterações à Insolvência (CIRE), p. 5.

[218] Esta referência aos atos concretos acolheu a crítica feita pela Associação Sindical dos Juízes Portugueses, no seu Parecer sobre o Anteprojeto, p. 15 e pelo Conselho Geral da Ordem dos Advogados, no seu Parecer sobre o Anteprojeto, p. 4.

[219] O n.º 7 do art. 55.º foi aditado pela Lei n.º 16/2012, de 20 de abril.

[220] Para uma hipótese em que, apesar da inobservância do "dever de obtenção de prévia concordância judicial" foram validadas as contas para pagamento de serviços prestados por terceiros, *vide* o Ac. Rel. Guim., de 19-03-2013 (MANUELA BENTO FIALHO).

judiciais"). Estabelece a sua alínea a)[221] que, "no exercício das suas funções, os administradores judiciais gozam dos direitos a:

a) Equiparação aos agentes de execução para efeitos de:
   i) Direito de ingresso nas secretarias judiciais e demais serviços públicos, designadamente conservatórias e serviços de finanças;
   ii) Acesso ao registo informático de execuções nos termos do Decreto-Lei n.º 201/2003, de 10 de setembro, alterado pelo Decreto-Lei n.º 53/2004, de 18 de março, pela Lei n.º 60-A/2005, de 30 de dezembro, e pelo Decreto-Lei n.º 226/2008, de 20 de novembro;
   iii) Consulta das bases de dados da administração tributária, da segurança social, das conservatórias do registo predial, comercial e automóvel e de outros registos e arquivos semelhantes, de acordo com o disposto no artigo 749.º do Código de Processo Civil e a regulamentar por portaria nos termos do n.º 3 desse artigo, na medida necessária ao exercício das competências que lhes são legalmente atribuídas".

Os administradores judiciais têm acesso direto, por via eletrónica, ao sistema informático de suporte à atividade dos tribunais, podendo apresentar, por via eletrónica, peças processuais e documentos, bem como consultar processos por esta via, sendo as notificações dos tribunais processadas da mesma forma (Portaria n.º 246/2016, de 7 de setembro) e requerer a emissão de certidões eletrónicas no âmbito de processos dos tribunais judiciais, administrativos e fiscais e dos processos da competência do Ministério Público (Portaria n.º 209/2017, de 13 de julho).

De acordo com o art. 81º, nº 4, o administrador da insolvência assume a representação do devedor para todos os efeitos de caráter patrimonial que interessem à massa insolvente. O CIRE continua a utilizar a expressão "representação", à semelhança dos diplomas que o precederam (cfr., designadamente, o art. 147º, nº 2, do CPEREF). Porém, a doutrina sempre foi muito

[221] A al. a) do art. 11.º do EAJ foi alterada pelo art. 2.º da Lei n.º 17/2017, de 16 de maio (que, nos termos do seu art. 3.º, entrou em vigor no dia 17 de maio de 2017), no sentido de reforçar os poderes dos administradores judiciais, na medida do estritamente necessário, com evidentes ganhos de eficiência no exercício da sua atividade.

crítica em relação a esta referência legal (considerando-a um resquício da antiga conceção do falido como incapaz), preferindo o entendimento de que o insolvente é *substituído* pelo administrador da insolvência, uma vez que constitui função (pelo menos primacial) do administrador da insolvência a prossecução dos interesses de terceiros e não do próprio insolvente[222]. Os poderes atribuídos ao administrador de insolvência apresentam a natureza de *poderes-deveres* ou poderes funcionais[223], que devem ser exercidos no interesse de terceiros, mormente dos credores, embora, em determinados casos, devam atender também à pessoa e ao agregado familiar do insolvente (no caso da atribuição de alimentos ao devedor, de acordo com o art. 84º).

Por fim, os crimes de homicídio e de ofensas à integridade física cometidos contra administradores judiciais, no exercício das suas funções ou por causa delas, são qualificados por força dos art. 132.º, n. 2, al. l), e 145.º, n.º 2, do CPenal[224].

3. Remuneração

O administrador da insolvência tem direito não só à remuneração prevista no seu estatuto, quando nomeado pelo juiz (art. 23.º do Estatuto), ou à remuneração prevista na deliberação da assembleia de credores (art. 24.º do Estatuto), quando tenha sido eleito pela assembleia de credores, mas também ao reembolso das despesas que razoavelmente tenha considerado úteis ou indispensáveis (art. 60º, nº 1).

A remuneração do administrador, bem assim como o reembolso das despesas, constituem dívidas da massa insolvente (art. 51º, nº 1, al. b))[225].

Na hipótese de o administrador da insolvência ter sido *nomeado pelo juiz*, a sua remuneração será calculada de acordo com dois critérios cumulativos:

[222] Neste sentido, também, MACEDO, Pedro de Sousa, *Manual de Direito das Falências* (vol. II), Livraria Almedina, Coimbra, 1968, p. 80.

[223] Neste sentido, também, FERNANDES, Luís A. Carvalho/LABAREDA, João, *Código da Insolvência e da Recuperação de Empresas Anotado*, 3ª edição, Quid Juris Editora, Lisboa, 2015, p. 332, nota 14.

[224] Em consequência da alteração ao Código Penal, introduzida pela Lei n.º 59/2014, de 26 de agosto.

[225] Segundo o Ac. Rel. Po., de 3-07-2014 (PEDRO LIMA COSTA), "o art. 29 nº 1, nº 5 e nº 9 da Lei 22/2013, de 26/2, faculta ao administrador de insolvência que por decisão própria e auto-liquidação, retire da massa insolvente os montantes relativos à sua remuneração e despesas".

um primeiro critério fixo de acordo com o montante estabelecido em portaria conjunta dos Ministérios das Finanças, da Justiça e da Economia (art. 23º, nº 1, do Estatuto)[226]; e um segundo, que tem caráter variável, pois depende do resultado da liquidação da massa insolvente ou da recuperação do devedor, e é majorado em função do grau de satisfação dos créditos reclamados e admitidos (art. 23º, nºs 2 a 6, do Estatuto, e art. 2º da Portaria nº 51/2005, de 20 de janeiro).

Na hipótese de o administrador da insolvência ter sido escolhido pela *assembleia de credores*[227], o montante da sua remuneração será fixado pela assembleia de credores e na mesma deliberação que designa o administrador (art. 24º, nº 1, do Estatuto, e arts. 53º, nº 1, e 60º, nº 2, do CIRE)[228].

Se a gestão de estabelecimento compreendido na massa insolvente competir ao administrador da insolvência, o juiz fixa a respetiva remuneração a auferir até à assembleia de apreciação do relatório, prevista no art. 156.º do CIRE (art. 25.º, n.º 1, do Estatuto)[229]. Se os credores, na assembleia de apreciação do relatório, deliberarem a manutenção em atividade de estabelecimento compreendido na massa insolvente, devem nessa assembleia fixar ao administrador da insolvência a respetiva remuneração (art. 25.º, n.º 3, do Estatuto).

Por último, se o administrador da insolvência for encarregado, na assembleia de apreciação do relatório, de elaborar um plano de insolvência, essa deliberação deve fixar a remuneração correspondente (art. 26.º do Estatuto)[230].

226 O art. 1º da Portaria nº 51/2005, de 20 de janeiro, estabeleceu o valor de 2000€.

227 O art. 21º da Lei nº 32/2004 contém uma imprecisão ao referir-se à nomeação do administrador pela assembleia de credores, uma vez que o administrador é sempre nomeado pelo juiz, podendo, porém, a sua escolha ser feita pela assembleia de credores. Assim também, FERNANDES, Luís A. Carvalho/LABAREDA, João, *Código da Insolvência e da Recuperação de Empresas Anotado*, 3ª edição, Quid Juris Editora, Lisboa, 2015, p. 324, nota 2.

228 A lei é, no entanto, omissa quanto ao modo de pagamento desta remuneração (mensal, global, em que momento se vence?) – a este propósito, veja-se SILVA, Fátima Reis, *Processo de Insolvência: os Órgãos de Insolvência e o Plano de Insolvência, in:* "Revista do CEJ", 2.º semestre 2010, n.º 14, p. 147.

229 Se a assembleia de apreciação do relatório tiver sido dispensada, nos termos do art. 36.º, n.º 1, al. n), será aplicável o disposto nos n.ºs 4 e 5 do art. 36.º.

230 Em virtude desta acentuada componente variável, a remuneração será calculada pelo juiz apenas no final do processo (i.e., depois do encerramento da liquidação) – assim, SILVA, Fátima Reis, *Processo de Insolvência: os Órgãos de Insolvência e o Plano de Insolvência, in:* "Revista do CEJ", 2.º semestre 2010, n.º 14, p. 147.

4. Dever de informação e de prestação de contas

Sobre o administrador da insolvência recai um dever de, no termo de cada período de três meses após a data da assembleia de apreciação do relatório[231], apresentar um documento com a *informação* sucinta sobre o estado da administração e da liquidação dos bens integrantes da massa insolvente, o qual deve estar visado pela comissão de credores (caso exista) e deve ser junto ao processo (art. 61º, nº 1).

No âmbito das operações de liquidação, o administrador da insolvência tem ainda o dever de providenciar pelo *arquivamento* de todos os documentos a elas respeitantes, com indicação expressa nos autos do local onde os mesmos se encontram (art. 61º, nº 2).

Para além disso, o administrador da insolvência encontra-se obrigado a apresentar contas em diversos momentos do processo de insolvência[232].

Desde logo, existe uma obrigação *inelutável* de apresentação de contas dentro dos 10 dias (prorrogáveis por despacho judicial) seguintes à data da cessação das suas funções (independentemente do fundamento que lhe subjaza) (art. 62º, nº 1).

Em segundo lugar, o administrador *pode* ainda ser obrigado a prestar contas em qualquer momento do desempenho das suas funções (dentro de um prazo máximo de 15 dias, a fixar pelo juiz), a solicitação do juiz, oficiosamente ou a pedido da comissão de credores ou da assembleia de credores (nº 2 do art. 62º).

Nestas duas hipóteses, as contas são feitas sob a forma de conta corrente, resumindo toda a receita e toda a despesa, de modo a retratar sucintamente a situação da massa insolvente, devendo ser acompanhadas de todos os documentos comprovativos (art. 62º, nº 3).

Caso o administrador *viole* a obrigação de prestar contas, o juiz ordenará as medidas mais adequadas ao caso concreto, podendo, designadamente, encarregar pessoa idónea da apresentação de contas para, depois de ouvida

[231] Se a assembleia de apreciação do relatório tiver sido dispensada, nos termos do art. 36.º, n.º 1, al. n), será aplicável o disposto nos n.os 4 e 5 do art. 36.º.

[232] Estas obrigações de prestação de contas são independentes do dever de elaborar e depositar contas anuais a que o devedor se encontre legalmente obrigado, e relativamente ao qual é substituído pelo administrador (art. 65º).

a comissão de credores, decidir segundo critérios de equidade, sem prejuízo da responsabilidade civil e criminal que ao caso couber (art. 63º)[233].

As contas apresentadas são autuadas por apenso, devendo a comissão de credores (caso exista) emitir parecer sobre elas no prazo fixado pelo juiz. Posteriormente, são notificadas aos credores e ao próprio insolvente por éditos de 10 dias afixados à porta do tribunal e por anúncio publicado no portal *Citius*[234] para, no prazo de 5 dias, se pronunciarem (art. 64º, nº 1). O processo, depois da vista pelo Ministério Público, é concluso ao juiz para que este, depois de produzida a prova necessária, decida (nº 2 do art. 64º).

O disposto nos arts. 62.º a 64.º não prejudica o dever de elaborar e depositar contas anuais, nos termos que forem legalmente obrigatórios para o devedor (art. 65.º, n.º 1). Este dever subsiste na esfera do insolvente e dos seus representantes legais, "os quais se mantêm obrigados ao cumprimento das obrigações fiscais, respondendo pelo seu incumprimento" (n.º 2 do art. 65.º)[235].

Se for proferida deliberação de encerramento da atividade da empresa nos termos do art. 156.º, n.º 3, extinguem-se "necessariamente" todas as obrigações declarativas e fiscais, devendo o tribunal comunicar oficiosamente tal facto à administração fiscal para efeitos de cessação de atividade. Se não tiver sido proferida a deliberação de encerramento da atividade do estabelecimento (prevista no art. 156.º, n.º 2), as obrigações fiscais passam a ser da responsabilidade daquele a quem a administração do insolvente tenha sido atribuída e enquanto esta durar (n.º 4 do art. 65.º). As responsabilidades fiscais que eventualmente surjam no período que medeia entre a declaração de insolvência e

[233] Segundo o Ac. Rel. Po., de 14-11-2017 (FERNANDO SAMÕES): "I – Viola o dever de cooperação o administrador da insolvência que se recusa prestar contas da massa insolvente, ainda que responda à solicitação do tribunal dizendo que entende que não as deve apresentar. II – O montante da multa devida é fixado de harmonia com os critérios estabelecidos no n.º 4 do art.º 27.º do RCP".

[234] Em consequência da alteração introduzida pela Lei n.º 16/2012, de 20 de abril, a publicação das contas no Diário da República foi substituída por publicação no portal *Citius*.

[235] Este preceito foi alterado pela Lei nº 16/2012, de 20 de abril, que acrescentou os n.os 2 a 5. O texto final diverge do texto proposto no Anteprojeto de 24 de novembro de 2011, onde se atribuía ao administrador da insolvência a responsabilidade de "elaborar e depositar os documentos de prestação de contas respeitantes ao período que medeia entre a sua nomeação e a cessação da actividade da empresa e a sua liquidação, deliberada em assembleia de credores, ou, quando tal deliberação não tenha sido adoptada, o encerramento do processo de insolvência".

a deliberação prevista no n.º 3 são da responsabilidade daquele a quem tiver sido cometida a administração da insolvência (n.º 5 do art. 65.º).

5. Responsabilidade

Para além dos processos disciplinares ou contraordenacionais a que possa estar sujeito, por aplicação do disposto nos arts. 17º e ss do Estatuto (Lei nº 22/2013, de 26 de fevereiro)[236], o administrador da insolvência está sujeito a um regime próprio de responsabilidade pelos prejuízos causados no exercício das suas funções, previsto e regulado no art. 59º do CIRE[237].

Em primeiro lugar, ele responde pelos *danos* sofridos pelo próprio devedor, pelos credores da insolvência e pelos credores da massa insolvente, em consequência da violação culposa dos deveres que sobre ele impendem (art. 59º, nº 1, 1ª parte). A culpa deve ser apreciada segundo o padrão de conduta de um administrador da insolvência criterioso e ordenado (art. 59º, nº 1, 2ª parte)[238].

Em segundo lugar, o administrador da insolvência responde também pelos *danos* causados aos credores da massa insolvente, desde que esta seja insuficiente para a satisfação integral dos seus direitos, desde que esta insuficiência

[236] Nos termos do art. 17º, nº 1, do Estatuto, "compete à entidade responsável pelo acompanhamento, fiscalização e disciplina dos administradores judiciais instruir os processos disciplinares e os processos de contraordenação relativos ao exercício de funções dos administradores judiciais, bem como punir as infrações por estes cometidas". O Estatuto desta entidade, legalmente designada de Comissão para o Acompanhamento dos Auxiliares da Justiça (abreviadamente, CAA) foi aprovado pela Lei n.º 77/2013, de 21 de novembro. A Portaria n.º 90/2015, de 25 de março, regulamenta a taxa a pagar pelos administradores judiciais à CAAJ, por força do art. 12.º, n.º 9, do Estatuto.

[237] No sentido de que se trata de uma responsabilidade aquiliana (e não uma responsabilidade contratual), pois a posição jurídica do administrador da insolvência tem a sua fonte na lei (e não em negócio), veja-se Vasconcelos, Pedro Pais de, *Responsabilidade Civil do Administrador de Insolvência, in:* "II Congresso de Direito da Insolvência", Almedina, Coimbra, 2014, pp. 198-199.

[238] Para Pais de Vasconcelos, a lei recorre a uma fórmula conhecida que se encontra também no art. 64.º, n.º 1, do CSC – *Responsabilidade Civil do Administrador de Insolvência, in:* "II Congresso de Direito da Insolvência", Almedina, Coimbra, 2014, pp. 192. Segundo o Ac. Rel. Po., de 28-11-2017 (José Igreja Matos), "a culpa [...] não se presume designadamente a partir de uma significativa discrepância entre o valor de mercado de um dado bem e o preço real obtido na sua venda em sede de liquidação do activo do insolvente, em especial se foram várias as tentativas de venda sempre infrutíferas".

não seja imprevisível[239] (atendendo às circunstâncias conhecidas e às que não devia desconhecer) e desde que esses direitos resultem de ato praticado pelo administrador (art. 59º, nº 2).

Em terceiro lugar, o administrador da insolvência responde *solidariamente* pelos danos causados pelos atos e omissões dos seus auxiliares, exceto se provar que não teve culpa[240] ou que, mesmo com a diligência devida, não se teriam evitado os danos[241] (art. 59º, nº 3)[242].

Em quarto lugar, a responsabilidade do administrador da insolvência está temporalmente circunscrita aos factos danosos (condutas ou omissões) ocorridos após a sua nomeação (art. 59.º, n.º 4)[243].

De acordo com o art. 59º, nº 5[244], a responsabilidade do administrador da insolvência *prescreve* no prazo de 2 anos a contar da data em que o lesado tomou conhecimento do seu direito, desde que ainda não tenham decorrido dois anos sobre a data da cessação de funções do administrador[245] – pois,

[239] Considerando esta imprevisibilidade um "mau operador", veja-se VASCONCELOS, Pedro Pais de, *Responsabilidade Civil do Administrador de Insolvência, in:* "II Congresso de Direito da Insolvência", Almedina, Coimbra, 2014, p. 199.

[240] Estabelece-se assim, aqui, uma presunção de culpa do administrador da insolvência. O conceito de culpa parece poder abarcar as modalidades de culpa *in eligendo* (relativa à escolha dos auxiliares), culpa *in instruendo* (relativa às instruções ou ordens que deu aos auxiliares) e culpa *in vigilando* (relativa à fiscalização da atividade dos auxiliares). Veja-se, quanto a estes conceitos, COSTA, M. J. Almeida, *Direito das Obrigações* (8ª edição), 2000, p. 559, LEITÃO, Luís M. T. de Menezes, *Direito da Insolvência*, 8ª edição, Almedina, Coimbra, 2018, pp. 126 e VASCONCELOS, Pedro Pais de, *Responsabilidade Civil do Administrador de Insolvência, in*: "II Congresso de Direito da Insolvência", Almedina, Coimbra, 2014, p. 200.

[241] O legislador acolheu aqui a teoria da *relevância negativa da causa virtual do dano* – veja-se, por todos, VARELA, J. M. Antunes, *Das Obrigações em Geral* (vol. I – 10ª edição), 2000, pp. 617-620.

[242] Para CARVALHO FERNANDES e JOÃO LABAREDA, trata-se de "uma situação paralela à da responsabilidade do comitente por atos do comissário". Por isso, defendem a aplicabilidade do art. 500.º, n.º 2, do CCivil e o exercício do direito de regresso do administrador da insolvência sobre aquele por quem respondeu, nos termos gerais – *Código da Insolvência e da Recuperação de Empresas Anotado*, 3ª edição, Quid Juris Editora, Lisboa, p. 345, nota 14.

[243] Esta solução legal (introduzida pela Lei nº 16/2012, de 20 de abril) teve "o propósito de afastar algumas dúvidas que têm surgido relativamente ao âmbito de responsabilização que impende sobre os administradores da insolvência no decurso do processo de insolvência" – Exposição de Motivos da Proposta de Lei n.º 39/XII, de 30 de dezembro de 2011.

[244] Por força da Lei nº 16/2012, de 20 de abril, o n.º 4 do art. 59.º passou a ser o n.º 5.

[245] Muito crítico em relação a este prazo, por ser excessivamente curto (ainda mais baixo do que o prazo prescricional da responsabilidade delitual – art. 498º do CCivil), veja-se LEITÃO, Luís M. T. de Menezes, *Direito da Insolvência*, 8ª edição, Almedina, Coimbra, 2018, p. 126,

neste caso, a responsabilidade prescreve automaticamente, independentemente do conhecimento do lesado.

§2 A assembleia de credores

1. Composição

Destinando-se o processo de insolvência à primacial satisfação dos interesses dos credores (art. 1º, n.º 1), a assembleia de credores constitui um órgão nodal do processo de insolvência e, por isso, dado o caráter concursal do processo, assenta no princípio de que qualquer credor nela pode participar[246]. Assim, a lei prevê no art. 72º um leque amplo de participantes na assembleia de credores, definindo para cada um deles as respetivas faculdades e, em alguns casos, os respetivos deveres.

Desde logo, e em primeiro lugar, de acordo com o art. 72º, nº 1, têm o *direito* de participar na assembleia de credores todos os credores da insolvência, assim como os titulares dos direitos previstos no art. 95º, nº 2, que não possam ser exercidos no processo. A participação dos titulares de créditos subordinados depende da verificação do disposto nos n°s 1 e 4 do art. 73º (*ex vi* do art. 72º, nº 2). Os credores podem participar pessoalmente ou por intermédio de mandatário com poderes especiais para o efeito (art. 72º, nº 3).

Caso se afigure necessário ao conveniente andamento dos trabalhos, o juiz pode determinar a *limitação* da participação na assembleia de credores aos titulares de créditos até determinado valor (que nunca poderá exceder os €10 000), podendo os credores excluídos recorrer a uma das seguintes vias: representação por intermédio de outro credor cujo crédito preencha o limite fixado ou por intermédio de um representante comum a um conjunto de credores cuja soma de créditos atinja o valor estabelecido (art. 72º, nº 4).

nota 148. Já para CARVALHO FERNANDES e JOÃO LABAREDA, a solução legal apoia-se na "vantagem em garantir estabilidade às situações criadas, a que se associará a presunção de um normalmente rápido conhecimento da lesão pelo atingido neste tipo de situações" – *Código da Insolvência e da Recuperação de Empresas Anotado*, 3ª edição, Quid Juris Editora, Lisboa, 2015, pp. 346-347, nota 17.

[246] A propósito do princípio da universalidade da assembleia de credores (ou seja, o princípio de que todos os credores do insolvente têm assento na assembleia de credores, independentemente do montante de créditos de que sejam titulares), veja-se FERNANDES, Luís A. Carvalho/LABAREDA, João, *Código da Insolvência e da Recuperação de Empresas Anotado*, 3ª edição, Quid Juris Editora, Lisboa, 2015, p. 384, nota 5.

Depois, e em segundo lugar, o devedor e os seus administradores, o administrador da insolvência e os membros da comissão de credores têm o *direito* e o *dever* de participar na assembleia de credores (art. 72º, nº 5).

Por último, e em terceiro lugar, têm a *faculdade* de participar na assembleia o Ministério Público e a comissão de trabalhadores (até um limite máximo de três representantes), ou, na falta desta, representantes de trabalhadores por estes designados (até um limite máximo de três representantes) (art. 72º, nº 6).

2. Convocação e funcionamento

A assembleia de credores é *convocada* pelo juiz, oficiosamente ou a solicitação do administrador da insolvência, da comissão de credores ou de um credor ou grupo de credores titulares de créditos representativos, na estimativa do juiz, de pelo menos 1/5 do total dos créditos não subordinados (art. 75º, nº 1).

A data, a hora, o local e a ordem do dia da assembleia de credores são imediatamente comunicados aos interessados, com uma antecedência mínima de 10 dias, através de anúncio publicado no portal *Citius* e de editais afixados na porta da sede ou da residência do devedor e dos seus estabelecimentos (art. 75º, nº 2)[247].

Para além disso, o devedor, os seus administradores, os cinco maiores credores e a comissão de trabalhadores são avisados do dia, hora e local da reunião através de circulares enviadas por correio registado, com a antecedência mínima de 10 dias (art. 75º, nº 3).

O anúncio, os editais e as circulares devem conter ainda os *elementos* referidos no nº 4 do art. 75º: identificação do processo e do devedor (nome, sede e residência), caso o prazo para reclamação dos créditos ainda não tenha expirado, advertência relativamente à necessidade da sua reclamação e, por último, indicação da restrição à participação prevista no art. 72º, nº 4, e da possibilidade de agrupamento ou representação.

[247] O n.º 2 do art. 75.º foi alterado pela Lei nº 16/2012, de 20 de abril, substituindo-se a publicação no Diário da República pela publicação no portal *Citius* e impondo-se a afixação dos editais na porta da residência do devedor.

A assembleia de credores é *presidida* pelo juiz (art. 74º), o qual pode decidir a suspensão dos seus trabalhos, e determinar que sejam retomados num dos quinze dias úteis seguintes (art. 76º)[248].

3. Direito de voto

Os créditos atribuem um voto por cada euro ou fração desde que se preencham os seguintes requisitos[249] (art. 73º, nº 1).

Em primeiro lugar, os créditos com direito de voto têm que se encontrar já *reconhecidos* por sentença transitada em julgado proferida no apenso de verificação e graduação de créditos ou em ação de verificação ulterior.

Em segundo lugar, e caso o primeiro pressuposto não se verifique, pode o credor participar na assembleia desde que já tenha *reclamado* o seu crédito no processo ou na própria assembleia, para efeitos apenas de participação na assembleia, e desde que, em simultâneo, não tenha sido objeto de impugnação na assembleia pelo administrador da insolvência ou por algum credor com direito de voto (als. a) e b) do nº 1 do art. 73º).

O legislador reservou um *tratamento especial* a determinadas categorias de créditos, a saber: os créditos condicionais, os créditos subordinados, os créditos impugnados e os créditos com garantias reais.

Os *créditos sujeitos a condição suspensiva* conferem um número de votos a fixar no caso concreto pelo juiz, segundo a probabilidade da verificação da condição (art. 73º, nº 2).

248 O art. 76.º foi alterado pela Lei nº 16/2012, de 20 de abril, num duplo sentido: os trabalhos da assembleia podem ser suspensos sem limitação do número de vezes (na versão anterior só podiam ser suspensos por uma vez), por um lado, e podem ser retomados num dos 15 dias úteis seguintes (e não nos apertados 5 dias úteis previstos na redação anterior), por outro lado. Procurou-se com esta alteração "viabilizar, designadamente, a ocorrência de negociações entre o devedor e os seus credores, com vista à elaboração de um plano de recuperação ou de insolvência (artigos 36.º e 76.º) " – Exposição de Motivos da Proposta de Lei n.º 39/XII, de 30 de dezembro de 2011. Muito crítica em relação à solução legal anterior, veja-se SILVA, Fátima Reis, *Processo de Insolvência: os Órgãos de Insolvência e o Plano de Insolvência*, *in:* "Revista do CEJ", 2.º semestre 2010, n.º 14, pp. 153-154.

249 O legislador foi claro ao consagrar no art. 73º, nº 6, a intangibilidade das deliberações da assembleia com fundamento na comprovação posterior de que aos credores cabia um número distinto de votos.

Os *créditos subordinados* não atribuem qualquer direito de voto, exceto quando a deliberação da assembleia de credores tenha por objeto a aprovação de um plano de insolvência (arts. 73º, nº 3, e 212º, nº 2, al. b)).

Aos *créditos impugnados* podem ser atribuídos votos, em número a fixar, no caso concreto, pelo juiz (e sem possibilidade de recurso – art. 73º, nº 5), de acordo com todas as circunstâncias relevantes do caso concreto (art. 73º, nº 4): por exemplo, a probabilidade da sua existência, do seu montante e da sua natureza subordinada, e, tratando-se de crédito sob condição suspensiva, a probabilidade da verificação da condição respetiva.

Por último, e ressalvado o disposto nos nºs 1 a 6 do art. 73º, os *créditos com garantias reais*, pelos quais o devedor não responda pessoalmente, conferem um voto por cada euro do seu montante, ou do valor do bem dado em garantia, se este for inferior (nº 7 do art. 73º).

4. Deliberações

A lei prevê uma *regra supletiva* para a aferição da maioria deliberativa da assembleia de credores no art. 77º[250]. Desde logo, e em primeiro lugar, a maioria é independente do número de credores presentes ou representados ou da percentagem dos créditos de que sejam titulares. Em segundo lugar, as deliberações da assembleia de credores são tomadas por maioria dos votos emitidos, não se considerando como tal as abstenções.

As deliberações da assembleia de credores são *jurisdicionalmente controláveis*: o administrador da insolvência, bem como qualquer credor com direito de voto, pode reclamar para o juiz na própria assembleia de credores, oralmente ou por escrito, com fundamento na violação do interesse comum dos credores (art. 78º, nº 1)[251].

[250] Como exemplo de regra especial neste domínio, veja-se o art. 53º, nº 1 (maioria exigida para a escolha de outro administrador da insolvência), o art. 67º, nº 3 (maioria exigida para as deliberações sobre a comissão de credores), o art. 212º, nº 1 (respeitante ao plano de insolvência – aliás, esta regra é duplamente especial, não só relativamente ao *quórum* constitutivo como também relativamente ao *quórum* deliberativo).

[251] No art. 78º, o legislador foi omisso em dois aspetos fundamentais: não só não forneceu elementos auxiliares da interpretação do conceito "interesse comum dos credores", por um lado, como também, por outro lado, não previu a sanção legal para a sua violação, nem qualquer responsabilidade.

A decisão do juiz que julgue procedente a reclamação é recorrível por qualquer dos credores que tenha votado no sentido que fez vencimento; a decisão do juiz que indefira a reclamação é passível de recurso apenas pelo reclamante (art. 78º, nº 2).

5. Poderes e funções

Para além dos *poderes* reconhecidos pelo legislador ao longo do Código, cabe em especial à assembleia de credores pedir ao administrador da insolvência a prestação de informações que repute necessárias (art. 79º).

Para além disso, a assembleia de credores tem a faculdade não só de revogar as deliberações da comissão de credores (independentemente de qualquer justa causa), como também de se substituir à comissão de credores em todos os casos em que a lei exija a aprovação desta (art. 80º).

Por fim, a assembleia de credores tem ainda poderes sobre a constituição de outros órgãos da insolvência: pode constituir, modificar ou até prescindir da comissão de credores (art. 67º, nº 1); pode deliberar a substituição do administrador da insolvência nomeado pelo juiz (art. 53º).

As *funções* da assembleia de credores não se encontram reunidas num só preceito legal, estando, pelo contrário, dispersas pelo Código. É função da assembleia de credores, *por exemplo*:

- dar o seu acordo ao administrador da insolvência relativamente à atribuição de alimentos ao insolvente e aos seus trabalhadores, caso não exista comissão de credores (art. 84º, nº 1);
- apreciar o relatório elaborado pelo administrador da insolvência (art. 156º);
- aprovar e alterar o plano de insolvência (arts. 209º e 210º);
- deliberar sobre o encerramento ou manutenção em atividade do(s) estabelecimento(s) integrado(s) na massa insolvente (art. 156º, nº 2);
- cometer ao administrador da insolvência a tarefa de elaborar um plano de insolvência (art. 156º, nº 3);
- no caso de inexistência da comissão de credores, consentir na prática de atos jurídicos de especial relevo para o processo de insolvência (art. 161º, nº 1);

- deliberar a atribuição ao devedor da administração da massa insolvente, bem como a sua cessação (respetivamente, arts. 224º, nº 3, e 228º, nº 1, al. b)).

6. A assembleia de apreciação do relatório

6.1. Funções

A assembleia de apreciação do relatório encontra-se regulada no art. 156.º e desempenha essencialmente três grandes funções.

Desde logo, destina-se a submeter o relatório previsto no art. 155º à apreciação do devedor, da comissão de credores, da comissão de trabalhadores ou dos representantes dos trabalhadores (art. 156º, nº 1).

Depois, compete à assembleia deliberar sobre o encerramento ou manutenção em atividade do(s) estabelecimento(s) integrado(s) na massa insolvente (art. 156º, nº 2)[252]. Porém, em certos casos, o encerramento do(s) estabelecimento(s) do devedor poderá anteceder a assembleia de apreciação do relatório, por iniciativa do administrador da insolvência, desde que tenha o parecer favorável da comissão de credores (art. 157º, al. a)), ou, se a comissão não existir, desde que o devedor não se oponha ou, apesar da sua oposição, desde que o juiz o autorize, com fundamento na necessidade de impedir uma diminuição considerável da massa insolvente (art. 157º, al. b)).

Em último lugar, nela pode deliberar-se a atribuição ao administrador da tarefa de elaborar um plano de insolvência e, subsequentemente, decidir-se (ou não) a suspensão da partilha e da liquidação da massa insolvente (art. 156º, nº 3)[253].

O art. 156º deve ser lido em conjugação com o seu nº 6, de acordo com o qual a assembleia, em reunião ulterior, pode modificar ou revogar as deliberações tomadas.

[252] Se os credores deliberarem a manutenção em atividade do estabelecimento devem, na mesma deliberação, fixar a remuneração a auferir pelo administrador da empresa (art. 25.º n.º 3, Estatuto).

[253] A este propósito, SILVA, Fátima Reis, *Algumas Questões Processuais no Código da Insolvência e da Recuperação de Empresas – uma primeira abordagem, in:* "Instituto de Direito das Empresas e do Trabalho – Miscelâneas" nº 2, Almedina, Coimbra, 2004, p. 72.

6.2. Dispensa da sua realização

A Lei nº 16/2012, de 20 de abril, veio permitir que o juiz, no momento da prolação da sentença declarativa de insolvência, decida dispensar a realização da assembleia de apreciação do relatório, fazendo disso menção fundamentada na própria sentença declarativa da insolvência (art. 36.º, n.º 1, al. n))[254].

Os fundamentos para a dispensa da realização desta assembleia não estão enunciados na lei[255]. Porém, o n.º 2 do art. 36.º contém uma série de circunstâncias em que o juiz não pode dispensar a sua realização[256]: quando for previsível a apresentação de um plano de insolvência[257] ou quando a administração da massa insolvente for entregue ao próprio devedor na sentença declarativa da insolvência (nos termos do art. 224.º, n.º 1) [258].

A dispensa da realização da assembleia de apreciação do relatório não tem caráter definitivo, uma vez que qualquer interessado pode requerer a sua convocação, no prazo para a reclamação de créditos (art. 36.º, n.º 3). A lei não contém qualquer referência à necessidade de o requerimento ser fundamentado, por um lado, nem à possibilidade de o juiz indeferir o requerimento, nem tão pouco o que devemos entender por interessado.

254 Em favor desta solução legal manifestou-se a Associação Portuguesa dos Administradores Judiciais no Parecer sobre o Anteprojeto de Alteração do Código da Insolvência e da Recuperação de Empresas, de 24 de novembro de 2011, ponto 3.

255 No sentido de que "o CIRE deveria prever expressamente quais os casos em que é permitida a dispensa da realização da assembleia, sob pena de tal possibilidade ser letra morta", veja-se o Parecer do Conselho Geral da Ordem dos Advogados sobre o Anteprojeto de Diploma que Altera o Código da Insolvência e da Recuperação de Empresas, de 24 de novembro de 2011, pp. 3 e 4.

256 O n.º 2 do art. 36.º foi alterado pelo art. 3.º do D.L. n.º 79/2017, de 30 de junho, o qual suprimiu o requerimento de exoneração do passivo restante no momento da apresentação pelo devedor à insolvência do elenco de casos excecionais de obrigatoriedade da assembleia de credores.

257 Por maioria de razão, solução idêntica deverá ser seguida quando a petição inicial seja já acompanhada de um plano de insolvência (art. 24.º, n.º 3).

258 Apesar de a letra da lei se referir apenas à hipótese de apresentação à insolvência pelo devedor, nada parece obstar a que o mesmo se aplique aos casos em que o devedor formula esse pedido no prazo de 10 dias posteriores à citação (nos termos do art. 236.º, n.º 1, 1ª parte).

A dispensa da realização da assembleia de apreciação do relatório suscita duas grandes questões processuais[259]: articulação da solução legal com os preceitos que fazem referência à assembleia; articulação da solução legal com a marcha processual. Quanto à primeira questão, o art. 36.º, n.º 4, contém a seguinte regra: "os prazos previstos neste Código, contados por referência à data da sua realização, contam-se com referência ao quadragésimo quinto dia subsequente à data de prolação da sentença de declaração da insolvência". Assim, devemos aplicar esta regra, por exemplo, ao art. 104.º, n.º 3, ao art. 188.º, ao art. 224.º, n.º 3, ao art. 236.º, n.º 1.

Quanto à segunda questão, o art. 36.º, n.º 5, impõe ao juiz que, logo na sentença declarativa da insolvência, adeque a marcha processual à ausência de tal assembleia, em atenção ao caso concreto[260].

Como compatibilizar o n.º 4 e o n.º 5 do art. 36.º? A referência legal à assembleia de apreciação do relatório impõe-se pela necessidade de existir uma prévia deliberação desta específica assembleia de credores: é o que acontece, designadamente, com o início da liquidação da massa insolvente. Se esta assembleia não reunir, não faz sentido o administrador da insolvência esperar 45 dias para dar início à liquidação da massa insolvente – deve, neste caso, o juiz adaptar a marcha processual (nos termos do n.º 5 do art. 36.º[261]), tendo sempre em conta o limite intransponível do prévio trânsito em julgado da sentença (art. 158.º, n.º 1).

E como compatibilizar o n.º 5 do art. 36.º com a possibilidade de, mais tarde, ser convocada a assembleia de apreciação do relatório, devendo ser, neste caso, reconfigurada a marcha processual?

[259] Outras questões acessórias também se suscitam: por exemplo, o administrador da insolvência continua obrigado a apresentar o seu relatório nos termos do art. 155.º?

[260] No sentido de que pelo juiz passarão decisões como a manutenção ou o encerramento imediato do estabelecimento do insolvente, que implicarão uma "especialização dos juízes que lidam com estes processos", veja-se o Parecer da Associação Sindical dos Juízes Portugueses sobre o Anteprojeto de Diploma que Altera o Código da Insolvência e da Recuperação da Empresa, de 24 de novembro de 2011, p. 14.

[261] E se o juiz for omisso? Poderá esta adaptação ocorrer depois da prolação da sentença, oficiosamente ou a pedido de qualquer interessado?

§3 A comissão de credores

1. Nomeação

1.1. Nomeação pelo juiz

A comissão de credores é um órgão do processo de insolvência *nomeado* pelo juiz, em qualquer momento processual anterior à primeira assembleia de credores, designadamente na própria sentença (art. 66º, nº 1).

Quando nomeada pelo juiz, a comissão de credores pode ser *composta* por três ou cinco membros e dois suplentes, devendo um deles representar os trabalhadores titulares de créditos sobre o insolvente[262], a sua presidência recair preferencialmente sobre o maior credor da empresa[263], e devendo ainda os restantes elementos garantir uma correta representação das diversas classes de credores não subordinados (art. 66º, nº 1).

A comissão de credores poderá ser constituída por pessoas singulares ou pessoas coletivas (art. 66º, nº 4, 1ª parte) – neste caso, a pessoa coletiva deverá determinar qual o seu representante, através de procuração ou credencial subscrita por quem a obriga (art. 66º, nº 4, 2ª parte).

A comissão de credores é um órgão da insolvência de caráter *eventual*, uma vez que o juiz poderá dispensar a sua constituição com base em um de três fundamentos (art. 66º, nº 2): exígua dimensão da massa insolvente, simplicidade da sua liquidação ou, por último, reduzido número de credores da insolvência.

[262] O juiz encontra-se vinculado à escolha feita, neste caso, pelos próprios trabalhadores ou pela comissão de trabalhadores, quando exista (art. 66º, nº 3). Sobre a ausência de referência legal a outras estruturas coletivas de representação dos trabalhadores (como, por exemplo, as associações sindicais), veja-se, por todos, Gomes, Júlio, *Nótula sobre os Efeitos da Insolvência do Empregador nas Relações de Trabalho, in:* "I Congresso de Direito da Insolvência", Almedina, Coimbra, 2014, p. 286.

[263] O Estado e as instituições de segurança social poderão ser nomeados para a presidência da comissão de credores desde que nos autos exista despacho do respetivo membro do Governo supervisor autorizador, com indicação do seu representante na comissão (art. 66º, nº 5). À luz do CPEREF, segundo o Ac. STJ, de 22 de novembro de 2002 (Salvador da Costa), "o facto de a requerente da falência haver sido condenada por litigância de má fé em anterior acção de falência que intentara contra a falida não constitui fundamento legal para que, como titular da maioria dos créditos, não seja nomeada para a presidência da comissão de credores".

1.2. Intervenção da assembleia de credores

À assembleia de credores reconhece a lei um conjunto de faculdades no que diz respeito à constituição e à destituição da comissão de credores.

Em primeiro lugar, caso o juiz tenha nomeado uma comissão de credores, a assembleia de credores pode *prescindir* da sua existência, substituir quaisquer dos membros ou suplentes e eleger dois membros adicionais (pelo que poderá perfazer um total de sete elementos) (art. 67º, nº 1).

Em segundo lugar, caso o juiz não tenha constituído a comissão de credores, pode a assembleia de credores *criar uma comissão* (composta por três, cinco ou sete membros, e dois suplentes), designar o seu presidente, e modificar a todo o tempo a respetiva composição, independentemente de justa causa (art. 67º, nº 1).

Todas as deliberações da assembleia de credores referidas nos dois parágrafos anteriores (isto é, previstas no nº 1 do art. 67º) devem ser tomadas pela *maioria* exigida no nº 1 do art. 53º (maioria dos votantes e dos votos emitidos, não sendo tomadas em conta as abstenções), salvo quando se trate de destituição de membro com justa causa (art. 67º, nº 3).

Quando a assembleia de credores intervenha na composição da comissão de credores, são aplicáveis as seguintes *regras particulares*. Desde logo, os membros da comissão de credores que sejam eleitos pela assembleia de credores não têm que ser credores nem têm que representar as várias classes de credores; depois, o presidente da comissão de credores não tem que ser necessariamente o maior credor da empresa[264] (art. 66º, nº 1, *a contrario*, *ex vi* do art. 67º, nº 2).

2. Funções, poderes e funcionamento

À comissão de credores compete, para além das *funções* em especial previstas na lei (veja-se, a título de exemplo, o art. 84º, nº 1), fiscalizar a atividade do administrador da insolvência e prestar-lhe colaboração (art. 68º, nº 1), podendo, no âmbito das suas funções, examinar livremente os elementos da contabilidade do devedor e solicitar ao administrador da insolvência as

[264] Porém, por expressa estatuição da lei é sempre necessária a existência de um membro representativo dos trabalhadores que detenham créditos sobre a empresa (art. 66º, nº 3, *ex vi* do art. 67º, nº 2).

informações e a entrega dos elementos que repute necessários (art. 68º, nº 2).

A comissão de credores reúne mediante convocação do seu presidente ou de dois dos seus membros e não pode *deliberar* sem a presença da maioria dos seus membros. As deliberações são tomadas por maioria dos votos dos membros presentes – podendo o voto ser escrito, se previamente acordado por todos os membros (art. 69º, nº 3) –, cabendo ao presidente, em caso de empate, voto de qualidade (art. 69º, nºs 1 e 2).

As deliberações são comunicadas ao juiz pelo respetivo presidente e são irreclamáveis para o tribunal (art. 69º, nºs 4 e 5). No entanto, as deliberações da comissão de credores são revogáveis pela assembleia de credores nos termos gerais do art. 80º[265].

Os membros da comissão de credores não são remunerados pelo desempenho das suas funções, sem prejuízo, todavia, do direito ao *reembolso das despesas* estritamente necessárias ao desempenho das suas funções, o qual constitui um crédito sobre a massa insolvente, por força do art. 51º, nº 1, al. b) (art. 71º).

3. Responsabilidade dos seus membros

Os membros da comissão de credores *respondem* perante os credores da insolvência pela violação culposa dos seus deveres (art. 70º). No entanto, ao contrário da responsabilidade do administrador da insolvência, o legislador omitiu qualquer critério de apreciação da culpa, colocando-se, por isso, a questão da aplicabilidade do critério previsto no art. 59º, nº 1, à apreciação da culpa dos membros da comissão de credores.

A responsabilidade dos membros da comissão de credores *prescreve* no prazo de dois anos a contar da data em que o lesado tenha conhecimento do direito que lhe assiste, mas nunca depois de ultrapassados dois anos sobre o momento da cessação de funções dos membros da comissão (art. 59º, nº 4, *ex vi* do art. 70º).

[265] No sentido de que os efeitos já produzidos pela deliberação revogada se mantêm, veja-se SILVA, Fátima Reis, *Processo de Insolvência: os Órgãos de Insolvência e o Plano de Insolvência, in:* "Revista do CEJ", 2.º semestre 2010, n.º 14, p. 160.

Capítulo IV – Os Efeitos da Declaração de Insolvência

O Código da Insolvência dedica um título (o Título IV) exclusivamente à temática dos efeitos da declaração de insolvência, dividindo-os em 5 grandes categorias[266]: efeitos sobre o devedor e outras pessoas (capítulo I – arts. 81º-84º[267]); efeitos processuais (capítulo II – arts. 85º-89º); efeitos sobre os créditos (capítulo III – arts. 90º-101º); efeitos sobre os negócios em curso (capítulo IV – arts. 102º-119º); e resolução em benefício da massa insolvente (capítulo V – arts. 120º-127º).

Na nossa exposição seguiremos esta classificação, começando desde logo pela análise dos efeitos da declaração de insolvência sobre o devedor e outras pessoas.

§1 Efeitos sobre o devedor e outras pessoas

A lei prevê um conjunto de efeitos sobre o devedor e outras pessoas asso-ciados à declaração de insolvência, da mais diversa *natureza* (por exemplo, efeitos jurídico-civis, jurídico-comerciais, jurídico-penais), com os mais diversos *sujeitos passivos* (há efeitos que se produzem sobre o devedor insolvente, sobre os seus trabalhadores, sobre os seus administradores), e com as mais variadas *finalidades* (assim, a título de exemplo, há medidas de caráter meramente sancionatório, outras que visam a proteção da massa insolvente, outras destinadas à proteção do comércio em geral e outras até que visam a proteção do próprio

[266] Esta sistematização constitui uma novidade introduzida pelo CIRE. Veja-se, a propósito da sua classificação no pretérito CPEREF, EPIFÂNIO, Maria do Rosário, *Os Efeitos Substantivos da Falência*, PUC, Porto, 2000, pp. 57 e ss e, atualmente, EPIFÂNIO, Maria do Rosário, *Efeitos da Declaração de Insolvência sobre o Insolvente no novo Código da Insolvência e da Recuperação de Empresas, in:* "Direito e Justiça", vol. XIX, tomo II, 2005, pp. 191-193. Criticando esta classificação adotada pelo legislador do CIRE, veja-se LEITÃO, Luís M. T. de Menezes, *Código da Insolvência e da Recuperação de Empresas – Anotado*, 5ª edição, Almedina, Coimbra, 2009, p. 123.

[267] Muito embora o capítulo I do título IV tenha sido adjudicado ao tratamento dos efeitos da declaração de insolvência sobre o devedor e outras pessoas, podemos encontrar ao longo do CIRE um conjunto de efeitos que escaparam a esta inserção sistemática: designadamente a fixação de residência (art. 36º, n.º 1, al. c)) e os efeitos dependentes da qualificação da insolvência como culposa (arts. 185º e ss).

insolvente), nos mais variados *diplomas* (não apenas no CIRE, mas também no CCivil, no CPenal, no RGIC, etc.)[268].

Os efeitos da declaração de insolvência sobre o devedor e outras pessoas podem ter caráter automático ou caráter eventual[269]. Os efeitos *automáticos* consistem naquele conjunto de efeitos da declaração de insolvência que se produzem em todo e qualquer processo de insolvência, pela mera prolação da sentença de declaração de insolvência, independentemente das circunstâncias do caso concreto. A este propósito vamo-nos deter nos seguintes efeitos: dever de apresentação, dever de informação e de colaboração, fixação de residência, efeitos jurídico-familiares, efeitos jurídico-políticos, privação do poder de disposição e de administração, efeitos sobre os órgãos sociais[270].

[268] Para ilustrar a multiplicidade de efeitos da insolvência previstos fora do CIRE, vejam-se as nossas, *Leis da Insolvência e da Recuperação das Empresas*, 3ª edição, revista e atualizada, Almedina, Coimbra, 2005.

[269] Veja-se, quanto a esta classificação doutrinal, SERRA, Catarina, *As Novas Tendências do Direito Português da Insolvência – Comentário ao Regime dos Efeitos da Insolvência sobre o Devedor no Projecto do Código da Insolvência, in:* "Separata dos Estudos em Comemoração do 10º Aniversário da Licenciatura em Direito da Universidade do Minho", Universidade do Minho/Almedina, 2004, pp. 208 e 216.

[270] No direito falimentar português anterior ao CPEREF, previa-se outro efeito instrumental do processo de falência, que consistia na perda do direito ao sigilo da correspondência (no art. 1216º do CPCivil de 1961, sob o título "abertura da correspondência dirigida ao falido"), efeito que era então muito criticado por SOUSA MACEDO porque limitativo, sem qualquer "razoável justificação", da inviolabilidade da correspondência constitucionalmente consagrada: nos termos deste preceito, a correspondência dirigida ao falido era entregue ao administrador, o qual a devia abrir na presença do falido, e, se tivesse interesse para o processo, devia ser arquivada, caso contrário seria entregue ao falido (*vide Manual de Direito das Falências*, Livraria Almedina, Coimbra, 1968 (vol. II), pp. 56-57). Opostamente, para OLIVEIRA ASCENSÃO, a eliminação pelo CPEREF da solução constante do art. 1216º do CPCivil de 1961 afigurou-se criticável, pois os elementos comerciais passaram, assim, a ficar na inteira disposição do falido, tornando-se muito difícil, se não inviável, um controlo pelo liquidatário judicial (cfr. *Efeitos da Falência sobre a Pessoa e Negócios do Falido, in:* "Revista da Ordem dos Advogados", Ano 55, Dez. 1995, p. 646). No *direito italiano*, o falido também perde o direito ao sigilo da correspondência (art. 48 *l. fal.*), solução contestada por alguma doutrina, pois, apesar de se fundar numa ideia de instrumentalidade em relação ao processo de falência (garantindo ao curador a obtenção do máximo de informações possíveis acerca do património do falido), não constitui mais do que um resquício da faceta punitiva do direito das falências: assim, FERRA, Giampaolo/GUGLIEMUCCI, Lino, *Effetti del Fallimento per il Fallito*, Zanichelli Editore, Bologna, 1986, pp. 165-171; PAJARDI, Piero, *Codice del Fallimento*, Giuffrè Editore, Milano, 1997, p. 291, nota 3. No *direito espanhol*, o art. 1 da Ley Orgânica 8/2003, de 9 de Julio, para la Reforma Concursal (por remissão do art. 41 da Ley 22/2003, de 9 de Julio, Concursal) prevê a possibilidade de,

Os efeitos *eventuais*, tal como a própria palavra indica, dependem da verificação pelo juiz, ou até, em certas hipóteses, pelo administrador da insolvência, no caso concreto, do preenchimento de um conjunto de requisitos previstos na lei. Neste contexto, serão objeto do nosso estudo o direito a alimentos, a responsabilidade penal, a inibição para administrar patrimónios de terceiros, a inibição para o exercício do comércio, a perda de certos créditos e a obrigação de indemnizar os credores do devedor declarado insolvente.

1. Efeitos automáticos

Os efeitos da declaração de insolvência quanto ao insolvente e a outras pessoas que têm caráter automático podem ser divididos em efeitos pessoais e efeitos patrimoniais.

Os *efeitos pessoais* são todos aqueles efeitos quanto ao insolvente e a outras pessoas que incidem sobre a sua esfera pessoal e que podem desempenhar uma de duas funções: podem traduzir-se numa "incapacidade[271] do insolvente" (vejam-se os diversos efeitos jurídico-familiares, e jurídico-políticos) ou podem ainda desempenhar uma função instrumental do processo de insolvência (veja-se o dever de apresentação, o dever de colaboração, a fixação de residência).

Os *efeitos patrimoniais* são todos aqueles efeitos que recaem diretamente sobre o património do insolvente, e que se destinam a proteger diretamente os credores concursais de qualquer atuação prejudicial do insolvente sobre os bens que integram a massa insolvente[272]: trata-se da privação do poder

em certos casos, o juiz adotar medidas incidentes nas comunicações do devedor. Cfr., a este propósito, no direito espanhol, FLÓREZ, Aurora Martínez/OLEO, Fernando, *Efectos sobre las Comunicaciones, Residencia y Libre Circulación del Deudor, in:* "Comentario de la Ley Concursal", tomo I, Thomson, Civitas, Madrid, 2004, pp. 822 e ss. O *direito alemão* (§ 99 InsO) também prevê a possibilidade de o juiz determinar, *ex officio* ou sob impulso do administrador da insolvência, a interceção da correspondência dirigida ao insolvente, desde que se verifiquem determinados requisitos previstos na lei.

[271] O termo incapacidade não é utilizado no sentido técnico-jurídico (*maxime* incapacidade de gozo ou incapacidade de exercício de direitos), mas sim no sentido de limitação à atuação pessoal do insolvente.

[272] Cfr., a este propósito, *entre nós*, MACEDO, Pedro de Sousa, *Manual de Direito das Falências* (vol. II), Livraria Almedina, Coimbra, 1968, p. 63. A *doutrina italiana dominante* acolhe igualmente este critério classificativo. Cfr. MAGGIORE, Giuseppe Ragusa, *Istituzioni di Diritto Fallimen-tare*, Cedam, Milano, 1994, p. 147; FERRARA JR, Francesco/BORGIOLI, Alessandro,

de disposição e de administração dos seus bens, através da adjudicação de um conjunto de bens à satisfação dos interesses dos credores concursais.

1.1. Efeitos pessoais

1.1.1. Dever de apresentação

O art. 83º, nº 1, al. b), estabelece um dever de apresentação do insolvente no tribunal, sempre que a apresentação seja determinada pelo juiz ou pelo administrador da insolvência, exceto se ocorrer legítimo impedimento ou autorização expressa para se fazer representar por mandatário. Este dever estende-se, por previsão expressa da lei, aos administradores do devedor e aos membros do seu órgão de fiscalização, assim como às pessoas que o tenham sido nos dois anos anteriores ao início do processo de insolvência (nº 4 do art. 83º), e estende-se ainda aos empregados e prestadores de serviços do devedor – e às pessoas que o tenham sido nos dois anos anteriores ao início do processo de insolvência (nº 5 do art. 83º).

Àquele que se encontre vinculado ao dever de apresentação e *falte sem justificação*, o juiz ordena a sua comparência sob custódia[273], sem prejuízo da multa a aplicar ao caso (art. 83º, nºs 2, 4 e 5)[274]. Se o dever de apresentação for violado de forma reiterada, até à elaboração do parecer previsto no art. 188º, nº 2, a insolvência é sempre culposa (art. 186º, nº 2, al. i)). Para além disso, a violação com dolo ou culpa grave do dever de apresentação constitui fundamento para o despacho de indeferimento liminar do pedido de exoneração do passivo restante (art. 238.º, n.º 1, al. g)).

Il Fallimento (quinta edizione), Giuffrè Editore, Milano, 1995, pp. 310 e ss; PAJARDI, Piero, *Codice del Falli-mento,* 4ª edizione, Giuffrè Editore, Milano, 2001, p. 354.

273 A admissibilidade do recurso à força pública (*manu militari*), que tem semelhanças com a solução contida no art. 417º, nº 2, do CPCivil, é uma novidade do CIRE, e constitui uma solução já por nós propugnada com base no *direito italiano* (*vide* o nosso *Os Efeitos Substantivos da Falência*, PUC, Porto, 2000, p. 69). Cfr., a este propósito, PAJARDI, Piero, *Codice del Fallimento,* Giuffrè Editore, Milano, 1997, p. 293, nota 3, para quem o recurso à força no âmbito de um processo executivo destinado ao cumprimento de uma obrigação de natureza civil tem caráter excecional.

274 A sua conduta fica sujeita a uma *sanção jurídico-penal,* pois é subsumível no tipo legal de crime de desobediência (art. 348º CPenal).

1.1.2. Dever de informação e de colaboração

O devedor insolvente, os seus administradores e membros do órgão de fiscalização atuais ou nos dois anos antecedentes (nº 4 do art. 83º) e os seus empregados e prestadores de serviços atuais ou nos dois anos anteriores (nº 5 do art. 83º) são obrigados a prestar todas as *informações* relevantes para o processo que lhes sejam pedidas pelo administrador da insolvência, pela assembleia de credores, pela comissão de credores ou pelo tribunal (nº 1, al. a), do art. 83º).

Para além disso, o devedor insolvente, os seus administradores e membros do órgão de fiscalização atuais ou nos dois anos antecedentes (nº 4 do art. 83º) são obrigados a prestar a *colaboração* que lhes seja solicitada pelo administrador da insolvência no âmbito das suas funções (al. c) do nº 1 do art. 83º).

A *violação* do dever de prestar informações e de colaboração é livremente apreciada pelo juiz para efeitos de qualificação da insolvência como culposa (arts. 83º, nº 3, e 186º, nº 1). Porém, se a violação do dever de colaboração assumir caráter reiterado, a insolvência deverá ser *sempre* considerada culposa (presunção inilidível de insolvência culposa, de acordo com o art. 186º, nº 2, al. i))[275]. Depois, a violação pelo devedor, com dolo ou culpa grave, dos deveres de informação e de colaboração constitui motivo para indeferimento liminar do pedido de exoneração do passivo restante (art. 238º, nº 1, al. g)).

1.1.3. Fixação de residência

O juiz deve, na sentença declarativa da insolvência, fixar residência aos administradores do devedor, de direito ou de facto[276], assim como ao próprio devedor pessoa singular (art. 36º, n.º 1, al. c))[277].

[275] Neste sentido, também, LEITÃO, Luís M. T. de Menezes, *Direito da Insolvência*, 8ª edição, Almedina, Coimbra, 2018, p. 173, nota 223; FERNANDES, Luís A. Carvalho/LABAREDA, João, *Código da Insolvência e da Recuperação de Empresas Anotado*, Quid Juris Editora, Lisboa, 2008, p. 348, nota 3. Na jurisprudência, sufragando a mesma tese, veja-se o Ac. Rel. Co., de 10-07-2013 (FALCÃO DE MAGALHÃES), segundo o qual a livre apreciação "está subtraída ao julgador, ao menos para efeito da qualificação da insolvência, caso a recusa de que se trata for de caracterizar como reiterada, já que, constatado esse circunstancialismo, verifica-se uma presunção "juris et de jure" de que a insolvência é culposa".

[276] A Lei n.º 16/2012, de 20 de abril alterou o art. 36.º, al. c), estendendo a fixação de residência aos administradores de direito.

[277] Este efeito foi herdado do regime pretérito, tendo o legislador acolhido a solução propugnada por alguma doutrina no sentido da extensão do seu âmbito subjetivo de aplicação aos administradores do insolvente. *Vide*, no mesmo sentido, o nosso *Os Efeitos Substantivos*

À semelhança do CPEREF, e contrariamente ao direito que lhe antecedeu[278] (mais concretamente, o revogado art. 1192º do CPCivil), o CIRE não contém uma *definição* de fixação de residência, pelo que alguma doutrina, para efeitos de determinação do seu regime jurídico, socorre-se do preceituado no revogado art. 1192º do CPCivil[279] e no art. 196º do CPPenal.

De acordo com o art. 196º do CPPenal, a fixação de residência importa a proibição de mudar de residência, assim como de se ausentar dela, por um período superior a *cinco dias*, "sem comunicar a nova residência ou o lugar onde possa ser encontrado". Por outro lado, por força do revogado art. 1192º do CPCivil, o falido não podia ausentar-se do respetivo domicílio sem *autorização* expressa do juiz ou do síndico e sem comunicar o lugar para onde se ausentasse e o tempo da ausência. A partir daqui a doutrina tem defendido que a fixação de residência ao insolvente e aos seus administradores importa a proibição de mudança de residência ou de saída temporária dela sem que para tal *exista prévia autorização do tribunal*[280], ainda que a mudança de residência seja feita

da Falência, PUC, Porto, 2000, pp. 64-65; FERNANDES, Luís A. Carvalho, *Efeitos Substantivos da Declaração de Falência, in:* "Direito e Justiça", vol. IX, 1995, tomo 2, p. 24; FERNANDES, Luís A. Carvalho/LABAREDA, João, *Código dos Processos Especiais de Recuperação da Empresa e de Falência Anotado* (3ª edição), Quid Juris Editora, Lisboa, 1999, p. 358, nota 3. Contra, veja-se OLIVEIRA ASCENSÃO, para quem, à luz do revogado CPEREF, era inadmissível a extensão aos administradores da fixação de residência, por força do disposto no art. 149º e do princípio de que a sociedade é notificada na respetiva sede (sendo, por isso, o termo de residência dispensável) (cfr. *Efeitos da Falência sobre a Pessoa e Negócios do Falido, in:* "Revista da Ordem dos Advogados", Ano 55, Dez. 1995, p. 645). A propósito da disciplina legal que antecedeu o CPEREF (de acordo com o art. 1192º, nº 3, do CPCivil de 1961, aos administradores do falido não era fixada residência), SOUSA MACEDO já criticava a solução legal com fundamento na injustificada diferenciação de tratamento, uma vez que, sob um ponto de vista subjetivo (ou seja, da imputação da responsabilidade pela declaração de falência), ambos os sujeitos (falido e administradores do falido) se encontram na mesma situação: cfr. *Manual de Direito das Falências*, Livraria Almedina, Coimbra, 1968 (vol. II), pp. 54-55.

[278] De acordo com o art. 1192º do CPCivil de 1961, o falido assinava termo de residência, ao contrário do regime atual (e do regime previsto no CPEREF), em que a residência é fixada pelo juiz na sentença.

[279] Pois não parece haver razões para entender que a vontade do legislador, ao estabelecer o regime da fixação de residência, fosse outra: cfr., no mesmo sentido, e defendendo a necessidade de autorização, FERNANDES, Luís A. Carvalho, *Efeitos Substantivos da Declaração de Falência, in:* "Direito e Justiça", vol. IX, 1995, tomo 2, p. 24.

[280] No sistema jurídico *italiano*, a *jurisprudência* tem sublinhado sugestivamente que a fixação de residência não consiste numa "cristalização" da residência do falido, mas traduz-se antes numa proibição de este se ausentar ou mudar daquela sem prévia autorização do juiz:

dentro da mesma freguesia ou até dentro da mesma rua[281]. No entanto, já não parece dever integrar-se no conceito "ausência" toda e qualquer situação em que o insolvente ou os seus administradores se ausentem fisicamente da respetiva residência (o que representaria, ademais, uma obrigação vexatória), pois deverão poder fazê-lo, quer para o exercício da sua profissão, quer para a satisfação das suas necessidades básicas[282].

Além disso, parece que deverá ser admissível ao insolvente e aos seus administradores ausentarem-se por um período de tempo não significativo (por exemplo, os cinco dias referidos pelo art. 196º do CPPenal), mesmo que para local distante da respetiva residência[283]: isto porque a *ratio legis* subjacente a esta imposição limitadora da liberdade do insolvente e dos seus administradores (art. 27º da CRP), nomeadamente da sua liberdade de deslocação (art. 44º da CRP) – que se traduz na limitação imposta ao insolvente e aos seus administradores da disponibilidade da sua própria pessoa –, reside tão somente nas necessidades de segurança impostas pelo próprio processo de insolvência (o qual não é consentâneo com o risco de fuga do insolvente) e de disponibilidade do insolvente para uma colaboração imediata no âmbito do processo insolvencial[284]. Trata-se, assim, de uma limitação análoga

cfr., a este propósito, PAJARDI, Piero, *Codice del Fallimento,* 4ª edizione, Giuffrè Editore, Milano, 2001, p. 351, nota 3.

[281] Cfr. FERRA, Giampaolo/GUGLIEMUCCI, Lino, *Effetti del Fallimento per il Fallito,* Zanichelli Editore, Bologna, 1986, pp. 175 e ss; MAGGIORE, Giuseppe Ragusa/COSTA, Concetto, *Le Procedure Concorsuali – Il Fallimento,* UTET, Torino, 1997, p. 24, nota 119.

[282] *Vide* CUNEO, Vittor Luigi, *Le Procedure Concorsuali* (seconda edizione, vol. I e II), Giuffrè Editore, Milano, 1988, pp. 552-553; PAJARDI, Piero, *Codice del Fallimento,* 4ª edizione, Giuffrè Editore, Milano, 2001, p. 350, nota 3.

[283] A *doutrina italiana* tem entendido que, para que se possa verificar a ausência do falido, se impõe um afastamento da residência por um período de tempo apreciável em relação à exigência de se assegurar a presença do falido no processo sempre que necessário. Se, pelo contrário, a ausência decorrer por um período de tempo não significativo entende-se desnecessária qualquer intervenção autorizativa do tribunal. *Vide* FERRA, Giampaolo/GUGLIEMUCCI, Lino, *Effetti del Fallimento per il Fallito,* Zanichelli Editore, Bologna, 1986, p. 176.

[284] No *direito italiano,* já foi questionada pela *Corte Constituzionale* a legitimidade constitucional deste preceito, que constitui uma restrição à liberdade pessoal do falido. No entanto, a resposta foi afirmativa, por se considerar que esta limitação tem um caráter instrumental em relação às necessidades impostas pelo processo falimentar. *Vide* Corte costituzionale, 16 marzo 1962, n. 20 *apud* FERRA, Giampaolo/GUGLIEMUCCI, Lino, *Effetti del Fallimento per il Fallito,* Zanichelli Editore, Bologna, 1986, pp. 172-173.

às restrições que são impostas pelos processos que dizem respeito ao estado da pessoa (como, por exemplo, os processos penais), nos quais a pessoa é simultaneamente sujeito do processo e meio indispensável para que ele possa prosseguir, já que sobre ela impende um dever de cooperação[285].

Os *poderes do juiz* no âmbito da fixação de residência devem ser exercidos em atenção a dois interesses que podem ser conflituantes: a massa insolvente e a liberdade pessoal do insolvente. Nestes termos, o insolvente e os administradores devem ser autorizados a mudar de residência e a ausentar-se desta sempre que a satisfação dos credores não seja posta em perigo pela mudança ou pela saída temporária do domicílio estabelecido na sentença, mesmo que realizada para o estrangeiro (por exemplo, uma autorização motivada por razões profissionais, por razões familiares sérias, ou de outra ordem, desde que não exista suspeita de fuga do insolvente e/ou dos seus bens[286]). Além disso, se, uma vez concedida a autorização para a ausência da residência, os interesses da massa insolvente forem postos em causa, porque se verifica a ameaça de fuga do insolvente e/ou dos seus bens, a autorização pode, e deve, ser retirada a qualquer momento, por decisão do tribunal.

À violação do dever de respeitar a residência fixada não corresponde qualquer sanção jurídico-insolvencial específica mas apenas a aplicação aos respetivos sujeitos de uma *sanção jurídico-penal* pela prática do crime de desobediência (art. 348º do CPenal): significa isto que o regime legal não resulta da lei insolvencial (como acontecia no revogado art. 1194º do CPCivil 1961), mas sim das regras gerais do Direito Penal. A este propósito, alguns autores têm defendido a possibilidade, em determinadas situações, a título preventivo e como garantia do cumprimento da obrigação, de apreensão dos elementos

[285] Destina-se, por isso, a garantir a viabilidade dos contactos com o insolvente ou os administradores sempre que as necessidades do processo o justifiquem, constituindo, deste modo, um instrumento indispensável para a observância do dever de apresentação: cfr. FERNANDES, Luís A. Carvalho, *Efeitos Substantivos da Declaração de Falência, in:* "Direito e Justiça", vol. IX, 1995, tomo 2, p. 24 e, no *direito italiano,* Corte costituzionale, 16 marzo 1962, n. 20, citado por FERRA, Giampaolo/GUGLIEMUCCI, Lino, *Effetti del Fallimento per il Fallito,* Zanichelli Editore, Bologna, 1986, pp. 172-173.

[286] *Vide* FERRA, Giampaolo/GUGLIEMUCCI, Lino, *Effetti del Fallimento per il Fallito,* Zanichelli Editore, Bologna, 1986, pp. 178-179.

do insolvente e dos seus administradores indispensáveis para a sua deslocação, nomeadamente o respetivo passaporte[287].

1.1.4. Efeitos jurídico-familiares[288]

Os efeitos jurídico-familiares não se encontram regulados no CIRE, mas sim no Código Civil no seu Livro IV (dedicado ao Direito da Família). Por razões de diversidade de regime jurídico, optámos por subdividir os efeitos jus-familiares da declaração de insolvência em três categorias.

Começaremos pelos efeitos da declaração de insolvência sobre o exercício do cargo de tutor, de curador, de vogal do conselho de família, de protutor e de subcurador; passaremos depois aos efeitos da declaração de insolvência sobre o exercício do cargo de administrador de bens; e terminaremos com a abordagem do caso particular dos efeitos da declaração de insolvência sobre o exercício das responsabilidades parentais.

1.1.4.1. O exercício do cargo de tutor, vogal do conselho de família e protutor

Nos termos do art. 1933º, nº 2, do CCivil (em conjugação com o art. 1878º, nº 1, do mesmo diploma), o insolvente poderá ser nomeado *tutor* desde que tenha exclusivamente a seu cargo a guarda e regência da pessoa do menor. Assim, ficam excluídos das atribuições do tutor insolvente os poderes de administração dos bens do menor. Idêntica proibição é ainda aplicável aos *vogais do conselho de família* e ao *protutor* (respetivamente *ex vi* dos arts. 1953º, nº 1, e 1955º, nº 1, do CCivil)[289].

A *ratio legis* subjacente à disciplina particular da tutela – que permite a restrição da proibição de exercício da tutela apenas em relação ao património

[287] Cfr. FERRA, Giampaolo/GUGLIEMUCCI, Lino, *Effetti del Fallimento per il Fallito,* Zanichelli Edi-tore, Bologna, 1986, p. 178; ALBERTI, Alberto Maffei, *Commentario Breve Alla Legge Fallimentare,* Cedam, Padova, 1991, p. 49; SATTA, Salvatore, *Diritto Fallimentare,* Cedam, Padova, 1996, pp. 173-174, nota 58; PAJARDI, Piero, *Codice del Fallimento,* 4ª edizione, Giuffrè Editore, Milano, 2001, p. 351, nota 3.

[288] Veja-se o nosso estudo *Os Efeitos Substantivos da Falência*, PUC, Porto, 2000, pp. 95 e ss.

[289] As proibições analisadas no texto apresentam uma "manifesta proximidade entre o tratamento do insolvente e do inabilitado por prodigalidade": assim FERNANDES, Luís A. Carvalho/LABAREDA, João, *Código dos Processos Especiais de Recuperação da Empresa e de Falência Anotado* (3ª edição), Quid Juris Editora, Lisboa, 1999, p. 392, nota 3.

do incapaz – reside em duas ideias-chave, que se reconduzem ao princípio da proteção do incapaz, quer na sua pessoa, quer no seu património, na medida do necessário[290].

Por um lado, o poder tutelar apresenta um conteúdo complexo (previsto no art. 1878º do CCivil quanto às responsabilidades parentais, mas aplicável igualmente à relação entre o tutor e o pupilo, por força do art. 1935º do CCivil) que abrange, não apenas a pessoa, mas também os bens do incapaz. No entanto, nem todos os tutores são, ou encontram-se, aptos para o exercício integral e pleno desse poder – nomeadamente no que concerne à gestão do património do incapaz –, embora possam continuar a sê-lo em relação à sua pessoa: em consequência, impõe-se a escolha da pessoa que se revela mais apta para a regência dos bens do incapaz (ou do pupilo), e que pode ser distinta do sujeito a quem incumbe a regência do mesmo incapaz (trata-se, pois, dos casos em que à tutela acrescerá a administração de bens).

No que diz respeito ao curador, ao protutor ou ao vogal do conselho de família, e uma vez que este cargo depende sempre de uma nomeação, a lei pretendeu que a escolha assentasse em critérios de competência para a regência do património do incapaz.

Por outro lado, uma segunda coordenada fundamental assenta no facto de a lei atribuir à relação pessoal tutor-pupilo um valor precioso que não deve ser desperdiçado, mesmo nos casos em que o tutor não tem aptidão para a regência dos seus bens[291], devendo, contudo, manter-se a relação pessoal entre eles: essa a razão pela qual é consagrada a possibilidade de os insolventes serem afastados da regência dos bens dos incapazes, embora possam conservar a regência da pessoa destes.

1.1.4.2. O exercício do cargo de administrador de bens

O art. 1970º do CCivil consagra dois tipos de limitações pertinentes ao direito insolvencial: por um lado, a alínea a) comina a proibição absoluta de o insolvente ser *administrador de bens* do menor, ao passo que a alínea b) acaba por estender tal proibição, não só ao autor do crime de falência ou insolvência

[290] Cfr. MACEDO, Pedro de Sousa, *Manual de Direito das Falências*, Livraria Almedina, Coimbra, 1968 (vol. II), p. 51.

[291] *Vide*, no sentido desta argumentação, LIMA, Pires/VARELA, Antunes, *Código Civil Anotado* (vol. V), Coimbra Editora, Coimbra, 1995, pp. 452-453, nota 4.

fraudulenta[292], mas também ao seu cúmplice. O regime jurídico descrito encontra-se em harmonia com as limitações constantes do art. 1933º, nº 2, do CCivil, reforçando a ideia de que, do ponto de vista da lei, nem todas as pessoas são aptas para a administração dos bens do menor, dependendo a sua nomeação de uma escolha criteriosa[293], norteada pela tutela do património do menor[294].

1.1.4.3. O caso particular do exercício das responsabilidades parentais

O exercício das responsabilidades parentais encontra-se sujeito a um regime especial, nos termos dos arts. 1913º (inibição de pleno direito ou *ope legis*) e 1915º do CCivil (inibição decretada pelo tribunal ou *ope judicis*)[295]. Ora, no quadro deste regime, a insolvência apenas poderá integrar uma inibição do último tipo, estando excluída do domínio do primeiro[296].

Com efeito, nos termos do art. 1913º do CCivil, apenas se encontram *automaticamente inibidos* do exercício das responsabilidades parentais[297] os condenados definitivamente por prática de crime a que a lei atribua esse efeito (nº 1, al. a)), os maiores acompanhados, apenas no casos (redação original do preceito; deve ler-se nos casos ou no caso?) em que a sentença de

[292] A referência legal ao crime de falência ou insolvência fraudulenta deverá ser entendida, no domínio do atual Direito Penal, como referência ao crime de insolvência dolosa (previsto no art. 227º do CPenal).

[293] Cfr. LIMA, Pires/VARELA, Antunes, *Código Civil Anotado* (vol. V), Coimbra Editora, Coimbra, 1995, p. 501, notas 3 e 4.

[294] *Vide* MACEDO, Pedro de Sousa, *Manual de Direito das Falências*, Livraria Almedina, Coimbra, 1968 (vol. II), p. 51. De facto, se as incapacidades de exercício de direitos se fundam na inabilidade natural do incapaz para reger a sua pessoa e/ou o seu património, então os meios legalmente previstos para a suprir devem ter em conta as capacidades (e incapacidades) do representante ou assistente para zelar por esses interesses.

[295] *Vide* MENDES, João de Castro, *Direito da Família* (lições ao curso jurídico de 1978-1979 da Faculdade de Direito da Universidade de Lisboa), Lisboa, 1979, p. 259; COELHO, F. M. Pereira, *Curso de Direito da Família*, Coimbra, 1986, p. 631; LIMA, Pires/VARELA, Antunes, *Código Civil Anotado* (vol. V), Coimbra Editora, Coimbra, 1995, p. 416, nota 3.

[296] Veja-se, porém, *infra*, as implicações familiares da inibição para a administração de património de terceiro, como consequência automática da qualificação da insolvência como culposa.

[297] Veja-se MENDES, João de Castro, *Direito da Família* (lições ao curso jurídico de 1978-1979 da Faculdade de Direito da Universidade de Lisboa), Lisboa, 1979, p. 258.

acompanhamento assim o declare (nº 1, al. b)), e os ausentes, desde a nomeação do curador provisório (nº 1, al. c))[298].

Pelo contrário, de acordo com o art. 1915º do CCivil, sempre que qualquer um dos pais, em virtude da infração culposa dos seus deveres para com os filhos, cause grave prejuízo a estes ou, por inexperiência, enfermidade, ausência ou outras razões, não se mostre em condições de cumprir aqueles mesmos deveres, o tribunal, a requerimento do Ministério Público, de qualquer parente do menor ou de pessoa a cuja guarda esteja confiado, de facto ou de direito, *poderá decretar a inibição* do exercício das responsabilidades parentais (nº 1)[299], a qual será total ou parcial (ou seja, restrita à representação e à administração dos bens dos filhos – nº 2)[300].

Ora a insolvência de qualquer dos progenitores apenas poderá configurar uma causa de *inibição ope judicis do exercício das responsabilidades parentais* e desde que, no âmbito da aplicação do art. 1915º, nº 1, do CCivil, aquela se venha a considerar como reveladora da falta de condições para o cumprimento dos deveres imanentes às responsabilidades parentais, mormente dos deveres relativos ao património do menor.

Assim, parece lícito, em jeito de conclusão, afirmar que o regime das responsabilidades parentais se distingue da disciplina legal dos institutos da tutela, da curatela, da administração de bens e do cargo de vogal do conselho de família: se, nestes casos, a insolvência gera *automaticamente* a proibição do exercício destes cargos, já no que concerne ao exercício das responsabilidades parentais relativamente aos bens do menor impõe-se, no caso concreto, a *formulação de um juízo de inabilidade*. Uma tal diferença de regime reside no facto de a tutela, a curatela, a administração de bens e a ocupação do cargo de vogal do conselho de família dependerem de um ato de escolha da pessoa mais adequada para o respetivo exercício (o que não se contemporiza com o risco de o insolvente se revelar um mau administrador dos bens do menor, do interdito

298 Por força do seu nº 2, os menores não emancipados consideram-se de pleno direito inibidos de representar os filhos e administrar os seus bens.

299 *Vide*, a este propósito, as considerações feitas por MENDES, João de Castro, *Direito da Família* (lições ao curso jurídico de 1978-1979 da Faculdade de Direito da Universidade de Lisboa), Lisboa, 1979, pp. 259-260; LIMA, Pires/VARELA, Antunes, *Código Civil Anotado* (vol. V), Coimbra Editora, Coimbra, 1995, p. 420, nota 2.

300 Cfr., a este respeito, LIMA, Pires/VARELA, Antunes, *Código Civil Anotado* (vol. V), Coimbra Editora, Coimbra, 1995, p. 421, nota 4, al. b).

ou do inabilitado); opostamente, as responsabilidades parentais competem aos pais (fundando-se neste vínculo biológico), pelo que, em consequência, apenas na hipótese de ser demonstrada a incapacidade para o seu exercício em razão da declaração de insolvência poderá haver lugar à sua inibição.

1.1.5. Efeitos jurídico-políticos[301]

Nos termos do art. 6º, nº 2, al. a), da Lei Orgânica nº 1/2001, de 14 de agosto[302], os falidos[303] e insolventes, que não se encontrem ainda reabilitados[304], não têm capacidade eleitoral passiva para a ocupação de membro de órgão de Autarquia Local[305].

[301] Veja-se, no direito português, CORREIA, Luís Brito, *Direito Comercial* (vol. I), AAFDL, Lisboa, 1987, p. 163; SERRA, Catarina, *Efeitos da Declaração de Falência Sobre o Falido – após a alteração do D.L. nº 315/98, de 20 de Outubro, ao CPEREF, in:* "Scientia Iuridica", Tomo XLVII, nº 274/276, Julho/Dezembro, Universidade do Minho, 1998, p. 269, e EPIFÂNIO, Maria do Rosário, *Os Efeitos Substantivos da Falência*, PUC, Porto, 2000, pp. 105-106. No *direito italiano*, a reforma de 2006 eliminou a incapacidade eleitoral ativa e passiva (cfr., por todos, BERTACCHINI, Elisabetta/GUALANDI, Laura/PACCHI, Stefania/PACCHI, Gaetano/SCARSELLI, Giuliano, *Manuale di Diritto Fallimentare*, Giuffrè, Milano, 2007, pp. 153 e 154). Esta solução era muito criticada pela doutrina, apesar de ter sido considerada constitucional pela *Corte costituzionale*, com fundamento na "indignidade moral do falido" – por todos, veja-se BONSIGNORI, A. *Il Fallimento, in:* "Trattato di Diritto Commerciale e di Diritto Pubblico Dell'Economia" (Diretto da Francesco Galgano), vol. nono, Cedam, Padova, 1986, p. 342; FERRA, Giampaolo/GUGLIEMUCCI, Lino, *Effetti del Fallimento per il Fallito*, Zanichelli Editore, Bologna, 1986, p. 186.

[302] Este regime não constitui uma novidade, pois já resultava do art. 4º, nº 1, al. d), do D.L. nº 701-B/76, de 29 de setembro (entretanto revogado pela Lei Orgânica nº 1/2001, de 14 de agosto).

[303] Esta referência legal aos falidos deve ser considerada como não escrita, uma vez que o processo concursal de falência deixou de existir a partir da entrada em vigor do CIRE (neste sentido, veja-se o art. 11º, nº 1, do Decreto-Lei nº 53/2004, de 18 de março – Diploma Preambular do CIRE).

[304] O instituto da reabilitação que se encontrava previsto no direito falimentar pretérito (art. 239º do CPEREF) não teve qualquer consagração legal no novo CIRE, colocando-se, por isso, a questão da duração temporal desta incapacidade eleitoral. Sobre o instituto da reabilitação, seus pressupostos e suas finalidades, veja-se o nosso *Os Efeitos Substantivos da Falência*, PUC, Porto, 2000, pp. 178 e ss. Sobre a questão, na jurisprudência, veja-se o Ac. STA, de 21-11-2013 (RUI BOTELHO) – que, em insolvência qualificada como fortuita, considera que a inelegibilidade vale até à decisão final de exoneração prevista no art. 244º – e o Ac. TCAN, de 27-06-2014 (LUÍS MIGUEIS GARCIA).

[305] Nos termos do art. 3º, al. c), D.L. nº 319-A/76, de 3/5 (Lei Eleitoral para a Presidência da República), do art. 3º, al. c), D.L. nº 701-B/76, de 29/9 (Lei Eleitoral dos Órgãos das Autarquias Locais) e do art. 2º, nº 1, al. c), D.L. nº 14/79, de 16/5 (Lei Eleitoral para a Assembleia da

Tenha-se, todavia, em atenção que o direito de sufrágio (art. 49º da CRP) e o direito de acesso a cargos públicos (art. 50º da CRP), constituem direitos fundamentais contidos no elenco dos "direitos, liberdades e garantias", que só poderão sofrer limitações com observância dos princípios da necessidade e da proporcionalidade (art. 18º da CRP). Por outro lado, nos termos do art. 50º, nº 3, da CRP, as inelegibilidades devem ser determinadas pela necessidade de garantir a liberdade de escolha dos eleitores e a isenção e independência do exercício dos respetivos cargos[306].

1.2. Efeitos patrimoniais. A privação dos poderes de disposição e de administração

Por força do art. 81º, nº 1, do CIRE, o insolvente, por mero efeito da declaração de insolvência, fica de imediato privado, por si, ou por intermédio dos seus administradores, dos poderes de disposição e de administração dos bens que integram a massa insolvente.

Para além dos *bens* que integram a massa insolvente, é igualmente vedado ao devedor (art. 81º, nº 2) dispor dos bens ou rendimentos futuros, mesmo daqueles que venha a adquirir apenas após o encerramento do processo (art. 81º, nº 2)[307]. Trata-se de bens e rendimentos que não integram a massa insolvente (e, por isso, aos quais não se aplica o nº 1 do art. 81º), uma vez que são adquiridos após o encerramento do processo e, por isso, após a cessação dos efeitos

República), o falido que tivesse sido condenado definitivamente por crime falencial doloso, enquanto não houvesse expiado a respetiva pena, perdia a sua *capacidade eleitoral ativa*. Por isso, e em consequência do princípio da coincidência entre a capacidade eleitoral ativa e passiva segundo o qual "não é elegível quem não seja eleitor", o falido também não tinha capacidade eleitoral passiva (cfr. CANOTILHO, Gomes/MOREIRA, Vital, *Constituição da República Portuguesa Anotada* (3ª edição revista), Coimbra Editora, Coimbra, 1993, p. 624, nota I). No entanto, tal regime jurídico foi considerado inconstitucional com força obrigatória geral pelo Ac. TC nº 748/93 – porque violador do art. 30º, nº 4, CRP – e, mais tarde, foi revo-gado, respetivamente, pela Lei nº 11/95, de 22/4 (para a Presidência da República), pela Lei nº 9/95, de 7/4 (para as Autarquias locais) e pela Lei nº 10/95, de 7/4 (para a Assembleia da República), passando a vigorar apenas a incapacidade eleitoral ativa (e, por isso, passiva) dos "que estejam privados de direitos políticos, por decisão transitada em julgado".

[306] A este propósito, veja-se CANOTILHO, Gomes/MOREIRA, Vital, *Constituição da República Portuguesa Anotada* (3ª edição revista), Coimbra Editora, Coimbra, 1993, p. 624.

[307] A este propósito, cfr. DUARTE, Rui Pinto, *Efeitos da Declaração de Insolvência quanto à Pessoa do Devedor, in:* "Themis – Revista da Faculdade de Direito da UNL, Edição Especial – *Novo Direito da Insolvência*", 2005, pp. 141-142.

da declaração de insolvência sobre o devedor (designadamente, a privação do poder de disposição e de administração), nos termos do art. 233º, nº 1, al. a).

Em consequência desta privação, o *administrador da insolvência* assume a representação do insolvente para todos os efeitos de caráter patrimonial que interessem à insolvência (art. 81º, nº 4), competindo-lhe, designadamente, o exercício dos poderes de administração e de disposição dos bens do insolvente que integram a massa insolvente (art. 81º, nº 1, *in fine*)[308], mas encontrando-se excluída da sua competência, salvo expressa disposição legal em contrário, a representação do insolvente no próprio processo de insolvência (incluindo os seus incidentes ou apensos) (art. 81º, nº 5).

A privação do poder de disposição e de administração constitui um efeito fundamental da declaração de insolvência, imbuído da *finalidade* de – em nome da proteção dos credores concursais – conservação dos bens atuais do insolvente (que existam no momento da declaração de insolvência), bem como dos bens que venham a ingressar no património do insolvente (após a declaração de insolvência e até ao encerramento do processo de insolvência)[309].

1.2.1. Âmbito de aplicação

1.2.1.1. Âmbito subjetivo

De acordo com o art. 81º, nº 1[310], a proibição de administração e de disposição dos bens presentes ou futuros é aplicável ao insolvente, por si ou pelos seus administradores.

[308] No entanto, o administrador da insolvência não está sujeito às limitações ao poder de disposição e de administração do devedor que tenham sido estabelecidas por decisão judicial ou administrativa ou que tenham sido impostas por lei em favor de determinadas pessoas (art. 81º, nº 3). Não serão assim aplicáveis ao administrador as limitações decorrentes do regime de acompanhamento de maior (arts. 138º e ss do CCivil) a que esteja sujeito o devedor insolvente, ou do regime da venda a filhos ou netos (art. 877º do CCivil) ou do regime do casamento (art. 1682º-A, nºs 1 e 2, do CCivil). Neste sentido, LEITÃO, Luís M. T. de Menezes, *Direito da Insolvência*, 8ª edição, Almedina, Coimbra, 2018, pp. 167 e 168.

[309] Cfr., a este propósito, o nosso *Os Efeitos Substantivos da Falência*, PUC, Porto, 2000, p. 112, nota 221; e CORREIA, Luís Brito, *Direito Comercial* (vol. I), AAFDL, Lisboa, 1987, p. 159.

[310] O CPEREF apresentava uma formulação diferente desta privação: "a declaração de falência priva imediatamente o falido, por si ou, no caso de sociedade ou pessoa colectiva, pelos órgãos que o representem". Ao manter a referência simultânea à pessoa coletiva e à sociedade, o legislador falencial conservava em aberto a questão da personalidade coletiva das sociedades civis: veja-se, neste sentido, FERNANDES, Luís A. Carvalho, *Efeitos Substantivos da Declaração de Falência, in:* "Direito e Justiça", vol. IX, 1995, tomo 2, p. 22.

Tratando-se de um *insolvente pessoa singular*, a proibição aplica-se diretamente ao devedor e também aos seus administradores, ou seja, de acordo com o art. 6º, nº 1, al. b), "os seus representantes legais e mandatários com poderes gerais de administração".

Tratando-se de um *insolvente pessoa coletiva*, a proibição aplica-se ao insolvente quanto à sua atuação através dos seus administradores, ou seja, aquelas pessoas "a quem incumba a administração ou liquidação da entidade (...) em causa, designadamente os titulares do órgão social que para o efeito for competente" (art. 6º, nº 1, al. a)).

Finalmente, tratando-se de uma insolvência de um *património separado*, a proibição aplica-se àqueles "a quem incumba a administração ou liquidação do património em causa" (art. 6º, nº 1, al. a)).

1.2.1.2. Âmbito objetivo

O insolvente fica proibido de praticar atos de disposição e de administração sobre os bens que integram a massa insolvente (art. 81º, nº 1), os quais são, deste modo, separados do património geral, por forma a constituir um património autónomo[311] – *a massa insolvente.*

É, por isso, tarefa fundamental, identificar e dissecar os critérios legais integradores do conceito *massa insolvente.*

De acordo com o art. 46º, nº 1, a massa insolvente é constituída, salvo disposição em contrário, pelos bens *atuais* do insolvente (todo o património do insolvente à data da declaração de insolvência) e pelos bens *futuros* do insolvente (todos os bens e direitos que o insolvente for adquirindo na pendência do processo de insolvência), ainda que esses bens atuais e futuros se encontrem "arrestados, penhorados ou por qualquer forma apreendidos ou detidos" com ressalva apenas dos que "hajam sido apreendidos por virtude de infração, quer de caráter criminal, quer de mera ordenação social" (art. 149º,

[311] Cfr. MACEDO, Pedro de Sousa, *Manual de Direito das Falências* (vol. II), Livraria Almedina, Coimbra, 1968, p. 76; ASCENSÃO, José de Oliveira, *Efeitos da Falência sobre a Pessoa e Negócios do Falido, in:* "Revista da Ordem dos Advogados", pp. 641-688, Ano 55, Dez. 1995, pp. 652-653. Aliás, *até à sua alienação (e se esta se verificar)*, os bens permanecem na titularidade do insolvente – neste sentido, *vide*, por todos, ASCENSÃO, José de Oliveira, *Direito Civil – Teoria Geral* (vol. I), Coimbra Editora, Coimbra, 1997, p. 181.

nº 1, al. a)) e ainda que tenham sido objeto de cessão aos credores, de acordo com os arts. 831º e ss do CCivil (art. 149º, nº 1, al. b)).

Para além disso, no âmbito do processo de insolvência, vigora o princípio de que os *bens futuros* revertem para a massa insolvente, de forma *automática*, sem necessidade de qualquer iniciativa do administrador da insolvência (automatismo este que é determinado pelo caráter universal do processo de insolvência)[312].

O caráter universal do processo de insolvência não é absoluto, uma vez que apenas os bens suscetíveis de *penhora* podem ingressar na massa[313_314]. Do exposto resulta, portanto, que a identificação dos bens suscetíveis de ingressar na massa insolvente decorre, em última análise, do preenchimento do conceito de penhorabilidade e, por isso, do disposto nos arts. 736º e ss do CPCivil, por força do art. 17º, nº 1, do CIRE. Os bens insuscetíveis de penhora poderão, todavia, ingressar na massa insolvente desde que, não se tratando de bens absolutamente impenhoráveis, o devedor os apresente voluntariamente (art. 46º, nº 2) – esta renúncia do devedor à impenhorabilidade relativa dos seus bens tem caráter irreversível[315].

[312] Sobre considerações idênticas feitas à luz do direito pretérito, veja-se o nosso *Os Efeitos Substantivos da Falência*, PUC, Porto, 2000, p. 117 e ASCENSÃO, José de Oliveira, *Efeitos da Falência sobre a Pessoa e Negócios do Falido, in:* "Revista da Ordem dos Advogados", Ano 55, Dez. 1995, pp. 653, 684-685.

[313] De acordo com o art. 601º do CCivil, "pelo cumprimento da obrigação respondem todos os bens do devedor *susceptíveis de penhora*" (o itálico é nosso). *Vide*, a propósito deste princípio, MENDES, João de Castro, *Acção Executiva*, AAFDL, Lisboa, 1980, p. 75; LIMA, Pires/VARELA, Antunes, *Código Civil Anotado* (vol. I, 4ª edição revista e aumentada, com a colaboração de M. Henrique Mesquita), Coimbra Editora, Coimbra, 1987, p. 617, nota 2; CARDOSO, Eurico Lopes, *Manual da Acção Executiva* (3ª edição, reimpressão), Almedina, Coimbra, 1992, p. 288; FREITAS, José Lebre, *A Acção Executiva (À Luz do Código Revisto)* (2ª edição), Coimbra Editora, Coimbra, 1997, pp. 172-173.

[314] A *lei falencial italiana* contém um preceito (o art. 46 *l. fal.*) que acrescenta ao elenco de bens impenhoráveis um conjunto de bens que não fazem parte da massa falida, tendo em consideração razões de ordem pessoal e familiar: cfr. BERTACCHINI, Elisabetta/GUALANDI, Laura/PACCHI, Stefania/PACCHI, Gaetano/SCARSELLI, Giulano, *Manuale di Diritto Fallimentare*, Giuffrè, Milano, 2007, pp. 144-147; PAJARDI, Piero, *Codice del Fallimento*, (quarta edizione) Giuffrè Editore, Milano, 2001, pp. 335 e ss.

[315] Cfr., por todos, FERNANDES, Luís A. Carvalho/LABAREDA, João, *Código da Insolvência e da Recuperação de Empresas Anotado*, 3ª edição, Quid Juris Editora, Lisboa, 2015, p. 292, nota 5.

Para além disso, a proibição de praticar atos de disposição não se aplica aos bens de terceiro[316]. Esta solução resulta da aplicação combinada (*maxime* da sua interpretação mediante um argumento *a contrario*) do art. 81º, nº 1 (que priva o insolvente do poder de disposição e de administração dos bens integrantes da *massa insolvente*) e também do art. 81º, nº 4 (que atribui ao administrador da insolvência o poder de representação do insolvente para todos os efeitos de caráter patrimonial que *interessem à massa insolvente*).

Assim, dos termos expostos, deve-se realçar que o insolvente não perde o poder de disposição e de administração de todo e qualquer bem, pois conserva estas faculdades relativamente aos bens estranhos à insolvência: ou seja, os bens que não pertencem à massa insolvente, trate-se dos *seus* bens (porque impenhoráveis), ou de bens *de terceiro*.

Contudo, e ainda a propósito do âmbito objetivo em apreço, coloca-se a questão da sujeição da remuneração auferida pelo insolvente às regras gerais da penhora – *maxime* a penhorabilidade de apenas um terço dessa quantia (art. 738º, nºs 1 a 3, do CPCivil) e a livre disponibilidade dos restantes dois terços[317]. A jurisprudência não tem sido consensual: há Acórdãos que defendem

[316] Cfr. ALMEIDA, António Pereira, *Direito Comercial*, AAFDL, Lisboa, 1976/77, p. 597; OLAVO, Fernando, *Direito Comercial* (vol. I, 2ª edição, 2ª reimpressão), Coimbra Editora, Coimbra, 1978, p. 166; ASCENSÃO, José de Oliveira, *Efeitos da Falência sobre a Pessoa e Negócios do Falido, in:* "Revista da Ordem dos Advogados", pp. 641-688, Ano 55, Dez. 1995, p. 653; FERNANDES, Luís A. Carvalho/LABAREDA, João, *Código dos Processos Especiais de Recuperação da Empresa e de Falência Anotado* (3ª edição), Quid Juris Editora, Lisboa, 1999, p. 392, nota 3. Porém, ao devedor poderá estar vedada a disposição e/ou a administração de bens de terceiro por força de outra disposição legal. É o caso, designadamente, dos efeitos jurídico familiares, que já estudámos *supra*. A este propósito, veja-se também, LEITÃO, Luís M. T. de Menezes, *Direito da Insolvência*, 8ª edição, Almedina, Coimbra, 2018, p. 176.

[317] No sentido da impenhorabilidade total da remuneração recebida no âmbito do auxílio prestado ao liquidatário judicial, à luz do revogado CPEREF, parecia apresentar-se ASCENSÃO, José de Oliveira, *Efeitos da Falência sobre a Pessoa e Negócios do Falido, in:* "Revista da Ordem dos Advogados", pp. 641-688, Ano 55, Dez. 1995, p. 653. À luz do direito pretérito, e a este propósito, SOUSA MACEDO, defendia que os rendimentos auferidos pelo falido não deviam estar sujeitos a esta regra, porque, por um lado, tal constituiria um *desincentivo* ao exercício de qualquer atividade profissional pelo falido que se encontraria sob a ameaça do desconto de um terço do seu valor e, por outro lado, razões de *humanidade* impediam a aplicação desta solução geral do direito processual civil executivo nos casos em que esses rendimentos sejam "necessários para a sua subsistência e do seu agregado". Por forma a conciliar a satisfação dos interesses dos credores com as necessidades básicas do falido, o autor propunha a seguinte solução: a parte dos rendimentos (isto é, a parte do 1/3 dos rendimentos) que se revele indispensável

a penhorabilidade de 1/3 dos rendimentos auferidos pelo insolvente no exercício da sua atividade laboral e após a declaração de insolvência, designadamente os salários, as prestações periódicas a título de aposentação ou de regalia social, ou pensão de natureza semelhante resultantes de atividade laboral[318]; há, pelo contrário, decisões que defendem a sua impenhorabilidade[319].

à subsistência do falido permaneceria intocável; a parte que a excedesse integraria a massa falida, competindo ao juiz, em cada caso concreto, determinar de acordo com um critério de equidade o *quantum* que ficaria sujeito à penhora. Cfr. Macedo, Pedro de Sousa, *Manual de Direito das Falências* (vol. II), Livraria Almedina, Coimbra, 1968, pp. 61-62.

[318] Assim, entre outros, os Acs. STJ de 15-03-2007 (oliveira rocha) e 30-06-2011 (bettencourt de faria), os Acs. Rel. Lx. de 29-07-2010 (roque nogueira) e de 10-06-2011 (olindo geraldes), 18-02-2014 (Luís Espírito Santo), e os Acs. Rel. Guim. de 12-07-2006 (pereira da rocha) e 14-09-2006 (pereira da rocha). Segundo o Ac. Rel. Lx., de 29-07-2010 (roque nogueira), "A massa insolvente abrange, além do mais, os bens e direitos que o devedor adquire na pendência do processo e que não estejam isentos de penhora. Consequentemente, sendo impenhoráveis dois terços dos vencimentos ou salários auferidos pelo executado, nos termos do disposto no art. 824.º, n.º 1, al. a), do C.P.C., nada impede, em princípio, que se proceda à penhora, e, assim, à apreensão para a massa insolvente, do terço restante (...) Compete ao juiz determinar em cada caso, com base num critério de equidade, o montante que ficará sujeito à apreensão, tendo em conta o que se revelar indispensável à subsistência do insolvente, assim se conciliando a satisfação dos interesses dos credores com as necessidades básicas do devedor". De acordo com o Ac. Rel. Lx., de 20-09-2012 (maria amélia ameixoeira), "(...) II – A indemnização por despedimento, pese embora não tenha a natureza de salário, é calculada com base no salário do trabalhador e no lapso temporal em que desempenhou funções para a entidade patronal, e visa compensar o trabalhador pelo despedimento e assegurar-lhe um meio de subsistir economicamente durante algum tempo. III – Por identidade de razão, é aplicável por analogia, à indemnização por despedimento recebida pela insolvente após a declaração de insolvência, o regime de impenhorabilidade de dois terços previsto no referido art. 824.º, n.º 1, al. a), do Código de Processo Civil". O Ac. Rel. Po, de 16-01-2018 (José Igreja Matos), decidiu que: "I- Nos termos do artigo 46º do Código de Insolvência e de Recuperação de Empresas a massa insolvente abrange todo o património do devedor à data da declaração de insolvência, bem como os bens e direitos que ele adquira na pendência do processo. Apenas se excluem, em princípio, dessa massa os bens impenhoráveis quedando todos os restantes adstritos à satisfação dos interesses dos respetivos credores. II- Deste modo, é válida a apreensão para a massa insolvente da parte de uma pensão auferida pelo insolvente que não seja relativamente impenhorável. III- Esta apreensão não deve ser posta em causa pelo facto de o insolvente ter requerido a exoneração do passivo restante porquanto os efeitos deste pedido apenas têm lugar após o encerramento do processo de insolvência, mantendo-se a apreensão até esse momento".

[319] Neste sentido, entre outros, Ac. Rel. Lx., de 16-11-2010 (maria joão areias), Acs. Rel. Co., de 24-10-2006 (freitas neto) e de 6-03-2007 (isaías pádua), e Acs. Rel. Po., de 23-03-2009 (maria josé simões) e de 26-03-2009 (teles de menezes). Segundo o Ac. Rel. Lx., de 16-11-2010 (maria joão areias), "no processo de insolvência, o produto do salário, ou

Uma derradeira questão prende-se com a sujeição da *casa de morada de família* ao processo de insolvência, dependendo a sua resposta de uma distinção preliminar entre a casa de morada de família arrendada e a casa de morada de família própria.

Tratando-se de uma *casa de morada de família arrendada*, uma vez que o direito de arrendamento da casa de morada de família constitui um direito inalienável e, em consequência, um bem absolutamente impenhorável, não pode ser inserido na massa insolvente com vista à satisfação dos credores da insolvência[320].

Já a *casa de morada de família própria*, pelo contrário, é insuscetível de exclusão da execução insolvencial, encontrando-se adstrita ao pagamento dos credores. Todavia, por força de remissão expressa para o art. 862.º do CPCivil[321] operada pelo art. 150º, nº 5, do CIRE não se pode perder de vista o tratamento de favor concedido pelo legislador, inspirado na proteção, ainda que temporária, do devedor e do seu agregado familiar[322], e que veio atenuar os efeitos gravosos da penhora da casa de morada de família[323].

pensão de reforma auferidos pelo insolvente após a declaração de insolvência, encontra-se fora do conjunto de bens e direitos susceptíveis de apreensão para a massa".

[320] Muito embora o regime do respetivo contrato encontre uma disciplina especial no art. 108º, nº 2, do CIRE.

[321] O art. 150.º, n.º 5, foi alterado pelo art. 3.º do D.L. n.º 79/2017, de 30 de junho. Tratou-se de uma de entre muitas alterações justificadas pela necessidade de harmonizar o CIRE (redigido à luz do Código de Processo Civil de 1961 e que, por isso, remetia para o art. 930.º-A.º do CPCivil) com o Código de Processo Civil de 2013 (aprovado pela Lei nº 41/2013, de 26 de junho).

[322] A solução da *lei portuguesa* resulta, deste modo, da aplicação da lei processual civil geral (por remissão expressa da lei da insolvência), que pretende consagrar uma solução intermédia de tutela da casa de morada de família do executado (o insolvente), em que, todavia, não ficam totalmente desacautelados os interesses do exequente (os credores concursais). A este propósito, veja-se o Ac. Rel. Po., de 14-06-2016 (Rodrigues Pires): "O prazo de diferimento da desocupação destina-se a permitir ao requerente que se encontra em situação de particular carência ou dificuldade, e que terá necessariamente que desocupar o local, um último prazo minimamente razoável para obter um alojamento alternativo. O pedido de diferimento da desocupação do imóvel apresentado pelos insolventes não pode ser rejeitado, sem apreciação da situação económica e social destes, apenas com fundamento no período de tempo entretanto decorrido após a sua adjudicação ao credor reclamante". Sobre a sua aplicabilidade exclusiva ao proprietário ou ao arrendatário (e não a quem ocupe o imóvel a outro título), veja-se o Ac. Rel. Po., de 11-09-2017 (Manuel Domingos Fernandes). No ordenamento jurídico *italiano* é a própria lei falencial que protege o valor "casa de morada de família", mais concretamente no art. 47, comma 2 *l. fal.*, nos termos do qual o falido e a sua família podem continuar a

1.2.1.3. Âmbito funcional

O devedor fica privado dos poderes de disposição e de administração dos seus bens (art. 81º, nº 1), estando, por previsão expressa da lei, vedada ao insolvente a cessão de rendimentos ou a alienação de bens futuros suscetíveis de penhora[324], independentemente da sua natureza, e ainda que os mesmos sejam, respetivamente obtidos ou adquiridos após o encerramento do processo (nº 2 do art. 81º).

Quanto à natureza das atividades proibidas, isto é, quanto ao sentido e alcance dos conceitos poder de disposição e de administração, podemos afirmar que a principal limitação recai sobre o *campo obrigacional* e sobre os *direitos reais* de que o insolvente seja titular.

Ao nível do *direito das obrigações*, "qualquer acto ou facto jurídico idóneo para ser fonte de obrigação, inclusive delitos, enriquecimentos indevidos, gestão de negócios, não pode ser praticado" pelo insolvente com eficácia sobre a massa insolvente[325]. Este princípio da insensibilidade do património a todas as obrigações, independentemente da sua fonte ou da sua natureza (quer resultem "de actos ou factos, de actos ilícitos ou lícitos, de acções ou omissões") encontra-se consagrado no art. 81º, nº 6, que preceitua a ineficácia dos atos praticados pelo insolvente em contravenção da proibição em

ocupar a casa de morada de família de que o falido seja proprietário, na medida em que tal seja necessário, até ao fim da liquidação da atividade. A doutrina italiana tem falado a este propósito de um verdadeiro *direito do falido à ocupação temporária da casa de morada de família*. A principal questão que tem dividido a doutrina e a jurisprudência italianas reside nos limites temporais do direito do falido: para alguns autores, o falido tem o direito à liquidação da casa de morada de família em último lugar; para outros, e por força de uma interpretação menos literal do preceito legal, o legislador não impõe a venda da casa em último lugar, mas apenas a respetiva entrega em último lugar. Cfr., por todos, FERRA, Giampaolo/GUGLIELMUCCI, Lino, *Effetti del Fallimento per il Fallito*, Zanichelli Editore, Bologna, 1997, pp. 160 e ss; PAJARDI, Piero, *Codice del Fallimento*, 4ª edizione, Giuffrè Editore, Milano, 2001, pp. 345 e ss.

[323] Esta solução já era por nós defendida à luz do CPEREF. Veja-se o nosso, *Os Efeitos Substantivos da Falência*, PUC, Porto, 2000, pp. 124-126.

[324] Esta referência expressa da lei aos rendimentos ou bens futuros constitui uma novidade do CIRE, reveladora do cuidado do legislador em afastar quaisquer dúvidas quanto à possível aplicação do regime geral da alienação ou oneração de bens futuros, previsto no art. 211º do CCivil.

[325] Veja-se, no domínio do direito pretérito, mais concretamente dos arts. 1189º, nº 1, e 1190º, nº 1, do CPCivil de 1961, MACEDO, Pedro de Sousa, *Manual de Direito das Falências* (vol. II), Livraria Almedina, Coimbra, 1968, pp. 90-95.

estudo[326]. De facto, o património do insolvente deve encontrar-se adstrito à satisfação dos credores concursais, proibindo-se quaisquer comportamentos do insolvente que ponham em causa essa finalidade, ou seja, quaisquer atos jurídicos que violem a proibição legal, trate-se de atos jurídicos lícitos ou atos ilícitos, atos jurídicos *stricto sensu*[327] ou negócios jurídicos, negócios jurídicos unilaterais ou negócios jurídicos bilaterais[328].

Quanto aos *direitos reais*, o insolvente não perde a sua titularidade, mas apenas, nomeadamente no que diz respeito à propriedade, o direito de fruição, o direito de transformação, o direito de alienação, uma vez que, por mero efeito da declaração de insolvência, o administrador da insolvência fica instituído dos seus poderes de apreensão de todos os bens integrantes da massa insolvente (art. 150º, nº 1). O direito de restituição e de indemnização, o direito de exclusão e de defesa não podem vigorar no seio do processo de insolvência (quanto aos bens que integram a massa insolvente), perdendo o insolvente, em consequência, a sua legitimidade processual ativa e passiva relativamente a eles.

No entanto, não significa isto que o insolvente fique impedido de praticar todo e qualquer ato jurídico. É o caso, desde logo, de todos os atos de *natureza pessoal*[329] (tais como o direito de casar, de requerer o divórcio ou a separação de pessoas e bens, de testar[330_331], de intentar ação de investigação

[326] O legislador do CIRE foi, neste aspeto, mais preciso terminologicamente do que o legislador do CPEREF, que adotou uma forma confusa de regular o âmbito funcional da privação do poder de disposição e de administração da massa insolvente. Veja-se o nosso estudo *Os Efeitos Substantivos da Falência*, PUC, Porto, 2000, pp. 112-113.

[327] Aliás, para reiterar esta ideia, e para que dúvidas não houvesse, a lei preceitua expressamente que os pagamentos de dívidas à massa insolvente só deverão ser realizados ao administrador da insolvência (art. 81º, nº 7).

[328] *Vide*, quanto a esta classificação dos factos jurídicos, PINTO, Carlos Alberto da Mota, *Teoria Geral do Direito Civil* (3ª edição atualizada), Coimbra Editora, Coimbra, 1990, pp. 353-357.

[329] Veja-se, também neste sentido, MACEDO, Pedro de Sousa, *Manual de Direito das Falências* (vol. II), Livraria Almedina, Coimbra, 1968, p. 84; FERNANDES, Luís A. Carvalho/LABAREDA, João, *Código dos Processos Especiais de Recuperação da Empresa e de Falência Anotado* (3ª edição), Quid Juris Editora, Lisboa, 1999, p. 392, nota 3.

[330] O direito de testar não é prejudicado pela declaração de insolvência, uma vez que, por um lado, o testamento constitui um "acto unilateral e revogável pelo qual uma pessoa *dispõe, para depois da morte*, de todos os seus bens ou de parte deles" (art. 2179º, nº 1, do CCivil – o itálico é nosso) e, por outro lado, a *herança responde pelo pagamento das dívidas do falecido* (art. 2068º do CCivil): cfr., a este propósito, SOUSA, Rabindranath Capelo, *Lições de Direito das Sucessões*,

de paternidade, etc.) e por atos exclusivamente pessoais devemos entender todos aqueles atos insuscetíveis de prejudicar os credores e, por isso, desprovidos de qualquer conteúdo patrimonial relevante[332]. Esta solução não está expressamente consagrada na lei[333], mas decorre de vários preceitos ao longo do Código, tais como o art. 81º, nº 1 (na medida em que priva o insolvente exclusivamente do seu poder de administração e de disposição dos seus bens presentes e futuros), o art. 81º, nº 4 (que atribui ao administrador da insolvência o poder de representação do insolvente apenas para efeitos de *caráter patrimonial* que interessem à massa insolvente – resultando, *a contrario*, que não tem o poder de representação para efeitos pessoais)[334], o art. 55º, nº 1 (que confere ao administrador da insolvência a faculdade de praticar atos de administração e de disposição), e o art. 85º, nº 1, no qual, *a contrario sensu*, o legislador consagra a insensibilidade ao processo de insolvência das ações sobre o estado e a capacidade do insolvente.

Depois, realce-se que o insolvente também não fica impedido de praticar todo e qualquer ato de conteúdo patrimonial, mas apenas os atos de *conteúdo patrimonial relevante*. Desde logo, pode praticar atos de disposição e de administração dos seus bens, que não tenham sido apreendidos para a massa

Coimbra Editora, Coimbra, 1993, 1º vol., 3ª edição, reimpressão, pp. 49-50, quanto ao testamento, e 2º vol., 2ª edição, p. 109, quanto à responsabilidade da herança. No *direito insolvencial espanhol*, o art. 40, par. 6, da Ley 22/2003, de 9 de Julio, prevê expressamente a conservação da faculdade de o insolvente testar, muito embora ressalve os efeitos da declaração de insolvência sobre a herança – cfr., a este propósito, LAVIÑA, Jaime Mairata, *Los Efectos del Concurso en la Ley Concursal, in:* "Derecho Concursal – Estudio Sistemático de la Ley 22/2003 y de la Ley 8/2003, para la Reforma Concursal", Dilex, Madrid, 2003, p. 285.

[331] Defendendo que o insolvente deve estar representado pelo administrador da insolvência nos atos de partilha, de aceitação ou de repúdio de uma herança, veja-se LEITÃO, Luís M. T. de Menezes, *Direito da Insolvência*, 8ª edição, Almedina, Coimbra, 2018, p. 168. Em sentido contrário, quanto ao ato de partilha em processo de divórcio, Ac. Rel. Guim. de 23-10-2008 (MARIA ROSA TCHING), *in* CJ, 33, 2008, pp. 295-297.

[332] *Vide* OLAVO, Fernando, *Direito Comercial* (vol. I, 2ª edição, 2ª reimpressão), Coimbra Editora, Coimbra, 1978, p. 168.

[333] À semelhança do direito falencial anterior e ao contrário do regime falencial que antecedeu este. No revogado art. 1189º, nº 3, do CPCivil de 1961, encontrava-se expressamente estatuída a manutenção pelo falido do exercício dos seus direitos exclusivamente pessoais (os quais, por seu turno, eram subtraídos aos poderes do administrador da falência).

[334] *Vide*, na mesma linha de argumentação, a propósito do direito pretérito, FERNANDES, Luís A. Carvalho/LABAREDA, João, *Código dos Processos Especiais de Recuperação da Empresa e de Falência Anotado* (3ª edição), Quid Juris Editora, Lisboa, 1999, p. 392, nota 3.

insolvente (art. 81º, nº 1, *a contrario*), e dos bens de terceiro (nos termos já acima explanados). Em segundo lugar, a lei reconhece-lhe o direito a um subsídio a título de alimentos a atribuir à custa dos rendimentos da massa insolvente, do qual pode dispor sem qualquer entrave legal (art. 84º)[335] e que se encontra isento de penhora (constitui, por isso, um bem absolutamente impenhorável). Por fim, a lei atual consagrou não só o direito ao trabalho[336], no art. 84º, nº 1, do CIRE ("e o não puder angariar pelo seu trabalho"), mas também um dever de trabalhar, nomeadamente no art. 239º, nº 4, al. b).

1.2.2. Suprimento

Em consequência da privação do poder de disposição e de administração dos seus bens, o insolvente passa a ser representado pelo administrador da insolvência para todos os efeitos de caráter patrimonial que interessem à insolvência (art. 81º, nº 4), a quem passa a competir, designadamente, o exercício dos poderes de administração e de disposição dos bens do insolvente que integram a massa insolvente (art. 81º, nºs 1 e 4), mas encontrando-se excluída da sua competência, salvo expressa disposição legal em contrário, a representação do insolvente no próprio processo de insolvência (incluindo os seus incidentes ou apensos) (art. 81º, nº 5).

Assim, é ao *administrador da insolvência* que, desde a sentença declarativa de insolvência (art. 150º, nº 1) até ao encerramento do processo de insolvência (art. 233º, nº 1, al. b)), compete a administração[337] e a disposição desses bens (arts. 55º, nº 1, al. a), 81º, nº 1, 158º, nº 1), assim como a sua representação, ativa e passiva, em juízo[338] (art. 85º, nº 3), sob a fiscalização do *juiz* (art. 58º), com a

[335] Cfr. ASCENSÃO, José de Oliveira, *Efeitos da Falência sobre a Pessoa e Negócios do Falido, in:* "Revista da Ordem dos Advogados", pp. 641-688, Ano 55, dez. 1995, p. 653.

[336] De acordo com o (revogado) art. 1189º, nº 2, CPCivil de 1961 (regime falencial anterior ao CPEREF), ao falido era "lícito, em qualquer caso, adquirir pelo seu trabalho meios de subsistência": tratava-se da consagração do *direito fundamental do falido ao trabalho.* Cfr., neste sentido, MACEDO, Pedro de Sousa, *Manual de Direito das Falências* (vol. II), Livraria Almedina, Coimbra, 1968, p. 61.

[337] Salvo na situação excecional prevista nos arts. 223º e ss, na qual a administração é confiada ao próprio insolvente e que analisaremos *infra*.

[338] *Vide*, no direito anterior, MACEDO, Pedro de Sousa, *Manual de Direito das Falências* (vol. II), Livraria Almedina, Coimbra, 1968, pp. 77, 109-110; FERNANDES, Luís A. Carvalho/LABAREDA, João, *Código dos Processos Especiais de Recuperação da Empresa e de Falência Anotado* (3ª edição), Quid Juris Editora, Lisboa, 1999, pp. 371-372, nota 9.

colaboração e a fiscalização da *comissão de credores* (arts. 55º, nº 1, proémio, e 68º, nº 1)[339] e com a colaboração do próprio *devedor* (arts. 55º, nº 3, 83º, nº 1, al. c)).

Ainda que a lei (no seu art. 81º, nº 4) estatua que o administrador da insolvência assume a representação do insolvente (resquício da antiga conceção do insolvente como incapaz), não podemos deixar de afirmar que, com propriedade, estamos sim perante uma situação de *substituição* do insolvente, uma vez que constitui função (pelo menos primacial) do administrador da insolvência a prossecução dos interesses da massa insolvente e não do próprio insolvente[340].

Os poderes atribuídos ao administrador da insolvência apresentam a natureza de verdadeiros *poderes-deveres* ou poderes funcionais, que devem ser exercidos no interesse de terceiros, mormente dos credores, embora, em determinados casos, devam atender também à pessoa e ao agregado familiar do insolvente. Para além disso, constituem poderes pessoais (art. 55º, nº 2) – o que, todavia, não obsta a que, por um lado, possa substabelecer por escrito a prática de atos concretos em administrador da insolvência com inscrição em vigor nas listas oficiais (art. 55º, nº 2)[341], e, por outro lado, possa ser coadjuvado, sob a sua responsabilidade, por técnicos ou outros auxiliares (incluindo o próprio insolvente), remunerados ou não, mediante prévia concordância da comissão de credores ou, na sua falta, do juiz (art. 55º, nº 3).

1.2.3. Violação

As consequências jurídicas da *violação* da proibição legal em apreço encontram-se previstas no art. 81º, nº 6[342]. Assim, os atos de disposição e de admi-

[339] No exercício dessas funções, a comissão pode examinar livremente os elementos da contabilidade do devedor e solicitar ao administrador da insolvência as informações e a apresentação dos elementos que considere necessários. *Vide* FERNANDES, Luís A. Carvalho/LABAREDA, João, *Código da Insolvência e da Recuperação de Empresas Anotado*, Quid Juris Editora, Lisboa, 2008, pp. 301 e ss.

[340] Neste sentido, embora à luz do revogado art. 1189º, nº 3, do CPCivil de 1961, também MACEDO, Pedro de Sousa, *Manual de Direito das Falências* (vol. II), Livraria Almedina, Coimbra, 1968, p. 80.

[341] Esta possibilidade foi introduzida pelo art. 2º da Lei nº 16/2012, de 20 de abril.

[342] No *sistema falencial italiano*, nos termos do art. 44 *l. fal.*, os atos praticados pelo falido são ineficazes em relação aos credores, a partir da data da sentença, ou seja, do seu depósito na chancelaria, independentemente da boa ou má fé do terceiro: cfr. BERTACCHINI, Elisabetta/GUALANDI, Laura/PACCHI, Stefania/PACCHI, Gaetano/SCARSELLI, Giulano, *Manuale di Diritto*

nistração praticados pelo insolvente, depois da declaração de insolvência, em violação da proibição de disposição e de administração dos bens que integram a massa insolvente são *ineficazes*[343], "independentemente de declaração judicial, de registo da sentença e de apreensão de bens"[344]. Muito embora a lei atual seja omissa quanto a esta questão, não devemos deixar de entender que a solução expressa prevista no revogado art. 1190º do CPCivil de 1961 (o qual estatuía a independência da ineficácia dos atos praticados pelo falido de qualquer declaração judicial de ineficácia e da apreensão dos bens[345]) se mantém no seu essencial, uma vez que, por um lado, a desnecessidade de declaração judicial prévia já resulta da ineficácia do ato e, por outro lado, a apreensão dos bens é indiferente ao valor jurídico do mesmo[346].

Em consequência da ineficácia do ato, a massa insolvente fica constituída na obrigação de restituir o que lhe tiver sido prestado e que resulte da aplicação das regras do enriquecimento sem causa (ou seja, dos arts. 473º e ss do CCivil)[347].

Os atos praticados pelo insolvente são, pois, ineficazes em relação à massa insolvente. Este conceito deve ser entendido no seu sentido estrito, uma vez que os atos permanecem *válidos* (embora feridos de ineficácia)[348] –

Fallimentare, Giuffrè, Milano, 2007, pp. 138 e ss. No *sistema jurídico insolvencial espanhol*, os atos praticados em violação da proibição em estudo (prevista no art. 40, par. 2º da Ley 22/2003, de 9 de Julio) encontram-se feridos com a sanção da anulabilidade (prevista no art. 40, par. 7º da Ley 22/2003, de 9 de Julio): *vide*, a este propósito, Mairata Laviña, Jaime, *Los Efectos del Concurso en la Ley Concursal, in:* "Derecho Concursal – Estudio Sistemático de la Ley 22/2003 y de la Ley 8/2003, para la Reforma Concursal", Dilex, Madrid, 2003, p. 285.

343 No revogado art. 115º, nº 1, 1ª parte, do CPEREF a consequência para a sua violação era a *inoponibilidade do ato à massa falida* e no revogado art. 1190º, nº 1, do CPCivil de 1961, os atos eram *ineficazes em relação à massa falida*.

344 Cfr. correia, Pupo, *Direito Comercial* (4ª edição, revista e aumentada), Lisboa, 1996, p. 119.

345 Veja-se, a este propósito, macedo, Pedro de Sousa, *Manual de Direito das Falências* (vol. II), Livraria Almedina, Coimbra, 1968, p. 76.

346 *Vide*, quanto ao regime previsto no CPEREF, fernandes, Luís A. Carvalho/labareda, João, *Código dos Processos Especiais de Recuperação da Empresa e de Falência Anotado* (3ª edição), Quid Juris Editora, Lisboa, 1999, p. 409, nota 5.

347 Esta solução é idêntica à solução consagrada na lei alemã no §18, 1, da InsO.

348 Veja-se, neste sentido, ascensão, José de Oliveira, *Direito Civil – Teoria Geral* (vol. I), Coimbra Editora, Coimbra, 1997, p. 187. O legislador teve o cuidado e o rigor de substituir a expressão dúbia "inoponibilidade", pelo termo "ineficácia", não ficando por isso dúvidas acerca da validade dos atos violadores da proibição legal. Quanto a esta questão, e defendendo a validade

a manutenção da validade do ato constitui uma reação legal adequada e suficiente[349], pois basta a ineficácia desse ato em relação à massa insolvente para tutelar os interesses dos credores concursais[350].

O ato é válido e eficaz entre partes, ficando destituído da sua eficácia em relação à massa insolvente. No entanto, na hipótese de o terceiro desconhecer a declaração de insolvência, seria injusto mantê-lo vinculado a um contrato que não produzirá os seus efeitos ou que os produzirá muito tarde. Para solucionar esta questão, OLIVEIRA ASCENSÃO, na vigência de solução idêntica consagrada no direito falencial anterior, apontava duas soluções possíveis: a aplicação do regime da venda de bens futuros, no caso de as partes os terem considerado como tais (art. 893º do CCivil)[351]; ou a aplicação do regime geral da anulabilidade do contrato com fundamento em erro ou dolo (arts. 251º e 253º do CCivil)[352].

Não encontrámos no CIRE um preceito idêntico ao art. 155º, nº 2, do CPEREF, de acordo com o qual os negócios do falido podiam ser *confirmados* pelo liquidatário judicial[353], recuperando, deste modo, a sua eficácia se, e na medida

dos atos, FERNANDES, Luís A. Carvalho/LABAREDA, João, *Código da Insolvência e da Recuperação de Empresas Anotado*, Quid Juris Editora, Lisboa, 2008, p. 341, nota 8.

349 "Cabe reconhecer (...) que a via da inoponibilidade é mais expedita e mais adequada que a do regime próprio da invalidade": cfr. FERNANDES, Luís A. Carvalho/LABAREDA, João, *Código dos Processos Especiais de Recuperação da Empresa e de Falência Anotado* (3ª edição), Quid Juris Editora, Lisboa, 1999, p. 409, nota 4.

350 Já à luz da solução contida no revogado art. 1190º, nº 1, do CPCivil de 1961, se afirmava que "só esta consequência é exigida pelo interesse dos credores, isto é, pelos interesses que determinam o procedimento falimentar (...) Ora os interesses destes apenas exigem que os actos posteriores do falido não possam efectivar-se sobre a massa, enquanto eles não estiverem pagos. Já lhes é indiferente que os actos referidos produzam os seus efeitos quando e onde não os prejudiquem": cfr. PINTO, Carlos Alberto da Mota, *Teoria Geral do Direito Civil* (3ª edição atualizada), Coimbra Editora, Coimbra, 1990, pp. 249-250. Veja-se, ainda no mesmo sentido, CORREIA, António Ferrer, *Lições de Direito Comercial* (vol. I, com a colaboração de Manuel Henrique Mesquita e António A. Caeiro), Coimbra, 1973, pp. 173 e 174.

351 No entanto, a lei atual consagrou no nº 2 do art. 81º a proibição de cessão de rendimentos e de alienação de bens futuros suscetíveis de penhora.

352 ASCENSÃO, José de Oliveira, *Efeitos da Falência sobre a Pessoa e Negócios do Falido*, *in:* "Revista da Ordem dos Advogados", pp. 641-688, Ano 55, dez. 1995, p. 683; ASCENSÃO, José de Oliveira, *Direito Civil – Teoria Geral* (vol. I), Coimbra Editora, Coimbra, 1997, p. 187. Também neste sentido, veja-se CORREIA, Luís Brito, *Direito Comercial* (vol. I), AAFDL, Lisboa, 1987, p. 171.

353 No sentido de que os atos do insolvente podem ser ratificados, veja-se SERRA, Catarina, *O Novo Regime Português da Insolvência*, 4ª edição, Almedina, Coimbra, 2010,

em que, a sanção da ineficácia se revelasse injustificada e excessiva face à tutela dos interesses dos credores falimentares (ou seja, sempre que existisse interesse para a massa falida) e independentemente de qualquer autorização[354].

A lei prevê a possibilidade de *eficácia* dos atos praticados pelo insolvente em violação da proibição em apreço apenas quando se preencham os seguintes requisitos cumulativos (art. 81º, nº 6)[355]:

- deve tratar-se de atos onerosos celebrados com terceiros[356] de boa fé antes do registo da sentença de declaração de insolvência efetuado nos termos dos nºs 2 ou 3 do art. 38º (al. a));
- e deve ainda tratar-se de atos que não se subsumam em nenhuma das hipóteses do art. 120º, nº 1 (isto é, atos que são resolúveis incondicionalmente em benefício da massa insolvente) (al. b)).

A sanção prevista no art. 81º, nº 6, do CIRE para os atos praticados pelo insolvente depois da declaração de insolvência parece continuar a apresentar um caráter *relativo*[357], muito embora a lei insolvencial atual seja pouco clara.

pp. 45-46; ABREU, J. M. Coutinho, *Curso de Direito Comercial*, vol. I, 11ª edição, Almedina, Coimbra, 2018, p. 147. No mesmo sentido, veja-se, na jurisprudência, o Ac. STJ, de 12-05-2011 (MARIA DOS PRAZERES BELEZA). No sentido contrário, LEITÃO, Luís M. T. de Menezes, *Direito da Insolvência*, 8ª edição, Almedina, Coimbra, 2018, pp. 168 e 169, nota 213.

354 A expressão legal "confirmar" era objeto de polémica doutrinal. Para CARVALHO FERNANDES, a substituição da expressão "ratificação" pela expressão "confirmação" é de aplaudir (cfr. *Efeitos Substantivos da Declaração de Falência, in:* "Direito e Justiça", vol. IX, 1995, tomo 2, p. 27). Em sentido oposto pronuncia-se OLIVEIRA ASCENSÃO, para quem o instituto da confirmação se revela desadequado, uma vez que, "em sentido técnico, a confirmação respeita a actos inválidos" (cfr. *Efeitos da Falência sobre a Pessoa e Negócios do Falido, in:* "Revista da Ordem dos Advogados", pp. 641-688, Ano 55, Dez. 1995, p. 683).

355 A introdução deste desvio ao rigor da solução-regra deveu-se à necessidade sentida pelo legislador de atenuar a sanção nela contida, por forma a proteger os terceiros de boa fé que com o insolvente celebram um negócio oneroso.

356 A expressão "terceiro", já utilizada pelo regime falencial precedente, no art. 155º, nº 1, do CPEREF, era objeto de crítica pela doutrina. Para CARVALHO FERNANDES e JOÃO LABAREDA, tratava-se de uma expressão incorreta, pois aqueles que contratam com o falido não são terceiros em relação ao ato de administração ou de disposição por ele praticado, mas sim em relação à massa falida: cfr. FERNANDES, Luís A. Carvalho, *Efeitos Substantivos da Declaração de Falência, in:* "Direito e Justiça", vol. IX, 1995, tomo 2, p. 27.

357 Assim, à luz do direito falencial anterior, ASCENSÃO, José de Oliveira, *Efeitos da Falência sobre a Pessoa e Negócios do Falido, in:* "Revista da Ordem dos Advogados", pp. 641-688, Ano 55,

Desde logo, porque os atos violadores da proibição legal são ineficazes apenas em relação à massa insolvente, permanecendo eficazes em relação aos *bens não compreendidos na massa insolvente*. É o que parece resultar do art. 81º, nº 8, al. a), por força do qual pelas dívidas emergentes de atos praticados pelo insolvente após a declaração de insolvência que não contrariem o disposto no nº 1 do art. 81º, apenas respondem os bens não integrantes da massa insolvente.

Em segundo lugar, porque os atos podem recuperar a sua eficácia por outra via que não a da confirmação – é o caso do *levantamento dos efeitos da declaração de insolvência em relação ao insolvente e em relação aos credores (da insolvência e da massa insolvente)*, por efeito do encerramento do processo de insolvência (respetivamente art. 233º, nº 1, al. a), e art. 233º, nº 1, als. c) e d)). Assim, se o insolvente celebrar um contrato de compra e venda sobre um bem integrado na massa insolvente, esse contrato é plenamente válido e eficaz entre as partes, mas ineficaz em relação à massa insolvente: ao terceiro restará aguardar pelo encerramento do processo de insolvência, momento em que poderá exigir a entrega do bem (se este não tiver sido liquidado) ou uma indemnização (se o bem tiver sido alienado judicialmente)[358].

1.2.4. Pagamento de dívidas à massa

Saliente-se, por último, que o art. 81º regula não só o valor dos atos realizados pelo insolvente após a declaração de insolvência, como também o valor do *pagamento de dívidas à massa* realizado ao insolvente[359].

Dez. 1995, pp. 648 e 684. Para MOTA PINTO (*Teoria Geral do Direito Civil* (3ª edição atualizada), Coimbra Editora, Coimbra, 1990, p. 249), "os negócios *conservam-se válidos, podendo produzir os seus efeitos, quando e onde não prejudiquem a massa falida*. Estão apenas inquinados de uma *ineficácia relativa*".

[358] Neste sentido, à luz do direito falencial anterior, cfr. ABREU, J. M. Coutinho, *Curso de Direito Comercial*, vol. I, 4ª edição, Almedina, Coimbra, 2003, p. 122.

[359] Na vigência do CPEREF, vigorava solução idêntica e alguma doutrina defendia que, não obstante a lei não o referir expressamente, a proibição legal era aplicável quer às obrigações *anteriores* quer às obrigações *posteriores* à sentença falencial: veja-se, por todos, ASCENSÃO, José de Oliveira, *Efeitos da Falência sobre a Pessoa e Negócios do Falido, in:* "Revista da Ordem dos Advogados", Ano 55, Dez. 1995, p. 684.

O *princípio geral* nesta matéria impõe o cumprimento das obrigações dos devedores da massa perante o administrador da insolvência[360] (art. 81.º, n.º 7): em consequência, depois da declaração de insolvência, e independentemente do registo da sentença, a prestação feita ao insolvente não exonera o devedor (cfr. proémio do art. 770º do CCivil).

No entanto, e na linha de orientação do nº 6 do art. 81º, o legislador consagra *dois desvios* a esta regra no nº 7 do mesmo preceito. Assim, numa primeira hipótese, o cumprimento da prestação feito ao insolvente antes do registo da sentença exonera o devedor de boa fé – vigora, pois, a tutela dos terceiros de boa fé, quando a sentença ainda não se encontrava registada na data da realização da prestação. A segunda hipótese consiste na prova pelo devedor da entrada efetiva da prestação na massa insolvente – uma vez que, feita pelo devedor a prova da ausência de prejuízo para a massa insolvente, desaparece a razão de ser da proibição legal, por um lado[361], impondo-se, por outro, a tutela do princípio do não locupletamento à custa alheia (cfr. art. 770º, al. d), do CCivil)[362].

1.2.5. Desvios

Há três grandes grupos de situações em que o insolvente não fica privado do poder de disposição e de administração dos bens que integram a massa insolvente.

Desde logo, na hipótese de *administração da massa insolvente pelo próprio devedor* (regulada nos arts. 223º e ss). Neste caso, ao administrador da insolvência é retirada a administração da massa, competindo-lhe apenas fiscalizar a atuação do devedor e comunicar ao juiz e à comissão de credores quaisquer

360 Por outro lado, o cumprimento perante o insolvente de dívidas da responsabilidade de outros bens do insolvente excluídos da massa insolvente (o seu património pessoal) já extingue a obrigação da contraparte (art. 81º, nº 8, al. b)).

361 No sentido destes dois desvios, também previstos no art. 155º, nº 3, do revogado CPEREF, cfr. FERNANDES, Luís A. Carvalho, *Efeitos Substantivos da Declaração de Falência, in:* "Direito e Justiça", vol. IX, 1995, tomo 2, p. 28; FERNANDES, Luís A. Carvalho/LABAREDA, João, *Código dos Processos Especiais de Recuperação da Empresa e de Falência Anotado* (3ª edição), Quid Juris Editora, Lisboa, 1999, p. 410, nota 7.

362 Assim, e a propósito de solução idêntica contida no revogado art. 1190º, nº 3, do CPCivil de 1961, veja-se MACEDO, Pedro de Sousa, *Manual de Direito das Falências* (vol. II), Livraria Almedina, Coimbra, 1968, p. 92.

circunstâncias que desaconselhem a subsistência da situação (art. 226º, nº 1, 1ª parte). É ao insolvente que pertence a administração da massa insolvente, estando porém sujeito à oposição do administrador da insolvência (quanto aos atos de administração ordinária – art. 226º, nº 2, al. a)) e dependendo de consentimento do administrador da insolvência (para a prática de atos de administração extraordinária – art. 226º, nº 2, al. b))[363].

Depois, tratando-se de insolvente pessoa singular não titular de uma empresa ou titular de uma pequena empresa, se for aprovado um *plano de pagamentos*, por força do art. 259º, nº 1, 2ª parte, é aplicável a al. a) do nº 7 do art. 39º, ou seja, o devedor não fica privado dos poderes de disposição e de administração do seu património.

Finalmente, se o processo *encerrar* por insuficiência da massa insolvente para a satisfação das custas do processo e das dívidas previsíveis da massa insolvente (constatada no momento de prolação da sentença), o devedor não fica privado dos poderes de disposição e de administração (art. 39º, nº 7, al. a)).

1.2.6. Natureza jurídica

O art. 81º sob a epígrafe "transferência dos poderes de administração e disposição", ao prever, como consequência imediata da sentença declaratória de insolvência, a *privação* imediata do insolvente do seu poder de disposição e de administração dos bens integrantes da massa insolvente, parece ter deixado em aberto a questão da natureza da proibição nele contida (e que tem dividido as doutrinas nacional e estrangeira[364]). O problema colocava-se no regime falencial anterior[365] – o qual no revogado art. 147º, nº 1, do CPEREF, sob a epígrafe "limitações resultantes da declaração de falência", previa, por mero efeito da declaração de falência, a *privação* imediata do falido, por si ou por

[363] No sentido de que o devedor continua privado do seu poder de disposição (nos termos do art. 81º, nº 1), veja-se LEITÃO, Luís M. T. de Menezes, *Direito da Insolvência*, 8ª edição, Almedina, Coimbra, 2018, p. 170.

[364] Veja-se, nomeadamente, a *doutrina italiana* que, na sua maioria, defende tratar-se de uma separação patrimonial: cfr. FERRARA JR, Francesco/BORGIOLI, Alessandro, *Il Fallimento* (quinta edizione), Giuffrè Editore, Milano, 1995, p. 317; PAJARDI, Piero, *Codice del Fallimento*, 4 edizione, Giuffrè Editore, Milano, 2001, pp. 283 e ss.

[365] *Vide*, quanto a esta polémica, no direito falimentar pretérito, FERNANDES, Luís A. Carvalho/LABAREDA, João, *Código dos Processos Especiais de Recuperação da Empresa e de Falência Anotado* (3ª edição), Quid Juris Editora, Lisboa, 1999, p. 392, nota 3.

intermédio dos órgãos que o representassem, da administração e disposição dos seus bens presentes e futuros –, assim como no regime falencial que o antecedeu – o qual, no revogado art. 1189º do CPCivil de 1961[366] (sob a epígrafe "inibição do falido"), previa, como consequência imediata da declaração de falência, a "*inibição* do falido para administrar e dispor de seus bens havidos ou que de futuro lhe advenham"[367].

A questão da natureza jurídica da proibição legal em apreço não se reveste de um mero interesse dogmático[368], apresentando igualmente *relevância prática* acentuada, designadamente pelo facto de a lei prever determinadas consequências jurídicas para os incapazes (menores, maiores acompanhados), como, por exemplo, nos arts. 125º, 154.º, 1913º, nºs 1, al. b), e 2, do CCivil, cuja aplicação ao insolvente dependerá da sua qualificação como incapaz[369].

A propósito desta questão desenvolveram-se várias teorias que podem ser agrupadas em duas grandes categorias[370]. As teorias subjetivas e as teorias objetivas[371]. As teorias *objetivas* consistem na teoria da transmissão da propriedade; na teoria da substituição (*Ersetzung*); na teoria do penhor geral do património do quebrado; na teoria do arresto; na teoria da separação patrimonial. No seio das teorias *subjetivas*, encontramos a teoria da morte civil, a teoria da incapacidade, a teoria da ilegitimidade, a teoria da indisponibilidade, entre outras.

A *teoria da morte civil* teve consagração no Direito Romano, o qual associava à declaração de insolvência uma *capitis diminutio* (a perda de personalidade

[366] Inserido na divisão I relativa à subsecção IV (efeitos da falência relativamente ao falido e aos credores) da secção III do capítulo XV (liquidação de patrimónios em benefício dos credores).

[367] O itálico é nosso.

[368] Nomeadamente quanto à classificação deste efeito da insolvência como efeito patrimonial ou efeito pessoal. Era o entendimento de SOUSA MACEDO: cfr. *Manual de Direito das Falências* (vol. II), Livraria Almedina, Coimbra, 1968, p. 63.

[369] Também neste sentido, à luz do direito falimentar pretérito, parecem apresentar-se FERNANDES, Luís A. Carvalho/LABAREDA, João, *Código dos Processos Especiais de Recuperação da Empresa e de Falência Anotado* (3ª edição), Quid Juris Editora, Lisboa, 1999, pp. 392-393, nota 4; FERNANDES, Luís A. Carvalho, *Teoria Geral do Direito Civil* (vol. I), Universidade Católica Editora, Lisboa, 2001, p. 377.

[370] *Vide* a descrição pormenorizada destas teorias feita por MACEDO, Pedro de Sousa, *Manual de Direito das Falências* (vol. II), Livraria Almedina, Coimbra, 1968, pp. 64-80.

[371] Apenas as teorias subjetivas serão objeto de estudo detalhado, uma vez que são estas que recebem mais partidários.

jurídica, ou morte civil do falido). No direito atual, não existe equivalente a este regime jurídico, pois a personalidade jurídica é inerente ao homem durante toda a sua vida (*vide* arts. 66º e 68º do CCivil). Todavia, a teoria ainda se reveste de alguma relevância a nível das sociedades, uma vez que a insolvência implica a sua dissolução (art. 141º, nº 1, al. e), do CSC), apesar de a perda de personalidade jurídica só se verificar após a sua liquidação (arts. 146º, nº 2, e 160º, nº 2, do CSC)[372].

A *teoria da incapacidade* esteve presente na maioria das legislações do século XIX, que preceituavam a incapacidade do falido (mais concretamente a sua interdição), e, em consequência, a nulidade dos atos por ele praticados[373]: inicialmente, todo e qualquer ato jurídico praticado pelo falido era nulo (incapacidade absoluta), mais tarde apenas os atos patrimoniais eram nulos (incapacidade relativa). Esta teoria obteve consagração no art. 700º do CComercial de 1833, no art. 16º do Código de Falências de 1899 e no art. 198º do CPCivil de 1905. O Código das Falências de 1935[374], o CPCivil de 1939, o CPCivil de 1961, o CPEREF de 1993 e o CIRE de 2004[375] vieram inverter a tendência dominante na doutrina da época.

Atualmente, a doutrina maioritária rejeita a teoria da incapacidade[376], desde logo, porque a incapacidade de exercício de direitos é determinada por

[372] *Vide*, neste sentido, CORREIA, Luís Brito, *Direito Comercial* (vol. I), AAFDL, Lisboa, 1987, pp. 166-167.

[373] Cfr. MACEDO, Pedro de Sousa, *Manual de Direito das Falências* (vol. II), Livraria Almedina, Coimbra, 1968, p. 71; CORREIA, Luís Brito, *Direito Comercial* (vol. I), AAFDL, Lisboa, 1987, p. 167.

[374] Já no Relatório do Código de Falências de 1935 se afastava a natureza de incapacidade: "a situação do falido não é em rigor uma incapacidade, pois ele conserva o exercício de todos os direitos pessoais estranhos à falência, pode exercer a sua arte ou profissão, pode praticar os actos de que resulte aumento de património, pode continuar na administração de bens estranhos à falência (...) ao passo que as incapacidades em geral se destinam a proteger os próprios incapazes, a incapacidade na falência destina-se a proteger os interesses dos credores".

[375] Com algumas reservas a este propósito, devido ao regime da insolvência culposa, na redação inicial do CIRE, que importava a inabilitação do insolvente e dos seus administradores, veja-se FERNANDES, Luís A. Carvalho/LABAREDA, João, *Código da Insolvência e da Recuperação de Empresas Anotado*, 3ª edição, Quid Juris Editora, Lisboa, 2015, p. 415, nota 11.

[376] *Vide*, entre outros, MACEDO, Pedro de Sousa, *Manual de Direito das Falências* (vol. II), Livraria Almedina, Coimbra, 1968, pp. 71-72; ANDRADE, Manuel A. D., *Teoria Geral da Relação Jurídica* (vol. II, 1ª edição, 4ª reimpressão), Coimbra, 1974, p. 115; PINTO, Carlos Alberto da Mota, *Teoria Geral do Direito Civil*, 4ª edição (por António Pinto Monteiro e Paulo Mota Pinto),

uma ineptidão do incapaz para praticar determinados atos e visa proteger o próprio incapaz da sua ineptidão. Pelo contrário, a proibição que recai sobre o insolvente não é imposta para sua proteção, mas sim para tutela de terceiros face ao risco de diminuição dos bens integrantes da massa insolvente[377].

Em segundo lugar, para além desta diferença que reside na distinta *ratio legis* subjacente à proibição legal, existe uma diferença que tem a ver com a *consequência jurídica* da violação da proibição legal. Os atos praticados pelo incapaz no âmbito da sua incapacidade são inválidos (são, mais concretamente, anuláveis) mas podem recuperar a sua validade através da confirmação (prevista no art. 125º, nº 2, do CCivil), se o seu representante legal entender que existe interesse para o incapaz (menor)[378]. Pelo contrário, o ato praticado pelo insolvente em violação da proibição legal é válido mas ineficaz perante a massa insolvente[379].

Coimbra Editora, Coimbra, 2005, p. 255; ASCENSÃO, José de Oliveira, *Efeitos da Falência sobre a Pessoa e Negócios do Falido, in:* "Revista da Ordem dos Advogados", pp. 641-688, Ano 55, Dez. 1995, p. 647. CASTRO MENDES, ainda à luz da revogada disciplina prevista no CPCivil de 1961, falava de incapacidade a propósito da inibição do falido (cfr. *Direito Civil – Teoria Geral* (lições), vol. I, UCP, Lisboa, 1978, pp. 381 e ss). No entanto, devemos entender que a expressão é utilizada pelo Autor num sentido amplo, como restrição à prática de atos jurídicos: *vide,* por todos, CORREIA, Luís Brito, *Direito Comercial* (vol. I), AAFDL, Lisboa, 1987, p. 171. Para CARVALHO FERNANDES, à luz do revogado art. 147º, nº 1, do CPEREF, o falido sofre limitações à sua capacidade de exercício a nível patrimonial, que são supridas através de mecanismos semelhantes aos das incapacidades jurídicas, pelo que a sua situação poderá ser qualificada como próxima da do inabilitado, nos casos em que a inabilitação assume o máximo de extensão possível (arts. 153º e 154º do CCivil), concluindo com uma chamada de atenção para o facto de não podermos qualificar a situação do falido como de incapacidade no sentido em que esta expressão é utilizada nos diplomas legais, sem, no entanto, qualificar pela positiva a situação jurídica do falido: cfr. *Efeitos Substantivos da Declaração de Falência, in:* "Direito e Justiça", vol. IX, 1995, tomo 2, p. 32; e *Teoria Geral do Direito Civil* (vol. I), Universidade Católica Editora, Lisboa, 2001, pp. 376-377.

[377] Trata-se de uma "justificação institucional" que tem a ver com a proteção da massa insolvente, mais concretamente com a necessidade de prossecução dos interesses da execução (ou seja, a tutela dos interesses dos credores): cfr. ASCENSÃO, José de Oliveira, *Direito Comercial – vol. I (Parte Geral),* Lisboa, 1986/87, p. 198; PINTO, Carlos Alberto da Mota, *Teoria Geral do Direito Civil* (3ª edição atualizada), Coimbra Editora, Coimbra, 1990, pp. 250-251.

[378] Neste sentido, veja-se, por todos, PINTO, Carlos Alberto da Mota, *Teoria Geral do Direito Civil* (3ª edição atualizada), Coimbra Editora, Coimbra, 1990, p. 250.

[379] *Vide,* no sentido desta dupla argumentação, MACEDO, Pedro de Sousa, *Manual de Direito das Falências* (vol. II), Livraria Almedina, Coimbra, 1968, p. 72; OLAVO, Fernando, *Direito Comercial* (vol. I, 2ª edição, 2ª reimpressão), Coimbra Editora, Coimbra, 1978, p. 177; CORREIA, Luís Brito,

O facto de o art. 81º, nº 4, preceituar a representação do insolvente pelo administrador da insolvência pode suscitar algumas dúvidas acerca da qualificação da sua situação como incapacidade. No entanto, a expressão representante pode envolver dois sentidos: um sentido técnico (pessoa que age em nome e no interesse do incapaz) ou um sentido mais amplo (sujeito com legitimidade para agir sobre a esfera jurídica do representado ainda que não seja no seu interesse)[380].

Para a *teoria da ilegitimidade*, a proibição que recai sobre o insolvente não tem a ver com as suas capacidades, mas sim com a alteração introduzida pela declaração de insolvência na relação existente entre determinados bens do insolvente (aqueles que vão integrar a massa insolvente) e o insolvente[381]. MOTA PINTO, à luz do direito pretérito, mas conservando toda a sua atualidade, defendia existir uma *ilegitimidade relativa* uma vez que os falidos "não têm legitimidade para praticar actos em relação à massa falida ou insolvente. Houve uma alteração da normal relação entre uma pessoa e os seus bens e não necessariamente a manifestação de uma falta de qualidade do falido"[382]. SOUSA DE MACEDO, também à luz do direito pretérito, preferia falar de ilegitimidade (em vez de indisponibilidade), por se tratar de uma figura jurídica mais ampla e por "destacar a especial incidência sobre a pessoa do devedor, mais que sobre determinadas relações jurídicas e formas de negócios"[383].

Finalmente, a *teoria da indisponibilidade* é partilhada pela grande maioria de autores[384]. Trata-se de uma indisponibilidade[385], em virtude da falta de poder

Direito Comercial (vol. I), AAFDL, Lisboa, 1987, p. 168; PINTO, Carlos Alberto da Mota, *Teoria Geral do Direito Civil* (3ª edição atualizada), Coimbra Editora, Coimbra, 1990, pp. 220-221, 250.

[380] Cfr. ASCENSÃO, José de Oliveira, *Direito Comercial – vol. I (Parte Geral)*, Lisboa, 1986/87, pp. 202-203.

[381] Para MANUEL DE ANDRADE (citando CARNELUTTI), enquanto a capacidade "depende duma qualidade em si, isto é, de um modo de ser do sujeito em si (...), a legitimação resulta duma posição, isto é, dum modo de ser para com os outros": cfr. *Teoria Geral da Relação Jurídica* (vol. II, 1ª edição, 4ª reimpressão), Coimbra, 1974, p. 118.

[382] Cfr. *Teoria Geral do Direito Civil* (3ª edição atualizada), Coimbra Editora, Coimbra, 1990, p. 251.

[383] Cfr. *Manual de Direito das Falências* (vol. II), Livraria Almedina, Coimbra, 1968, p. 76.

[384] Cfr. CORREIA, António Ferrer, *Lições de Direito Comercial* (vol. I, com a colaboração de Manuel Henrique Mesquita e António A. Caeiro), Coimbra, 1973, pp. 174 e ss; ANDRADE, Manuel A. D., *Teoria Geral da Relação Jurídica* (vol. II, 1ª edição, 4ª reimpressão), Coimbra, 1974, p. 116; ALMEIDA, António Pereira, *Direito Comercial* (Lições Policopiadas), AAFDL, Lisboa, 1976/77,

para atuar sobre determinado bem, ou porque ele pertence a outrem ou porque se encontra afetado a determinado fim, gerando, em consequência, a ineficácia do ato em relação aos bens atingidos (e não a sua invalidade). MANUEL DE ANDRADE, citando ENNECCERUS-NIPPERDEY, define *disponibilidade* como "uma relação em confronto com o direito sobre que versa a disposição"[386]: ora, o insolvente preenche negativamente estes requisitos, pois não pode praticar atos de administração e de disposição em relação à massa insolvente[387], não porque para tal careça de aptidão (uma vez que pode praticar esses atos em relação aos seus bens excluídos da massa insolvente, assim como em relação aos bens de terceiro), mas porque os bens em apreço se encontram afetos a determinado fim. Para além disso, se o insolvente violar a proibição legal, os seus atos serão ineficazes em relação à massa insolvente[388]. Para OLIVEIRA ASCENSÃO, a situação do insolvente enquadra-se melhor na figura da indisponibilidade (e não na figura da ilegitimidade), pois a primeira identifica melhor a causa da ilegitimidade[389], destacando "o estatuto de uma massa de bens que continua na titularidade do falido"[390].

p. 598; OLAVO, Fernando, *Direito Comercial* (vol. I, 2ª edição, 2ª reimpressão), Coimbra Editora, Coimbra, 1978, pp. 176-177; ASCENSÃO, José de Oliveira, *Efeitos da Falência sobre a Pessoa e Negócios do Falido, in:* "Revista da Ordem dos Advogados", Ano 55, Dez. 1995, pp. 648; CORREIA, Miguel J. A. Pupo, *Direito Comercial* (4ª edição, revista e aumentada), Lisboa, 1996, p. 121; ABREU, J. M. Coutinho, *Curso de Direito Comercial* (vol. I, 7ª edição), Almedina, Coimbra, 2009, p. 123.

385 Trata-se, mais concretamente, de uma indisponibilidade relativa: *vide*, por todos, ASCENSÃO, José de Oliveira, *Efeitos da Falência sobre a Pessoa e Negócios do Falido, in:* "Revista da Ordem dos Advogados", Ano 55, Dez. 1995, p. 648.

386 Cfr. *Teoria Geral da Relação Jurídica* (vol. II, 1ª edição, 4ª reimpressão), Coimbra, 1974, p. 117. Para o Autor, trata-se de uma indisponibilidade relativa, uma vez que é retirado ao falido o poder de disposição dos bens que integram a massa falida, mas apenas de modo relativo, ou seja, o falido fica impedido de dispor dos bens "com um efeito tal que daí advenha qualquer prejuízo para a massa falida" (cfr. op. cit. p. 116).

387 O conceito de indisponibilidade deve ser entendido em sentido amplo de forma a abranger a proibição de prática de atos de administração: neste sentido, por todos, ASCENSÃO, José de Oliveira, *Direito Civil – Teoria Geral* (vol. I), Coimbra Editora, Coimbra, 1997, p. 187.

388 Cfr. OLAVO, Fernando, *Direito Comercial* (vol. I, 2ª edição, 2ª reimpressão), Coimbra Editora, Coimbra, 1978, pp. 176-177.

389 *Vide* também no sentido de que a ilegitimidade constitui um conceito mais amplo do que a indisponibilidade ("é válido para além dos actos de disposição"), MACEDO, Pedro de Sousa, *Manual de Direito das Falências* (vol. II), Livraria Almedina, Coimbra, 1968, p. 74.

390 Cfr. *Efeitos da Falência sobre a Pessoa e Negócios do Falido, in:* "Revista da Ordem dos Advogados", Ano 55, Dez. 1995, p. 74.

Em nosso entender, a posição que se enquadra melhor no regime jurídico a que se encontra sujeito o insolvente consiste na tese da *indisponibilidade relativa*. De facto, a perda pelo insolvente do poder de disposição e de administração dos bens integrantes da massa insolvente encontra a sua *razão de ser* no "estatuto de uma massa de bens"[391] adstrita à satisfação dos credores. Ou seja, não se trata de um problema geral de ilegitimidade do insolvente para dispor de determinados bens (porque não se atende à "especial incidência sobre a pessoa do devedor"), mas sim de uma questão concreta de indisponibilidade de determinados bens, "de determinadas relações jurídicas e formas de negócios"[392]. Em suma, o legislador pretendeu salvaguardar a massa insolvente de uma "eficácia negativa" dos atos praticados pelo insolvente, deixando a porta aberta para uma "eficácia positiva" (mediante a "reversão para a massa dos bens adquiridos" pelo insolvente depois da declaração de insolvência)[393].

1.3. Efeitos sobre os órgãos sociais do devedor

Os órgãos sociais do devedor permanecem em funcionamento depois da declaração de insolvência (art. 82º, nº 1). Porém, os seus titulares não serão remunerados, exceto na hipótese de a administração da massa insolvente ser atribuída ao devedor (art. 227º).

Perante este cenário, a lei consagrou expressamente a possibilidade de os titulares dos órgãos sociais renunciarem aos cargos "logo que procedam ao depósito de contas anuais com referência à data de decisão de liquidação em processo de insolvência" (art. 82º, nº 2)[394].

2. Efeitos eventuais

Os efeitos eventuais da declaração de insolvência sobre o insolvente e outras pessoas dizem respeito aos efeitos quanto ao insolvente e outras pessoas que se destinam a proteger o comércio jurídico em geral da atuação de pessoas

[391] Cfr. ASCENSÃO, José de Oliveira, *Direito Civil – Teoria Geral* (vol. I), Coimbra Editora, Coimbra, 1997, p. 188.

[392] Quanto a estes conceitos, veja-se MACEDO, Pedro de Sousa, *Manual de Direito das Falências* (vol. II), Livraria Almedina, Coimbra, 1968, p. 76.

[393] Veja-se ASCENSÃO, José de Oliveira, *Efeitos da Falência sobre a Pessoa e Negócios do Falido*, *in:* "Revista da Ordem dos Advogados", Ano 55, Dez. 1995, p. 684.

[394] A Lei nº 16/2012, de 20 de abril alterou este artigo, fazendo depender a renúncia do prévio depósito de contas anuais.

que já deram provas da sua incapacidade para agir livremente nesse domínio, ou que visam até puni-las (veja-se a inibição para a administração de patrimónios de terceiros, veja-se a inibição para o exercício do comércio, vejam-se os efeitos jurídico-penais) ou que penalizam patrimonialmente o insolvente e outras pessoas (é o caso da obrigação de indemnizar os credores do devedor insolvente, é o caso da perda de quaisquer créditos sobre a insolvência ou sobre a massa insolvente detidos pelas pessoas afetadas pela qualificação da insolvência como culposa e da condenação destas pessoas na restituição do que houverem já recebido em pagamento desses créditos), ou ainda que, excecionalmente, protegem patrimonialmente o insolvente e/ou os seus trabalhadores (trata-se da hipótese do direito a alimentos).

2.1. Direito a alimentos

No seio do processo de insolvência, não surgem apenas restrições para o insolvente, sendo também expressamente consagrado no art. 84º um direito a alimentos ao insolvente[395] e também aos trabalhadores do insolvente que sejam titulares de créditos sobre a insolvência emergentes do contrato de trabalho, ou da sua violação ou cessação[396].

[395] No direito falimentar anterior, também os administradores do falido eram titulares deste direito a alimentos (cfr. art. 150º do CPEREF). O art. 84º do CIRE retirou (e bem, em nosso entender) os administradores do seu âmbito de aplicação. A este propósito, no nosso *Efeitos Substantivos da Falência*, PUC, Porto, 2000, p. 94, realçámos a aparente *incompreensibilidade da atribuição dos alimentos aos administradores*, no caso de o falido ser uma pessoa coletiva ou uma sociedade: de facto, o preceito em causa destina-se a evitar a apreensão, para posterior pagamento rateado dos credores, de determinados bens atuais e futuros do falido; ora, relativamente aos administradores, a lei não vinha introduzir qualquer atenuante a nenhum tipo de consequência suficientemente gravosa para justificar a sua atribuição (para nós, a proibição de exercício do comércio não era suficiente, pois podia ser afastada), visto que os administradores conservavam o poder de administração e de disposição dos seus bens atuais e futuros, não correndo, por isso, qualquer risco de, por esse facto, caírem numa situação de indigência. Contra a eliminação dos administradores do âmbito de aplicação do direito a alimentos, defendendo mesmo a inconstitucionalidade da solução legal contida no CIRE, veja-se LEITÃO, Luís M. T. de Menezes, *Direito da Insolvência*, 8ª edição, Almedina, Coimbra, 2018, p. 175.

[396] A extensão do direito a alimentos aos trabalhadores teve origem no D.L. nº 315/98, de 20 de outubro, o qual alterou o CPEREF.

A concessão de alimentos ao insolvente e aos trabalhadores resulta de *decisão do administrador da insolvência*[397], com o acordo da comissão de credores ou da assembleia de credores, se aquela não existir (art. 84º, nº 1), e depende do impulso do respetivo titular ou da sua família (através da sub-rogação do insolvente ou dos trabalhadores, pois a atribuição do subsídio repercute-se sobre o património do insolvente)[398].

A atribuição do direito a alimentos depende, desde logo, e em primeiro lugar, da *carência absoluta de meios de subsistência*: isto é, no caso do insolvente, exige-se que os bens excluídos do âmbito do processo de insolvência (por serem impenhoráveis) não sejam suficientes para assegurar a subsistência do insolvente e da sua família e, por outro lado, que o insolvente e os trabalhadores não os possam obter através de outras pessoas que, perante eles, a tal possam encontrar-se obrigadas[399]. Depois, e em segundo lugar, depende da *impossibilidade de angariação dos mesmos pelo trabalho*[400], mais precisamente, do grau de responsabilidade do insolvente ou dos trabalhadores sobre a impossibilidade de angariação de meios de subsistência através do trabalho[401]. Em terceiro lugar, e uma vez que a atribuição de alimentos é feita à custa dos rendimentos da massa insolvente, a concessão do subsídio depende de uma

[397] A atribuição ao administrador da insolvência no art. 84º do CIRE da competência quer de concessão do subsídio, quer de cessação coloca desde logo a questão da possibilidade de reação à decisão do administrador da insolvência (seja pelos credores, seja pelo próprio devedor ou pelos trabalhadores). A única forma defensável de impugnar tal decisão parece consistir na reclamação da decisão para o juiz (nos termos gerais do art. 58º do CIRE, enquanto fiscalizador da atividade do administrador) e eventual destituição pelo juiz com fundamento em justa causa (art. 56º do CIRE) – a este propósito, veja-se SERRA, Catarina, *As Novas Tendências do Direito Português da Insolvência – Comentário ao Regime dos Efeitos da Insolvência sobre o Devedor no Projecto do Código da Insolvência, in*: "Separata dos Estudos em Comemoração do 10º Aniversário da Licenciatura em Direito da Universidade do Minho", Universidade do Minho/Almedina, 2004, p. 217.

[398] *Vide* FERRA, Giampaolo/GUGLIEMUCCI, Lino, *Effetti del Fallimento per il Fallito,* Zanichelli Editore, Bologna, 1986, pp. 156-158.

[399] Cfr. FERRA, Giampaolo/GUGLIEMUCCI, Lino, *Effetti del Fallimento per il Fallito,* Zanichelli Editore, Bologna, 1986, p. 150.

[400] Veja-se solução semelhante no art. 2004º, nº 2, do CCivil.

[401] Para alguns autores, o subsídio deverá, em consequência, ser atribuído por um período de tempo razoável que permita ao insolvente encontrar um emprego: *vide* FERRA, Giampaolo/GUGLIEMUCCI, Lino, *Effetti del Fallimento per il Fallito,* Zanichelli Editore, Bologna, 1986, p. 151.

ponderação, pelo administrador da insolvência, de *dois interesses conflituantes*[402]: a subsistência do insolvente à custa dos bens da massa insolvente, por um lado, e, por outro lado, a finalidade primária do processo insolvencial que consiste no pagamento aos credores, à custa desses mesmos bens[403]. Em quarto lugar, alguns autores têm defendido que a conduta do insolvente deve nortear a decisão do administrador[404]: isto significa que se pode verificar a hipótese de o insolvente carecer de meios de subsistência, mas o seu *comportamento* ser de tal modo grave face à declaração de insolvência que se revele imerecedor dessa atribuição (por exemplo, no caso de insolvência culposa)[405]. Por último, e apenas para a hipótese dos *trabalhadores* do insolvente, a lei exige ainda que estes sejam titulares de créditos sobre a insolvência emergentes de contrato de trabalho, ou da sua violação, ou da sua cessação.

Em nosso entender, porque a lei insolvencial não contém qualquer definição do conceito *"alimentos"* para efeitos do art. 84º, nº 1, devemos recorrer à noção contida no art. 2003º CCivil – apesar de esta ser diretamente aplicável

402 A propósito de ponderação paralela, veja-se o art. 2004º, nº 1, do CCivil.

403 Como critério norteador da opção a cargo do administrador da insolvência, a *doutrina italiana* tem dado preferência aos credores na hipótese em que os bens da massa insolvente são tão escassos que a proteção do insolvente representaria um encargo insuportável para os mesmos: cfr. FERRA, Giampaolo/GUGLIEMUCCI, Lino, *Effetti del Fallimento per il Fallito*, Zanichelli Editore, Bologna, 1986, pp. 150-151. E, assim, o reconhecimento pelo administrador da insolvência do direito a alimentos depende da ponderação dos interesses do insolvente e dos interesses da massa insolvente (*maxime* dos credores), que deve ser norteada por uma tendência restritiva dos direitos do primeiro (no sentido de que estes devem ser determinados pelo estritamente necessário e adequado para a sua prossecução) e pelo grau de imputabilidade do insolvente ou dos administradores na situação de carência de meios de subsistência: cfr., neste sentido, ALBERTI, Alberto Maffei, *Commentario Breve Alla Legge Fallimentare*, Cedam, Padova, 1991, p. 47, nota 3.

404 Veja-se, quanto a ponderação paralela, o art. 2013º, nº 1, al. c), do CCivil.

405 Este raciocínio encontra apoio no facto de a lei admitir que, uma vez concedido, o subsídio possa ser retirado ao insolvente, se para tal existir "justo motivo" (art. 84º, nº 2). Não obstante a *lei italiana* não fazer qualquer referência ao mérito do insolvente como critério aferidor da legitimidade para receber os alimentos, alguns autores têm defendido igualmente a sua aplicação: cfr., neste sentido, FERRA, Giampaolo/GUGLIEMUCCI, Lino, *Effetti del Fallimento per il Fallito*, Zanichelli Editore, Bologna, 1986, p. 151 e, contra, PAJARDI, Piero, *Manuale di Diritto Fallimentare* (quarta edizione), Giuffrè Editore, Milano, 1993, p. 309; MAGGIORE, Giuseppe Ragusa, *Istituzioni di Diritto Fallimentare*, Cedam, Milano, 1994, p. 150.

apenas às relações jurídicas familiares (de casamento, filiação e adoção)[406], a lei permite a sua aplicação, sempre que possível, a outros casos de obrigação alimentar imposta por lei (art. 2014º, nº 2, do CCivil): assim, as necessidades protegidas pela lei abrangem as quantias indispensáveis para a satisfação das necessidades do insolvente e dos trabalhadores[407], relativas à habitação,

[406] *Vide* LIMA, Pires/VARELA, Antunes, *Código Civil Anotado* (vol. V), Coimbra Editora, Coimbra, 1995, p. 574, nota 3.

[407] A medida dos alimentos deve ter em atenção não só as necessidades do insolvente e dos trabalhadores, mas também do seu agregado familiar. Mas, o que se deve entender por agregado familiar para este efeito? Devemos entender que nele estão abrangidos não só o cônjuge, mas também os filhos e, eventualmente, os pais e os irmãos, titulares de um direito a exigir alimentos perante o insolvente e os trabalhadores? Entre nós, por força do art. 93º (considerado inconstitucional por MENEZES LEITÃO, porque violador do art. 67º da CRP – *Direito da Insolvência*, 8ª edição, Almedina, Coimbra, 2018, pp. 175 e 176), o direito a exigir alimentos do insolvente respeitante a período posterior à declaração de insolvência, só pode ser exercido contra a massa se mais nenhuma das pessoas elencadas no art. 2009º do CCivil estiver em condições de os prestar. À luz do direito falencial anterior (mais concretamente, do revogado art. 1195º do CPCivil de 1961), SOUSA MACEDO, não obstante a referência legal exclusiva ao falido, defendia a atendibilidade das carências da sua família, a qual merece maior proteção do que aquele nos casos de fuga do titular da empresa, ou dos titulares do seu órgão de gestão, ou no caso de abandono da família. E, a partir desta extensão da solução legal, o autor questionava a possibilidade de concessão de um subsídio a todas as pessoas que, antes da declaração da falência, já eram titulares de um direito a alimentos perante o próprio falido, concluindo, no entanto, pela negativa: ou seja, pelo reconhecimento de que estes sujeitos ocupam a posição de meros credores comuns perante a massa falida (cfr. *Manual de Direito das Falências*, Livraria Almedina, Coimbra, 1968 (vol. II), pp. 58-60). Solução contrária tem sido propugnada pela *doutrina* e pela *jurisprudência italianas* maioritárias, que reconhecem aos titulares do direito a alimentos perante o falido (como, por exemplo, o cônjuge divorciado) legitimidade para *continuar a receber os alimentos* à custa das forças da massa falida: cfr., neste sentido, ALBERTI, Alberto Maffei, *Commentario Breve Alla Legge Fallimentare,* Cedam, Padova, 1991, pp. 47-48, nota 7; PAJARDI, Piero, *Codice del Fallimento,* 4ª edizione, Giuffrè Editore, Milano, 2001, p. 345, nota 2. A *jurisprudência italiana* tem interpretado restritivamente esta expressão como "o conjunto de pessoas ligadas ao falido através de um vínculo de sangue ou de afinidade, que vivem estavelmente sob o seu teto e cujo sustento ele garantia antes da declaração de falência": decisão do Tribunale Milano, de 23 março 1953, *apud* FERRA, Giampaolo/GUGLIEMUCCI, Lino, *Effetti del Fallimento per il Fallito,* Zanichelli Editore, Bologna, 1986, p. 153. No entanto, estes autores criticam a posição da jurisprudência por se apresentar excessivamente abrangente: não só porque protege os titulares de direito a alimentos perante o falido numa hipótese em que, à luz das regras gerais da obrigação de alimentos, já não teriam direito a essas quantias – pois o devedor encontra-se impossibilitado de as pagar (*vide*, no *direito português*, os arts. 2004º e 2013º, nº 1, al. b) CCivil) –, mas também porque o subsídio é atribuído à custa da massa falida. No *direito alemão* (§100 InsO), deve-se ter em conta igualmente as necessidades do agregado familiar.

alimentação, assistência médica e educação dos filhos (no caso de estes serem menores)[408]. Em consequência da alteração introduzida pela Lei nº 16/2012, de 20 de abril, que acrescentou o n.º 4, "Estando o insolvente obrigado a prestar alimentos a terceiros nos termos do disposto no art. 93.º, deve o administrador da insolvência ter esse facto em conta na fixação do subsídio a que se refere o n.º 1"[409]. De acordo com o art. 93.º, o direito a exigir alimentos do insolvente pode ser exercido diretamente contra a massa, desde que nenhuma das pessoas referidas no art. 2009.º do CCivil esteja em condições de

[408] SOUSA MACEDO parece apresentar uma interpretação mais restritiva da expressão "direito a alimentos", falando apenas da satisfação das necessidades de habitação, sustento e assistência médica: cfr. *Manual de Direito das Falências*, Livraria Almedina, Coimbra, 1968 (vol. II), p. 60. Pensamos que, neste caso, devemos adotar uma posição intermédia, nem demasiado restritiva (para proteger o insolvente e os trabalhadores), nem demasiado abrangente (para que os interesses da massa insolvente não sejam postergados de forma exagerada) e que, por outro lado, não vai para além das coordenadas apontadas no Código Civil. Em consequência, estão excluídas, por exemplo, as necessidades relativas à diversão (como as despesas relativas a idas ao cinema, teatro, à compra de jornais), ao repouso (férias, fins de semana). Cfr., quanto a esta última questão, LIMA, Pires/VARELA, Antunes, *Código Civil Anotado* (vol. V), Coimbra Editora, Coimbra, 1995, p. 577, nota 6. No *direito italiano*, as exigências tuteladas pela lei são, para alguns autores (entre outros, FERRA, Giampaolo/GUGLIEMUCCI, Lino, *Effetti del Fallimento per il Fallito*, Zanichelli Editore, Bologna, 1986, pp. 154-155; MAGGIORE, Giuseppe Ragusa, *Istituzioni di Diritto Fallimentare*, Cedam, Milano, 1994, p. 150) as necessidades materiais básicas que asseguram a subsistência do falido e do seu agregado familiar, tais como as despesas com alimentação, com habitação (excluindo-se despesas com deslocações feitas pelo falido, despesas com o advogado – neste caso, estas despesas não estão abrangidas, pois estas necessidades podem ser supridas através do recurso ao apoio judiciário –, entre outras), e, para outros autores, abrangem também, por exemplo, as despesas de saúde, as intervenções cirúrgicas, etc.: *vide*, quanto a esta problemática, PAJARDI, Piero, *Codice del Fallimento*, Giuffrè Editore, Milano, 1997, p. 288, nota 2.

[409] A epígrafe do artigo "Alimentos ao insolvente, aos trabalhadores e a outros credores de alimentos do insolvente", alterada pela Lei nº 16/2012, de 20 de abril, suscita inúmeras questões: desde logo, dá a entender que os alimentos serão atribuídos a credores de alimentos do insolvente, quando do texto do n.º 4 parece resultar que essa obrigação será tida em conta no montante do subsídio a atribuir ao próprio insolvente, não resultando da letra da lei qualquer direito insolvencial a alimentos; depois, a expressão "outros credores" dá a entender que os trabalhadores também são credores de alimentos do insolvente. A solução contida neste preceito também causa alguma perplexidade, pois é dificilmente compatível com a disciplina do art. 93.º, parecendo que as necessidades dos titulares de um direito a exigir alimentos ao insolvente são acauteladas por duas vias em simultâneo: por um lado, através da possibilidade de exercerem esse direito contra a massa insolvente, nos termos do art. 93.º, por outro lado, através da possibilidade de também exercerem diretamente esse direito contra o insolvente (n.º 4 do art. 84.º)?

os prestar, e apenas pelo valor concretamente fixado pelo juiz no processo de insolvência[410].

Por outro lado, o art. 84º também não contém qualquer critério para a determinação do *valor* do subsídio[411]. Em consequência, a medida dos alimentos será fixada "livremente" pelo administrador da insolvência[412], de acordo com o *estritamente necessário* para a satisfação das necessidades básicas do insolvente e do seu agregado familiar e sob a regência do princípio insuperável *nemo alitur in praeterito* (ou seja, a obtenção deste subsídio não pode constituir uma forma de o insolvente pagar as despesas realizadas no passado, visto que estas se encontram sujeitas ao processo de insolvência)[413] – no entanto, no caso particular dos alimentos aos trabalhadores (art. 84º, nº 3), a expressão legal "mas, a final, deduzir-se-ão os subsídios ao valor desses créditos" parece estabelecer um limite máximo para este subsídio. Por último, afigura-se-nos possível a atribuição do subsídio não só na forma de uma renda, mas também de uma só vez (*una tantum*) – mesmo para a satisfação de necessidades reiteradas, uma vez que tal modalidade apresenta a vantagem de permitir determinar o alcance do subsídio sobre a massa insolvente (embora não afaste a hipótese de o subsídio vir a ser concedido novamente no futuro, quando necessário)[414].

A atribuição do subsídio a título de alimentos pode *cessar* em qualquer fase do processo, por decisão do administrador da insolvência, se para tal houver justo motivo (art. 84º, nº 2)[415]. Por *justo motivo* pode entender-se a alteração da conjuntura fáctica existente à data da concessão do subsídio: por exemplo,

[410] Em consequência da alteração introduzida pela Lei nº 16/2012, de 20 de abril, o juiz, que podia autorizar ou não o exercício deste direito contra a massa, passou a estar vinculado a essa decisão, restando-lhe apenas o poder de fixar o respetivo montante.

[411] À semelhança do CPEREF e contrariamente ao regime que o antecedeu, o qual, no art. 1195º do CPCivil de 1961, fazia referência a um "subsídio módico".

[412] Veja-se, no *direito italiano* e também neste sentido, PAJARDI, Piero, *Manuale di Diritto Fallimentare* (quarta edizione), Giuffrè Editore, Milano, 1993, p. 309; MAGGIORE, Giuseppe Ragusa, *Istituzioni di Diritto Fallimentare*, Cedam, Milano, 1994, p. 150.

[413] Cfr. FERRA, Giampaolo/GUGLIEMUCCI, Lino, *Effetti del Fallimento per il Fallito*, Zanichelli Editore, Bologna, 1986, p. 155.

[414] Contrariamente ao disposto no art. 2005º, nº 1, do CCivil, segundo o qual os alimentos devem ser fixados em prestações pecuniárias mensais, e só excecionalmente poderão ser prestados de outra forma.

[415] No CPEREF, no seu art. 150º, nº 3, a decisão de cessação da atribuição de alimentos era da competência do juiz, mediante sugestão do liquidatário ou a requerimento de qualquer credor.

a cessação da carência de meios de subsistência, quando estes possam ser obtidos através do trabalho, a conduta do insolvente que prejudique a massa insolvente ou o normal andamento do processo, etc.[416].

Realce-se, por fim, que a atribuição dos alimentos insere-se na tendência do moderno direito insolvencial de proteção do insolvente e dos trabalhadores, em determinadas circunstâncias, por forma a conferir um caráter *mais humanitário* à declaração de insolvência (impedindo-se, em consequência, que os mesmos sejam deixados na miséria)[417]. Assim, para além de consagrar a impenhorabilidade de certos bens indispensáveis à sobrevivência do insolvente (arts. 736º a 738º do CPCivil), o legislador reconhece igualmente (sem equivalente nas regras do processo executivo individual) ao insolvente e aos trabalhadores do insolvente (que sejam titulares de créditos sobre a massa insolvente) o direito[418] a um subsídio alimentar, mediante o correspondente sacrifício da finalidade primária do processo insolvencial (que assenta na satisfação dos créditos insolvenciais e na consequente adstrição dos bens integrantes da massa insolvente ao pagamento dos credores)[419].

[416] Cfr., por todos, FERNANDES, Luís A. Carvalho/LABAREDA, João, *Código da Insolvência e da Recuperação de Empresas Anotado*, Quid Juris Editora, Lisboa, 2008, pp. 424, nota 8.

[417] *Vide* MACEDO, Pedro de Sousa, *Manual de Direito das Falências*, Livraria Almedina, Coimbra, 1968 (vol. II), p. 58 e, no *direito italiano*, PAJARDI, Piero, *Codice del Fallimento*, Giuffrè Editore, Milano, 1997, p. 287, nota 2.

[418] No sentido de que se trata de um verdadeiro direito, veja-se, entre nós, LEITÃO, Luís M. T. de Menezes, *Direito da Insolvência*, 8ª edição, Almedina, Coimbra, 2018, p. 175; DUARTE, Rui Pinto, *Efeitos da Declaração de Insolvência quanto à Pessoa do Devedor, in:* "Themis – Revista da Faculdade de Direito da UNL, Edição Especial – *Novo Direito da Insolvência*", 2005, p. 148. No *direito italiano*, é reconhecido ao falido e à sua família o direito a alimentos (art. 47 *l. fal.*); no entanto, para a *doutrina italiana* maioritária, a subsunção na categoria dos direitos não se afigura muito correta, uma vez que a respetiva atribuição depende do exercício pelo juiz de um poder discricionário: *vide* FERRA, Giampaolo/GUGLIEMUCCI, Lino, *Effetti del Fallimento per il Fallito*, Zanichelli Editore, Bologna, 1986, p. 148; PAJARDI, Piero, *Codice del Fallimento*, 4ª edizione, Giuffrè Editore, Milano, 2001, pp. 344-345, nota 2. O *direito espanhol* também revela este pendor protecionista do insolvente, nos arts. 47 e 145 da Ley 22/2003, de 9 de Julio, Concursal – cfr., a este propósito, MAIRATA LAVIÑA, Jaime, *Los Efectos del Concurso en la Ley Concursal, in:* GARCIA VILLAVERDE, R. /ALONSO UREBA, A. /PULGAR EZQUERRA, J., *Derecho Concursal – Estudio Sistemático de la Ley 22/2003 y de la Ley 8/2003, para la Reforma Concursal*, Dilex, Madrid, 2003, pp. 323-324.

[419] Cfr. FERRA, Giampaolo/GUGLIEMUCCI, Lino, *Effetti del Fallimento per il Fallito*, Zanichelli Editore, Bologna, 1986, p. 148.

2.2. Efeitos jurídico-penais[420]

Os crimes insolvenciais resultam da atribuição de relevância jurídico-penal à ofensa ao *bem jurídico* "património dos credores"[421]. A este propósito, PEDRO CAEIRO afirma que "via de regra o direito penal não incrimina o simples incumprimento contratual, o qual deve encontrar remédio nos meios processuais civis"[422], por força dos princípios da necessidade e da subsidiariedade do direito penal e, correlativamente, do princípio de que "só o património pode ser objecto de execução"[423]. Em consequência, a tutela penal só deve ser desencadeada quando as soluções de direito civil se revelam insuficientes para obviar ao referido incumprimento, ou seja, quando o devedor "se coloca numa situação em que o seu activo já não é suficiente para prover ao passivo, *violando o dever de manter um volume patrimonial suficiente para a completa satisfação dos credores*"[424].

Os crimes insolvenciais têm sido qualificados como crimes específicos, pois "o tipo legal pressupõe como agente deste crime o devedor cuja insolvência vem a ser reconhecida judicialmente. Em causa não está qualquer devedor, mas o *devedor declarado insolvente*"[425].

[420] O CIRE contém algumas normas de natureza processual penal, como os arts. 36.º, n.º 1, al. h), 297.º-300.º

[421] No *direito italiano*, a doutrina maioritária defende que os crimes falenciais se destinam à proteção dos interesses patrimoniais dos credores; no entanto, alguns autores têm afirmado que aqueles se encontram mais relacionados com o interesse social inerente ao correto funcionamento das relações económicas, enquanto outros defendem a natureza mista deste tipo legal de crime. *Vide*, quanto a esta polémica, PAJARDI, Piero, *Codice del Fallimento*, Giuffrè Editore, Milano, 1997, pp. 1308-1309, notas 1 e 2.

[422] Cfr. *Sobre a Natureza dos Crimes Falenciais*, Coimbra Editora, Coimbra, 1996, pp. 191 e 231. A tutela penal que os cheques sem provisão merecem também se enquadra nos casos excecionais em que é a pessoa, e não apenas o seu património, que responde pelas dívidas (*vide* art. 11º do D.L. nº 454/91, de 28 de dezembro – regime jurídico do cheque sem provisão).

[423] Cfr. CARDOSO, Eurico Lopes, *Manual da Acção Executiva* (3ª edição, reimpressão), Almedina, Coimbra, 1992, p. 287.

[424] Cfr. CAEIRO, Pedro, *Sobre a Natureza dos Crimes Falenciais*, Coimbra Editora, Coimbra, 1996, pp. 231-232. Assim, uma das particularidades do processo executivo concursal (face ao processo executivo singular) reside na tutela penal que os bens por ele protegidos merecem: *vide*, no *direito italiano*, as considerações expendidas por PAJARDI, Piero, *Codice del Fallimento*, Giuffrè Editore, Milano, 1997, p. 1307, nota 1.

[425] SOUSA, Susana Aires, *Os Crimes Insolvenciais*, *in*: "Revista de Direito da Insolvência", n.º 0, Almedina, Coimbra, 2016, pp. 49. Veja-se, também, BRANCO, José Manuel, *Responsabilidade*

2.2.1. O crime de insolvência dolosa

O primeiro efeito jurídico-penal encontra-se previsto no art. 227º do CPenal, que regula o crime de insolvência dolosa: trata-se de um tipo legal de crime aplicável às hipóteses em que o devedor, visando intencionalmente prejudicar os credores, pratica um dos factos elencados nas várias alíneas do nº 1.

Quanto ao respetivo *âmbito de aplicação* – atenta a circunstância de, por um lado, o preceito em apreço se referir exclusivamente ao devedor, e, por outro, o art. 11º do CPenal apenas prever a responsabilidade penal das pessoas humanas –, pode suscitar-se a questão de saber qual o regime aplicável à hipótese de o devedor ser uma pessoa coletiva[426]. Julgamos poder encontrar a resposta a esta questão no art. 12º do CPenal ("actuação em nome de outrem"), de acordo com o qual a declaração de insolvência de uma pessoa moral é suficiente para desencadear a responsabilidade criminal de todos os titulares dos respetivos órgãos sociais, ou seja, de todos aqueles sujeitos que, apesar de não apresentarem as qualidades jurídicas previstas pela lei para o preenchimento do tipo, são responsáveis pelos factos legalmente tipificados em consequência dos atos praticados no exercício das suas funções[427] – como, por exemplo, os diretores, gerentes, ou administradores das sociedades comerciais[428].

Patrimonial e Insolvência Culposa – da falência punitiva à insolvência reconstitutiva, Almedina, Coimbra, 2015, p. 55.

[426] Pode ainda colocar-se a questão de saber o que acontece quando devedor e insolvente são entidades distintas, como acontece no caso do Estabelecimento Individual de Responsabilidade Limitada. Nesta hipótese, e por força da característica separação patrimonial, não obstante o titular do EIRL ser o devedor (pois o EIRL não tem personalidade jurídica), não é declarado insolvente, nem o poderá ser caso haja observado as regras da separação patrimonial (art. 11º, nº 1, do D.L. nº 248/86, de 25 de agosto). Apesar desta dissociação entre a qualidade de devedor e a qualidade de insolvente, entendemos que o titular do EIRL (que não é declarado insolvente) poderá preencher este tipo legal de crime insolvencial: cfr., neste sentido, CAEIRO, Pedro, *Sobre a Natureza dos Crimes Falenciais*, Coimbra Editora, Coimbra, 1996, pp. 185-189.

[427] Quanto à necessidade (pouco pacífica) de os atos serem praticados no exercício das suas funções, *vide* CAEIRO, Pedro, *Sobre a Natureza dos Crimes Falenciais*, Coimbra Editora, Coimbra, 1996, p. 180, mais concretamente as notas 415 e 416; SOUSA, Susana Aires, *Os Crimes Insolvenciais*, *in*: "Revista de Direito da Insolvência", n.º 0, Almedina, Coimbra, 2016, p. 80.

[428] Esta posição tem merecido subscrição jurisprudencial e doutrinal. Assim, cfr. Ac. STJ, de 22-09-1993, publicado na "Colectânea de Jurisprudência", – Acórdãos do STJ, Ano I, tomo III, 1993, pp. 210-214; *vide* ainda o Ac. Rel. Co., de 24-03-1993, publicado na "Colectânea de Jurisprudência", ano XVIII, 1993, tomo II, pp. 60-61, que defende também a aplicação direta do preceito em causa aos sócios gerentes (isto porque, no caso de o falido ser uma pessoa coletiva, são os seus representantes que praticam, em nome do devedor – e não em nome próprio –,

Para além disso, por força do art. 227º, nº 3, do CPenal, e sem prejuízo do disposto no art. 12º, é punível nos termos dos nº 1 e 2 do art. 227º, na hipótese de o devedor ser pessoa coletiva, sociedade ou mera associação de facto, quem tiver exercido de facto a respetiva gestão ou direção efetiva e houver praticado algum dos factos previstos no nº 1 do citado preceito[429].

Ainda quanto ao seu âmbito subjetivo de aplicação, a referência da letra da lei à pessoa do devedor – justificada pela própria natureza dos crimes insolvenciais como crimes específicos puros, uma vez que só podem ser praticados pelo devedor[430] – parece querer significar que apenas este (além das pessoas acima referidas) poderá preencher o tipo legal de crime em apreço. A verdade é que o nº 2 vem introduzir uma exceção a esta regra ao punir, como autor imediato, o *terceiro* que pratica algum dos factos descritos no nº 1[431], com o conhecimento do devedor ou em seu benefício. Terceiro, para estes efeitos, é todo aquele que é estranho à organização empresarial do devedor, não desempenhando aí as funções de sócio, de gerente ou administrador, de titular de qualquer outro órgão social, de trabalhador ou funcionário[432].

os atos conducentes à declaração de falência, observando-se, por isso, o preceituado no art. 11º CPenal, que consagra o caráter pessoal da responsabilidade criminal); veja-se finalmente, em sentido coincidente, o Ac. Rel. Co., de 6-02-1997, publicado na "Actualidade Jurídica" ano I, nº 2, p. 7. No setor doutrinal, pode confrontar-se PEDRO CAEIRO (*Sobre a Natureza dos Crimes Falenciais*, Coimbra Editora, Coimbra, 1996, p. 179), que também considera que a qualidade de "devedor" relativa à pessoa coletiva se repercutirá nos respetivos gerentes, administradores, etc.

429 Esta solução consagrada no nº 5 do art. 227º do CPenal, e que acompanha já a linha de orientação introduzida pelo CPEREF quanto à relevância jurídica dos administradores de facto (e que também está presente no CIRE, designadamente no seu art. 186º, nº 1), resultou da Lei nº 65/98, de 2 de setembro, que alterou os arts. 227º-229º do Código Penal.

430 Veja-se CAEIRO, Pedro, *Sobre a Natureza dos Crimes Falenciais*, Coimbra Editora, Coimbra, 1996, pp. 173 e ss e 198.

431 Solução que não é inovadora, pois já constava do preceito penal anterior, mais concretamente do art. 325º, nº 3, do CPenal, com a diferença de o regime atual sujeitar o terceiro à pena prevista para o devedor, mas especialmente atenuada (o art. 325º, nº 3, estabelecia uma moldura penal com o limite máximo de dois anos). Isto significa que o devedor deverá ser punido com maior gravidade, pois o seu comportamento é ofensivo, não só dos interesses legítimos de terceiro, mas também da segurança do comércio jurídico: *vide*, neste sentido, as atas da Comissão Revisora do Código Penal de 1982, *in* "Boletim do Ministério da Justiça", nº 287, pp. 59 e ss.

432 Cfr., neste sentido, o Ac. Rel. Co., de 24-03-1993, publicado na "Colectânea de Jurisprudência" ano XVIII, 1993, tomo II, pp. 58-61, que subsume na figura de um terceiro aquele que empresta determinada quantia em dinheiro a uma sociedade comercial.

A solução legal tem sido, e bem, aplaudida pela doutrina, já que a grande maioria das condutas tipificadas podem ser praticadas por terceiros "ao serviço da vontade do devedor", sendo contudo muito difícil provar a comparticipação criminosa para efeitos de preenchimento do art. 28º do CPenal[433].

O tipo legal de crime de insolvência dolosa depende ainda, por último, do preenchimento dos seguintes pressupostos cumulativos: a prática de algum dos factos elencados no preceito; a insolvência do devedor *ou* o reconhecimento da situação de insolvência (elemento objetivo)[434]; e a intenção do agente de prejudicar os credores (elemento subjetivo)[435].

Este tipo legal de crime é punido com *pena* de prisão até 5 anos ou multa até 600 dias (art. 227º, nº 1, *in fine*). Porém, os limites mínimo e máximo destas penas podem ser agravados em 1/3 se ficarem frustrados créditos de natureza laboral, em sede de processo executivo ou processo de insolvência (art. 229º-A).

2.2.2. O crime de frustração de créditos

Trata-se de um tipo legal de crime que foi introduzido pelo art. 12º do D.L. nº 38/2003, de 8 de março, e que se aplica ao devedor (e também aos sujeitos previstos nos nºs 2 e 3 do art. 227º, *ex vi* do art. 227º-A, nº 2) que, depois de proferida sentença condenatória exequível, destrua, danifique, faça desaparecer, oculte ou sonegue parte do seu património, para assim de forma intencional, frustrar, total ou parcialmente, a satisfação de um crédito de outrem. É ainda

[433] Isto porque, como sublinha PEDRO CAEIRO, para afastar a punição do devedor ou do terceiro bastaria provar que a inexatidão da contabilidade se deveu à iniciativa do contabilista, mesmo que fosse do conhecimento do devedor (cfr. *Sobre a Natureza dos Crimes Falenciais,* Coimbra Editora, Coimbra, 1996, pp. 198-199).

[434] *Vide,* no sentido de que se trata de pressupostos ou condições de punibilidade, o Ac. STJ, de 19-12-1996, publicado na "Colectânea de Jurisprudência", ano IV, 1996, tomo III, p. 222.

[435] Tratando-se de um crime de perigo, não se exige o preenchimento do nexo de causalidade entre a conduta do devedor e a insolvência: cfr. Ac. STJ, de 22-9-1993, publicado na "Colectânea de Jurisprudência" – Acórdãos do STJ, Ano I, tomo III, 1993, p. 213. No sentido de que se trata de um crime de perigo concreto, que por isso pressupõe a prova do nexo entre a conduta e a situação de insolvência, veja-se PALMA, Maria Fernanda, *Aspectos Penais da Insolvência e da Falência: Reformulação dos Tipos Incriminadores e Reforma Penal, in:* "Revista da Faculdade de Direito da Universidade de Lisboa", vol. 36, 1995, p. 408.

constitutiva do tipo legal de crime a instauração de ação executiva onde não se consiga satisfazer inteiramente os direitos do credor.

Este tipo legal de crime é punível com *pena* de prisão até 3 anos ou com pena de multa, e está sujeito a um agravamento em 1/3 nos seus limites mínimo e máximo, por força do art. 229º-A (art. 227.º-A, n.º 1, *in fine*).

A doutrina tem considerado que este tipo legal de crime não é um crime de insolvência em sentido estrito, uma vez que "esta incriminação não está referida especificamente ao processo de insolvência mas antes à inviabilização na ação executiva em geral de direitos patrimoniais dos credores, reconhecidos por sentença condenatória exequível, em virtude do devedor intencionalmente fazer desaparecer o seu património"[436].

2.2.3. O crime de insolvência negligente

O devedor pode ainda ser punido pela prática do crime de insolvência negligente[437] (art. 228º do CPenal). Este crime depende da existência de uma situação de insolvência, do seu reconhecimento judicial e da prática de qualquer dos factos previstos no nº 1 do art. 228º: "por grave incúria ou imprudência, prodigalidade ou despesas manifestamente exageradas, especulações ruinosas, ou grave negligência no exercício da sua actividade, criar um estado de insolvência" (al. a)); ou "tendo conhecimento das dificuldades económicas e financeiras da sua empresa, não requerer em tempo nenhuma providência de recuperação" [438] (al. b)).

Tratando-se de um crime específico puro, remetemos *mutatis mutandis* para as considerações atrás feitas a propósito da exigência da qualidade de devedor relativamente ao crime de insolvência dolosa, sendo aqui igualmente

[436] Sousa, Susana Aires, *Os Crimes Insolvenciais, in*: "Revista de Direito da Insolvência", n.º 0, Almedina, Coimbra, 2016, p. 46. Assim, também, o Ac. TC n.º 125/2015, de 12 de fevereiro (Carlos Fernandes Cadilha).

[437] Este tipo legal de crime confere tutela jurídico-penal ao dever de apresentação à insolvência, consagrado no art. 18º do CIRE.

[438] Esta norma foi introduzida durante a vigência do CPEREF (e, portanto, das "providências de recuperação"). Com a entrada em vigor do CIRE (sem a necessária alteração do preceito), as providências de recuperação deixaram de ter autonomia, pelo que, para alguns autores, a norma ficou destituída de objeto. Sobre a questão, veja-se Sousa, Susana Aires, *Os Crimes Insolvenciais, in*: "Revista de Direito da Insolvência", n.º 0, Almedina, Coimbra, 2016, p. 55.

aplicável, *mutatis mutandis*, o disposto no art. 227º, nº 3[439]. Não obstante a epígrafe do preceito ("insolvência negligente"), o seu conteúdo parece mais adequado a condutas dolosas (na modalidade de dolo eventual ou de dolo direto) – pelo que "insolvência simples" constituiria, porventura, um título mais acertado[440].

O crime de insolvência negligente é punido com *pena* de prisão até um ano ou com pena de multa até 120 dias (art. 228º, nº 1, *in fine*). Estas penas estão sujeitas a um agravamento em 1/3 dos seus limites mínimo e máximo, se, em virtude da prática de qualquer dos factos tipificados no nº 1 do art. 228º, resultarem frustrados os créditos laborais, seja em processo executivo, seja em processo de insolvência (art. 229º-A).

2.2.4. O crime de favorecimento de credores

O crime de favorecimento de credores encontra-se previsto e regulado no art. 229º do CPenal. Trata-se de um tipo de crime que pressupõe o reconhecimento judicial da insolvência e que respeita aos devedores (e também aos sujeitos elencados no nº 3 do art. 227º, *ex vi* do art. 229º, nº 2) que, conhecendo a sua situação de insolvência ou prevendo a sua iminência, praticaram algum dos factos elencados no preceito em causa[441], com intenção de favorecer certos credores em detrimento de outros[442]. Para além disso, constitui um tipo

[439] Veja-se, a este propósito, CAEIRO, Pedro, *Sobre a Natureza dos Crimes Falenciais*, Coimbra Editora, Coimbra, 1996, pp. 173 e ss.

[440] *Vide*, quanto a esta crítica, CAEIRO, Pedro, *Sobre a Natureza dos Crimes Falenciais*, Coimbra Editora, Coimbra, 1996, pp. 209-212. Considerando que o preceito se aplica também a condutas dolosas, veja-se PALMA, Maria Fernanda, *Aspectos Penais da Insolvência e da Falência: Reformulação dos Tipos Incriminadores e Reforma Penal, in:* "Revista da Faculdade de Direito da Universidade de Lisboa", vol. 36, 1995, p. 409; CAEIRO, Pedro, *Comentário Conimbricense do Código Penal*, tomo II, Coimbra Editora, Coimbra, 1999, p. 444. Contra, ALBUQUERQUE, Paulo Pinto, *Comentário do Código Penal à Luz da Constituição da República Portuguesa e da Convenção Europeia dos Direitos do Homem*, UCE, Lisboa, 2010, p. 710.

[441] "Solver dívidas ainda não vencidas ou as solver de maneira diferente do pagamento em dinheiro ou valores usuais, ou der garantias para as suas dívidas a que não era obrigado". Neste sentido, veja-se o Ac. Rel. Guim., de 27-02-2010 (FERNANDO MANUEL GOMES).

[442] No sentido de que se trata de um crime de perigo, veja-se LEITÃO, Luís M. T. de Menezes, *Direito da Insolvência*, 8ª edição, Almedina, Coimbra, 2018, p. 410; PALMA, Maria Fernanda, *Aspectos Penais da Insolvência e da Falência: Reformulação dos Tipos Incriminadores e Reforma Penal, in:* "Revista da Faculdade de Direito da Universidade de Lisboa", vol. 36, 1995, p. 410.

legal de crime necessariamente doloso[443] e específico, valendo quanto a este pressuposto as considerações acima expendidas.

Trata-se de um crime que é punido com *pena* de prisão até 2 anos ou com pena de multa até 240 dias (art. 229º, nº 1), estando estas penas sujeitas a um agravamento em 1/3 nos seus limites mínimo e máximo, por força do art. 229º-A.

2.3. Efeitos dependentes da qualificação da insolvência como culposa

2.3.1. Introdução

O incidente de qualificação da insolvência encontra-se regulado no Título VIII do Código da Insolvência e da Recuperação de Empresas. É neste título que encontramos o núcleo da disciplina substantiva e processual da qualificação da insolvência, muito embora outros preceitos do CIRE também regulem esta matéria, como veremos *infra*.

O incidente de qualificação da insolvência corre por apenso ao processo principal (art. 132.º, *ex vi* do art. 188.º, n.º 7), tem caráter urgente (art. 9.º, n.º 1), e só será aberto na sentença que declara a insolvência se o juiz dispuser de elementos que justifiquem a abertura do incidente e desde que não tenha sido aprovado um plano de pagamentos (art. 259º, nº 1) nem se trate da hipótese do art. 187º (art. 36.º, n.º 1, al. i)).

Existem dois tipos de incidentes: o incidente pleno e o incidente limitado. É na decisão de abertura do incidente que o juiz fixa o seu caráter[444], muito embora, como veremos, possa o incidente pleno convolar-se em incidente limitado e vice-versa[445].

A lei só regula o âmbito de aplicação do incidente limitado, o qual é aplicável apenas nos casos de insuficiência da massa para a satisfação das custas processuais e das dívidas da massa (arts. 39º, nº 1, 232º, nº 5, e 191.º, n.º 1, proémio); nos restantes casos e por exclusão de partes, será aplicável o regime do incidente pleno.

[443] Cfr. CAEIRO, Pedro, *Sobre a Natureza dos Crimes Falenciais*, Coimbra Editora, Coimbra, 1996, p. 219.

[444] Na sentença declarativa de insolvência (art. 36.º, n.º 1, al. i)) ou mais tarde (art. 188.º, n.º 2). Apesar de o art. 188.º não fazer qualquer referência a esta menção, deve entender-se que o juiz, para além de declarar aberto o incidente, lhe deve fixar o caráter.

[445] A escolha entre um ou outro incidente tem relevância para efeitos substantivos e processuais.

Começaremos por analisar o regime substantivo e processual comum a estes dois incidentes, só depois passando para a análise das respetivas especificidades.

2.3.2. Insolvência culposa

2.3.2.1. Noção

O incidente de qualificação da insolvência destina-se a qualificar a insolvência como culposa ou como fortuita (art. 185º). No art. 186º, a lei define apenas a insolvência culposa, nada prevendo quanto à definição de insolvência fortuita – por isso, a insolvência é fortuita quando não é culposa.

Por seu turno, a insolvência é culposa quando a situação é criada ou agravada em consequência da atuação dolosa ou com culpa grave, do devedor ou dos seus administradores, de direito ou de facto[446], nos três anos[447] anteriores ao início do processo de insolvência (art. 186º, nº 1).

Serão afetados pela qualificação da insolvência o devedor (pessoa singular) e os administradores do devedor. Se o devedor não for uma pessoa singular, os administradores, para efeitos do CIRE, são aqueles a quem incumbe a administração ou liquidação da entidade ou património em causa, designadamente os titulares do órgão social competente para o efeito (art. 6º, nº 1, al. a)); se o devedor for uma pessoa singular, são considerados administradores os seus representantes legais e mandatários com poderes gerais de administração (art. 6º, nº 1, al. b))[448].

[446] Sobre o conceito de administrador de facto, veja-se Costa, Ricardo, *Os Administradores de Facto das Sociedades Comerciais*, Almedina, Coimbra, 2014 e *O Sócio Gestor – a administração da sociedade PME e o sócio gestor. Sócios como administradores de facto das suas sociedadades*, Almedina, Coimbra, 2018. Sobre a dificuldade de densificação do conceito de administrador de facto, cfr. Branco, José Manuel, *Responsabilidade Patrimonial e Insolvência Culposa – da falência punitiva à insolvência reconstitutiva*, Almedina, Coimbra, 2015, pp. 60 e 61.

[447] Defendendo que este prazo é de conhecimento oficioso pelo juiz, veja-se Frada, Manuel A. Carneiro, *A Responsabilidade dos Administradores na Insolvência, in:* "Revista da Ordem dos Advogados", Ano 66, II, Lisboa, setembro 2006, pp. 690-691.

[448] O Ac. Rel. Co., de 22-05-2007 (Freitas Neto) considerou que "devem ser abrangidos na sanção de culpa todos os administradores e não só o executivo". Segundo o Ac. Rel. Co., de 14-04-2015 (Anabela Luna de Carvalho), "ao reportar-se tanto aos administradores de direito como aos administradores de facto, no art. 189º, nº 2, a), do CIRE, o legislador não visa excluir da qualificação da insolvência os administradores de direito que não exerçam as suas funções de facto, mas estender também tal qualificação aos administradores de facto, isto

Para além disso, por estatuição expressa da lei (e num patente esforço de moralização), estão abrangidos não só os administradores de direito, mas também os administradores de facto. Figura conhecida no âmbito de outras legislações (confronte-se, por exemplo, a noção de *dirigeant de fait* dos direitos francês e belga, ou de *shadow director* do direito inglês ou de *administrador de hecho* do direito espanhol), o conceito de "administrador de facto" ou "oculto" é também aí utilizado com o objetivo precípuo de abranger no âmbito da responsabilização os verdadeiros autores materiais do processo decisional conducente à insolvência empresarial, para lá dos meros "testas-de-ferro" formais da administração empresarial, evitando assim a ilusão dos comandos legais[449].

De acordo com o art. 189.º, n.º 2, a), o juiz deve identificar as pessoas[450] afetadas pela qualificação da insolvência, nomeadamente os administradores, de direito ou de facto, técnicos oficiais de contas e revisores oficiais de contas, devendo fixar, sendo o caso, o respetivo grau de culpa[451]. Numa redação muito infeliz e numa inserção sistemática muito censurável, o legislador, depois de ter circunscrito (no art. 186.º, n.ºs 1 e 4 e proémio dos n.ºs 2 e 3) o âmbito subjetivo de aplicação ao devedor e aos administradores de direito ou de facto, surpreendentemente no art. 189.º, n.º 2, por um lado, é omisso quanto ao devedor e, por outro lado, faz referência expressa aos ROC e aos TOC[452], não os incluindo no conceito de administrador de facto ou de di-

é, àqueles que praticam atos de administração sem que se encontrem legalmente nomeados como titulares do cargo que exercem".

449 Sobre esta problemática, *vide*, entre nós, ANTUNES, José A. Engrácia, *Os Grupos de Sociedades (Estrutura e Organização Jurídica da Empresa Plurissocietária)*, 2ª edição, Livraria Almedina, Coimbra, 2002, pp. 79 e 593; ANTUNES, José A. Engrácia, *Liability of Corporate Groups*, Kluwer, Deventer/Boston, 1994, pp. 211, 254.

450 Sobre a possibilidade de as pessoas coletivas serem consideradas "pessoas afetadas pela qualificação da insolvência", veja-se ANTUNES, José Engrácia, *O Âmbito Subjetivo do Incidente de Qualificação da Insolvência, in:* "Revista de Direito da Insolvência", n.º 1, Almedina, Coimbra, 2017, pp. 77-105. Contra, MARTINS, Alexandre de Soveral, Um Curso de Direito da Insolvência, 2ª edição revista e atualizada, Almedina, Coimbra, 2016, p. 425.

451 Considerando a enumeração exemplificativa, MARTINS, Alexandre de Soveral, *Um Curso de Direito da Insolvência*, 2ª edição revista e atualizada, Almedina, Coimbra, 2016, p. 424.

452 Ou melhor, aos contabilistas certificados. De facto, por força da Lei n.º 139/2015 de 7 de setembro, a Ordem dos Técnicos Oficiais de Contas foi transformada em Ordem dos Contabilistas Certificados. Sobre o alcance desta referência aos ROC ou CC, veja-se ABREU, J.M.

reito (a referência ao ROC e ao TOC[453] parece estar intimamente relacionada com a hipótese prevista no art. 186.º, n.º 2, al. h), e bem, no nosso entender, pelo que o art. 186.º deverá ser interpretado em harmonia com o disposto no art. 189.º, n.º 2, al. a))[454].

2.3.2.2. Presunções legais

Para auxiliar o intérprete, o art. 186º, depois de definir a insolvência culposa (no seu nº 1), prevê dois conjuntos de presunções: o nº 2 contém um elenco de presunções *iuris et de iure* de insolvência culposa de administradores de direito ou de facto do insolvente e do próprio insolvente pessoa singular; por seu turno, o nº 3 prevê um elenco de presunções *iuris tantum* de culpa grave dos administradores de direito ou de facto e do próprio insolvente pessoa singular[455].

A opção por esta técnica jurídica justifica-se pela necessidade de garantir uma maior "eficiência da ordem jurídica na responsabilização dos administradores por condutas censuráveis que originaram ou agravaram insolvências"[456]; para além disso, favorece a previsibilidade e a rapidez da apreciação judicial dos comportamentos.

Coutinho, *Direito das Sociedades e Direito da Insolvência: Interações, in:* "IV Congresso de Direito da Insolvência", Almedina, Coimbra, 2017, pp. 188 e 189.

[453] Em rigor, aos contabilistas certificados, como afirmámos na nota anterior.

[454] Para Soveral Martins, para que os ROC ou CC sejam afetados pela qualificação da insolvência como culposa, é necessário que o devedor ou os seus administradores também o sejam, *Um Curso de Direito da Insolvência*, 2ª edição revista e atualizada, Almedina, Coimbra, 2016, p. 424. Em sentido contrário, Branco, José Manuel, *Dos Suspeitos do Costume aos Culpados Improváveis (algumas considerações sobre os intervenientes no âmbito do incidente de qualificação da insolvência), in:* "Revista de Direito da Insolvência", n.º 2, Almedina, Coimbra, 2018, pp. 57 e 58.

[455] No sentido da taxatividade dos factos previstos nos nºs 2 e 3, veja-se fernandes, Luís A. Carvalho/labareda, João, *Código da Insolvência e da Recuperação de Empresas Anotado*, 3ª edição, Quid Juris, Lisboa, 2015, p. 680, nota 5; frada, Manuel A. Carneiro, *A Responsabilidade dos Admi-nistradores na Insolvência, in:* "Revista da Ordem dos Advogados", Ano 66, II, Lisboa, setembro 2006, pp. 653-702.

[456] Assim, frada, Manuel A. Carneiro, *A Responsabilidade dos Administradores na Insolvência, in:* "Revista da Ordem dos Advogados", Ano 66, II, Lisboa, setembro 2006, p. 701.

2.3.2.2.1. As presunções do nº 2 do artigo 186º

I. As alíneas do nº 2 do art. 186º podem ser agrupadas em três categorias fundamentais[457], a saber: 1) atos que afetam, no todo ou em parte considerável, o património do devedor; 2) atos que, prejudicando a situação patrimonial, em simultâneo trazem benefícios para o administrador que os pratica ou para terceiros; 3) incumprimento de certas obrigações legais.

No 1º grupo podemos subsumir a destruição, danificação, inutilização, ocultação ou desaparecimento, no todo ou em parte considerável, do património do devedor (al. a))[458]; a compra de mercadorias a crédito, revendendo-as ou entregando-as em pagamento por preço sensivelmente inferior[459] ao corrente, antes de satisfeita a obrigação (al. c)).

No 2º grupo, podemos enquadrar as alíneas *b)* (criação ou agravamento artificial de passivos ou prejuízos, ou redução de lucros, causando, nomeadamente, a celebração pelo devedor de negócios ruinosos em seu proveito ou no de pessoas com ele especialmente relacionadas), *d)* (disposição dos bens do devedor em proveito pessoal ou de terceiros)[460], *e)* (exercício, a coberto da

[457] Seguimos de perto a classificação apresentada por CARVALHO FERNANDES, em *A Qualificação da Insolvência e a Administração da Massa Insolvente pelo Devedor, in:* "Themis – Revista da Faculdade de Direito da UNL, Edição Especial – *Novo Direito da Insolvência*", 2005, p. 95, nota 23. Sobre as dificuldades de prova, nesta matéria, considerando excessiva a "atual imposição aos credores, AI e MP como *extranei* em relação à sociedade comercial devedora e insolvente de um ónus de averiguar, alegar e provar factos que são próprios da vida desta e, por via disso, apenas conhecidos da própria sociedade e de quem rege o seu destino", veja-se BRANCO, José Manuel, *Responsabilidade Patrimonial e Insolvência Culposa – da falência punitiva à insolvência reconstitutiva*, Almedina, Coimbra, 2015, pp. 67.

[458] Segundo o Ac. Rel. Guim., de 01-10-2013 (MARIA DA PURIFICAÇÃO CARVALHO), "a ocultação prevista no art. 186º, nº 2, al. a), do CIRE basta-se com uma actuação que, alterando a situação jurídica do bem – por ex: vendendo um imóvel a terceiro, com uma relação próxima directa ou indirecta com o alienante – impeça ou dificulte a sua identificação, acesso ou accionamento pelo credor". Sobre a utilização de conceito indeterminado "parte considerável", veja-se BRANCO, José Manuel, *Qualificação da Insolvência (evolução da figura), in*: "Revista de Direito da Insolvência", n.º 0, Almedina, Coimbra, 2016, p. 20, nota 18.

[459] Sobre a dificuldade resultante da exigência de o preço cobrado ser "sensivelmente inferior" ao preço corrente, ver, por todos, BRANCO, José Manuel, *Qualificação da Insolvência (evolução da figura), in*: "Revista de Direito da Insolvência", n.º 0, Almedina, Coimbra, 2016, p. 20.

[460] Segundo o Ac. Rel. Co., de 13-11-2012 (ARTUR DIAS), "integra o fundamento de qualificação da insolvência como culposa, previsto na al. d) do n.º 1 do art. 186.º do CIRE, a venda, ao seu pai, pelo sócio único e gerente da devedora, escassos dois meses e meio antes da insolvência ser requerida por um credor, pelo preço global de €10.032,66, de todo o activo, com o valor

personalidade coletiva da empresa, se for o caso, de uma atividade em proveito pessoal ou de terceiros e em prejuízo da empresa), *f)* (fazer do crédito ou dos bens do devedor uso contrário ao interesse deste, em proveito pessoal ou de terceiros, nomeadamente para favorecer outra empresa na qual tenham interesse direto ou indireto), *g)* (prossecução, no seu interesse pessoal ou de terceiro, de uma exploração deficitária, não obstante saberem ou deverem saber que esta conduziria com grande probabilidade a uma situação de insolvência).

Por último, no 3º grupo encontramos as als. *h)* (incumprimento, em termos substanciais, da obrigação de manter contabilidade organizada, manutenção de uma contabilidade fictícia ou uma dupla contabilidade ou prática de irregularidade com prejuízo relevante para a compreensão da situação patrimonial e financeira do devedor)[461], *i)* (incumprimento, de forma reiterada, dos seus deveres de apresentação e de colaboração até à data da elaboração do parecer referido no nº 2 do artigo 188º)[462].

contabilístico de €49.331,04". Subsumindo também no art. 186.º, n.º 2, al. d) a celebração pelo insolvente, com a sociedade constituída pela mulher e pelo filho, de contratos de venda da totalidade do ativo da empresa, cfr. o Ac. Rel. Po., de 8-10-2015 (Aristides Rodrigues de Almeida). Considerando preenchida a previsão legal da al. d) do n.º 1 do art. 186.º numa hipótese de celebração, pelo insolvente, de contrato promessa de compra e venda com eficácia real e tradição, *vide* o Ac. Rel. Po., de 18-09-2017 (Manuel Domingos Fernandes). No Ac. STJ, de 5-09-2017 (Fonseca Ramos), o tribunal qualificou a insolvência como culposa apesar de os insolventes terem revogado a doação, por entender que no incidente de qualificação importa olhar a atuação dos devedores, não sob o prisma do resultado (no caso, o bem foi apreendido para a massa), mas sim do seu desvalor jurídico e ético-negocial.

461 Segundo o Ac. Rel. Lx., de 17-01-2012 (Luís Espírito Santo), "A profunda e patente desorganização e as diversas e reconhecidas irregularidades/falsidades constantes da documentação da insolvente, da inteira e exclusiva responsabilidade do apelante, uma vez que era o mesmo quem a geria de facto, integram sem qualquer margem para dúvidas a previsão da alínea h), do n.º 2, do art. 186.º, do CIRE, conduzindo ao sintomático resultado que está à vista de todos: a actividade comercial da requerida (numa área habitualmente lucrativa: a venda de produtos farmacêuticos) redundou, no fim de contas, no *absoluto vazio patrimonial da empresa*, com os inerentes prejuízos para os respectivos credores". O Ac. Rel. Co. de 16-06-2015 (Barateiro Martins) considerou configurar "a prática de irregularidade contabilística com prejuízo relevante para a compreensão da situação patrimonial e financeira do devedor (preenchendo a presunção do art. 186.º, n.º 2, al. h), do CIRE) relacionar-se como saldo de caixa o montante de € 119.070,76 sem que exista um único cêntimo no "caixa" (numa "empresa" que teve vendas anuais, em 2011, de € 345.031,23 e, em 2012, de € 31.935,50)".

462 A propósito desta al. i) e da falta de referência da letra da lei ao dever de informação, veja-se Duarte, Rui Pinto, *Efeitos da Declaração de Insolvência quanto à Pessoa do Devedor, in:* "Themis – Revista da Faculdade de Direito da UNL, Edição Especial – *Novo Direito da Insolvência*",

II. O proémio do nº 2 do art. 186º prevê um elenco de presunções *iuris et de iure*, considerando "sempre culposa a insolvência" quando se preencha alguma das suas alíneas[463].

A doutrina e a jurisprudência têm-se questionado acerca do alcance destas presunções: será que também se presume o nexo de causalidade entre a conduta legalmente tipificada e a criação ou agravamento da situação de insolvência?

No *direito espanhol*, fonte direta da inspiração do nosso legislador, a doutrina tem considerado que a prática dos factos elencados é suficientemente gravosa para legitimar a presunção de tal nexo de causalidade[464]. Entre nós, CARVALHO FERNANDES e JOÃO LABAREDA também defendem que as alíneas do nº 2, direta ou indiretamente, envolvem efeitos negativos para o património do insolvente. Pelo contrário, se CARNEIRO DA FRADA concorda com os Autores quanto às als. a) ou g), já quanto às als. d) ou f) tem as suas reservas (pois estão em causa fatores fortuitos)[465]. Para este Autor, estas soluções legais aparentemente excessivas são determinadas pela necessidade de dissuadir ou prevenir condutas indesejáveis que, de acordo com a experiência, são susceptíveis de ocasionar insolvências e estão intimamente ligadas a ela (prevenção abstrata de um perigo). Por isso, o legislador incluiu na al. d) a disposição em proveito próprio dos bens do devedor, independentemente da prova do prejuízo daí adveniente[466].

2005, pp. 137 e 138. Segundo o Ac. Rel. Év., de 24-09-2015 (SÍLVIO SOUSA), "para efeitos de declarar a insolvência como culposa, o incumprimento do dever do gerente de prestar informações ao administrador da insolvência deve ser "reiterado", o que não se confunde com a intempestividade ou incompletude da informação".

[463] No entanto, é sempre necessário o preenchimento do limite temporal dos 3 anos (previsto no nº 1 do art. 186º), ou seja, apenas os atos praticados nos 3 anos anteriores ao início do processo serão relevantes para efeitos do preenchimento do nº 2. Assim, FERNANDES, Luís A. Carvalho/LABAREDA, João, *Código da Insolvência e da Recuperação de Empresas Anotado*, 3ª edição, Quid Juris, Lisboa, 2015, p. 681, nota 6. Só não será assim relativamente à hipótese prevista no n.º 2, al. i), que poderá respeitar a período posterior à declaração de insolvência. Assim, também, o Ac. Rel. Guim., de 25-02-2016 (CRISTINA CERDEIRA).

[464] Assim, GARCÍA-GRUCES, José Antonio, *Comentario de la Ley Concursal* (tomo II), org. ROJO, Ángel/BELTRÁN, Emilio, Thomson, 2004, p. 2526.

[465] Assim, FRADA, Manuel A. Carneiro, *A Responsabilidade dos Administradores na Insolvência, in:* "Revista da Ordem dos Advogados", Ano 66, II, Lisboa, setembro 2006, pp. 692-693.

[466] FRADA, Manuel A. Carneiro, *A Responsabilidade dos Administradores na Insolvência, in:* "Revista da Ordem dos Advogados", Ano 66, II, Lisboa, setembro 2006, pp. 696-697.

Tratando-se de presunções inilidíveis, quando se preencha algum dos factos elencados no nº 2 do art. 186º, a única forma de escapar à qualificação da insolvência como culposa será a prova, pela pessoa afetada, de que não praticou o ato[467].

2.3.2.2.2. As presunções do nº 3 do artigo 186º

O art. 186º, nº 3, contém duas presunções: o incumprimento do dever de requerer a declaração de insolvência, previsto no art. 18.º[468] (al. a)); e o incumprimento da obrigação de elaborar as contas anuais no prazo legal, de submetê-las à devida fiscalização ou de as depositar na conservatória do registo comercial (al. b)).

O âmbito objetivo das presunções previstas no n.º 3 do art. 186.º não reúne o consenso da doutrina e tão pouco da jurisprudência. Para a maioria da jurisprudência[469] e da doutrina nacionais (onde se incluem, designadamente,

[467] No direito espanhol, veja-se GARCÍA-GRUCES, José Antonio, *Comentario de la Ley Concursal* (tomo II), org. ROJO, Ángel/BELTRÁN, Emilio, Thomson, 2004, p. 2526. Sobre o ónus da prova dos factos elencados nas várias alíneas do art. 186.º, n.º 2, *vide* o Ac. Rel. Év., de 10-07-2014 (CANELAS BRÁS).

[468] Segundo o Ac. Rel. Co., de 13-11-2012 (ARTUR DIAS), "Não cumpriu o dever de apresentação à insolvência a devedora que encerrou a única loja/estabelecimento comercial em Fevereiro de 2010, por não conseguir suportar o valor mensal das rendas com os proveitos que dela auferia; guardou as mercadorias em armazém, alienando-as em Abril de 2011; e foi declarada insolvente por sentença de 22/07/2011, em processo instaurado por um credor em 17/06/2011". No sentido de que "o incumprimento do dever de, tempestivamente, requerer a declaração de insolvência apenas permite presumir a existência de culpa grave, sendo necessário, para que esse incumprimento possa determinar a qualificação da insolvência como culposa, demonstrar que o mesmo agravou a situação de insolvência", veja-se o Ac. Rel. Év., de 24-09-2015 (SÍLVIO SOUSA).

[469] Segundo o Ac. STJ, de 6-10-2011 (SERRA BAPTISTA), "(...) III – O n.º 3 do mesmo art. 186.º estabelece, por seu turno, presunções ilidíveis, que admitem prova em contrário, dando-se por verificada a culpa grave quando ocorram as situações aí previstas. IV – Não se dispensando neste n.º 3 a demonstração do nexo causal entre o comportamento (presumido) gravemente culposo do devedor ou dos seus administradores e o surgimento ou o agravamento da situação de insolvência. Sendo, pois necessário, nessas situações, verificar se os aí descritos comportamentos omissivos criaram ou agravaram a situação de insolvência, pelo que não basta a simples demonstração da sua existência e a consequente presunção de culpa que sobre os administradores recai. Não abrangendo tais presunções ilidíveis a do nexo causal entre tais actuações omissivas e a situação (sic) da verificação da insolvência ou do seu agravamento". No mesmo sentido, veja-se, entre outros, os Acs. da Rel. Lx., de 22-01-2008 (GRAÇA AMARAL), e de 21-04-2009 (SÍLVIA PIRES) e o Ac. Rel. Co, de 8-02-2011 (BEÇA PEREIRA).

CARVALHO FERNANDES e JOÃO LABAREDA[470], RAPOSO SUBTIL[471], SOVERAL MARTINS[472], MENEZES LEITÃO) "o que resulta do art. 186º, nº 3, é apenas uma presunção de culpa grave, em resultado da atuação dos seus administradores, de direito ou de facto, mas não uma presunção de causalidade da sua conduta em relação à situação de insolvência, exigindo-se a demonstração nos termos do art. 186º, nº 1, que a insolvência foi causada ou agravada em consequência dessa mesma conduta"[473].

Porém, CATARINA SERRA defende que se trata de presunções de insolvência culposa, sob pena de esvaziar de utilidade estas presunções[474].

Alguma jurisprudência minoritária também vai neste sentido. A título de exemplo, no Tribunal Constitucional, o Acórdão nº 564/2007, de 13 de novembro, no Tribunal da Relação de Coimbra, o Acórdão de 22 de maio de 2012 (BARATEIRO MARTINS), no Tribunal da Relação do Porto, os Acórdãos de 22 de maio de 2007, de 24 de setembro de 2007, de 5 de fevereiro de 2009. Citando um segmento deste último acórdão, "a simples verificação das situações previstas nas als. a) e b) do nº 3 do art. 186º do CIRE constitui uma presunção ilidível não apenas da culpa grave do agente infrator, mas também de suspeita de insolvência culposa, pressupondo-se à partida o nexo de causalidade exigido pelo nº 1".

As presunções do nº 3 aplicam-se ao insolvente pessoa singular e aos administradores de direito ou de facto do devedor pessoa singular e do devedor que não seja pessoa singular (art. 186º, nº 4).

Para além disso, e à semelhança do nº 2, é necessário o preenchimento do limite temporal dos 3 anos, ou seja, apenas os atos praticados nos 3 anos

[470] FERNANDES, Luís A. Carvalho/LABAREDA, João, *Código da Insolvência e da Recuperação de Empresas Anotado*, 3ª edição, Quid Juris, Lisboa, 2015, p. 681, nota 8.

[471] SUBTIL, A. Raposo/ESTEVES, Matos/ESTEVES, Maria José/MARTINS, Luís M., *Código da Insolvência e da Recuperação de Empresas*, 2ª edição, Porto, Vida Económica, 2006, p. 265.

[472] MARTINS, Alexandre de Soveral, *Um Curso de Direito da Insolvência*, 2ª edição revista e atualizada, Almedina, Coimbra, 2016, p. 423.

[473] LEITÃO, Luís M. T. de Menezes, *Direito da Insolvência*, 8ª edição, Almedina, Coimbra, 2018, p. 285.

[474] Assim, SERRA, Catarina, *Lições de Direito da Insolvência*, Almedina, Coimbra, 2018, p. 451. Discordando, veja-se DUARTE, Rui Pinto, *Responsabilidade dos Administradores: coordenação dos regimes do CSC e do CIRE, in:* "III Congresso de Direito da Insolvência", Almedina, Coimbra, 2015, p. 161, nota 24.

anteriores ao início do processo serão relevantes para efeitos do preenchimento do nº 3.

O art. 186º, nº 3 prevê um elenco de presunções *iuris tantum* (a expressão "presume-se" usada no nº 3, por um lado, e a expressão "sempre" usada no nº 2, por outro lado, sustentam esta qualificação pela doutrina). Por isso, podem ser afastadas, por exemplo, através da demonstração de que, "apesar de alguns problemas financeiros, a empresa continuou a laborar e que não se apresentou à insolvência, porque apesar das dificuldades económicas sempre tentou que a mesma continuasse a sua actividade"[475].

Ou, ainda a título de exemplo, a insolvência pode ser considerada fortuita quando, apesar da violação do dever de apresentação à insolvência e do dever de depositar as contas na conservatória do registo predial, ficar provado que a impossibilidade de cumprimento se deveu à insolvência de outra sociedade, sua devedora, num contrato de empreitada[476].

2.3.3. Efeitos da qualificação da insolvência como culposa

2.3.3.1. Introdução

Desde logo, a qualificação da insolvência não é vinculativa para efeitos da decisão de causas penais nem para efeitos das ações de responsabilidade civil[477] previstas no art. 82º, n.º 3 (art. 185º)[478].

[475] Ac. Rel. Guim., de 11 de janeiro de 2007 (MANUEL BUCHO).

[476] Como foi decidido no Ac. Rel. Guim., de 14 de junho de 2006 (MANSO RAINHO).

[477] Crítico quanto a este aspeto, veja-se FRADA, Manuel A. Carneiro, *A Responsabilidade dos Administradores na Insolvência, in:* "Revista da Ordem dos Advogados", Ano 66, II, Lisboa, setembro 2006, p. 672.

[478] Para RUI PEREIRA ESTRELA, esta autonomia manifesta-se a vários níveis. Desde logo, não é uma autonomia "no sentido *causas penais e acções do artigo 82º, nºs 2 e 3 do CIRE → incidente de qualificação da insolvência*, mas no sentido *incidente de qualificação da insolvência → causas penais e acções do artigo 82º, nºs 2 e 3 do CIRE*". Depois, a autonomia tem um "sentido factual" e um sentido "jurídico-conclusivo", ou seja, "os factos dados por provados no incidente e que fundamentaram a decisão não têm naquelas outras causas e acções qualquer valor específico", por um lado, e, por outro lado, "o juiz não pode estar sujeito às *conclusões jurídicas*, designadamente, à qualificação atribuída – se culposa se fortuita". Assim, o legislador do CIRE pretendeu afirmar a "*não prejudicialidade* da questão da qualificação relativamente ao processo penal", pelo que o juiz penal fica "*impedido* de suspender a prolação da decisão penal com fundamento na pendência de incidente de qualificação da insolvência". Cfr. *Uma Brevíssima Incursão pelos Incidentes de Qualificação da Insolvência, in:* "O Direito", Ano 142º, 2010, V, pp. 937-941.

Depois, a qualificação da insolvência como fortuita não tem qualquer relevância para efeitos de processo de insolvência.

Porém, a qualificação da insolvência como culposa já desencadeia os efeitos previstos no art. 189º, nº 2, mais concretamente nas alíneas b) a e) (pois a al. a) não prevê qualquer efeito propriamente dito, mas sim uma menção obrigatória da sentença qualificativa): a inibição das pessoas afetadas para administrarem patrimónios de terceiros, durante um período de 2 a 10 anos (al. b))[479]; a inibição para o exercício do comércio e para a ocupação dos cargos previstos na al. c), durante o período de 2 a 10 anos; a perda dos créditos elencados na al. d); a condenação das pessoas afetadas a indemnizarem os credores do devedor declarado insolvente no montante dos créditos não satisfeitos, até às forças dos respetivos patrimónios (al. e)).

Para além destes efeitos, que têm que estar expressamente previstos na sentença (e que dela resultam), a insolvência culposa desencadeia outros efeitos, que se produzem *ipso iure* (sem necessidade de qualquer declaração judicial): preclusão da administração da massa pelo devedor (art. 228º, nº 1, al. c)), preclusão da exoneração do passivo restante (arts. 238º, nº 1, als. b), e) e f), 243º, nº 1, al. c) e 246º, nº 1).

2.3.3.2. Inibição para administrar património de terceiro

2.3.3.2.1. Regime jurídico

Qual o sentido e alcance desta inibição[480]? Desde logo, parece estar abrangida a figura do mandato civil ou comercial, com ou sem poderes de representação. O exercício do mandato passa a estar proibido durante o período fixado

[479] Na redação anterior à Lei n.º 16/2012, de 20 de abril, o art. 189.º, n.º 2, al. b) previa a inabilitação das pessoas afetadas. A redação prevista no Anteprojeto de Diploma que altera o CIRE, de 24 de novembro de 2011, estabelecia a inabilitação para administrarem patrimónios de terceiros. A opção final pelo termo inibição foi positiva, pois só assim se consegue a rutura total com o regime anterior. O Ac. Rel. Co., de 2-06-2015 (MARIA INÊS MOURA), entendeu que o art. 189.º, n.º 2, als. b) e e), estatui sobre os efeitos a atribuir a quem seja afetado pela qualificação da insolvência como culposa, só podendo, por isso, "aplicar-se a situações em que os factos que a determinam tiveram lugar após 30 de Maio de 2012, data a partir da qual tais normas entraram em vigor, de acordo com o disposto no art. 12.º, n.º 1 e n.º 2, do CCivil".

[480] Cfr. BRANCO, José Manuel, *Qualificação da Insolvência (evolução da figura), in*: "Revista de Direito da Insolvência", n.º 0, Almedina, Coimbra, 2016, p. 24.

na sentença (entre 2 a 10 anos[481]), sem que esta inibição possa ser suprida (o art. 190.º, que previa a nomeação de um curador, foi revogado). Depois, está em causa a administração de bens de terceiros e não de bens próprios, para os quais o afetado não fica impedido. Por último, esta inibição apresenta uma dupla faceta preventiva e sancionatória: por um lado, destina-se a proteger terceiros que poderiam ver os seus patrimónios prejudicados pela atuação de pessoa que não oferece a confiança necessária; por outro lado, tem um caráter repressivo, pois não se aplica às hipóteses de culpa leve.

Em consequência desta inibição, e relativamente aos contratos em curso, os mandatos caducam, nos termos do art. 1174.º, al. a), do CCivil. Apesar de esta situação não estar expressamente contemplada na lei, MENEZES CORDEIRO defende que a enumeração legal não é taxativa, abrangendo na hipótese legal os casos de caducidade por inexecução por impossibilidade de realização da prestação[482].

A inibição para administrar patrimónios de terceiros suscita a questão da sua compatibilização com o regime dos efeitos da declaração de insolvência sobre os negócios em curso (previsto nos arts. 102.º-119.º): se se tratar de um contrato em curso em que o mandatário é declarado insolvente, o art. 110.º (que regula os efeitos da declaração de insolvência sobre os contratos de mandato em curso) é omisso. A doutrina divide-se: há quem aplique o art. 110.º por analogia[483]; há quem defenda que o mandato se mantém, podendo o mandante revogá-lo, nos termos do art. 1170.º do CCivil[484]. Se o mandatário insolvente for inibido de administrar bens de terceiro (por força do art. 189.º, n.º 2, al. b)), o que acontecerá a estes contratos?

Para além do mandato, nesta proibição para administrar património de terceiros parece também estar abrangida a figura das responsabilidades parentais. Relativamente aos bens dos filhos, será uma inibição de pleno direito?

[481] Sobre os critérios de fixação da duração da inibição para o exercício do comércio, *vide* Ac. Rel. Po., de 8-10-2015 (ARISTIDES RODRIGUES DE ALMEIDA).

[482] *Direito das* Obrigações, 3.º vol., AAFDL, 1991, p. 390. Muito embora o Autor só faça referência ao caso fortuito ou de força maior, a inibição judicial também deverá, em nosso entender, ser abarcada pela hipótese legal.

[483] LEITÃO, Luís M. T. de Menezes, *Direito da Insolvência,* 8ª edição, Almedina, Coimbra, 2018, p. 204.

[484] VASCONCELOS, Luís M. Pestana, *Dos Contratos de Cessão Financeira (Factoring),* Coimbra Editora, Coimbra, 1999, p. 232, nota 503.

Se assim for, a decisão deverá ser comunicada ao tribunal nos termos do art. 1913.º, n.º 3, do CCivil, para que tome as devidas providências (designadamente a nomeação de um administrador dos bens do menor prevista no art. 1922.º do CCivil).

Por último, não podemos deixar de realçar que o CRCivil, o CRCom não foram ajustados a esta nova consquência[485].

2.3.3.2.2. Consequências da sua violação

A violação da inibição para administrar bens alheios não está regulada no CIRE: para além da genérica sanção associada ao desrespeito de decisões judiciais, a solução dependerá do caso concreto. Tratando-se de um contrato de mandato, a resposta deverá ser encontrada nas respetivas regras civis ou comerciais, consoante o caso. Tratando-se da hipótese da inibição do exercício das responsabilidades parentais, os atos praticados pelo progenitor em contravenção da inibição de pleno direito regem-se pelas respetivas normas de direito da família.

2.3.3.3. Inibição para o exercício do comércio

Em consequência da qualificação da insolvência como culposa, o juiz deve, na sentença de qualificação, decretar a inibição para o exercício do comércio pelas pessoas afetadas durante um período de 2 a 10 anos (art. 189º, nº 2, al. c))[486]. De acordo com o art. 189º, nº 3, do CIRE, esta inibição para o exercício do comércio é registada oficiosamente na Conservatória do Registo Civil (art. 1º, nº 1, al. n), do Código do Registo Civil), e, tratando-se de comerciante em nome individual, na Conservatória do Registo Comercial (art. 9º, al. j), Código do Registo Comercial).

Os critérios orientadores da decisão também não estão previstos na lei. Porém, a doutrina tem entendido que o juiz deverá ter em conta a gravidade

[485] A este propósito, MARTINS, Alexandre de Soveral, *Um Curso de Direito da Insolvência*, 2ª edição revista e atualizada, Almedina, Coimbra, 2016, p. 430.

[486] Para RUI PEREIRA ESTRELA, a condenação pela prática de um crime insolvencial pode ser acompanhada de uma medida de segurança prevista no art. 100º do CPenal, designadamente a interdição do exercício do comércio (1 a 5 anos – uma moldura claramente menos gravosa). Cfr. *Uma Brevíssima Incursão pelos Incidentes de Qualificação da Insolvência, in:* "O Direito", Ano 142º, 2010, V, p. 946. Sobre os critérios de fixação da medida desta inibição, veja-se o Ac. Rel. Po., de 30-05-2018 (FÁTIMA ANDRADE).

do comportamento e o seu contributo para a situação de insolvência ou o seu agravamento[487] – a gravidade do comportamento poderá ser aferida em função do preenchimento do nº 2 ou do nº 3[488].

Por inibição para o exercício do comércio deve entender-se a proibição de *exercício do comércio*, seja este realizado de forma direta ou indireta (por interposta pessoa: v.g., o exercício do comércio por intermédio de familiares do inibido), seja este realizado em nome próprio ou em nome alheio[489]. Por outro lado, a lei parece ter querido abranger aqui apenas o exercício profissional do comércio e não o exercício meramente ocasional, pelo que ao insolvente deverá ser permitida a prática de atos de comércio isolados ou esporádicos[490].

Para além da proibição de exercício do comércio, a lei afasta ainda expressamente a possibilidade de ocupação de qualquer cargo de titular de órgão de

[487] Assim, FERNANDES, Luís A. Carvalho/LABAREDA, João, *Código da Insolvência e da Recuperação de Empresas Anotado*, Quid Juris, Lisboa, 2008, pp. 624-626, notas 8 e 9.

[488] Assim, o Ac. Rel. Po., de 2-10-2008 (MADEIRA PINTO). Curiosamente, em alguns acórdãos a duração concreta da inabilitação e da inibição para o exercício do comércio não coincidem: por exemplo, no Ac. Rel. Co, de 28-10- 2008 (ARTUR DIAS), o prazo da inabilitação era de 5 anos e o prazo da inibição era de 7 anos; no Ac. Rel. Guim., de 11-01-2007 (MANUEL BUCHO) a duração da inabilitação era de 2 anos e a da inibição de 5 anos.

[489] Antes da alteração legislativa introduzida pela Lei nº 16/2012, de 20 de abril, ao art. 189.º, n.º 2, al. b) (que introduziu a inibição para administração de património de terceiros como efeito da qualificação da insolvência como culposa), defendíamos que, em via de princípio, e por um argumento de maioria de razão, também parecia afastado o exercício do comércio em nome alheio. Com efeito, se a lei proíbe tal exercício através da ocupação de um cargo de titular de órgão de uma pessoa moral, então, *ad fortiori*, também deverá vedar o exercício do comércio profissional em nome de uma pessoa singular: tal será, designadamente, o caso dos gerentes do comércio, os quais, enquanto mandatários mercantis de comerciantes, são titulares de poderes de representação que se estendem à prática de todos os atos necessários ao exercício do comércio do comerciante-proponente (art. 249º Código Comercial); já no caso dos caixeiros e dos auxiliares de comércio, cujos poderes representativos se limitam àqueles atos individuais de que tenham sido encarregados pelo comerciante (arts. 256º e 258º Código Comercial), a solução só caso a caso poderá ser encontrada, tendo em conta as circunstâncias concretas *sub judice*. Veja-se o nosso *Efeitos da Declaração de Insolvência sobre o Insolvente no novo Código da Insolvência e da Recuperação de Empresas, in:* “Direito e Justiça”, vol. XIX, tomo II, 2005, pp. 201 e ss, e, a propósito do CPEREF, o nosso *Os Efeitos Substantivos da Falência*, PUC, Porto, 2000, pp. 69 e ss.

[490] Cfr., também, CORREIA, António Ferrer, *Lições de Direito Comercial* (vol. I, com a colaboração de Manuel Henrique Mesquita e António A. Caeiro), Coimbra, 1973, p. 175; ASCENSÃO, José de Oliveira, *Direito Comercial – vol. I (Parte Geral)*, Lisboa, 1986/87, p. 195.

sociedade comercial[491]ou civil, de associação ou fundação privada de atividade económica[492], de empresa pública ou de cooperativa[493].

Uma vez decretada, a proibição de exercício do comércio não poderá nunca ser *levantada* antes de extinto o prazo fixado na sentença. No regime anterior, era possível o levantamento da inibição (cfr. art. 148º, nº 3, do CPEREF). Atendendo a razões humanitárias (ou seja, à necessidade de o falido ou os gerentes, administradores ou diretores angariarem meios de subsistência), a própria lei admitia a possibilidade de exercício do comércio pela pessoa que fosse objeto da inibição, sempre que este não importasse um prejuízo para a

[491] Em certos casos, a propósito de alguns órgãos sociais, o legislador reitera esta proibição: veja-se, por exemplo, o art. 414º-A, nº 1, al. j), do Código das Sociedades Comerciais, que qualifica como incompatibilidade a ocupação do cargo de membro do conselho fiscal, fiscal único ou revisor oficial de contas pelo insolvente.

[492] Na versão original do CPEREF, não se encontrava expressamente prevista na lei a proibição de ocupação de cargo de titular de órgão de fundação com atividade económica, embora tal solução já fosse defendida pela doutrina: cfr. FERNANDES, Luís A. Carvalho/Labareda, João, *Código dos Processos Especiais de Recuperação da Empresa e de Falência Anotado* (2ª edição revista e aumentada – reimpressão), Quid Juris Editora, Lisboa, 1997, p. 374, nota 3.

[493] Em nosso entender, o insolvente bem como os administradores do insolvente podem ser acionistas de uma sociedade anónima, sócios de uma sociedade por quotas ou sócios comanditários de uma sociedade em comandita, desde que não sejam simultaneamente membros de um qualquer órgão de administração ou fiscalização desta. No entanto, tratando-se de uma sociedade em nome coletivo, ou de sociedades em comandita, nas quais aqueles sujeitos constituam sócios comanditados, a resposta já se afigura mais duvidosa: é que, mesmo quando tenha sido assegurado estatutariamente um desvio à regra geral do desempenho por inerência das funções de gerência (arts. 191º, nº 1, e 470º, nº 1, do Código das Sociedades Comerciais), cumpre ter presente a latitude com que a intervenção das assembleias gerais em matérias de gestão social e a subordinação hierárquica da gerência ao órgão deliberativo foi consagrada pelo legislador para este tipo social (cfr. VENTURA, Raúl, *Novos Estudos Sobre Sociedades Anónimas e Sociedades em Nome Colectivo*, Almedina, Coimbra, 1994, p. 316). Esta questão, sublinhe-se, não é nova. Já BARBOSA DE MAGALHÃES E PINTO COELHO, perante a omissão do legislador, se debruçaram sobre o tema: assim, se, para o primeiro, o insolvente não podia ser sócio, já o último defendia solução contrária, exceto na hipótese das sociedades em nome coletivo e em comandita, nas quais os sócios podem ter uma participação pessoal direta na exploração social. Ainda quando se sustente uma resposta afirmativa, parece que só será admissível ao insolvente (privado que está temporariamente do poder de disposição e de administração dos seus bens) realizar a sua obrigação de entrada em dois casos: na hipótese de se tratar de um sócio de indústria (o qual, por definição, não tem que dispor de uma prestação pecuniária ou em espécie para cumprir aquela obrigação) ou no caso de a sua participação na sociedade ser realizada com vista à obtenção dos proventos necessários à respetiva subsistência.

liquidação da massa falida – OLIVEIRA ASCENSÃO falava, a este propósito, de "ternura da lei pelo falido"[494]. A lei parecia, assim, indiferente aos inconvenientes (ainda que porventura graves) que dessa autorização motivada por necessidades de subsistência do próprio inibido pudessem resultar para a segurança do tráfego comercial em geral[495].

A *violação* da proibição de exercício do comércio não acarreta qualquer consequência jurídico-insolvencial específica, devendo a resposta ser encontrada no direito comercial: aqui, a consequência que mais se destaca é a privação da aquisição da qualidade de comerciante[496].

A *natureza jurídica* da inibição para o exercício do comércio tem sido uma *vexata quaestio:* alguma doutrina comercialista tem entendido tratar-se de uma situação de incompatibilidade absoluta ("impossibilidade legal do exercício de comércio por pessoa afetada pela qualificação da insolvência como culposa")[497], uma vez que a solução legal não se afigura inspirada tanto pela necessidade de proteção da massa insolvente (pois esta já se encontra tutelada pela ineficácia dos atos, prevista no art. 81º), quanto pela tutela do tráfico comercial em geral perante o insolvente e os administradores da pessoa coletiva ou da sociedade insolventes.

2.3.3.4. Obrigação de indemnizar

2.3.3.4.1. Regime jurídico

Segundo o art. 189.º, n.º 2, al. e), na sentença o juiz deve "condenar as pessoas afetadas a indemnizarem os credores do devedor declarado insolvente no montante dos créditos não satisfeitos, até às forças dos respetivos patrimónios". Finalmente, recupera-se (em parte) uma solução há muito propugnada

[494] Cfr. ASCENSÃO, José de Oliveira, *Efeitos da Falência sobre a Pessoa e Negócios do Falido, in:* "Revista da Ordem dos Advogados", Ano 55, dez. 1995, p. 649.

[495] Veja-se, a este propósito, o nosso *Os Efeitos Substantivos da Falência*, PUC, Porto, 2000, pp. 81-82.

[496] Para OLIVEIRA ASCENSÃO, não obstante o inibido não adquirir a qualidade de comerciante (e, por isso, não aproveitar as vantagens que lhe estão associadas), ficará ainda sujeito às desvantagens que lhe são inerentes: cfr. *Direito Comercial – vol. I (Parte Geral)*, Lisboa, 1986/87, pp. 205-206.

[497] A este propósito, veja-se ABREU, J. M. Coutinho, *Curso de Direito Comercial*, 11ª edição, Almedina Coimbra, 2018, p. 149, e o nosso *Os Efeitos Substantivos da Falência*, PUC, Porto, 2000, pp. 83 e ss.

por nós[498], que já tinha integrado o Anteprojeto do Diploma que aprovou o CIRE[499].

Quanto ao *âmbito* de aplicação, serão sujeitos passivos desta obrigação de indemnização, as pessoas afetadas pela qualificação da insolvência como culposa: administradores de direito ou de facto, técnicos oficiais de contas e revisores oficiais de contas (art. 189.º, n.º 2, al. a)).

A obrigação de indemnizar *deve* constar obrigatoriamente da sentença que qualifica a insolvência como culposa, não competindo ao juiz qualquer apreciação dos pressupostos da responsabilidade civil, mas apenas dos pressupostos da insolvência culposa[500]. Por isso, será que este efeito da qualificação da insolvência como culposa é enquadrável na responsabilidade *insolvencial extracontratual subjetiva*. Os factos constitutivos da responsabilidade extracontratual (art. 483.º) estarão aqui preenchidos? Facto voluntário (é o facto que serviu de fundamento à qualificação da insolvência como culposa); a culpa (art. 186.º, n.º 1, faz depender a qualificação da insolvência como culposa,

[498] Designadamente (e perante a omissão de consagração desta responsabilidade no Memorando de enquadramento das propostas de alteração ao CIRE) no Seminário "Reforçar o enquadramento aplicável às insolvências e à reestruturação de dívidas na perspetiva da viabilização de processos de recuperação de empresas", realizado a 14 de setembro de 2011, em Lisboa e organizado conjuntamente pela Direção Geral da Política de Justiça e pelo IAPMEI. Veja-se, entre outros estudos, o nosso *Efeitos da Declaração de Insolvência sobre o Insolvente no novo Código da Insolvência e da Recuperação de Empresas, in:* "Direito e Justiça", vol. XIX, tomo II, 2005, p. 202. Muito crítica em relação à solução legal, a ASJP entendeu que o instituto da qualificação da insolvência não é o local ideal para consagrar esta responsabilidade – trata-se de um incidente que segue a forma sumária e que tem caráter urgente, que só admite a apresentação de um articulado pelo proposto afetado. Cfr. Parecer sobre o Anteprojeto de Alteração ao CIRE, de 24 de novembro de 2011, p. 26. Veja-se, quanto à aplicação da lei no tempo, *supra* nota 479.

[499] No seu art. 171.º, n.º 2, al. e), previa a "condenação das pessoas afectadas a indemnizarem os credores dos danos e prejuízos causados, determinando-se na própria sentença o montante da indemnização ou os critérios aplicáveis à sua quantificação". Na al. f) estabelecia "quando for solidária a responsabilidade em virtude da imputabilidade do acto danoso a mais do que uma pessoa, a repartição da obrigação de indemnizar nas relações entre os diferentes responsáveis".

[500] Defendendo que a imposição deste dever ao juiz confere caráter automático à responsabilidade, veja-se o Parecer do Conselho Superior da Magistratura sobre o Anteprojeto de 24 de novembro de 2011, p. 5. Porém, salvo o devido respeito, a responsabilidade não é automática, pois depende do preenchimento dos pressupostos previstos no art. 186.º.

expressamente, do dolo ou da culpa grave[501]; a culpa presume-se nos n.os 2 e 3); dano (não satisfação dos créditos no processo de insolvência), nexo de causalidade entre o facto e o dano (criação ou agravamento da situação de insolvência em consequência da atuação – art. 186.º, n.º 1, presumido no n.º 2); ilicitude (os factos que agravam ou criam a situação de insolvência são ilícitos porque violam disposições legais destinadas a proteger interesses alheios, nos termos do art. 483.º, n.º 1, CCivil?)[502].

Esta responsabilidade aquiliana é *subsidiária*, pois só quando a massa é insuficiente para a satisfação de todos os credores é acionada – fica, por isso, sujeita a uma condição suspensiva.

O *momento* do apuramento do montante indemnizatório depende da tramitação do processo em concreto – mas, se for aprovado um plano de insolvência, em que momento e em que termos se fixa o valor da indemnização? O art. 189.º, n.º 4, preceitua que, caso não seja possível no momento da prolação da sentença qualificadora calcular o montante do prejuízo sofrido, deverá pelo menos estabelecer os critérios a utilizar para a sua quantificação, a efetuar em liquidação de sentença.

Esta responsabilidade é *solidária*: assim, se houver várias pessoas afetadas pela qualificação da insolvência, vale a regra "um por todos e todos por um". Quanto ao critério de repartição interna da responsabilidade, o art. 189.º, n.º 2, a) impõe ao juiz a fixação do grau de culpa das pessoas afetadas, o que poderá ter relevância para efeitos do art. 497.º, n.º 2, do CCivil, e, assim, de uma mais justa repartição interna de responsabilidade.

[501] Associando as situações mais graves de dolo à responsabilidade aquiliana por violação de normas de proteção de interesses de terceiro, veja-se, FRADA, Manuel Carneiro, *A Responsabilidade dos Administradores na Insolvência, in:* "ROA", Ano 66, II, set. 2006, pp. 682-683.

[502] Manuel Carneiro da Frada, em 2006, fez uma análise do preenchimento destes pressupostos nas várias alíneas do n.º 2 e do n.º 3 do art. 186.º. Para o Autor, em certos casos, preveem-se condutas que normalmente, direta ou previsivelmente (em maior ou menor grau), têm como consequência a insolvência (als. a) ou g)). Noutros casos, há uma reprovação de comportamentos que não conduzem necessariamente, por si, à insolvência (als. d) ou f)). Noutros casos ainda, há responsabilidade por omissão, não resultando dela necessariamente a insolvência (als. h) e i)). Nestas hipóteses, fala o Autor de delitos de perigo abstrato, assumindo a responsabilidade uma função preventiva de comportamentos lesivos. Cfr. *A Responsabilidade dos Administradores na Insolvência, in:* "ROA", Ano 66, II, Lisboa, setembro 2006, pp. 687 e ss.

Esta responsabilidade é *limitada*, pois abrange apenas o "passivo a descoberto" e não os danos causados aos credores[503]. Isto significa, desde logo, que, ao abrigo deste artigo, o montante da indemnização não poderá ser superior. E se o dano causado for inferior? A lei (ao contrário do art. 126.º-B, n.º 1, do CPEREF, que expressamente preceituava a condenação dos responsáveis para satisfazerem o passivo a descoberto ou apenas o montante do dano por eles causado, se fosse considerado inferior) não é muito clara.

Esta responsabilidade vai até *às forças dos patrimónios dos responsáveis*[504], parecendo com isto o legislador significar que todo o património penhorável do devedor responde pelo cumprimento da obrigação de indemnizar[505]. Será uma mera repetição do regime geral do art. 601.º do CCivil, ou será que quer dizer algo mais? Que as eventuais causas legítimas de preferência existentes ficam sem efeito? Será que foi pensado para a hipótese de o administrador ser uma pessoa coletiva, restringindo-se a responsabilidade ao património dessa pessoa coletiva e excluindo-se o património dos seus sócios?

O beneficiário direto da responsabilidade é a massa insolvente[506]. Na recente alteração à *Ley Concursal* espanhola[507], por estatuição expressa do art. 172 bis, 3, as somas integram a massa ativa do concurso. Entre nós, a lei

[503] Se, no Anteprojeto, a lei se referia aos prejuízos sofridos pelos credores, o texto final da Lei nº 16/2012, de 20 de abril, manda indemnizar os credores no montante dos créditos não satisfeitos.

[504] No sentido de que a expressão "não é juridicamente rigorosa, nem se compreende com clareza o seu alcance, pelo que deverá ser substituída", cfr. Parecer do Conselho Geral da Ordem dos Advogados, *cit.*, p. 8.

[505] Assim, também, Duarte, Rui Pinto, *Responsabilidade dos Administradores: coordenação dos regimes do CSC e do CIRE, in:* "III Congresso de Direito da Insolvência", Almedina, Coimbra, 2015, p. 165; Branco, José Manuel, *Qualificação da Insolvência (evolução da figura), in*: "Revista de Direito da Insolvência", n.º 0, Almedina, Coimbra, 2016, pp. 22 e 23. Para Menezes Leitão, significa que os administradores não podem ser declarados insolventes por não poderem cumprir integralmente essa obrigação indemnizatória – *Direito da Insolvência*, 8ª edição, Almedina, Coimbra, 2018, pp. 292 e 293.

[506] No sentido de que "o beneficiário dessa responsabilidade deverá ser a massa insolvente e não os credores directamente, pois, na verdade, o lesado directo com a actuação foi a massa", veja-se o Parecer do Conselho Geral da Ordem dos Advogados, *cit.*, p. 8. Segundo Rui Pinto Duarte, as indemnizações são pagas ao administrador da insolvência ou diretamente aos credores, consoante o estado do processo – *Responsabilidade dos Administradores: coordenação dos regimes do CSC e do CIRE, in*: "III Congresso de Direito da Insolvência", Almedina, Coimbra, 2015, p. 166.

[507] Ley 38/2011, de 10 de octubre, de reforma da Ley 22/2003, de 9 de julio, Concursal.

é omissa. Em nosso entender, os valores entrados serão depois distribuídos pelos credores[508] cujos créditos tenham ficado por satisfazer, na medida dessa insatisfação e segundo a graduação fixada na sentença de graduação e verificação dos créditos. Vários argumentos poderão sustentar esta tese. Desde logo, estamos perante uma responsabilidade insolvencial, destinada a satisfazer os interesses dos credores. Depois, um argumento de maioria de razão, a partir das regras concursais que são aplicadas à responsabilidade societária, previstas no art. 82.º.

2.3.3.4.2. Responsabilidade societária *versus* responsabilidade insolvencial

Em consequência da alteração introduzida no art. 189.º, os credores estão protegidos, em simultâneo, por dois regimes de responsabilidade: um, de responsabilidade societária e outro, de responsabilidade insolvencial[509]. A responsabilidade insolvencial está consagrada e regulada no art. 189.º, n.º 2, al. e) do CIRE; a responsabilidade societária está regulada fora do CIRE, no direito societário, mas foi objeto de uma adaptação ao processo de insolvência por três vias essenciais: é reservada ao administrador da insolvência a legitimidade processual exclusiva para a propositura e prossecução destas ações (art. 82.º, n.º 4); estas ações correm por apenso ao processo de insolvência (art. 82.º, n.º 6); as quantias pagas revertem a favor da massa insolvente.

Apesar deste enquadramento da responsabilidade societária no processo de insolvência, há vantagens em prever uma responsabilidade insolvencial: é facilitada a atividade probatória dos vários pressupostos constitutivos da responsabilidade civil; é facilitada a prova em matéria de danos indemnizáveis, cujo montante está dissociado de um nexo de causalidade com o facto que os gerou[510]. Por outro lado, continua a fazer sentido, em certos casos,

[508] Por todos os credores: titulares de créditos sobre a massa ou titulares de créditos sobre a insolvência, titulares de créditos garantidos, privilegiados, comuns ou subordinados.

[509] Para uma comparação entre estas duas modalidades de responsabilidade, veja-se DUARTE, Rui Pinto, *Responsabilidade dos Administradores: coordenação dos regimes do CSC e do CIRE, in:* "III Congresso de Direito da Insolvência", Almedina, Coimbra, 2015, pp. 169 e ss.; ABREU, J.M. Coutinho, *Direito das Sociedades e Direito da Insolvência: Interações, in:* "IV Congresso de Direito da Insolvência", Almedina, Coimbra, 2017, pp. 189 e ss.

[510] Esta dissociação não nos parece, à partida, excessiva, pois a responsabilidade assenta no dolo ou culpa grave, por um lado, e por outro lado, está circunscrita aos factos praticados nos três anos anteriores à abertura do processo.

a propositura de ações de responsabilidade societária: pense-se nos casos em que os danos sofridos pelos credores são superiores ao passivo a descoberto, ou nos casos em que os atos praticados extravasam o limite temporal dos três anos, ou ainda na hipótese de os danos resultarem de uma atuação com culpa leve[511].

2.3.3.5. Inabilitação

2.3.3.5.1. Regime jurídico

I. Trata-se de um efeito introduzido pelo CIRE, na sua redação original, mas eliminado com a reforma operada pela Lei nº 16/2012, de 20 de abril. Uma vez que a nova redação do art. 189.º só será aplicada aos factos praticados após a sua entrada em vigor, continua a fazer sentido a inclusão deste efeito na 6ª edição do Manual.

Assim, a qualificação da insolvência como culposa, sustentada em factos praticados antes da entrada em vigor da reforma do CIRE, é fonte de uma incapacidade de exercício de direitos – a inabilitação (prevista nos arts. 152º e ss do Código Civil). Na origem desta incapacidade parece ter estado um equívoco. De facto, a *lei espanhola* consagra uma inabilitação para *administrar bens alheios*, assim como para representar ou administrar qualquer pessoa, durante o período fixado na sentença qualificadora (art. 172, 1, 2º)[512].

II. Esta inabilitação é *suprida* através da nomeação de um curador, pelo juiz, a quem compete fixar-lhe os respetivos poderes (art. 190º, nº 1, do CIRE), depois de ouvidos os interessados (os intervenientes no incidente, o administrador da insolvência e os familiares que poderão ser escolhidos para o desempenho da função[513]). Para CATARINA SERRA, esta função pode ser

[511] Veja-se, *no direito espanhol*, para uma comparação entre os regimes societário e concursal de responsabilidade, VICENT CHULIÁ, Francisco, *La Responsabilidad de los Administradores en el Concurso, in:* RDCP, n.º 4, 2006, pp. 15-64.

[512] Neste sentido também, ABREU, J. M. Coutinho, *Curso de Direito Comercial* (vol. I, 7ª edição), Almedina, Coimbra, 2009, p. 135, nota 100; DUARTE, Rui Pinto, *Efeitos da Declaração de Insolvência quanto à Pessoa do Devedor, in:* "Themis – Revista da Faculdade de Direito da UNL, Edição Especial – *Novo Direito da Insolvência*", 2005, p. 144. A este propósito, veja-se ALCOVER GARAU, Guillermo, *Introducción al Régimen Jurídico de la Calificación Concursal, in:* "Derecho Concursal", dir. R. Garcia Villaverde/A. Alonso Ureba/J. Pulgar Ezquerra, Dilex, Madrid, 2003, pp. 492 e ss.

[513] FERNANDES, Luís A. Carvalho/LABAREDA, João, *Código da Insolvência e da Recuperação de Empresas Anotado*, Quid Juris, Lisboa, 2008, p. 627, nota 3.

desempenhada pelo próprio administrador da insolvência (nada impedindo que duas massas patrimoniais separadas sejam administradas pela mesma pessoa, tal como acontece, por exemplo, no estabelecimento individual de responsabilidade limitada, EIRL)[514]. Porém, CARVALHO FERNANDES defende posição contrária[515], pois perante a existência de massas patrimoniais distintas há toda a vantagem em atribuir a sua gestão a pessoas distintas.

A lei é omissa relativamente aos concretos poderes do curador, pelo que parece aplicável, quanto à sua fixação, o disposto nos arts. 153º e 154º do Código Civil[516].

Portanto, por um período de 2 a 10 anos, a contar do momento em que transita em julgado a sentença qualificadora da insolvência, o inabilitado fica impedido de praticar atos de disposição sobre todos os seus bens (ou apenas alguns) sem a autorização do curador ou o seu suprimento judicial (art. 153º do Código Civil) sendo, eventualmente, também retirada, no todo ou em parte, a administração dos seus bens, a qual é entregue ao curador (que o substituirá, nos termos do art. 154º do Código Civil)[517]. O alcance da -inabilitação e, correspondentemente, dos poderes do curador depende do grau de culpa e do contributo para a situação de insolvência, segundo a doutrina.

III. A inabilitação, a nomeação do curador, e a sua destituição estão sujeitas a *inscrição* na Conservatória do Registo Civil e, tratando-se de comerciante em nome individual, na Conservatória do Registo Comercial (arts. 189º, nº 3,

514 SERRA, Catarina, *O Novo Regime Português da Insolvência – Uma Introdução*, 4ª edição, Almedina, Coimbra, 2010, p. 66, nota 104.

515 FERNANDES, Luís A. Carvalho, *A Qualificação da Insolvência e a Administração da Massa Insolvente pelo Devedor, in:* "Themis – Revista da Faculdade de Direito da UNL, Edição Especial – *Novo Direito da Insolvência*", 2005, p. 101, nota 33.

516 No sentido de que é aplicável subsidiariamente a esta incapacidade o disposto nos arts. 153º e ss do Código Civil, em tudo o que não estiver regulado nos arts. 189º e 190º, veja-se LEITÃO, Luís M. T. de Menezes, *Direito da Insolvência*, 3ª edição, Almedina, Coimbra, 2011, p. 290; FERNANDES, Luís A. Carvalho/Labareda, João, *Código da Insolvência e da Recuperação de Empresas Anotado*, Quid Juris Editora, Lisboa, 2008, p. 624, nota 8; e o nosso, *Efeitos da Declaração de Insolvência sobre o Insolvente no novo Código da Insolvência e da Recuperação de Empresas, in:* "Direito e Justiça", vol. XIX, tomo II, 2005, p. 201.

517 No entanto, o inabilitado podia sempre praticar os atos previstos no art. 125º do CCivil (por remissão dos arts. 156º e 139º, na redação anterior à entrada em vigor da Lei n.º 49/2018, de 14 de agosto).

e 190º, nº 2, do CIRE, e, respetivamente, art. 1º, nº 1, al. n), do Código do Registo Civil, art. 9º, al. j), do Código do Registo Comercial). De acordo com o art. 81º-A, nº 1, al. c), do Código do Registo Civil, os averbamentos de factos respeitantes ao processo de insolvência são eliminados através da elaboração oficiosa de um novo assento de nascimento quando tenham decorrido 5 anos sobre o final dos períodos fixados para a inabilitação e para a inibição do exercício do comércio, a contar do final do período mais longo.

IV. Dentro da moldura legal de 2-10 anos, o juiz fixará na sentença a *duração* concreta da inabilitação (a qual é independente do encerramento do processo de insolvência, por força do disposto no art. 233º, nº 1, al. a)). O legislador é omisso quanto aos critérios que deverão presidir a esta decisão. Porém, a doutrina tem entendido que o juiz deverá atender à gravidade do comportamento das pessoas abrangidas, bem como ao seu contributo para a criação ou o agravamento da situação de insolvência[518].

O momento *a quo* para a contagem do prazo de duração da inabilitação não está determinado na lei, mas a doutrina tem entendido que se deve atender à data da sentença qualificadora, *maxime* do seu registo.

V. Na hipótese de o inabilitado ser o próprio devedor insolvente, enquanto o processo não encerrar, ficará simultaneamente impedido de dispor e de administrar os bens integrantes da massa insolvente, por um lado, e, por outro lado, permanecerá inabilitado, podendo colocar-se, por isso, a questão da compatibilização das competências do curador e do administrador da insolvência[519].

A sua articulação poderá ser feita do seguinte modo. Enquanto o processo não encerrar, a inabilitação (e, portanto, a atuação do curador) circunscreve-se

[518] Neste sentido, FERNANDES, Luís A. Carvalho/LABAREDA, João, *Código da Insolvência e da Recuperação de Empresas Anotado*, Quid Juris, Lisboa, 2008, pp. 624-625, nota 8. Na jurisprudência, veja-se, por exemplo, o Ac. Rel. Guim., de 11-01-2007 (MANUEL BUCHO).

[519] A questão já não se coloca quando a inabilitação atinge os administradores de direito ou de facto do devedor. Veja-se, a este propósito, SERRA, Catarina, *As Novas Tendências do Direito Português da Insolvência – Comentário ao Regime dos Efeitos da Insolvência sobre o Devedor no Projecto do Código da Insolvência, in:* "Separata dos Estudos em Comemoração do 10º Aniversário da Licenciatura em Direito da Universidade do Minho", Universidade do Minho/Almedina, 2004, p. 221.

aos bens que não integram a massa insolvente (os bens não penhoráveis e as quantias recebidas a título de direito a alimentos), sendo os atos praticados pelo devedor sem a autorização ou sem a representação do curador anuláveis (art. 148º *ex vi* do art. 156º do Código Civil). Relativamente aos bens cuja disposição e administração é retirada ao devedor insolvente pelo art. 81º, nº 1, o insolvente é representado pelo administrador da insolvência, e qualquer ato que viole a proibição legal será ineficaz (art. 81º, nº 6).

Depois do encerramento do processo, o problema deixa de se colocar, uma vez que a privação do poder de disposição e de administração sobre os seus bens cessa a partir da declaração judicial de encerramento do processo de insolvência (art. 233º, nº 1, al. a)).

2.3.3.5.2. Inconstitucionalidade

A questão da *constitucionalidade* da inabilitação foi objeto de aceso debate na doutrina e na jurisprudência e deu origem a várias decisões do Tribunal Constitucional no sentido da inconstitucionalidade (em sede de apreciação concreta) da norma contida no art. 189º, nº 2, al. b). Nessa sequência, e uma vez que houve pelo menos três decisões de inconstitucionalidade material proferidas no âmbito de apreciação concreta, o Ministério Público requereu a apreciação e declaração de inconstitucionalidade com força obrigatória geral da norma "que impõe que o juiz, na sentença que qualifique a insolvência como culposa, decrete a inabilitação do administrador da sociedade comercial declarada insolvente". Por isso, e em homenagem ao princípio do pedido, a decisão de inconstitucionalidade proferida pelo Acórdão do Tribunal Constitucional nº 173/2009[520], versou apenas sobre a dimensão aplicativa da norma que impõe que o juiz decrete a inabilitação dos administradores de sociedade comercial declarada insolvente, deixando de fora todos os outros sujeitos passivos da declaração de insolvência culposa[521].

O teor deste Acórdão do Tribunal Constitucional foi apenas o seguinte: "o Tribunal Constitucional acorda em declarar, com força obrigatória geral, a inconstitucionalidade do artigo 189º, nº 2, al. *b)*, do Código da Insolvência e da Recuperação de Empresas, aprovado pelo Decreto-Lei nº 53/2004,

[520] Publicado no Diário da República, série I, nº 85, de 4 de maio de 2009, pp. 2518-2523.

[521] Facto que foi criticado pelo relator do Acórdão, JOAQUIM DE SOUSA RIBEIRO, na sua declaração de voto.

de 18 de Março, por violação dos artigos 26º e 18º, nº 2, da Constituição da República Portuguesa, na medida em que impõe que o juiz, na sentença que qualifique a insolvência como culposa, decrete a inabilitação do administrador da sociedade comercial declarada insolvente"[522].

Entendeu o Tribunal Constitucional, em primeiro lugar, que a inabilitação prevista no art. 186º, nº 2, al. b), não preenche nenhum dos requisitos subjacentes às incapacidades. Desde logo, não lhe subjaz qualquer incapacidade natural, mas apenas uma atuação culposa do devedor ou dos seus administradores.

Em segundo lugar, a inabilitação prevista no CIRE não visa proteger o próprio incapaz, não se destina a proteger um "sujeito deficitário".

Em terceiro lugar, também não entendeu o Tribunal Constitucional que a inabilitação se destine a proteger os interesses dos credores concursais, os quais estão salvaguardados por um mecanismo do processo de insolvência adequado à conservação dos bens que integram a massa insolvente: a privação do poder de disposição e de administração prevista no art. 81º, nº 1.

Por último, o Tribunal Constitucional também entendeu que a inabilitação não pode "contribuir eficazmente para a defesa dos interesses gerais do tráfego, resguardando a posição de eventuais credores futuros do inabilitado", já que a invalidade dos atos praticados pelo inabilitado sem consentimento do curador não poderá ser por eles arguida.

Por isso, o Tribunal Constitucional só encontra uma explicação para a inabilitação: tem "um alcance punitivo, traduzindo-se numa verdadeira pena para o comportamento ilícito e culposo do sujeito atingido". E, ainda que se entenda que visa proteger os interesses do comércio jurídico, o CIRE já contempla a inibição para o exercício do comércio, ficando por isso violado o critério da necessidade ou exigibilidade imposto pelo princípio da proporcionalidade.

[522] A declaração de inconstitucionalidade com força obrigatória geral produz efeitos desde a entrada em vigor da norma declarada inconstitucional e tem eficácia repristinatória, determinando a reentrada em vigor das normas por ela revogadas (art. 282º da Constituição da República Portuguesa). Assim, CANOTILHO, J. J. Gomes/MOREIRA, Vital, *Constituição da República Portuguesa Anotada*, 3ª edição revista, Coimbra Editora, Coimbra, 2007, pp. 1040 e ss; CANOTILHO, J. J. Gomes, *Direito Constitucional*, 5ª edição, Almedina, Coimbra, 2002, pp. 1012 e 1013; MEDEIROS, Rui, *A Decisão de Inconstitucionalidade*, UCE, Lisboa, 1999, pp. 533 e ss.

2.3.4. O incidente pleno de qualificação

2.3.4.1. Tramitação

Nos termos do art. 36.º, n.º 1, al. i), o juiz declara aberto o incidente de qualificação da insolvência na sentença declarativa de insolvência, se dispuser de elementos que o justifiquem. A abertura do incidente nos casos em que a insolvência é manifestamente fortuita (as hipóteses dos "3D" nas pessoas singulares – desemprego, doença, divórcio) tem ocupado injustificadamente os tribunais. Por isso, por força da Lei n.º 16/2012, de 20 de abril, o incidente deixou de ter caráter obrigatório, para assumir natureza eventual: o incidente pode ser aberto na sentença, ou pode ser aberto mais tarde, ou pode até nem chegar a ser aberto[523].

2.3.4.1.1. Abertura do incidente na sentença declarativa de insolvência

Desde logo, na sentença declarativa da insolvência, o juiz, caso disponha de elementos que justifiquem a abertura do incidente de qualificação da insolvência, declara aberto o incidente de qualificação, com caráter pleno ou limitado, sem prejuízo do disposto no art. 187.º. Que elementos serão estes? A lei nada diz. Pensamos que se, no momento da prolação da sentença, o processo contiver indícios suficientemente fortes de que a insolvência é culposa, o juiz deverá declarar aberto o incidente (por exemplo, se, no momento da prolação da sentença, é patente a violação do dever de apresentação, hipótese prevista no art. 186.º, n.º 3, al. a) e que constitui presunção de culpa grave da insolvência).

Da norma parece resultar que, em princípio, o juiz não deverá declarar aberto o incidente de qualificação na sentença, a não ser que se preencha a hipótese prevista no art. 36.º, n.º 1, al. i)[524]. Portanto, parece também resultar

[523] Se o incidente não for aberto, na decisão de encerramento do processo o juiz deve declarar expressamente o caráter fortuito da insolvência (art. 233.º, n.º 6). Sobre os riscos resultantes do caráter eventual do incidente, veja-se Branco, José Manuel, *Responsabilidade Patrimonial e Insolvência Culposa – da falência punitiva à insolvência reconstitutiva*, Almedina, Coimbra, 2015, p. 60.

[524] No Anteprojeto de alteração ao CIRE, de 24 de novembro de 2011, o legislador ia mais longe e, nos casos em que o juiz decidisse não abrir o incidente na sentença, determinava a declaração com caráter provisório, já na sentença declarativa da insolvência, do caráter fortuito da insolvência. Esta proposta foi muito criticada pela Associação Sindical dos Juízes Portugueses, no seu Parecer sobre o Anteprojeto de Alteração ao CIRE, de 24 de novembro de 2011, pp. 8-11.

do preceito que o juiz deverá simplesmente omitir a referência ao incidente de qualificação, ou, pelo menos, se declarar não abrir, não precisa de fundamentar essa decisão.

Mas, se decidir declarar aberto o incidente, deverá fundamentar a sua decisão (na sentença)? Impõe-se aqui um préjuízo, que poderá ser excessivamente oneroso para o juiz e que poderá constituir um desincentivo à atividade probatória dos interessados (prevista no art. 188.º)[525].

2.3.4.1.2. Abertura ulterior do incidente

Nos termos do art. 188.º, n.os 1 e 2, o juiz poderá declarar aberto o incidente de qualificação da insolvência, através de despacho (irrecorrível), publicado no portal *Citius*, de imediato[526].

A abertura ulterior do incidente tem que ser solicitada[527] pelo administrador da insolvência ou por qualquer interessado na qualificação da insolvência[528], através de requerimento, autuado por apenso, apresentado até 15 dias após a realização da assembleia de apreciação do relatório[529], onde é alegado,

[525] Pronunciou-se contra a atribuição ao juiz da opção de desencadear o incidente o Sindicato dos Magistrados do Ministério Público, no seu parecer sobre o Anteprojeto de Alteração ao CIRE, de 24 de novembro de 2011, p. 4. Sobre os riscos desta possibilidade de abertura do incidente na sentença declarativa de insolvência, ver Branco, José Manuel, *Qualificação da Insolvência (evolução da figura), in*: "Revista de Direito da Insolvência", n.º 0, Almedina, Coimbra, 2016, pp. 24 e ss.

[526] Acerca da incoerência entre os dois momentos de abertura do incidente, veja-se Branco, José Manuel, *Dos Suspeitos do Costume aos Culpados Improváveis (algumas considerações sobre os intervenientes no âmbito do incidente de qualificação da insolvência), in:* "Revista de Direito da Insolvência", n.º 2, Almedina, Coimbra, 2018, pp. 46 e ss.

[527] A lei não prevê a admissibilidade de o juiz declarar oficiosamente a abertura ulterior do incidente.

[528] Para este efeito, interessados são, não só os credores, mas os restantes legitimados para intentar a ação de insolvência (art. 20º, nº 1). Interessado na qualificação da insolvência como culposa, segundo Carvalho Fernandes – *A Qualificação da Insolvência e a Administração da Massa Insolvente pelo Devedor, in:* "Themis – Revista da Faculdade de Direito da UNL, Edição Especial – *Novo Direito da Insolvência*", 2005, p. 88. Segundo José Manuel Branco, é concebível que um mero sócio de uma sociedade comercial apresente alegações no sentido da culpabilidade na produção da insolvência, imputado-a, designadamente, a determinado administrador, de direito ou de facto – *Qualificação da Insolvência (evolução da figura), in*: "Revista de Direito da Insolvência", n.º 0, Almedina, Coimbra, 2016, pp. 16 e 17, nota 13.

[529] Muito crítico em relação a esta solução legal, por não permitir a apresentação do requerimento mais tarde, veja-se o Parecer do Conselho Geral da Ordem dos Advogados sobre o

fundamentadamente, o que tiverem por conveniente para efeitos de qualificação como culposa e são indicadas as pessoas que devem ser afetadas por tal qualificação (art. 188.º, n.º 1). Se não tiver sido convocada a assembleia de apreciação do relatório, o prazo de 15 dias conta-se a partir da junção aos autos do relatório de apreciação previsto no art. 155.º[530].

2.3.4.1.3. Tramitação subsequente

Quando o incidente é aberto oficiosamente na sentença declarativa da insolvência ou é aberto ulteriormente, a pedido de qualquer interessado (ou seja, em ambas as hipóteses o administrador da insolvência não requereu a abertura do incidente), o administrador da insolvência apresenta no prazo de 20 dias (ou no prazo mais dilatado que lhe tenha sido fixado pelo juiz), parecer devidamente fundamentado e documentado sobre os factos relevantes e que termina com a formulação de uma proposta que identifique as pessoas afetadas pela qualificação da insolvência como culposa (art. 188.º, n.º 3). Em consequência da alteração incorporada na Lei nº 16/2012, de 20 de abril, o prazo para apresentação do parecer do administrador da insolvência foi alargado de 15 para 20 dias, contrariando a tendência de encurtamento dos prazos previstos no CIRE. Este prazo de 20 dias poderá, inclusivamente, ser alargado, em nosso entender, oficiosamente ou a pedido do próprio interessado.

Anteprojeto de Alteração ao CIRE, de 24 de novembro de 2011, p. 8: "Por exemplo, os actos resolúveis, nos termos do artigo 120.º e seguintes do CIRE por vezes apenas chegam ao conhecimento do administrador da insolvência e/ou credores depois de decorrido o referido prazo, podendo tais actos justificar a eventual qualificação da insolvência como culposa". Por isso, sugeria-se a admissibilidade de o requerimento ser apresentado mais tarde, desde que o interessado provasse que apenas teve conhecimento do facto após decorrido o prazo previsto no art. 188.º, n.º 1. Para nós, se a admissibilidade de abertura do incidente após a sentença foi determinada pela insuficiência dos elementos carreados para o processo no momento da prolação da sentença para aferir da necessidade de abertura do incidente, então, por maioria da razão, este limite temporal não deveria existir. O Ac. Rel. Co., de 10-03-2015 (Catarina Gonçalves), qualificou como perentório este prazo e rejeitou a possibilidade de abertura oficiosa do juiz, nesta fase. Sobre a questão, veja-se Branco, José Manuel, *Qualificação da Insolvência (evolução da figura), in*: "Revista de Direito da Insolvência", n.º 0, Almedina, Coimbra, 2016, pp. 30 e ss.

[530] O art. 188.º, n.º 1, foi alterado pelo art. 3.º do D.L. n.º 79/2017, de 30 de junho. Veio dar-se resposta à questão que se colocava, à luz da redação anterior, quanto ao momento *a quo* de contagem do prazo nos casos de dispensa de assembleia de apreciação do relatório.

Este prazo de 20 dias é contado a partir de que momento? Se o incidente foi aberto nos termos do art. 188.º, n.º 1 e 2, os 20 dias contam-se a partir da publicação no *Citius* do despacho de abertura do incidente (n.º 2 do art. 188.º). Mas, se o incidente for aberto na sentença, este prazo de 20 dias conta-se a partir de que momento? Do término do prazo de 15 dias após a realização da assembleia de apreciação do relatório (art. 188.º, n.º 1) ou da data da prolação da sentença?[531] A apresentação deste parecer constitui uma faculdade ou um dever[532]? Será que o administrador da insolvência pode apresentar mais tarde, com ou sem multa, será que pode ser convidado a apresentar mais tarde[533]?

Os interessados também podem apresentar parecer nos 15 dias seguintes à data da assembleia de apreciação do relatório (ou, caso esta não ocorra, em relação a outra data)[534]. A redação alterada do n.º 1 do art. 188.º induz o intérprete na conclusão de que este parecer dos interessados servirá de

[531] Na redação inicial do preceito, havia quem se questionasse quanto ao momento *a quo* de contagem deste prazo (a assembleia de apreciação do relatório ou o término dos 15 dias do prazo dos interessados). A este propósito, veja-se FERNANDES, Luís A. Carvalho/LABAREDA, João, *Código da Insolvência e da Recuperação de Empresas Anotado*, Quid Juris, Lisboa, 2008, p. 617, nota 6.

[532] A redação do preceito continua a utilizar a expressão "apresenta", não tendo sido acolhidas as sugestões feitas pelo Conselho Superior da Magistratura no sentido de regular as consequências da sua omissão – cfr. Parecer sobre o Anteprojeto de Diploma de Alteração ao CIRE, de 24 de novembro de 2011, ponto 4. Segundo o Ac. Rel. Po., de 29-10-2009 (FILIPE CAROÇO), o "administrador da insolvência é um colaborador do tribunal; não é uma parte no processo. Como tal, a emissão do parecer não é um direito dele, mas um dever funcional. Não está na disponibilidade do administrador emitir ou não emitir o parecer com formulação de uma proposta para qualificação da insolvência. Deve fazê-lo, sob pena de ser considerado relapso no cumprimento das suas competências, devendo então ser advertido, mesmo multado nos termos das regras gerais, ou até demitido pelo tribunal e substituído por novo administrador".

[533] Será este prazo prescricional? A jurisprudência já se pronunciou sobre a questão: a Relação de Coimbra, no Acórdão de 23-01-2008 (FALCÃO DE MAGALHÃES), considerou que o decurso do prazo de 15 dias previsto no art. 188º, nº 2, não preclude a possibilidade de o administrador apresentar parecer sobre a qualificação da insolvência, devendo considerar-se este prazo meramente ordenador. No mesmo sentido, veja-se o Ac. Rel. Po., de 17-11-2008 (SOUSA LAMEIRA). Será que o juiz deve instar o administrador a cumprir? Em sentido contrário, veja-se OLIVEIRA, Rui Estrela, *Uma Brevíssima Incursão pelos Incidentes de Qualificação da Insolvência, in:* "O Direito", Ano 142º, 2010, V, pp. 953 e ss.

[534] Para RUI PEREIRA ESTRELA, "apresentadas as *alegações*, o apresentante passa a ser considerado *parte processual* e, como tal, deve ter personalidade judiciária, capacidade judiciária, legitimidade e deve fazer-se representar por advogado". Cfr. *Uma Brevíssima Incursão pelos Incidentes de Qualificação da Insolvência, in:* "O Direito", Ano 142º, 2010, V, p. 951.

suporte à decisão ulterior de abertura ou não do incidente de qualificação da insolvência (e, portanto, só será apresentado quando o incidente não foi declarado aberto na sentença declarativa de insolvência). No entanto, a ser assim, não será possível ouvir os interessados de todo em todo, o que não parece ter sido intenção do legislador.

O parecer do administrador da insolvência (sobre a qualificação da insolvência – previsto no n.º 3 do art. 188.º) e as alegações (do administrador da insolvência e dos interessados) que suportaram o pedido de abertura do incidente (n.º 1 do art. 188.º) vão com vista ao M.P., para que se pronuncie no prazo de 10 dias (art. 188.º, n.º 4)[535_536].

A tramitação ulterior vai depender do sentido dos pareceres: se o administrador da insolvência e o M.P. propuserem a qualificação da insolvência como fortuita, o juiz pode proferir de imediato a decisão, insuscetível de recurso (art. 188.º, n.º 5); se não exercer essa *faculdade*[537], de acordo com o art. 188.º, n.º 6, o juiz manda notificar o devedor e citar pessoalmente aqueles que, em

[535] Quanto ao *conteúdo* do parecer, a jurisprudência tem entendido que não basta ao Ministério Público apresentar documentos, devendo também emitir o seu parecer. Perante tal omissão, o juiz, no âmbito dos seus poderes inquisitórios, deverá instar o Ministério Público a completar o seu parecer. Assim, Ac. Rel. Guim., de 14-06-2006 (VIEIRA E CUNHA). No *direito espanhol*, o Ministério Público tem também um prazo de 10 dias para emitir parecer. Se o Ministério Público não emitir o seu parecer dentro deste prazo, o processo continua, entendendo-se que o Ministério Público não se opõe à qualificação (art. 169, 2, *Ley Concursal*). No sentido da solução espanhola, veja-se Subtil, A. Raposo/ESTEVES, Matos/ESTEVES, Maria José/MARTINS, Luís M., *Código da Insolvência e da Recuperação de Empresas*, 2ª edição, Porto, Vida Económica, 2006, p. 268. CARVALHO FERNANDES e JOÃO LABAREDA defendem que o juiz deverá providenciar para que o administrador e o Ministério Público emitam os seus pareceres – *Código da Insolvência e da Recuperação de Empresas Anotado*, Quid Juris, Lisboa, 2008, p. 618, nota 9.

[536] No sentido de que o Ministério Público assume duas funções no próprio incidente de qualificação da insolvência, entre nós, FERNANDES, Luís A. Carvalho, *A Qualificação da Insolvência e a Administração da Massa Insolvente pelo Devedor, in:* "Themis – Revista da Faculdade de Direito da UNL, Edição Especial – *Novo Direito da Insolvência*", 2005, p. 90, nota 15. Considerando que, para efeitos do incidente de qualificação da insolvência, o MP e o administrador a insolvência não são interessados nem partes, cfr. BRANCO, José Manuel, *Qualificação da Insolvência (evolução da figura), in*: "Revista de Direito da Insolvência", n.º 0, Almedina, Coimbra, 2016, pp. 34 e 35, nota 37. O Autor designa-os de "intervenientes forçosos no incidente", cfr. *Dos Suspeitos do Costume aos Culpados Improváveis (algumas considerações sobre os intervenientes no âmbito do incidente de qualificação da insolvência), in:* "Revista de Direito da Insolvência", n.º 2, Almedina, Coimbra, 2018, pp. 51 e ss.

[537] Ou seja, nos casos em que as propostas do administrador da insolvência e do Ministério Público não coincidem, nos casos em que as propostas coincidem na qualificação da insolvência

seu entender, devam ser afetados pela qualificação da insolvência como culposa para se oporem, querendo, no prazo de 15 dias[538] (a notificação e as citações devem ser acompanhadas dos pareceres do administrador da insolvência e do M.P., bem como dos documentos que os instruam)[539].

No prazo de 15 dias a contar da citação e da notificação, o devedor e as pessoas afetadas poderão deduzir oposição aos pareceres (art. 188º, nº 5). Se for apresentada oposição, o administrador da insolvência, o Ministério Público e qualquer interessado[540] poderão responder às oposições,

como culposa e ainda nos casos em que coincidem na qualificação como fortuita, sem a concordância do juiz.

538 No sentido de que não é aplicável, neste caso, o disposto no art. 12.º, pois os citandos não são chamados na qualidade de devedores, veja-se SILVA, Fátima Reis, *Processo de Insolvência: os Órgãos de Insolvência e o Plano de Insolvência, in:* "Revista do CEJ", 2.º semestre 2010, n.º 14, p. 140.

539 Assim, a Lei nº 16/2012, de 20 de abril, acolheu as críticas que foram feitas nos mais variados quadrantes ao n.º 4 e ao n.º 5 do art. 188.º. Na redação anterior do art. 188.º, n.º 4, o juiz estava obrigado a decidir conforme o parecer do M.P. e do administrador da insolvência, quer quanto à qualificação da insolvência como fortuita, se ambos o defendessem, como quanto às pessoas que deveriam ser afetadas pela qualificação da insolvência. Se os dois pareceres coincidissem na qualificação da insolvência como fortuita, prescrevia o art. 188º, nº 4, que o juiz proferia de imediato sentença que qualificasse a insolvência como fortuita, a qual era insuscetível de recurso. Esta solução legal era criticada pela jurisprudência e pela doutrina, pois poderia acontecer que os factos constantes do processo fossem subsumíveis em alguma das alíneas do art. 186º, nº 2 (ou até do nº 3). Neste caso, e por força do princípio do inquisitório expressamente consagrado no art. 11º (e que abrange o processo, os seus incidentes e embargos), era entendimento de alguma doutrina e jurisprudência que o juiz devia recusar a qualificação da insolvência como fortuita, dando seguimento ao incidente. Assim, FERNANDES, Luís A. Carvalho/LABAREDA, João, *Código da Insolvência e da Recuperação de Empresas Anotado.* Quid Juris, Lisboa, 2008, p. 619, nota 10. Para uma hipótese um pouco diferente, o Tribunal Constitucional foi chamado a pronunciar-se no Acórdão nº 261/2008: se os pareceres do M.P. e do administrador da insolvência coincidirem na qualificação da insolvência como fortuita, mas ainda não é manifesto o preenchimento dos pressupostos da qualificação da insolvência como culposa. Neste caso, o juiz recusou a aplicação da norma (por inconstitucionalidade material – ao vincular o juiz aos pareceres do administrador da insolvência e do Ministério Público) e, em nome do contraditório, mandou prosseguir o incidente, abstendo-se de proferir sentença. A solução legal pretérita foi decalcada do *direito espanhol* (art. 170, 1, *Ley Concursal*), cuja doutrina tem sido igualmente muito crítica. Assim, GARCÍA-GRUCES, José Antonio, *Comentario de la Ley Concursal* (tomo II), org. Rojo, Ángel/Beltrán, Emilio, Thomson, 2004, pp. 2563 e ss.

540 Para este efeito, interessado será qualquer credor, mas também os restantes legitimados para requerer a declaração de insolvência (art. 20º, nº 1, proémio).

caso assumam posição contrária, dentro de um prazo de 10 dias a contar do termo do prazo de 15 dias para dedução de oposição (art. 188º, nº 7). Às oposições e às respostas são aplicáveis, com as devidas adaptações, os arts. 132º-134º e à tramitação ulterior do incidente os arts. 135º-139º (*ex vi* remissão expressa do art. 188º, nº 8).

Por fim, a sentença que qualifique a insolvência como culposa é suscetível de *recurso*, nos termos gerais do art. 14º, tendo legitimidade para tal todas as pessoas afetadas pela qualificação[541].

2.3.4.2. Efeitos

A qualificação da insolvência como culposa produz um conjunto de efeitos substantivos de natureza estritamente civil (cfr. art. 185º) na esfera jurídica das pessoas afetadas (art. 186º, nº 2): a inibição para a administração de patrimónios de terceiros (por um período de 2 a 10 anos), a inibição para o exercício do comércio (por um período de 2 a 10 anos), a obrigação de indemnizar os credores do devedor insolvente no montante dos créditos não satisfeitos, até às forças dos respetivos patrimónios. É ao juiz que cabe fixar na sentença qualificadora a duração exata destes efeitos.

Por se tratar de um incidente pleno de qualificação, o juiz deve ainda, na sentença que qualifica a insolvência como culposa, determinar a perda de quaisquer créditos sobre a insolvência (art. 47º) ou sobre a massa insolvente (art. 51º) de que sejam titulares as pessoas afetadas pela qualificação e a sua condenação na restituição dos bens ou direitos já recebidos em pagamento desses créditos (art. 189º, nº 2, al. d))[542].

Em consequência, ao administrador da insolvência está vedado o pagamento daqueles créditos e, caso esses pagamentos já tenham ocorrido, deve a sentença qualificadora condenar na restituição do que haja sido recebido[543]. Tratar-se-á assim de um crédito pertencente à massa, que compete ao

[541] Assim, LEITÃO, Luís M. T. de Menezes, *Direito da Insolvência*, 8ª edição, Almedina, Coimbra, 2018, p. 288.

[542] *No direito espanhol*, veja-se um efeito semelhante no art. 172, 2, *Ley Concursal*.

[543] No sentido de que se trata de uma "situação de confisco-sanção, como penalização pela sua responsabilidade na insolvência", veja-se LEITÃO, Luís M. T. de Menezes, *Direito da Insolvência*, 8ª edição, Almedina, Coimbra, 2018, p. 292.

administrador da insolvência reclamar, não parecendo necessário recorrer ao mecanismo da resolução em benefício da massa insolvente[544].

2.3.5. O incidente limitado de qualificação

2.3.5.1. Âmbito de aplicação

O incidente limitado é aplicável apenas em dois casos regulados na lei: um caso, previsto no art. 39º, nº 1, e o outro caso, previsto no art. 232º, nº 5. Ambos têm em comum a constatação da insuficiência da massa insolvente para o pagamento das custas processuais e das dívidas da massa[545]. Porém, entre eles existem importantes diferenças:

- se no art. 39º, nº 1, é o juiz que, na própria sentença declarativa de insolvência, constata essa insuficiência, e declara aberto o incidente limitado; no art. 232º, nº 5, é o juiz, oficiosamente, ou o administrador da insolvência que constata essa insuficiência (naturalmente, depois da sentença declarativa de insolvência) e a comunica ao juiz para que dê início ao procedimento de encerramento por insuficiência da massa insolvente.
- em consequência, no art. 39º, nº 1, o incidente é imediatamente aberto como limitado; pelo contrário, no art. 232º, nº 5, o incidente foi aberto como pleno, podendo eventualmente ser convertido em incidente limitado, tudo dependendo do momento em que o administrador da insolvência se apercebe da insuficiência (podendo até acontecer que o incidente já estivesse findo).

2.3.5.2. Tramitação

A tramitação do incidente limitado é regulada pelos arts. 39º, 188º e 191º, nº 1, als. a) e b) e nº 2, 232º e 132º-139º.

A tramitação é regulada por referência à tramitação do incidente pleno, com as devidas adaptações. Assim, o prazo para o administrador da insolvência

[544] Neste sentido, por todos, cfr. LEITÃO, Luís M. T. de Menezes, *Direito da Insolvência*, 8ª edição, Almedina, Coimbra, 2018, p. 292.

[545] Em 2007, através do D.L. nº 282/2007, de 7 de agosto, foi aditado um nº 9 ao art. 39º e um nº 7 ao art. 232º, com uma presunção de insuficiência da massa insolvente quando o património é inferior a €5000.

e qualquer interessado alegar o que entender ser conveniente para a qualificação da insolvência como culposa é de 45 dias a contar da data da sentença declarativa de insolvência (art. 191.º, n.º 1, al. a))[546]. Por seu turno, o administrador da insolvência apresenta o seu parecer nos 15 dias seguintes (art. 191º, nº 1, al. a)).

Depois, de acordo com o art. 191º, nº1, al. b), é ao insolvente que compete exibir os documentos da escrituração, uma vez que por força do art. 39º, nº 1, não há lugar à apreensão da contabilidade do devedor (prevista no art. 36º, nº 1, al. g)) e, de acordo com o art. 233º, nº 1, al. b), encerrado o processo de insolvência cessam as atribuições do administrador da insolvência.

Em terceiro lugar, ao administrador da insolvência é facultado o acesso aos elementos de contabilidade do devedor, para proceder à elaboração do seu parecer (arts. 191º, nº 2, e 83º).

2.3.5.3. Efeitos

A qualificação da insolvência como culposa no âmbito do incidente limitado desencadeia os mesmos efeitos que são produzidos no incidente pleno, com exceção do efeito previsto pela al. d) do nº 2 do art. 189º (art. 191º, nº 1, al. c), *a contrario*)[547].

[546] O art. 3.º do D.L. n.º 79/2017, de 30 de junho, alterou o art. 191.º, n.º 1, al. a), suprimindo a data da decisão de encerramento prevista no art. 232.º, n.º 5, do momento *a quo* para a contagem do prazo para as alegações. Esta solução legal era já criticada por nós, uma vez que, quando o processo é encerrado nos termos do art. 233.º, n.º 5, o incidente corre sempre com caráter pleno. Ora, de acordo com o art. 188.º, n.º 1, já correu o prazo de 15 dias a contar da data da realização da assembleia de apreciação do relatório. Se, entretanto, o processo encerra e o incidente é convolado em incidente limitado (art. 232.º, n.º 5), começaria a correr um novo prazo de 45 dias para que os interessados ou o M.P. fizessem as suas alegações. Esta solução legal não fazia sentido, pois, sem qualquer razão que o justificasse, o limite do prazo poderia chegar aos 90 dias. Para além disso, se já tivesse decorrido o prazo de 45 dias sem que houvesse alegações, haveria ainda uma última (e desnecessária) hipótese de abertura do incidente.

[547] A Doutrina tem justificado este regime jurídico na insuficiência da massa (p.ex. FERNANDES, Luís A. Carvalho, *A Qualificação da Insolvência e a Administração da Massa Insolvente pelo Devedor, in:* "Themis – Revista da Faculdade de Direito da UNL, Edição Especial – *Novo Direito da Insolvência*", 2005, p. 93; SERRA, Catarina, *Lições de Direito da Insolvência*, Almedina, Coimbra, 2018, p. 164). Porém, salvo o devido respeito, se a massa é insuficiente, o efeito até será vantajoso, pois reforça a posição dos credores. Penso que, no caso do art. 39º, tem a ver com a não abertura da fase de liquidação e verificação do passivo e, no caso do art. 232º, tem a ver com a disciplina do art. 223º, nº 2, al. b). Por isso, se a massa for

2.3.6. Possibilidade de convolação do incidente limitado em incidente pleno e vice-versa

Por força do art. 39º, nº 4, o incidente de qualificação da insolvência prosseguirá com caráter pleno se for pedido o complemento da sentença (*convolação necessária*): ao completar o conteúdo da sentença, deverá o juiz convolar o incidente.

Por seu turno, segundo o art. 232º, nº 5, o incidente inicialmente pleno passa a seguir os termos do incidente limitado, desde que tal ainda seja possível (*convolação eventual*): na sentença de encerramento do processo, o juiz deverá fazer a convolação do incidente.

§2 Efeitos processuais externos da declaração de insolvência

1. Introdução

Os efeitos processuais *externos* da declaração de insolvência compreendem o conjunto dos efeitos sobre as ações a propor ou pendentes em que o insolvente é parte (como autor ou como réu) e contrapõem-se aos efeitos processuais *internos* da declaração de insolvência, isto é, a tramitação (eminentemente executiva) subsequente à prolação da sentença, designadamente, a apreensão e liquidação dos bens e o pagamento aos credores.

Sendo o processo de insolvência um processo *universal* (pois existe um conjunto de bens, que a lei designa de massa insolvente, cujo destino será definido exclusivamente no processo de insolvência com vista à satisfação do interesse dos credores), ficam vedados ao insolvente os atos de disposição e de administração dos bens que integram a massa insolvente, assim como qualquer ato que possa afetar os respetivos bens (*congelamento da massa insolvente*).

Sendo o processo de insolvência um processo *concursal* (pois todos os credores são chamados a reclamar os seus créditos no processo), fica vedada aos credores a possibilidade de obterem o pagamento dos respetivos créditos por qualquer outra via que não a via do processo de insolvência – nesta matéria vigora o *princípio da exclusividade da instância insolvencial.*

Partindo destas duas características fundamentais, poderemos compreender a razão de ser e o alcance de algumas soluções contempladas na

insuficiente e o processo encerrar, mas o administrador só se aperceber de tal facto muito tarde (e o incidente pleno já estiver concluído), apesar da insuficiência da massa, o efeito do art. 189º, nº 2, al. d), mantém-se intocado.

lei: a matéria está regulada no Título IV, essencialmente no seu capítulo II (nos arts. 85º-89º), mas também no seu capítulo I (no art. 82º, nºs 2-6), e no Código de Processo Civil, no art. 793º.

2. Efeitos sobre as ações declarativas

2.1. Destino das ações

2.1.1. Regime jurídico

Por força do art. 85º, nº 1, as ações em que se apreciem questões relativas a bens compreendidos na massa insolvente, intentadas contra o devedor ou contra terceiro[548], mas que possam influenciar o valor da massa insolvente, e as ações exclusivamente patrimoniais intentadas pelo devedor, poderão ser apensadas ao processo de insolvência, a pedido do administrador da insolvência, com fundamento na conveniência para os fins do processo[549].

A apensação é uma consequência do caráter universal e concursal do processo de insolvência: uma vez que são apreendidos e liquidados todos os bens penhoráveis do insolvente (universalidade do processo de insolvência), independentemente da verificação do passivo, todos os credores devem ser chamados ao processo para nele (e só nele – exclusividade da instância[550]) obterem a satisfação dos seus direitos[551].

[548] Segundo o art. 1198º, nº 2, do Código de Processo Civil de 1961, as ações intentadas contra o insolvente e contra terceiro não eram apensadas ao processo de falência, pois o processo de falência estava limitado subjetivamente ao falido. Por isso, as ações prosseguiam contra os terceiros apenas e o falido era absolvido da instância nesse processo, pois não se podia "conhecer de responsabilidades do falido fora do processo de falência" (restava ao respetivo credor reclamar no processo de falência) – a este propósito, veja-se MACEDO, Pedro de Sousa, *Manual de Direito das Falências*, vol. II, Almedina, Coimbra, 1968, p. 112.

[549] No sentido de que esta apensação perde razão de ser nos casos de declaração de insolvência com caráter limitado, se não tiver sido requerido o complemento da sentença, veja-se FERNANDES, Luís A. Carvalho/LABAREDA, João, *Código da Insolvência e da Recuperação de Empresas Anotado*, Quid Juris, Lisboa, 2008, p. 355, nota 8.

[550] PEDRO DE SOUSA MACEDO fala a este propósito de um efeito aglutinador do processo de insolvência – "todas as responsabilidades do falido são apreciadas pelo procedimento falimentar, no apenso da verificação do passivo": *Manual de Direito das Falências*, vol. II, p. 111.

[551] Por isso, de acordo com o art. 91º, nº 1, a declaração de insolvência importa o vencimento de todas as obrigações do insolvente não sujeitas a condição suspensiva.

Por isso, as ações declarativas intentadas contra o insolvente, pendentes à data de declaração de insolvência, poderão seguir uma das seguintes vias[552]: são apensadas ao processo de insolvência, são suspensas ou extinguem-se[553].

Serão *apensadas*, se o juiz entender que são pertinentes para os fins do processo[554]. A apensação tem a vantagem do aproveitamento da atividade desenvolvida em ações pendentes, por forma a serem consideradas na verificação do passivo. Para além do mais, todas as ações apensadas ao processo de insolvência passam a ser consideradas urgentes, por força do disposto no art. 9.º, n.º 1. Se a apensação for solicitada depois de decorrido o prazo para a reclamação dos créditos, PEDRO DE SOUSA MACEDO defendia a inadmissibilidade da apensação por perda de utilidade – em consequência, a ação em curso deveria ser objeto de uma decisão de absolvição da instância, restando ao credor lançar mão da verificação ulterior de créditos[555].

[552] As ações patrimoniais intentadas pelo insolvente poderão ser apensadas ao processo de insolvência, nos termos do art. 85º, nº 1, ou então correrão o seu curso autonomamente, não parecendo existir fundamento legal para a sua suspensão ou extinção.

[553] Quanto à reclamação dos créditos laborais no processo de insolvência e a sua articulação com uma ação de natureza laboral em que se reclamem créditos emergentes da execução e cessação do contrato de trabalho, veja-se o Ac. STJ de 25-03-2010 (MANUEL PINTO HESPANHOL), segundo o qual "transitada em julgado a declaração de insolvência do devedor (não sendo aberto o incidente de qualificação com carácter limitado ou declarado aberto este incidente seja requerido o complemento de sentença) deixa de ter interesse o prosseguimento da acção instaurada com vista ao reconhecimento de eventuais direitos de crédito já que os mesmos terão de ser objecto de reclamação no processo de insolvência". Vejam-se, ainda, entre outros, o Ac. Rel. Lx., de 9-04-2008 (PAULA SÁ FERNANDES) e o Ac. Rel. Co., de 17-04-2008 (LUÍS MIGUEL FERREIRA DE AZEVEDO MENDES).Quanto a esta questão, na doutrina, DOMINGOS, Maria Adelaide, *Efeitos Processuais da Declaração de Insolvência sobre as Acções Laborais Pendentes, in:* "Memórias do IX e X Congressos Nacionais de Direito do Trabalho", Almedina, Coimbra, 2007, pp. 261 e ss, e COSTEIRA, Maria José/SILVA, Fátima Reis, *Classificação, Verificação e Graduação de Créditos no CIRE – em especial os créditos laborais, in:* "Prontuário de Direito do Trabalho", nºs 76, 77 e 78, Centro de Estudos Judiciários, Coimbra Editora, Coimbra, 2007, pp. 359-371.

[554] A apensação vigora apenas na pendência do processo de insolvência – encerrado o processo de insolvência, a ação é desapensada do processo e remetida para o tribunal competente (art. 233º, nº 4). Considerando que "o juiz a quem é efectuado o requerimento, controla os requisitos mas, verificados – e frisando-se que o juízo sobre a conveniência é do administrador da insolvência e não do juiz – está vinculado a ordenar a apensação", *vide* SILVA, Fátima Reis, *Efeitos Processuais da Declaração de Insolvência, in:* "I Congresso de Direito da Insolvência", Almedina, Coimbra, 2014, p. 256.

[555] *Manual de Direito das Falências*, vol. II, p. 111.

Se a ação não for apensada ao processo de insolvência, suscita-se de imediato a questão de saber se a declaração de insolvência de uma entidade importa a extinção, "por inutilidade superveniente da lide, de uma ação declarativa em que é demandada essa mesma entidade, para efeitos de condenação no reconhecimento de um crédito"[556]. O CIRE não contém qualquer preceito regulador desta questão, pelo que a solução deverá resultar da conjugação dos respetivos preceitos com as normas processuais gerais que disciplinam as ações declarativas de condenação: todavia, a coordenação destes normativos não tem sido pacífica no seio da jurisprudência.

2.1.2. O Acórdão de Uniformização de Jurisprudência n.º 1/2014

Se as Relações têm sido muito divergentes na resposta a esta questão, já o Supremo Tribunal de Justiça tem decidido maioritariamente no seguinte sentido: "transitada em julgado a sentença que declara a insolvência da demandada, a ação que visa o reconhecimento de um direito de crédito sobre a insolvente deve ser declarada extinta, por inutilidade superveniente da lide, de harmonia com o disposto no art. 287º, al. e) do CPCivil"[557].

Em defesa desta tese, o Supremo Tribunal de Justiça tem invocado um conjunto de argumentos. Desde logo, em resultado da declaração de insolvência, e na pendência do processo de insolvência, os credores só poderão exercer os seus direitos de acordo com o disposto no CIRE (art. 90º). Em consequência, deverão lançar mão da reclamação de créditos (nos termos do art. 128º, nº 1), ainda que o respetivo crédito já esteja verificado por decisão definitiva[558] (nº 3 do art. 128º), pois "o pagamento dos créditos sobre a insolvência apenas

[556] Ac. STJ, de 20-09-2011 (GARCIA CALEJO).

[557] Ac. STJ, de 20-09-2011 (GARCIA CALEJO). No mesmo sentido, vejam-se os Ac. STJ, de 25-03-2010 (PINTO HESPANHOL), e de 13-01-2011 (PEREIRA DA SILVA).

[558] Segundo o Ac. Rel. Lx. de 30-06-2010 (DURO MATEUS CARDOSO), "visando o processo de insolvência a colocação de todos os credores em posição de igualdade jurídica perante o património da insolvente mediante o concurso universal de credores, a afirmação e reconhecimento de direitos de crédito sobre a insolvente através de acções declarativas de condenação em que apenas um dos vários credores é parte, abriria o caminho a situações de conluio e favorecimento entre alguns dos vários credores ou de falsos credores, por um lado, e a empresa à beira da insolvência ou já insolvente, por outro, através de simples expedientes como a não contestação das acções, omissão de apresentação de prova, confissão dos factos ou do pedido, etc., tudo com prejuízo manifesto dos restantes credores não intervenientes na acção declarativa".

contempla os que estiverem verificados por sentença transitada em julgado" (art. 173º). Por isso, "declarada a insolvência, aberto o incidente de qualificação da insolvência com caráter pleno e fixado o prazo da reclamação de créditos, se as ações declarativas pendentes contra o devedor insolvente (em que se discutem direitos patrimoniais) prosseguirem, estar-se-á a desrespeitar o comando dos preceitos legais [...], com particular relevo para o art. 90º, porquanto aqueles credores da insolvência estariam, na pendência desta, a exercer os seus direitos por meios processuais alheios ao CIRE" – de nada servindo a sentença proferida na ação instaurada contra o devedor[559].

Em sentido contrário a esta tese do Supremo, podem ser apontados, no STJ o Acórdão de 15 de março de 2012 (SEBASTIÃO PÓVOAS), que determinou o prosseguimento da ação pois a declaração de insolvência não importa necessariamente a extinção da instância por inutilidade superveniente da lide, e, nas Relações[560], a tese de que "a declaração de insolvência não determina, só por si, a inutilidade das ações declarativas que têm como objecto o reconhecimento judicial de um crédito sobre a insolvente [...] Tal inutilidade apenas ocorrerá a partir do momento em que, no processo de insolvência, é proferida sentença de verificação de créditos, já que, a partir desse momento, é essa sentença que reconhece e define os direitos dos credores"[561].

A divergência jurisprudencial deu origem ao Acórdão de Uniformização de Jurisprudência nº1/2014, de 8 de maio de 2013[562] – cujo relator foi o Conselheiro MANUEL AUGUSTO FERNANDES DA SILVA – e que fixou o seguinte entendimento:

"Transitada em julgado a sentença que declara a insolvência, fica impossibilitada de alcançar o seu efeito útil normal a acção declarativa proposta pelo credor contra o devedor, destinada a obter o reconhecimento do crédito

559 Ac. STJ, de 20-09-2011 (GARCIA CALEJO).

560 Designadamente, os Acs. Rel. Po., de 17-12-2008 (MARIA CATARINA), de 22-09-2009 (ANA LUCINDA CABRAL), de 2-03-2010 (MARQUES DE CASTILHO) e de 1-06-2010 (GUERRA BANHA); e os Acs. Rel. Lx., de 30-06-2010 (PAULA SÁ FERNANDES) e de 15-02-2011 (MANUEL MARQUES). *No sentido da tese defendida pelo STJ*, vejam-se, por exemplo, os Acs. Rel. Co., de 22-03-2011 (ARTUR DIAS), e da Rel. Lx., de 3-06-2009 (SEARA PAIXÃO), de 30-06-2010 (DURO MATEUS CARDOSO) e de 16-03-2011 (NATALINO BOLAS).

561 Ac. da Rel. Po., de 17-12-2008 (MARIA CATARINA). No mesmo sentido, veja-se o voto de vencido de JORGE ARCANJO, *in* Ac. Rel. Co., de 22-03-2011 (ARTUR DIAS).

562 Publicado no D.R. nº 39/2014, I série, de 25 de fevereiro de 2014, pp. 1642-1650.

peticionado, pelo que cumpre decretar a extinção da instância, por inutilidade superveniente da lide, nos termos da alínea e) do art. 287.º do CPC"[563].

Pensamos que, apesar de a ação não ser apensada e o credor não reclamar o seu crédito no processo de insolvência, a ação declarativa condenatória conserva a sua utilidade e, por isso, deverá ser apenas suspensa e não extinta por inutilidade superveniente da lide[564]. Só no caso de o credor ter reclamado o seu crédito e de este ter sido objeto de sentença de verificação e graduação de créditos poderá a instância extinguir-se por inutilidade superveniente da lide (art. 277º, al. e) do CPCivil): na verdade, a sentença de verificação e graduação dos créditos proferida no processo de insolvência, depois de encerrado o processo, constitui para o efeito título executivo (art. 233º, nº 1, al. c)).

Em consequência, o momento processual em que esta extinção (a ocorrer) deverá operar não coincide com a reclamação do crédito, mas sim com o momento da prolação da sentença de verificação e graduação dos créditos. Na verdade, a reclamação do crédito não importa necessariamente a prolação de uma sentença de verificação e graduação dos créditos. Desde logo, na hipótese de encerramento do processo por insuficiência da massa, extingue-se a instância da verificação e graduação dos créditos, exceto se já tiver sido proferida sentença de verificação e graduação dos créditos (art. 233º, nº 2, al. b))[565]. Depois, também na hipótese de o processo encerrar a pedido do devedor (nos termos do art. 230º, nº 1, al. c)), pode o processo de insolvência

[563] O Acórdão refere-se ao preceito do CPCivil de 1961, que corresponde ao atual art. 277º, al. e) do CPCivil de 2013.

[564] "A impossibilidade ou inutilidade superveniente da lide dá-se quando, por facto ocorrido na pendência da instância, a pretensão do autor não se pode manter, por virtude do desaparecimento dos sujeitos ou do objecto do processo, ou encontra a satisfação fora do esquema da providência pretendida (...) a solução do litígio deixa de interessar – além, por impossibilidade de atingir o resultado visado; aqui, por ele já ter sido atingido por outro meio" – assim, FREITAS, José Lebre/REDINHA, João/PINTO, Rui, *Código de Processo Civil Anotado*, vol. 1.º, Coimbra Editora, 1999, p. 512.

[565] No caso de a insuficiência ser constatada na própria sentença declarativa de insolvência, e uma vez que a sentença só contém as referências das alíneas a) e b) do n.º 1 do art. 36.º, não podem ser aplicados os arts. 85.º-89.º. Neste sentido também o Ac. Rel. Po., de 5-05-2009 (MARIA EIRÓ), "A medida constante do referido preceito legal [art. 88.º, n.º 1, do CIRE] não faz sentido em relação aos casos em que apenas se declarou a insolvência restrita, em que não há, para além do mais, lugar à fase da reclamação de créditos".

terminar sem que o credor aí obtenha título comprovativo do seu direito contra o insolvente (art. 232º, n.º 2, al. b)).

Por isso, para nós, a reclamação do crédito não importa necessariamente a inutilidade superveniente da lide de natureza declarativa intentada contra o insolvente: a inutilidade superveniente só ocorrerá "a partir do momento em que, no processo de insolvência, é proferida sentença de verificação de créditos, já que a partir desse momento, é essa sentença que reconhece e define os direitos dos credores"[566].

2.1.3. O Acórdão de Uniformização de Jurisprudência n.º 5/2018

O Pleno das Secções Criminais do Supremo Tribunal de Justiça fixou a seguinte jurisprudência, no Acórdão de Uniformização de Jurisprudência n.º 5/2018, de 30 de outubro[567]: "A insolvência do lesante não determina a inutilidade superveniente da lide do pedido de indemnização civil deduzido em processo penal".

Este AUJ veio responder (negativamente) à questão da aplicabilidade da doutrina do AUJ n.º 1/2014, de 8 de maio de 2013, ao pedido de indemnização civil deduzido em processo penal, ou seja, à questão da extinção desta instância por inutilidade superveniente da lide uma vez declarada a insolvência do lesante (art. 277.º, alínea e), do CPCivil e 4.º do CPPenal)[568].

Considerou-se que "o pedido de indemnização civil enxertado no processo penal constitui um pedido de reparação de todos os danos emergentes da prática do facto criminoso. Se, por um lado, os pressupostos e os prazos de prescrição do direito à indemnização civil são os determinados pela lei civil (tal como estabelece o art. 129.º, do CP, e com isto o legislador acabou com a polémica ocorrida no âmbito do anterior CP, sobre a natureza da indemnização civil arbitrada em processo penal), assim se estabelecendo que

[566] Assim, o Ac. Rel. Po., de 17-12-2008 (MARIA CATARINA). Crítico quanto à solução do AUJ n.º 1/2014, veja-se OLIVEIRA, Artur Dionísio, *Os Efeitos da Declaração de Insolvência sobre as Ações Declarativas*, *in*: "Revista de Direito da Insolvência", n.º 0, Almedina, Coimbra, 2016, pp. 86 e ss.

[567] Publicado no Diário da República, Iª série, n.º 209, de 30 de outubro de 2018, pp. 5116-5127.

[568] "A questão de direito aqui relevante é a de saber se tendo sido a demandada, em pedido de indemnização civil fundado na prática do crime e enxertado na ação penal, declarada insolvente, por decisão transitada em julgado, deve (ou não) ser declarada a inutilidade superveniente da lide quanto àquele pedido enxertado naquela outra ação", com fundamento no AUJ n.º 1/2014 – ponto 2.4. do AUJ n. º 5/2018.

a indemnização deverá ser atribuída de acordo com os critérios substantivos jurídico-civilísticos, por outro lado, sob o ponto de vista adjetivo, negou-se, regra geral, esta autonomia e consagrou-se um sistema de adesão obrigatória". Ora, ao sistema de adesão[569] subjaz uma garantia superior à decorrente das regras processuais civis, assim se tutelando, não só "o interesse de economia e celeridade processual, onde assume destaque a não prolação de decisões contraditórias", como também, a aplicação ao demandado em adesão, em matérias relativas a proibições de prova, das regras do processo penal.

Em consequência, considerou o Supremo que "a especificidade inerente ao pedido de indemnização civil enxertado no processo penal impede uma apensação deste ao processo de insolvência, não devendo considerar-se extinta a instância por inutilidade superveniente da lide, ainda que o demandado seja insolvente por decisão transitada em julgado".

Em conclusão, e ainda segundo o Aresto, resta ao lesado, só após o reconhecimento do seu crédito na ação penal, reclamar o seu crédito indemnizatório no processo de insolvência. "Somente quando não ocorra o cumprimento desta obrigação e após o vencimento da dívida [isto é, tratando-se de obrigação resultante de ato ilícito, como tal não sujeita a interpelação, o vencimento do obrigação só se dá quando o crédito se torna líquido, o que pressupõe que o pedido de indemnização seja julgado procedente pela sentença condenatória, pelo que o vencimento da obrigação ocorre, neste caso, a partir da citação, data a partir da qual o devedor se constitui em mora (artigo 805.º, n.º 3, do Código Civil) (cf. Inocêncio Galvão Teles, Direito das Obrigações, 7.ª ed., 2010, Coimbra: Coimbra Editora, p. 256-7)] assiste ao credor o direito intervir no processo de insolvência para obter o pagamento da dívida pelo produto da liquidação dos bens do devedor. Deverá, então, ser reclamado o crédito no processo de insolvência no prazo fixado ou posteriormente até ao encerramento do processo de insolvência (cf. arts. 1.º, 3.º, 47.º, 90.º, 128.º, 146.º, n.º 1, e 230.º, do CIRE)". Não podemos concordar com este último segmento da fundamentação do Acórdão[570]: 1.º todos os créditos sobre a insolvência (incluindo os cré-

[569] Sobre o princípio da adesão, vide BRANCO, José Manuel, *Responsabilidade Patrimonial e Insolvência Culposa – da falência punitiva à insolvência reconstitutiva*, Almedina, Coimbra, 2015, p. 54.

[570] O qual, infelizmente, acaba por "dar sentido" à afirmação do Conselheiro RAUL BORGES, que, na sua declaração de vencido, se pronunciou no sentido da incompetência das secções criminais para fixar jurisprudência em matérias cíveis.

ditos indemnizatórios, vencem-se com a declaração de insolvência – art. 91.º, n.º 1, do CIRE); 2.º se o lesado aguardar pela decisão final para reclamar o seu crédito no processo de insolvência, corre o risco de nada remanescer para pagar o seu crédito (que ainda não foi reclamado); 3.º a falta de liquidez do crédito não é impedimento da sua reclamação (art. 96.º); 4.º a pendência da ação cível não obsta a que se reclame, já no processo de insolvência, o crédito indemnizatório, como crédito condicional, garantindo que as quantias ficam "cativas" para aquele credor – art. 181.º do CIRE.

2.2. A substituição processual do insolvente

Em consequência da privação do poder de disposição e de administração dos bens que integram a massa insolvente, o devedor perde correspetivamente a sua legitimidade processual[571]. Por isso, em todas as ações patrimoniais pendentes em que o insolvente seja autor ou réu, o administrador da insolvência substitui (por força da lei – art. 85º, nº 3) o insolvente, independentemente da apensação do processo e do acordo da parte contrária – esta substituição é automática, sem necessidade de qualquer habilitação[572].

A extensão desta substituição deve ser aferida em função do alcance da própria privação do poder de disposição e de administração (prevista no art. 81º)[573]. Assim, deverão ficar fora da sua órbita as ações que respeitem a direitos de natureza pessoal, tais como as ações de divórcio, de investigação de paternidade, bem como as ações penais[574].

571 A legitimidade é "uma certa posição [das partes] em face da relação material litigada. Ela corresponde *grosso modo*, ao conceito civilista de *poder de disposição*": assim, ANDRADE, Manuel A. Domingues, *Noções Elementares de Processo Civil*, Coimbra Editora, Coimbra, 1979, p. 84.

572 SOUSA MACEDO falava aqui de "habilitação universal", por mero efeito da declaração de insolvência, ou seja, "uma vez decretada, em todo e qualquer negócio, em toda e qualquer acção, *«ipso facto»* deixa o falido de ter legitimidade para esta caber ao administrador" – *Manual de Direito das Falências*, vol. II, p. 117. A confirmar esta desnecessidade de habilitação, o art. 234º, nº 4, dispõe que, com o encerramento do processo, o devedor passa a ter legitimidade exclusiva para a causa, independentemente de habilitação.

573 Para uma hipótese de substituição processual do insolvente em processo de inventário para separação de meações, veja-se o Ac. Rel. Co., de 20-06-2012 (SÍLVIA PIRES).

574 Segundo o Ac. Rel. Lx. de 13-09-2011 (PAULO BARRETO), "Iº A constituição de arguido e o termo de identidade e residência constituem actos processuais com carácter próprio e pessoal tão acentuado – porque deles emergem direitos e deveres – que a sua aceitação, em representação da insolvente/arguida, exorbita a natureza exclusivamente patrimonial das funções do administrador de insolvência. II.º Assim, não cabe no âmbito das funções do administrador de

A substituição processual dá-se "quando é admitido como parte no processo quem não é sujeito da relação jurídica deduzida em juízo[575]". "O substituto atua no processo em seu nome (e não em nome de outrem, como sucede com o representante) e no seu próprio interesse, mas litiga sobre direito alheio"[576].

Por força do art. 55º, nº 8, o administrador da insolvência tem poderes para desistir, confessar ou transigir em qualquer processo judicial em que o insolvente ou a massa insolvente sejam partes, desde que obtenha a concordância da comissão de credores[577].

Na hipótese de o insolvente continuar a intervir no processo como parte, e assim, sem legitimidade processual para tal (ilegitimidade superveniente), a sentença que venha a ser proferida é inoponível à massa insolvente. Se o insolvente for substituído, os atos que tenha praticado em violação da ilegitimidade serão nulos e deverão ser repetidos[578].

Com o encerramento do processo de insolvência, o devedor recupera a sua legitimidade exclusiva para a causa (salvo estipulação em contrário prevista no plano de insolvência), independentemente de habilitação ou do acordo da contraparte (art. 233º, nº 4).

3. Apensação de processos de insolvência

O art. 86.º regula, em certos casos, a apensação de processos de insolvência. Mediante requerimento do administrador da insolvência, serão apensados os processos em que tenha sido declarada a insolvência de pessoas

insolvência, aceitar a constituição como arguido e assinar o termo de identidade e residência, em representação de pessoa colectiva insolvente, em processo cuja responsabilidade criminal resulta de factos anteriores ao processo de insolvência". No mesmo sentido, veja-se o Ac. Rel. Lx. de 10-12-2011 (MARIA JOSÉ COSTA PINTO), segundo o qual "quem representa a sociedade insolvente no processo penal são os representantes legais à data da declaração de insolvência, mantendo-se os mesmos em funções após aquela declaração nos termos prescritos no art. 82º, nº 1 do CIRE, em tudo o que seja alheio à administração e disposição da massa insolvente ou que não implique a representação do devedor para os efeitos de carácter patrimonial que interessem à insolvência".

575 CASTRO, Artur Anselmo, *Direito Processual Civil Declaratório*, vol. III, Almedina, Coimbra, 1982, p. 391.

576 VARELA, Antunes/BEZERRA, J. Miguel/NORA, Sampaio e, *Manual de Processo* Civil, 2ª edição, Coimbra Editora, Coimbra, 1985, pp. 732-733.

577 O n.º 8 do art. 55.º foi acrescentado pela Lei nº 16/2012, de 20 de abril.

578 MACEDO, Pedro de Sousa, *Manual de Direito das Falências*, vol. II, Almedina, Coimbra, 1968, pp. 117-118.

especialmente relacionadas com o devedor (segundo o art. 6.º, n.º 2, as pessoas que, nos termos da lei, respondam pessoal e ilimitadamente pela generalidade das dívidas do insolvente, ainda que subsidiariamente) ou de cônjuge do devedor, desde que não estejam casados em regime de separação de bens (n.º 1).

Pode ainda ser requerida a apensação de processos em que tenha sido declarada a insolvência de sociedades que, nos termos do Código das Sociedades Comerciais, a insolvente domine ou que com ela se encontrem em relação de grupo (n.º 2). Nesta hipótese, a apensação pode ser requerida não só pelo administrador da insolvência (n.º 2 do art. 86.º), mas também por todos os devedores declarados insolventes ou, ainda, ser determinada oficiosamente pelo juiz do processo ao qual serão apensados os restantes (n.º 3 do art. 86.º)[579].

Em qualquer uma destas hipóteses (n.º 1 ou n.º 2 do art. 86.º), se os processos correrem em tribunais com diferente competência em razão da matéria, a apensação só pode ser requerida pelo administrador da insolvência do processo instaurado em tribunal de competência especializada ou se for decidida pelo juiz do mesmo processo (n.º 4)[580].

Segundo Carvalho Fernandes e João Labareda, os processos de insolvência apensados conservam a sua autonomia: das massas dos órgãos da insolvência e da liquidação[581]. Isto significa que, para os Autores, não há lugar a consolidação substantiva das massas patrimoniais, ou seja, não se pode liquidar conjuntamente os vários patrimónios dos devedores insolventes[582].

579 A possibilidade de a apensação ser requerida por todos os devedores declarados insolventes ou ser determinada oficiosamente pelo juiz é uma novidade introduzida pelo art. 3.º do D.L. n.º 79/2017, de 30 de junho.

580 A possibilidade de a apensação ser decidida pelo juiz é uma novidade introduzida pelo art. 3.º do D.L. n.º 79/2017, de 30 de junho.

581 *Código da Insolvência e da Recuperação de Empresas Anotado*, 3ª edição, Quid Juris, Lisboa, 2015, pp. 431 e 432, notas 9 e 10. Assim, também, Silva, Fátima Reis, *Efeitos Processuais da Declaração de Insolvência, in:* "I Congresso de Direito da Insolvência", Almedina, Coimbra, 2014, pp. 265 e ss.

582 Defendendo, com base na apensação de processos prevista no art. 86.º, a consolidação substantiva das massas patrimoniais na hipótese de insolvência da sociedade-mãe, totalmente dominante e da sociedade-filha, totalmente dominada, cfr. Oliveira, Ana Perestrelo, *Insolvência nas Sociedades em Relação de Grupo: de Novo pela Consolidação Substantiva das Massas Patrimoniais, in:* "I Congresso de Direito da Insolvência", Almedina, Coimbra, 2014, pp. 299--306.

4. Efeitos sobre as ações executivas

I. Por força do artº 88º, as ações executivas e as diligências executivas ou providências, respetivamente propostas e requeridas pelos credores da insolvência contra o insolvente, ficam suspensas[583], de modo automático[584_585], podendo a suspensão ser pedida por qualquer credor no processo executivo, com fundamento no requerimento da declaração de insolvência (art. 793º do Código de Processo Civil)[586].

Os credores da insolvência também ficam impedidos de intentar ação executiva contra o insolvente depois da declaração de insolvência[587].

[583] Segundo o Ac. Rel. Po., de 13-11-2006 (SOUSA LAMEIRA): "A declaração de insolvência, com carácter limitado – artigos 191º e 39º CIRE – na qual não foi requerido o complemento da sentença, não determina a declaração de extinção da instância por impossibilidade superveniente da lide, nos termos do artigo 88º, nº 1 daquele Código e 287º alínea e) do Código de Processo Civil do processo de execução que corre contra o insolvente." No mesmo sentido o Ac. Rel. Po., de 5-05-2009 (MARIA EIRÓ): "I – O disposto no art. 88º, n.º 1, do CIRE, invocado no despacho recorrido, não se aplica à situação de insolvência restrita. II – A medida constante do referido preceito legal não faz sentido em relação aos casos em que apenas se declarou a insolvência restrita, em que não há, para além do mais, lugar à fase da reclamação de créditos."

[584] No sentido de que esta suspensão é independente do registo da sentença, por força do caráter urgente e da letra da lei, veja-se Oliveira, Artur Dionísio, *Os Efeitos Externos da Insolvência. As Acções Pendentes Contra o Insolvente, in:* "Julgar", n.º 9, 2009, p. 177.

[585] Por força do art. 180.º, n.º 1, do Código de Procedimento e de Processo Tributário (CPPT), "Proferido o despacho judicial de prosseguimento da acção de recuperação da empresa ou declarada falência, serão sustados os processos de execução fiscal que se encontrem pendentes e todos os que de novo vierem a ser instaurados contra a mesma empresa, logo após a sua instauração". De acordo com o seu art. 181.º, n.º 2, "No prazo de 10 dias, a contar da notificação da sentença que tiver declarado a insolvência ou da citação que lhe tenha sido feita em processo de execução fiscal, o administrador da insolvência requer, sob pena de incorrer em responsabilidade subsidiária, a avocação dos processos em que o insolvente seja executado ou responsável e que se encontrem pendentes nos órgãos da execução fiscal do seu domicílio, e daqueles onde tenha bens ou exerça comércio ou indústria, a fim de serem apensados ao processo de insolvência". Sobre a suspensão automática da execução fiscal pendente contra o insolvente, "atento o princípio da auto-suficiência do processo de insolvência e dada a natureza e finalidade do apenso de verificação de créditos", ver o Ac. Rel. Co., de 23-09-2014 (JORGE ARCANJO). Sobre a prossecução da execução fiscal contra os responsáveis subsidiários (relativamente aos quais inexiste qualquer declaração de insolvência), cfr. Ac. STA, de 19-12-2012 (FRANCISCO ROTHES).

[586] No sentido de que é nula a venda em processo executivo, depois da declaração de insolvência, cfr. o Ac. Rel. Guim., de 5-06-2008 (MANSO RAINHO).

[587] Segundo o Ac. STJ, de 16-11-2010 (MOREIRA ALVES), "(...) VI – A 2ª parte do n.º 1 do art. 88.º do CIRE deve merecer uma interpretação declarativa restritiva, de modo que

Se, contrariando o disposto no art. 88º, nº 1, for intentada uma ação executiva contra o insolvente, a mesma deverá ser objeto de decisão de indeferimento, por impossibilidade legal[588].

Se já tiver havido algum ato de apreensão ou detenção dos bens que integram a massa insolvente, o juiz ordena a sua apensação ao processo de insolvência (art. 85º, nº 2). Se houver outros executados, o processo corre por apenso apenas contra esses executados, ficando suspenso quanto ao insolvente (art. 88º, nº 1, 2ª parte)[589].

Se não tiver havido qualquer ato de apreensão ou detenção, não parece haver motivo para a apensação ao processo de insolvência (art. 85º, nº 2, *a contrario*)[590]. Nesse caso, por força da lei, o processo fica suspenso, e, se houver outros executados, prossegue contra eles[591], sendo apenas extraído traslado do processado respeitante ao insolvente (art. 88º, nº 2).

II. Apesar de a letra da lei prescrever a suspensão do processo ou das diligências executivas, tem sido suscitada a questão da possibilidade de a instância se extinguir por inutilidade superveniente da lide executiva (nos termos do art. 277.º, al. e), do Código de Processo Civil).

a expressão "qualquer ação executiva" se refira, apenas, às execuções que de alguma forma atinjam ou interfiram com os bens que devam integrar a massa insolvente, tal como as diligências executivas a que se reporta a 1ª parte do segmento do preceito, por ser esta a interpretação que melhor se adequa à configuração dada pelo legislador ao processo de insolvência disciplinado no CIRE, assim se garantindo a coerência lógica de todo o diploma (...). VIII – Considerando que, com a presente execução para prestação de facto, não se atinge qualquer bem ou direito da executada que deva integrar a massa insolvente, o prosseguimento da execução mostra-se irrelevante em relação ao processo de insolvência que corre termos contra a executada, pelo que não deve ser julgada extinta ou sequer suspensa a execução, antes devendo ordenar-se o seu prosseguimento".

588 Quanto ao problema das custas judiciais, veja-se Oliveira, Artur Dionísio, *Os Efeitos Externos da Insolvência. As Acções Pendentes Contra o Insolvente, in:* "Julgar", n.º 9, 2009, p. 176.

589 A este propósito, cfr. o Ac. Rel. Guim., de 17-05-2018 (José Amaral).

590 Veja-se, no entanto, o art. 180.º, n.º 2 do CPPT, segundo o qual o tribunal onde corre o processo de insolvência "avocará os processos de execução fiscal pendentes, os quais serão apensados ao processo de recuperação ou ao processo de falência, onde o Ministério Público reclamará o pagamento dos respectivos créditos pelos meios aí previstos, se não estiver constituído mandatário especial". Estes processos serão devolvidos aos órgãos competentes no prazo máximo de oito dias a contar do encerramento do processo de insolvência (art. 180.º, n.º 4, do CPPT).

591 Neste sentido, o Ac. da Rel. Po., de 3-11-2011 (Guerra Banha).

No sentido de que a *instância não se extingue*, vai a doutrina[592] e a jurisprudência: veja-se, designadamente, o Acórdão do Tribunal da Relação de Lisboa, de 21 de setembro de 2006 (CAETANO DUARTE), segundo o qual "o art. 88º, nº 1 (...) deve ser interpretado no sentido de que a execução deve ser sustada quanto ao insolvente mas não deve ser declarada finda", uma vez que os credores poderão, depois de o processo encerrar, e na hipótese de não obterem aí a integral satisfação dos seus direitos, prosseguir as execuções suspensas, aproveitando toda a atividade processual entretanto realizada até à prolação da sentença declarativa de insolvência[593].

III. A suspensão da ação executiva deverá *perdurar* até ao encerramento do processo, momento em que, em regra, os efeitos da declaração de insolvência cessam (art. 233º). Em consequência deste encerramento, qual o destino das execuções suspensas? A Lei nº 16/2012, de 20 de abril, veio regular a questão para as hipóteses das alíneas a) e d), sendo omissa quanto às restantes.

De acordo com o nº 3 do art. 88º, "as ações executivas suspensas nos termos do n.º 1 extinguem-se, quanto ao executado insolvente, logo[594] que o processo de insolvência seja encerrado nos termos previstos nas alíneas a) e d) do nº 1 do artigo 230º, salvo para efeitos do exercício do direito de reversão legalmente previsto"[595].

[592] Na doutrina, defendendo a suspensão enquanto o processo durar, LEITÃO, Luís Manuel Teles de Menezes, *Código da Insolvência e da Recuperação de Empresas* – Anotado, 5ª edição, Almedina, Coimbra, 2009, p. 179, nota 235.

[593] No mesmo sentido, vejam-se também, entre muitos outros, o Ac. Rel. Guim., de 15-09-2011 (AMÍLCAR ANDRADE); os Acs. Rel. Co., de 3-11-2009 (TERESA PARDAL), de 20-11-2012 (FALCÃO DE MAGALHÃES); os Acs. Rel. Po., de 3-11-2011 (GUERRA BANHA), de 21-06-2010 (ANABELA LUNA DE CARVALHO).

[594] A expressão legal "logo que ocorra uma das seguintes situações" parece significar que a extinção da instância é automática.

[595] No Anteprojeto de Diploma que altera o CIRE, de 24 de novembro de 2011, a extinção das ações executivas suspensas podia fundamentar-se na deliberação da assembleia de credores de liquidação da massa insolvente (art. 88.º, n.º 3, al. b)). Esta deliberação, que, em bom rigor, não está consagrada na lei, nem na assembleia de credores de apreciação do relatório (prevista e regulada no art. 156.º e que apenas pode deliberar sobre a suspensão da liquidação ou sobre a manutenção ou encerramento da empresa ou de um ou mais estabelecimentos), nem na assembleia de discussão e votação da proposta de plano de insolvência (arts. 209.º e ss), seria, só por si, suficiente para a extinção da ação executiva (não parecendo necessário, nem o encerramento do processo de insolvência, nem a liquidação de todos os bens e rateio

Por força do novo nº 4 do art. 88º, "compete ao administrador da insolvência comunicar por escrito e, preferencialmente, por meios eletrónicos, aos agentes de execução designados nas execuções afetadas pela declaração de insolvência, que sejam do seu conhecimento, ou ao tribunal, quando as diligências de execução sejam promovidas por oficial de justiça, a ocorrência dos factos descritos no número anterior".

A extinção das ações executivas pode fundar-se, desde logo, no encerramento do processo de insolvência após a realização do rateio final. Sendo o insolvente uma pessoa singular, se o processo de insolvência tiver sido encerrado com fundamento no art. 230º, nº 1, al. a) (após o rateio final) a instância executiva deverá ser julgada extinta por inutilidade superveniente da lide[596]. Para além disso, se tiver sido apresentado pedido de exoneração do passivo restante e tiver sido proferido o despacho inicial de cessão do rendimento disponível, não obstante o encerramento do processo, e durante o período da cessão, "não são permitidas quaisquer execuções sobre os bens do devedor, destinadas à satisfação dos créditos sobre a insolvência" (art. 242º, nº 1). Na hipótese de o insolvente ser uma sociedade comercial, com o encerramento do processo após o rateio final a execução deve extinguir-se, pois, por força do art. 234º, nº 3, a sociedade extingue-se após o encerramento do processo.

A extinção das ações executivas suspensas pode também fundar-se no encerramento do processo por insuficiência de bens da massa insolvente – trata-se apenas da hipótese legal prevista no art. 232º, al. d), e, por isso, dos casos em que, após a prolação da sentença declarativa de insolvência, o administrador se apercebe de que a massa insolvente é insuficiente para a

final). Esta solução não foi incorporada no texto final, tendo sido criticada pela Associação Sindical dos Juízes Portugueses, no seu Parecer sobre o Anteprojeto de alteração do CIRE, de 24 de novembro de 2011, pp. 19 e 20.

[596] Em consequência, as ações executivas passam a conhecer duas fases na pendência da ação de insolvência: numa primeira fase ficam suspensas quanto ao executado insolvente; numa segunda fase, quando se preencha a alínea a) do nº 1 do art. 230º, as ações extinguem-se quanto ao executado insolvente. E se, após o rateio final, e na hipótese de todos os credores sobre a insolvência verem os seus créditos integralmente satisfeitos, o saldo remanescente for entregue ao devedor nos termos do art. 184º, nº 1? Fará sentido nesta hipótese a extinção da instância executiva relativamente a um credor cujo crédito não foi contemplado na sentença de verificação e graduação de créditos (pois não foi reclamado no processo de insolvência)?

satisfação das custas do processo e das dívidas da massa insolvente, dando disso conhecimento ao juiz, ou o juiz toma conhecimento oficiosamente[597]. Temos dúvidas quanto à extinção das ações executivas nesta hipótese: se o património é insuficiente para a satisfação das dívidas da massa e das custas do processo de insolvência, pode não o ser para a satisfação do crédito exequendo. Por que não deixar atuar as regras gerais de extinção da instância executiva, previstas no art. 849º, mais concretamente nos arts. 748º, nº 3, 750º, nº 2, e 799º, n.º 6, 855º, nº 4, todos do CPCivil?

Quanto às restantes hipóteses de encerramento do processo, o destino das ações executivas suspensas dependerá de várias condicionantes, designadamente do sujeito passivo da declaração de insolvência e do regime jurídico do encerramento do processo[598].

Se o processo de insolvência encerrar antes do rateio final, com fundamento na al. c), nada parece obstar ao prosseguimento da ação executiva, trate-se de um insolvente pessoa singular ou pessoa coletiva (art. 233º, nº 1, al. c)).

Se o processo encerrar após a aprovação de um plano de insolvência, de acordo com o art. 230º, nº 1, al. b), o destino das execuções em curso dependerá do conteúdo do próprio plano de insolvência (art. 233º, nº 4).

Se o processo encerrar na sequência da aprovação de um plano de pagamentos (art. 259º, nº 4), a sentença declarativa de insolvência só contém as referências das alíneas a) e b) do n.º 1 do art. 36º – por isso, não são desencadeados os efeitos processuais contemplados no Código. Neste caso, os efeitos processuais, poderão, eventualmente, ser desencadeados pelo próprio plano de pagamentos (arts. 233º, nº 1, al. c) e 252º, nº 2).

[597] Parece, assim, estar excluída a hipótese do art. 39º, se não tiver sido requerido o complemento da sentença: o juiz, antes da prolação da sentença declarativa da insolvência, conclui que o património do devedor não é presumivelmente suficiente para o pagamento das custas processuais e das dívidas da massa insolvente. Neste caso, nem chegam a produzir-se os efeitos (substantivos ou processuais) associados à declaração de insolvência, designadamente a suspensão das ações executivas (art. 39º, nº 7, al. a)). Assim, também, Silva, Fátima Reis, *Efeitos Processuais da Declaração de Insolvência, in:* "I Congresso de Direito da Insolvência", Almedina, Coimbra, 2014, pp. 260 e 261.

[598] Seguiremos de perto a análise de ARTUR DIONÍSIO DE OLIVEIRA no seu estudo *Os Efeitos Externos da Insolvência. As Acções Pendentes Contra o Insolvente, in:* "Julgar", n.º 9, 2009, pp. 179 e ss.

5. Efeitos sobre as convenções arbitrais

Inovadoramente, o Código, no art. 87º, regula os efeitos da declaração de insolvência sobre a subsistência das convenções de arbitragem, quando um dos contraentes é declarado insolvente.

Desde logo, determina a suspensão da eficácia das convenções arbitrais em que o insolvente seja parte, contanto que digam respeito a litígios cujo valor possa influenciar o valor da massa insolvente (nº 1 do art. 87º)[599]. Trata-se de uma solução que, perante o silêncio da lei (quer do Código dos Processos Especiais de Recuperação da Empresa e de Falência[600], quer do Código de Processo Civil de 1961), já vinha sendo defendida pela doutrina[601] e pela jurisprudência[602].

Todavia, este regime de suspensão sofre duas restrições, pois não valerá se se verificar alguma das seguintes hipóteses: prevalência dos tratados internacionais aplicáveis (art. 87º, nº 1, *in fine*); pendência à data de declaração de insolvência de um processo arbitral (art. 87º, nº 2).

Se, à data da declaração de insolvência, já estiver pendente algum processo, por remissão expressa para o art. 85º, nº 3, o insolvente é substituído pelo administrador da insolvência[603]. Não obstante a pendência do processo arbitral,

[599] Poderá a convenção arbitral não respeitar a litígios de natureza patrimonial que possam influenciar o valor da massa, como por exemplo "em certas hipóteses em que esteja em causa a apreciação de prevalência de um contrato de arrendamento intransmissível" – assim, FERNANDES, Luís A. Carvalho/LABAREDA, João, *Código da Insolvência e da Recuperação de Empresas Anotado*, p. 360, nota 2.

[600] Muito embora o Código dos Processos Especiais de Recuperação da Empresa e de Falência já previsse a possibilidade de o liquidatário judicial celebrar convenções de arbitragem, nos termos do seu art. 144.º. A este propósito, veja-se MENDES, Armindo Ribeiro/MENDES, Sofia Ribeiro, *Crónica de Jurisprudência Portuguesa em 2009, in:* "Revista Internacional de Arbitragem e Conciliação", Ano III, maio 2010, p. 270.

[601] Assim, MACEDO, Pedro de Sousa, *Manual de Direito das Falências*, vol. II, p. 112, que já defendia que "o princípio da universalidade de procedimento prevalece sobre a competência convencional, o compromisso arbitral e a cláusula compromissória".

[602] Neste sentido, o Ac. Rel. Po., de 21-04-2005 (PINTO DOS SANTOS), fundamentando-se a decisão de não vinculação da insolvente à cláusula compromissória no instituto da resolução por alteração anormal das circunstâncias (de acordo com o art. 437.º, n.º 1, do Código Civil), ou seja, a superveniência do estado de falência e a consequente impossibilidade de suportar os custos do processo arbitral.

[603] No sentido de que não há lugar à apensação do processo arbitral ao processo de insolvência, LEITÃO, Luís Manuel Teles de Menezes, *Código da Insolvência e da Recuperação de Empresas* – Anotado, 5ª edição, Almedina, Coimbra, 2009, p. 97, nota 2; FERNANDES, Luís A. Carvalho/

o credor não fica dispensado de reclamar o respetivo direito nos termos gerais do art. 128º, nº 5 (art. 87º, nº 2, parte final)[604].

6. Efeitos sobre as dívidas da massa insolvente

O art. 89º regula os efeitos da declaração de insolvência sobre as ações respeitantes a dívidas da massa insolvente – trata-se de dívidas que se encontram elencadas essencialmente no art. 51º (além de outras como tal qualificadas no Código) e que são pagas precipuamente em relação aos créditos sobre a insolvência (art. 172º, n.º 1), na data do seu vencimento, qualquer que seja o momento processual.

As ações, declarativas ou executivas[605] (com exceção das execuções por dívidas tributárias[606]), respeitantes às dívidas da massa insolvente correm por apenso ao processo de insolvência – em consequência, o tribunal onde corre o processo de insolvência tem uma "competência por conexão" e "obrigatória"[607].

LABAREDA, João, *Código da Insolvência e da Recuperação de Empresas Anotado*, 2008, Quid Juris, Lisboa, p. 361, nota 4.

604 O art. 87.º, n.º 2, foi alterado pelo art. 3.º do D.L. n.º 79/2017, de 30 de junho. Tratou-se de um mero ajustamento do texto do art. 87.º, n.º 2, à renumeração do art. 128.º.

605 Segundo o Ac. Rel. Co., de 17-04-2008 (LUÍS MIGUEL DE AZEVEDO MENDES), "O Tribunal do Trabalho é incompetente, em razão da matéria, para conhecer de acção para apreciação de despedimento ocorrido em data posterior a uma declaração de insolvência duma sociedade e de créditos laborais emergentes do contrato de trabalho mantido e daquela cessação". *In* http://www.colectaneadejurisprudencia.com

606 Segundo o Ac. STA, de 7-09-2011 (ISABEL MARQUES DA SILVA), "A instauração da execução fiscal por créditos vencidos posteriormente à declaração de falência, como são os créditos exequendos, encontra expresso apoio legal no disposto no n.º 6 do artigo 180.º do CPPT, preceito que há-de ser, contudo, interpretado razoavelmente, atenta a unidade do sistema jurídico, no sentido de que só será viável o prosseguimento dos processos de execução fiscal por créditos vencidos após a declaração de falência se forem penhorados bens não apreendidos naquele processo".

607 Ac. Rel. Po., de 3-05-2011 (ANA LUCINDA CABRAL), segundo o qual, "apesar de esta acção de despejo revestir a natureza de uma ação autónoma, por força da declaração de insolvência passa a integrar um incidente (em sentido lato) do respectivo processo, sendo chamada para a sua esfera como efeito processual da declaração, passando a integrar de forma dependente os trâmites do próprio processo de insolvência, perdendo autonomia e integrando os procedimentos integrados para liquidação do património do insolvente e pagamento das suas dívidas".

Com vista à estabilização da massa insolvente, o art. 89º, nº 1 estabelece um período de carência[608] para a propositura de execuções de dívidas da massa insolvente – três meses seguintes à data da declaração de insolvência.

7. Efeitos sobre as ações previstas no art. 82º

Com uma inserção sistemática duvidosa, o CIRE também contém uma disciplina processual especial para as ações previstas no art. 82º, nº 3-6[609].

Desde logo, trata-se de ações em que é atribuída ao administrador da insolvência legitimidade exclusiva, na pendência do processo de insolvência[610], para propor e/ou fazer seguir as ações elencadas nos nºs 3 e 4 do art. 82º, por um lado, e, por outro lado, é imposta por lei a sua tramitação por apenso ao processo de insolvência (art. 82º, nº 6).

A concentração na instância insolvencial da apreciação das atuações dos administradores, de direito ou de facto, e dos fundadores, membros do órgão de fiscalização do devedor e sócios, associados ou membros, perante a sociedade insolvente (art. 82º, nº 3, al. a)), é o corolário da perda de poder de disposição e de administração pelo insolvente (art. 81º, n.º 1) e, perante os credores sociais[611], é a consequência direta da exclusividade da instância insolvencial para a reclamação dos créditos (art. 82º, nº 3, als. b)[612] e c)).

608 Assim, FERNANDES, Luís A. Carvalho/LABAREDA, João, *Código da Insolvência e da Recuperação de Empresas Anotado*, 2008, Quid Juris, Lisboa, p. 363, nota 3.

609 O art. 82º foi alterado pela Lei nº 16/2012, de 20 de abril. Porém, para a matéria objeto de análise houve uma mera alteração numérica do articulado legal.

610 Críticos em relação à restrição temporal deste efeito à pendência da ação (por estatuição expressa do proémio do n.º 2), vejam-se FERNANDES, Luís A. Carvalho/LABAREDA, João, *Código da Insolvência e da Recuperação de Empresas Anotado*, 2008, Quid Juris, Lisboa, p. 346, nota 7.

611 Para MANUEL A. CARNEIRO DA FRADA, as ações contempladas no art. 82º, nº 3, são "susceptíveis de aproveitar, reflexa ou indirectamente, à generalidade desses mesmos credores. Estes interesses dos credores são individuais, mas homogéneos". Por isso, o Autor conclui que "as acções destinadas a satisfazer interesses meramente singulares (não comuns) de reparação de danos por parte dos credores da sociedade insolvente contra os seus administradores são autónomas. Do mesmo modo, as acções dos sócios contra esses mesmos administradores" – *A Responsabilidade dos Administradores na Insolvência, in:* "Revista da Ordem dos Advogados", Ano 66, II, Lisboa, setembro 2006, p. 673. PEDRO PAIS DE VASCONCELOS considera que "cada credor pode interpelar (extrajudicialmente) o administrador da insolvência para que proponha a ação e, caso este recuse ou mantenha a inércia, pode propo-la subrogatoriamente" – *Responsabilidade Civil do Administrador de Insolvência, in:* "II Congresso de Direito da Insolvência", Almedina, Coimbra, 2014, p. 206.

Na pendência do processo de insolvência, quem tem legitimidade ao abrigo do direito societário para propor as ações previstas no art. 82º, nº 3, "sociedade, sócios e credores da sociedade", encontra-se privado "de legitimidade activa para propor ou fazer [seguir] acção social de responsabilidade contra os administradores de facto ou de direito"[613]. Aliás, esta substituição, nem depende de prévia deliberação social (art. 82º, nº 3, al. a), *in fine*), afastando-se, deste modo, a aplicação do art. 75º, nº 1, do Código das Sociedades Comerciais, segundo o qual "a ação de responsabilidade proposta pela sociedade depende de deliberação dos sócios, tomada por simples maioria (...) ".

8. Direito Internacional

O legislador também dedicou especial atenção aos efeitos processuais do processo de insolvência Internacional, ou seja, ao processo em que "quer as pessoas implicadas (devedor e credores), quer os bens em causa, quer ambos, apresentam ligações com as ordens jurídicas de dois ou mais Estados"[614].

Segundo o art. 285º, "os efeitos da declaração de insolvência sobre acção pendente relativa a um bem ou um direito integrante da massa insolvente regem-se exclusivamente pela lei do Estado em que a referida acção corra os seus termos".

612 Segundo MARIA ELISABETE RAMOS, para além de outras, o art. 82º, nº 3, al. b) "contempla as acções destinadas a reclamar a indemnização devida pelos administradores da sociedade aos credores desta sempre que, pela violação culposa das disposições legais ou contratuais destinadas à protecção daqueles, o património social se torne insuficiente para a satisfação dos respectivos créditos (art. 78º, nº 1, do CSC)" – *A Insolvência da Sociedade e a Responsabilização dos Administradores no Ordenamento Jurídico Português, in:* "Prima Facie, Revista de Pós-Graduação em Ciências Jurídicas", n.º 7, 2005, p. 17. Para PEDRO PAIS DE VASCONCELOS, o preceito deve ser interpretado no sentido de limitar a legitimidade exclusiva do administrador da insolvência aos casos em que o dano seja posterior ao decretamento da insolvência, não se aplicando aos comportamentos anteriores patrimonialmente nocivos – *Responsabilidade Civil do Administrador de Insolvência, in:* "II Congresso de Direito da Insolvência", Almedina, Coimbra, 2014, p. 206.

613 RAMOS, Maria Elisabete, *A Insolvência da Sociedade e a Responsabilização dos Administradores no Ordenamento Jurídico Português, in:* "Prima Facie, Revista de Pós-Graduação em Ciências Jurídicas", n.º 7, 2005, p. 15.

614 Assim, MACHADO, Maria João Gil Pimenta Felgueiras, *Da Falência em Direito Internacional Privado*, Universidade Portucalense, Porto, 2000, p. 12.

§3 Efeitos sobre os créditos

O processo de insolvência está sujeito ao princípio fundamental da concursualidade: "a razão de ser do processo de insolvência é a de fazer com que todos os credores do mesmo devedor exerçam os seus direitos no âmbito de um único processo e o façam em condições de igualdade (*par conditio creditorum*), não tendo nenhum credor quaisquer outros privilégios ou garantias, que não aqueles que sejam reconhecidos pelo Direito da Insolvência, e nos precisos termos em que este os reconhece"[615]. Uma dessas manifestações está consagrada no art. 90º, de acordo com o qual, na pendência do processo de insolvência, os credores da insolvência apenas poderão exercer os seus direitos segundo as regras estabelecidas no CIRE (art. 90º). Significa isto, por exemplo, que os seus créditos só poderão ser satisfeitos no âmbito do processo de insolvência, onde deverão ser reclamados.

1. Vencimento imediato de dívidas

Por força do art. 91º, a declaração de insolvência importa o vencimento de imediato[616] de todas as obrigações do insolvente[617] não sujeitas a uma condição suspensiva[618]. Tratando-se de uma obrigação sujeita a condição resolutiva,

[615] LEITÃO, Luís M. T. de Menezes, *Direito da Insolvência*, 8ª edição, Almedina, Coimbra, 2018, p. 181.

[616] No regime anterior (art. 151º), o corpo do preceito continha a expressão exigibilidade imediata, solução fortemente criticada por nós: *vide* o nosso *Os Efeitos Substantivos da Falência*, PUC, Porto, 2000, pp. 209 e ss.

[617] Segundo o Ac. STJ, de 9-11-2012 (NUNO CAMEIRA), "I. O art. 91.º, n.º 1, do CIRE, aprovado pelo DL n.º 53/2004, de 18-3, refere-se às dívidas, não aos créditos do insolvente, como a própria epígrafe do preceito – "vencimento imediato de dívidas" – logo deixa bem claro. II – Por isso, a insolvência da autora (credora), por si só, não tem por consequência o vencimento imediato do seu crédito sobre a ré (devedora). III – Tratando-se duma obrigação a prazo (e não pura), as situações em que há lugar a perda do benefício do prazo a favor do devedor são apenas as previstas nos arts. 780.º e 781.º do CC.(...)". De acordo com o Ac. STJ, de 23-09-2012 (PIRES DA ROSA), "(...) II – A declaração de insolvência determina o vencimento imediato de todas as obrigações do insolvente avalizado (art. 91.º, n.º 1, do CIRE) e sedimenta por completo a bondade do preenchimento da livrança exequenda, efectuado à luz do pacto celebrado para o efeito".

[618] As obrigações sujeitas a condição suspensiva estão reguladas no art. 50º, nº 2 e abrangem situações que não estão previstas na noção contida no art. 270º do CCivil. Assim, CASTRO, Gonçalo Andrade e, *Efeitos da Declaração de Insolvência sobre os Créditos, in:* "Direito e Justiça", vol. XIX, tomo II, 2005, p. 280, nota 38.

ela vence-se imediatamente com a declaração de insolvência (o art. 94º equipara-a às obrigações sem condição até ao momento em que (e se) a condição se produza): se a condição se preencher, os pagamentos já realizados deverão ser restituídos.

2. Compensação

Sem prejuízo do estabelecido noutras disposições do Código[619], a partir da declaração de insolvência os titulares de créditos sobre a insolvência não podem compensá-los com dívidas à massa (art. 99º). No entanto, a lei permite a compensação se os pressupostos legais da compensação se verificassem já à data da declaração de insolvência (art. 99º, nº 1, al. a))[620], ou se, verificados mais tarde, o crédito sobre a insolvência preencher antes do contra-crédito os requisitos estabelecidos no artigo 847º do Código Civil (art. 99º, nº 1, al. b))[621].

A compensação não é prejudicada pelo facto de as obrigações terem por objeto divisas ou unidades de cálculo distintas, se for livre a sua conversão recíproca no lugar do pagamento do contra-crédito; tal conversão terá lugar à cotação em vigor nesse lugar na data em que a compensação produza os seus efeitos (art. 99º, nº 3).

Por estatuição expressa do art. 99º, nº 4, a compensação não é admissível:

- se a dívida à massa se tiver constituído depois da data da declaração de insolvência, designadamente em resultado da resolução de atos em benefício da massa insolvente (al. a))[622];
- se o credor da insolvência tiver adquirido o seu crédito de outrem, depois da data da declaração de insolvência (al. b))[623];

[619] Por exemplo, os arts. 102º, nº 3, al. c), 107º, nº 2, 115º, nº3.

[620] O nosso regime insolvencial da compensação foi inspirado na lei alemã (§§ 94 e ss *InsO*). A favor do regime contido no art. 91º, veja-se CASTRO, Gonçalo Andrade e, *Efeitos da Declaração de Insolvência sobre os Créditos, in:* "Direito e Justiça", vol. XIX, tomo II, 2005, pp. 286 e ss.

[621] Por força do art. 99º, nº 2, o vencimento imediato de dívidas previsto no art. 91º, nº 1, do Código e a perda do benefício do prazo prevista no art. 780º, nº 1, do CCivil não relevam para efeitos de compensação.

[622] Pois neste caso não se põe em causa nenhuma expectativa do credor do insolvente antes da declaração de insolvência.

[623] Para evitar comportamentos de fraude à lei.

- com dívidas do insolvente pelas quais a massa não seja responsável (al. c));
- entre dívidas à massa e créditos subordinados sobre a insolvência (al. d)).

No *direito anterior*, vigorava a proibição de compensação (art. 153º do CPEREF)[624], cuja razão de ser assentava no princípio da igualdade de tratamento dos credores concursais (princípio da *par conditio creditorum*)[625], o qual, no seio do direito insolvencial, e por definição, prevalece sobre a defesa do devedor perante uma situação de impossibilidade de cumprimento da prestação pela contraparte – finalidade típica do instituto jurídico da compensação[626]. De facto, da admissibilidade da figura da compensação no seio do direito insolvencial resultaria um "prémio" para o devedor do insolvente mais moroso (que, dentro dos limites da compensação seria integralmente pago[627]), em detrimento de um eventual devedor mais diligente que já tivesse cumprido devidamente a sua obrigação perante o insolvente (e que, em

[624] O direito espanhol também proíbe a compensação (art. 58 *Ley Concursal*); já o direito italiano permite a compensação (art. 56 *l. fall.*).

[625] Neste sentido, veja-se MACEDO, Pedro de Sousa, *Manual de Direito das Falências* (vol. II), Livraria Almedina, Coimbra, 1968, p. 131; FERNANDES, Luís A. Carvalho/LABAREDA, João, *Código dos Processos Especiais de Recuperação da Empresa e de Falência Anotado* (3ª edição), Quid Juris Editora, Lisboa, 1999, p. 406, nota 2. Alguns autores têm defendido que o afastamento da compensação resulta também do princípio geral de que, depois da declaração de insolvência, o insolvente perde o poder de disposição e de administração dos seus bens: veja-se, por todos, INZITARI, Bruno, *Effetti del Fallimento per i Creditori*, Zanichelli Editore, Bolonha, 1988, p. 161.

[626] Cfr. COSTA, Almeida, *Direito das Obrigações* (12ª edição), Almedina, Coimbra, 2009, p. 1099. É sobretudo com fundamento nesta ideia de garantia exercitável mesmo naqueles casos em que o devedor tenha sido declarado insolvente (*Sicherungsfunktion*) que as *doutrinas italiana e alemã* têm justificado a admissibilidade da compensação como exercício de um direito de penhor sobre o próprio débito – pelo que, como direito real de garantia, deve beneficiar do mesmo tratamento privilegiado que os restantes direitos reais de garantia merecem na lei insolvencial: cfr. INZITARI, Bruno, *Effetti del Fallimento per i Creditori*, Zanichelli Editore, Bolonha, 1988, pp. 165-168. Para além desta finalidade, o instituto da compensação apresenta ainda uma feição prático-económica que visa evitar do modo "mais simples e económico um duplo pagamento" (*Tilgungserleichterung*): cfr. TRABUCCHI, *Instituizioni di Diritto Civile*, p. 572.

[627] Veja-se, a propósito da ideia de que "compensar é pagar", o estudo feito por INZITARI, Bruno, *Effetti del Fallimento per i Creditori*, Zanichelli Editore, Bolonha, 1988, p. 162.

consequência, ficaria sujeito ao pagamento rateado do respetivo crédito)[628]. Em nosso entender, podemos ainda afirmar que a proibição de compensação é igualmente justificada, *em parte*, pelo próprio regime geral da compensação, previsto no art. 853º, nº 2, do CCivil – o qual afasta a compensação quando cause prejuízo aos direitos de terceiro (o que é o mesmo que dizer aos direitos dos credores concursais) constituídos antes da compensação se tornar operável nos termos previstos no art. 847º do CCivil.

3. Prazos de prescrição e de caducidade

Nos termos do art. 100º, a sentença de declaração da insolvência importa a suspensão de todos os prazos de prescrição e de caducidade oponíveis pelo devedor, durante o processo[629].

Trata-se de uma solução determinada pela necessidade de proteger os credores, uma vez que o exercício judicial dos seus direitos fora do processo de insolvência fica paralisado pelos efeitos processuais previstos nos arts. 88º e 89º[630].

[628] Traduzir-se-ia, assim, num "injustificado tratamento de favor para os devedores do insolvente morosos": *vide* PAJARDI, Piero, *Manuale di Diritto Fallimentare* (quarta edizione), Giuffrè Editore, Milano, 1993, pp. 360-361 e *Codice del Fallimento,* Giuffrè Editore, Milano, 1997, p. 336, nota 1. Isto porque o credor que faça valer a compensação encontra-se apto a obter a satisfação autónoma (*Absonderung*), imediata e integral do seu crédito (do mesmo modo que os credores munidos de penhor ou com outras garantias especiais), enquanto os restantes credores concursais (ou seja, aqueles que são titulares de créditos que não preenchem os requisitos da figura da compensação) estão sujeitos ao pagamento dos respetivos direitos segundo as regras concursais: cfr. INZITARI, Bruno, *Effetti del Fallimento per i Creditori,* Zanichelli Editore, Bolonha, 1988, pp. 167-168.

[629] O Ac. TC, n.º 418/18, de 14 de novembro (publicado no Diário da República, Iª série, n.º 219, de 14 de novembro de 2018, pp. 5300-5305), declarou "a inconstitucionalidade, com força obrigatória geral, da norma do artigo 100.º do Código da Insolvência e da Recuperação de Empresas, aprovado pelo Decreto-Lei n.º 53/2004, de 18 de março, interpretada no sentido de que a declaração de insolvência aí prevista suspende o prazo prescricional das dívidas tributárias imputáveis ao responsável subsidiário no âmbito do processo tributário, por violação do artigo 165.º, n.º 1, alínea i), da Constituição da República Portuguesa". O Acórdão teve por base três decisões proferidas em sede de fiscalização concreta da constitucionalidade (os Acs. TC n.ºs 362/2015, 270/2017, e a Decisão Sumária n.º 162/2018) que incidiram sobre a seguinte norma extraída do artigo 100.º do CIRE: "a declaração de insolvência prevista nesse preceito suspende o prazo prescricional das dívidas tributárias imputáveis ao responsável subsidiário no âmbito do processo tributário".

[630] Assim também, CASTRO, Gonçalo Andrade e, *Efeitos da Declaração de Insolvência sobre os Créditos, in:* "Direito e Justiça", vol. XIX, tomo II, 2005, p. 290.

4. Contagem de juros

Inovadoramente e contrariamente ao regime anterior[631], depois da declaração de insolvência, as obrigações do insolvente continuam a vencer juros (art. 48º, als. b) e f))[632].

Se qualquer categoria de crédito continua a vencer juros, já o regime desses juros dependerá da categoria do crédito a que respeitam. Assim, os juros de créditos subordinados constituídos após a declaração de insolvência constituem créditos subordinados (art. 48º, al. f)); os juros de créditos não subordinados constituídos após a declaração de insolvência também são créditos subordinados, exceto os juros abrangidos por garantia real e por privilégios creditórios gerais, que terão a natureza dos créditos respetivos, até ao valor dos respetivos bens (art. 48º, al. b)).

§4 Efeitos sobre os negócios em curso

Com a declaração de insolvência, colocam-se particulares questões relativamente ao destino dos negócios em que o insolvente seja parte. Será a declaração de insolvência fundamento para a resolução dos contratos? Será o incumprimento tardio, total ou parcial, indemnizável? Poderá ser invocada a exceção de não cumprimento do contrato pelo devedor da massa perante o administrador da insolvência? De forma muito inovadora em relação ao

[631] Por força do art. 151º, nº 2, do CPEREF, na data da sentença da declaração de falência *cessava a contagem de juros* ou de *outros encargos* sobre as obrigações do falido. A cessação da contagem de juros ou de outros encargos permitia não só apurar o passivo do devedor falido, como também impedir que ele sofresse qualquer aumento relacionado com a aplicação de uma taxa de juros, para além de igualmente assegurar que os créditos que não estivessem sujeitos à aplicação de uma taxa de juro não sofressem um tratamento desigual e mais desfavorável do que aqueles créditos que beneficiam dessa aplicação (princípio da igualdade de tratamento dos credores concursais). *Vide* MACEDO, Pedro de Sousa, *Manual de Direito das Falências* (vol. II), Livraria Almedina, Coimbra, 1968, p. 137; FERNANDES, Luís A. Carvalho, *Efeitos Substantivos da Declaração de Falência, in:* "Direito e Justiça", vol. IX, 1995, tomo 2, p. 35.

[632] Com inspiração no *regime alemão* (*§ 39 InsO*) e no *direito espanhol* (art. 92, 3º, *Ley Concursal*). Criticando esta solução legal, veja-se LEITÃO, Luís M. T. de Menezes, *Direito da Insolvência*, 8ª edição, Almedina, Coimbra, 2018, p. 182, nota 241. A favor desta solução, veja-se CASTRO, Gonçalo Andrade e, *Efeitos da Declaração de Insolvência sobre os Créditos, in:* "Direito e Justiça", vol. XIX, tomo II, 2005, p. 283; e CASTRO, Osório, *Preâmbulo não Publicado do Decreto-Lei que Aprovou o Código, in:* "Código da Insolvência e da Recuperação de Empresas", Ministério da Justiça, Coimbra Editora, Coimbra, 2004, p. 213.

regime anterior[633], a lei consagra um princípio geral nos arts. 102º (completado pelo art. 103º) e 119º, e uma regulamentação casuística (nos arts. 104º-118º).

1. Princípio geral

1.1. Âmbito de aplicação

No art. 102º, sob a epígrafe de um (suposto) princípio geral, a lei regula a disciplina dos efeitos da declaração de insolvência sobre os negócios em curso[634], ou seja, sobre "qualquer contrato bilateral em que, à data da declaração de insolvência, não haja ainda total cumprimento nem pelo insolvente nem pela outra parte". Pressupõe-se o preenchimento cumulativo de três requisitos: 1) existência de um contrato bilateral; 2) incumprimento total ou parcial; 3) de ambos os contraentes.

Desde logo, da letra do preceito, e sobretudo da sua *ratio legis*, parece que o âmbito de aplicação deste princípio não abrange os negócios jurídicos unilaterais, como, por exemplo, a promessa pública, a proposta simples de contrato, o negócio cambiário, os negócios em mercados de capitais[635].

Depois, parece ainda resultar da letra da lei, e sobretudo da sua *ratio legis*, que apenas os contratos bilaterais estão abrangidos pelo princípio geral,

[633] A propósito do qual a doutrina tecia muitas críticas pela ausência de um princípio geral. Neste sentido, ASCENSÃO, José de Oliveira, *Efeitos da Falência sobre a Pessoa e Negócios do Falido, in:* "Revista da Ordem dos Advogados", Ano 55, Dez. 1995, pp. 641-688; e o nosso *Os Efeitos Substantivos da Falência*, PUC, Porto, 2000, pp. 398 e ss.

[634] No regime anterior ao CPEREF, o art. 1197º, nº 1, do CPCivil de 1961 consagrava um princípio geral: "a declaração de falência não importa a resolução dos contratos bilaterais celebrados pelo falido, incluindo os contratos de alienação de coisa determinada com cláusula de reserva de propriedade e os contratos de locação financeira, que serão ou não cumpridos, consoante, ouvido o síndico, for julgado mais conveniente para a massa; no caso de se optar pelo não cumprimento, o administrador deve notificar o outro contraente, a quem fica salvo o direito de exigir à massa, no processo de verificação de créditos, a indemnização pelos danos sofridos".

[635] Neste sentido, LEITÃO, Luís M. T. de Menezes, *Direito da Insolvência*, 8ª edição, Almedina, Coimbra, 2018, p. 185, nota 247; VASCONCELOS, Luís M. Pestana, *O Novo Regime Insolvencial da Compra e Venda, in:* "Revista da Faculdade de Direito da Universidade do Porto", Ano III – 2006, FDUP, Coimbra Editora, p. 537. Porém, alguma doutrina tem defendido a aplicação analógica do art. 102º aos negócios unilaterais, com fundamento na natureza comum de negócio jurídico e na *ratio legis* subjacente ao regime dos negócios em curso. Assim, por todos, ASCENSÃO, José de Oliveira, *Insolvência: Efeitos sobre os Negócios em Curso, in:* "Direito e Justiça", vol. XIX, tomo II, 2005, p. 240.

excluindo-se *a contrario* os contratos unilaterais, ou seja, os contratos que geram obrigações para apenas uma das partes[636].

Desde logo, a natureza imperativa do art. 102.º (ditada pelo art. 119.º) é um impedimento inicial à sua aplicação aos negócios unilaterais ou aos contratos unilaterais. Depois, como veremos, o regime legal está pensado para um incumprimento bilateral e consiste numa adaptação do mecanismo da exceção de não cumprimento contratual ao contexto insolvencial. A existência de um negócio jurídico unilateral ou de um contrato unilateral está dissociada do sinalagma funcional e, assim, não é compatível com o regime jurídico previsto no art. 102.º – opção pela execução ou pela recusa de cumprimento; necessidade de a execução pressupor a possibilidade de realização pontual da contraprestação pelo administrador da insolvência.

Em terceiro lugar, o princípio geral é aplicável desde que não haja total cumprimento (ou seja, quando ocorra um *incumprimento total ou parcial*) de ambos os contraentes. Assim, se apenas o contraente insolvente tiver cumprido totalmente, então resta ao administrador da insolvência reclamar o crédito do outro contraente (contraente *in bonis*, isto é, não insolvente), pois o crédito integra a massa insolvente (art. 46º); se apenas o contraente *in bonis* cumpriu, restar-lhe-á reclamar o seu crédito face ao insolvente no processo de insolvência, ficando o devedor impedido de satisfazer este crédito.

1.2. Regime jurídico

1.2.1. Enquadramento legal

Se o negócio jurídico preencher os requisitos enunciados, fica o seu *cumprimento suspenso* até que o administrador da insolvência[637] tome uma

[636] Assim, LEITÃO, Luís M. T. de Menezes, *Direito da Insolvência*, 4ª edição, Almedina, Coimbra, 2012, p. 185, nota 247; VASCONCELOS, Luís M. Pestana, *O Novo Regime Insolvencial da Compra e Venda, in:* "Revista da Faculdade de Direito da Universidade do Porto", Ano III – 2006, FDUP, Coimbra Editora, p. 537. Todavia, mais uma vez a doutrina, não se restringindo à hipótese prevista na lei, vai mais longe e aplica, por analogia com os contratos bilaterais, a disciplina do art. 102º igualmente aos contratos unilaterais. Neste sentido, ASCENSÃO, José de Oliveira, *Insolvência: Efeitos sobre os Negócios em Curso, in:* "Direito e Justiça", vol. XIX, tomo II, 2005, pp. 240-241.

[637] Mesmo nos casos em que a administração da massa insolvente é entregue ao próprio devedor nos termos dos arts. 223.º e ss. (neste sentido, veja-se o art. 226.º, n.º 5). Muito críticos em relação à redação deste preceito, vejam-se CARVALHO FERNANDES e JOÃO LABAREDA, *in Código da Insolvência e da Recuperação de Empresas Anotado*, Quid Juris, Lisboa, 2008, p. 752, nota 7.

decisão[638], que pode ter um de dois sentidos: opção pela execução do cumprimento ou opção pela recusa do cumprimento (art. 102º, nº 1). O administrador da insolvência deverá optar pela solução que mais convier à satisfação dos interesses dos credores, estando porém sujeito a um limite intransponível: a opção pela execução é abusiva se o cumprimento pontual das obrigações contratuais por parte da massa insolvente for manifestamente improvável (nº 4 do art. 102º). Se o administrador da insolvência optar abusivamente pela execução do contrato, o contraente não insolvente pode recusar cumprir a sua prestação (nos termos da exceção do não cumprimento do contrato), por um lado, e, por outro lado, na falta de entendimento, deverá acionar a massa insolvente, através de ação declarativa que corre por apenso ao processo de insolvência[639].

Em que *momento processual* é que esta opção pode-deve ser exercida? O art. 102.º[640] não estabelece qualquer prazo para o administrador da insolvência decidir, o que se compreende, pois a decisão quanto ao destino dos negócios dependerá da evolução do processo de insolvência no caso concreto[641]. No entanto, para não penalizar a contraparte, o legislador permite a fixação de um prazo cominatório razoável ao administrador da insolvência – se este nada disser, a lei considera que o administrador da insolvência recusa o cumprimento (valor declarativo do silêncio – art. 218.º do CCivil)[642]. Por último, enquanto

[638] Será que a integração, sem condição, do crédito do contraente *in bonis* resultante da recusa de cumprimento na lista de créditos vale como opção quanto ao destino do contrato? Em sentido afirmativo CATARINA SERRA e NUNO PINTO OLIVEIRA, *Insolvência e Contrato-Promessa: os Efeitos da Insolvência sobre o Contrato-Promessa com Eficácia Obrigacional, in:* "Revista da Ordem dos Advogados", Ano 70, Jan./Dez., 2010, Lisboa, p. 401. Em sentido afirmativo veja-se o Ac. STJ, de 22-02-2011 (AZEVEDO RAMOS). Em sentido (aparentemente) diverso, veja-se o Ac. Rel. Po., de 17-09-2012 (JOSÉ EUSÉBIO ALMEIDA): "Essa recusa pode ser expressa ou decorrer da não pronúncia do Administrador quando notificado para optar pelo cumprimento ou incumprimento do contrato".

[639] Assim, FERNANDES, Luís A. Carvalho/LABAREDA, João, *Código da Insolvência e da Recuperação de Empresas Anotado*, Quid Juris, Lisboa, 2008, p. 389, nota 6.

[640] Em alguns casos especiais, o legislador fixa um prazo ao administrador da insolvência – vejam-se por exemplo, os arts. 104.º, n.º 3, e 108.º.

[641] No entanto, uma vez que estas funções são enquadráveis no âmbito das suas funções de liquidação, será que dependem do trânsito em julgado da sentença e da realização da assembleia de apreciação do relatório (art. 158.º, n.º 1)?

[642] Segundo o Ac. STJ, de 14-10-2010 (PIRES DA ROSA), "(...) IV – A interposição de ação de verificação ulterior de créditos não cumpre o desiderato da interpelação do administrador

o administrador da insolvência não decide, o cumprimento do contrato fica suspenso – suspende-se a exigibilidade das obrigações de ambas as partes, constituindo, assim, uma causa de exclusão da ilicitude do incumprimento enquanto a suspensão vigorar (congelamento da massa insolvente)[643].

1.2.2. As opções do administrador da insolvência

Se o administrador da insolvência optar pela execução do cumprimento, o crédito do contraente *in bonis* é um crédito sobre a massa (arts. 102.º, n.º 4, e 51.º, n.º 1, al. f)).

Se o administrador da insolvência optar pela recusa do cumprimento, não se pode falar de resolução do contrato, mas apenas, nas palavras de OLIVEIRA ASCENSÃO[644], de uma "reconfiguração da relação". Assim, desde logo, não há lugar à restituição do que foi prestado (consequência típica do instituto da resolução – art. 434.º do CCivil), mas apenas ao estabelecido no art. 102.º, n.º 3, als. b) e c). Estas alíneas não serão aplicadas se tiver havido um incumprimento total bilateral ou um incumprimento bilateral parcial equivalente (no fundo, aplica-se quando há cumprimentos parciais não correspetivos ou um incumprimento total de um contraente e parcial do outro contraente)[645].

O n.º 3, al. b), dispõe sobre os direitos da massa insolvente. Por força deste artigo, deve apurar-se a diferença entre as prestações parciais que já tenham sido realizadas. Se o devedor insolvente ainda não tiver realizado a sua prestação, o preceito não se aplica.

O n.º 3, al. c), regula os direitos do contraente não insolvente. Parece estar consagrada neste preceito a teoria da diferença, simplificando o modo de cálculo da indemnização do contraente *in bonis*. Trata-se de um crédito sobre

de insolvência para a declaração de opção pelo cumprimento ou sua recusa; e isto porque: – a proposição da acção não fixa qualquer prazo razoável para o exercício da opção; – a interposição da acção deixa no vazio o que quer que seja relativamente ao restante dever prestacional dos réus e à contraprestação integral dos autores".

[643] Sobre esta hipótese, veja-se o Ac. Rel. Guim., de 18-06-2013 (FERNANDO FERNANDES FREITAS).

[644] *Insolvência: Efeitos sobre os Negócios em Curso, in:* "Direito e Justiça", vol. XIX, tomo II, 2005, p. 255.

[645] No sentido de que esta hipótese é aplicável aos casos em que tenha havido cumprimentos parciais de ambas as partes e uma correspetividade entre as prestações já realizadas, veja-se VASCONCELOS, Luís M. Pestana, *O Novo Regime Insolvencial da Compra e Venda, in:* "Revista da Faculdade de Direito da Universidade do Porto", Ano III – 2006, FDUP, Coimbra Editora, p. 539.

a insolvência que é apurado através da diferença entre o valor da prestação do insolvente e o valor da prestação do contraente *in bonis*. A esta diferença é acrescentada ou deduzida a diferença entre as prestações já realizadas.

Por último, e para confundir ainda mais, o art. 102.º, n.º 3, al. d) consagra o direito do contraente *in bonis* a uma outra indemnização. Para alguns autores (CATARINA SERRA, NUNO OLIVEIRA[646], OLIVEIRA ASCENSÃO[647]) este direito depende do preenchimento do art. 102.º, n.º 3, al. d), i), ou seja, de o devedor insolvente ter realizado a sua prestação parcialmente sem a correspondente contraprestação do contraente não insolvente. Contrariamente, PESTANA DE VASCONCELOS[648] entende que o preceito se aplica mesmo que o devedor não tenha realizado qualquer prestação.

Depois, o cálculo da indemnização deve obedecer aos critérios (confusos) estabelecidos no art. 102.º, n.º 3, al. d). Em primeiro lugar, o crédito indemnizatório é um crédito sobre a insolvência, apenas (art. 102.º, n.º 3, al. d), iii)). Em segundo lugar, tem como limite máximo o valor a que a massa tem direito por força do art. 102.º, n.º 3, al. b) (a intenção do legislador foi garantir ao máximo o "congelamento da massa insolvente"). A esse valor é abatido o crédito indemnizatório da al. c) (naturalmente).

2. Prestação de coisas infungíveis e prestações fracionadas

Sob uma epígrafe que não corresponde ao seu conteúdo (prestações indivisíveis), o art. 103º regula duas situações distintas: "o cumprimento de prestação que tenha natureza infungível, ou que seja fraccionável na entrega de várias coisas, não facilmente substituíveis, entre as quais interceda uma conexão funcional[649]". Na verdade, não se trata de prestações indivisíveis, mas sim de prestações divisíveis e de prestações de natureza infungível[650].

[646] OLIVEIRA, Nuno Pinto/SERRA, Catarina, *Insolvência e Contrato-Promessa: os Efeitos da Insolvência sobre o Contrato-Promessa com Eficácia Obrigacional, in:* "Revista da Ordem dos Advogados", Ano 70, jan.-dez., 2010, pp. 431 e ss.

[647] *Insolvência: Efeitos sobre os Negócios em Curso, in:* "Direito e Justiça", vol. XIX, tomo II, 2005, pp. 258 e ss.

[648] *O Novo Regime Insolvencial da Compra e Venda, in:* "Revista da Faculdade de Direito da Universidade do Porto", Ano III – 2006, FDUP, Coimbra Editora, pp. 540 e 541, nota 59.

[649] Tratando-se de prestações infungíveis desdobradas em parcelas autónomas e alguma ou algumas destas já tiverem sido efetuadas, o disposto nos nºs 1 a 5 do art. 103º apenas

O regime jurídico-insolvencial destes contratos é regulado com referência ao princípio geral estabelecido no art. 102º e pode ser dividido em duas hipóteses: o contraente que tem que realizar as prestações é o contraente *in bonis*, isto é, "a outra parte" (regulada nos n°s 1, 2 e 3) ou é o contraente insolvente (regulada nos n°s 4 e 5).

Quanto à primeira hipótese, o nº 1 do art. 103º regula as consequências da recusa do cumprimento do contrato pelo administrador da insolvência. No nº 2 prevê-se a possibilidade de, afastando a aplicação do art. 102º e do nº 1 do art. 103º, o contraente *in bonis* completar a sua prestação e exigir como crédito sobre a insolvência a parte da contraprestação em dívida (sobrepondo-se, assim, à vontade do administrador da insolvência).

Na segunda hipótese, ou seja, se o contraente insolvente for o devedor da prestação e recusando o administrador o cumprimento: o direito referido na alínea b) do nº 3 do artigo 102º cessa ou é substituído pelo direito à restituição do valor da parte da prestação já efetuada anteriormente à declaração de insolvência, consoante essa prestação tenha ou não natureza infungível; aplica-se o disposto na alínea b) do nº 1, tendo a outra parte, ainda, direito ao reembolso do que já tiver prestado, como crédito sobre a insolvência. Se, pelo contrário, o administrador da insolvência não recusar o cumprimento, o direito da outra parte à contraprestação em dívida só constitui crédito sobre a massa no que exceda o valor resultante da aplicação do art. 103º, n.º 1, al. c), para a hipótese de recusa de cumprimento pelo administrador da insolvência (art. 103º, nº 3).

3. Venda com reserva de propriedade e operações semelhantes

O art. 104º regula, sob a epígrafe "venda com reserva de propriedade e operações semelhantes", a compra e venda com reserva de propriedade, o contrato de locação financeira (*leasing*) e o "contrato de locação com a cláusula de que a coisa locada se tornará propriedade do locatário depois de satisfeitas todas as rendas pactuadas".

se aplica às demais, repartindo-se a contraprestação por todas elas, pela forma apropriada (nº 6 do art. 103º).

[650] Assim, LEITÃO, Luís M. T. de Menezes, *Direito da Insolvência*, 8ª edição, Almedina, Coimbra, 2018, p. 188; FERNANDES, Luís A. Carvalho/LABAREDA, João, *Código da Insolvência e da Recuperação de Empresas Anotado*, Quid Juris Editora, Lisboa, 2008, p. 392, nota 2.

O regime jurídico destes contratos pressupõe uma distinção preliminar entre a insolvência do vendedor (ou locador) e a insolvência do comprador (ou locatário).

3.1. Insolvência do vendedor ou locador

No contrato de compra e venda com reserva de propriedade em que o vendedor ou o locador seja o insolvente, o contraente *in bonis* poderá exigir o cumprimento do contrato se a coisa já lhe tiver sido entregue na data da declaração da insolvência[651] (n°s 1 e 2 do art. 104º). Se a coisa ainda não lhe tiver sido entregue, aplicar-se-á o princípio geral do art. 102º[652].

Na hipótese de o administrador da insolvência poder recusar o cumprimento, o art. 104º, nº 5, estabelece as respetivas consequências, por remissão para o disposto no art. 102º, nº 3, com a ressalva de que o direito consignado na respetiva alínea c) tem por objeto o pagamento (como crédito sobre a insolvência), da diferença, se positiva, entre o valor da coisa na data da recusa e o montante das prestações ou rendas previstas até final do contrato, atualizadas para a data da declaração de insolvência (por aplicação do disposto no nº 2 do art. 91º).

3.2. Insolvência do comprador ou locatário

Na hipótese de insolvência do comprador ou do locatário, se estes se encontrarem na posse da coisa, aplica-se na sua plenitude o direito de escolha do administrador da insolvência previsto no princípio geral do art. 102º, com a particularidade de o prazo fixado ao administrador da insolvência, nos termos do nº 2 do artigo 102º, não poder esgotar-se antes de decorridos cinco dias sobre a data da assembleia de apreciação do relatório[653], salvo se o bem for

[651] Parece que a posição do comprador *in bonis* é merecedora de tutela quando, apesar de não ter ainda a propriedade, tenha já o bem em seu poder, na linha de orientação do art. 8º, nº 2, al. c), do Regulamento (UE) 2015/848, do Parlamento Europeu e do Conselho, de 20 de maio de 2015. Neste sentido, LEITÃO, Luís M. T. de Menezes, *Direito da Insolvência*, 8ª edição, Almedina, Coimbra, 2018, p. 193.

[652] Assim também, FERNANDES, Luís A. Carvalho/LABAREDA, João, *Código da Insolvência e da Recuperação de Empresas Anotado*, Quid Juris Editora, Lisboa, 2008, p. 396, nota 1.

[653] Por força da alteração introduzida pela Lei nº 16/2012, de 20 de abril, no regime da assembleia de apreciação do relatório, este preceito deve ser lido em conjugação com o disposto no art. 36.º, n°s 1, al. n), e 2-5.

passível de desvalorização considerável durante esse período e a outra parte advertir expressamente o administrador da insolvência dessa circunstância[654].

Para além disso, nos contratos de alienação de coisa determinada, na hipótese de insolvência do comprador, a cláusula de reserva de propriedade só é oponível à massa no caso de ter sido estipulada por escrito, até ao momento da entrega da coisa (nº 4 do art. 104º)[655].

Por último, os efeitos da recusa de cumprimento pelo administrador, quando admissível, são os previstos no nº 3 do artigo 102º (por remissão do art. 104º, nº 5): direito (como crédito sobre a insolvência) à diferença, se positiva, entre o montante das prestações ou rendas previstas até final do contrato, atualizadas para a data da declaração de insolvência por aplicação do estabelecido no nº 2 do artigo 91º, e o valor da coisa na data da recusa[656].

4. Venda sem entrega

Num contrato de compra e venda em que a propriedade já se tenha transmitido, mas a obrigação de entrega por parte do vendedor ainda não tenha sido cumprida, vigora o regime previsto no art. 105º (sem prejuízo do disposto no art. 107º)[657], que distingue duas hipóteses.

Tratando-se de insolvência do vendedor, estabelece o art. 105º, nº 1, al. a), que o administrador da insolvência *não pode recusar* o cumprimento do contrato. Assim, e em consonância com art. 8.º do Regulamento (UE) 2015/848, do Parlamento Europeu e do Conselho, de 20 de maio de 2015, não se aplica o princípio geral do art. 102º, ficando o administrador da insolvência obrigado

[654] Exigência imposta pela necessidade de, em assembleia de apreciação do relatório, se aferir da continuação ou não da atividade da empresa e, em consequência, do interesse do bem para a massa insolvente (art. 156º, nº 2). A este propósito, veja-se VASCONCELOS, Luís M. Pestana, *O Novo Regime Insolvencial da Compra e Venda, in:* "Revista da Faculdade de Direito da Universidade do Porto", Ano III – 2006, FDUP, Coimbra Editora, p. 553.

[655] No sentido de que, tratando-se de bens imóveis, não basta a redução a escrito da cláusula, sendo necessário o seu registo, como condição de oponibilidade à massa insolvente, cfr. LEITÃO, Luís M. T. de Menezes, *Direito da Insolvência*, 8ª edição, Almedina, Coimbra, 2018, p. 193. A este propósito, veja-se o nosso *Os Efeitos Substantivos da Falência*, PUC, Porto, 2000, pp. 270 e ss.

[656] A este propósito, vide o Ac. Rel. Co., de 12-09-2017 (ARLINDO OLIVEIRA).

[657] O qual também se aplica, com as devidas adaptações, aos contratos translativos de outros direitos reais de gozo (nº 2 do art. 105º).

a cumprir o contrato (em nome da defesa do direito de propriedade do comprador, não obstante o incumprimento bilateral).

Na hipótese de insolvência do comprador, o administrador da insolvência *pode optar* pela execução do contrato ou pela sua recusa, nos termos gerais do art. 102º, com a restrição de a recusa de cumprimento ter os efeitos previstos no nº 5 do artigo 104º, aplicável com as necessárias adaptações (art. 105º, nº 1, al. b)).

5. Promessa de contrato

5.1. Regime jurídico

O art. 106º contém uma disciplina particular para a hipótese de promessa de contrato, em que o insolvente seja o *promitente-vendedor* (nº 1)[658], e em que, à data da declaração de insolvência, ainda não tenha havido resolução do contrato (pressupõe-se a existência de um negócio em curso)[659]. Se o contrato já foi resolvido antes da declaração de insolvência, o crédito indemnizatório resultante da resolução do contrato constituirá, consoante os casos, um crédito que integra a massa insolvente, ou um crédito sobre a insolvência

[658] Não obstante a abrangência da epígrafe do artigo ("promessa de contrato"), o corpo do preceito parece referir-se apenas aos contratos promessa de compra e venda.

[659] Para GRAVATO MORAIS, para que o art. 106º possa ser aplicado é ainda necessário que o cumprimento seja possível – *Promessa Obrigacional de Compra e Venda com Tradição da Coisa e Insolvência do Promitente-Vendedor, in:* "Cadernos de Direito Privado", nº 29, jan./mar. 2010, p. 7. A este propósito, ainda à luz do CPEREF mas com pertinência para o regime atual, segundo o Ac. STJ de 27-01-2004 (FARIA ANTUNES), "Tendo os réus prometido comprar acções de uma sociedade que entretanto foi declarada falida por sentença transitada em julgado, sem se provar que tiveram culpa nessa falência, tornou-se impossível a execução específica do respectivo contrato-promessa, com efeitos retroactivos extensivos ao pedido de capital e dos juros. Mantendo a sociedade falida personalidade jurídica apenas para efeitos de liquidação, não faria sentido obrigar os réus, promitentes-adquirentes de acções da falida, a comprar e pagar, com juros, parte do capital da sociedade já dissolvida". Para BRANDÃO PROENÇA, *de iure constituendo*, o administrador da insolvência deveria ser obrigado a cumprir o contrato promessa se, à data da declaração de insolvência, já estivesse em curso, e registada, uma ação de execução específica contra o promitente insolvente: *Para a Necessidade de uma Melhor Tutela dos Promitentes-Adquirentes de Bens Imóveis* (maxime, *com Fim Habitacional), in:* "Cadernos de Direito Privado", nº 22, abril/junho 2008, p. 21. Segundo o Ac. STJ, de 5-03-2009 (ABÍLIO VASCONCELOS), "I – A declaração da insolvência da ré em data posterior à da propositura da acção na qual o autor pediu a execução específica do contrato-promessa de compra e venda de um imóvel construído por aquela, e que por isso passou a integrar a massa falida, acarreta a extinção da instância por impossibilidade superveniente da lide declarativa (...)".

(cuja garantia eventual – direito de retenção ou outra – não será afetada pela declaração de insolvência[660])[661].

Por força do nº 1 do art. 106º, na hipótese de insolvência do promitente-vendedor, se o contrato-promessa tiver eficácia real e já tiver havido tradição da coisa a favor do promitente-comprador[662], o administrador da insolvência não pode recusar o cumprimento do contrato-promessa. Fica, deste modo, precludida a possibilidade de opção entre a execução do contrato e a recusa do seu cumprimento, prevista em sede de princípio geral no art. 102º, nº 1.

A doutrina divide-se quanto ao âmbito de aplicação do art. 106º, nº 1. Para MENEZES LEITÃO, e por força de uma interpretação corretiva do nº 1 do art. 106º, o contrato-promessa com eficácia real não pode ficar, "em caso algum, afectado pela declaração de insolvência". Para além disso, o contrato-promessa sem eficácia real "não poderia ser objecto de recusa do cumprimento se o beneficiário tiver obtido a tradição da coisa, sendo esta a hipótese contemplada no art. 106º, nº 1"[663]. Para PESTANA DE VASCONCELOS, esta posição é válida *de iure constituendo*[664], mas já não *de iure constituto*. Para CATARINA SER-

[660] No sentido de que a reclamação do crédito indemnizatório garantido com direito de retenção deve ser acompanhada de sentença "a reconhecer o incumprimento do promitente-vendedor e a tradição da coisa para o promitente-comprador", veja-se o Ac. STJ, de 19-11-2009 (URBANO DIAS). Contra, VASCONCELOS, L. Miguel Pestana, *Direito de Retenção, Contrato-Promessa e Insolvência, in:* "Cadernos de Direito Privado", nº 33, jan./mar. 2011, p. 10, nota 29 e, na jurisprudência, o Ac. Rel. Po., de 6-11-2012 (MARIA JOÃO AREIAS).

[661] Neste sentido, VASCONCELOS, Luís M. Pestana, *Direito de Retenção, Contrato-Promessa e Insolvência, in:* "Cadernos de Direito Privado", nº 33, jan./mar. 2011, p. 9.

[662] Segundo o Ac. STJ, de 14-10-2014 (JOÃO CAMILO), "a verificação do direito de retenção previsto na al. f) do n.º 1 do art. 755.º do CC, basta-se com um contrato-promessa em que haja uma tradição da coisa prometida meramente simbólica".

[663] *Direito da Insolvência*, 4ª edição, Almedina, Coimbra, 2012, p. 189. Na *jurisprudência*, veja-se o Ac. STJ, de 20-10-2011 (HÉLDER ROQUE), segundo o qual "(...) VIII – No caso de existir tradição da coisa para o promitente-comprador, que já cumpriu, totalmente, a sua contraprestação, a recusa do cumprimento do contrato-promessa, na hipótese de insolvência do promitente-vendedor, por parte do administrador de insolvência, já se não afigura possível, independentemente de o contrato-promessa ter ou não eficácia real (...)". No mesmo sentido, veja-se o Ac. STJ, de 9-02-2012 (FONSECA RAMOS) e o Ac. Rel. Guim., de 11-07-2013 (MARIA DA PURIFICAÇÃO CARVALHO).

[664] *De iure constituendo*, defendendo a aplicação da disciplina do art. 106º, nº 1, às promessas com eficácia real, sem tradição, e às promessas sinalizadas, com cláusula de tradição, e reguladas no art. 410º, nº 3, PROENÇA, José Carlos Brandão, *Para a Necessidade de uma Melhor Tutela*

RA, o art. 106º, nº 1 não se aplica aos contratos-promessa meramente obrigacionais, ainda que exista tradição, nem aos contratos com eficácia real, mas desacompanhados da tradição do bem[665].

Falhando algum dos pressupostos da aplicação do nº 1 do art. 106º (insolvência do promitente-vendedor, tradição, eficácia real), valerá o princípio geral previsto no art. 102º. Assim, nas promessas reais sem tradição, nas promessas meramente obrigacionais (com ou sem tradição) e nas promessas em que o insolvente é o promitente-adquirente (com ou sem eficácia real, com ou sem tradição), o administrador da insolvência pode optar entre a recusa e o cumprimento[666] (ou seja a celebração do contrato definitivo[667]). Se o administrador da insolvência optar pela recusa, o art. 106º, nº 2, remete expressamente para o art. 104º, nº 5, a disciplina dos efeitos dessa recusa.

Tratando-se de contrato-promessa sinalizado, na hipótese de insolvência do promitente-adquirente, para PESTANA DE VASCONCELOS, não há lugar à restituição do que foi prestado: assim, o promitente-alienante retém o sinal (escapando ao rateio do processo de insolvência e, ficando, por isso, mais protegido do que os restantes credores da insolvência), não tendo direito a mais nenhuma indemnização (seja pelo art. 104º, nº 5, seja pelo art. 102º, nº 3, al. d))[668].

*dos Promitentes-Adquirentes de Bens Imóveis (*maxime*, com Fim Habitacional), in:* "Cadernos de Direito Privado", nº 22, abril/junho 2008, p. 21.

665 SERRA, Catarina, *Lições de Direito da Insolvência*, Almedina, Coimbra, 2018, pp. 234 e 235. Assim, também, MARTINS, Alexandre de Soveral, *Um Curso de Direito da Insolvência*, 2ª edição revista e atualizada, Almedina, Coimbra, 2016, p. 184.

666 Se o administrador da insolvência optar pelo cumprimento, mas não cumprir, o promitente *in bonis* pode lançar mão da execução específica (art. 830º CCivil) ou resolver o contrato e, nas promessas sinalizadas, reter o sinal ou exigir o seu dobro, consoante os casos. Neste sentido, VASCONCELOS, Luís M. Pestana, *Direito de Retenção, Contrato-Promessa e Insolvência, in:* "Cadernos de Direito Privado", nº 33, jan./mar. 2011, pp. 10, 11 e 13.

667 Segundo o Ac. Rel. Po., de 16 de março de 2010 (SÍLVIA PIRES), "a venda efectuada pelo Administrador de Insolvência, em cumprimento de contrato-promessa celebrado pela insolvente, é uma venda judicial, pelo que com ela caducam as hipotecas que oneravam os imóveis alienados".

668 *Direito de Retenção, Contrato-Promessa e Insolvência, in:* "Cadernos de Direito Privado", nº 33, jan./mar. 2011, pp. 12 e 13. Para este Autor, quer a indemnização prevista no art. 104º, nº 5 (*ex vi* do art. 106º, nº 2), quer a indemnização prevista no art. 102º, nº 3, al. d), têm a sua aplicação restrita aos casos em que a promessa não foi sinalizada.

5.2. Insolvência do promitente-vendedor nas promessas obrigacionais com *traditio*

5.2.1. A questão

Na hipótese de insolvência do promitente-vendedor, a recusa de cumprimento (pelo administrador da insolvência) de um contrato-promessa sinalizado suscita uma série de questões: será que o promitente *in bonis* tem direito a uma indemnização calculada nos termos do art. 442º do CCivil; será que goza do direito de retenção previsto no art. 755º, nº 1, al. f), do CCivil? A este propósito a doutrina tem divergido[669].

Para PESTANA DE VASCONCELOS, deverá ser feita uma interpretação restritiva do art. 106º, nº 2, dele se excluindo os contratos-promessa sinalizados quando o insolvente é o promitente alienante: a aplicação do art. 106º, nº 2, conduziria a um resultado extremamente violento para o promitente *in bonis*, que, na generalidade dos casos, será um consumidor. A solução passa pela aplicação, através do recurso à analogia, do art. 442º, nºs 2 e 4, do CCivil: direito ao dobro do sinal ou, se houver tradição, à indemnização pelo valor[670]. Para além disso, este crédito indemnizatório goza de direito de retenção por aplicação analógica do art. 755º, nº 1, al. f) do CCivil, ao promitente-adquirente/-consumidor[671].

[669] Se, antes da declaração de insolvência, já existia um incumprimento imputável ao promitente vendedor, aplica-se o regime geral dos arts. 442.º e 755.º, n.º 1, al. f) do CCivil. Neste sentido, PROENÇA, José Carlos Brandão, *Para a Necessidade de uma Melhor Tutela dos Promitentes--Adquirentes de Bens Imóveis (maxime, com Fim Habitacional), in*: "Cadernos de Direito Privado", nº 22, abril-junho 2008, p. 21; MARTINS, Alexandre de Soveral, *Um Curso de Direito da Insolvência*, 2ª edição revista e atualizada, Almedina, Coimbra, 2016, p. 193.

[670] *Direito de Retenção, Contrato-Promessa e Insolvência, in:* "Cadernos de Direito Privado", nº 33, jan./mar. 2011, pp. 17 e ss. A aplicação do preceito não é feita de modo direto, uma vez que o art. 442º pressupõe o incumprimento imputável, ou seja, culposo e a recusa do administrador não é um ato do insolvente, é lícito e não pode ser considerado culposo. Defendendo a aplicação do art. 442º diretamente, porque pressupondo uma imputabilidade *"cum granum salis"*, com o sentido de *"ter dado causa a"*, veja-se MORAIS, Fernando de Gravato, *Promessa Obrigacional de Compra e Venda com Tradição da Coisa e Insolvência do Promitente-Vendedor, in:* "Cadernos de Direito Privado", nº 29, jan./mar. 2010, pp. 10 e ss.

[671] *Direito de Retenção, Contrato-Promessa e Insolvência, in:* "Cadernos de Direito Privado", nº 33, jan./mar. 2011, pp. 20 e ss. Na *jurisprudência*, veja-se o Ac. STJ, de 18-10-2007 (FONSECA RAMOS), segundo o qual "o crédito garantido pelo direito de retenção de que beneficia o promitente--comprador de um imóvel de que obteve a "traditio" deve ser graduado prioritariamente,

Em sentido negativo, CATARINA SERRA tem entendido, desde logo, que não há um incumprimento imputável a uma das partes, mas sim um "acto lícito" do administrador (praticado em defesa dos interesses da massa insolvente)[672]. Em consequência, o promitente-comprador que haja prestado sinal não tem direito à sua devolução em dobro, mas sim "à diferença (se positiva) entre os valores das duas prestações – uma equivalente ao valor do objecto do contrato prometido na data da recusa de cumprimento do contrato-promessa e a outra equivalente ao montante do preço convencionado actualizado para a data da declaração de insolvência, acrescido do sinal (em singelo)"[673]. Depois, porque este direito de crédito é um crédito sobre a insolvência (nos termos do art. 102º, nº 3, al. d), iii)) e comum (se não é aplicável o art. 442º, nº 2, também não é possível a aplicação do art. 755º, nº 1, al. f), ambos do CCivil), não sendo por isso possível ao promitente-comprador invocar o direito de retenção sobre a coisa que foi objeto de *traditio*[674].

A indemnização pelo sinal está prevista no art. 442º, nº 2, do CCivil, e corresponde ao dobro do sinal, no caso de o incumprimento ser imputável ao *accipiens* do sinal, ou a sinal em singelo, para a hipótese de o incumprimento ser imputável ao *tradens* do sinal. Na hipótese de também ter havido tradição do bem, a lei reconhece ainda ao promitente adquirente a possibilidade de optar pela indemnização pelo valor. Esta forma de cálculo da indemnização pressupõe a culpa do inadimplente, não podendo, por isso, vigorar no âmbito da recusa de cumprimento pelo administrador da insolvência (lícita, pois corresponde ao exercício de um poder-dever do administrador da insolvência)[675]. Este argumento, que tem sido invocado pela Doutrina para afastar a indemnização pelo sinal, é, porém, falível, uma vez que, por força do art. 102º, nº 3, al. d), a recusa de cumprimento confere ao contraente *in bonis* o direito a uma indemnização (por factos lícitos?). Em nossa opinião, a linha de argumentação deverá ir noutro sentido. O art. 106º, nº 2, regula os efeitos da recusa

em relação ao crédito hipotecário sobre o mesmo – art. 755º, nº 1, al. f) do Código Civil" e também o Ac. STJ, de 14-06-2011 (FONSECA RAMOS).

672 Cfr. SERRA, Catarina, *Lições de Direito da Insolvência*, Almedina, Coimbra, 2018, p. 238, nota 345.

673 Cfr. SERRA, Catarina, *Lições de Direito da Insolvência*, Almedina, Coimbra, 2018, p. 238.

674 SERRA, Catarina, *Lições de Direito da Insolvência*, Almedina, Coimbra, 2018, pp. 238 e 239.

675 Sobre esta linha de argumentação, veja-se o Ac. STJ, de 14-06-2011 (FONSECA RAMOS).

de cumprimento do contrato-promessa sem eficácia obrigacional, através de uma remissão de duplo grau para o art. 102º, nº 3, com algumas adaptações. Existe, assim, lugar a indemnização, mas calculada de acordo com os critérios previstos nestes dois artigos (que, aliás, têm natureza imperativa – art. 119º, nº 1). Quanto ao exercício do direito de retenção pelo promitente-comprador (previsto no art. 755º, nº 1, al. f) do CCivil), uma vez que visa garantir o crédito indemnizatório calculado segundo o sinal ou a indemnização pelo valor, não tem qualquer aplicação no âmbito do art. 102º, nº 3[676].

5.2.2. O Acórdão de Uniformização de Jurisprudência nº 4/2014

O Acórdão Uniformizador de Jurisprudência nº 4/2014, de 20 de março de 2014 (relatado pelo Conselheiro TÁVORA VÍTOR)[677], apreciou os efeitos da declaração de insolvência do promitente-vendedor sobre o contrato-promessa de compra e venda com eficácia meramente obrigacional (ainda não cumprido) e com entrega da coisa ao promitente-comprador. Nele, e de acordo com o art. 686º do CPCivil, uniformizou-se a jurisprudência no seguinte sentido: "No âmbito da graduação de créditos em insolvência o consumidor promitente-comprador em contrato, ainda que com eficácia meramente obrigacional com traditio, devidamente sinalizado, que não obteve o cumprimento do negócio por parte do administrador da insolvência, goza do direito de retenção nos termos do estatuído no artigo 755º nº 1 alínea f) do Código Civil".

Na sua fundamentação, o Acórdão pronuncia-se sobre várias questões: a sujeição do contrato-promessa meramente obrigacional, com tradição da coisa, ao disposto no art. 106º, nº 2; o direito do promitente-comprador a uma indemnização e qual o regime desse crédito; a existência de um direito retenção e qual o seu âmbito subjetivo.

Quanto à primeira questão, o Acórdão Uniformizador defende que o art. 106º não regula as consequências da declaração de insolvência do contrato-promessa de compra e venda meramente obrigacional, sem tradição da coisa. Perante tal omissão, defende o Acórdão o recurso ao "lugar paralelo" que resulta da "conjugação dos arts. 106º, nº 2, e 104º, nº 1, pois as razões determinates do que ali vem exposto quanto ao que lá se regula (compra e

[676] Assim, também, MARTINS, Alexandre de Soveral, *Um Curso de Direito da Insolvência*, 2ª edição revista e atualizada, Almedina, Coimbra, 2016, pp. 190 e ss.

[677] Publicado no Diário da República nº 95/204, Iª série, de 19 de maio de 2014, pp. 2882-2894.

venda a prestações) são idênticas às que aqui estão em causa. Subjacente a esta tomada de posição está a forte expectativa que a *traditio* criou no "promitente-comprador" quanto à solidez do vínculo".

Em consequência, e agora quanto à segunda questão, o incumprimento do contrato-promessa pelo administrador da insolvência enquadra-se no regime do art. 442º, nº 2 do CCivil, pois existe uma imputabilidade reflexa, uma vez que o comportamento do insolvente esteve na origem do processo insolvencial[678]. Para além disso, a presunção de culpa prevista no art. 799º, nº 1 CCivil, também não foi afastada pelo devedor insolvente[679].

Quanto à terceira questão, o crédito indemnizatório do promitente-comprador que seja consumidor, e que beneficie da *traditio* da coisa, é tutelado pelo disposto no art. 755º, nº 1, al. f) do CCivil[680].

Por último, o AUJ n.º 4/2014 não uniformizou o próprio conceito de consumidor, o qual, por não ser unívoco, tem gerado o dissenso no seio das instâncias superiores, esperando-se para breve um Acórdão Uniformizador sobre o mesmo[681].

[678] Segundo o Conselheiro SEBASTIÃO PÓVOAS, o nº 2 do art. 106º estabelece "um regime autónomo das consequências da recusa de cumprimento da promessa de contrato sem eficácia real, "maxime" quanto à indemnização, a tornar inaplicável o art. 442º do CCivil". Cfr. Declaração de voto de vencido do Acórdão Uniformizador nº 4/2014, de 20 de março.

[679] Na sua declaração de voto, o Conselheiro Moreira Alves, não obstante votar o Acórdão, recusa o paralelismo entre o art. 106º, nº 2, e o art. 104º, nº 1, e assim a impossibilidade de o administrador recusar o cumprimento de contrato-promessa meramente obrigacional, ainda que tenha havido tradição da coisa. Por isso, as consequências do incumprimento do contrato regem-se pelo disposto no regime geral do art. 102º, nº 3, mantendo-se o direito de retenção. Para GRAVATO MORAIS, "cabe ao administrador da insolvência um direito de escolha entre a execução ou a recusa do cumprimento [...] Sem prejuízo de considerarmos que a recusa pelo administrador de insolvência é admissível [...] não pode deixar de afirmar-se que a insolvência – e logo o incumprimento – é imputável ao promitente-vendedor [...] Não se descure que a ideia de imputabilidade deve ser entendida, neste domínio, *cum granum salis*, no exato sentido de, como já afirmámos, "ter dado causa a", "ter motivado a"". Cfr. *Da Tutela do Retentor-Consumidor em Face da Insolvência do Promitente-Vendedor, in:* "Cadernos de Direito Privado", n.º 46, abr.-jun. 2014, pp. 54 e 55.

[680] Para o Conselheiro SEBASTIÃO PÓVOAS, "não existe o direito de retenção previsto na alínea f) do nº 1 do art. 755º, já que este pressupõe a indemnização/aplicação" do art. 442º do CCivil. *Vide* Declaração de voto de vencido do Acórdão Uniformizador nº 4/2014, de 20 de março.

[681] Sobre a questão, na doutrina e na jurisprudência, veja-se a nossa *Anotação ao Acórdão do STJ de 3 de outubro de 2017* (JÚLIO GOMES), *in:* "Revista de Direito da Insolvência", n.º 2, Almedina, Coimbra, 2018, pp. 123-146.

6. Operações a prazo

O art. 107º regula, sob a epígrafe "operações a prazo", a entrega de mercadorias e a realização de prestações financeiras, por um preço de mercado e que tenham que ser efetuadas em determinada data ou dentro de certo prazo (nº 1). Por prestações financeiras considera a lei designadamente a entrega de valores mobiliários ou opções ou outros direitos à sua venda ou entrega (als. a) e d))[682], a entrega de metais preciosos ou opções ou outros direitos à sua venda ou entrega (als. b) e d)), "os pagamentos em dinheiro cujo montante seja directa ou indirectamente determinado pela taxa de câmbio de uma divisa estrangeira, pela taxa de juro legal, por uma unidade de cálculo ou pelo preço de outros bens ou serviços" ou opções ou outros direitos a esses pagamentos (als. c) e d)). Aqui se incluem genericamente a maioria dos derivados previstos no art. 2º, nº 1, c) a f) do CVM (tais como, por exemplo, os futuros, as opções, os *swaps*, os *forwards*, os *caps*, *floors* e *collars*, os derivados de mercadorias, etc.)[683], os reportes (arts. 477º a 479º do Código Comercial), os empréstimos financeiros (art. 350º do CVM)[684].

Se a data ou o prazo de entrega das mercadorias ou da realização das prestações ocorrer ou se extinguir depois de declarada a insolvência, nem o administrador da insolvência nem a outra parte podem optar pela execução do contrato[685], ocorrendo uma cessação imediata do contrato (afastando-se assim o regime regra do art. 102º), e o comprador ou vendedor, consoante o caso, tem apenas direito ao pagamento (como crédito sobre a insolvência, se exigível ao insolvente) da diferença entre o preço ajustado e o preço de mercado do bem ou prestação financeira no segundo dia posterior ao da

[682] Exceto se se tratar de ações representativas de, pelo menos, 10% do capital da sociedade, e a liquidação contratualmente prevista não tiver caráter meramente financeiro.

[683] ANTUNES, J. Engrácia, *Os Derivados*, *in*: "Cadernos do Mercado de Valores Mobiliários", nº 30, ano 2008, 91 e ss, especialmente, p. 105.

[684] Às operações a prazo não abrangidas pelo nº 1 será aplicável o disposto no nº 5 do art. 104º, com as devidas adaptações (art. 107º, nº 5).

[685] A lei visa afastar qualquer margem de especulação pelo administrador da insolvência com a variação dos valores – assim, VASCONCELOS, Luís M. Pestana, *O Novo Regime Insolvencial da Compra e Venda*, *in*: "Revista da Faculdade de Direito da Universidade do Porto", Ano III – 2006, FDUP, Coimbra Editora, p. 550, nota 81. Pelas mesmas razões, o legislador excluiu estas operações do âmbito de aplicação da resolução em benefício da massa (art. 122º) – a este propósito, por todos, LEITÃO, Luís M. T. de Menezes, *Direito da Insolvência*, 8ª edição, Almedina, Coimbra, 2018, p. 199.

declaração de insolvência, relativamente a contratos com a mesma data ou prazo de cumprimento (art. 107º, nº 1).

Em consequência, o vendedor deverá restituir as importâncias pagas, podendo compensar essa obrigação com o crédito que para si resultar do nº 1, até ao limite dos respetivos montantes (nº 2, 1ª parte do art. 107º). Tratando-se de insolvência do vendedor, esse direito à restituição constituirá para o contraente *in bonis* um crédito sobre a insolvência (nº 2, 2ª parte do art. 107º).

7. Contrato de locação

O regime jurídico-insolvencial do contrato de locação encontra-se dividido em dois preceitos, consoante se trate da insolvência do locatário (art. 108º) ou da insolvência do locador (art. 109º).

Em regra, a lei fala de locação (e de rendas ou alugueres) – só muito pontualmente restringindo a sua aplicação ao contrato de arrendamento (é o caso do art. 108º, nº 2 – arrendamento para habitação)[686] –, parecendo, por isso, abrangidos não só os contratos de arrendamento, mas também os de aluguer (art. 1023º do CCivil).

7.1. Insolvência do locatário

Por força do art. 108º, nº 1, a declaração de insolvência *não suspende* o contrato de locação em que o insolvente seja locatário. Contrariamente ao princípio geral do art. 102º, nº 1, em que o contrato fica suspenso até que o administrador da insolvência decida o seu destino, nos contratos de locação tal não é possível. De facto, uma vez que o locatário continua a usufruir do gozo do bem, deverá continuar a pagar a respetiva renda ou aluguer, como crédito sobre a massa (art. 51º, nº 1, als. e) e f))[687].

Porém, se entender não ser conveniente para os interesses da massa insolvente, de acordo com o art. 108º, nº 1, pode o administrador da insolvência

[686] Contrariamente ao regime anterior, o qual regulava apenas o contrato de arrendamento nos arts. 169º (falência do arrendatário) e 170º (falência do senhorio) – a este propósito, veja-se o nosso *Os Efeitos Substantivos da Falência*, PUC, Porto, 2000, pp. 342 e ss.

[687] Segundo o Ac. Rel. Po., de 3-05-2011 (Ana Lucinda Cabral), "as rendas em dívida desde a data de declaração de insolvência terão que ser exigidas ao abrigo do disposto no art. 89.º n.º 2 do CIRE em acção que corre por apenso ao processo de insolvência". Assim, também, o Ac. Rel. Co., de 23-06-2015 (Fernando Monteiro).

pôr termo ao contrato (denunciá-lo), com um pré-aviso máximo de 60 dias, desde que a lei ou o contrato não prevejam um prazo inferior (hipótese em que parece valer esse prazo legal ou convencional).

A denúncia do contrato pelo administrador da insolvência facultada pelo nº 1 obriga ao pagamento, como crédito sobre a insolvência, das *retribuições* previstas no nº 3 do art. 108º: correspondentes ao período intercedente entre a data de produção dos seus efeitos e a do fim do prazo contratual estipulado, ou a data para a qual de outro modo teria sido possível a denúncia pelo insolvente, deduzidas dos custos inerentes à prestação do locador por esse período, e também dos ganhos conseguidos com uma aplicação alternativa do locado, desde que imputáveis à antecipação do fim do contrato, com atualização de todas as quantias, nos termos do nº 2 do artigo 91º, para a data de produção dos efeitos da denúncia[688].

A lei estabelece uma *disciplina especial* (que afasta a aplicação do nº 1) para os casos em que o locado se destina à habitação do insolvente (art. 108º, nº 2). Aqui, o administrador da insolvência não poderá denunciar o contrato, mas apenas declarar que o direito ao pagamento de rendas vencidas depois de decorridos sessenta dias sobre tal declaração não será exercível no processo de insolvência. Neste caso, o senhorio tem o direito de exigir, como crédito sobre a insolvência, indemnização dos prejuízos sofridos para a hipótese de despejo por falta de pagamento de alguma ou algumas das referidas rendas, até ao montante das correspondentes a um trimestre.

Finalmente, a *resolução* do contrato de locação pelo administrador da insolvência está vedada se tiver como fundamento a falta de pagamento das rendas respeitantes ao período anterior à declaração de insolvência[689_690] (art. 108º, nº 4, al. a)), ou a deterioração da situação financeira do locatário (ou seja, o perigo de incumprimento) (art. 104º, nº 4, al. b)). Não parece, por isso, excluída a possibilidade de resolução do contrato, com fundamento na falta de

[688] Das consequências da denúncia do contrato, MENEZES LEITÃO, retira a conclusão de que, em bom rigor, não se trata de uma denúncia, mas sim de uma recusa do cumprimento do contrato – *Direito da Insolvência*, 8ª edição, Almedina, Coimbra, 2018, p. 200.

[689] Solução criticada pela doutrina – assim, LEITÃO, Luís M. T. de Menezes, *Direito da Insolvência*, 8ª edição, Almedina, Coimbra, 2018, p. 201; LEITÃO, Luís M.T., de Menezes, A *(In)admissibilidade da Insolvência como Fundamento de Resolução de Contratos, in*: "III Congresso de Direito da Insolvência", Almedina, Coimbra, 2015, p. 90.

[690] A este propósito, veja-se o Ac. STJ, de 13-04-2011 (AZEVEDO RAMOS).

pagamento das rendas referentes ao período posterior à data da declaração de insolvência[691]. A lei prevê ainda a possibilidade de resolução do contrato (com fundamento na insolvência do locatário), quer pelo locador quer pelo locatário, se o bem locado ainda não tiver sido entregue à data da declaração de insolvência (nº 5 do art. 108º)[692].

7.2. Insolvência do locador

Se o insolvente for o locador, o destino do contrato de locação encontra-se regulado no art. 109º. Assim, a declaração de insolvência do locador não suspende a execução de contrato de locação e a sua denúncia por qualquer das partes apenas é possível para o fim do prazo em curso, ficando porém ressalvados os casos de renovação obrigatória (nº 1).

O contrato de locação manter-se-á em vigor e, em consequência, também as obrigações de ambas as partes: por um lado, o locador (ou seja, o respetivo administrador da insolvência) deverá continuar a assegurar o gozo da coisa para os fins a que se destina (art. 1031º, al. b), do CCivil); por outro lado, o locatário deverá continuar a pagar ao administrador da insolvência a renda ou o aluguer, nas condições acordadas (art. 1038º, al. a), do CCivil)[693].

Se, porém, a coisa ainda não tiver sido entregue ao locatário à data da declaração de insolvência, é aplicável o disposto no nº 5 do artigo 108º, com as devidas adaptações (*ex vi* do art. 109º, nº2).

Se a coisa locada tiver sido alienada no processo de insolvência, o locatário não fica privado dos direitos que lhe são reconhecidos pela lei civil. Trata-se, fundamentalmente, do *direito à manutenção da sua posição contratual* e do *direito de preferência*[694].

Nos termos do art. 1057º CCivil, "o adquirente do direito com base no qual foi celebrado o contrato sucede nos direitos e obrigações do locador,

[691] Neste sentido, também, na *jurisprudência*, veja-se o Ac. Rel. Po., de 13-03-2008 (CARLOS PORTELA), in: CJ nº 33, 2008, 2, pp. 181 e ss.

[692] Pode qualquer uma das partes fixar à outra um prazo, findo o qual cessa o direito de resolução do contrato (art. 108º, nº 5, *in fine*).

[693] Veja-se, também neste sentido, o *direito italiano*, GUGLIELMUCCI, Lino/ZANARONE, Giuseppe/DI CHIO, Giuseppe/MANGINI, Vito/TEDESCHI, Guido Uberto, *Effetti del Fallimento sui Rapporti Giuridici Preesistenti*, Editore Zanichelli, 1979, pp. 368-369, nota 3.

[694] FERNANDES, Luís A. Carvalho/LABAREDA, João, *Código da Insolvência e da Recuperação de Empresas Anotado*, Quid Juris Editora, Lisboa, 2008, p. 409, nota 5.

sem prejuízo das regras do registo"[695]. Com a transmissão (e apenas neste caso) do direito com base no qual o contrato de locação foi celebrado, *transmitem-se "ipso iure" os direitos e as obrigações do locador*[696] (pelo que o adquirente fica, "por efeito necessário da lei", na posição de locador), de forma a não romper o vínculo contratual em detrimento do locatário[697]. Trata-se de uma regra que apresenta natureza imperativa, pois não pode ser afastada pelo transmitente ou pelo adquirente – todavia, a doutrina tem entendido que a mesma poderá ser derrogada mediante consentimento do locatário prestado necessariamente *no momento da transmissão do direito do locador*, sendo que o consentimento manifestado de forma antecipada será nulo[698]. Esta regra da manutenção do

[695] Veja-se ainda o art. 20º, nº 1, do RAR: cfr., a este propósito, PRAZERES, Manuel A. Gama, *Novo Regime de Arrendamento e Emparcelamento Rural*, Porto Editora, Porto, 1989, pp. 52-53; MESQUITA, Manuel Henrique, *Obrigações Reais e Ónus Reais*, Almedina, Coimbra, 1990, p. 137; MARTINEZ, Pedro Romano, *Contratos em Especial* (2ª edição), Universidade Católica Editora, Lisboa, 1996, pp. 193-197. Nos termos do art. 2º, nº 1, al. m) do CRPredial, estão sujeitos a registo "o arrendamento por mais de seis anos e as suas transmissões ou sublocações, exceptuado o arrendamento rural": *vide*, a este propósito, COELHO, F. M. Pereira, *Breves Notas ao "Regime do Arrendamento Urbano"*, *in:* "Revista de Legislação e de Jurisprudência", 125, 1992-93, p. 198.

[696] *Vide*, sobre esta matéria, MESQUITA, Manuel Henrique, *Obrigações Reais e Ónus Reais*, Almedina, Coimbra, 1990, p. 138, nota 18; TELLES, Inocêncio Galvão, *Dos Contratos em Geral* (reprint, 3ª edição, 1965), Lex, Lisboa, 1995, p. 370; MARTINEZ, Pedro Romano, *Contratos em Especial* (2ª edição), Universidade Católica Editora, Lisboa, 1996, p. 193; LIMA, Pires/VARELA, Antunes, *Código Civil Anotado* (vol. II, 4ª edição revista e atualizada), Coimbra Editora, Coimbra, 1997, p. 400, nota 2. A doutrina nacional divide-se quanto à qualificação desta figura. Alguns autores inclinam-se mais para o seu enquadramento na figura da sub-rogação legal do terceiro adquirente na posição jurídica do locador: veja-se, neste sentido, PINTO, Carlos Alberto da Mota, *Cessão da Posição Contratual*, Coimbra, 1970, pp. 84 e ss. Outros autores, pelo contrário, defendem tratar-se de um caso de cessão coerciva da posição contratual do locador para o adquirente (cessão forçada ou *ex lege* da posição contratual): veja-se, por exemplo, MESQUITA, Manuel Henrique, *Obrigações Reais e Ónus Reais*, Almedina, Coimbra, 1990, p. 147; TELLES, Inocêncio Galvão, *Dos Contratos em Geral* (reprint, 3ª edição, 1965), Lex, Lisboa, 1995, p. 370. A doutrina e a jurisprudência dividem-se também quanto à transmissibilidade da posição contratual em contexto de venda executiva (com fundamento no art. 824.º, n.º 2, do CCivil) – sobre a questão, cfr. LEITÃO, Luís M.T., de Menezes, *A (In)admissibilidade da Insolvência como Fundamento de Resolução de Contratos*, *in*: "III Congresso de Direito da Insolvência", Almedina, Coimbra, 2015, p. 93.

[697] Cfr., neste sentido, TELLES, Inocêncio Galvão, *Dos Contratos em Geral* (reprint, 3ª edição, 1965), Lex, Lisboa, 1995, p. 370; LIMA, Pires/VARELA, Antunes, *Código Civil Anotado* (vol. II, 4ª edição revista e atualizada), Coimbra Editora, Coimbra, 1997, p. 400, nota 2.

[698] *Vide*, a este propósito, COELHO, Pereira, *Arrendamento*, Lições ao Curso do 5º ano de Ciências Jurídicas no ano letivo de 1988-1989, copiografadas, Coimbra, 1988, pp. 205 e ss; MESQUITA,

contrato de locação, consagrada claramente em nome da proteção do locatário, pode revelar-se simultaneamente excessiva (no que toca ao locatário) e injusta (relativamente à tutela dos interesses do terceiro adquirente): assim parece suceder no caso de o locatário ainda não se encontrar no gozo da coisa porque esta ainda não foi entregue, hipótese na qual a doutrina tem procedido a uma interpretação restritiva do art. 1057º CCivil, de forma a que o preceito seja aplicável apenas aos casos em que, por um lado, o locatário é merecedor dessa tutela (ou seja, nos casos em que o bem já foi entregue ao mesmo) e, por outro, o terceiro adquirente à data da celebração do negócio possa ter conhecimento da relação locativa[699].

Como afirmámos, o arrendatário não insolvente conserva ainda o *direito de preferência* (consagrado nos arts. 1091º do CCivil, 31º RAR)[700]. Nos termos do art. 1091º, nº 1, al. a), do CCivil, o arrendatário de prédio urbano tem o direito de preferência na compra e venda ou na dação em cumprimento do local arrendado há mais de dois anos[701]. Por outro lado, de acordo com o art. 31º, nº 2, RAR, "no caso de venda ou dação em cumprimento de prédios que sejam objecto de arrendamento agrícola ou florestal, aos respectivos arrendatários cujo contrato vigore há mais de três anos, assiste o direito de preferirem na transmissão". Deste modo, sobre o senhorio, na hipótese de o mesmo decidir vender ou proceder à dação em cumprimento do local arrendado, recai uma obrigação legal de escolha do arrendatário (se entendermos que existe uma obrigação de *facere*) ou de abstenção de contratar com outras pessoas para além do arrendatário (se entendermos que existe uma obrigação de *non facere*)[702].

Manuel Henrique, *Obrigações Reais e Ónus Reais*, Almedina, Coimbra, 1990, p. 143 e igualmente a sua nota 24.

[699] Vide, neste sentido, MESQUITA, Manuel Henrique, *Obrigações Reais e Ónus Reais*, Almedina, Coimbra, 1990, pp. 140-141, nota 19.

[700] *Vide*, no sentido contrário, a *doutrina italiana e a orientação jurisprudencial italiana consolidada apud* NERVI, Giovanni, *Il Contratto di Locazione di Immobili*, *in:* "Diritto Fallimentare – Effetti del Fallimento (collana diretta da Ivo Greco)", Pirola, Milano, 1994, pp. 676-677. O afastamento do direito de preferência do âmbito do processo falimentar é defendido com o fundamento de que o respetivo exercício importaria um dano para a massa falida na hipótese de venda coativa do bem em violação do mesmo direito.

[701] Veja-se, a este propósito, MARTINEZ, Pedro Romano, *Contratos em Especial* (2ª edição), Universidade Católica Editora, Lisboa, 1996, pp. 255-257.

[702] Veja-se VARELA, J. M. Antunes, *Das Obrigações em Geral*, vol. I (9ª edição), Almedina, Coimbra, 1996, p. 385.

A esta obrigação legal subjaz a ideia de que aquele que se encontra a usufruir de um bem no exercício de um "direito pessoal de gozo tendencialmente duradouro" deve ter acesso à propriedade desse mesmo bem[703].

Existindo, nos termos enunciados pela lei, um direito legal de preferência de que o arrendatário é titular perante o senhorio[704], este deverá, segundo o art. 416º, nº 1, do CCivil (*ex vi* do art. 1091º, nº 4, CCivil[705]), fazer a notificação para preferência, comunicando ao arrendatário o projeto de venda e as cláusulas do contrato que se dispõe a celebrar, por carta registada com aviso de receção, sendo o prazo de resposta de 30 dias a contar da data da receção. Transposto este regime para o processo insolvencial, o administrador da insolvência deve comunicar ao arrendatário não insolvente o acordo completo, para que este se possa pronunciar dentro do prazo referido. Se o administrador da insolvência violar a preferência, e uma vez que se trata de uma preferência legal, o arrendatário *in bonis* poderá fazer valer o seu direito através da ação de preferência prevista no art. 1410º CCivil (a intentar no prazo de seis meses a contar da data em que teve conhecimento dos elementos essenciais da alienação e mediante o depósito do preço devido nos 15 dias seguintes à propositura da ação), de modo a haver para si a coisa alienada em violação da preferência[706]. E poderá fazê-lo, porque é titular de um direito oponível ao terceiro adquirente, mesmo nos casos de alienação efetuada em execução, falência, insolvência ou casos análogos (*vide* art. 422º, 2ª parte, do CCivil, *a contrario*)[707].

703 Vide, a este propósito, VARELA, J. M. Antunes, *Das Obrigações em Geral*, vol. I (9ª edição), Almedina, Coimbra, 1996, p. 384, nota 2.

704 No sentido de que se trata de um verdadeiro direito real de aquisição, *vide* ASCENSÃO, José de Oliveira, *Direitos Reais*, Lisboa, 1962, p. 441; CORDEIRO, António Menezes, *Da Natureza do Direito do Locatário, in:* "Revista da Ordem dos Advogados", Ano 40, 1980, p. 397; MESQUITA, Manuel Henrique, *Obrigações Reais e Ónus Reais*, Almedina, Coimbra, 1990, p. 195; MESQUITA, Manuel Henrique, *Anotação ao Acórdão do STJ, de 25 de Fevereiro de 1993, in:* "Revista de Legislação e de Jurisprudência", 125, 1992-93, p. 384; VARELA, J. M. Antunes, *Das Obrigações em Geral*, vol. I (9ª edição), Almedina, Coimbra, 1996, p. 387.

705 À luz do RAR anterior, no sentido de que os arts. 416º a 418º e 1410º CCivil também se aplicam ao regime do arrendamento rural, embora a lei não o preveja expressamente, vide PRAZERES, Manuel A. Gama, *Novo Regime de Arrendamento e Emparcelamento Rural*, Porto Editora, Porto, 1989, p. 60.

706 Cfr., a este propósito, VARELA, J. M. Antunes, *Das Obrigações em Geral*, vol. I (9ª edição), Almedina, Coimbra, 1996, pp. 391-392.

707 Assim, VARELA, J. M. Antunes, *Das Obrigações em Geral*, vol. I (9ª edição), Almedina, Coimbra, 1996, pp. 388.

8. Contratos de mandato e de gestão

O art. 110º, sob a epígrafe "contratos de mandato e de gestão", regula a hipótese de insolvência do mandante ou comitente. Trata-se de contratos de mandato ou de comissão (nº 1) ou de contratos de "gestão", isto é, pelos quais o insolvente haja confiado a *gestão* de assuntos patrimoniais a outrem, com um mínimo de autonomia, designadamente, contratos de gestão de carteiras e de gestão do património (nº 4).

Os contratos de mandato, de comissão e de "gestão", que não sejam estranhos à massa insolvente, caducam com a declaração de insolvência do mandante, comitente ou gestor, ainda que o contrato tenha sido celebrado também no interesse do mandatário ou de terceiro, sem que o mandatário tenha direito a indemnização pelo dano sofrido[708].

Se a caducidade do mandato como regra geral é compreensível pelo caráter *intuitu personae* do contrato, já a solução para o mandato celebrado também no interesse do contraente *in bonis* ou de terceiro tem sido considerada excessiva pela doutrina, uma vez que desatende por completo os interesses destes. Aliás, nestes casos, o art. 1170º, nº 2, do CCivil impede a revogação e o art. 1175º do CCivil exclui a caducidade[709].

Porém, o contrato de mandato mantém-se se for necessária a prática de atos pelo mandatário, comitente ou gestor, por forma a evitar prejuízos previsíveis para a massa insolvente, até que o administrador da insolvência tome as devidas providências (al. a) do nº 2 do art. 110º)[710]; e também pelo período

[708] A solução do regime falimentar anterior era outra. Assim, dispunha o art. 167º nº 1, do CPEREF, "os contratos de mandato, realizados também no interesse do mandatário, e os de comissão não caducam necessariamente com a declaração de falência do mandante ou comitente, mas o liquidatário judicial pode optar livremente pela continuação ou pela revogação unilateral do contrato, sem que o mandatário ou comissário tenha direito a compensação pelo dano proveniente da revogação".

[709] Assim, LEITÃO, Luís M. T. de Menezes, *Direito da Insolvência*, 8ª edição, Almedina, Coimbra, 2018, p. 202.

[710] Aliás, esta solução é, de certo modo, equiparável à consagrada no art. 55º, nº 3 (que admite, excecionalmente, que o administrador da insolvência seja coadjuvado por técnicos ou outros auxiliares). Segundo o Ac. STJ, de 17-11-2011 (SERRA BAPTISTA), "(...) III – Declarada a insolvência, independentemente do seu eventual não trânsito em julgado, caduca o mandato que a insolvente havia concedido ao seu advogado, já que a mesma fica substituída pelo(a) Sr.(a). Administrador(a) de insolvência (...)". Veja-se também o Ac. TCAS, de 20-06-2013 (RUI PEREIRA).

em que o mandatário, comitente ou gestor exerceu as suas funções porque desconhecia, sem culpa, a declaração de insolvência do mandante (al. b) do nº 2 do art. 110º)[711]. As remunerações e o reembolso das despesas a que haja lugar constituem dívida da massa na primeira hipótese e dívida da insolvência na segunda hipótese (nº 3 do art. 110º).

O art. 110º é omisso quanto ao regime jurídico aplicável ao mandato e à comissão na hipótese de insolvência do mandatário e do comissário[712]. A doutrina divide-se quanto ao respetivo regime jurídico – para alguns autores, o contrato mantém-se, podendo o mandante revogá-lo (art. 1170º do CCivil)[713]; para outros será de aplicar por analogia a solução de caducidade dos contratos prevista no art. 110º[714].

9. Contrato de prestação duradoura de serviço

Os contratos de prestação duradoura de serviço encontram-se regulados nos arts. 111º (dedicado à insolvência do beneficiário do serviço) e 114º (que disciplina a insolvência do prestador do serviço).

Os contratos que obriguem à realização de prestação duradoura de um serviço no interesse do insolvente, e que não caduquem por efeito do disposto no artigo 110º, não se suspendem com a declaração de insolvência, podendo ser denunciados por qualquer das partes de acordo com o art. 108º, nº 1, com as devidas adaptações (art. 111º, nº 1).

Apenas a denúncia antecipada realizada pelo administrador da insolvência dá lugar ao ressarcimento do dano causado (como crédito sobre a insolvência), calculando-se a indemnização de acordo com o critério estabelecido no nº 3 do artigo 108º, com as necessárias adaptações (nº 2 do art. 111º).

[711] Trata-se de uma solução inspirada na necessidade de proteger o contraente não insolvente que se encontre de boa fé. Assim, LEITÃO, Luís M. T. de Menezes, *Direito da Insolvência*, 8ª edição, Almedina, Coimbra, 2018, p. 203.

[712] Contrariamente ao regime anterior que, no nº 2 do art. 167º do CPEREF, estabelecia a caducidade imediata dos contratos em consequência da declaração de falência do mandatário, com poderes de representação, ou do comissário.

[713] Assim, VASCONCELOS, Luís M. Pestana, *Dos Contratos de Cessão Financeira (Factoring)*, Coimbra Editora, Coimbra, 1999, p. 232, nota 503.

[714] Neste sentido, LEITÃO, Luís M. T. de Menezes, *Direito da Insolvência*, 8ª edição, Almedina, Coimbra, 2018, p. 204; FERNANDES, Luís A. Carvalho/LABAREDA, João, *Código da Insolvência e da Recuperação de Empresas Anotado*, Quid Juris Editora, Lisboa, 2008, p. 413, nota 13.

Na hipótese de insolvência do prestador do serviço, e desde que se trate de pessoa singular, é aplicável, com as devidas adaptações, o regime da insolvência do trabalhador, salvo se a prestação do serviço se integrar na atividade da empresa de que for titular e não tiver natureza infungível (art. 114º, nº 1). Não obstante, é aplicável o regime do art. 111º (pelo que qualquer das partes pode denunciar o contrato), mas o dever de indemnização só existe se a denúncia resultar de iniciativa da outra parte (art. 114º, nº 2).

10. Procurações

No art. 112º, encontra-se regulada a eficácia da insolvência sobre todas as procurações respeitantes ao património que integra a massa insolvente, ainda que essas procurações tenham sido conferidas também no interesse do procurador ou de terceiro. Parece assim, *a contrario sensu*, que ficam excluídas as procurações que não respeitem a bens integrantes da massa insolvente[715].

Em consequência, os atos praticados pelo procurador depois da caducidade da procuração ficam sujeitos ao regime previsto no art. 81º, nºs 6 e 7 (*ex vi* do nº 2 do art. 112º). Porém, o procurador que desconheça sem culpa a insolvência do representado não é responsável perante terceiros pelos prejuízos que lhes advenham da ineficácia do negócio praticado sem poderes de representação (nº 3 do art. 112º).

Excecionalmente, as procurações manterão a sua vigência se e enquanto se preencher o disposto na al. a) do nº 2 do art. 110º, ou seja, quando exista interesse da massa insolvente na sua manutenção (art. 112º, nº 1).

11. Contrato de trabalho

11.1. A insolvência do trabalhador

O art. 113º regula os efeitos da declaração de insolvência do trabalhador sobre o contrato de trabalho. De acordo com o seu nº 1 o contrato de trabalho não se suspende (afastando, assim, a solução contida no art. 102º).

Porém, a massa insolvente permanece imune às vicissitudes desse contrato, pelo que o seu cumprimento, bem como o ressarcimento de prejuízos

[715] A este propósito, veja-se o Ac. Rel. Lx., de 6-03-2008 (SALAZAR CASANOVA), *in:* CJ, 33, 2008, pp. 85 e ss.

decorrentes de uma eventual violação dos deveres contratuais, apenas podem ser reclamados ao próprio insolvente.

Trata-se da solução mais do que suficiente para proteger os credores do trabalhador, porque a massa fica imune não só a indemnizações decorrentes do contrato de trabalho, como também a eventual direito a alimentos do insolvente previsto no art. 84º[716].

Para além disso, constitui o corolário do direito do insolvente a trabalhar consagrado ao longo do Código (designadamente nos arts. 84º e 239º, nº 4, al. b), onde até se pode falar de um dever de trabalhar).

11.2. A insolvência do empregador

Os efeitos da insolvência do empregador não se encontram previstos em norma especial do CIRE, contrariamente ao regime anterior que, no art. 172º do CPEREF, regulava esta matéria, o que provocou o dissenso no seio da Doutrina[717].

Assim, para CARVALHO FERNANDES e JOÃO LABAREDA, aos efeitos da insolvência sobre o contrato de trabalho será aplicável o disposto no Código do Trabalho quanto à cessação do contrato de trabalho, por remissão do art. 277º[718].

Para PEDRO ROMANO MARTINEZ, por remissão do art. 111º, os efeitos da declaração de insolvência do empregador regem-se pelo disposto no art. 108º. Em consequência, os contratos de trabalho mantêm-se em vigor, pois a insolvência do empregador não implica a sua caducidade, nem a sua suspensão (art. 102º do CIRE). Por força do art. 108º, nº 1 (*ex vi* do art. 111º, nº 1 do CIRE),

[716] Neste sentido, também, FERNANDES, Luís A. Carvalho/LABAREDA, João, *Código da Insolvência e da Recuperação de Empresas Anotado*, 3ª edição, Quid Juris Editora, Lisboa, 2015, p. 489, nota 3.

[717] No Direito Internacional, veja-se a Convenção n.º 173 relativa à Proteção dos Créditos dos Trabalhadores em Caso de Insolvência do Empregador, adotada pela Conferência Geral da Organização Internacional do Trabalho, na sua 79ª sessão, realizada em Genebra em 23 de junho de 1992, aprovada pela Resolução da Assembleia da República n.º 110/2012, em 8 de junho de 2012, e ratificada pelo Decreto do Presidente da República n.º 136/2012, de 8 de agosto. Sobre um caso fronteira entre o exercício de funções de gerência e o exercício de funções ao abrigo de um contrato de trabalho, veja-se o Ac. Rel. Guim., de 30-05-2018 (JOSÉ AMARAL).

[718] O art. 277º do CIRE contém não só a disciplina substantiva mas também o regime de Direito Internacional privado. Assim, FERNANDES, Luís A. Carvalho/LABAREDA, João, *Código da Insolvência e da Recuperação de Empresas Anotado*, 3ª edição, Quid Juris Editora, Lisboa, 2015, p. 487, nota 4.

declarada a insolvência do empregador, o administrador da insolvência pode denunciar o contrato, com um pré-aviso de 60 dias. Cessado o contrato neste termos, o trabalhador tem direito a uma compensação, por aplicação analógica do art. 346º, nº 5, do Código do Trabalho[719].

Por último, para Menezes Leitão, por um lado, é manifesta a inaplicabilidade do art. 111º ao contrato de trabalho, pois apenas se refere aos contratos de prestação duradoura de serviço; por outro lado, também não poderá ser aplicado o art. 277º, uma vez que este preceito contém apenas uma norma de conflitos e não a disciplina substantiva dos efeitos da insolvência do empregador quanto às relações laborais. Em consequência, o CIRE não prevê qualquer disposição reguladora desta matéria, devendo a solução ser procurada diretamente no Código do Trabalho (nos seus arts. 347º, 285º, que regulam especificamente os efeitos da declaração judicial de insolvência do empregador sobre os respetivos contratos de trabalho)[720].

Começando pelo art. 347º do Código do Trabalho, enquanto o estabelecimento não for encerrado em definitivo, o administrador da insolvência deve continuar a satisfazer integralmente as obrigações que dos referidos contratos resultem para com os trabalhadores (nº 1)[721]. Aliás, as remunerações dos trabalhadores são dívidas da massa, segundo o art. 51.º, n.º 1, al. f).

Porém, o administrador da insolvência, ainda antes do encerramento definitivo do estabelecimento, pode fazer cessar os contratos de trabalho dos trabalhadores cuja colaboração não seja indispensável à manutenção do funcionamento da empresa (nº 2).

Com exceção das microempresas, a cessação do contrato de trabalho decorrente do encerramento previsto no nº 1 ou realizada nos termos do nº 2 deve ser antecedida de procedimento previsto nos artigos 360º e seguintes, com as necessárias adaptações (nºs 3 e 4).

[719] Cfr. Dray, Guilherme Machado/Silva, Luís Gonçalves/Martinez, Pedro Romano/Vasconcelos, Joana/Monteiro, Luís Miguel/Brito, Pedro Madeira, *Código do Trabalho – Anotado*, 8ª edição, Almedina, Coimbra, 2009, pp. 925-926.

[720] Cfr. Leitão, Luís M. T. de Menezes, *Direito da Insolvência*, 8ª edição, Almedina, Coimbra, 2018, p. 206.

[721] Considerando que o administrador da insolvência apenas representa *ope legis* a entidade empregadora, substituindo esta no exercício dos seus direitos e das suas obrigações, *vide* Gomes, Júlio, *Nótula sobre os Efeitos da Insolvência do Empregador nas Relações de Trabalho, in:* "I Congresso de Direito da Insolvência", Almedina, Coimbra, 2014, p. 289.

Os arts. 285º e ss do Código do Trabalho regulam a hipótese de *alienação do estabelecimento* independentemente do contexto insolvencial em que a entidade patronal se encontre.

Assim, em caso de transmissão, *por qualquer título*, da titularidade da empresa, do estabelecimento ou de parte da empresa ou estabelecimento que constitua uma unidade económica[722], transmitem-se para o adquirente a posição jurídica de empregador nos contratos de trabalho dos respetivos trabalhadores, assim como a responsabilidade pelo pagamento de coima correspondente à prática de contra-ordenação laboral (art. 285º, nº 1). Durante o ano posterior à transmissão, pelas obrigações vencidas até à data dessa transmissão respondem solidariamente o transmitente e o adquirente (art. 285º, nº 2)[723].

A disciplina do art. 285º, nºs 1 e 2, é igualmente aplicável à transmissão, cessão ou reversão da exploração da empresa, do estabelecimento ou da unidade económica, sendo solidariamente responsável, em caso de cessão ou reversão, quem imediatamente antes exerceu a exploração da empresa, estabelecimento ou unidade económica (art. 285º, nº 3).

Em nosso entender, a disciplina dos contratos laborais depois da declaração de insolvência da entidade patronal resulta da aplicação combinada das normas concursais e das normas laborais[724]. Assim, desde logo, vale o princípio de que a declaração de insolvência não extingue *ipso iure* os contratos de trabalho em vigor (art. 347.º, n.º 1, CTrabalho)[725]. Porém, os contratos de trabalho são alterados, pois os direitos e obrigações da entidade patronal insolvente passam a ser exercidos pelo administrador da insolvência (arts. 55.º, n.ºs 1, al. b) e 5,

[722] Por unidade económica entende a lei tratar-se do conjunto de meios organizados com o objetivo de exercer uma atividade económica, principal ou acessória (art. 285º, nº 4).

[723] Para CARVALHO FERNANDES, não deverá ser aplicado ao processo de insolvência o disposto no art. 285º, nº 2, do Código do Trabalho – FERNANDES, Luís A. Carvalho, *Efeitos da Declaração de Insolvência no Contrato de Trabalho Segundo o Código da Insolvência e da Recuperação de Empresas, in:* "Revista de Direito e de Estudos Sociais", 45 (2004), nºs 1, 2 e 3, pp. 32 e ss. Em sentido contrário, cfr. LEITÃO, Luís M. T. de Menezes, *Direito da Insolvência*, 8ª edição, Almedina, Coimbra, 2018, p. 215.

[724] Neste sentido, VASCONCELOS, Joana, *Insolvência do Empregador, Destino da Empresa e Destino dos Contratos de Trabalho, in:* "VIII Congresso Nacional de Direito do Trabalho", Almedina, Coimbra, 2006, p. 220.

[725] Sobre o princípio da intangibilidade dos contratos de trabalho com a declaração judicial de insolvência, ver RAMALHO, Maria do Rosário Palma, *Os Trabalhadores no Processo de Insolvência, in:* "III Congresso de Direito da Insolvência", Almedina, Coimbra, 2015, pp. 383 e ss.

81.º, n.ºs 1 e 4), preceituando o art. 347.º, n.º 1, CTrabalho que o administrador da insolvência deve "continuar a satisfazer integralmente as obrigações para com os trabalhadores enquanto o estabelecimento não for definitivamente encerrado". Para além disso, nos termos do art. 51, n.º 1, al. e), as remunerações devidas aos trabalhadores que digam respeito ao período temporal posterior à declaração de insolvência são dívidas da massa, uma vez que resultam de "contrato bilateral cujo cumprimento não possa ser recusado pelo administrador da insolvência, salvo na medida em que se reporte a período anterior à declaração de insolvência"[726].

Em segundo lugar, o destino dos contratos de trabalho fica dependente do destino da empresa. Em regra, é à assembleia de apreciação do relatório (prevista no art. 156.º, e que pode ser dispensada pelo juiz na sentença, nos termos do art. 36.º, n.º 1, al. n)) que compete, em primeira linha[727], a decisão de encerramento ou manutenção em atividade do estabelecimento ou estabelecimentos que integram a massa insolvente[728].

[726] Neste sentido veja-se Leitão, Luís M. T. de Menezes, *A Natureza dos Créditos Laborais Resultantes de Decisão do Administrador de Insolvência, in:* "Cadernos de Direito Privado", n.º 34, abr./jun. 2011, p. 65. Porém, as remunerações respeitantes ao período anterior são créditos sobre a insolvência, devendo, por isso, ser reclamadas no apenso de reclamação, verificação e graduação de créditos. Segundo o art. 1.º, n.º 1, al. a) do D.L. n.º 59/2015, de 21 de abril, o FGS assegura, a partir da sentença declarativa de insolvência, o pagamento dos créditos emergentes do contrato de trabalho, ou da sua violação ou da sua cessação, que se tenham vencido nos seis meses anteriores à propositura da ação de insolvência (art. 2.º, n.º 4), até ao limite máximo global equivalente a seis meses de retribuição, e com o limite máximo mensal correspondente ao triplo da retribuição mínima mensal garantida (art. 3.º, n.º 1). Sobre a reclamação de créditos do FGS, no processo de insolvência da entidade empregadora, cfr. os Acs. STJ, de 20-10-2011 (Silva Gonçalves) e de 7-05-2014 (Pinto de Almeida), o Ac. Rel. Po., de 23-04-2013 (Anabela Dias da Silva), e o Ac. Rel. Co., de 10-03-2015 (Moreira do Carmo). Na doutrina, por todos, sobre o FGS e o seu confronto com o Fundo de Compensação do Trabalho ou Mecanismo Equivalente e o Fundo de Garantia de Compensação do Trabalho, Martins, Alexandre de Soveral, *Um Curso de Direito da Insolvência*, 2ª edição revista e atualizada, Almedina, Coimbra, 2016, pp. 378 e ss.

[727] Porém, se tiver sido nomeado um administrador judicial provisório (por força do art. 31.º, n.º 2), compete-lhe providenciar pela "continuação da exploração da empresa", exceto se entender que é mais vantajosa para os interesses dos credores a suspensão da atividade, que deverá ser devidamente autorizada pelo juiz (art. 33.º, n.º 1).

[728] Poderá, excecionalmente, esse encerramento resultar de decisão do administrador da insolvência, antes da assembleia de apreciação do relatório, nos termos do art. 157.º.

Se a empresa encerrar, cessam os contratos de trabalho (art. 347.º, n.º 3 CTrabalho), devendo a extinção ser precedida de procedimento previsto nos arts. 360.º e ss para o despedimento coletivo, com as devidas adaptações[729], exceto na hipótese de encerramento de microempresa. Deve, no entanto, ter-se sempre presente o art. 335.º do CTrabalho, segundo o qual: "1 – O sócio que, só por si ou juntamente com outros a quem esteja ligado por acordos parassociais, se encontre numa das situações previstas no artigo 83.º do Código das Sociedades Comerciais, responde nos termos do artigo anterior, desde que se verifiquem os pressupostos dos artigos 78.º, 79.º e 83.º daquele diploma e pelo modo neles estabelecido. 2 – O gerente, administrador ou director responde nos termos previstos no artigo anterior, desde que se verifiquem os pressupostos dos artigos 78.º e 79.º do Código das Sociedades Comerciais e pelo modo neles estabelecido"[730].

Se a empresa (ou os seus estabelecimentos) *se mantiver(em) em funcionamento*, manter-se-ão os contratos de trabalho, exceto se o administrador (ao abrigo do art. 347.º, n.º 2, do CTrabalho) fizer cessar os contratos de trabalho dos trabalhadores cuja prestação "não seja indispensável ao funcionamento da empresa", com base no despedimento coletivo ou no despedimento por extinção do posto de trabalho[731].

Se a empresa for alienada, cumpre distinguir essencialmente duas modalidades: alienação da empresa ou dos seus estabelecimentos ("como um todo organizado, e em funcionamento" – à qual é aplicável o disposto no art. 285.º do CTrabalho) – e alienação de "bens ou elementos patrimoniais da empresa

[729] Quanto às adaptações necessárias, veja-se VASCONCELOS, Joana, *Insolvência do Empregador, Destino da Empresa e Destino dos Contratos de Trabalho, in:* "VIII Congresso Nacional de Direito do Trabalho", Almedina, Coimbra, 2006, pp. 224 e ss. Segundo JÚLIO GOMES, só no caso concreto é possível ajuizar sobre a utilidade da negociação com representantes de trabalhadores – *Nótula sobre os Efeitos da Insolvência do Empregador nas Relações de Trabalho, in:* "I Congresso de Direito da Insolvência", Almedina, Coimbra, 2014, p. 289.

[730] Segundo o Ac. Rel. Guim., de 5-11-2015 (ANTÓNIO SOBRINHO): "no âmbito do processo de insolvência do administrador de sociedade comercial, pode ser reclamado crédito laboral por via do exercício de funções do trabalhador reclamante naquela sociedade, também insolvente, desde que seja alegada e provada a actuação culposa do administrador, sendo esta causa da insuficiência do património social".

[731] Assim, Gomes, Júlio, *Nótula sobre os Efeitos da Insolvência do Empregador nas Relações de Trabalho, in:* "I Congresso de Direito da Insolvência", Almedina, Coimbra, 2014, p. 288.

(implicando a cessação da atividade e o desmantelamento da organização produtiva)"[732].

Por último, têm sido difíceis de qualificar os créditos dos trabalhadores relativos à cessação do contrato de trabalho por iniciativa do administrador da insolvência, ou seja, à cessação posterior à declaração de insolvência (os créditos referentes a cessações ocorridas antes deste momento são, pacificamente, créditos sobre a insolvência, embora reforçados pelos privilégios previstos no art. 333.º do CTrabalho). A questão surge a propósito da qualificação dos créditos compensatórios pela cessação de contratos de trabalho pré-existentes, quando a cessação (qualquer que seja a sua causa) acontece depois da declaração de insolvência e no exercício das funções do administrador da insolvência[733]. Três teses podem ser enunciadas: trata-se, na íntegra, de dívidas da massa, pois a cessação acontece depois da declaração de insolvência (art. 51.º, n.º 1, als. c) e d))[734]; constituem, na sua totalidade, dívidas da insolvência, uma vez que, para além de lhes subjazer a liquidação dos bens que integram a massa e não a viabilização da manutenção da empresa em funcionamento, se trata de uma "compensação tarifada em função dos anos de antiguidade que terão lugar, em regra, anteriormente à declaração de insolvência, pelo menos na sua maior parte"[735]; ou, por último, salomonicamente, são dívidas da insolvência quanto ao período temporal anterior à declaração

[732] VASCONCELOS, Joana, *Insolvência do Empregador, Destino da Empresa e Destino dos Contratos de Trabalho, in:* "VIII Congresso Nacional de Direito do Trabalho", Almedina, Coimbra, 2006, p. 229.

[733] Para uma hipótese de reclamação de créditos laborais emergentes de despedimento anterior à propositura da ação de insolvência, veja-se o Ac. Rel. Po., de 15-12-2010 (FERNANDES DO VALE).

[734] Assim, LEITÃO, Luís M. T. de Menezes, *Direito da Insolvência*, 8ª edição, Almedina, Coimbra, 2018, p. 210; RAMALHO, Maria do Rosário Palma, *Os Trabalhadores no Processo de Insolvência, in:* "III Congresso de Direito da Insolvência", Almedina, Coimbra, 2015, p. 404. Na jurisprudência, o Ac. STJ, de 15-04-2015 (FERNANDES DA SILVA), os Acs. Rel. Po., de 1-02-2010 (SOARES OLIVEIRA), de 6-07-2010 (SÍLVIA PIRES), de 14-10-2013 (FERNANDA SOARES), os Acs. Rel. Guim., de 9-07-2015 (MARIA LUÍSA RAMOS), (ANTÓNIO SOBRINHO).

[735] Gomes, Júlio, *Nótula sobre os Efeitos da Insolvência do Empregador nas Relações de Trabalho, in:* "I Congresso de Direito da Insolvência", Almedina, Coimbra, 2014, p. 295. Na jurisprudência, o Ac. STJ, de 5-07-2016 (ANA PAULA BOULAROT), o Ac. Rel. Po., de 23-02-2012 (ANA PAULA AMORIM), o Ac. Rel. Lx, de 15-10-2015 (ONDINA CARMO ALVES), o Ac. Rel. Guim., de 9-07-2015 (MANUEL BARGADO).

de insolvência e, relativamente ao tempo posterior a essa declaração, já serão dívidas da massa[736].

12. Cessão e penhor de créditos futuros

O art. 115º regula os efeitos da declaração de insolvência sobre a cessão e o penhor de créditos.

No nº 1, disciplina-se a cessão ou o penhor ocorridos *antes da declaração de insolvência*, realizados por pessoa singular, que tenham por objeto créditos futuros resultantes de contrato de trabalho ou de prestação de serviços (ou o direito a prestações sucedâneas futuras, tais como, por exemplo, pensões de reforma ou subsídios de desemprego)[737]. Neste caso, o negócio só produz efeitos em relação aos rendimentos correspondentes ao período anterior à data da declaração de insolvência, ao resto do mês em curso à data da declaração de insolvência e aos 24 meses seguintes.

No nº 2 prevê-se os efeitos da cessão ou do penhor realizados pelo devedor (pessoa singular ou não) sobre rendas ou alugueres correspondentes a contratos de locação que não possam ser denunciados ou resolvidos pelo administrador da insolvência (nos termos dos arts. 104º, nº 2 e 109º, nº 1). Aqui, a eficácia dos negócios restringe-se ao período anterior à data da declaração de insolvência, ao resto do mês em curso à data da declaração de insolvência e ao mês subsequente.

Em qualquer uma das hipóteses, o devedor desses créditos pode compensá-los com dívidas à massa, ressalvado que esteja o disposto no art. 99º, nº 1, al. b), e nº 4, als. b) a d) (art. 115º, nº 3).

[736] Assim, HENRIQUES, Sérgio Coimbra, *Os Trabalhadores Após a Sentença de Declaração da Insolvência do Empregador: cessação de contratos de trabalho e qualificação dos créditos laborais, in:* "IV Congresso de Direito da Insolvência", Almedina, Coimbra, 2017, pp. 232 e ss. Aparentemente, nesse sentido, SERRA, Catarina, *Para um Novo Entedimento dos Créditos Laborais na Insolvência e na Pré-Insolvência – um contributo feito de velhas e novas questões, in:* "20 Anos de Questões Laborais", Coimbra, 2013, pp. 195 e ss. Porém, a Autora já defende a segunda tese, nas suas *Lições de Direito da Insolvência*, Almedina, Coimbra, 2018, pp. 283 e ss. Na jurisprudência, os Acs. Rel. Guim., de 9-07-2015 (CARVALHO GUERRA), (HEITOR GONÇALVES).

[737] Em garantia, por exemplo, de um empréstimo bancário – assim, LEITÃO, Luís M. T. de Menezes, *Direito da Insolvência*, 8ª edição, Almedina, Coimbra, 2018, p. 220.

13. Contas-correntes

A declaração de insolvência implica o termo dos contratos de conta-corrente em que o insolvente seja parte, com o encerramento das contas respetivas[738] (art. 116º). Trata-se de uma forma antecipada e automática de extinção do contrato (*ipso iure*)[739].

De acordo com o art. 344º do CComercial, a conta-corrente consiste no contrato comercial através do qual "duas pessoas, tendo de entregar valores uma à outra, se obrigam a transformar os seus créditos em artigos de "deve" e "há de haver", de sorte que só o saldo final resultante da sua liquidação seja exigível"[740]. Uma das principais finalidades deste contrato reside na extinção, através do mecanismo da *compensação* (e sem necessidade da declaração de uma das partes à outra – não se aplicando, por isso, o regime regra da compensação previsto no art. 848º do CCivil[741]), dos créditos e débitos de que os contraentes sejam reciprocamente titulares (art. 346º, 3º, do CComercial).

Nestes termos, o encerramento *ipso iure* das contas-correntes resultante da declaração de insolvência de um dos contraentes[742] desempenha uma dupla função: por um lado, destina-se ao apuramento do montante final de que cada uma das partes é devedora ou credora (fazendo atuar o mecanismo da compensação)[743], e, por outro lado, torna esse valor final exigível (arts. 346º, 4º, 348º e 349º do CComercial)[744]. Do apuramento da parte que é credora e da parte que, correlativamente, é devedora poderá resultar uma das seguintes

[738] No regime anterior, por força do art. 151º, nº 1, *in fine*, do CPEREF, a falência implicava o encerramento de todas as contas-correntes do falido.

[739] Trata-se de uma forma antecipada de extinção do contrato, uma vez que a conta corrente só se extingue nos termos do art. 349º CComercial, ou seja, no termo do prazo da convenção ou, na sua falta, por iniciativa de qualquer das partes.

[740] Veja-se, a este propósito, e por todos, PIRES, José Maria, *Direito Bancário* (2º volume), Rei dos Livros, Lisboa, 1995, p. 152.

[741] *Vide*, quanto ao sentido e alcance do regime regra, LIMA, Pires/VARELA, Antunes, *Código Civil Anotado*, vol. II (4ª edição revista e atualizada), Coimbra Editora, Coimbra, 1997, p. 133, nota 1.

[742] *Vide*, neste sentido, FERNANDES, Luís A. Carvalho, *Efeitos Substantivos da Declaração de Falência, in:* "Direito e Justiça", vol. IX, 1995, tomo 2, pp. 34-35.

[743] Neste sentido, veja-se, por todos, CORDEIRO, António Menezes, *Manual de Direito Bancário*, Livraria Almedina, Coimbra, 1998, p. 453.

[744] Neste sentido, cfr. FERNANDES, Luís A. Carvalho, *Efeitos Substantivos da Declaração de Falência, in:* "Direito e Justiça", vol. IX, 1995, tomo 2, p. 35; ASCENSÃO, José de Oliveira, *Efeitos da Falência sobre a Pessoa e Negócios do Falido, in:* "Revista da Ordem dos Advogados", Ano 55,

situações: se o saldo final originar para o insolvente a titularidade de um crédito contra o contraente *in bonis*, competirá ao administrador da insolvência exigir o seu cumprimento, nos termos gerais do exercício das suas competências; se o contraente *in bonis* for credor do saldo perante o insolvente, deverá insinuar o seu crédito na massa insolvente, sujeitando-se ao seu pagamento segundo o princípio da *par conditio creditorum* (veja-se, a este propósito, o art. 346º, 4º CComercial[745]).

14. Associação em participação

O contrato[746] de associação em participação[747], ou de conta em participação[748] (comummente referido pela doutrina a propósito das figuras afins do contrato de sociedade[749]), encontra-se regulado no D.L. nº 231/81, de 28 de

Dez. 1995, p. 685, nota 3; CORDEIRO, António Menezes, *Manual de Direito Bancário*, Livraria Almedina, Coimbra, 1998, p. 452.

[745] Cfr. CORDEIRO, António Menezes, *Manual de Direito Bancário*, Livraria Almedina, Coimbra, 1998, p. 453.

[746] No sentido de que se trata de um negócio jurídico bilateral, ainda que do lado do associante existam vários sujeitos jurídicos, *vide* CORREIA, António Ferrer, *Lições de Direito Comercial* (vol. II, com a colaboração de Vasco Lobo Xavier, Manuel Henrique Mesquita, José Manuel Sampaio Cabral e António A. Caeiro), Coimbra, 1968, p. 26.

[747] Embora a lei tenha acolhido esta designação, não se trata de uma associação *stricto sensu*, porque tem como finalidade o exercício de uma atividade económica e a obtenção de lucro: cfr., neste sentido, FURTADO, Pinto, *Curso de Direito das Sociedades*, Almedina, Coimbra, 1983, p. 89.

[748] Como era designada pelo Código Comercial de 1888 (arts. 224º e ss): veja-se VENTURA, Raúl, *Associação em Participação, in:* "Boletim do Ministério da Justiça" nº 189, outubro 1969, p. 52.

[749] *Vide*, entre outros, CORREIA, António Ferrer, *Lições de Direito Comercial* (vol. II, com a colaboração de Vasco Lobo Xavier, Manuel Henrique Mesquita, José Manuel Sampaio Cabral e António A. Caeiro), Coimbra, 1968, pp. 24-27; FURTADO, Pinto, *Curso de Direito das Sociedades*, Almedina, Coimbra, 1983, pp. 88-91; CORREIA, Miguel J. A. Pupo, *Direito Comercial* (4ª edição, revista e aumentada), Lisboa, 1996, p. 302. Para estes autores, a associação em participação distingue-se do modelo societário (na linha de orientação da *doutrina italiana*), uma vez que o associado mantém o exercício da atividade económica, faltando por isso o requisito do exercício em comum de uma atividade económica, elemento essencial da figura da sociedade. Nem sequer existe a constituição de um património separado, visto que a participação do associante integra o património do associado, sem adquirir qualquer autonomia jurídica (cfr., também neste sentido, o art. 24º, nº 1, do D.L. nº 231/81, de 28 de julho). Por isso, na falta de regulamentação legal, aplicar-se-ão as disposições de outros contratos, conforme a analogia das situações (art. 21º, nº 3, do D.L. nº 231/81, de 28 de julho).

julho, cujo art. 21º, nº 1, o define como "associação de uma pessoa a uma actividade económica exercida por outra, ficando a primeira a participar nos lucros ou nos lucros e perdas que desse exercício resultarem para a segunda". Importa, assim, distinguir duas figuras fundamentais[750]: o associado ou partícipe e o associante ou titular. O *associado*[751] (ou *partícipe*[752] ou *partícipe oculto*[753]) consiste naquela pessoa que se associa à atividade económica de outra (o *associante*[754] ou *titular*[755] ou *partícipe descoberto*[756]). Por outro lado, a associação em participação é destituída de personalidade jurídica coletiva, sendo que o associante exerce a sua atividade em nome próprio, sem existência de um fundo comum[757], ou de uma atividade comum, existindo apenas contributos de terceiros (que são os associados), em capital ou em trabalho, para a atividade do associante, com a correspondente participação nos lucros e nas perdas ou apenas nos lucros[758]. A participação nos lucros constitui elemento essencial do contrato, ao contrário da participação nas perdas, a qual pode ser

750 Distinção que apresenta relevância prática (nomeadamente a nível do regime insolvencial), como veremos.

751 *Vide*, quanto a este conceito, FURTADO, Pinto, *Curso de Direito das Sociedades*, Almedina, Coimbra, 1983, p. 88.

752 Assim, CORREIA, António Ferrer, *Lições de Direito Comercial* (vol. II, com a colaboração de Vasco Lobo Xavier, Manuel Henrique Mesquita, José Manuel Sampaio Cabral e António A. Caeiro), Coimbra, 1968, p. 24.

753 Cfr. PINHAL, Alfredo Jorge, *Da Conta em Participação – na Doutrina, na Jurisprudência, na Legislação*, Livraria Petrony, Lisboa, 1981, p. 18.

754 Veja-se, quanto a este conceito, FURTADO, Pinto, *Curso de Direito das Sociedades*, Almedina, Coimbra, 1983, p. 88.

755 *Vide*, quanto a este conceito, CORREIA, António Ferrer, *Lições de Direito Comercial* (vol. II, com a colaboração de Vasco Lobo Xavier, Manuel Henrique Mesquita, José Manuel Sampaio Cabral e António A. Caeiro), Coimbra, 1968, p. 24.

756 Assim, PINHAL, Alfredo Jorge, *Da Conta em Participação – na Doutrina, na Jurisprudência, na Legislação*, Livraria Petrony, Lisboa, 1981, p. 18.

757 "A contribuição do associado transfere-se para o património do associante, sem qualquer autonomização": cfr. CORREIA, António Ferrer, *Lições de Direito Comercial* (vol. II, com a colaboração de Vasco Lobo Xavier, Manuel Henrique Mesquita, José Manuel Sampaio Cabral e António A. Caeiro), Coimbra, 1968, p. 25.

758 *Vide*, neste sentido, VENTURA, Raúl, *Associação em Participação, in:* "Boletim do Ministério da Justiça" nº 189, outubro 1969, p. 41; CORREIA, António Ferrer, *Lições de Direito Comercial* (vol. II, com a colaboração de Vasco Lobo Xavier, Manuel Henrique Mesquita, José Manuel Sampaio Cabral e António A. Caeiro), Coimbra, 1968, p. 25; CORREIA, Luís Brito, *Direito Comercial – Sociedades Comerciais* (2º volume), AAFDL, Lisboa, 1993, p. 21.

afastada pelas partes (art. 21º, nº 2, do D.L. nº 231/81, de 28 de julho). Para além disso, o associado deve prestar uma contribuição de natureza patrimonial[759], a qual, no entanto, pode ser dispensada no caso de participação nas perdas (art. 24º do D.L. n.º 231/81, de 28 de julho)[760].

O art. 117º regula os efeitos da insolvência sobre o destino da associação em participação. A associação em participação extingue-se com a mera insolvência do contraente associante[761] (veja-se, também, o art. 27º, al. g), do D.L. nº 231/81, de 28 de julho[762]), não se fazendo apelo a qualquer *incumprimento* do contrato[763] (o qual só terá relevância a nível dos efeitos da extinção da associação em participação – veja-se o nº 2). Trata-se, deste modo, de um efeito (*ex nunc*[764]) da declaração de insolvência que apresenta caráter absoluto, uma vez que não pode ser afastado pela vontade do administrador da insolvência ou do contraente associante – a extinção do contrato opera de modo automático, decorrendo diretamente da lei (produz-se, pois, *ipso iure*).

Os arts. 27º, al. g), do citado diploma, e 117º do CIRE devem considerar-se como inaplicáveis à *insolvência do associado*, não só porque a letra da lei apenas faz referência à insolvência do contraente associante[765], mas também porque a insolvência do associado não põe em causa a atividade do associante *in bonis*, nem a massa insolvente do associado (a participação do associado

[759] A contribuição do associado pode ser prestada na sua totalidade no início do contrato, ou apenas parcialmente, sendo neste caso acompanhada da consequente obrigação de realização de sucessivas prestações futuras: *vide*, neste sentido, VENTURA, Raúl, *Associação em Participação, in:* "Boletim do Ministério da Justiça" nº 189, outubro 1969, p. 123.

[760] Cfr., a este propósito, as considerações feitas por VENTURA, Raúl, *Associação em Participação, in:* "Boletim do Ministério da Justiça" nº 189, outubro 1969, pp. 74-75.

[761] A solução do art. 117º do CIRE é igual à solução que constava no art. 166º do CPEREF.

[762] Devendo porém considerar-se a referência aí feita à falência como não escrita, por força do art. 11º, nº 1, do D.L. nº 53/2004, de 18 de março.

[763] *Vide*, também neste sentido, a *doutrina italiana in* GUGLIELMUCCI, Lino/ZANARONE, Giuseppe/DI CHIO, Giuseppe/MANGINI, Vito/TEDESCHI, Guido Uberto, *Effetti del Fallimento sui Rapporti Giuridici Preesistenti,* Editore Zanichelli, 1979, p. 260, nota 1.

[764] Assim, PAJARDI, Piero, *Codice del Fallimento,* Giuffrè Editore, Milano, 1997, p. 482, nota 2.

[765] RAÚL VENTURA, à luz da lei falencial anterior (mais concretamente, do revogado art. 1197º do CPCivil de 1961), já defendia esta diferença de regime, ou seja, a extinção automática do contrato exclusivamente na hipótese de falência do contraente associante: cfr. *Associação em Participação, in:* "Boletim do Ministério da Justiça" nº 189, outubro 1969, pp. 92-93.

no risco da empresa representa a contrapartida do seu direito aos lucros). Por outro lado, a extinção do contrato por efeito da insolvência do associante tem a ver com a particular relação de *fidutia* ou *intuitu personae* em que assenta o contrato[766], e com o facto de ser posto em causa o seu elemento essencial, ou seja, a participação nos lucros[767]. De facto, se o contrato é presidido pela ideia de contribuição do associado na atividade do empresário, com a declaração de insolvência do associante e a consequente cessação da respetiva atividade, torna-se inviável qualquer contribuição do associado, por um lado, e, por outro lado, a participação deste nos lucros da empresa; para além de que, na hipótese de a atividade não cessar, os lucros da empresa encontrar-se-ão necessariamente afetos à satisfação dos credores concursais[768].

Todavia, da extinção do contrato em consequência da insolvência do associante resultam *apenas os efeitos descritos no art. 117º, nº 2*, que traduzem o compromisso legal entre as exigências do contrato de associação em participação (*maxime* da disciplina acabada de descrever) e as exigências do processo insolvencial[769]. Assim, nos termos do art. 117º, nº 2, o associado é obrigado a entregar à massa insolvente do associante a sua parte, ainda não satisfeita, nas perdas e conserva o direito de reclamar da massa insolvente, como credor da insolvência[770], o pagamento dos créditos por prestações que tenha realizado (ou seja, o "partícipe oculto possui um direito de crédito no valor da sua

[766] Assim, na *doutrina italiana*, PAJARDI, Piero, *Codice del Fallimento,* Giuffrè Editore, Milano, 1997, p. 482, notas 1 e 2. No direito português, por todos, ANTUNES, José A. Engrácia, *Direito dos Contratos Comerciais,* reimpressão, Almedina, Coimbra, 2017, p. 403, nota 734.

[767] Para CARVALHO FERNANDES, a extinção do contrato tem a ver, neste caso, com razões objetivas ligadas ao negócio que está em causa: cfr. *Efeitos Substantivos da Declaração de Falência in:* "Direito e Justiça", vol. IX, 1995, tomo 2, p. 46.

[768] Do que resulta a impossibilidade de realização do objeto da associação, a qual é assimilável à hipótese do art. 27º, al. b) do Decreto-Lei *sub judice. Vide,* também no sentido desta argumentação, GUGLIELMUCCI, Lino/ZANARONE, Giuseppe/DI CHIO, Giuseppe/MANGINI, Vito/TEDESCHI, Guido Uberto, *Effetti del Fallimento sui Rapporti Giuridici Preesistenti,* Editore Zanichelli, 1979, pp. 260-261, nota 1.

[769] *Vide,* também neste sentido, FERNANDES, Luís A. Carvalho/LABAREDA, João, *Código da Insolvência e da Recuperação de Empresas Anotado,* 3ª edição, Quid Juris Editora, Lisboa, 2015, p. 495, nota 5.

[770] No sentido de que se trata de um crédito comum (princípio da *par conditio creditorum*), cfr. no *direito italiano* PAJARDI, Piero, *Codice del Fallimento,* Giuffrè Editore, Milano, 1997, p. 483, nota 3.

entrada sobre o partícipe descoberto, mesmo em caso de insolvência"[771])[772] e *não devam ser incluídas na sua participação nas perdas da associação.*

Finalmente, e ainda como reflexo da referida contemporização dos interesses (mas agora no sentido da prevalência das regras da associação em participação), os credores concursais não podem reclamar do associado o pagamento dos seus créditos perante a massa insolvente, a título subsidiário ou não, desde logo, em virtude da natureza do instituto da associação em participação (mais concretamente de uma das vantagens que lhe têm sido apontadas[773]): os credores do contraente associante não podem exigir ao associado o pagamento dos seus créditos, apenas lhes aproveitando o capital entretanto adquirido pelo primeiro[774].

15. Agrupamento complementar de empresas e agrupamento europeu de interesse económico

O art. 118º regula os efeitos da declaração de insolvência sobre o agrupamento complementar de empresas e o agrupamento europeu de interesse económico.

A Base I, nº 1, da Lei nº 4/73, de 4 de junho[775] prevê, sob o *nomen iuris* "agrupamentos complementares de empresas", a constituição de coletividades de pessoas singulares ou coletivas e de sociedades, sem prejuízo da sua personalidade jurídica, que visam melhorar as condições de exercício ou de resultado das respetivas atividades económicas individuais[776]. Trata-se de

[771] Cfr. PINHAL, Alfredo Jorge, *Da Conta em Participação – na Doutrina, na Jurisprudência, na Legislação,* Livraria Petrony, Lisboa, 1981, p. 18.

[772] O reconhecimento do direito de crédito do associado constitui uma exigência do princípio da igualdade de tratamento dos credores. *Vide,* também neste sentido, a *doutrina italiana in* PAJARDI, Piero, *Codice del Fallimento,* Giuffrè Editore, Milano, 1997, p. 482, nota 2.

[773] Cfr., neste sentido, PINHAL, Alfredo Jorge, *Da Conta em Participação – na Doutrina, na Jurisprudência, na Legislação,* Livraria Petrony, Lisboa, 1981, p. 17.

[774] Assim, CORREIA, António Ferrer, *Lições de Direito Comercial* (vol. II, com a colaboração de Vasco Lobo Xavier, Manuel Henrique Mesquita, José Manuel Sampaio Cabral e António A. Caeiro), Coimbra, 1968, p. 26.

[775] Os agrupamentos complementares de empresas foram instituídos pela Lei nº 4/73, de 4 de junho, e regulamentados pelo D.L. nº 430/73, de 25 de agosto.

[776] Trata-se de uma figura inspirada no *groupement d'interêt économique* criado em França pela Ordenança nº 67-821, de 23.9.1967: *vide,* a este propósito, FURTADO, Pinto, *Curso de Direito das Sociedades,* Almedina, Coimbra, 1983, p. 67; CORREIA, Luís Brito, *Direito Comercial (vol. II – Sociedades Comerciais),* AAFDL, Lisboa, 1993, p. 64.

pessoas coletivas[777] "de tipo associativo, e não de tipo fundacional"[778], sujeitas à adoção da sigla ACE, que podem ter como fim acessório o lucro, desde que autorizado expressamente pelo título constitutivo (art. 1º do D.L. nº 430/73, de 25 de agosto)[779]. No entanto, não constituem entidades de tipo associativo em sentido estrito – uma vez que podem destinar-se (ainda que acessoriamente) à realização e à partilha de lucros (Base II, nº 1, da Lei nº 4/73) –, nem entes societários – pois não visam de modo direto a obtenção do lucro[780] (sendo, por isso, conhecidas como *non profit making companies*[781]), mas apenas "potenciar o lucro de cada uma das empresas agrupadas proporcionando-lhes melhores condições para o exercício da respectiva actividade"[782]. Encontramo-nos assim, e em suma, perante uma figura jurídica intermédia entre a associação e a sociedade[783].

[777] Nos termos da Base IV da Lei, os agrupamentos complementares de empresas adquirem personalidade jurídica com a inscrição no registo comercial: cfr. FURTADO, Pinto, *Curso de Direito das Sociedades*, Almedina, Coimbra, 1983, p. 68.

[778] Cfr., no mesmo sentido, CORREIA, Luís Brito, *Direito Comercial (vol. II – Sociedades Comerciais)*, AAFDL, Lisboa, 1993, p. 65.

[779] Assim, CORREIA, Miguel J. A. Pupo, *Direito Comercial* (4ª edição, revista e aumentada), Lisboa, 1996, p. 306.

[780] *Vide*, propugnando a mesma posição, XAVIER, Vasco da Gama Lobo, *Sociedades Comerciais* (lições aos alunos de Direito Comercial do 4º ano jurídico), Coimbra, 1987, pp. 25 e 42; CORREIA, Luís Brito, *Direito Comercial (vol. II – Sociedades Comerciais)*, AAFDL, Lisboa, 1993, p. 66; ABREU, J. M. Coutinho, *Da Empresarialidade – As Empresas no Direito*, Almedina, Coimbra, 1996, p. 162. Veja-se, quanto à problemática da qualificação dos agrupamentos complementares de empresas, CORREIA, António Ferrer, *Lições de Direito Comercial* (vol. II, com a colaboração de Vasco Lobo Xavier, Manuel Henrique Mesquita, José Manuel Sampaio Cabral e António A. Caeiro), Coimbra, 1968, pp. 15-24.

[781] Cfr., por todos, CORREIA, António Ferrer, *Lições de Direito Comercial* (vol. II, com a colaboração de Vasco Lobo Xavier, Manuel Henrique Mesquita, José Manuel Sampaio Cabral e António A. Caeiro), Coimbra, 1968, p. 15.

[782] Cfr. XAVIER, Vasco da Gama Lobo, *Sociedades Comerciais* (Lições de Direito Comercial do 4º ano jurídico), Coimbra, 1987, p. 42.

[783] Para LOBO XAVIER (cfr. *Sociedades Comerciais*, Lições de Direito Comercial do 4º ano jurídico, Coimbra, 1987, p. 32), os agrupamentos complementares de empresas constituem "pessoas colectivas *sui generis*". *Vide*, também neste sentido, CORREIA, Luís Brito, *Direito Comercial (vol. II – Sociedades Comerciais)*, AAFDL, Lisboa, 1993, pp. 66-67, para quem se trata de uma figura *sui generis*, intermédia entre a sociedade e a associação, não só porque o art. 20° do D.L. nº 430/73 remete para as disposições que regem as sociedades em nome coletivo como direito subsidiário, mas também porque o art. 21º, nº 2, proíbe a transformação dos agrupamentos complementares de empresas. Veja-se, em sentido contrário, FURTADO, Pinto, *Curso*

O agrupamento europeu de interesse económico encontra-se previsto no Regulamento CEE nº 2137/85, do Conselho, de 25 de julho, e no D.L. nº 148/90, de 9 de maio (sobretudo o seu art. 1º).

A insolvência de um ou mais membros do ACE ou do AEIE não determina necessariamente a sua exclusão do agrupamento (art. 118.º, n.º 1), encontrando-se esta dependente de decisão da Assembleia Geral (art. 13º, al. b), do D.L. nº 430/73) ou do próprio membro declarado insolvente (nº 2 do art. 118º).

Quanto ao destino do próprio *agrupamento*, o mesmo deve ser determinado de acordo com o que tiver sido estipulado no título constitutivo (nº 1 do art. 118º)[784]: se, nos termos do art. 16º, nº 2, do D.L. nº 430/73, houver sido convencionada a dissolução do agrupamento por efeito da insolvência de algum dos seus membros, o agrupamento extingue-se (trata-se de um caso de dissolução *ipso iure*, sem qualquer necessidade de declaração[785]); se o contrato nada previr, o agrupamento mantém-se (art. 16º, nº 2, *a contrario*, do D.L. nº 430/73, e art. 118º, nº 1, do CIRE) e o administrador da insolvência passa a ocupar a posição do membro que foi declarado insolvente.

É nula a cláusula do contrato que obrigue o membro declarado insolvente a *indemnizar* os danos causados aos restantes membros ou ao agrupamento (art. 118º, nº 3, do CIRE)[786].

de Direito das Sociedades, Almedina, Coimbra, 1983, pp. 72-74 (para quem os agrupamentos complementares de empresas não são uma figura intermédia – ou são associações ou são sociedades –, concluindo que se trata de "uma figura que tem tudo de *sociedade* e nada ou muito pouco de *associação stricto sensu*").

[784] No regime anterior, rezava assim o art. 165º do CPEREF: "a falência de um ou mais membros do agrupamento complementar de empresas, que não tenham sido excluídos do agrupamento pelo simples facto da sua falência, só determina a dissolução do agrupamento se no contrato assim houver sido convencionado".

[785] Cfr., a este propósito, FERNANDES, Luís A. Carvalho, *Efeitos Substantivos da Declaração de Falência, in:* "Direito e Justiça", vol. IX, 1995, tomo 2, p. 46.

[786] Para CARVALHO FERNANDES e JOÃO LABAREDA, não obstante o silêncio da lei, a cláusula que impossibilite o membro insolvente de se exonerar também deve ser considerada nula – assim, *Código da Insolvência e da Recuperação de Empresas Anotado*, 3ª edição, Quid Juris Editora, Lisboa, 2015, pp. 496-497, nota 4.

16. Imperatividade

O art. 119º (sob a epígrafe "normas imperativas") contém uma disciplina legal inovadora em relação ao regime anterior[787].

De acordo com o seu nº 1, qualquer convenção das partes que exclua ou limite a aplicação das normas contidas no capítulo IV (arts. 102º-118º) é nula.

Será designadamente nula a cláusula que confira à situação de insolvência de uma das partes o valor de uma condição resolutiva do negócio ou a cláusula que atribua ao contraente não insolvente o direito a uma indemnização, ou a cláusula que permita resolver ou denunciar o contrato, em termos diversos dos que se encontram previstos na lei (nº 2 do art. 119º)[788]. A doutrina divide-se quanto ao sentido e alcance deste n.º 2 – aplica-se apenas à insolvência já judicialmente declarada ou também à insolvência que ainda não o foi[789]?

Estranha, e perigosamente, o nº 3, com uma redação muito dúbia, permite que, atendendo à natureza e ao conteúdo das prestações contratuais, a insolvência seja configurada como justa causa de resolução ou de denúncia. A este propósito, CARVALHO FERNANDES e JOÃO LABAREDA apresentam o exemplo dos contratos bancários de abertura de crédito, trate-se de crédito aberto assegurado exclusivamente pelo banco concedente, ou, como é habitual, de um esquema que permite o recurso concursal ao mercado para obtenção de melhores ofertas[790]. Já para MENEZES LEITÃO, a melhor interpretação é a de "considerar que a mesma vigora apenas para os contratos *intuitus personae* com

[787] Ao abrigo do qual nos questionámos sobre o caráter imperativo ou não das normas que regulavam o destino dos contratos – veja-se o nosso *Os Efeitos Substantivos da Falência*, PUC, Porto, 2000, pp. 398 e ss.

[788] Para MENEZES LEITÃO, o art. 119.º tem como objetivo "não permitir que a insolvência possa ser estipulada como cláusula resolutiva expressa ou condição resolutiva, caso em que o contrato já chegaria resolvido ao administrador de insolvência, precludindo assim o seu direito de opção pelo cumprimento ou pela recusa (art. 102.º CIRE)" – *A (In)admissibilidade da Insolvência como Fundamento de Resolução de Contratos, in:* "III Congresso de Direito da Insolvência", Almedina, Coimbra, 2015, p. 99.

[789] Seguindo a primeira opção, cfr. PINTO, Fernando Ferreira, *Contratos de Distribuição. Da Tutela do Distribuidor Integrado em Caso de Cessação do Vínculo*, UCE, Lisboa, 2013, pp. 335 e 336; LEITÃO, Luís M.T., de Menezes, *A (In)admissibilidade da Insolvência como Fundamento de Resolução de Contratos, in:* "III Congresso de Direito da Insolvência", Almedina, Coimbra, 2015, p. 99. Adotando a segnda tese, veja-se PRATA, Ana/ CARVALHO, Jorge Morais/ SIMÕES, Rui, *Código da Insolvência e da Recuperação de Empresas Anotado*, Almedina, Coimbra, 2013, p. 353.

[790] Assim, *Código da Insolvência e da Recuperação de Empresas Anotado*, Quid Juris Editora, Lisboa, 2008, p. 425, nota 3.

prestações [naturalmente] infungíveis, que excluam a possibilidade do seu cumprimento por terceiros, neste caso o administrador da insolvência"[791].

§5 Resolução em benefício da massa insolvente e impugnação pauliana

1. Considerações preliminares

No Capítulo V do título IV, sob a epígrafe "resolução em benefício da massa insolvente", o legislador regula a "reconstituição do património do devedor (a massa insolvente) por meio de um instituto específico – a "resolução em benefício da massa insolvente" – que permite, de forma expedita e eficaz, a destruição de actos prejudiciais a esse património", com vista a "apreender para a massa insolvente não só aqueles bens que se mantenham na titularidade do insolvente, como aqueles que nela se manteriam caso não houvessem sido por ele praticados ou omitidos aqueles actos, que se mostram prejudiciais para a massa"[792].

O legislador reservou ainda um preceito ao tratamento da impugnação pauliana no âmbito de um processo de insolvência (o art. 127º).

Quanto à resolução, há duas modalidades fundamentais: a resolução condicional (art. 120º) e a resolução incondicional (art. 121º).

Por último, deve ter-se sempre presente o disposto no art. 122º, de acordo com o qual não podem ser objeto de resolução os atos abrangidos no âmbito de um sistema de pagamentos, tal como definido no art. 2º, al. a), da Diretiva nº 98/26/CE, do Parlamento Europeu e do Conselho, de 19 de maio, ou equiparável[793]. Deve ter-se ainda presente o art. 120.º, n.º 6, segundo o qual são insuscetíveis de resolução por aplicação das regras previstas no capítulo V

[791] *A (In)admissibilidade da Insolvência como Fundamento de Resolução de Contratos, in:* "III Congresso de Direito da Insolvência", Almedina, Coimbra, 2015, p. 101.

[792] Ponto 41 do *Preâmbulo não Publicado do Decreto-Lei que Aprovou o Código, in:* "Código da Insolvência e da Recuperação de Empresas", Ministério da Justiça, Coimbra Editora, Coimbra, 2004, pp. 257. Segundo o Ac. STJ, de 30-09-2008 (CARDOSO DE ALBUQUERQUE), "as novas disposições da resolução em benefício da massa insolvente do CIRE, constantes dos arts. 120º e ss são inaplicáveis aos actos e contratos do insolvente celebrados anteriormente ao início da vigência deste diploma".

[793] No sentido de que o legislador, à semelhança do disposto no art. 101º, pretendeu proteger o funcionamento do mercado de capitais (essencial à economia comunitária, e, por isso, prevalecente em relação à satisfação dos interesses concursais), veja-se FERNANDES, Luís A. Carvalho/LABAREDA, João, *Código da Insolvência e da Recuperação de Empresas Anotado*, 3ª edição, Quid Juris Editora, Lisboa, 2015, p. 509, nota 5.

do CIRE os negócios jurídicos celebrados no âmbito de processo especial de revitalização ou de processo especial para acordo de pagamento, regulados no CIRE, ou no âmbito de providência de recuperação ou de saneamento, ou ainda no âmbito de adoção de medidas de resolução previstas no Título VIII do RGIC, ou no âmbito do regime extrajudicial de recuperação de empresas ou de "outro procedimento equivalente previsto em legislação especial, cuja finalidade seja prover o devedor com meios de financiamento suficientes para viabilizar a sua recuperação"[794].

2. Resolução condicional

Nos termos do art. 120º, podem ser resolvidos em benefício da massa insolvente os atos prejudiciais à massa que tenham sido praticados dentro dos dois anos[795] anteriores à data do início do processo de insolvência, com terceiro de má fé.

I. O art. 2.º da Lei n.º 16/2012, de 20 de abril, alterou a redação do art. 120.º, n.º 1, passando a referir-se aos "actos prejudiciais à massa praticados dentro dos dois anos anteriores ao início do processo de insolvência", em vez

[794] O n.º 6 foi aditado pela Lei nº 16/2012, de 20 de abril e foi inspirado na congénere Lei espanhola – "se atentarmos, por exemplo, ao caso espanhol, logo constatamos que no ano de 2009, com o intuito de dar resposta a idêntico problema, se cuidou de assegurar que, mediante a observância de certas circunstâncias, os negócios jurídicos celebrados entre o devedor em situação económica difícil e aqueles que pretendam financiá-los devem ser preservados mesmo que o devedor venha, posteriormente, a entrar em insolvência. Foi com tal escopo que o legislador espanhol editou algumas das normas contidas no artigo 8.º do Real Decreto-Lei n.º 3/2009, de 27 de Março, as quais inspiram a solução que ora se preconiza" – Ponto 2.9. do Memorando de Enquadramento das Propostas de Alteração ao Código da Insolvência e da Recuperação de Empresas. Entretanto, em 2017, foi alterado pelo art. 3.º do D.L. n.º 79/2017, de 30 de junho, que ajustou a redação do preceito ao novo processo especial para acordo de pagamento (PEAP) e ao novo regime extrajudicial de recuperação (RERE).

[795] Em resultado da alteração introduzida pela Lei nº 16/2012, de 20 de abril, no n.º 1 do art. 120.º, o prazo foi reduzido de quatro para dois anos. Este encurtamento do prazo insere-se na tendência de encurtamento de alguns prazos previstos no CIRE – de acordo com a Exposição de Motivos da Proposta de Lei nº 39/XII, de 30 de dezembro, "a actual conjuntura económica e a voracidade do comércio jurídico dos nossos dias não se compadece com prazos tão dilatados". Esta alteração foi introduzida não obstante a oposição total da Associação Sindical dos Juízes Portugueses, no seu Parecer sobre o Anteprojeto de Alteração do CIRE, de 24 de novembro de 2011, p. 20.

de "actos prejudiciais à massa praticados ou omitidos dentro dos quatro anos anteriores ao início do processo de insolvência". Porém, esta modificação da redação não foi acompanhada de ajustamentos nos n.ºs 3 e 4 do art. 120.º, do n.º 1 do art. 126.º, que continuam a referir-se a atos praticados ou omitidos. Coloca-se, por isso, quanto ao âmbito objetivo da resolução em benefício da massa insolvente, a questão de saber se abrange *também as omissões.*[796]

II. Os *atos prejudiciais à massa*, segundo a lei, são os atos que diminuam, frustrem, dificultem, ponham em perigo ou retardem a satisfação dos credores da insolvência (art. 120º, nº 2)[797]. O administrador da insolvência tem o ónus de demonstrar o prejuízo, uma vez que se trata de um facto constitutivo do seu direito potestativo de resolução[798]. Porém, a lei presume inilidivelmente terem caráter prejudicial para a massa todos os atos referidos no art. 121.º, ainda que praticados ou omitidos fora dos prazos aí referidos (art. 120.º, n.º 3).

[796] No sentido da resolubilidade das omissões, veja-se MORAIS, Fernando Gravato, *Resolução em Benefício da Massa Insolvente*, Almedina, Coimbra, 2008, pp. 57-60; VASCONCELOS, Pedro Pais de, *Resolução a Favor da Massa – Atos Omissivos, in:* "III Congresso de Direito da Insolvência", Almedina, Coimbra, 2015, pp. 107 e ss. Contra, LEITÃO, Luís M. T. de Menezes, *Direito da Insolvência*, 8ª edição, Almedina, Coimbra, 2018, p. 226. Admitindo a resolução de omissões apenas em certos casos, FERNANDES, Luís A. Carvalho/LABAREDA, João, *Código da Insolvência e da Recuperação de Empresas Anotado*, 2ª edição, Quid Juris Editora, Lisboa, 2008, p. 428, nota 5.

[797] Segundo o Ac. STJ, de 9 de outubro de 2008 (JOÃO CAMILO), "o contrato de cessão de posição contratual celebrado pelo insolvente, na pendência do processo que veio a culminar com a declaração de insolvência, em que aquele aliena a referida posição contratual como promitente comprador num contrato promessa, em troca da extinção de uma dívida que tinha para com a cessionária, é passível de ser resolvido a favor da massa insolvente, verificados os demais requisitos previstos nos arts. 120º e 121º do CIRE". De acordo com o Ac. STJ, de 9-02-2011 (SERRA BAPTISTA), "(...) VI – Revelando os factos apurados que, para além da venda da concreta fracção, efectuada pela sociedade insolvente ao recorrente, por preço inferior ao de mercado e que o mesmo (preço) não entrou nas contas daquela, deve concluir-se que se mostra atestada a prejudicialidade do acto em relação à massa insolvente (...)".

[798] Assim, GOMES, Júlio, *Nótula sobre a Resolução em Benefício da Massa Insolvente, in:* "IV Congresso de Direito da Insolvência", Almedina, Coimbra, 2017, p. 111.

Os atos prejudiciais à massa não podem ter natureza eminentemente pessoal, ainda que deles possa derivar um prejuízo patrimonial indireto: por exemplo, o casamento, o divórcio, a adoção, a perfilhação[799].

Apenas podem ser resolvidos os atos praticados dentro do *prazo* de dois anos anteriores à data da propositura da ação (momento inicial definido pelo art. 259º do CPCivil *ex vi* do art. 17º, nº 1, do CIRE)[800].

III. A lei exige ainda que o ato tenha sido praticado com *terceiro de má fé* (salvo na hipótese do art. 121º). Por má fé, a lei entende o conhecimento, no momento em que o ato é praticado, de alguma das seguintes circunstâncias (art. 120º, nº 5): a situação de insolvência do devedor (al. a)); o caráter prejudicial do ato e, simultaneamente, o conhecimento da iminência da situação de insolvência (al. b))[801]; o início do processo de insolvência (al. c)).

A lei *presume a má fé*[802] quanto aos atos praticados ou omitidos dentro dos dois anos anteriores ao início do processo de insolvência em que tenha participado ou de que tenha aproveitado pessoa especialmente relacionada com

799 Para Júlio Gomes também não podem ser resolvidas a ausência de revogação, por ingratidão, de uma doação, a recusa de celebração de um contrato de trabalho, ou a mudança de residência – *Nótula sobre a Resolução em Benefício da Massa Insolvente, in:* "IV Congresso de Direito da Insolvência", Almedina, Coimbra, 2017, p. 113. Tenha-se, no entanto, em consideração que a recusa de celebração de um contrato de trabalho pode ser relevante para efeitos de exoneração do passivo restante (art. 239.º, n.º 4, al. b)).

800 Este prazo foi reduzido de quatro para dois anos pelo art. 2.º da Lei n.º 16/2012, de 20 de abril. De acordo com o art. 4º, nº 2, considera-se praticado no início do processo o ato realizado entre o momento da propositura da ação e o momento da prolação da sentença declaratória da insolvência.

801 Segundo o Ac. STJ, de 9-02-2011 (Serra Baptista), "(...) VII – Demonstrando ainda aqueles que o recorrente sabia que, à data da compra, a referida sociedade encontrava-se em situação de insolvência irreversível, mais não pretendendo do que prejudicar os credores da mesma, dissolvendo conscientemente o seu parco património passível de constituir garantia de pagamento, ainda que parcial, deve ter-se por verificado o apontado requisito da má fé".

802 Trata-se de uma presunção *iuris tantum*: neste sentido, também, Gomes, Júlio, *Nótula sobre a Resolução em Benefício da Massa Insolvente, in:* "IV Congresso de Direito da Insolvência", Almedina, Coimbra, 2017, p. 115. Porém, o art. 61.º, n.º 1, al. a), da Lei n.º 69/2017, de 11 de agosto (regula os fundos de recuperação de créditos), preceitua que a cessão dos créditos, para efeitos deste diploma legal, "não pode ser resolvida em benefício da massa insolvente, exceto se os interessados provarem que as partes agiram de má -fé".

o insolvente (ainda que esta relação especial não existisse à data da prática do ato) (art. 120º, nº 4)[803].

São havidos como especialmente relacionados com o *devedor pessoa singular* aqueles que preencham algum dos factos elencados no art. 49º, nº 1[804], e como especialmente relacionados com o *devedor pessoa coletiva* os que preencham alguma das alíneas do art. 49º, nº 2[805].

[803] Segundo o AUJ nº 15/2014 (Salvador Casanova), publicado no D.R., I série, de 22 de dezembro de 2014, pp. 6186 e ss: "nos termos e para os efeitos dos arts. 120.º, n.º 4, e 49.º, n.ºs 1 e 2, als. c) e d), do CIRE, presume-se que age de má fé a sociedade anónima que adquire bens a sociedade por quotas declarada insolvente, sendo de considerar o sócio-gerente desta e o seu filho, interveniente no negócio de aquisição como representante daquela, pessoas especialmente relacionadas com a insolvente". No sentido de que "o que releva são as pessoas que podem imputar o ato às respetivas sociedades, não estas mesmas sociedades", havendo, no fundo, uma desconsideração da "personalidade da sociedade adquirente das frações do imóvel, pois que só isso permite atribuir relevância ao seu administrador, mas também desconsidera a personalidade da própria sociedade insolvente, dado que apenas esta desconsideração possibilita que se conceda relevância ao seu sócio-gerente" – veja-se, Sousa, Miguel Teixeira, *Resolução em Benefício da Massa Insolvente por Contrato Celebrado com Pessoa Especialmente Relacionada com o Devedor – Anotação ao Ac. de Uniformização de Jurisprudência n.º 15/2014, de 13.11.2014, Proc. 1936/10, in* "Cadernos de Direito Privado", n.º 50, abril/junho 2015, pp. 61 e 62. No entanto, em bom rigor, segundo o citado AUJ, a sociedade compradora não é reputada pessoa especialmente relacionada com a sociedade insolvente vendedora, conferindo-se relevância, apenas para efeitos do art. 120.º, n.º 4, à participação na compra e venda do administrador da sociedade compradora.

[804] Ou seja, o seu cônjuge e as pessoas de quem se tenha divorciado nos dois anos anteriores ao início do processo de insolvência (al. a)); os ascendentes, descendentes ou irmãos do devedor ou de qualquer das pessoas referidas na alínea anterior (al. b)); os cônjuges dos ascendentes, descendentes ou irmãos do devedor (al. c)); as pessoas que tenham vivido habitualmente com o devedor em economia comum em período situado dentro dos dois anos anteriores ao início do processo de insolvência (al. d)).

[805] Isto é, os sócios, associados ou membros que respondam legalmente pelas suas dívidas, e as pessoas que tenham tido esse estatuto nos dois anos anteriores ao início do processo de insolvência (al. a)); as pessoas que tenham estado com a sociedade insolvente em relação de domínio ou de grupo, nos termos do artigo 21º do CVM, dentro dos dois anos anteriores ao início do processo de insolvência (al. b)); os administradores, de direito ou de facto, do devedor e aqueles que o tenham sido em algum momento nos dois anos anteriores ao início do processo de insolvência (al. c)); as pessoas relacionadas com alguma das mencionadas por qualquer das formas referidas no nº 1 do art. 49º (al. d)). Segundo o Ac. STJ de 1-07-2014 (ana paula boularot): "I – Tendo uma sociedade, oito meses antes de dar entrada em juízo do processo onde veio a ser declarada insolvente, procedido à escritura de venda de um imóvel a favor da viúva de um primo de um dos sócios da insolvente, preenche-se a presunção prevista no nº 4 do art. 120º do CIRE. II Tal relação familiar (primos), embora não quadre nenhuma das

Quando a insolvência diga respeito a um *património autónomo* são considerados pessoas especialmente relacionadas os respetivos titulares e administradores, as pessoas que estejam ligadas a estes por alguma das formas previstas nos n°s 1 e 2 do art. 49º, e ainda, tratando-se de herança jacente, as pessoas ligadas ao autor da sucessão por alguma das formas previstas no nº 1 do art. 49º, na data da abertura da sucessão ou nos dois anos anteriores (art. 49º, nº 3).

3. Resolução incondicional

O art. 121º regula as situações legalmente designadas de resolução incondicional. O termo poderá ser equívoco, uma vez que não designa uma resolução independente de qualquer requisito (aliás, ela deve preencher uma das alíneas do nº 1 do art. 121º[806]), mas sim a sua independência face aos pressupostos legais previstos para a resolução condicional: não se exige a alegação e prova do prazo de dois anos, o caráter prejudicial à massa, a má fé do terceiro[807]. No entanto, a resolução incondicional cede perante normas legais que excecionalmente exijam sempre a má fé ou a verificação de outros requisitos (art. 121º, nº 2)[808]. Assim, são fundamento de resolução incondicional (art. 121º, nº 1)[809]:

consignadas especificamente no artigo 49º, nº1 do CIRE, nele poderá ser abrangida, por interpretação extensiva, sendo a enunciação aí feita, meramente exemplificativa". Para uma hipótese de venda de imóveis da sociedade a favor de outra sociedade em que os respetivos sócios eram filhos de um dos três sócios da insolvente e sobrinhos dos dois restantes, veja-se o Ac. STJ, de 25-03-2014 (João Camilo). No sentido de que não afasta tal especificidade o facto de o negócio, formalmente, ter sido celebrado entre duas sociedades, veja-se o Ac. Rel. Guim., de 17-09-2013 (MANUELA FIALHO). Não considerando o beneficiário de uma hipoteca, constituída nos dois anos anteriores à declaração de insolvência, pessoa especialmente relacionada com o insolvente, apesar de ser amigo dos sócios gerentes desta, por não se enquadrar a relação em nenhuma das tipificadas no art. 49.º, n.º 2, cfr. o Ac. Rel. Co., de 16-12-2015 (Sílvia Pires).

806 Para MENEZES LEITÃO, trata-se de um elenco absolutamente taxativo. Por isso, qualquer ato que não o preencha só poderá ser resolvido se preencher os requisitos do art. 120º – cfr. *Direito da Insolvência*, 8ª edição, Almedina, Coimbra, 2018, p. 228.

807 Assim também MORAIS, Fernando Gravato, *Resolução em Benefício da Massa Insolvente*, Almedina, Coimbra, 2008, pp. 79-80; na jurisprudência, veja-se, entre muitos outros, o Ac. Rel. Lx, de de 07-07-2016 (Ondina Carmo Alves).

808 É o caso, por exemplo, do art. 8º do D.L. nº 453/99, de 5 de novembro.

809 Sempre que alguma das alíneas preveja um prazo, deve-se ter em conta o disposto no art. 4º, nº 2.

a) a partilha realizada menos de um ano antes da data do início do processo de insolvência na qual o quinhão do insolvente tenha sido essencialmente preenchido com bens de fácil sonegação, cabendo aos cointeressados a generalidade dos imóveis e dos valores nominativos;
b) os atos que hajam sido celebrados pelo devedor a título gratuito dentro dos dois anos anteriores à data do início do processo de insolvência, incluindo o repúdio de herança ou legado, com exceção dos donativos conformes aos usos sociais[810];
c) a constituição pelo insolvente de garantias reais relativas a obrigações preexistentes ou de outras que as substituam, nos seis meses anteriores à data de início do processo de insolvência[811];
d) a fiança, subfiança, aval e mandatos de crédito, nos quais o insolvente tenha outorgado, nos seis meses anteriores à data de início do processo de insolvência e que não digam respeito a operações negociais com real interesse para ele[812_813];

[810] Segundo o Ac. STJ de 1-07-2014 (ANA PAULA BOULAROT), "III Apurando-se não ter sido paga qualquer quantia a titulo de preço, a invocada «venda», sempre poderia ser subsumida no preceituado na alínea b) do nº1, do artigo 121ºdo CIRE, por se apresentar como um negócio gratuito celebrado pelo devedor nos dois anos anteriores à data do inicio do processo e assim sendo, resolúvel a titulo incondicional".

[811] De acordo com o Ac. STJ, de 15-11-2007 (MOTA MIRANDA), "I – Um dos objectivos do contrato celebrado em 13-06-2005, pelo qual a insolvente constituiu hipoteca do prédio onde tinha as suas instalações, foi o de garantir a obrigação preexistente de 107.400,00€ e outro traduziu-se no assegurar de fornecimentos a crédito até ao limite de 392.600,00€. II – Manifesto é, pois, ter o acto de constituição da hipoteca sido realizado pela insolvente para garantia de obrigações preexistentes, em simultâneo com a criação de obrigações garantidas, acto esse ocorrido nos prazos de 6 meses e de 60 dias anteriores à data do início do processo de insolvência, respectivamente. III – Enquadra-se o acto em apreço na previsão das alíneas c) e e) do n.º 1 do art. 121.º do CIRE, pelo que podia ser resolvido, como foi, em benefício da massa insolvente (...)".

[812] No sentido de que a al. d) deve ser interpretada extensivamente por forma a abranger outras garantias pessoais, tais como a garantia autónoma, a carta de conforto, o seguro de crédito e o seguro-caução – MORAIS, Fernando Gravato, *Resolução em Benefício da Massa Insolvente*, Almedina, Coimbra, 2008, pp. 120 e ss.

[813] Segundo o Ac. Rel. Co., de 28-09-2010 (CARLOS QUERIDO): "Na vigência do CIRE, não pode ser declarada a ilegitimidade activa do credor, apenas baseada na possibilidade futura e hipotética de vir a ser considerado que a operação garantida por aval ou fiança não reveste "real interesse" para o insolvente". Já para o Ac. Rel. Po., de 30-06-2009 (RODRIGUES PIRES): "O credor a favor de quem foi prestado aval não tem legitimidade para requerer a declaração de insolvência do avalista, por falta de interesse em demandar, quando esse aval seja resolúvel

e) a constituição de garantias reais em simultâneo com a criação das obrigações garantidas, dentro dos sessenta dias anteriores à data do início do processo de insolvência;
f) o pagamento ou outros atos extintivos de obrigações, cujo vencimento fosse posterior à data do início do processo de insolvência, ocorridos nos seis meses anteriores à data do início do processo de insolvência, ou depois desta, mas antes do vencimento[814];
g) o pagamento ou outra forma de extinção de obrigações realizados dentro dos seis meses anteriores à data do início do processo de insolvência em termos não usuais no comércio jurídico e que o credor não pudesse exigir[815];
h) os atos a título oneroso realizados pelo insolvente dentro do ano anterior à data do início do processo de insolvência, em que as obrigações por ele assumidas excedam manifestamente as da contraparte[816];
i) o reembolso de suprimentos, efetuado dentro do ano anterior à data do início do processo de insolvência[817].

em beneficio da massa insolvente, o que se verifica tendo sido o aval constituído no período de seis meses anterior à data do início do processo de insolvência e não respeite o mesmo a operações negociais com real interesse para o insolvente (art. 121, n°1, al. d) do CIRE)". Considerando que, se "o aval é prestado por um sócio como garantia de uma "operação negocial" da sociedade *só muito dificilmente se poderá afirmar que essa operação não reveste, para ele, um "real interesse""*, CUNHA, Carolina, *Aval e Insolvência*, Almedina, Coimbra, 2017, p. 56.

[814] Para uma hipótese de dação em pagamento subsumível na alínea f), cfr. o Ac. Rel. C., de 16-12-2015 (SÍLVIA PIRES).

[815] Um dos meios de pagamento que o credor não pode exigir é, designadamente, a dação em cumprimento (art. 837.º do CCivil). A este propósito, veja-se o Ac. STJ, de 7-10-2014 (PINTO DE ALMEIDA).

[816] Defendendo existir aqui uma situação de *laesio ultra dimidium*, à semelhança da usura (art. 282º do CCivil), veja-se FERNANDES, Luís A. Carvalho/LABAREDA, João, *Código da Insolvência e da Recuperação de Empresas Anotado*, 3ª edição, Quid Juris Editora, Lisboa, 2015, p. 508, nota 13.

[817] De acordo com o Ac. STJ, de 15-11-2007 (MOTA MIRANDA), "(...) IV – A resolução prevista no art. 121.º, n.º 1, al. h), do CIRE implica uma situação em que se verifique uma desproporcionalidade entre as correspectivas prestações, em que as vantagens patrimoniais obtidas pelo outro contraente, em detrimento do insolvente, ultrapassam os limites considerados razoáveis, por manifestamente desequilibradas. V – Para tanto, é necessário que tal excesso seja manifesto, claro e injustificado, não se integrando no curso normal das coisas". Estabelece o Ac. STJ, de 13-10-2009 (SALRETA PEREIRA) que "I – O regime consagrado pelo art. 121.º, n.º 1, al. i), do CIRE ao prever o direito de resolução incondicional do reembolso de suprimentos

4. Forma de resolução e prescrição

I. De acordo com o art. 123º, a resolução é da competência do administrador da insolvência, e pode ser realizada por carta registada com aviso de receção[818], devidamente fundamentada[819], dentro dos seis meses seguintes ao conhecimento do ato, mas nunca depois de completados dois anos sobre a data da declaração de insolvência (nº 1)[820].

aos sócios da insolvente, desde que feito menos de 1 ano antes do início do processo de insolvência, por presumir *iuris et de iure* tal reembolso prejudicial à massa insolvente, pretendeu proteger os restantes credores da insolvente, manifestamente numa situação de inferioridade relativamente aos sócios desta, simultaneamente seus credores. II – O legislador partiu da observação da vida para concluir que reembolsos aos sócios da insolvente, feitos menos de 1 ano antes do início do respectivo processo, integram sempre um acto ilícito de protecção daqueles, em prejuízo da massa e, consequentemente dos restantes credores, daqui o ter estabelecido uma presunção inilidível, situação autorizada pelo art. 350.º, n.º 2, do CC (...)". Segundo o Ac. STJ, de 3-11-2009 (GARCIA CALEJO), "I – O legislador do CIRE pretendeu, ao redigir os arts. 120.º e 121.º (especialmente a al. i) do art. 121.º), evitar que os créditos dos sócios da sociedade insolvente fossem pagos antes de qualquer dos credores da insolvente, com evidente intento de proteger estes actos praticados pelos sócios em seu prejuízo. II – Com o mesmo propósito, considerou como subordinados os créditos por suprimento dos sócios, devendo ser graduados depois dos restantes créditos sobre a insolvente (art. 48.º, al. g), do CIRE). III – Coerentemente com esta índole e para frustrar eventuais aproveitamentos dos sócios, determinou o legislador que "são resolúveis em benefício da massa insolvente (...) sem dependência de quaisquer outros requisitos o reembolso de suprimentos quando tenham lugar dentro do período referido na alínea anterior" (ou seja, dentro do ano anterior à data do início do processo de insolvência – art. 121.º, n.º 1, als. i) e h))".

818 No sentido de que se trata de uma declaração recetícia (cuja eficácia, por isso, depende do conhecimento do destinatário) que deve ser comunicada com êxito não só à doadora, dentro do prazo de caducidade do direito, como também ao donatário, por forma a impedir a caducidade do direito de resolução, veja-se o Ac. Rel. Po., de 25-06-2013 (VIEIRA E CUNHA).

819 De acordo com o Ac. STJ, de 17-09-2009 (MÁRIO CRUZ), "I – Na notificação de resolução de negócio feita pelo administrador em favor da massa, tem o administrador de indicar os concretos factos fundamento da medida. II – Só dessa forma está o impugnante em condições de impugnar a resolução. III – A deficiência de fundamentação do acto não pode ser suprida em sede de contestação à ação de impugnação, com indicação de novo quadro factual ou outros vícios (...)". No mesmo sentido, vejam-se ainda os Ac. STJ de 25-02-2014 (ANA PAULA BOULART) e de 20-03-2014 (AZEVEDO RAMOS).

820 Segundo o Ac. STJ, de 30 de setembro de 2009 (CARDOSO DE ALBUQUERQUE), "a forma de efectuar a resolução prevista no art. 123º vale tanto para os negócios não formais, como formais, como é o caso de estarmos em presença de um contrato de compra e venda de imóveis, celebrado entre o impugnante e insolvente, então necessariamente sujeito a escritura pública".

II. A declaração de resolução deve ser *enviada* ao autor do ato a resolver e, tratando-se de um contrato, também à contraparte. Isto significa que, se houver transmissões posteriores, a declaração não tem que ser feita também aos transmissários[821]. Isto porque, sobre estes não recai qualquer ónus de impugnação da resolução, sendo-lhes lícito invocar o disposto no art. 124.º em qualquer ação proposta pelo administrador da insolvência, designadamente, de restituição do que foi prestado.

III. A lei é omissa quando ao *conteúdo* da declaração de resolução. Se é certo que a declaração não deve ter contradições insanáveis, nem ser obscura ou ininteligível, mais difícil é determinar qual o seu conteúdo mínimo. Entre nós, tem dominado na jurisprudência a tese da motivação suficiente[822], uma vez que a ação de impuganção da resolução pressupõe a existência de uma declaração de resolução que indique os concretos factos que fundamentam a resolução[823]. A este propósito, Júlio Gomes afirma: "a fundamentação não tem que ser exaustiva, mas há-de ser suficientemente precisa para circunscrever o objeto dessa impugnação, porquanto na ação de impugnação não poderá o administrador invocar fundamentos novos para a resolução que não tenham sido previamente mencionados na declaração de resolução"[824].

[821] Neste sentido, MORAIS, Fernando Gravato, *Resolução em Benefício da Massa Insolvente*, Almedina, Coimbra, 2008, pp. 150 e 151; GOMES, Júlio, *Nótula sobre a Resolução em Benefício da Massa Insolvente, in:* "IV Congresso de Direito da Insolvência", Almedina, Coimbra, 2017, p. 124.

[822] Em detrimento da tese minimalista e da tese maximalista. Defendendo a tese da motivação suficiente, veja-se MORAIS, Fernando de Gravato, *A Motivação da Declaração de Resolução em Benefício da Massa Insolvente, in:* "Revista de Direito e de Estudos Sociais", Ano LV, jan./dez. 2014, n.ºs 1-4, p. 170.

[823] Assim, Ac. STJ de 17-09-2009 (MÁRIO CRUZ). Segundo o Ac. Rel. Lx., de 07-07-2016 (ONDINA CARMO ALVES): "as cartas de resolução [devem conter] a indicação dos factos concretos e essenciais que revelem as genéricas razões invocadas para a destruição dos negócios em causa, por forma a permitir aos autores, enquanto destinatários das cartas, uma efectiva e fundada impugnação". No sentido de que a falta de fundamentação determina a nulidade da declaração resolutiva, vejam-se os Acs. Rel. Po. de 27-11-2012 (PINTO DOS SANTOS), de 1-10-2013 (MARIA JOÃO AREIAS).

[824] *Nótula sobre a Resolução em Benefício da Massa Insolvente, in:* "IV Congresso de Direito da Insolvência", Almedina, Coimbra, 2017, p. 123.

IV. A declaração deve ser realizada, pelo menos (mas não necessariamente, pois o administrador da insolvência poderá recorrer à notificação judicial avulsa), através de *carta registada com aviso de receção.* Muito embora teoricamente seja admissível o recurso a uma ação judicial com vista ao exercício do direito postestativo de resolução, parece-nos excessivo (pelas custas processuais e demais despesas que envolve) e até despropositado (uma vez que não encurta o prazo para o exercício do direito de impugnar a resolução[825]).

V. O exercício do direito potestativo de resolução está sujeito a *dois prazos distintos,* mas que se complementam. Um prazo de seis meses a contar do conhecimento do ato[826] e um prazo de dois anos a contar da data da declaração de insolvência, que, independentemente do conhecimento do ato, nunca pode ser ultrapassado.

Não obstante a epígrafe do art. 123.º (que qualifica os prazos como sendo de prescrição), a Doutrina[827] tem considerado tratar-se de um prazo de caducidade.

[825] Acompanhamos a posição de MENEZES LEITÃO (*Direito da Insolvência,* 8ª edição, Almedina, Coimbra, 2018, p. 230), e não a tese de GRAVATO MORAIS (*Resolução em Benefício da Massa Insolvente,* Almedina, Coimbra, 2008, pp. 153 e 156).

[826] Bastará o conhecimento do ato ou é necessário o conhecimento dos pressupostos da resolução? No sentido de que não é exigível ao administrador da insolvência, por muito diligente que ele seja, resolver um ato num prazo de seis meses a contar do mero conhecimento da sua prática independentemente do conhecimento dos seus requisitos, *maxime* do prejuízo para a massa e da má fé do terceiro, GOMES, Júlio, *Nótula sobre a Resolução em Benefício da Massa Insolvente, in:* "IV Congresso de Direito da Insolvência", Almedina, Coimbra, 2017, pp. 121–123. Na jurisprudência, neste sentido, os Acs. STJ, de 18-10-2016 (JÚLIO GOMES), de 27-10-2016 (PINTO DE ALMEIDA) e de 27-10-2016 (FONSECA RAMOS); em sentido contrário, os Acs. Rel. Guim., de 10-04-2014 (ESPINHEIRA BALTAR) e de 23-06-2016 (ANTÓNIO FIGUEIREDO DE ALMEIDA). Segundo o Ac. STJ, de 25-02-104 (JOÃO MOREIRA CAMILO), *in* CJ, n.º 254, tomo I, 2014: "tendo o administrador de insolvência comunicado atempadamente mas de forma deficiente a resolução de acto do insolvente em benefício da massa, com total omissão dos respectivos fundamentos legais, não está o mesmo impedido de proceder a nova comunicação de resolução do mesmo acto com a indicação dos fundamentos legais, desde que ainda não haja decorrido o prazo de prescrição previsto no artigo 123.º do CIRE".

[827] Assim, GOMES, Júlio, *Nótula sobre a Resolução em Benefício da Massa Insolvente, in:* "IV Congresso de Direito da Insolvência", Almedina, Coimbra, 2017, p. 121. Defendendo tratar-se de um prazo de prescrição, veja-se MORAIS, Fernando Gravato, *Resolução em Benefício da Massa Insolvente,* Almedina, Coimbra, 2008, pp. 162-163.

No entanto, enquanto o negócio não se encontrar cumprido, a resolução pode ser feita a todo o tempo, funcionando por via de exceção[828] (nº 2 do art. 123º).

Por último, a resolução tem um limite intransponível: com o encerramento do processo cessam todos os efeitos da declaração de insolvência (art. 233º, nº 1, al. a)). Por isso, ainda que não tenham decorrido os seis meses após o conhecimento do ato, ou ainda que o negócio não se encontre cumprido, fica precludida a possibilidade de resolução do ato.

5. Oponibilidade a terceiros

De acordo com o art. 124º, a resolução do ato será oponível a transmissários de direitos constituídos sobre os bens, desde que eles se encontrem de má fé (n.º 1). Porém, a lei prescinde da má fé quando se trate de um ato gratuito ou de transmissão a título universal[829].

Por força do seu n.º 2, a resolução é igualmente oponível aos terceiros a favor de quem tenham sido constituídos direitos reais de gozo, garantia ou aquisição ou até um direito pessoal de gozo sobre bens do insolvente[830].

[828] CARVALHO FERNANDES e JOÃO LABAREDA questionam a razão pela qual o legislador, à semelhança do que se passa no art. 287º, nº 2, do CCivil, não permitiu a resolução por via de ação ou de declaração à contraparte – a este propósito, *Código da Insolvência e da Recuperação de Empresas Anotado,* 3ª edição, Quid Juris Editora, Lisboa, 2015, p. 511, nota 5. Segundo o Ac. Rel Co., de 20-03-2018 (ARLINDO OLIVEIRA), "no âmbito do CIRE, deve aplicar-se o artigo 287.º, n.º 2, do Código Civil por se verificarem as razões que o justificam: *menor exigência da tutela da contraparte, e até de terceiros, decorrente do não cumprimento do contrato* (...) ora, atento a que ainda não se verificou o pagamento da quantia equivalente aos créditos cedidos, o negócio ainda não está cumprido, em face do que, nos termos expostos, se mantém a validade da resolução, nem se exigindo que se trate de contrato de execução duradoura ou continuada, mas sim que ainda não esteja cumprido".

[829] No sentido de que a oponibilidade a transmissários posteriores é independente do número de transmissões, veja-se LEITÃO, Luís M. T. de Menezes, *Direito da Insolvência,* 8ª edição, Almedina, Coimbra, 2018, p. 231 e 232. Porém, para SOVERAL MARTINS, todos os transmissários onerosos deverão estar de má fé, bastando um deles estar de boa fé para que a resolução deixe de ser oponível ao último transmissário – MARTINS, Alexandre de Soveral, *Um Curso de Direito da Insolvência,* 2ª edição revista e atualizada, Almedina, Coimbra, 2016, p. 223.

[830] Para CAROLINA CUNHA, a expressão "transmissários" é compatível com qualquer situação de aquisição derivada translativa, como por exemplo, o endosso de uma letra ou livrança – *Aval e Insolvência,* Almedina, Coimbra, 2017, p. 61.

6. Impugnação

Por força do art. 125º, é possível impugnar a resolução, através de ação proposta contra a massa insolvente (representada pelo administrador da insolvência, nos termos gerais do art. 81º, nº 4), e que corre como apenso do processo de insolvência[831]. Tenha-se em atenção que o administrador da insolvência representa o devedor nas ações de impugnação da resolução durante o período de fiscalização do plano de insolvência, se o plano assim o determinar expressamente (art. 220.º, n.º 3).

A ação de impugnação deve ser proposta dentro do prazo de três meses[832] (a contar da receção da carta registada prevista no art. 123º, nº 1, mesmo que o impugnante não seja o destinatário da carta), sob pena de caducidade. Esgotado o prazo, fica precludido o exercício do direito de impugnação, designadamente em ação proposta pelo administrador da insolvência com vista à restituição do que foi prestado[833].

Trata-se de uma ação de simples apreciação negativa (no sentido do art. 10.º, n.º 3, al. a) do CPCivil, pois destina-se a obter unicamente a declaração da inexistência de um direito ou de um facto)[834].

[831] Vindo a jurisprudência a entender que se trata de uma ação declarativa comum. Cfr., entre outros, o Ac. Rel. Év., de 18-12-2007, *in* CJ, 2007, V, pp. 251. No sentido de que "a resolução em favor da massa insolvente só pode ser impugnada em acção própria, não relevando a impugnação feita nos termos (do) art. 130.º do CIRE", veja-se o Ac. STJ, de 20-10-2011 (JOÃO BERNARDO).

[832] A Lei nº 16/2012, de 20 de abril, alterou o art. 125.º reduzindo o prazo de impugnação de 6 para 3 meses. À semelhança de outros preceitos (como o art. 18.º, o art. 120.º, entre outros), e forçado pela conjuntura económica atual, o legislador pretendeu reduzir substancialmente alguns prazos processuais. Sobre este prazo, veja-se o Ac. Rel. Po., de 17-09-2013 (ANABELA DIAS DA SILVA), segundo o qual: "II – Tendo a carta do AI para resolução de negócio em benefício da massa insolvente sido enviada e recebida pelo autor/apelante no âmbito da vigência da nova redação dada ao art. 125º do CIRE, pela Lei nº 16/2012, de 20.04, é este preceito que fixa o prazo de caducidade, no caso de três meses, para o exercício do direito de impugnação de tal resolução. III – Trata-se de um prazo para o exercício do direito de impugnação, ou seja, de um prazo para propor determinada ação, que é de caducidade desse direito, como resulta do nº 2 do art. 298º do C.Civil, e tem natureza substantiva".

[833] Assim, LEITÃO, Luís M. T. de Menezes, *Direito da Insolvência*, 8ª edição, Almedina, Coimbra, 2018, p. 232; e GOMES, Júlio, *Nótula sobre a Resolução em Benefício da Massa Insolvente, in:* "IV Congresso de Direito da Insolvência", Almedina, Coimbra, 2017, p. 125.

[834] Segundo o Ac. STJ, de 25-02-2014 (ANA PAULA BOULART), "V. É de mera apreciação negativa a acção de impugnação da resolução a favor da massa, pois trata-se de uma providência judicial destinada a pôr termo a uma incerteza objectiva susceptível de colocar em crise

Na ausência de qualquer indicação da lei, a doutrina tem entendido que a legitimidade ativa para a ação de impugnação pertence a quem foi afetado pela resolução: não só a outra parte no ato resolvido, mas também os terceiros a quem a resolução é oponível e até o próprio insolvente[835].

7. Efeitos

De acordo com o art. 126º, nº 1, a resolução tem efeitos *retroativos*, devendo reconstituir-se a situação que existiria se o ato não tivesse sido praticado ou omitido, consoante o caso.

Em consequência, deve ser *restituído* o que houver sido prestado (em consonância, aliás, com o regime geral da resolução previsto no Código Civil, no seu art. 434º), com as seguintes especificidades. Primeiro, caso se trate de objeto que tenha sido prestado por terceiro, a sua restituição só acontecerá se

o valor de uma determinada relação jurídica concreta e precisa, paralela à das acções de impugnação de escritura de justificação notarial e com a qual não se pretende, não se visa e não se pode concluir, por uma qualquer condenação, pretendendo-se antes a declaração de que a resolução do contrato promessa feita a favor da massa insolvente não produziu qualquer eficácia. VI. Nesta sede da simples apreciação, o âmbito da acção está confinado à mera declaração da existência ou inexistência do direito, pelo que se entende ser redundante a dedução de pedido reconvencional por parte do Réu, pois a mesma não constitui nenhuma mais-valia perante a eventual procedência da defesa que vier a ser deduzida, constituindo esta o contra ponto da posição do Autor ao pedir a declaração de inexistência do direito que o Réu se arroga. VII. Se na reconvenção o Réu pretende ver declarada a eficácia da resolução por si efectivada através da carta enviada ao promitente comprador, tal pedido mostra-se inócuo, já que a improcedência da acção de simples apreciação negativa tem essa necessária consequência em termos prático-jurídicos, estando a coberto do caso julgado no que tange a tal constatação, tornando desnecessária qualquer outra providência por parte do Réu, maxime, a instauração pelo seu lado de uma acção de simples apreciação positiva". Em consequência, cabe ao réu (a massa insolvente, respesentada pelo administrador da insolvência) a alegação e a prova dos factos constitutivos do seu direito potestativo de resolução exercido (art. 343.º, n.º 1, do CCivil), podendo o impugnante, na sua petição inicial, limitar-se a opor contraprova a respeito desses factos (art. 346.º do CCivil). Assim, Acs. Rel. Lx., de 07-07-2016 (Ondina Carmo Alves) e de 24-11-2016 (António Santos). Porém, sobre o ónus da prova de factos impeditivos, modificativos ou extintivos do direito de resolução, veja-se o Ac. Rel. Guim., de 7-06-2018 (António Beça Pereira).

[835] Pense-se na hipótese de o ato resolvido ter envolvido a produção de efeitos pessoais e patrimoniais que não têm interesse para a insolvência, mas que cessam em virtude da resolução do ato. Assim, FERNANDES, Luís A. Carvalho/LABAREDA, João, *Código da Insolvência e da Recuperação de Empresas Anotado*, 3ª edição, Quid Juris Editora, Lisboa, 2015, p. 513, nota 4.

for possível a sua identificação e separação dos restantes bens da massa insolvente (art. 126.º, nº 4); se tal não for possível, a massa será obrigada a restituir o respetivo valor, como dívida da massa insolvente, na parte que corresponde ao seu enriquecimento à data da declaração da insolvência, e, no seu eventual remanescente, como dívida da insolvência (art. 126.º, nº 5). Segundo, na hipótese de o credor da restituição ser a própria massa insolvente, o adquirente a título gratuito só será obrigado a restituir na medida do seu enriquecimento sem causa, exceto se se encontrar de má fé, real ou presumida, sendo neste caso obrigado a restituir a totalidade[836] (art. 126.º, nº 6). Terceiro, os créditos sobre a insolvência que resultem para o *terceiro de má fé* em consequência da resolução são considerados créditos subordinados (art. 48.º, al. e)).

A ação intentada pelo administrador da insolvência com a finalidade de obter a restituição do que tenha sido prestado ao *terceiro* é dependência do processo de insolvência (art. 126.º, nº 2). Ao terceiro que não apresente os bens ou valores que devam ser restituídos à massa dentro do prazo fixado na sentença, são aplicadas as sanções previstas na lei de processo para o depositário de bens penhorados que não os entregue oportunamente (art. 126.º, nº 3).

8. Impugnação pauliana

Por força do art. 127.º, nº 1, os atos que tenham sido objeto de resolução pelo administrador da insolvência não são passíveis de novas ações de impugnação pauliana intentadas individualmente pelos credores[837].

Para além disso, a ação de impugnação pauliana que se encontre pendente à data da declaração de insolvência, ou que venha a ser instaurada após a declaração de insolvência só prosseguirá os seus termos se a resolução for considerada ineficaz por decisão definitiva (nº 2 do art. 127.º).

[836] Este regime de favor injustificado, que beneficia o adquirente gratuito em detrimento do adquirente a título oneroso, tem sido criticado pela doutrina nacional – assim, LEITÃO, Luís M. T. de Menezes, *Direito da Insolvência*, Almedina, Coimbra, 8ª edição, 2018, p. 233; FERNANDES, Luís A. Carvalho/LABAREDA, João, *Código da Insolvência e da Recuperação de Empresas Anotado*, 3ª edição, Quid Juris Editora, Lisboa, 2015, p. 516, nota 7. JÚLIO GOMES apresenta vários argumentos a seu favor: *Nótula sobre a Resolução em Benefício da Massa Insolvente, in:* "IV Congresso de Direito da Insolvência", Almedina, Coimbra, 2017, pp. 127 e 128.

[837] Para uma hipótese de impunação pauliana em que o insolvente não é o alienante, mas sim o adquirente, veja-se o Ac. Rel. Év., de 14-09-2017 (PAULO AMARAL).

Nestes termos, em primeiro lugar, um ato objeto de resolução não admite impugnação pauliana, exceto se a resolução for declarada ineficaz por decisão definitiva (art. 127º, nos 1 e 2).

Em segundo lugar, se um ato não for objeto de resolução pode ser objeto de impugnação pauliana (intentada individualmente pelo credor) antes ou depois da declaração de insolvência (e que não é apensa ao processo de insolvência) (art. 127º, nº 1 *a contrario*, e nº 2)[838].

Em terceiro lugar, se estiver pendente uma ação de impugnação pauliana (intentada antes ou depois da declaração de insolvência) ela será suspensa em consequência da resolução do ato (art. 127º, nº 2)[839].

Em quarto lugar, a ação de impugnação pauliana que haja de prosseguir em consequência de decisão definitiva que declara ineficaz a resolução, está sujeita à força vinculativa dessa mesma decisão quanto às questões que tenha apreciado, desde que não seja ofendido o caso julgado formado anteriormente (art. 127º, nº 2, *in fine*).

A notória preferência da lei pela resolução dos atos pelo administrador, em detrimento da impugnação pauliana, justifica-se pela diferente abrangência dos seus efeitos: se a primeira aproveita a todos os credores, a segunda apenas traz benefícios para o credor impugnante (nº 4 do art. 616º do CCivil *ex vi* do nº 3 do art. 127º do CIRE)[840].

Finalmente, e agora no âmbito restrito da impugnação pauliana, se a ação for julgada procedente, o interesse do credor impugnante será aferido em função do crédito, tal qual foi reclamado, e é independente das alterações resultantes de um eventual plano de pagamentos ou de insolvência (nº 3 do art. 127º) [841].

[838] Veja-se, neste sentido, o Ac. Rel. Co., de 1-03-2016 (Emídio Francisco Santos): "O CIRE admite a impugnação pauliana de actos que tenham envolvido a diminuição da garantia patrimonial de algum credor, verificados os requisitos previstos no artigo 610.º do Código Civil, mas a impugnação pauliana aproveita apenas ao credor que a tenha requerido".

[839] Para uma hipótese de resolução em benefício da massa posterior à impugnação pauliana transitada em julgado, adotando uma solução, para nós, muito duvidosa, vide o Ac. Rel. Guim., de 18-06-2015 (António Santos).

[840] A este propósito, por todos, cfr. Fernandes, Luís A. Carvalho/Labareda, João, *Código da Insolvência e da Recuperação de Empresas Anotado*, 3ª edição, Quid Juris Editora, Lisboa, 2015, pp. 517-518, nota 4.

[841] No sentido de que a ação de impugnação pauliana proposta individualmente por um credor aproveita excecionalmente à massa insolvente (ou coletiva), vejam-se, entre outros,

§6 Cessação dos efeitos da declaração de insolvência

A matéria da cessação dos efeitos da declaração de insolvência sobre o devedor e outras pessoas não está regulada com autonomia no CIRE – ao contrário do regime falimentar anterior, o qual dedicava o capítulo XIII (arts. 238º-239º do CPEREF) a esta temática –, encontrando-se disciplinada no contexto dos efeitos do encerramento do processo de insolvência[842]. Por seu turno, as causas de encerramento do processo de insolvência encontram-se elencadas no art. 230º do CIRE[843].

o Ac. STJ, de 11-07-2013 (Fonseca Ramos), os Acs. Rel. Co., de 11-03-2014 (Luís Cravo), de 10-07-2014 (Arlindo Oliveira), de 22-09-2015 (Carlos Moreira), o Ac. Rel. Guim., de 30-05-2018 (Pedro Damião e Cunha). Segundo o primeiro aresto, "se os executados são declarados insolventes na pendência de acção de impugnação pauliana movida pelo exequente, por razões de justiça material e respeito pela execução universal que a insolvência despoleta, os bens alienados, objecto da acção de impugnação pauliana julgada procedente, devem, excepcionalmente, regressar ao património do devedor, para, integrando a massa insolvente, responderem perante os credores da insolvência. Sendo, deste modo, o crédito do exequente, autor triunfante na acção de impugnação pauliana, tratado em pé de igualdade com os dos demais credores dos ora insolventes, assim se acolhendo a lição de Pires de Lima e Antunes Varela quando afirmam que «*o credor pode ter interesse na restituição dos bens ao património do devedor, se a execução ainda não é possível ou se há falência ou insolvência, caso em que os bens revertem para a massa falida*»". Considerando que o beneficiário da impugnação pauliana é apenas o credor impugnante (impugnação pauliana singular), vide o Ac. da Rel. Co., de 1-03-2016 (Emídio Francisco Santos). Na doutrina, no sentido de que a admissibilidade da impugnação pauliana em benefício exclusivo do credor impugnante constitui uma violação do princípio da igualdade dos credores (agravada pelo facto de o prazo para a impugnação pauliana ser mais longo do que o prazo para a resolução pelo administrador da insolvência), veja-se LEITÃO, Luís M. T. de Menezes, *Direito da Insolvência*, 8ª edição, Almedina, Coimbra, 2018, p. 233 e 234. Defendendo a admissibilidade da impugnação pauliana e a sua sujeição ao regime civilista e, em consequência a sua natureza singular, cfr. MORAIS, Fernando Gravato, *Resolução em Benefício da Massa Insolvente*, Almedina, Coimbra, 2008, pp. 43 e 199.

842 O novo Código regula a matéria do encerramento do processo de insolvência de forma inovadora e bastante melhorada, contrariamente ao Código anterior que previa dois institutos muito confusos – a cessação dos efeitos (art. 238º do CPEREF) e a reabilitação do falido (art. 239º do CPEREF). A este propósito, veja-se o nosso *Efeitos da Declaração de Insolvência sobre o Insolvente e outras Pessoas*, *in* "Estudos em Homenagem ao Senhor Professor Doutor Manuel Henrique Mesquita", pp. 824 e 825.

843 Este preceito regula a hipótese de o processo prosseguir após a sentença declarativa de insolvência, e será objeto do nosso estudo *infra*. Poderá, no entanto, o processo encerrar imediatamente após a sentença declarativa da insolvência, em virtude da insuficiência da massa insolvente constatada na própria sentença de declaração de insolvência (art. 39º, nº 7, al. b)). E poderá até acontecer que os efeitos descritos não se produzam na hipótese de encerramento do processo prevista no art. 259º, nº 4, em consequência do trânsito em julgado de sentença

Em consequência do encerramento do processo de insolvência cessam todos os efeitos da declaração de insolvência, recuperando o devedor, designadamente, o poder de disposição e de administração dos seus bens (art. 233º, nº 1, al. a)). Todavia, a lei ressalva expressamente do seu âmbito de aplicação os efeitos que decorram da qualificação da insolvência como culposa.

Assim, por força daquela declaração genérica cessam os efeitos previstos no Título IV, e, para o nosso caso, a privação do poder de disposição e de administração dos seus bens, o dever de apresentação, o dever de informação e de colaboração, o direito a alimentos.

Quanto à fixação de residência, prevista no art. 36º, nº 1, al. c), muito embora a lei preveja este efeito fora do elenco dos efeitos da declaração de insolvência (Título IV), parece defensável a sua cessação, atendendo ao seu caráter instrumental em relação ao processo de insolvência.

Por último, a inibição para administrar património de terceiro, e a inibição para o exercício do comércio terão a duração fixada na sentença de qualificação da insolvência culposa (mínimo de 2 e máximo de 10 anos), sendo a sua vigência independente da vigência do próprio processo de insolvência, como ressalva o art. 233º, nº 1, al. a), *in fine*. Aliás, outra solução não seria de esperar, uma vez que estes efeitos não visam a proteção dos credores concursais, mas sim do comércio jurídico em geral.

Com o desaparecimento do instituto da reabilitação do falido (previsto no art. 239º do CPEREF), ficam algumas dúvidas quanto à cessação de certos efeitos previstos fora do CIRE, designadamente a proibição de ser administrador de bens (art. 1970º, al. a) do CCivil), o caráter indiciador de falta de idoneidade para a ocupação de cargo de membro de órgão de administração e fiscalização e dos titulares de funções essenciais nas instituições de crédito (art. 30º-D, nº 3, als. f) e g), e n.º 5, do RGIC), entre muitíssimos outros.

Os efeitos quanto aos credores da insolvência também cessam. Assim, por força do art. 233º, nº 1, al. c), os credores da insolvência podem exercer os seus créditos sem as restrições constantes dos arts. 85º e ss. Porém, ficam sempre ressalvadas as alterações introduzidas por eventual plano de pagamentos ou plano de insolvência e o disposto no art. 242º, nº 1.

de homologação de plano de pagamentos, por aplicação do disposto nos arts. 36º, n.º 1, als. a) e b), e 39º, nº 7, al. a).

Capítulo V – A Fase Executiva do Processo de Insolvência

§1 Considerações prévias

Depois de proferida a sentença declaratória de insolvência, abre-se a chamada "fase executiva" do processo de insolvência.

Esta fase pode desenvolver-se segundo um esquema padrão aplicável a qualquer processo de insolvência, ou sofrer desvios em certos casos. É deste esquema padrão que nos ocuparemos aqui, para, mais tarde, nos debruçarmos sobre a tramitação dos casos especiais.

A propósito da tramitação regra, convém tecer algumas considerações preliminares. A sentença constitui o marco fundamental desta fase (repare-se que, em princípio, o conteúdo da sentença deve preencher as 13 alíneas que compõem o art. 36º, nº 1), sendo por isso o seu conteúdo fundamental para compreender o futuro do processo e quais os passos a dar.

Assim, em simultâneo, abrem-se dois momentos processuais determinantes: a reclamação, verificação e graduação dos créditos e a apreensão, separação, restituição e liquidação do ativo, as quais confluem na fase subsequente do pagamento aos credores. O primeiro momento constitui um apenso do processo de insolvência, e tem início depois de proferida a sentença declaratória da insolvência, apresentando uma estrutura de processo declarativo ordinário com regras muito próprias. O segundo momento é composto pelas "*actuações processuais relativas ao activo da massa insolvente,* desde a sua integração com os bens do insolvente até à venda dos bens que a compõem"[844].

É também de realçar que, contrariamente ao processo executivo, no processo de insolvência dá-se a liquidação de todo o património do devedor que integra a massa insolvente independentemente da verificação do passivo do insolvente.

De posse destes elementos, passemos ao estudo da matéria.

§2 Verificação e graduação dos créditos

1. Noções gerais

A sua finalidade consiste na verificação e graduação dos créditos sobre a insolvência, através de sentença proferida nos termos do art. 140º. A sua

[844] Freitas, José Lebre, *Apreensão, Separação, Restituição e Venda, in:* "I Congresso de Direito da Insolvência", Almedina, Coimbra, 2014, p. 229.

importância resulta do princípio da exclusividade, de acordo com o qual "o pagamento dos créditos sobre a insolvência apenas contempla os que estiverem verificados por sentença transitada em julgado" (art. 173º)[845], e mesmo que o crédito já tenha sido reconhecido por sentença transitada em julgado proferida fora do âmbito do processo de insolvência[846] (art. 128º, nº 5).

Com a entrada em vigor do CIRE, foi no regime jurídico da verificação dos créditos que avultou "de forma particular um dos objectivos do presente diploma, que é o da simplificação dos procedimentos administrativos inerentes ao processo", para além da sua desjudicialização[847]: através da criação de um único apenso para a verificação e graduação, por um lado, e pela forte intervenção do administrador da insolvência, por outro lado.

A lei consagra duas modalidades de apenso: o *apenso regra*, previsto nos arts. 128º a 140º, e o *apenso de verificação ulterior* de créditos, regulado nos arts. 146º a 148º.

2. O apenso de verificação e graduação dos créditos

O apenso regra de verificação e graduação de créditos pode ser dividido em 4 momentos fundamentais: a reclamação, o saneamento, a instrução e, por fim, o julgamento[848].

[845] A propósito do princípio da exclusividade veja-se SOUSA, Miguel Teixeira, *A Verificação do Passivo no Processo de Falência, in*: "Revista da Faculdade de Direito da Universidade de Lisboa", vol. 36, 1995, pp. 361 e 363.

[846] Os créditos reconhecidos por sentença transitada em julgado devem também ser reclamados no processo de insolvência, podendo mesmo ser impugnados. É um corolário do princípio da eficácia relativa do caso julgado (art. 581º do CPCivil) e do princípio do contraditório (art. 3º do CPCivil). Neste sentido, veja-se DOMINGOS, Maria Adelaide, *Efeitos Processuais da Declaração de Insolvência sobre as Acções Laborais Pendentes, in:* "Memórias do IX e X Congressos Nacionais de Direito do Trabalho", Almedina, Coimbra, 2007, pp. 272 e 273.

[847] Ponto 37 do Preâmbulo do D.L. nº 53/2004, de 18 de março (diploma que aprovou o Código). No sentido de que o princípio do inquisitório (previsto no art. 11º) não se aplica aqui, veja-se LEITÃO, Luís M. T. de Menezes, *Direito da Insolvência*, 8ª edição, Almedina, Coimbra, 2018, p. 240; GOUVEIA, Mariana França, *Verificação do Passivo, in:* "Themis – Revista da Faculdade de Direito da UNL, Edição Especial – *Novo Direito da Insolvência*", 2005, p. 161.

[848] Seguimos de perto a divisão defendida por MARIANA FRANÇA GOUVEIA, *Verificação do Passivo, in:* "Themis – Revista da Faculdade de Direito da UNL, Edição Especial – *Novo Direito da Insolvência*", 2005, p. 151.

2.1. Reclamação dos créditos

2.1.1. Créditos reclamáveis

Desde logo, são reclamáveis *todos os créditos sobre a insolvência*, qualquer que seja a sua natureza, desde que respeitantes a prestações patrimoniais[849]: estão em consequência excluídos os direitos pessoais, os direitos potestativos (como, por exemplo, o direito à anulação ou resolução de um negócio jurídico) e as obrigações naturais[850].

Em segundo lugar, os créditos suscetíveis de averiguação no processo de verificação dos créditos devem ainda ser *certos, líquidos e exigíveis.*

Um crédito *certo* é aquele cujo conteúdo se encontra já determinado. Tratando-se de crédito de conteúdo apenas determinável (arts. 280º, nº 1, e 400º do CCivil), através de um critério fixado na lei ou pelas partes, como as obrigações genéricas (arts. 539º e ss do CCivil) ou alternativas (arts. 543º e ss do CCivil), deve o credor reclamante, antes da reclamação, realizar a operação de determinação que lhe compete, ou, recaindo essa operação sobre o devedor, os créditos devem ser reclamados como indeterminados, podendo o credor exigir que o tribunal fixe um prazo ao administrador da insolvência para realizar as operações de determinação do crédito (art. 548º do CCivil), sob pena de o direito de escolha ser devolvido ao credor[851].

Os créditos devem ainda ser *líquidos*, ou seja, é necessário que "o seu quantitativo já se encontre determinado"[852]. Tratando-se de crédito ilíquido

[849] Estão excluídos do apenso os créditos sobre a massa. Porém, segundo o Ac. Rel. Lx., de 17-05-2018 (António Santos): "caso o titular de um crédito sobre a massa insolvente lance mão – erradamente – do expediente reclamatório previsto no artigo 128.º do CIRE e uma vez integrado na lista de credores reconhecidos como crédito comum sobre a insolvência , não é o referido crédito objecto de qualquer impugnação, em última análise o erro [provocado ab initio pelo próprio reclamante, quando lança mão de um meio processual desadequado] de qualificação da natureza do crédito constante da referida LISTA, porque não MANIFESTO, como que se consolida, não podendo o mesmo em sede de recurso – interposto da sentença de verificação e graduação dos créditos – ser objecto de correção" (destaque no original).

[850] Assim, LEITÃO, Luís M. T. de Menezes, *Direito da Insolvência*, 8ª edição, Almedina, Coimbra, 2018, p. 240, e, à luz do CPEREF mas também com pertinência para o regime atual, SOUSA, Miguel Teixeira, *A Verificação do Passivo no Processo de Falência, in*: "Revista da Faculdade de Direito da Universidade de Lisboa", vol. 36, 1995, p. 356.

[851] A este propósito, veja-se SOUSA, Miguel Teixeira, *A Verificação do Passivo no Processo de Falência, in*: "Revista da Faculdade de Direito da Universidade de Lisboa", vol. 36, 1995, p. 357; COSTA, M. J. Almeida, *Direito das Obrigações*, 8ª edição, Almedina, Coimbra, 2000, pp. 644-645.

[852] LEITÃO, L. M. Menezes, *Direito das Obrigações* (vol. II), Almedina, Coimbra, 2002, p. 230.

observa-se o seguinte regime. Desde logo, deve ser liquidado através de um dos mecanismos previstos no CPCivil, no art. 716º. Depois, deve-se atender às regras previstas no art. 96º do CIRE: os créditos não pecuniários são atendidos pelo valor em euros estimável à data da declaração de insolvência (nº 1, al. a)); os créditos pecuniários cujo montante não esteja determinado são atendidos pelo valor em euros estimável à data da declaração de insolvência (nº 1, al. b)); os créditos expressos em moeda estrangeira ou índices são atendidos pelo valor em euros à cotação em vigor à data da declaração de insolvência no lugar do seu pagamento (nº 1, al. c)). Finalmente, os créditos (subordinados e não subordinados) continuam a vencer juros depois da declaração de insolvência (que são classificados como créditos subordinados – art. 48º, als. b) e f)).

Em terceiro lugar, os créditos devem ser *exigíveis*, isto é, o cumprimento da respetiva obrigação pode ser exigido pelo credor ("sob pena de o devedor, não cumprindo, incorrer em *mora debendi*"[853]). A este propósito existe uma norma fundamental. Trata-se do art. 91º, nº 1, que determina o vencimento imediato de todas as obrigações do insolvente não subordinadas a uma condição suspensiva, por mero efeito da declaração de insolvência[854].

Em quarto lugar, mesmo que o crédito se encontre verificado em sentença *já transitada em julgado*, deve o respetivo credor reclamá-lo no processo de insolvência, para aí obter o respetivo pagamento (nº 5 do art. 128º)[855].

[853] VARELA, J. M. Antunes, *Das Obrigações em Geral* (vol. II, 7ª edição), Almedina, Coimbra, 1997, p. 40.

[854] Os créditos sob condição também devem ser reclamados: os créditos sob condição suspensiva ficam sujeitos ao disposto no art. 181º; os créditos sob condição resolutiva são tratados como incondicionais até ao momento em que a condição se preencha (art. 94º).

[855] Se o crédito ainda está a ser objeto de apreciação em ação pendente à data da declaração de insolvência e o processo foi apensado ao processo de insolvência, será aplicável o art. 129º, nº 1, *in fine* (pelo que é do conhecimento do administrador). Se a ação de insolvência foi intentada por um credor, coloca-se a questão de saber se o respetivo crédito deverá ser reclamado. A doutrina tem entendido que este crédito será do conhecimento do administrador da insolvência (art. 129º, nº 1, *in fine*), nada impedindo todavia o credor de reclamar o seu crédito dentro do prazo fixado na sentença e até de apresentar uma reclamação que apenas complete, retifique ou até modifique os elementos do seu requerimento inicial (neste caso, deve dar-se prevalência à peça processual apresentada por último). Assim, por todos, FERNANDES, Luís A. Carvalho/LABAREDA, João, *Código da Insolvência e da Recuperação de Empresas Anotado*, 3ª edição, Quid Juris Editora, Lisboa, 2015, p. 520, nota 4. Segundo o Ac. STJ, de 18-02-2015 (FONSECA RAMOS), "a sentença proferida em acção declarativa que reconheceu o direito de retenção aos créditos dos AA., resultante do incumprimento de contratos-promessa de compra

Em quinto lugar, tratando-se de prestação de facto, cumpre fazer uma distinção. Na hipótese de uma *prestação de facto fungível*, o credor tem direito a exigir o valor dispendido ou a dispender com a sua realização por terceiros (art. 828º do CCivil e arts. 868º, nº 1, e 870º, nº 1, do CPCivil). No caso de uma prestação de facto infungível, ao credor só restará exigir uma indemnização pelo seu incumprimento (art. 869º do CPCivil).

Em último lugar, os créditos que tenham por objeto uma prestação de *non facere*, são insuscetíveis de reclamação, restando ao seu titular exigir o crédito correspondente às despesas resultantes da sua violação e o crédito correspondente à indemnização pela violação desse dever de omissão (art. 829º do CCivil e art. 876º do CPCivil).

2.1.2. Tramitação

Na própria sentença declarativa da insolvência, o juiz deve designar um prazo até 30 dias para a reclamação dos créditos (art. 36º, n.º 1, al. j)). Trata-se de um prazo processual[856], sujeito por isso às regras de contagem do art. 138º do CPCivil (*ex vi* da remissão geral do art. 17º, nº 1, do CIRE), tendo-se sempre presente que, como se trata de um processo urgente (art. 9º, nº 1, do CIRE)[857], o prazo não se suspende nas férias judiciais.

e venda de fracções prediais, em que intervieram como promitentes-compradores, que ali invocavam o direito de retenção – art. 755º, nº1, f) do Código Civil – e a ora insolvente, ali Ré na veste de promitente vendedora, mas não a credora hipotecária, não se impõe, não faz caso julgado em relação a esta, como terceiro *juridicamente interessado*, do ponto em que, afectando a graduação, a não consideração da hipoteca incidente sobre aqueles imóveis contende com a posição *jurídico-patrimonial* de que beneficiava como garante". No mesmo sentido, o Ac. Rel. Po., de 27-11-2017 (Carlos Querido). Sobre uma hipótese em que o credor junta ao processo decisão proferida já depois da sentença declarativa de insolvência (mas antes do seu trânsito em julgado), veja-se o Ac. Rel. Lx., de 24-09-2015 (António Valente).

[856] No sentido de que este prazo não é perentório, porque é possível reclamar mais tarde, no âmbito da verificação ulterior de créditos, veja-se GOUVEIA, Mariana França, *Verificação do Passivo, in:* "Themis – Revista da Faculdade de Direito da UNL, Edição Especial – *Novo Direito da Insolvência*", 2005, p. 151; e, à luz do CPEREF, SOUSA, Miguel Teixeira, *A Verificação do Passivo no Processo de Falência, in*: "Revista da Faculdade de Direito da Universidade de Lisboa", vol. 36, 1995, p. 364. Sobre a (im)possibilidade de praticar o ato num dos três dias úteis posteriores ao término do prazo, mediante o pagamento de uma multa (segundo o art. 139.º, n.º 5, do CPCivil), *vide* o Ac. Rel. Po., de 10-01-2012 (Maria Cecília Agante).

[857] A urgência do processo aplica-se não só ao processo de insolvência, mas também a todos os seus incidentes, apensos e recursos.

A lei nada preceitua quanto ao momento *a quo* para a contagem do prazo[858]. No silêncio da lei, a doutrina tem defendido que o prazo deverá começar a ser contado a partir do momento da citação ou notificação da sentença efetuadas de acordo com os arts. 37º, nºs 2 a 8, 9º, nº 4[859].

Dentro do prazo fixado na sentença declarativa da insolvência, todos os credores da insolvência[860_861], incluindo o Ministério Público (na defesa dos interesses das entidades que represente[862]), devem reclamar a verificação dos seus créditos, através de requerimento próprio dirigido ao administrador da insolvência (art. 128.º, nº 1, proémio)[863]. Para o efeito, e de acordo com o

[858] Contrariamente à lei anterior que, no art. 188º, nº 2, do CPEREF, estabelecia que a contagem do prazo começava a partir da publicação da sentença no Diário da República.

[859] Assim, FERNANDES, Luís A. Carvalho/LABAREDA, João, *Código da Insolvência e da Recuperação de Empresas Anotado*, 3ª edição, Quid Juris Editora, Lisboa, 2015, p. 521, nota 7.

[860] Segundo o Ac. STJ, de 15-03-2012 (SEBASTIÃO PÓVOAS), "(...) XIV – O administrador habilitado nos termos do n.º 3 do artigo 85.º do CIRE não pode impor ao Autor de acção intentada contra o insolvente que venha reclamar o crédito nos termos do artigo 128.º por isso pedindo a extinção da instância por inutilidade da lide, já que o Autor é livre de o fazer ou renunciar à reclamação do mapa/lista (optando, ou não, pela insinuação tardia) e o administrador pode pedir a apensação da acção declarativa (e ponderar o crédito pedido em termos de o considerar, ou não, reconhecido) se o entender conveniente (...)". Segundo o Ac. Rel. Po., de 7-07-2008 (SOUSA LAMEIRA), a existência de execuções apensas ao processo de insolvência "não dispensa o credor, mesmo sendo o M.º P.º em representação da Fazenda Nacional, de reclamar os direitos de crédito que se discutiam nessas execuções perante o Administrador". No sentido de que o credor não tem que estar munido de um título executivo, cfr. o Ac. Rel. Po., de 6-11-2012 (MARIA JOÃO AREIAS).

[861] Segundo o art. 17.º-G, n.º 7 "havendo lista definitiva de créditos reclamados, e sendo o processo especial de revitalização convertido em processo de insolvência por aplicação do disposto no n.º 4, o prazo de reclamação de créditos previsto na alínea j) do n.º 1 do artigo 36.º destina-se apenas à reclamação de créditos não reclamados nos termos do n.º 2 do artigo 17.º-D".

[862] De acordo com o art. 13º, em princípio o Ministério Público é o representante de entidades públicas.

[863] No sentido de que o requerimento deve ser articulado (por força do art. 151º, nº 2, do CPCivil de 1961 – atual 147º, nº 2 – *ex vi* do art. 17º do CIRE), veja-se LEITÃO, Luís M. T. de Menezes, *Direito da Insolvência*, 8ª edição, Almedina, Coimbra, 2018, p. 243; FERNANDES, Luís A. Carvalho/LABAREDA, João, *Código da Insolvência e da Recuperação de Empresas Anotado*, Quid Juris Editora, Lisboa, 2008, p. 521, nota 8, e, à luz do CPEREF, o Ac. STJ de 6 de março de 1990. No sentido de que não é obrigatória a dedução articulada da reclamação, veja-se GOUVEIA, Mariana França, *Verificação do Passivo, in:* "Themis – Revista da Faculdade de Direito da UNL, Edição Especial – *Novo Direito da Insolvência*", 2005, pp. 152 e ss.

n.º 4 do art. 128.º[864], pode utilizar-se o formulário disponibilizado para tal no portal definido pela Portaria n.º 280/2013, de 26 de agosto ou através de formulário-tipo de reclamação previsto nos arts. 54.º e 55.º do Regulamento[865] (nos casos em que este seja aplicável) e apresentado por transmissão eletrónica de dados, através do sistema informático de suporte à atividade dos tribunais nos termos definidos na referida Portaria (art. 128.º, n.º 2)[866_867]. Sempre que o credor da insolvência não esteja patrocinado, o requerimento de reclamação de créditos é apresentado no domicílio profissional do administrador da insolvência, ou para aí remetido, por correio eletrónico ou por via postal registada[868]; assim que receba o requerimento, o administrador da insolvência deverá assinar no ato de entrega, ou enviar ao credor, no prazo de três dias a contar da receção, comprovativo desse recebimento, envio que deverá seguir a forma utilizada na reclamação (art. 128º, nº 3)[869].

O requerimento deve ainda conter os elementos elencados no nº 1 do art. 128º: a sua proveniência, data de vencimento, montante de capital e de juros (al. a)); as condições a que estejam subordinados, suspensivas ou resolutivas (al. b)); a sua natureza comum, subordinada, privilegiada ou garantida, e, neste último caso, os bens ou direitos objeto da garantia e respetivos dados de identificação registral (al. c)); a existência de eventuais garantias pessoais,

[864] Acrescentado pelo art. 3.º do D.L. n.º 97/2017, de 30 de junho.

[865] Este formulário tipo está previsto no Regulamento de Execução (UE) 2017/1105 da Comissão, de 12 de junho de 2017 (que entrou em vigor no dia 26 de junho de 2017).

[866] A Portaria n.º 280/2013, de 26 de agosto, regulamenta a tramitação eletrónica dos processos nos tribunais judiciais, designadamente, segundo a al. m) do n.º 6 do seu art. 1.º e o art. 15.º-A (aditados pela Portaria n.º 267/2018, de 20 de setembro, e que só entram em vigor no dia 2 de abril, de 2019), a prática de atos processuais pelos mandatários perante administradores judiciais por via eletrónica, nos termos do n.º 2 do artigo 17.º e do n.º 2 do artigo 128.º do CIRE, quando a lei não imponha forma diversa.

[867] A admissibilidade de requerimento por transmissão eletrónica de dados foi introduzida pelo art. 3.º do D.L. n.º 79/2017, de 30 de junho.

[868] Se o requerimento for endereçado ou entregue no tribunal, a doutrina tem entendido que o tribunal deverá remetê-lo diretamente para o domicílio do administrador da insolvência. Porém, a prática parece revelar o contrário – os tribunais devolvem o requerimento ao credor que terá depois que o enviar para o domicílio correto. A este propósito, veja-se COSTA, Salvador da, *O Concurso de Credores no Processo de Insolvência, in:* "Revista do CEJ", IV, 1º semestre 2006, p. 104, nota 6.

[869] A admissibilidade de envio da reclamação por correio eletrónico foi introduzida pela Lei nº 16/2012, de 20 de abril.

com identificação dos garantes (al. d)); a taxa de juros moratórios aplicável (al. e)).

Deve ter-se sempre presente que o apenso de reclamação, verificação e graduação de créditos é um meio processual excluviso dos créditos sobre a insolvência. Os créditos sobre a massa são pagos pelo administrador da insolvência à medida que se vençam (art. 172.º, n.º 3). Se estes créditos não forem satisfeitos, terão que ser reclamados em ação própria (declarativa ou executiva) que corre por apenso ao processo de insolvência (art. 89.º, n.º 2)[870].

Para concluir, não podemos deixar de chamar a atenção para a importância relativa da reclamação de créditos. De facto, o reconhecimento dos créditos tem por objeto os créditos reclamados, mas também aqueles que chegam ao conhecimento do administrador por constarem dos elementos de contabilidade do devedor ou por outra via (art. 129º, nº 1, *in fine*)[871]. Porém, manda a lei das cautelas e da prudência que o credor reclame os seus créditos em qualquer circunstância.

2.1.3. Lista de credores

Dentro do prazo de 15 dias a contar do fim do prazo das reclamações, o administrador da insolvência deve apresentar na secretaria duas listas, cada uma delas por ordem alfabética[872]: uma lista de todos os credores por si reconhecidos, e uma lista de todos os credores não reconhecidos (art. 129º, nº 1).

Da lista de *credores reconhecidos* devem constar as seguintes referências: a identificação de cada credor, a natureza do seu crédito, o montante de capital e juros à data do termo do prazo das reclamações, as garantias pessoais e reais,

[870] A este propósito, cfr. o Ac. Rel. Lx, de 15-10-2015 (Ondina Alves).

[871] Esta solução, que constitui um desvio ao princípio do pedido, é criticada pela doutrina, pois pode levar ao reconhecimento de créditos que já estão extintos (porque já foram pagos, apesar de a contabilidade não o refletir): por todos, Costeira, Maria José, *Verificação e Graduação de Créditos, in:* "Código da Insolvência e da Recuperação de Empresas", Ministério da Justiça, Coimbra Editora, Coimbra, 2004, p. 74.

[872] Sobre as consequências da inobservância deste prazo, veja-se o Ac. Rel. Co., de 12-03-2013 (Alberto Ruço).

os privilégios, a taxa de juros moratórios aplicável, as eventuais condições suspensivas ou resolutivas e o valor dos bens integrantes da massa insolvente sobre os quais incidem garantias reais de créditos pelos quais o devedor não responda pessoalmente[873] (art. 129º, nº 2).

Da lista de *credores não reconhecidos* devem constar os motivos justificativos do seu não reconhecimento (art. 129º, nº 3).

Todos os credores não reconhecidos, os credores reconhecidos, mas cujos créditos não tenham sido reclamados, e os credores reconhecidos, mas de modo diverso da respetiva reclamação, *devem* ser avisados pelo administrador da insolvência[874] através de carta registada ou por um dos meios previstos no art. 128.º, n.ºs 2 e 3 (art. 129.º, n.º 4). Quando se trate de credores conhecidos com residência habitual, domicílio ou sede estatutária num Estado-Membro diferente daquele onde foi aberto o processo (incluindo as autoridades fiscais e os organismos de segurança social desses Estados-Membro), o aviso é efetuado, ainda, em conformidade com o art. 54.º do Regulamento (art. 129º, nº 4). Esta comunicação poderá ser feita por correio eletrónico quando a reclamação tiver sido feita por esta via, considerando-se realizada na data do respetivo envio, devendo o administrador da insolvência juntar aos autos documento comprovativo desse envio (art. 129.º, n.º 5)[875].

[873] Esta referência às hipóteses em que o devedor insolvente presta garantia real a favor de dívida de terceiro constitui uma novidade introduzida pelo art. 3.º do D.L. n.º 79/2017, de 30 de junho.

[874] Parece que a falta de notificação dos outros credores implica o reconhecimento dos respetivos créditos, podendo os mesmos consultar na secretaria as listas.

[875] O n.º 5 do art. 129.º foi acrescentado pela Lei nº 16/2012, de 20 de abril.

2.1.4. Impugnação da lista de credores reconhecidos

Nos dez dias seguintes[876] ao termo do prazo previsto no art. 129º, nº 1[877], pode qualquer interessado[878] *impugnar a lista de credores reconhecidos*[879] mediante requerimento dirigido ao juiz, com algum(ns) dos seguintes fundamentos: indevida inclusão ou exclusão de créditos, incorreção do montante ou da qualificação dos créditos reconhecidos (nº 1 do art. 130º). A falta de impugnação

[876] Segundo o Ac. STJ, de 20-05-2010 (ALBERTO SOBRINHO), "toda a impugnação da lista de credores reconhecidos referente à inclusão ou exclusão de créditos, seus montantes e qualificação a eles atinentes, tem que ser obrigatoriamente deduzida no momento processual a que se reporta o nº 1 do art. 130º. Não tendo sido apresentada qualquer oposição, dentro desse prazo, aos créditos, e sua qualificação e montantes, dos credores incluídos na respectiva lista têm de se ter por reconhecidos e não mais podem ser já questionados, limitando-se a sentença, então, a homologar essa lista, atribuindo-se efeito cominatório à falta de impugnações". Porém, segundo o Ac. STJ de 25-11-2008 (SILVA SALAZAR), mesmo que não haja impugnações, o juiz não pode abster-se de verificar a conformidade substancial e formal dos títulos dos créditos constantes dessa lista, sob pena de violação da lei substantiva. A existência de erro de natureza substantiva cuja retificação importe a violação dos princípios da igualdade e do contraditório, importa a elaboração de uma nova lista pelo administrador da insolvência e, por isso, a contagem de um novo prazo para impugnações. "A falta de elaboração dessa nova lista constitui nulidade essencial".

[877] Tratando-se de credor que tenha sido avisado por carta registada, o prazo de 10 dias começa a contar-se só a partir do 3º dia útil após a data do registo (art. 130º, nº 2), relativamente aos interessados que não são avisados pelo administrador da insolvência, o prazo de 10 dias começa a contar após o termo do prazo fixado no art. 129º, nº 1. A este propósito, veja-se o Ac. STJ, de 18-09-2007 (FONSECA RAMOS): "na justa ponderação de interesses, que demanda o regime urgente do processo de insolvência, a estatuição do prazo de 10 dias – art. 130º, nº 1, do CIRE – para impugnação da lista de credores, e a não notificação pessoal das listas, a que alude o seu art. 129º, nº 1, não se mostram desnecessários, desadequados, irrazoáveis ou arbitrários, nem contendem com a extensão e o alcance do direito fundamental de acesso aos tribunais que se encontra consagrado no artigo 20º da Constituição, pelo que não são inconstitucionais".

[878] A expressão "qualquer interessado" parece abranger, desde logo, o próprio devedor (veja-se, a confirmar esta ideia, o art. 131º, nº 1, *in fine*), o credor cujo crédito reclamado foi indevidamente excluído, o credor cujo crédito foi reconhecido mas com incorreções (valor, natureza, etc.), mas também o credor cujo crédito foi devidamente incluído e que se sente prejudicado pela irregular inclusão de outro crédito (seja porque não devia ter sido reconhecido, seja porque o seu montante, natureza estão incorretos).

[879] A redação do preceito parece inculcar a ideia (errónea) de que apenas a lista de créditos reconhecidos é impugnável, quando, segundo a doutrina dominante, também a lista de créditos não reconhecidos o pode ser. Assim, LEITÃO, Luís M. T. de Menezes, *Direito da Insolvência*, 8ª edição, Almedina, Coimbra, 2018, p. 242; COSTA, Salvador da, *O Concurso de Credores no Processo de Insolvência, in:* "Revista do CEJ", IV, 1º semestre 2006, p. 106.

importa a prolação imediata de sentença de verificação e graduação dos créditos, em que, salvo *erro manifesto*[880], é homologada a lista de credores reconhecidos elaborada pelo administrador da insolvência e são graduados os créditos segundo o que conste da lista (art. 130º, nº 3). Havendo erro manifesto, o juiz deve determinar a elaboração de uma nova lista retificada em conformidade e dar às partes a oportunidade de se pronunciarem sobre a mesma[881].

O requerimento de impugnação deve ser apresentado de forma articulada (art. 147º, nº 2, do CPCivil *ex vi* do art. 17º, nº 1, do CIRE), e acompanhado de todos os meios de prova disponíveis (art. 25º, nº 2, *ex vi* do art. 134º,

[880] Segundo o Ac. STJ, de 30-09-2014 (Ana Paula Boularot): "I – A ausência de impugnação da lista definitiva de créditos não implica sem mais a produção de uma sentença homologatória «cega» por um eventual efeito cominatório pleno. II – O artigo 130º, nº3 do CIRE conjugado com os princípios processuais gerais que conferem ao juiz poderes de gestão e de direcção do processo, permite e impõem que este afira da bondade formal e substancial dos créditos constantes da lista apresentada pelo Administrador de Insolvência. III – O conceito de «erro manifesto» a que alude o mencionado normativo não se reduz apenas à categoria do mero erro formal, podendo abranger razões ligadas à substância dos créditos em apreço o que poderá ser objecto de censura por parte do Tribunal mesmo que os aludidos créditos não tenham sido objecto de qualquer impugnação". De acordo com o Ac. STJ, de 20-03-2014 (joão camilo), "I. Tendo sido um crédito incluído pelo administrador da insolvência na lista a que se refere o art. 129º do CIRE e não tendo havido impugnação do mesmo, tem este de ser verificado e graduado, nos termos do nº 3 do art. 130º do CIRE. II. A circunstância de no processo de qualificação da insolvência ter sido nos fundamentos da decisão respectiva, se haver concluído pela nulidade daquele crédito por violação do disposto no art. 6º do Cód. das Sociedades Comerciais, não implica a existência de erro manifesto previsto no nº 3 do art. 130º mencionado. III. O titular do crédito em causa não tendo sido parte no processo de qualificação da insolvência e não tendo nele intervindo, não pode ser surpreendido pela nulidade do seu crédito, sem que tivesse oportunidade de alegar ou provar a excepção à referida invalidade prevista no nº 3 do art. 6º mencionado". Segundo o Ac. Rel. Po., de 6-11-2012 (Maria João Areias), "não tendo o credor/Apelante deduzido impugnação à lista de credores reconhecidos apresentada pelo Administrador de insolvência, na parte em que reconheceu a existência de determinado crédito, não pode nas alegações de recurso da sentença que reconheceu tal crédito pretender impugnar os factos em que assenta a sua existência". Para uma hipótese de erro manifesto no reconhecimento de um crédito reclamado exclusivamente com fundamento em avales prestados pela insolvente em livranças subscritas em branco e que ainda não foram preenchidas, vide Ac. STJ, de 15-03-2013 (Abrantes Geraldes). Considerando haver erro manifesto na atribuição de natureza comum aos créditos de trabalhadores da insolvente que, na respetiva reclamação, indicaram que exerciam a sua atividade no imóvel sede da insolvente (e que havia sido apreendido para a massa insolvente), veja-se o Ac. STJ, de 10-12-2015 (Fonseca Ramos).

[881] Assim, o Ac. Rel. Co., de 13-10-2015 (Arlindo Oliveira).

nº 2, do CIRE)[882], sendo oferecidos apenas dois duplicados dos articulados e dos documentos que os acompanhem (um para arquivo do tribunal, o outro para a secretaria judicial, para consulta dos interessados – art. 134º, nº 2)[883]. As impugnações são notificadas apenas ao titular do crédito que delas é objeto e desde que este não seja o impugnante (art. 134º, nº 4), solução que se compreende em virtude do disposto no art. 131º, nº 2, parte final. De qualquer modo, durante os prazos para a impugnação e resposta, o processo é mantido na secretaria judicial para exame e consulta dos interessados (art. 134º, nº 5).

A qualquer impugnação pode ser apresentada *resposta* pelo administrador da insolvência e por qualquer interessado que assuma posição contrária[884], incluindo o próprio devedor (art. 131º, nº 1).

No entanto, apenas o titular do crédito impugnado pode responder à impugnação quando se trate de resposta à impugnação de um crédito com fundamento na sua errada inclusão na lista de credores reconhecidos, na omissão de indicação das condições a que esteja sujeito, no seu valor excessivo ou na qualificação em grau superior ao devido (art. 131º, nº 2).

A resposta à impugnação deve ser apresentada dentro do prazo de 10 dias a contar do termo do prazo para apresentação da impugnação ou a contar da notificação do titular do crédito objeto da impugnação, sob pena de a impugnação ser julgada procedente[885] (art. 131º, nº 3).

[882] É ao impugnante que cabe apresentar as testemunhas arroladas, cujo número não pode ultrapassar os limites estabelecidos no art. 511º do CPCivil. Sobre o momento processual da indicação da prova que o impugnante do crédito e o respondente pretendam apresentar, veja-se os Acs. Rel. Co., de 4-06-2013 (Rui Moreira) e de 10-07-2013 (Manuel Capelo)

[883] Segundo o Ac. Rel. Guim., de 4-12-2012 (ana cristina duarte), "1 – No processo de insolvência, a impugnação da lista de credores reconhecidos e não reconhecidos, nos termos do artigo 130.º do CIRE, não obriga ao pagamento de taxa de justiça. 2 – Essa impugnação integra-se na tramitação regular da verificação e graduação de créditos e é abrangida pela regra geral constante do artigo 304.º do CIRE, que atribui a responsabilidade pelas custas, quando a insolvência é decretada, sempre à massa insolvente. 3 – Assim, não podendo o impugnante vir a ser responsabilizado pelas custas, não é devido o pagamento de taxa de justiça por impulso processual por si aduzido".

[884] Nesta categoria de "qualquer interessado que assuma posição contrária" cabe, desde logo, o credor cujo crédito está a ser impugnado, seja quanto à sua inclusão, seja quanto ao seu montante ou natureza.

[885] Trata-se, assim, de um ónus, pois a omissão de uma resposta confere imediata procedência à impugnação, por força da parte final do nº 3 do art. 131º. Porém, o Ac. Rel. Co., de 28-04-2015 (Maria Domingas Simões) refutou o entendimento de que "a ausência de resposta à

Terminado o prazo para as respostas às impugnações, a comissão de credores deve, no prazo de 10 dias, juntar aos autos parecer sobre as impugnações (art. 135º)[886].

2.2. Saneamento do processo

Decorrida a fase de contradita, segue-se a fase de saneamento do processo. Com a Revisão de 2017, o juiz, não só declara verificados com valor de sentença os créditos não impugnados incluídos na lista de créditos reconhecidos, como também pode designar dia e hora (dentro dos 10 dias seguintes) para uma tentativa de conciliação, para a qual são notificados[887] todos os que tenham apresentado impugnações e resposta às impugnações, assim como a comissão de credores e o administrador da insolvência (art. 136.º, n.º 1). A tentativa de conciliação pode ser dispensada pelo juiz caso entenda que "não se mostra adequado" realizá-la (art. 136.º, n.º 8) – neste caso, profere de imediato o despacho previsto no n.º 3[888].

impugnação, em quaisquer circunstâncias, determinaria sempre a procedência pura e simples da impugnação, estaríamos perante solução cuja constitucionalidade, em nosso entender, seria mais do que duvidosa". Ou seja, "como pode associar-se o efeito cominatório pleno à ausência de resposta a uma impugnação quando o teor desta se encontra antecipadamente contrariado pelos termos da própria reclamação? Como impor ao credor reclamante, para mais numa lógica de celeridade, que venha reiterar, em resposta à impugnação, aquilo que já antecipadamente invocou em sede de reclamação, assim consagrando como necessária a prática de um acto que só podemos qualificar de inútil?". Em consequência considerou o aresto que a falta de resposta à impugnação tem apenas um efeito cominatório semi-pleno.

[886] Apesar de o art. 135º utilizar a expressão "deve", da sua omissão não parece resultar qualquer consequência legal (cfr. art. 136º, nº 1).

[887] Para comparecerem pessoalmente, ou se fazerem representar por procuradores com poderes especiais para transigirem, no dia e hora a designar pelo juiz, mas que se deverá situar num dos dez dias após a apresentação pela comissão de credores do seu relatório, ou, na falta deste, após o decurso do prazo para a sua apresentação (art. 136º, nº 1).

[888] Inserida no reforço dos poderes do juiz, que inspirou a recente reforma legislativa, a Lei nº 16/2012, de 20 de abril, alterou o n.º 1 do art. 136.º e acrescentou o n.º 8, e conferiu ao juiz a possibilidade de decidir sobre a realização da tentativa de conciliação. Sobre o reforço dos poderes do juiz ao longo do processo de insolvência, veja-se o Parecer do Sindicato dos Magistrados do M.P. sobre o Anteprojeto de Alteração do CIRE, de 24 de novembro de 2011, p. 9.

Terminada a tentativa de conciliação, o processo é imediatamente concluso ao juiz para que pronuncie despacho, nos termos previstos nos arts. 595º e 596º do CPCivil (art. 136º, nº 3). No despacho saneador, o *juiz* deverá considerar *verificados* os seguintes créditos: os créditos que tenham sido aprovados por todos os presentes e nos precisos termos em que o forem (nº 2 do art. 136º); os créditos que possam ser considerados verificados, pelo próprio juiz, face aos elementos de prova contidos nos autos (nº 5 do art. 136º).

Quanto aos créditos considerados verificados pelo juiz, por qualquer uma destas vias, o despacho saneador tem o valor de sentença de graduação e verificação de créditos, por força do art. 136º, nº 6. No entanto, se, no momento da prolação do despacho saneador, algum crédito carecer de produção de prova, a graduação de *todos* os créditos apenas ocorrerá na sentença final, exceto se "o juiz considerar que as impugnações sob apreciação, dado o seu montante ou natureza, não impedem a prolação imediata, observando-se o disposto no n.º 1 do artigo 180.º"[889] (nº 7 do art. 136º).

2.3. Instrução

A *audiência de discussão e julgamento* deve ser marcada pelo juiz para um dos dez dias posteriores ao término da fase de saneamento ou ao término das diligências probatórias que eventualmente devam ocorrer antes da audiência (art. 138º)[890]. A audiência rege-se pelas normas do processo comum (arts. 599º-606º do CPCivil), com as particularidades previstas no art. 139º.

2.4. Julgamento

Terminada a audiência, o juiz profere a sentença de verificação e graduação dos créditos, dentro do prazo de dez dias (art. 140º, nº 1).

[889] Trata-se de uma novidade introduzida pela Reforma de 2017. Em consequência da remissão para o disposto no n.º 1 do art. 180.º, os créditos impugnados são, até à decisão final definitiva, e para efeitos de rateios, considerados condicionalmente verificados pelo montante máximo que lhes possa ser atribuído (ficando, no entretanto, depositadas as quantias que lhes sejam atribuídas pelos rateios).

[890] As diligências probatórias poderão ocorrer antes da própria audiência de discussão e julgamento, mas deverão estar concluídas dentro do prazo de 20 dias a contar do despacho que as tenha ordenado, e a prova nelas produzida aproveita a todos os interessados (art. 137º).

2.4.1. Sentença de verificação e graduação dos créditos[891]

Quando não houver impugnação da lista de credores reconhecidos, a sentença de verificação e graduação dos créditos é de imediato proferida e nela é homologada pelo juiz a lista de credores reconhecidos apresentada pelo administrador da insolvência[892] e nela são graduados[893] os créditos em atenção ao que conste dessa lista (art. 130º, nº 3).

Havendo impugnação da lista de credores reconhecidos, a sentença de verificação e graduação dos créditos poderá ser proferida logo no despacho saneador (que assim tem o valor e forma de sentença), de acordo com o art. 136º, nº 6.

Porém, se for necessário produzir alguma prova para verificação de algum dos créditos, a graduação de todos os créditos terá lugar apenas na sentença final (arts. 136º, nº 7, e 140º) a proferir dentro de um prazo de 10 dias após a audiência de julgamento (art. 140º, nº 1), a não ser que o juiz lance mão da faculdade atribuída pela parte final do art. 136.º, n.º 7. A sentença de

[891] Segundo o Ac. STJ, de 7-12-2012 (AZEVEDO RAMOS), "I – O art. 14.º, n.º 1, do CIRE, consagra um regime excepcional de recurso para o STJ que apenas se aplica no processo de insolvência e nos embargos opostos à sentença de declaração de insolvência, mas não em quaisquer outros dos seus apensos, como é o caso da sentença de graduação de créditos, proferida no apenso da reclamação de créditos. II – Assim sendo, é admissível interpor recurso de revista da sentença de graduação de créditos, no apenso de reclamação de créditos, à luz do art. 678.º, n.º 1, do CPC, não havendo necessidade de invocar oposição sobre a mesma questão fundamental de direito com outros acórdãos proferidos pelas Relações ou pelo STJ".

[892] De acordo com o Ac. STJ, de 25-11-2008 (SILVA SALAZAR), "I – Perante a lista de credores apresentada pelo administrador da insolvência, e mesmo que dela não haja impugnações, o Juiz não pode abster-se de verificar a conformidade substancial e formal dos títulos dos créditos constantes dessa lista, nem dos documentos e demais elementos de que disponha, com a inclusão, montante, ou qualificação desses créditos, a fim de evitar violação da lei substantiva (...)". Segundo o Ac. Rel. Lx., de 10-01-2012 (MARIA JOÃO AREIAS), "(...)II – O efeito cominatório funcionará em pleno quanto à existência, montante e natureza dos créditos, limitando-se o juiz a proceder à sua homologação, salvo o caso de erro manifesto. III – Quanto às garantias e privilégios de que gozem, para que o efeito cominatório funcione relativamente a estas, será necessário que os elementos de facto dos quais emergem constem da lista, sendo que, no caso de a respetiva constituição se encontrar dependente da verificação de requisitos *ad substantiam*, se não constarem do processo os elementos que permitam constatá-los deverá o tribunal determinar a sua junção aos autos (...)".

[893] De acordo com o Ac. Rel. Lx., de 10-01-2012 (MARIA JOÃO AREIAS), "IV – A decisão de graduação dos créditos é da exclusiva competência do juiz, no âmbito da qual lhe incumbirá proceder à qualificação jurídica dos direitos de crédito reconhecidos e aferir se as garantias referidas pelo administrador se mostram correctas".

verificação de créditos tem força de caso julgado material (art. 233.º, n.º 1, al. c))[894].

Em qualquer uma das quatro hipóteses apresentadas, a graduação dos créditos deve observar as seguintes regras[895]. Em primeiro lugar, a graduação é *geral*, para os bens da massa, e é *especial*, para os bens que se encontram onerados com direito real de garantia e privilégio creditório (art. 140º, nº 2). Em segundo lugar, o juiz não deve atender às preferências resultantes de *hipoteca judicial* ou de *penhora*, embora as custas pagas pelo autor ou pelo exequente constituam dívidas da massa insolvente (art. 140º, nº 3).

A graduação dos créditos feita em processo de insolvência deve respeitar a classificação dos créditos operada pelo direito material geral, em regra[896]. Ou seja, a classificação de um crédito sobre a insolvência como crédito garantido ou crédito privilegiado ou até crédito comum depende do respetivo regime geral aplicável fora do contexto de um processo de insolvência.

Porém, esta regra conhece alguns desvios. De facto, o Código da Insolvência contém duas categorias de créditos próprias do processo de insolvência, a saber: os créditos sobre a massa e os créditos subordinados[897]. Para além disso, o art. 97º procede à extinção de alguns privilégios creditórios e garantias reais.

[894] Segundo o Ac. STJ, de 12-12-2013 (Bettencourt de Faria), "existe caso julgado entre a decisão que, no processo de insolvência julgou reconhecido um crédito e a posterior acção declarativa em que se pede a declaração de nulidade do contrato em que se funda tal crédito".

[895] Estas regras são muito semelhantes ao regime estatuído no art. 200º, nºs 2 e 3 do CPEREF. A propósito desta disciplina pretérita, veja-se costa, Salvador, *O Concurso de Credores*, Almedina, Coimbra, 1998, pp. 328-331; fernandes, Luís A. Carvalho/labareda, João, *Código dos Processos Especiais de Recuperação da Empresa e de Falência Anotado* (3ª edição), Quid Juris Editora, Lisboa, 1999, pp. 484-485. Sobre a força de caso julgado da sentença depois do encerramento do processo de insolvência, cfr. Ac. Rel. Guim., de 13-06-2013 (Manso Raínho).

[896] No sentido de que o direito da insolvência é um direito eminentemente adjetivo, não interferindo em quase nada com as soluções que decorrem do direito material (à semelhança do direito da falência e da recuperação da empresa contido no CPEREF), veja-se cristas, Assunção, *Exoneração do Devedor pelo Passivo Restante, in:* "Themis – Revista da Faculdade de Direito da UNL, Edição Especial – *Novo Direito da Insolvência*", 2005, p. 166.

[897] "Ao qualificar como subordinados vários dos créditos em jogo, o legislador estará a alterar o Direito Privado português e não apenas as regras da sua aplicação." – duarte, Rui Pinto, *Classificação dos Créditos sobre a Massa Insolvente no Projecto de Código da Insolvência e Recuperação de Empresas, in:* "Código da Insolvência e da Recuperação de Empresas", Ministério da Justiça, Coimbra Editora, Coimbra, 2004, p. 56.

Por último, o art. 98º concede um privilégio creditório ao credor requerente da declaração de insolvência.

O art. 604º, nº 1, do CCivil[898] consagra um princípio geral em matéria de graduação dos créditos, na hipótese de o património do devedor não ser suficiente para satisfazer integralmente todos os credores: os credores têm o direito de ser pagos proporcionalmente pelo preço dos bens do devedor, salvo se existir uma causa legítima de preferência. Assim, há que distinguir duas hipóteses.

Caso não exista causa legítima de preferência, o produto da liquidação dos bens do devedor deverá ser repartido "irmamente" – *par conditio creditorum*.

Caso exista causa legítima de preferência, dever-se-á dar preferência ao respetivo credor (*credor preferente*), na satisfação do seu crédito, em detrimento dos restantes credores que não tenham uma causa legítima de preferência (*credores comuns*).

No nº 2 do art. 604º, a lei prevê um conjunto *exemplificativo* de causas de preferência: a consignação de rendimentos (regulada nos arts. 656º e ss do CCivil), o penhor (arts. 666º e ss do CCivil), a hipoteca (regulada nos arts. 686º e ss do CCivil), o privilégio (arts. 733º e ss do CCivil) e o direito de retenção (arts. 754º e ss do CCivil).

Constituem outras causas legítimas de preferência, que não estão enunciadas no nº 2 do art. 604º do CCivil, a separação de patrimónios (art. 601º do CCivil) e a penhora (art. 822º do CCivil).

Tendo em conta as causas de preferência afloradas pelo art. 604º do CCivil, por um lado, e criando duas categorias novas de créditos, por outro, o legislador do CIRE regula esta matéria nos arts. 46º e ss.

Deste modo, os créditos estão divididos em duas grandes categorias: de uma banda os "créditos sobre a massa insolvente" ou "créditos sobre a massa"[899] (art. 51º, nº 2 – titulados pelos credores da massa insolvente, aos quais correspondem as dívidas da massa insolvente), e, de outra banda,

[898] Sobre o art. 604º do CCivil, cfr. LIMA, Pires/VARELA, Antunes, *Código Civil Anotado* (vol. I, 4ª edição revista e aumentada, com a colaboração de M. Henrique Mesquita), Coimbra Editora, Coimbra, 1987, p. 620.

[899] Esta categoria é uma "criação" do Direito da insolvência, que constitui uma supra preferência, como vamos analisar *infra*.

os "créditos sobre a insolvência" (art. 47º, nºs 1 e 2 – titulados pelos credores da insolvência, aos quais correspondem as dívidas da insolvência).

Os *créditos sobre a insolvência* consistem, em regra, nos créditos cujo fundamento é anterior à data da declaração de insolvência (art. 47º, nº 1)[900].

Por seu turno, à categoria de créditos sobre a insolvência, são subsumidas as seguintes classes de créditos:

- os créditos garantidos, ou seja os créditos que beneficiem de garantias reais, incluindo os privilégios creditórios especiais (art. 47º, nº 4, al. a));
- os créditos privilegiados, isto é, os créditos que beneficiem de privilégios creditórios gerais sobre bens integrantes da massa insolvente (art. 47º, nº 4, al. a));
- os créditos comuns, ou seja, os créditos que não são garantidos, não são privilegiados e não são subordinados (art. 47º, nº 4, al. c));
- os créditos subordinados, ou seja, os créditos que são graduados depois de todos os restantes, mesmo depois dos créditos comuns (art. 47º, nº 4, al. b)).

2.4.2. Os créditos sobre a massa

Os créditos sobre a massa são pagos precipuamente, isto é, antes dos créditos sobre a insolvência (arts. 46º, nº 1, e 172º)[901]. Para além disso, beneficiam de algumas especificidades de ordem processual: assim (e designadamente), os respetivos titulares não têm que reclamá-los no apenso de verificação dos créditos (arts. 128º e ss)[902], a insuficiência da massa para o seu pagamento importa a aplicação do disposto nos arts. 39º ou 232º, consoante os casos, o seu pagamento tem lugar na data do seu vencimento, qualquer que seja o estado

[900] Por força do nº 3 do art. 47º, "são equiparados aos titulares de créditos sobre a insolvência à data da declaração da insolvência aqueles que mostrem tê-los adquirido no decorrer do processo".

[901] À luz do CPEREF (art. 208º, nº 3), existiam já créditos de pagamento precípuo. No entanto, o CIRE preocupou-se com a sua classificação formal (ponto 21 do preâmbulo). Os créditos precípuos não são uma categoria exclusiva do CIRE. A propósito da pré-dedução ou precipuidade, veja-se, em geral, PIRES, Miguel Lucas, *Dos Privilégios Creditórios: Regime Jurídico e sua Influência no Concurso de Credores*, Almedina, Coimbra, 2004, pp. 135 e ss.

[902] Neste sentido, veja-se o Ac. Rel. Po., de 17-02-2014 (CORREIA PINTO).

do processo (art. 172º, nº 3)[903]. As ações (incluindo as executivas) relativas às dívidas da massa insolvente correm por apenso ao processo de insolvência, exceto as execuções por dívidas de natureza tributária[904] (art. 89.º, n.º 2)

O art. 51º contém um elenco de créditos sobre a massa, não exaustivo e supletivo.

Trata-se de um elenco *não exaustivo*, pois o próprio preceito, no proémio do nº 1, utiliza a expressão "além de outras como tal qualificadas". Constituem exemplo de créditos sobre a massa não elencados no art. 51º, o direito a alimentos (art. 84º, nº 1), o crédito resultante da perda de posse de bem alheio após a sua apreensão para a massa (art. 142º, nº 2, *in fine*), o crédito por custas judiciais previsto no nº 3 do art. 140º.

Por outro lado, é um elenco *supletivo*, uma vez que a lei utiliza (no proémio do nº 1 do preceito em estudo) a expressão "salvo preceito expresso em contrário". Veja-se, por exemplo, o art. 126º, nº 5, o qual em derrogação do regime do art. 51º, nº 1, al. i), prescreve que a obrigação de restituição, resultante da resolução de um ato em benefício da massa insolvente, constitui uma dívida da massa, na medida do respetivo enriquecimento à data da declaração de insolvência, e dívida da insolvência, quanto ao eventual remanescente.

De acordo com o art. 51º, nº 1, são dívidas da massa:

- as custas do processo de insolvência (al. a))[905];
- as remunerações e despesas do administrador da insolvência e as despesas dos membros da comissão de credores (al. b))[906];

[903] Os créditos sobre a insolvência, pelo contrário, vencem-se de imediato com a declaração de insolvência (art. 91º, nº 1).

[904] Segundo o Ac. Rel. Po., de 18-06-2009 (Maria Catarina), "os créditos sobre a massa insolvente – se não forem pagos, na data do vencimento, em conformidade com o disposto no art. 172º, nº 3, do CIRE – terão que ser reclamados em acção própria (declarativa ou executiva) que corre por apenso ao processo de insolvência, nos termos do art. 89º, nº2, do mesmo diploma", para a qual é competente o tribunal onde corre o processo de insolvência.

[905] A corroborar esta ideia, veja-se o regime da insuficiência da massa insolvente (previsto nos arts. 39º e 232º). Sobre a execução por custas emergente de processo de insolvência cfr. Ac. Rel. Guim., de 13-06-2013 (Carvalho Guerra).

[906] Quanto à remuneração e ao reembolso das despesas do administrador, veja-se o art. 60º; quanto às despesas da comissão de credores, o art. 71º. A remuneração do administrador judicial provisório, assim como as despesas em que ele incorra no exercício das suas funções são expressamente consideradas pela lei como componentes da categoria custas do processo

- as dívidas resultantes dos atos de administração, liquidação e partilha da massa insolvente (al. c)) e as dívidas emergentes da atuação do administrador da insolvência no exercício das suas funções (al. d))[907];
- quaisquer dívidas que resultem de contrato bilateral cujo cumprimento não possa ser recusado pelo administrador da insolvência, exceto no que diga respeito ao período anterior à declaração de insolvência (al. e));
- quaisquer dívidas emergentes de contrato bilateral cujo cumprimento não seja recusado pelo administrador da insolvência, salvo na medida correspondente à contraprestação já realizada pela outra parte antes da declaração de insolvência ou em que se reporte a período anterior a essa declaração (al. f));
- quaisquer dívidas emergentes de contrato que tenha por objeto uma prestação duradoura, na medida correspondente à contraprestação já realizada pela outra parte e cujo cumprimento tenha sido exigido pelo administrador judicial provisório (al. g));
- as dívidas resultantes de atos praticados pelo administrador judicial provisório no exercício dos seus poderes (al. h))[908];
- as dívidas que tenham por fonte o enriquecimento sem causa da massa insolvente (al. i))[909];

(art. 32º, nº 3) e, por isso, subsumíveis na al. a) do art. 51º. Assim, por todos, FERNANDES, Luís A. Carvalho/LABAREDA, João, *Código da Insolvência e da Recuperação de Empresas Anotado*, 3ª edição, Quid Juris Editora, Lisboa, 2015, pp. 308 e 309, nota 4.

[907] A Doutrina tem considerado que as dívidas da massa previstas nas alíneas c) e d) (assim como as que estão previstas na al. h)), podem ser prejudiciais para os interesses dos credores, uma vez que, na hipótese de a massa integrar uma empresa, a dimensão das dívidas laborais, fiscais, bancárias, de fornecimento, à segurança social, entre outras, que surjam depois da declaração de insolvência pode ser tal que, para os credores da insolvência, a solução mais favorável seja o encerramento da empresa. Contrariamente, quanto ao processo de falência, o CPEREF apenas atribuía prioridade às custas do processo, sendo omisso quanto aos restantes encargos da massa falida, os quais, por isso, não tinham caráter precípuo. Já relativamente ao processo de recuperação, o CPEREF admitia os privilégios creditórios convencionais desde que o interesse dos credores já existentes fosse acautelado (art. 65º, nº 1, do CPEREF). Assim, FERNANDES, Luís A. Carvalho/LABAREDA, João, *Código da Insolvência e da Recuperação de Empresas Anotado*, 3ª edição, Quid Juris Editora, Lisboa, 2015, p. 309, nota 5.

[908] Cfr., quanto aos poderes do administrador judicial provisório, o art. 33º.

[909] Veja-se, por exemplo, o art. 81º, nº 6, o art. 126º, nº 6.

- a obrigação de prestar alimentos respeitante ao período posterior à data da declaração de insolvência, nas condições do art. 93º (al. j))[910].

2.4.3. Os créditos sobre a insolvência

2.4.3.1. Os créditos garantidos

Os créditos garantidos são créditos sobre a insolvência que beneficiam de garantias reais, incluindo os privilégios creditórios especiais, sobre os bens integrantes da massa insolvente, até ao montante do valor dos bens objeto das garantias ou privilégios (art. 47º, nº 4, al. a))[911].

A doutrina tem incluído na categoria de créditos garantidos os créditos que beneficiam de garantia real incidente sobre os bens integrantes da massa insolvente, seja o devedor o insolvente, ou seja o devedor um terceiro[912].

As *garantias reais* conferem ao credor garantido "o direito de se fazer pagar, de preferência a quaisquer outros credores, pelo valor ou pelos rendimentos de certos bens do próprio devedor ou de terceiro, ainda que esses bens venham a ser posteriormente transferidos"[913]. As garantias reais podem ter a sua fonte na lei ou na vontade das partes. Constituem exemplo das primeiras, as hipotecas legais (art. 704º do CCivil), os privilégios creditórios

[910] O crédito por alimentos respeitante ao período posterior à declaração de insolvência só assumirá a natureza de crédito sobre a massa desde que se verifiquem as condições apertadas do art. 93º: impossibilidade de exigir de qualquer um dos sujeitos passivos elencados no art. 2009º do CCivil (veja-se, a confirmar esta ideia, o nº 3 do art. 2009º do CCivil), e fixação do respetivo montante igualmente pelo juiz. Segundo o Ac. Rel. Co., de 24-03-2015 (Jorge Arcanjo), "deve ser fixada e mantida pensão de alimentos devidos a menor ainda que o progenitor, a ela obrigado, se encontre desempregado e insolvente".

[911] Deste modo, o legislador do CIRE optou expressamente pela tese dominante na doutrina que defende a natureza de garantia real dos privilégios especiais. Neste sentido, FERNANDES, Luís A. Carvalho/LABAREDA, João, *Código da Insolvência e da Recuperação de Empresas Anotado*, 3ª edição, Quid Juris Editora, Lisboa, 2015, p. 294, nota 4. Considerando que os privilégios imobiliários gerais estão sujeitos ao disposto no art. 749.º do CCivil, MARTINS, Alexandre de Soveral, Um Curso de Direito da Insolvência, 2ª edição revista e atualizada, Almedina, Coimbra, 2016, p. 307.

[912] Neste sentido, FERNANDES, Luís A. Carvalho/LABAREDA, João, *Código da Insolvência e da Recuperação de Empresas Anotado*, 3ª edição, Quid Juris Editora, Lisboa, 2015, p. 295, nota 5.

[913] Assim, COSTA, M. J. Almeida, *Direito das Obrigações*, 8ª edição, Almedina, Coimbra, 2000, p. 811.

especiais (designadamente, arts. 738º e ss do CCivil, art. 333.º, n.º 1, al. b) do CTrabalho[914]) e o direito de retenção (arts. 754º e ss do CCivil); são exemplo das segundas a consignação de rendimentos judicial ou voluntária (arts. 656º e ss do CCivil), o penhor (arts. 666º e ss do CCivil), a hipoteca judicial[915] (art. 710º do CCivil) ou voluntária (art. 712º do CCivil), a penhora[916] (art. 822º do CCivil) e o arresto (arts. 391º e ss do CPCivil).

Por sua vez, as *garantias pessoais* são garantias através das quais "terceiros garantem com os seus patrimónios dívidas alheias"[917]. São exemplos de garantias pessoais, a fiança[918], a subfiança, o mandato de crédito, no Direito Civil, e, no Direito Mercantil, o aval, a garantia autónoma, a carta de conforto.

Os *privilégios creditórios* encontram-se, designadamente, previstos nos arts. 733º e ss do CCivil. Existem duas espécies de privilégios creditórios: os privilégios creditórios mobiliários, por um lado, e os privilégios creditórios imobiliários, por outro. Por seu turno, os privilégios mobiliários podem ser

[914] Que consagra um privilégio imobiliário especial sobre bem imóvel do empregador no qual o trabalhador presta a sua atividade. Sobre o ónus de alegação e prova, por parte do trabalhador, de que prestava a sua atividade no imóvel (ou imóveis) apreendido(s) para a massa insolvente, veja-se o Ac. Rel. Po., de 19-01-2012 (Leonel Serôdio). O art. 377.º, n.º 1, al. b), do Código de Trabalho de 2003, estabelecia no seu art. 377.º, n.º 1, al. b) que os créditos emergentes do contrato de trabalho e da sua violação ou cessação, pertencentes ao trabalhador, gozam de privilégio imobiliário especial sobre os bens imóveis do empregador nos quais o trabalhador preste a sua atividade. A este propósito, foi proferido o AUJ n.º 8/2016 (publicado no Diário da República n.º 74/2016, 1ª série, de 15 de abril de 2016, pp. 1284-1360) segundo o qual "os imóveis construídos por empresa de construção civil, destinados a comercialização, estão excluídos da garantia do privilégio imobiliário especial previsto no art. 377º, nº 1, al. b), do Código do Trabalho de 2003". Sobre o privilégio creditório especial dos titulares de obrigações hipotecárias (art. 3.º, n.º 1, do D.L. n.º 59/2006, de 20 de março), cfr. Martins, Alexandre de Soveral, *Um Curso de Direito da Insolvência*, 2ª edição revista e atualizada, Almedina, Coimbra, 2016, pp. 308 e 309.

[915] No entanto, a hipoteca judicial não é atendida pelo juiz, para efeitos de graduação dos créditos, por força do art. 140º, nº 3.

[916] Por força do art. 140º, nº 3, a preferência resultante da penhora não é atendida para efeitos de graduação dos créditos em processo de insolvência.

[917] Cfr. Costa, M. J. Almeida, *Direito das Obrigações*, 8ª edição, Almedina, Coimbra, 2000, pp. 814-815.

[918] Segundo o Ac. Rel. Guim., de 31-03-2016 (Fernando Fernandes Freitas), "declarada a insolvência do devedor principal não se extingue a obrigação do fiador, que fica sub-rogado nos direitos do credor, beneficiário da fiança, na exacta medida em que os satisfez, como decorre do art.º 644.º do C.C., o que poderá fazer valer no processo de insolvência".

gerais ou especiais (art. 735º, nº 2, do CCivil); já os privilégios imobiliários são "tendencialmente"[919] especiais (art. 735º, nº 3, do CCivil)[920].

Assim, a referência expressa do legislador, no art. 47º, nº 4, al. a), do CIRE, aos privilégios creditórios especiais, parece abranger, simultaneamente, os privilégios mobiliários especiais e os privilégios imobiliários.

Porém, por força do art. 97º[921] há um conjunto de garantias e de privilégios acessórios de créditos do Estado, das autarquias locais e das instituições de segurança social (entre outros credores) que se *extinguem* com a declaração de insolvência[922].

Desde logo, os privilégios creditórios gerais e especiais acessórios de créditos sobre a insolvência titulados pelo Estado, pelas autarquias locais e pela segurança social e que se tenham constituído ou vencido, respetivamente, mais de doze meses antes do início do processo de insolvência (art. 97º, nº 1, als. a) e b))[923_924]. Repare-se que se, para os privilégios especiais releva o

[919] O legislador, no art. 735º, nº 3, do CCivil (na redação introduzida pelo Decreto-Lei nº 38/2003, de 8 de março), caracteriza os privilégios imobiliários previstos no Código Civil como sendo especiais. Existem alguns diplomas legais que consagram a figura do privilégio imobiliário geral. Quanto a esta questão, cfr., por todos, COSTA, M. J. Almeida, *Direito das Obrigações*, 12ª edição, Almedina, Coimbra, 2009, pp. 962 e ss., nota 4.

[920] No sentido de que o privilégio imobiliário especial previsto no art. 333º do CT abrange os imóveis integrantes da massa insolvente "que estavam afectos à actividade empresarial da insolvente, independentemente de uma qualquer conexão específica ou imediata entre o imóvel e a concreta actividade laboral de cada um dos trabalhadores reclamantes", veja-se o Ac. Rel. Co., de 12-06-2012 (JAIME CARLOS FERREIRA).

[921] Esta solução encontra-se legitimada pelo art. 749º, nº 2, do CCivil (o qual, embora referente a privilégios gerais, é igualmente aplicável aos privilégios especiais), na redação introduzida pelo D.L. nº 38/2003, de 8 de março.

[922] Esta solução legal tem o seu antecedente histórico no art. 152º do CPEREF (o qual no entanto sofreu uma atenuação com o D.L. nº 315/98, de 20 de outubro), cujo preâmbulo chegou mesmo a considerar "a novidade de maior tomo de todo o diploma, pelo poderoso estímulo que pode trazer para o auxílio eficaz às empresas devedoras em situação difícil, mas realmente viáveis". Também o preâmbulo do próprio CIRE reconhece no seu ponto 14 que o novo regime do art. 97º "visa constituir um estímulo para que essas entidades não deixem correr demasiado tempo desde o incumprimento por parte do devedor".

[923] A doutrina tem separado dois momentos processuais distintos. Por um lado, os créditos que se constituam antes da declaração de insolvência, mas depois da propositura da ação, que são considerados créditos da insolvência e, por isso, estão sujeitos ao regime do art. 97º (com fundamento nos arts. 47º, nºs 1 e 2, e 51º, *maxime* nº 1, als. c) e d)). Por outro lado, quanto aos créditos que se constituam depois da declaração de insolvência, uma vez que já são créditos sobre a massa, os respetivos privilégios ou garantias não ficam afetados. Assim, FERNANDES,

momento do seu vencimento (art. 97º, nº 1, al. b)), para os privilégios gerais (art. 97º, nº 1, al. a)) já interessa o momento da constituição do crédito.

Em segundo lugar, as hipotecas legais acessórias de créditos sobre a insolvência que sejam titulados pelo Estado, pelas autarquias locais e pelas instituições de segurança social, cujo registo tenha sido pedido dentro dos dois meses anteriores à data do início do processo de insolvência (nº 1, al. c), do art. 97º). A doutrina tem defendido que, se o registo houver sido solicitado antes desse período temporal, então a hipoteca manter-se-á intocável, podendo o respetivo credor fazê-la valer no processo de insolvência, mesmo que o seu vencimento tenha ocorrido há mais de 12 meses[925].

Em terceiro lugar, por força da al. d) do nº 1 do art. 97º, também se extinguem com a declaração de insolvência as garantias reais acessórias de créditos sobre a insolvência (titulados por qualquer credor), que incidam sobre bens imóveis ou móveis sujeitos a registo que pertençam à massa insolvente, já constituídas, mas ainda não registadas nem objeto de pedido de registo (desde que não sejam independentes de registo)[926].

Por último, a declaração de insolvência também determina a extinção das garantais reais que incidam sobre bens pertencentes à massa insolvente, quando sejam acessórias de créditos subordinados (al. e) do nº 1 do art. 97º).

Luís A. Carvalho/LABAREDA, João, *Código da Insolvência e da Recuperação de Empresas Anotado*, 3ª edição, Quid Juris Editora, Lisboa, 2015, p. 449, nota 5; CASTRO, Gonçalo Andrade e, *Efeitos da Declaração de Insolvência sobre os Créditos*, *in:* "Direito e Justiça", vol. XIX, tomo II, 2005, p. 274.

924 De acordo com o Ac. STJ de 1-07-2008 (SOUSA LEITE), "a doutrina decorrente do AUJ nº 1/2001, de 28/11/2000, é extensível, e mantém a sua plena vigência, no âmbito do art. 97º, nº 1, al. a), do Código da Insolvência e da Recuperação de Empresas (CIRE), aprovado pelo DL nº 53/2004, de 18/03, mantendo-se o privilégio mobiliário geral do crédito do Instituto de Emprego e Formação Profissional, constante do art. 7º, al. a), do DL. nº 437/78, de 28-12". E, segundo o Ac. Rel. Év., de 12-10-2006 (BERNARDO DOMINGOS),"o Instituto do Emprego e Formação Profissional não se inclui no conceito de Estado e, consequentemente, a extinção de privilégios creditórios operada pelo CPEREF e CIRE quanto às dívidas ao Estado não é aplicável ao I.E.F.P.". CARVALHO FERNANDES e JOÃO LABAREDA têm entendido que no conceito de Estado para efeitos do art. 97º, não podem incluir-se as entidades dotadas de personalidade jurídica própria: *Código da Insolvência e da Recuperação de Empresas Anotado*, 3ª edição, Quid Juris Editora, Lisboa, 2015, pp. 449-450, nota 6.

925 Assim, CASTRO, Gonçalo Andrade e, *Efeitos da Declaração de Insolvência sobre os Créditos*, *in:* "Direito e Justiça", vol. XIX, tomo II, 2005, p. 275.

926 Repare-se que, ao contrário das alíneas antecedentes, a lei não estabelece aqui qualquer limitação temporal para além da data da declaração de insolvência.

2.4.3.2. Os créditos privilegiados

Para efeitos de qualificação de um crédito como privilegiado, o art. 47º, nº 4, al. a) restringe o seu enquadramento exclusivamente aos privilégios creditórios gerais sobre bens que integram a massa insolvente. Os privilégios creditórios gerais podem ser mobiliários ou imobiliários.

Os privilégios creditórios mobiliários gerais "abrangem o valor de todos os bens móveis existentes no património do devedor à data da penhora ou de acto equivalente" (art. 735º, nº 2, do CCivil).

Gozam de privilégio mobiliário geral, designadamente, o Estado e as Autarquias Locais por certos créditos (art. 736º do CCivil), os créditos por despesas de funeral do devedor, por despesas com doença do devedor, por despesas indispensáveis ao sustento do devedor, os créditos do trabalhador resultantes do contrato de trabalho, da sua violação ou da sua cessação (art. 737º do CCivil), os créditos não subordinados do credor requerente da declaração de insolvência (no montante de 500 UC, nos termos do art. 98º do CIRE).

Estão também legalmente consagrados privilégios imobiliários gerais, designadamente o privilégio das instituições de segurança social, consagrado no art. 2º do D.L. nº 512/76, de 3 de julho, e no art. 11º do D.L. nº 103/80, de 9 de maio[927].

2.4.3.3. Os créditos comuns

Os créditos comuns constituem uma classe residual onde se subsumem todos os créditos que não integram nenhuma das restantes classes de créditos sobre a insolvência (garantidos, privilegiados ou subordinados) (segundo a al. c) do nº 4 do art. 47º, são os demais créditos).

Assim, desde logo, incluem-se aqui os créditos sobre a insolvência que não beneficiam de qualquer garantia ou privilégio, mas também aqueles créditos cujas garantias ou privilégios se extinguiram com a declaração de insolvência (art. 97º), bem como os créditos cuja garantia não possa ser atendida no processo de insolvência (art. 140º, nº 3).

[927] Estes preceitos foram já considerados inconstitucionais com força obrigatória geral pelo Acórdão do TC nº 363/02 (TAVARES DA COSTA), de 17 de setembro de 2002, in http://www.tribunalconstitucional.pt.

Para além disso, os créditos que beneficiem de uma garantia pessoal (por exemplo, uma fiança, um aval[928]), não podem deixar de ser considerados comuns, muito embora sujeitos à aplicação do preceituado no art. 179º[929].

2.4.3.4. Os créditos subordinados

Os créditos subordinados constituem uma classe nova de créditos sobre a insolvência (inspirada noutros modelos legislativos, tais como o alemão, o espanhol e o norte-americano[930]), cujo pagamento só tem lugar depois de integralmente satisfeitos os créditos comuns (art. 177º, nº 1)[931].

São subordinados os créditos que se encontram elencados na lei, no art. 48º, exceto se beneficiarem de hipoteca legal, privilégio creditório, geral ou especial, que não se extingam por efeito da declaração de insolvência (art. 47º, nº 4, al. b))[932_933].

Como afirma RUI PINTO DUARTE, o objetivo desta categoria de créditos consistiu na necessidade de distinguir negativamente certos créditos, "em razão dos seus titulares ou em razão das suas caraterísticas objectivas"[934].

O art. 48.º tem suscitado dúvidas na Doutrina quanto ao caráter taxativo ou meramente exemplificativo da sua enumeração. A primeira tese é defendida por CARVALHO FERNANDES e JOÃO LABAREDA, com fundamento, não só, no argumento literal do preceito, mas também, em razões de segurança jurídica,

[928] Assim, também, CUNHA, Carolina, *Aval e Insolvência,* Almedina, Coimbra, 2017, p. 28. Incompreensivelmente, na jurisprudência, qualificando estes créditos como crédito privilegiados, Ac. Rel. Guim., de 24-04-2012 (JOSÉ MANUEL ARAÚJO DE BARROS) e, como créditos garantidos, o Ac. STJ, de 30-10-2014 (SILVA GONÇALVES).

[929] Por todos, LEITÃO, Luís M. T. de Menezes, *Direito da Insolvência,* 8ª edição, Almedina, Coimbra, 2018, p. 107.

[930] Cfr., a este propósito, o ponto 25 do Preâmbulo.

[931] Encontra-se, deste modo, sujeita a um regime de desfavor, pois a sua satisfação é altamente improvável – assim, CASTRO, Gonçalo Andrade e, *Efeitos da Declaração de Insolvência sobre os Créditos, in:* "Direito e Justiça", vol. XIX, tomo II, 2005, p. 270.

[932] O art. 97º contém um elenco dos privilégios creditórios e das garantias reais que se extinguem com a declaração de insolvência.

[933] Entendendo que um crédito privilegiado não pode ser subordinado, pois "o seu privilégio já define uma relação credor/devedor que afasta ou, pelo menos, desconsidera um eventual «relacionamento especial»",veja-se o Ac. Rel. Po., de 29-04-2013 (JOSÉ EUSÉBIO ALMEIDA).

[934] *Classificação dos Créditos sobre a Massa Insolvente no Projecto de Código da Insolvência e Recuperação de Empresas, in:* "Código da Insolvência e da Recuperação de Empresas", Ministério da Justiça, Coimbra Editora, Coimbra, 2004, pp. 55 e 56.

uma vez que se trata de créditos com um especial regime de desfavor[935]. A segunda tese é defendida por MENEZES LEITÃO, para quem o elenco legal é uma mera concretização do conceito vago e indeterminado referido no preceito[936].

2.4.3.4.1. As pessoas especialmente relacionadas com o devedor

De acordo com o art. 48º, consideram-se subordinados, em primeiro lugar, os créditos de que sejam titulares as pessoas especialmente relacionadas com o devedor, desde que essa relação já existisse à data da aquisição do crédito[937], assim como os créditos titulados por aquelas pessoas a quem os créditos tenham sido transmitidos nos dois anos anteriores ao início do processo de insolvência (al. a))[938].

[935] *Código da Insolvência e da Recuperação de Empresas Anotado*, Quid Juris Editora, Lisboa, 2015, p. 297. E, também, PRATA, Ana/ CARVALHO, Jorge Morais/ SIMÕES, Rui, *Código da Insolvência e da Recuperação de Empresas Anotado*, Almedina, Coimbra, 2013, p. 165; MARTINS, Alexandre de Soveral, *Um Curso de Direito da Insolvência*, 2ª edição revista e atualizada, Almedina, Coimbra, 2016, p. 283.

[936] *Código da Insolvência e da Recuperação de Empresas Anotado*, 9ª edição, Almedina, Coimbra, 2017, pp. 134 e 135, nota 2. No mesmo sentido, também, JÚLIO GOMES, para quem, de outro modo, se criariam situações de grave injustiça e desigualdade, ao excluir do âmbito de aplicação da norma, por exemplo, um padrasto e um enteado, um consultor fiscal ou um contabilista – *Nótula sobre a Resolução em Benefício da Massa Insolvente, in:* "IV Congresso de Direito da Insolvência", Almedina, Coimbra, 2017, p. 116.

[937] Segundo o Ac. STJ, de 6-12-2016 (JOSÉ RAÍNHO), "III – o conjunto normativo formado pelos art.ºs 48º, alínea *a)*, 1ª parte, e 49º, alínea *b)* do CIRE deve ser interpretado restritivamente, de modo a abranger na sua previsão apenas os casos em que se possa estabelecer lógica e razoavelmente um nexo temporal que coenvolva ou comprometa a razão de ser da norma (a pressuposta superioridade informativa do credor sobre a situação do devedor) com a condição insolvencial do devedor. IV. Não tem aplicação tal conjunto normativo quando se mostra que a constituição do crédito está tão afastada no tempo do início do processo de insolvência que, dentro da normalidade das coisas, se trata de dois acontecimentos totalmente independentes, isto é, sem qualquer correlação, afinidade ou implicação entre si. V. É o que se passa quando o crédito foi constituído cerca de 12 anos antes do início do processo de insolvência, inclusivamente em momento em que a figura dos créditos subordinados ainda não existia legalmente". Em sentido contrário, vide o Ac. Rel. Po., de 6-03-2018 (VIEIRA E CUNHA).

[938] Criticando a ausência de exigência da consciência de estar a adquirir um crédito suspeito, veja-se DUARTE, Rui Pinto, *Classificação dos Créditos sobre a Massa Insolvente no Projecto de Código da Insolvência e Recuperação de Empresas, in:* "Código da Insolvência e da Recuperação de Empresas", Ministério da Justiça, Coimbra Editora, Coimbra, 2004, p. 58. Restringindo este limite temporal aos créditos transmitidos por pessoa especialmente relacionada, cfr. Ac. Rel. Po., de 6-03-2018 (VIEIRA E CUNHA).

De acordo com o art. 49º, nº 1, consideram-se especialmente relacionados com o devedor *pessoa singular*:

- o seu cônjuge e as pessoas de quem se tenha divorciado nos dois anos anteriores ao início do processo de insolvência (al. a));
- os ascendentes, descendentes[939], ou irmãos do devedor (al. b));
- os ascendentes, descendentes, ou irmãos do cônjuge do devedor ou de pessoa de quem se tenha divorciado nos dois anos anteriores ao início do processo de insolvência (als. b) e a));
- os cônjuges dos ascendentes, descendentes ou irmãos do devedor (al. c));
- as pessoas que tenham vivido habitualmente com o devedor em economia comum em período situado dentro dos dois anos anteriores ao início do processo de insolvência (al. d)).

De acordo com o art. 49º, nº 2, são havidos como especialmente relacionados com o devedor *pessoa coletiva*:

- os sócios, associados ou membros que respondam legalmente pelas suas dívidas e as pessoas que tenham tido esse estatuto nos dois anos anteriores ao início do processo de insolvência (al. a));
- as pessoas que tenham estado com a sociedade insolvente em relação de domínio ou de grupo, nos termos do art. 21º do CVM, em período situado nos dois anos anteriores ao início do processo de insolvência (al. b))[940];

[939] A referência generalizada a descendente e ascendente parece abranger qualquer grau da linha reta desta relação de parentesco. Veja-se, a este propósito, o art. 1582º do CCivil.

[940] De acordo com o Ac. Rel. Lx. de 29-05-2008 (JORGE LEAL), "existe uma tal relação de domínio quando a sociedade credora e a insolvente têm um sócio comum, que em ambas as sociedades exerce a sua gerência efectiva". Qualificando como subordinados os créditos emergentes de empréstimos intragrupo com base em *cash pooling*, veja-se CUNHA, Paulo Olavo, *Os Empréstimos Intragrupo no Contexto da Insolvência: em especial o* cash pooling, *in:* "III Congresso de Direito da Insolvência", Almedina, Coimbra, 2015, p. 358.

- os administradores, de direito ou de facto[941], do devedor e aqueles que o tenham sido em algum momento situado nos dois anos anteriores ao início do processo de insolvência (al. c));
- as pessoas relacionadas com alguma das referidas no nº 2 do art. 49º, por qualquer uma das ligações elencadas no nº 1 do art. 49º (al. d))[942].

Tratando-se de insolvência de um *património autónomo* são havidos como pessoas especialmente relacionadas os seus titulares e administradores, assim como as pessoas que lhes estejam ligadas por alguma das relações estabelecidas nos n°s 1 e 2 do art. 49º (art. 49º, nº 3); e, tratando-se de *herança jacente*, são ainda consideradas especialmente relacionadas com o devedor as pessoas ligadas ao autor da sucessão por alguma das formas previstas no nº 1 do art. 49º no momento da abertura da sucessão ou nos dois anos anteriores (art. 49º, nº 3).

A filosofia subjacente à classificação destes créditos como subordinados deveu-se à "situação de superioridade informativa sobre a situação do devedor, relativamente aos demais credores", por um lado, e, por outro, ao aproveitamento dessas relações especiais feito pelo próprio devedor para frustrar as finalidades do processo de insolvência, à semelhança aliás de outros mecanismos previstos no CIRE, tais como a resolução de atos em benefício da massa insolvente[943].

[941] Sobre o conceito de administrador de facto subsumível nesta alínea, veja-se o Ac. Rel. Co., de 21-04-2015 (Henrique Antunes).

[942] Segundo o AUJ nº 15/2014 (Salvador Casanova), publicado no D.R., I série, de 22 de dezembro de 2014, pp. 6186 e ss: "nos termos e para os efeitos dos arts. 120.º, n.º 4, e 49.º, n.ºs 1 e 2, als. c) e d), do CIRE, presume-se que age de má fé a sociedade anónima que adquire bens a sociedade por quotas declarada insolvente, sendo de considerar o sócio-gerente desta e o seu filho, interveniente no negócio de aquisição como representante daquela, pessoas especialmente relacionadas com a insolvente". Segundo o Ac. Rel. Co., de 10-07-2013 (Falcão de Magalhães), "sendo os sócios da ora insolvente (as duas últimas com funções de gerência) aquando da execução do penhor e consequente sub-rogação nos direitos do credor Banco também herdeiros da falecida M..., sua mãe, tal facto não configura qualquer uma das situações do CIRE que determinariam a classificação de tal crédito como subordinado, sendo certo, que, não só, por um lado, há que ter em conta que a herança indivisa é realidade jurídica bem distinta da dos respectivos herdeiros, como, por outro, o direito destes últimos não recai sobre qualquer bem ou direito específico que integre o património hereditário, mas tão-só sobre uma parte ideal da herança".

[943] Cfr. ponto 25 do Preâmbulo.

A propósito do art. 49º, a doutrina tem suscitado duas questões fundamentais. Desde logo, e em primeiro lugar, se a enumeração do elenco tem caráter *taxativo* ou meramente *exemplificativo*. Alguns autores defendem o caráter taxativo, com fundamento na imperatividade da norma, afastando assim a possibilidade da sua aplicação a outros casos que não os previstos na lei[944]. Para outro setor da doutrina, a enumeração do art. 49º é meramente exemplificativa, sendo aplicável a outras situações em que exista uma relação especial (p.ex., a aplicação da al. a) do art. 48º aos créditos detidos por um sobrinho do devedor)[945].

Depois, e em segundo lugar, se os factos elencados constituem presunções *iuris tantum* ou presunções *iuris et de iure* da existência de uma relação especial com o devedor. A doutrina tem, maioritariamente, defendido o caráter inilidível das presunções estabelecidas pelo art. 49º[946]. Assim, o mero preenchimento de qualquer uma das alíneas conduz inelutavelmente à constatação da existência de uma especial relação, que não pode ser afastada com a alegação da boa fé da pessoa especialmente relacionada com o devedor. Esta solução fundou-se na suspeição que estes créditos suscitam, procurando-se, como afirma o ponto 25 do Preâmbulo, o "combate a uma fonte frequente de frustração das finalidades do processo de insolvência, qual seja a de aproveitamento,

[944] Assim, FERNANDES, Luís A. Carvalho/LABAREDA, João, *Código da Insolvência e da Recuperação de Empresas Anotado*, 3ª edição, Quid Juris Editora, Lisboa, 2015, pp. 301-302, nota 2; MARTINS, Alexandre de Soveral, *Um Curso de Direito da Insolvência*, 2ª edição revista e atualizada, Almedina, Coimbra, 2016, pp. 219 e 283.

[945] Assim, LEITÃO, Luís M. T. de Menezes, *Direito da Insolvência*, 8ª edição, Almedina, Coimbra, 2018, p. 109 e 110; Gomes, Júlio, *Nótula sobre a Resolução em Benefício da Massa Insolvente, in:* "IV Congresso de Direito da Insolvência", Almedina, Coimbra, 2017, pp. 115 e 116. Na jurisprudência, veja-se o Ac. Rel. Co. de 25-01-2011 (PEDRO MARTINS) e o Ac. STJ de 1-07-2014 (ANA PAULA BOULAROT)

[946] Assim, FERNANDES, Luís A. Carvalho/LABAREDA, João, *Código da Insolvência e da Recuperação de Empresas Anotado*, 3ª edição, Quid Juris Editora, Lisboa, 2015, p. 232; LEITÃO, Luís M. T. de Menezes, *Código da Insolvência e da Recuperação de Empresas Anotado*, 9ª edição, Almedina, Coimbra, 2017, p. 133, nota 3. Na jurisprudência, veja-se o Ac. STJ, de 6-12-2016 (JOSÉ RAÍNHO). Já segundo ANA PERESTRELO DE OLIVEIRA, "não vemos razões para não ser conferida aos credores a possibilidade de provarem que, não obstante a sua qualificação como pessoas especialmente relacionadas com o insolvente, as operações com este praticadas não sao susceptíveis de lesar os outros credores, com os quais se encontram, afinal, em posição de igualdade" – *A Insolvência nos Grupos de Sociedades: Notas Sobre a Consolidação Patrimonial e a Subordinação de Créditos Intragrupo, in* "Revista de Direito das Sociedades", ano I, 2009, n.º 4, p. 1023.

por parte do devedor, de relações orgânicas ou de grupo, de parentesco (...) para praticar actos prejudiciais aos credores"[947].

2.4.3.4.2. Os juros

São qualificados como créditos subordinados, os juros de créditos não subordinados constituídos após a declaração de insolvência (exceto os juros abrangidos por garantia real e privilégio creditório geral até ao valor dos respetivos bens (art. 48º, al. b)) e os juros de créditos subordinados constituídos após a declaração da insolvência (art. 48º, al. f)).

A filosofia do novo Código parece divergir totalmente da solução legal expressamente consagrada no direito pretérito, no art. 151º, nº 2, do CPEREF, nos termos do qual com a declaração de falência cessava a contagem de juros e de outros encargos sobre as obrigações do falido[948]. Esta solução legal inspirava-se em vários princípios, tais como o congelamento da massa falida, a igualdade de tratamento dos credores concursais[949].

Pelo contrário, o legislador do CIRE optou por uma solução de compromisso: por um lado, os créditos referidos continuam a vencer juros, mas, por outro lado, esses juros constituem apenas créditos subordinados, atendendo ao seu caráter meramente acessório[950].

Para CARVALHO FERNANDES e JOÃO LABAREDA, estão abrangidos nas als. b) e f) apenas os juros que se vençam depois da declaração de insolvência e que digam respeito a créditos constituídos antes da declaração de insolvência. Estão por isso excluídos os juros respeitantes a créditos constituídos depois

[947] A este propósito a doutrina fala dos perigos de "*fazer pagar o justo pelo pecador*" – assim, CASTRO, Gonçalo Andrade e, *Efeitos da Declaração de Insolvência sobre os Créditos, in:* "Direito e Justiça", vol. XIX, tomo II, 2005, p. 271. Assim, o Ac. Rel. Po., de 6-03-2018 (VIEIRA E CUNHA).

[948] Muito embora se possam encontrar semelhanças com o regime anterior ao CPEREF, previsto no art. 1196º do CPCivil de 1961, que estatuía a "suspensão de quaisquer juros contra a massa falida, salvo se estiverem cobertos por garantia real".

[949] Cfr., a este propósito, FERNANDES, Luís A. Carvalho/LABAREDA, João, *Código dos Processos Especiais de Recuperação da Empresa e de Falência Anotado* (3ª edição), Quid Juris Editora, Lisboa, 1999, pp. 400-402; EPIFÂNIO, Maria do Rosário, *Os Efeitos Substantivos da Falência*, PUC, Porto, 2000, pp. 191 e ss.

[950] Veja-se, a este propósito, o ponto 25 do Preâmbulo. Criticando a solução legal, veja-se COSTEIRA, Maria José, *Verificação e Graduação de Créditos, in:* "Código da Insolvência e da Recuperação de Empresas", Ministério da Justiça, Coimbra Editora, Coimbra, 2004, p. 76.

da declaração de insolvência (isto porque os juros de créditos da massa devem estar sujeitos à mesma classificação)[951].

2.4.3.4.3. A subordinação convencional

De acordo com o art. 48º, al. c), o caráter subordinado do crédito pode resultar de convenção das partes. Porém, para além do disposto no art. 177º, nº 2, nada é estabelecido na lei quanto aos requisitos desta convenção[952].

A este propósito, a doutrina tem defendido que os princípios da liberdade contratual e da autonomia privada estão subjacentes à solução legal – se as partes podem estabelecer a preferência a favor de um credor (art. 604º, nº 2, do CCivil), então "naturalmente que poderão convencionar igualmente o enfraquecimento do seu crédito em relação aos outros credores"[953]. Para além disso, esta situação de "lesão consentida" não afeta mais ninguém para além do próprio credor subordinado[954].

2.4.3.4.4. Outros créditos subordinados

Do elenco do art. 48º consta ainda a atribuição do caráter subordinado aos créditos que tenham por objeto prestações do devedor a título gratuito (al. d)), aos créditos sobre a insolvência que resultem para o terceiro de boa fé em consequência da resolução em benefício da massa insolvente (al. e)) e por fim aos créditos por suprimentos (al. g)).

[951] FERNANDES, Luís A. Carvalho/LABAREDA, João, *Código da Insolvência e da Recuperação de Empresas Anotado*, 3ª edição, Quid Juris Editora, Lisboa, 2015, p. 299, nota 7.

[952] Segundo o Ac. Rel. Guim., de 25-10-2007 (CONCEIÇÃO BUCHO), "o facto de ter sido acordado a forma dilatada e renovada no tempo, através de letras e cheque, não significa que, em caso de declaração de insolvência do devedor, o credor tenha aceite que o seu crédito seja graduado como crédito subordinado".

[953] Assim, LEITÃO, Luís M. T. de Menezes, *Direito da Insolvência*, 8ª edição, Almedina, Coimbra, 2018, p. 111. Se, para este Autor, esta cláusula não pode ser vista como uma renúncia aos direitos do credor, para efeitos do art. 809º do CCivil, já suscita dúvidas a possibilidade da sua inclusão no âmbito das cláusulas contratuais gerais (arts. 18º, al. c), e 21º, al. h), da LCCG). No sentido da sua admissibilidade, desde que a vontade tenha sido formada sem constrangimentos, veja-se FERNANDES, Luís A. Carvalho/LABAREDA, João, *Código da Insolvência e da Recuperação de Empresas Anotado*, Quid Juris Editora, Lisboa, 2008, p. 230, nota 8.

[954] Neste sentido, FERNANDES, Luís A. Carvalho/LABAREDA, João, *Código da Insolvência e da Recuperação de Empresas Anotado*, 3ª edição, Quid Juris Editora, Lisboa, 2015, p. 300, nota 8.

A primeira hipótese é facilmente compreensível, pois destina-se a proteger a generalidade dos credores da prática de atos gratuitos ainda não totalmente consumados[955].

Já na alínea e) verifica-se uma autêntica penalização para a contraparte na hipótese de resolução de atos onerosos e desde que exista má fé do afetado. Se não for feita a prova da má fé do terceiro (o que é possível, se a resolução se subsumir em alguma das hipóteses do art. 121º), o crédito do terceiro não será considerado subordinado.

Por último, a alínea g) reproduz a solução já prevista no art. 245º, nº 3, do CSC. Estes créditos subordinados são os mais penalizados, pois são graduados depois dos restantes créditos da insolvência, mas também depois de todos os restantes créditos subordinados (art. 177º, nº 1)[956].

3. O apenso de verificação ulterior de créditos[957]

Terminado o prazo para as reclamações dos créditos, a lei contempla ainda uma última oportunidade aos credores de reconhecimento dos respetivos créditos[958], por forma a que sejam ainda atendidos no processo de insolvência – trata-se do processo de verificação ulterior de créditos e de outros direitos (arts. 146º a 148º).

Este processo consiste numa verdadeira ação autónoma[959] intentada simultaneamente contra a massa insolvente, os credores (os quais são, no

[955] Neste sentido, FERNANDES, Luís A. Carvalho/LABAREDA, João, *Código da Insolvência e da Recuperação de Empresas Anotado*, 3ª edição, Quid Juris Editora, Lisboa, 2015, p. 298, nota 6.

[956] A sua penalização resulta de outros aspetos do seu regime jurídico. Assim, designadamente, os credores por suprimentos não podem requerer a declaração de insolvência da sociedade (art. 245º, nº 2, do CSC), e também não podem compensar os seus créditos com créditos da sociedade (art. 245º, nº 3, al. b), do CSC e art. 99º, nº 4, al. d), do CIRE). Quanto aos credores por suprimentos, veja-se COSTEIRA, Maria José, *O Código da Insolvência e da Recuperação de Empresas Revisitado, in:* "Instituto de Direito das Empresas e do Trabalho – Miscelâneas", n.º 6, 2010, pp. 59 e 60.

[957] Esta figura já existia no regime anterior, nos arts. 205º-207º do CPEREF, com o qual o regime atual apresenta muitas semelhanças. Ainda à luz do CPEREF, veja-se COSTA, Salvador, *O Concurso de Credores*, Almedina, Coimbra, 1998, pp. 332-335; FERNANDES, Luís A. Carvalho/LABAREDA, João, *Código dos Processos Especiais de Recuperação da Empresa e de Falência Anotado* (3ª edição), Quid Juris Editora, Lisboa, 1999, pp. 492-497.

[958] A qual também é aplicável à separação ou restituição de bens.

[959] E não apenas uma fase do processo de insolvência, muito embora corra por apenso ao processo de insolvência, e segundo os termos do processo comum, por força do art. 148º.

entanto, citados apenas por meio edital eletrónico publicado no portal *Citius*, considerando-se a citação efetuada decorridos 5 dias após a data da sua publicação[960]) e o devedor[961] (art. 146º, nº 1).

Porém, a reclamação ulterior de outros créditos[962] apenas pode ser exercida se estiverem preenchidos os *requisitos* previstos no nº 2 do art. 146º.

Assim, e em primeiro lugar, os credores que tenham sido avisados nos termos do art. 129º não podem reclamar os seus créditos ulteriormente, salvo se se tratar de crédito constituído após esse aviso (art. 146º, nº 2, al. a))[963].

Em segundo lugar, a ação só pode ser intentada dentro do prazo de seis meses[964] após o trânsito em julgado da sentença de declaração de insolvên-

Para além disso, os apensos serão tantos quantas as ações. A este propósito, veja-se FERNANDES, Luís A. Carvalho/LABAREDA, João, *Código da Insolvência e da Recuperação de Empresas Anotado*, Quid Juris Editora, Lisboa, 2008, pp. 485-486, nota 5; GOUVEIA, Mariana França, *Verificação do Passivo, in:* "Themis – Revista da Faculdade de Direito da UNL, Edição Especial – *Novo Direito da Insolvência*", 2005, p. 162. Segundo o Ac. STJ, de 14-11-2013 (ABRANTES GERALDES), "na reclamação superveniente de créditos sobre a massa insolvente, tramitada por apenso ao processo principal em que foi declarada a situação de insolvência, a admissibilidade do recurso de revista está sujeita também ao regime prescrito pelo art. 14º, nº 1, do CIRE".

960 A Lei nº 16/2012, de 20 de abril, alterou o art. 146.º, n.º 1, e substituiu a citação edital pela citação por meio edital eletrónico publicado no portal *Citius*.

961 Segundo o Ac. da Rel. Po., de 2-06-2014 (MANUEL DOMINGOS FERNANDES), "o devedor tem (...) legitimidade para intervir no âmbito de uma reclamação ulterior de créditos nos termos do artigo 146.º do CIRE, tanto mais que esta norma aí o refere expressamente, numa situação clara de listisconsórcio necessário"

962 No direito pretérito, a lei utilizava a expressão "novos créditos", a qual despertava alguma polémica. Debatia-se então se a lei pretendia também abranger os juros (não reclamados) de créditos devidamente reclamados, as garantias (não reclamadas) de créditos devidamente reclamados. A este propósito, veja-se ALBUQUERQUE, Martim, *Novos Créditos, in:* "Estudos de Direito Comercial" (vol. I – Das Falências), Livraria Almedina, Coimbra, 1989, pp. 87 e ss; SOUSA, Miguel Teixeira, *A Verificação do Passivo no Processo de Falência, in*: "Revista da Faculdade de Direito da Universidade de Lisboa", vol. 36, 1995, p. 364.

963 No direito anterior, a lei não continha esta ressalva no art. 205º (em combinação com o art. 191º, nº 2) do CPEREF, solução que era criticada pela doutrina – veja-se SOUSA, Miguel Teixeira, *A Verificação do Passivo no Processo de Falência, in*: "Revista da Faculdade de Direito da Universidade de Lisboa", vol. 36, 1995, p. 365.

964 A Lei nº 16/2012, de 20 de abril, encurtou o prazo para a reclamação tardia de 1 ano para 6 meses. Trata-se de uma redução drástica e que "pode deixar desprotegidos os credores mais incautos ou menos informados" – assim, Parecer do Sindicato dos Magistrados do M. P. sobre o Anteprojeto de Diploma que Altera o CIRE, de 24 de novembro de 2011, p. 9. Segundo o Ac. Rel. Po., de 13-03-2014 (JOSÉ AMARAL), "I – O prazo de propositura de acção de verificação ulterior de créditos a que se refere o artº 146º, nº 2, alínea b), do CIRE, não

cia[965] ou, tratando-se de crédito constituído depois, no prazo de 3 meses após a sua constituição (al. b))[966], e não após o seu vencimento ou exigibilidade[967].

À semelhança do direito anterior (art. 205º, nº 2, do CPEREF), e contrariamente ao regime que o precedeu (art. 1241º, nº 1, do CPCivil de 1961)[968], a lei não faz qualquer exigência adicional ao reclamante, designadamente, de prova de que a falta de reclamação do crédito dentro do prazo legal não se deveu a culpa sua. O legislador não acolheu as críticas que a doutrina apontou à solução do CPEREF, quanto à irrelevância (aliás generalizada no

tem natureza substantiva, não integra a respectiva relação jurídica obrigacional, nem se lhe aplica o regime de caducidade previsto nos artºs 298º, nº 2, e 333º, nº 2, C. Civil. II – Trata-se de prazo de natureza processual, regulador da reclamação e verificação de créditos na insolvência pendente, a que se aplica, quanto aos efeitos e regime de conhecimento, o Código de Processo Civil. III – O seu encurtamento, determinado pela Lei nº 16/2012, de 20 de Abril, é aplicável a acção cujo dies a quo ocorreu em data posterior à entrada em vigor daquele". No mesmo sentido, veja-se também o Ac. Rel. Po., de 10-04-2014 (JOSÉ MANUEL DE ARAÚJO DE BARROS). Considerando tratar-se de um prazo de caducidade de natureza substantiva "cujo transcurso não é de conhecimento oficioso" (por força do art. 333.º, n.º 2, CCivil), o Ac. Rel. Po., de 17-06-2014 (JOÃO PROENÇA). À luz do direito anterior, a doutrina divergia quanto à natureza de prazo similar. No sentido de que se tratava de um prazo de natureza substantiva (sujeito, por isso, às regras de contagem da al. c) do art. 279º do CCivil), COSTA, Salvador, *O Concurso de Credores*, Almedina, Coimbra, 1998, p. 333. Considerando tratar-se de prazo processual, por força do art. 144º, nº 4, do CPCivil de 1961 (atual art. 138º, nº 4, do CPCivil de 2013), cfr. FERNANDES, Luís A. Carvalho/LABAREDA, João, *Código dos Processos Especiais de Recuperação da Empresa e de Falência Anotado* (3ª edição), Quid Juris Editora, Lisboa, 1999, p. 494, nota 4.

[965] Segundo o Tribunal Constitucional, e apreciando o art. 146.º, n.º 1, al. b) do CIRE na sua versão original, não é "inconstitucional a norma contida na alínea b) do nº 2 do artigo 146.º do CIRE, quando interpretada no sentido segundo o qual o prazo de caducidade da ação de verificação ulterior de créditos, aí fixado, é sempre de um ano a partir da data do trânsito em julgado da sentença de declaração de insolvência, independentemente da data em que o credor comum dela tenha efetivo conhecimento" – Acórdão do TC n.º 8/2012, de 12 de janeiro, *in* http://www.tribunalconstitucional.pt.

[966] O direito à separação e restituição de bens pode ser exercido sem qualquer limite temporal (art. 146º, nº 2, proémio, 1ª parte). Veja-se, no direito anterior, neste sentido, o Ac. STJ, de 16-04-1996, publicado na "Colectânea de Jurisprudência", Ano IV, tomo 2, p. 17.

[967] Assim, os Acs. da Rel. Po., de 2-06-2014 (MANUEL DOMINGOS FERNANDES) e de 26-05-2015 (FERNANDO SAMÕES).

[968] Este preceito estipulava que "findo o prazo para as reclamações, é possível ainda reclamar novos créditos, se o credor provar que a falta oportuna de reclamação não foi devida a culpa sua".

nosso Direito Processual Civil) da censurabilidade (seja na modalidade de dolo, seja na modalidade de mera culpa) do comportamento processual da parte[969].

Uma vez intentada a ação, a secretaria, oficiosamente, lavra termo no processo principal de insolvência onde é identificada a ação apensa e o reclamante, e é reproduzido o pedido – este termo é legalmente equiparado a termo de protesto (art. 146º, nº 3) e destina-se a dar a conhecer no processo de insolvência a propositura desta ação e, simultaneamente, permitir ao seu autor entrar nos rateios posteriores à propositura da ação (muito embora, no período temporal que medeia entre a propositura da ação e a sua decisão definitiva, deva ser retida a parte do produto da massa insolvente que lhe for atribuída – art. 180º, nº 1)[970]. No entanto, os efeitos do protesto caducam caso o autor, negligentemente, deixe de promover os termos da ação durante 30 dias[971] (art. 146º, nº 4).

Se os efeitos do protesto *caducarem*[972], vigora o seguinte regime. Na hipótese de ação para a verificação de *crédito*, o credor adquire o direito a entrar apenas nos rateios posteriores ao trânsito em julgado da sentença respetiva pelo crédito que seja verificado, mesmo que se trate de crédito garantido ou privilegiado (art. 147º, al. a)).

[969] A este propósito, veja-se SOUSA, Miguel Teixeira, *A Verificação do Passivo no Processo de Falência, in*: "Revista da Faculdade de Direito da Universidade de Lisboa", vol. 36, 1995, pp. 364--365.

[970] A este propósito, veja-se SOUSA, Miguel Teixeira, *A Verificação do Passivo no Processo de Falência, in*: "Revista da Faculdade de Direito da Universidade de Lisboa", vol. 36, 1995, p. 361; COSTA, Salvador, *O Concurso de Credores*, Almedina, Coimbra, 1998, p. 334.

[971] A Lei nº 16/2012, de 20 de abril, alterou o art. 146.º, n.º 2, al. b) e reduziu o prazo de três meses para 30 dias. Esta alteração foi claramente inspirada pelo propósito de incutir maior celeridade ao processo de insolvência.

[972] A epígrafe e o proémio do art. 147.º foram alterados pela Lei nº 16/2012, de 20 de abril. Tratou-se de um ajustamento à alteração ao art. 146º, nº 3, introduzida pelo art. 9.º do D.L. nº 185/2009, de 12 de agosto, por força da qual o protesto passou a ser lavrado oficiosamente pela secretaria. Por isso, deixou de fazer sentido a referência legal do proémio e da epígrafe do art. 147.º à assinatura de termo de protesto pelo autor da ação de verificação ulterior. A este propósito, vejam-se as críticas ao texto legal no nosso *Manual de Direito da Insolvência*, 3ª edição, Almedina, Coimbra, 2011, p. 216, nota 634.

§3 A massa insolvente

1. Noção

Nos termos do art. 46º, nº 1, a massa insolvente destina-se à satisfação dos credores da insolvência, depois de pagas as suas próprias dívidas, e, salvo disposição em contrário, abrange *todo o património do devedor* à data da declaração de insolvência, bem como os bens e direitos que ele *adquira* na pendência do processo. Por força do seu nº 2, os bens isentos de penhora só são integrados na massa insolvente se o devedor voluntariamente os apresentar e desde que a impenhorabilidade não seja absoluta.

2. Objeto

A massa insolvente é, por isso, o conjunto de bens *atuais* e *futuros* do devedor, os quais, a partir da declaração de insolvência[973], formam um património separado[974], adstrito à satisfação dos interesses dos credores. Para além disso, no âmbito do processo de insolvência vigora o princípio de que todos os bens que o insolvente for adquirindo após a declaração de insolvência até ao encerramento do processo (isto é, os *bens futuros*) revertem para a massa insolvente, de forma *automática*, sem necessidade de qualquer iniciativa do administrador da insolvência (automatismo este que é determinado pelo caráter universal do processo de insolvência)[975].

No entanto, o insolvente não perde o poder de disposição e de administração de todo e qualquer bem, pois conserva estas faculdades relativamente aos bens estranhos à massa insolvente: ou seja, os bens que não pertencem à

[973] No sentido de que só com o encerramento do processo (e não no momento do encerramento da liquidação) é que o insolvente recupera o seu poder de disposição e de administração dos seus bens e, por isso, só nesse momento o seu vencimento deixa de ser apreendido para a massa, veja-se o Ac. Rel. Lx., de 18-06-2013 (DINA MONTEIRO).

[974] Cfr. MACEDO, Pedro de Sousa, *Manual de Direito das Falências* (vol. II), Livraria Almedina, Coimbra, 1968, p. 76; ASCENSÃO, José de Oliveira, *Efeitos da Falência sobre a Pessoa e Negócios do Falido, in:* "Revista da Ordem dos Advogados", pp. 641-688, Ano 55, dez. 1995, pp. 652-653. Este último autor fala de "património autónomo e separado". No sentido de que a massa insolvente constitui um património separado na modalidade de património autónomo, veja-se HÖRSTER, Heinrich Ewald, *A Parte Geral do Código Civil Português – Teoria Geral do Direito Civil*, Almedina, Coimbra, 1992, pp. 193 e ss.

[975] Também neste sentido, cfr. a posição defendida por ASCENSÃO, José de Oliveira, *Efeitos da Falência sobre a Pessoa e Negócios do Falido, in:* "Revista da Ordem dos Advogados", pp. 641-688, Ano 55, Dez. 1995, pp. 653, 684-685.

massa insolvente, trate-se dos *seus* bens, ou de bens *de terceiro*[976]. Esta solução resulta da aplicação combinada (*maxime* da sua interpretação mediante um argumento *a contrario*) do art. 81º, nº 1 (que priva o insolvente do poder de disposição e de administração dos bens que integram a massa insolvente) e também do art. 81º, nº 4 (que atribui ao administrador da insolvência o poder de representação do insolvente para todos os efeitos de caráter patrimonial *que interessem à insolvência*).

Por seu turno, a identificação dos bens do insolvente que integram a massa insolvente resulta da aplicação de três preceitos fundamentais, a saber: o art. 601º do CCivil, o art. 46º, nº 2, do CIRE e o art. 735º do CPCivil, que veiculam a mesma ideia[977].

Assim, o art. 601º do CCivil consagra o princípio de que "pelo cumprimento da obrigação respondem todos os bens do devedor *susceptíveis de penhora*"[978_979].

[976] Cfr., à luz do CPEREF, mas com pertinência para o regime atual, ALMEIDA, António Pereira, *Direito Comercial*, AAFDL, Lisboa, 1976/77, p. 597; OLAVO, Fernando, *Direito Comercial* (vol. I, 2ª edição, 2ª reimpressão), Coimbra Editora, Coimbra, 1978, p. 166; ASCENSÃO, José de Oliveira, *Efeitos da Falência sobre a Pessoa e Negócios do Falido, in:* "Revista da Ordem dos Advogados", pp. 641-688, Ano 55, dez. 1995, p. 653; FERNANDES, Luís A. Carvalho/LABAREDA, João, *Código dos Processos Especiais de Recuperação da Empresa e de Falência Anotado* (3ª edição), Quid Juris Editora, Lisboa, 1999, p. 392, nota 3. Considerando que os bens doados pelo insolvente antes do processo de insolvência não integram a massa insolvente, ainda que possam vir a integrá-la na sequência de ação de impugnação pauliana pendente, *vide* o Ac. rel. Lx, de 8-03-2018 (CARLA MENDES). Nos casos de apreensão indevida de bens para a massa insolvente, aplicam-se os arts. 141.º e ss. Sobre a apreensão de bens comuns ou bens próprios do cônjuge do insolvente, veja-se o Ac. Rel. Lx, de 24-05-2018 (ANTÓNIO VALENTE). Para MARIA JOÃO AREIAS, no regime de comunhão, o administrador apreende os bens comuns (e não o direito à meação dos bens comuns), devendo o cônjuge do insolvente, se as dívidas não forem comuns, ser citado para requerer a separação de meações – *Insolvência de Pessoa Casada num dos Regimes de Comunhão – sua articulação com o regime da responsabilidade por dívidas dos cônjuges, in:* "Revista de Direito da Insolvência", n.º 1, Almedina, Coimbra, 2017, pp. 106-122.

[977] Todavia, devem sempre ser tidos em consideração, os casos especiais previstos noutros diplomas legais. Por exemplo, o art. 61.º, n.º 2, da Lei n.º 69/2017, de 11 de agosto (regula os fundos de recuperação de créditos), preceitua que "não fazem parte da massa insolvente do cedente os montantes pagos no âmbito de créditos cedidos anteriormente à insolvência e que apenas se vençam depois dela".

[978] O itálico é nosso.

[979] *Vide*, a propósito deste princípio, MENDES, João de Castro, *Acção Executiva*, AAFDL, Lisboa, 1980, p. 75; LIMA, Pires/VARELA, Antunes, *Código Civil Anotado* (vol. I, 4ª edição revista e aumentada, com a colaboração de M. Henrique Mesquita), Coimbra Editora, Coimbra, 1987, p. 617, nota 2; CARDOSO, Eurico Lopes, *Manual da Acção Executiva* (3ª edição, reimpressão),

Por outro lado, o art. 46º, nº 2, do CIRE, só admite a integração na massa insolvente dos bens isentos de penhora se o insolvente os apresentar voluntariamente (isto é, renunciar ao caráter impenhorável). A este propósito, colocam-se duas questões fundamentais. Primeiro, o que acontece se o insolvente se arrepender de apresentar bens impenhoráveis? Em segundo lugar, qual a consequência para a apresentação voluntária de bens absolutamente impenhoráveis. CARVALHO FERNANDES e JOÃO LABAREDA têm defendido, quanto à primeira questão, que o ingresso destes bens na massa insolvente é irreversível e, quanto à segunda questão, que o ato é inválido, pelo que os bens nunca poderão ser apreendidos para a massa e, se o forem, deverão sempre poder ser recuperados[980].

Finalmente, nos termos do art. 735º, nº 1, do CPCivil, "estão sujeitos à execução *todos os bens do devedor suscetíveis de penhora* que, nos termos da lei substantiva, respondem pela dívida exequenda."[981_982]; e, por força do princípio de que todo o património do devedor responde pelas suas dívidas, são penhoráveis não só os bens imóveis (arts. 755º e ss do CPCivil), como também os bens móveis (arts. 764º e ss do CPCivil) e os direitos (arts. 773º e ss do CPCivil)[983]. Não obstante a universalidade do processo insolvencial, existem bens absoluta (art. 736º do CPCivil) ou relativamente (art. 737º do CPCivil) impenhoráveis, por um lado, assim como, por outro lado, bens parcialmente impenhoráveis (art. 738º do CPCivil)[984_985].

Almedina, Coimbra, 1992, p. 288; FREITAS, José Lebre, *A Acção Executiva (À Luz do Código Revisto)* (2ª edição), Coimbra Editora, Coimbra, 1997, pp. 172-173.

980 *Código da Insolvência e da Recuperação de Empresas Anotado*, 3ª edição, Quid Juris Editora, Lisboa, 2015, p. 292, nota 5.

981 O itálico é nosso.

982 Cfr. MENDES, João de Castro, *Acção Executiva*, AAFDL, Lisboa, 1980, p. 75.

983 Veja-se CARDOSO, Eurico Lopes, *Manual da Acção Executiva* (3ª edição, reimpressão), Almedina, Coimbra, 1992, p. 288.

984 *Vide*, a propósito desta classificação, SILVA, Germano Marques, *Curso de Processo Civil Executivo – Acção Executiva Singular, Comum e Especial*, Universidade Católica Editora, Lisboa, 1994, pp. 175-177.

985 A penhorabilidade dos rendimentos no processo de insolvência não tem sido pacífica. Na *jurisprudência*, a favor, por exemplo, o Ac. STJ, de 18-10-2010 (TAVARES DE PAIVA); contra, entre outros, o Ac. Rel. Po. 5-03-2013 (RUI MOREIRA). Considerando que um Plano Poupança Reforma não é uma remuneração do insolvente, podendo, por isso, ser penhorado, *vide* o Ac. Rel. Guim., de 18-06-2015 (ANA CRISTINA DUARTE).

Em consequência das limitações descritas, os bens de que o insolvente não pode dispor e os bens que não pode administrar são apreendidos pelo administrador da insolvência (art. 149º) e, deste modo, separados do património geral, por forma a constituir um património autónomo – *a massa insolvente*.

3. Função

A massa insolvente destina-se à satisfação dos interesses dos credores (aliás, é essa a função do próprio processo de insolvência – art. 1º, nº 1), mas apenas depois de satisfeitas as suas próprias dívidas[986].

Essa satisfação pode passar pela liquidação do património do devedor e distribuição do produto pelos credores, mas não necessariamente. De facto, pode acontecer que a satisfação dos interesses dos credores passe pela aprovação de um plano de insolvência que preveja outro destino para o património do insolvente[987].

4. Providências conservatórias[988]

Proferida a sentença declaratória da insolvência, procede-se à imediata apreensão dos elementos da contabilidade e de todos os bens integrantes da massa insolvente (art. 149º, nº 1)[989], ainda que estes tenham sido arrestados, penhorados[990] ou por qualquer forma apreendidos ou detidos, seja em que processo for (com ressalva apenas dos que hajam sido apreendidos por virtude de infração, quer de caráter criminal, quer de mera ordenação social)

[986] E à semelhança do estatuído no regime anterior, que previa o pagamento precípuo de dívidas relacionadas com o processo (embora com um elenco muito mais restrito de encargos a satisfazer antes das dívidas da insolvência).

[987] Neste sentido, FERNANDES, Luís A. Carvalho/LABAREDA, João, *Código da Insolvência e da Recuperação de Empresas Anotado*, 3ª edição, Quid Juris Editora, Lisboa, 2015, p. 292, nota 3.

[988] A este propósito, veja-se, no direito pretérito, FREITAS, José Lebre, *Apreensão, Restituição, Separação e Venda de Bens no Processo de Falência, in:* "Revista da Faculdade de Direito da Universidade de Lisboa", vol. 36, 1995, pp. 371-382.

[989] A apreensão dos bens apresenta uma dupla função: por um lado, reveste uma natureza conservatória, pois visa precludir qualquer desvio dos bens destinados à satisfação dos credores; por outro lado, é indispensável à liquidação dos bens integrantes da massa insolvente.

[990] Para o Ac. STA, de 05-02-2014 (DULCE NETO), "a declaração de insolvência não provoca a invalidade das penhoras realizadas e o dever de as levantar, mas tão só o dever de apreensão para a massa insolvente de todos os bens que se encontrem penhorados".

(al. a)); e ainda que tenham sido objeto de cessão aos credores, nos termos dos artigos 831º e seguintes do Código Civil (al. b))[991].

Se, eventualmente, os bens já tiverem sido vendidos, a apreensão tem por objeto o produto da venda, caso este ainda não tenha sido pago aos credores ou entre eles repartido (art. 149º, nº 2)[992].

O poder de apreensão resulta da declaração de insolvência, devendo o administrador da insolvência diligenciar no sentido de lhe serem entregues, para que deles fique depositário (salvo o disposto no art. 756.º, n.ºs 1 e 2, do CPCivil). O depósito rege-se pelas normas gerais e, em especial, pelas que regulam o depósito judicial de bens penhorados (art. 150.º, n.º 1).

[991] Segundo o Ac. STJ, de 5-03-2009 (ABÍLIO VASCONCELOS), "(...) 2 – Mau grado a subsistência do direito de retenção em favor do promitente-comprador, na insolvência a função de garantia desse direito restringe-se à preferência sobre os demais credores, não obstando à apreensão do bem (...)". De acordo com o Ac. Rel. Co., de 25-06-2013 (MOREIRA DO CARMO), "em processo de insolvência, apreendido um imóvel para a massa insolvente, deve ser constituído fiel depositário do mesmo o credor titular de direito de retenção sobre o referido imóvel, que tenha visto esse direito de retenção ser reconhecido judicialmente, e não o administrador da insolvência, nos termos do art. 839º, nº 1, c), do CPC ex vi do art. 150º, nº 1, do CIRE".

[992] Segundo o Ac. Rel. Co., de 2-03-2010 (JUDITE PIRES), "vendido um bem, em acção executiva, e vindo posteriormente, a ser decretada insolvência do executado, o produto dessa venda, colocado à ordem do exequente, ainda não afecto ao pagamento dos credores, nem entre eles repartido, deve ser apreendido para integrar a massa insolvente". Segundo o Ac. Rel. Po., de 06-12-2016 (ANABELA DIAS DA SILVA), "vendido em execução fiscal o imóvel sobre o qual estava constituída hipoteca e depositado o respectivo preço, se posteriormente esse valor (produto da venda) vier a ser apreendido em processo de insolvência e, se o credor hipotecário nestes autos reclamar o seu crédito, mantém o mesmo o direito a ser pago por tal quantia, com preferência sobre os demais credores que não gozem de privilégio especial ou de prioridade de registo. Ou seja, mantém o estatuto de credor garantido". Porém, o Ac. Rel. Co., de 9-09-2014 (TELES PEREIRA), considerou que "a referência, por parte de um credor da insolvente na reclamação de créditos apresentada ao administrador da insolvência, a que a hipoteca que constituiu sobre um prédio da insolvente "*já não garantia*" esse crédito, por o imóvel em causa ter sido adjudicado a essa credora no quadro de uma execução fiscal movida contra a insolvente, significa, inequivocamente, o descartar da garantia decorrente dessa hipoteca e, consequentemente, vale por não reclamar esse crédito com o estatuto de "garantido", nos termos do artigo 47º, nº 4, alínea *a*) do CIRE". Por isso, "a lista definitiva de credores elaborada nos termos do artigo 130º, nº 1 do CIRE, quando notificada ao reclamante de um crédito sem que este lhe deduza qualquer oposição, bloqueia a ulterior pretensão dessa mesma parte de obter a alteração da sentença de verificação e graduação de créditos que se limitou a considerar as incidências emergentes dessa lista definitiva".

Por último, se o administrador da insolvência aprender indevidamente um bem ofendendo a posse ou o direito real de gozo de terceiro, o ofendido deve propor ação de separação e restituição nos termos do art. 141.º, n.º 1, al. b), que corre por apenso ao processo de insolvência[993].

5. Inventário

De acordo com o art. 153º, o administrador da insolvência faz um inventário dos bens e direitos integrados na massa insolvente na data anterior à do relatório, indicando o seu valor, natureza, características, lugar em que se encontram, direitos que os onerem, e dados de identificação registral, se for o caso (nº 1), e apresentando um rol de todos os litígios cujo desfecho possa afetar o seu conteúdo (nº 4).

Porém, a elaboração de inventário pode ser dispensada pelo juiz, a pedido fundamentado do administrador da insolvência e com parecer favorável da comissão de credores (art. 153º, nº 5) ou confiada a peritos, se a avaliação de bens ou direitos for particularmente difícil (art. 153º, nº 3).

Na hipótese de os valores dos bens ou direitos serem diversos consoante haja ou não continuidade da empresa, o administrador da insolvência consigna no inventário ambos os valores (art. 153º, nº 2).

6. Relatório

O administrador da insolvência elabora um relatório (que deve ser junto aos autos pelo menos 8 dias antes da data da assembleia de apreciação do relatório – n.º 3 do art. 155.º) com o seguinte conteúdo (art. 155.º, n.º 1):

- análise dos elementos incluídos no documento que explicita a atividade a que o devedor se tenha dedicado nos últimos três anos e os estabelecimentos de que seja titular, assim como as causas da situação em que se encontra – art. 24.º, n.º 1, al. c) (al. a));
- análise do estado da contabilidade do devedor e opinião sobre os documentos de prestação de contas e de informação financeira juntos aos autos pelos devedor (al. b));

[993] Assim, o Ac. Rel. Po., de 12-06-2012 (Anabela Dias da Silva), os Acs. Rel. Co., de 18-03-2014 (Fonte Ramos) e de 8-04-2014 (Regina Rosa) e o Ac. Rel. Év., de 5-11-2015 (Acácio Neves).

- perspetivas de manutenção, no todo ou em parte, da empresa, conveniência da aprovação de um plano de insolvência (em caso afirmativo, proposta de remuneração pela sua elaboração), consequências para os credores, nos cenários possíveis (als. c) e d));
- todos os elementos pertinentes à tramitação ulterior do processo (al. e)).

O administrador da insolvência deve juntar ao relatório o inventário e a lista provisória de credores (art. 155.º, n.º 2). Esta lista de credores deve ser elaborada pelo administrador da insolvência, a partir dos elementos de contabilidade do devedor, das reclamações de créditos (e de outros elementos que cheguem ao seu conhecimento), deve ser apresentada por ordem alfabética, e conter as seguintes indicações (art. 154.º, n.º 1): montante, fundamento, natureza (garantida, privilegiada, comum ou subordinada) dos créditos, condições, possibilidade de compensação, valor dos bens que integram a massa e sobre os quais incidem garantias reais de dívidas de terceiro[994] (i.e., pelos quais o devedor não responda pessoalmente, para os efeitos previstos no art. 73.º, n.º 7), endereço do credor. Por último, a lista provisória de credores deve também conter, num cenário de pronta liquidação, uma avaliação das dívidas da massa insolvente (n.º 2 do art. 154.º).

7. Administração

7.1. Princípio geral

De acordo com o art. 81º, nº 1, por mero efeito da declaração de insolvência, o devedor fica privado dos seus poderes de administração dos bens integrantes da massa insolvente.

Os poderes de administração da massa insolvente passam a competir ao administrador da insolvência (art. 81º, nº 1, *in fine*), com a cooperação da comissão de credores (art. 55º, nº 1, proémio) e a fiscalização do juiz (art. 58º) e da comissão de credores (art. 55º, nº 1, proémio).

[994] A indicação do valor dos bens objeto de garantia real de dívidas de terceiro foi acrescentada pelo art. 3.º do D.L. n.º 79/2017, de 30 de junho.

Porém, o art. 81º, nº 1, ressalva expressamente o preceituado no título X, ou seja, o regime jurídico da administração da massa insolvente pelo devedor (arts. 223º-229º).

7.2. Administração pelo devedor

7.2.1. Requisitos

Trata-se de uma figura sem precedentes[995] no nosso ordenamento jus-insolvencial[996], pensada, tal como resulta do Preâmbulo (ponto 32), para as situações em que porque, por um lado, no processo de insolvência se pretende a continuidade da empresa pelo próprio devedor e, por outro lado, a situação de insolvência se deve a fatores exógenos ao respetivo empresário, é do maior interesse para a própria massa que o devedor permaneça à frente da empresa (pois é a pessoa que melhor a conhece e que acompanhou de perto a situação de crise)[997].

Nela se reconhece a possibilidade de o juiz, na sentença declarativa da insolvência, atribuir ao próprio devedor[998] a administração da massa insolvente

[995] Assim, FERNANDES, Luís A. Carvalho/LABAREDA, João, *Código da Insolvência e da Recuperação de Empresas Anotado*, 3ª edição, Quid Juris Editora, Lisboa, 2015, p. 811, nota 1. Para uma análise dos antecedentes históricos, nacionais e de direito comparado, desta figura, veja-se, por todos, DUARTE, Rui Pinto, *A Administração da Empresa Insolvente: Rutura ou Continuidade? In:* "I Congresso de Direito da Insolvência", Almedina, Coimbra, 2013, pp. 153 e ss.

[996] Inspirada no direito germânico (*Eigenverwaltung* – §§ 270-285 *InsolvenzOrdnung*), o qual, por sua vez, se inspirou na figura norte-americana do "debtor in possession" (*Chapter* 11 do *Bankruptcy Act*, após a reforma de 1978).

[997] Sobre esta figura, veja-se OLIVEIRA, Madalena Perestrelo de, *Limites da Autonomia dos Credores na Recuperação da Empresa Insolvente*, Almedina, Coimbra, 2013, pp. 38 e ss.

[998] Da leitura do art. 227º parece resultar que o devedor pode não ser uma pessoa singular (nº 1 – cabendo neste caso a administração aos administradores do devedor e aos membros dos seus órgãos sociais, os quais continuarão a auferir as respetivas remunerações) ou pode ser uma pessoa singular (nº 2 – sendo-lhe reconhecida a faculdade de retirar da massa insolvente os fundos necessários para uma vida modesta do devedor e do respetivo agregado familiar, de acordo com a sua condição anterior e as possibilidades da massa). A lei foi omissa quanto ao órgão insolvencial competente para fixar o montante da remuneração do devedor, parecendo, todavia, que esta decisão estará contida na competência do juiz para a atribuição da administração ao devedor (nos termos do art. 224º, nº 1). Críticos em relação à diferença de tratamento entre o nº 1 e o nº 2 do art. 227º, vejam-se FERNANDES, Luís A. Carvalho, *A Qualificação da Insolvência e a Administração da Massa Insolvente pelo Devedor, in:* "Themis – Revista da Faculdade de Direito da UNL, Edição Especial – *Novo Direito da Insolvência*", 2005, p. 85, nota 7; MARTINS, Alexandre de Soveral, Um Curso de Direito da Insolvência, 2ª edição

(arts. 36º, nº 1, al. e), e 224º, nº 1[999]), desde que se encontrem preenchidos os requisitos previstos na lei, a saber:

1º é necessário que na massa insolvente esteja compreendida uma empresa[1000] (art. 223º);
2º é necessário que o devedor a tenha requerido (ou na petição inicial, caso ele se tenha apresentado à insolvência ou, posteriormente, na oposição à insolvência) (art. 224º, nº 2, al. a));
3º é necessário que o devedor tenha apresentado um plano de insolvência (ou se comprometa a fazê-lo nos 30 dias posteriores à sentença declarativa da insolvência) que preveja a continuidade da empresa pelo próprio devedor (art. 224º, nº 2, al. b));
4º não haja razões para recear atrasos na marcha do processo ou outras desvantagens para os credores (art. 224º, nº 2, al. c));
5º nos casos em que o pedido de declaração de insolvência tenha sido apresentado por pessoa diversa do devedor[1001] é necessário que o requerente da insolvência dê o seu acordo (art. 224º, nº 2, al. d)).

A atribuição da administração da massa insolvente ao próprio devedor também pode resultar de decisão da *assembleia de credores* (na assembleia de apreciação do relatório[1002] ou em assembleia que a preceda)[1003].

revista e atualizada, Almedina, Coimbra, 2016, p. 361, nota 34; LEITÃO, Luís M. T. de Menezes, *Código da Insolvência e da Recuperação de Empresas Anotado*, 9ª edição, Almedina, Coimbra, 2017, p. 208, nota 2.

999 A atribuição da administração da massa ao devedor é objeto de publicidade e registo nos termos dos arts. 37º e 38º (art. 229º).

1000 O art. 223º tem que ser lido em conjugação com o disposto nos arts. 250º e 5º. Assim, o instituto da administração pelo devedor (isto é, o Título X) não se pode aplicar às pequenas empresas, ou seja, às empresas que preencham os requisitos do art. 249º (art. 250º). Depois, deve ter-se em conta o conceito de empresa para efeitos do CIRE previsto no art. 5º: "toda a organização de capital e de trabalho destinada ao exercício de qualquer actividade económica".

1001 Recorde-se que têm legitimidade para apresentar o pedido de declaração de insolvência, para além do devedor, qualquer credor, o responsável legal pelas dívidas do insolvente, o Ministério Público (art. 20º, nº 1) e o administrador judicial provisório (art. 17.º-G, n.º 3).

1002 Tenha-se em consideração que, por força do art. 36.º, n.º 1, al. n) (alterado pela Lei nº 16/2012, de 20 de abril), o juiz pode dispensar a realização da assembleia de apreciação do relatório, desde que não se atribua a administração da massa insolvente ao devedor (art. 36.º, n.º 2).

Neste caso, a atribuição da administração ao devedor tem requisitos próprios. Primeiro, é independente da verificação dos pressupostos previstos nas als. c) e d) do nº 2 do art. 224º. Segundo, é necessário que o devedor o tenha requerido e tenha apresentado (ou se comprometa a fazê-lo no prazo de 30 dias após a deliberação) um plano de insolvência que preveja a continuidade da empresa pelo próprio devedor (art. 224º, nº 3, e nº 2, als. a) e b)). Terceiro, a doutrina tem entendido que o devedor pode requerer a administração da massa depois da declaração de insolvência, desde que o faça antes da assembleia de apreciação do relatório[1004].

7.2.2. Poderes do devedor

O conteúdo dos poderes do devedor não é sempre o mesmo: podemos aí identificar um conteúdo mínimo, fixo, e um conteúdo variável e eventual.

Assim, desde logo, a administração da massa insolvente passa a pertencer ao devedor, com *duas limitações* fundamentais (art. 226º, nº 2): primeiro, tratando-se de atos de gestão corrente, o devedor não pode contrair obrigações, se o administrador da insolvência a elas se opuser (al. a)); segundo, tratando-se de atos de administração extraordinária, o devedor não deve contrair obrigações sem o consentimento do administrador da insolvência (al. b)). Porém, a violação destas duas limitações não contende com a eficácia dos atos praticados (art. 226º, nº 2, proémio)[1005].

É da responsabilidade do devedor a elaboração e o depósito das contas anuais que sejam obrigatórias por lei[1006] (art. 226º, nº 6).

[1003] No sentido de que a atribuição da administração depende sempre de ato de juiz, veja-se DUARTE, Rui Pinto, *A Administração da Empresa Insolvente: Rutura ou Continuidade? In:* "I Congresso de Direito da Insolvência", Almedina, Coimbra, 2013, pp. 166.

[1004] Assim, por todos, FERNANDES, Luís A. Carvalho, *A Qualificação da Insolvência e a Administração da Massa Insolvente pelo Devedor, in:* "Themis – Revista da Faculdade de Direito da UNL, Edição Especial – *Novo Direito da Insolvência*", 2005, pp. 82-83.

[1005] Crítico quanto a esta solução legal, sobretudo no que respeita aos atos de gestão extraordinária, veja-se PIDWELL, Pedro, *Os Poderes e Deveres do Administrador Judicial [da Insolvência] na Reestruturação de Empresas, in:* "Revista de Direito da Insolvência", n.º 2, Almedina, Coimbra, 2018, pp. 78-81.

[1006] Veja-se quanto à obrigação de elaboração de contas o disposto nos arts. 61º e ss.

Para além disso, o devedor *pode* ainda estar sujeito a que o administrador da insolvência exija que todos os recebimentos em dinheiro e todos os pagamentos fiquem a seu cargo (art. 226º, nº 3)[1007].

Finalmente, o juiz *pode*, oficiosamente ou a pedido da assembleia de credores, proibir a prática de certos atos pelo devedor, sem a aprovação do administrador da insolvência[1008]. Neste caso, os atos praticados em violação desta proibição estão sujeitos à disciplina contida no art. 81º, nº 6, por remissão expressa do art. 226º, nº 4, *in fine*[1009] – portanto, esses atos são ineficazes[1010].

Todas as demais competências – e respetivos poderes – atribuídas por lei ao administrador da insolvência permanecem intocadas na hipótese de administração da massa pelo devedor, tais como, por exemplo, o poder de examinar os elementos de contabilidade do devedor (art. 226º, nº 7).

A administração da massa insolvente pelo próprio devedor é sempre *fiscalizada* pelo administrador da insolvência, o qual deve comunicar de imediato ao juiz, bem como à comissão de credores[1011], qualquer circunstância que desaconselhe a manutenção da administração pelo devedor (art. 226º, nº 1).

7.2.3. Outros efeitos da administração pelo devedor

Em primeiro lugar, resulta do nº 2 do art. 228º que, em consequência da atribuição da administração da massa ao devedor, não há lugar à apreensão dos bens prevista nos arts. 149º e ss. Em bom rigor, este efeito só parece fazer

[1007] No sentido de que o exercício deste poder depende de autorização do juiz, veja-se FERNANDES, Luís A. Carvalho/LABAREDA, João, *Código da Insolvência e da Recuperação de Empresas Anotado*, Quid Juris Editora, Lisboa, 2008, p. 751, nota 5, e SILVA, Fátima Reis, *Dificuldades da Recuperação de Empresa no Código da Insolvência e da Recuperação de Empresa, in:* "Instituto de Direito das Empresas e do Trabalho – Miscelâneas", nº 6, Almedina, Coimbra, 2010, pp. 167 e 168. RUI PINTO DUARTE tem dificuldade em partilhar esta opinião, perante a "ausência de base textual" – cfr. *A Administração da Empresa Insolvente: Rutura ou Continuidade? In:* "I Congresso de Direito da Insolvência", Almedina, Coimbra, 2013, p. 167, nota 34.

[1008] A proibição da prática de certos atos sem o consentimento do administrador da insolvência é objeto de publicidade e registo nos termos dos arts. 37º e 38º (art. 229º).

[1009] Assim, também, SILVA, Fátima Reis, *Dificuldades da Recuperação de Empresa no Código da Insolvência e da Recuperação de Empresa, in:* "Instituto de Direito das Empresas e do Trabalho – Miscelâneas", nº 6, Almedina, Coimbra, 2010, p. 168.

[1010] A abrangência da remissão legal para a disciplina do nº 6 do art. 81º, com as devidas adaptações, parece incluir a eficácia excecional contida nas als. a) e b) do referido preceito.

[1011] Não existindo comissão de credores, a comunicação é feita a todos os credores que tenham reclamado os seus créditos (art. 226º, nº 1, 2ª parte).

sentido nos casos em que a administração é atribuída pelo juiz, pois, nos casos em que resulta de decisão da assembleia de credores, em princípio, já terá ocorrido a apreensão dos bens (cfr. art. 149º, nº 1).

Em segundo lugar, de acordo com o art. 225º, só depois de terminar a administração da massa pelo devedor, poderá haver lugar à liquidação. Fica, porém, ressalvado o regime do art. 158º, nº 1, e a realização pelo próprio devedor das vendas previstas no nº 2 do art. 158º, com o consentimento do administrador da insolvência e da comissão de credores[1012].

7.2.4. Termo da administração

A administração da massa pelo devedor pode cessar, por decisão do juiz[1013], se se preencher alguma das hipóteses contempladas nas várias alíneas do nº 1 do art. 228º, a saber:

- requerimento do devedor (al. a));
- deliberação da assembleia de credores (al. b));
- afetação do devedor pessoa singular pela qualificação da insolvência como culposa (al. c));
- pedido de algum credor, porque deixou de se verificar o pressuposto previsto na alínea c) do nº 2 do artigo 224º (al. d));
- falta de apresentação do plano de insolvência pelo devedor no prazo aplicável, ou a sua não admissão, não aprovação ou não homologação (al. e)).

Em consequência da cessação da administração pelo devedor, os bens são imediatamente apreendidos e liquidados, em conformidade com o disposto nos artigos 149º e ss, e 156º e ss, prosseguindo o processo a sua tramitação, nos termos gerais (arts. 228º, nº 2, e 225º).

1012 O art. 225º também ressalva do adiamento da liquidação o disposto no art. 158º, nº 1. Esta remissão é incompreensível, uma vez que o nº 1 do art. 158º consagra a liquidação da generalidade dos bens. Assim, FERNANDES, Luís A. Carvalho, *A Qualificação da Insolvência e a Administração da Massa Insolvente pelo Devedor*, *in*: "Themis – Revista da Faculdade de Direito da UNL, Edição Especial – *Novo Direito da Insolvência*", 2005, p. 85.

1013 A decisão judicial que ponha termo à administração pelo devedor é objeto de publicidade e registo, nos termos constantes dos arts. 37º e 38º (art. 229º).

8. Liquidação

8.1. Considerações prévias

A fase da liquidação destina-se à conversão do património que integra a massa insolvente numa quantia pecuniária a distribuir pelos credores, havendo, para isso, que proceder à cobrança dos créditos e à venda dos bens da massa insolvente, por forma a obter os respetivos valores (arts. 55º, nº 1, al. a), e 158º)[1014].

A liquidação é da competência do administrador da insolvência[1015] (art. 55º, nº 1, al. a)) e corre por apenso ao processo principal de insolvência (art. 170º)[1016]. De acordo com o art. 164º, n.º 1, o administrador da insolvência procede à alienação dos bens preferencialmente através de leilão eletrónico[1017]. No entanto, pode, desde que justificadamente, optar por qualquer das modalidades que vigoram em processo executivo ou por alguma outra que entenda ser mais conveniente (nº 1)[1018]. Tenha-se, todavia, em consideração que, segundo o

[1014] Assim, LEITÃO, Luís M. T. de Menezes, *Direito da Insolvência*, 8ª edição, Almedina, Coimbra, 2018, p. 261; FERNANDES, Luís A. Carvalho/LABAREDA, João, *Código da Insolvência e da Recuperação de Empresas Anotado*, Quid Juris Editora, Lisboa, 2008, p. 523, nota 6.

[1015] Ao abrigo do CPEREF, veja-se o AUJ n.º 14/2016 (publicado no Diário da República n.º 208/2016, 1ª série, de 28 de outubro de 2016, pp. 3850-3865), segundo o qual "age com abuso de direito, na vertente da tutela da confiança, a massa falida, representada pelo respectivo administrador, que invoca contra terceiro — adquirente de boa fé de bem imóvel nela compreendido — a ineficácia da venda por negociação particular, por nela ter outorgado auxiliar daquele administrador, desprovido de poderes de representação (arts. 1211.º e 1248.º do CPC, na versão vigente em 1992), num caso em que é imputável ao administrador a criação de uma situação de representação tolerada e aparente por aquele auxiliar, consentindo que vários negócios de venda fossem por aquela entidade realizados e permitindo que entrasse em circulação no comércio jurídico certidão, extraída dos autos de falência, em que o citado auxiliar era qualificado como encarregado de venda".

[1016] Quanto aos benefícios fiscais das operações de liquidação da massa insolvente, vejam-se os arts. 269.º e 270.º.

[1017] Esta preferência pelo leilão eletrónico constitui uma novidade introduzida pelo D.L. n.º 79/2017, de 30 de junho.

[1018] No direito anterior essa competência pertencia ao liquidatário, o qual dependia da prévia concordância da comissão de credores (art. 181º, nºs 1 e 2, do CPEREF). Pelo contrário, o regime atual enquadra-se na tendência de desjudicialização do processo de insolvência e no correspetivo reforço dos poderes do administrador da insolvência. Por isso, entendeu o Ac. Rel. Po., de 23-01-2017 (CURA MARIANO) que: "I – O facto do Administrador não ter ouvido um interessado antes de ter procedido à venda por negociação particular de um imóvel que integrava a massa insolvente, por preço inferior àquele que esse interessado já havia oferecido e não havia sido aceite, não constitui uma nulidade processual que possa afetar a venda realizada. II – Se o Administrador da Insolvência, nas operações para a venda dos bens que integram a

art. 164.º, n.º 2, "o credor com garantia real sobre o bem a alienar é sempre ouvido sobre a modalidade da alienação, e informado do valor base fixado ou do preço da alienação projectada a entidade determinada". Sobre as consequências da venda de bens onerados com direitos reais de garantia em violação do disposto no nº 2 do artigo 164º do CIRE, a doutrina e a jurisprudência divergem. Segundo a jurisprudência dominante, a inobservância do nº 2 do artigo 164º do CIRE não afeta a eficácia nem a validade da venda realizada pelo administrador de insolvência. Ou seja, a violação da norma apenas poderá constituir causa de destituição do administrador e de responsabilidade civil perante o credor garantido que não foi ouvido sobre a modalidade da venda ou que não foi informado sobre o valor base da venda ou o preço da alienação projetada[1019]. Segundo a jurisprudência minoritária, a violação do disposto no art. 164.º, n.º 2, pode consubstanciar uma nulidade processual determinando em consequência a invalidade da venda[1020].

massa insolvente, deve procurar obter o melhor preço, de modo a proteger os interesses do insolvente e dos credores, estando sujeito a deveres de atuação diligente, o incumprimento de tais deveres, designadamente quando despreza injustificadamente a existência de uma melhor proposta para a venda de um bem da massa insolvente, tem como consequência, não a anulação da venda realizada com o incumprimento desses deveres, mas sim uma eventual destituição do cargo, ao abrigo do artigo 56.º, n.º 1, do CIRE, e a sua responsabilização, nos termos do artigo 59.º, n.º 1, do mesmo diploma". Segundo o Ac. Rel. Lx, de 24-05-2018 (MANUEL RODRIGUES), "a contratação, pelo administrador de insolvência, dos serviços de uma leiloeira para o auxiliar na venda de imóvel apreendido para a massa insolvente carece de prévia concordância da comissão de credores ou, na falta desta, do juiz".

1019 Veja-se, entre muitos outros, o Ac. Rel. Po., de 30-01-2017 (MANUEL DOMINGOS FERNANDES). Na doutrina, FERNANDES, Luís A. Carvalho/LABAREDA, João, *Código da Insolvência e da Recuperação de Empresas Anotado*, 3ª Edição, Quid Juris, Lisboa, 2015, pág. 617.

1020 Designadamente, o Ac. STJ, de 4-04-2017 (FONSECA RAMOS): "a interpretação que o acórdão recorrido acolhe, no que respeita ao art. 163.º do CIRE, sentenciando que um credor hipotecário, alegadamente prejudicado pela actuação do administrador da insolvência, no contexto de venda por negociação particular de dois imóveis, não pode suscitar tal questão perante o juiz do processo, e que a decisão judicial proferida na 1.ª instância, que decretou a pedida nulidade daquela venda, é ilegal por o acto ser eficaz, restando ao lesado intentar acção de responsabilidade civil contra o administrador da insolvência, e/ou pedir a sua destituição com justa causa, como únicas sanções para os actos ilegais praticados; viola o art. 20.º, n.ºs 1 e 5, da CRP, por não assegurar, imediatamente no processo, tutela efectiva para o direito infringido, desconsiderando a possibilidade de pronta intervenção do julgador". Na *doutrina*, veja-se, sobre a questão, por todos, DINIS, David Sequeira/ROSA, Luís, Bértolo, *A Proteção dos Credores Garantidos e o Regime do Artigo 164º, nº 2, do CIRE, in* "Revista de Direito da Insolvência", n.º 2, Almedina, Coimbra, 2018, pp. 9-38.

Por último, por força do art. 130.º, n.º 1, da Lei n.º 114/2017, de 29 de dezembro: "O Governo fica autorizado, através do membro responsável pela área das finanças, no âmbito da recuperação de créditos e outros ativos financeiros do Estado, detidos pela DGTF, a proceder às seguintes operações: (...) f) Aquisição de ativos mediante permuta com outras pessoas coletivas públicas ou no quadro do exercício do direito de credor preferente ou garantido em sede de venda em processo executivo ou em liquidação do processo de insolvência".

8.2. Momento processual

O *momento* da abertura da fase de liquidação depende do preenchimento em simultâneo de um conjunto de requisitos: trânsito em julgado da sentença declaratória de insolvência e realização da assembleia de apreciação do relatório (art. 158º, nº 1).

Porém, como a própria lei estabelece expressamente, a venda de todos os bens apreendidos para a massa insolvente é *independente da verificação do passivo* (art. 158º, nº 1).

Excecionalmente, o administrador da insolvência pode promover a venda antecipada (e, por isso, independentemente da verificação dos dois pressupostos do nº 1 do art. 158º), quando se trate de bens sujeitos a depreciação ou deterioração e que, por isso, não podem ou não se devem conservar (art. 158º, nº 2)[1021]. Quando tome esta decisão, o administrador da insolvência comunica esse facto ao devedor, à comissão de credores (quando exista) e ao juiz, com a antecedência de, pelo menos dois dias úteis[1022] antes da realização da venda, e publica-o no portal *Citius* (n.º 3 do art. 158.º). O juiz, oficiosamente, ou a solicitação do devedor, da comissão de credores ou de qualquer credor da insolvência ou da massa insolvente[1023], pode decidir impedir a venda antecipada

[1021] O art. 158.º, n.º 2, foi alterado pela Lei nº 16/2012, de 20 de abril (que também acrescentou os n.º 3-5), e previa, na redação anterior, a prévia concordância da comissão de credores ou, na sua falta, do juiz.

[1022] Defendendo que o prazo de cinco dias seria mais razoável, veja-se o Parecer do Conselho Superior da Ordem dos Advogados sobre o Anteprojeto de alteração do CIRE, de 24 de novembro de 2011, p. 7.

[1023] O requerimento do interessado dirigido ao juiz (e previsto no n.º 4 do art. 158.º) deve indicar as razões que justificam a não realização da venda e, sempre que possível, deve apresentar uma alternativa viável à pretensão do administrador da insolvência (n.º 5 do art. 158.º).

(decisão insuscetível de recurso), devendo comunicar essa decisão de imediato ao administrador da insolvência, ao devedor, à comissão de credores e ao credor que a tenha requerido (art. 158.º, n.º 4).

Por força do art. 152.º[1024], logo que tenha início a liquidação e a partilha, ou tenha lugar a venda antecipada (nos termos do art. 158.º) – e, posteriormente, à medida que os bens sejam localizados e apreendidos para a massa insolvente (n.º 3) – o administrador da insolvência deve publicitar a composição da massa através de anúncio publicado no portal a definir por portaria (do membro do Governo responsável pela área da justiça)[1025] e comprovar essa publicação no prazo de cinco dias (n.º 1). Se a massa insolvente compreender uma empresa (cfr. art. 5.º), o anúncio deve conter os seguintes elementos (art. 152.º, n.º 2): indicação da existência de uma empresa, diferenciação de ativos por área de negócio (se aplicável) e informação de que a empresa será alienada preferencialmente como um todo (imposta pelo art. 162.º).

8.2.1. Trânsito em julgado da sentença

Uma decisão considera-se passada ou transitada em julgado assim que não admita reclamação ou recurso ordinário (art. 628º do CPCivil *ex vi* do art. 17º, nº 1, do CIRE).

A sentença declarativa de insolvência transita em julgado se não forem deduzidos reclamação, oposição ou recurso ou, então, mais tarde, quando estes tenham sido julgados definitivamente improcedentes (enquanto não houver decisão definitiva a este propósito o pagamento e partilha ficam suspensos – respetivamente, arts. 40º, nº 3, e 42º, nº 3)[1026].

8.2.2. Assembleia de credores de apreciação do relatório

Para que o administrador possa começar a vender os bens apreendidos para a massa insolvente, é necessário ainda que já se tenha realizado a assembleia

[1024] O art. 152.º, que havia sido revogado pelo art. 34.º, f) do D.L. n.º 116/2008, de 4 de julho, foi "recuperado" pelo art. 3.º do D.L. n.º 79/2017, de 30 de junho.

[1025] O art. 13.º da Portaria n.º 267/2018, de 20 de Setembro, manda fazer a publicação na Área de Serviços Digitais dos Tribunais, acessível no endereço eletrónico https://tribunais.org.pt.

[1026] A este propósito, cfr. LEITÃO, Luís M. T. de Menezes, *Direito da Insolvência*, 8ª edição, Almedina, Coimbra, 2018, p. 264, nota 365.

de apreciação do relatório. Esta assembleia encontra-se regulada no art. 156º, e tem lugar no dia e na hora fixados na sentença declaratória de insolvência (entre 45 a 60 dias – art. 36º, nº 1, al. n)).

Caso a realização da assembleia de apreciação do relatório tenha sido dispensada pelo juiz na sentença, se o juiz não adaptar ao caso concreto a tramitação processual (art. 36.º, n.º 5)[1027], deverá ser aplicada a regra do art. 36.º, n.º 4, considerando-se o 45.º dia após a sentença?

8.3. Casos em que não há liquidação

Em certos casos previstos na lei, os bens que compõem a massa insolvente não são liquidados, seja porque houve dispensa de liquidação, seja porque houve interrupção da liquidação, seja porque ocorreu uma suspensão da liquidação, seja porque houve uma isenção de liquidação[1028].

8.3.1. Dispensa da liquidação

Na *dispensa de liquidação*, nem sequer chega a haver liquidação, alcançando-se a satisfação dos interesses dos credores por outra via (art. 171º). Neste caso, o juiz, a solicitação do administrador da insolvência e com a prévia concordância do devedor, pode dispensar a liquidação da massa (total ou parcialmente), desde que o insolvente seja uma pessoa singular, a massa insolvente não integre uma empresa e, ainda, o devedor entregue ao administrador da insolvência uma quantia não inferior àquela que resultaria da liquidação (dentro do prazo de 8 dias a contar do momento em que é fixada pelo juiz)[1029].

8.3.2. Interrupção da liquidação

Na *interrupção da liquidação*, esta inicia-se mas a verificação de determinada circunstância importa o encerramento do processo sem que a liquidação

[1027] E se o juiz for omisso? Poderá esta adaptação ocorrer depois da prolação da sentença, oficiosamente ou a pedido de qualquer interessado?

[1028] Sobre esta temática, veja-se LEITÃO, Luís M. T. de Menezes, *Direito da Insolvência*, 8ª edição, Almedina, Coimbra, 2018, pp. 261 e ss.

[1029] Trata-se de um instituto inspirado por razões de economia e celeridade processuais, bem como pela necessidade de proteger o devedor. Assim, FERNANDES, Luís A. Carvalho/ LABAREDA, João, *Código da Insolvência e da Recuperação de Empresas Anotado*, Quid Juris Editora, Lisboa, 2008, p. 570, nota 1.

esteja terminada[1030]. É o caso do art. 232º, nº 4, de acordo com o qual, se a massa for insuficiente para satisfazer as custas do processo e as restantes dívidas da massa, ao administrador da insolvência é lícito interromper imediatamente a liquidação[1031]. Para além disso, deverá dar conhecimento ao juiz dessa insuficiência[1032], o qual, depois de ouvidos o devedor, a assembleia de credores e os credores da massa insolvente, declara o processo encerrado (arts. 230º, nº 1, al. d), e 232º, nºs 1 e 2), exceto se algum interessado depositar à ordem do tribunal o montante fixado pelo juiz de acordo com o que razoavelmente entenda necessário para garantir a satisfação das custas do processo e das restantes dívidas da massa insolvente (art. 232.º, n.º 2).

Quando o processo for remetido a conta, e após esta, a secretaria, depois de pagas as custas, distribui as importâncias em dinheiro existentes na massa insolvente pelos credores da massa insolvente, na proporção dos respetivos créditos (n.º 3 do art. 232.º). Se tiver sido aberto o incidente de qualificação da insolvência e este ainda não estiver findo, o encerramento do processo de insolvência não obsta ao seu prosseguimento, que passará a seguir os termos do incidente limitado (art. 232.º, n.º 5)[1033].

8.3.3. Suspensão da liquidação

Na *suspensão da liquidação e partilha da massa*, a liquidação tem início, porém "o seu decurso fica temporariamente paralisado, enquanto se verificar determinada situação a que se atribui esse efeito". É o caso do nº 3 do art. 156º (onde a suspensão tem caráter eventual), do art. 225º (onde a suspensão tem

[1030] Assim, LEITÃO, Luís M. T. de Menezes, *Direito da Insolvência*, 8ª edição, Almedina, Coimbra, 2018, p. 261.

[1031] De acordo com o n.º 7 do art. 232.º (aditado pelo art. 1.º do D.L. n.º 282/2007, de 7 de agosto), presume-se a insuficiência da massa quando o património seja inferior a €5000.

[1032] Inovadoramente, após a reforma operada pela Lei nº 16/2012, de 20 de abril, o juiz pode, oficiosamente, conhecer da insuficiência da massa insolvente para a satisfação das custas do processo e das restantes dívidas da massa insolvente (art. 232.º, n.º 1, *in fine*).

[1033] Por força do art. 78.º, n.º 7, al. b), do CIVA, os sujeitos passivos podem deduzir o imposto respeitante a créditos considerados incobráveis, em "processo de insolvência, quando a mesma for decretada de caráter limitado". De acordo com o art. 78.º-A, n.º 6, al. c), do CIVA não são considerados incobráveis "(...) sempre que o adquirente ou destinatário tenha sido declarado falido ou insolvente em processo judicial anterior (...)".

caráter automático) e dos arts. 40.º, n.º 3 (suspensão automática), e 42.º, n.º 3 (suspensão automática)[1034].

8.3.4. Isenção de liquidação

Por último, na isenção da liquidação, nem sequer há início à liquidação, porque, no momento da prolação da sentença, e de acordo com o art. 39.º, n.º 1, o juiz conclui que o património do devedor não é presumivelmente suficiente para a satisfação das custas do processo e das dívidas previsíveis da massa insolvente, proferindo uma sentença apenas com as indicações das alíneas a) a d) e h) do n.º 1 do art. 36.º (não há, por isso, sequer apreensão de bens para liquidação).

Também há isenção de liquidação quando é aprovado e homologado um plano de pagamentos – neste caso, a sentença declarativa de insolvência – apenas contém as menções do art. 36.º, n.º 1, als. a) e b), não havendo em consequência lugar a apreensão ou liquidação de bens (art. 259.º, n.º 1).

8.4. Procedimento

Há um conjunto de regras procedimentais que se destinam a acautelar o bom destino das quantias que vão resultando das operações de liquidação e que devem nortear a conduta do administrador da insolvência.

Assim, para começar, à medida que a liquidação se for efetuando, é o seu produto depositado à ordem da administração da massa, em conformidade com o disposto no nº 6 do artigo 150º[1035] (art. 167º, nº 1). Se no processo de insolvência tiver sido constituída comissão de credores, esse depósito, seja

[1034] Caso tenha sido atribuída a administração da massa insolvente ao próprio devedor, a liquidação só tem lugar depois que ao devedor seja retirada a administração, sem prejuízo do disposto no nº 1 do artigo 158º e da realização pelo devedor de vendas ao abrigo do nº 2 do mesmo artigo, com o consentimento do administrador da insolvência e da comissão de credores, se existir (art. 225º). Aliás, terminada a administração pelo devedor são imediatamente apreendidos os seus bens de acordo com o disposto nos arts. 149º e ss, continuando o processo os seus termos gerais (art. 228º, nº 2).

[1035] Segundo o art. 150º, nº 6, o administrador da insolvência deverá depositar as somas recebidas em dinheiro, exceto as que sejam estritamente indispensáveis às despesas correntes de administração, em instituição de crédito escolhida pelo administrador da insolvência. No sentido de que o dinheiro poderá ser distribuído em contas de diferentes instituições bancárias, veja-se FERNANDES, Luís A. Carvalho/LABAREDA, João, *Código da Insolvência e da Recuperação de Empresas Anotado*, Quid Juris Editora, Lisboa, 2008, p. 560, nota 2.

qual for a sua modalidade, só poderá ser movimentado através de assinatura conjunta do administrador da insolvência e de, pelo menos, um dos membros da comissão (art. 167º, nº 2).

Porém, sempre que sejam previstos períodos relativamente longos de imobilização dos fundos depositados, o administrador da insolvência deve fazer aplicações sem grande risco, desde que exista parecer prévio favorável da comissão de credores (nº 3)[1036]. Se no processo de insolvência não tiver sido constituída comissão de credores, levanta-se a questão de saber se o administrador da insolvência decide sozinho. No âmbito dos seus poderes fixados genericamente no art. 80º, parece que a assembleia de credores poderá estabelecer critérios norteadores da opção do administrador da insolvência[1037].

Se o administrador da insolvência violar o disposto no art. 167º, a lei não prevê qualquer sanção específica, nem quanto à eficácia dos atos, nem quanto ao próprio autor do ato. Como decorre do disposto no ponto 10 do Preâmbulo do CIRE, desapareceu a possibilidade de impugnação junto do juiz dos atos do administrador da insolvência "sem prejuízo dos poderes de fiscalização e de destituição por justa causa".

Em segundo lugar, de acordo com o art. 168º, o administrador da insolvência está impedido de adquirir, diretamente ou por interposta pessoa[1038],

[1036] À semelhança do regime anterior – art. 185º, nº 3, do CPEREF. Em virtude da grave crise nos mercados financeiros que se vive desde 2008, esta expressão legal encerra inúmeros perigos, uma vez que a lei não contém qualquer definição, nem sequer critérios norteadores da respetiva escolha. Para CARVALHO FERNANDES e JOÃO LABAREDA, por aplicações sem grande risco deve entender-se "todas aquelas que garantam o reembolso do capital por parte da instituição de crédito, havendo então apenas incerteza quanto à sua remuneração ou ao seu montante, muito embora só seja legítimo o recurso à aplicação alternativa quando ela potencia um ganho maior do que aquele que se obteria com o recurso ao depósito a prazo" – *Código da Insolvência e da Recuperação de Empresas Anotado*, Quid Juris Editora, Lisboa, 2008, p. 562, nota 6.

[1037] Assim, FERNANDES, Luís A. Carvalho/LABAREDA, João, *Código da Insolvência e da Recuperação de Empresas Anotado*, Quid Juris Editora, Lisboa, 2008, p. 561, nota 4.

[1038] O "interposto adquirente não é o beneficiário efectivo, total ou predominante, da venda mas, precisamente, o próprio administrador", como, por exemplo, quando a venda é feita a sociedade dominada pelo administrador. Para este Autores, a venda poderá ser lícita (e até conveniente para a massa insolvente) se for previamente autorizada por todos os credores, e tiver em conta todos os elementos concretos do negócio – FERNANDES, Luís A. Carvalho/LABAREDA, João, *Código da Insolvência e da Recuperação de Empresas Anotado*, Quid Juris Editora, Lisboa, 2008, p. 563, nota 4.

bens ou direitos compreendidos na massa insolvente, qualquer que seja a modalidade da venda (nº 1)[1039].

A violação do disposto no nº 1 importa a destituição do administrador da insolvência com justa causa, a obrigação de restituição à massa do bem ou direito ilicitamente adquirido, sem direito de reaver a prestação efetuada (nº 2 do art. 168º)[1040].

Em terceiro lugar, à venda de imóvel, ou de fração de imóvel, em que tenha sido feita (ou esteja em curso de edificação) uma construção urbana, seja por negociação particular, seja por venda direta, é aplicável o disposto no art. 833.º, n.º 6, do CPCivil: pode efetuar-se no estado em que se encontre, com dispensa da licença de utilização ou de construção, cuja falta de apresentação a entidade com competência para a formalização do ato faz consignar no documento, constituindo ónus do adquirente a respetiva legalização.

Em quarto e último lugar, o processo de insolvência deverá estar *encerrado* no prazo de um ano a contar da data da assembleia de apreciação do relatório[1041], ou no final de cada período de seis meses subsequente, sob pena de destituição com justa causa do administrador da insolvência, a requerimento de qualquer interessado (art. 169.º)[1042]. Apesar de a epígrafe do preceito se referir ao "prazo para a liquidação", em bom rigor a lei estabeleceu um prazo para o encerramento do processo: para que o processo encerre, é necessária decisão do juiz, a qual só pode ser proferida depois de realizado o rateio final (nos termos dos arts. 230º, nº 1, al. a) e 182º), o qual, por seu turno, só pode ter lugar depois da remessa do processo à conta (art. 182º).

Porém, este prazo não é absoluto, pois a lei prevê expressamente a existência de razões que justifiquem o seu prolongamento (art. 169º, *in fine*):

[1039] Considerando que esta proibição de aquisição de bens constitui uma manifestação clara do dever de lealdade que impende sobre o administrador da insolvência (à semelhança do *duty of loyalty* consagrado no art. 64.º, n.º 1, al. b), do CSC, para os administradores das sociedades), veja-se VASCONCELOS, Pedro Pais de, *Responsabilidade Civil do Administrador de Insolvência, in:* "II Congresso de Direito da Insolvência", Almedina, Coimbra, 2014, pp. 197-198.

[1040] Segundo Paula Costa e Silva, trata-se de uma norma inderrogável – *A Liquidação da Massa Insolvente, in:* "Revista da Ordem dos Advogados", Ano 65, 2005, edição *online.*

[1041] Se a assembleia de apreciação do relatório tiver sido dispensada, aplica-se o disposto no art. 36º, nºs 2-5.

[1042] Sobre a possibilidade de destituição *ex officio*, veja-se FERNANDES, Luís A. Carvalho/LABAREDA, João, *Código da Insolvência e da Recuperação de Empresas Anotado*, Quid Juris Editora, Lisboa, 2008, pp. 565-566, nota 4.

por exemplo, dívidas à insolvência litigiosas, dimensão dos bens que integram a massa e consequente morosidade da sua alienação, o atraso no trânsito em julgado da sentença de verificação e graduação de créditos, etc.[1043].

8.5. Casos especiais

8.5.1. Necessidade de consentimento

Há um conjunto de atos jurídicos, que assumem especial relevo para o processo de insolvência e, por isso, cuja prática depende do consentimento da comissão de credores, ou, se esta não existir, da assembleia de credores[1044] (art. 161º, nº 1). A atribuição de especial relevo a um ato depende dos riscos a ele associados, das suas repercussões na tramitação ulterior do processo, das perspetivas de satisfação dos credores da insolvência e da suscetibilidade de recuperação da empresa (nº 2 do art. 161º).

Para além disso, a lei contém um elenco não exaustivo[1045] de atos de especial relevo (art. 161º, nº 3, proémio):

- a venda da empresa, de estabelecimentos ou da totalidade das existências (al. a));
- a alienação de bens necessários à continuação da exploração da empresa, antes do respetivo encerramento (al. b));
- a alienação de participações noutras sociedades com vista a garantir o estabelecimento com estas de uma relação duradoura (al. c));
- a aquisição de imóveis (al. d));
- a celebração de novos contratos de execução duradoura (al. e));
- a assunção de obrigações de terceiros e a constituição de garantias (al. f));
- a alienação de qualquer bem da empresa por preço igual ou superior a €10 000 e que represente, pelo menos, 10% do valor da massa

[1043] Assim, FERNANDES, Luís A. Carvalho/LABAREDA, João, *Código da Insolvência e da Recuperação de Empresas Anotado*, Quid Juris Editora, Lisboa, 2008, p. 568, nota 9.

[1044] O art. 161º, nº 1, deve ser lido em conjugação com o disposto no art. 80º, pelo que as deliberações da comissão de credores podem ser revogadas pela assembleia de credores, por um lado, e, por outro lado, uma deliberação prévia da assembleia de credores sobrepõe-se a qualquer deliberação da comissão de credores que lhe seja posterior.

[1045] Assim, também, MARTINS, Alexandre de Soveral, *Um Curso de Direito da Insolvência*, 2ª edição revista e atualizada, Almedina, Coimbra, 2016, p. 326.

insolvente, tal como existente à data da declaração da insolvência, exceto quanto aos bens do ativo circulante ou quando a sua substituição por outro da mesma natureza for fácil (al. g)).

Para além da restrição constante dos n°s 1-3, o art. 161º estabelece uma segunda restrição à atuação do administrador da insolvência[1046]. Assim, as alienações, por negociação particular, que constituam atos de especial relevo devem observar os seguintes requisitos: o administrador deve comunicar ao devedor e à comissão de credores, a intenção de as realizar, bem como a identidade do adquirente e todas as demais condições do negócio, com a antecedência mínima de 15 dias relativamente à data da transação (art. 161º, nº 4). Perante a comunicação, pode o devedor, ou o credor ou um grupo de credores cujos créditos representem, na estimativa do juiz, pelo menos 1/5 do total dos créditos não subordinados, requerer ao juiz – com fundamento na plausibilidade de que a alienação a outro interessado seria mais vantajosa para a massa insolvente[1047] – que mande sobrestar na alienação e convocar a assembleia de credores para que preste o seu consentimento à operação (art. 161º, nº 5).

A violação do disposto no art. 161º, em regra, só desencadeia consequências para o administrador da insolvência, em nada afetando a eficácia do ato praticado (art. 163º). Assim, por força do art. 59º, nº 1, o administrador da insolvência responde pelos danos causados ao devedor e aos credores da insolvência pela violação culposa dos deveres que sobre ele impendem. Para além disso, a violação do disposto no art. 161º, pode consubstanciar uma justa causa de destituição do administrador da insolvência, nos termos do art. 56º.

A eficácia dos atos só será afetada se as obrigações assumidas pelo administrador da insolvência excederem manifestamente as da contraparte (art. 163º,

1046 Ambas as restrições constituem limites aos amplos poderes do administrador da insolvência no que toca à liquidação da massa (genericamente consagrados no art. 164º, nº 1), e são ditadas pelo primado de que o processo de insolvência se destina à satisfação dos interesses dos credores, os quais estão em melhor posição para avaliar o impacto do modelo de liquidação. Cfr., a este propósito, o Ponto 3 do Preâmbulo do diploma que aprovou o CIRE.

1047 Exigindo que essa plausibilidade obriga "o requerente a referir-se a uma concreta possibilidade de alienação a um determinado interessado, com as respetivas condições" – MARTINS, Alexandre de Soveral, *Um Curso de Direito da Insolvência*, 2ª edição revista e atualizada, Almedina, Coimbra, 2016, p. 328.

in fine)[1048]. Esta solução da lei é criticada por alguma doutrina, em múltiplos aspetos. Desde logo, porque a eficácia regra do ato é ditada pela proteção[1049] dos terceiros que negoceiam com o administrador da insolvência, em detrimento injustificado da tutela dos interesses dos credores. Depois, pela total ausência de disciplina legal do procedimento destinado a obter a declaração de ineficácia do ato: quem tem legitimidade ativa e passiva, será um apenso do processo, qual o prazo para o fazer?[1050]

8.5.2. Alienação da empresa

O legislador insolvencial previu um conjunto de regras especiais para a alienação da empresa[1051].

Desde logo, ainda antes do início da fase de liquidação, deve o administrador da insolvência indicar, no relatório a apresentar na assembleia do art. 156º, quais as perspetivas de manutenção da empresa do devedor, no todo ou em parte (art. 155º, nº 1, al. c)).

Depois, a assembleia de apreciação do relatório[1052] delibera sobre o encerramento ou manutenção em atividade do(s) estabelecimento(s) que integra(m) a massa (art. 156º, nº 2).

[1048] A este propósito, cfr. o Ac. Rel. Lx., de 24-05-2018 (Manuel Rodrigues).

[1049] Esta proteção é excessiva, uma vez que quem negoceia com o administrador da insolvência, já conhece a situação de insolvência e o estatuto do administrador, detalhadamente regulado na lei. Assim, FERNANDES, Luís A. Carvalho/LABAREDA, João, *Código da Insolvência e da Recuperação de Empresas Anotado*, Quid Juris Editora, Lisboa, 2008, pp. 542-543, nota 6. Segundo o Ac. Rel. Lx., de 27-11-2014 (Teresa Albuquerque): "II – Não obstante, o legislador do CIRE não terá pretendido que os resultados da actuação do administrador que aja sem ter obtido aquela autorização – ou noutras situações em que tenha prescindido de autorizações ou pronúncias prévias – sejam postos em causa através de sanções como a nulidade, ou mesmo, a respectiva ineficácia, pois que, ao contrário do que sucedia no âmbito do CPEREF – cfr respectivo art 136º – não existe agora no regime do CIRE a faculdade de impugnação dos actos do administrador. III – A possibilidade de reacção contra os actos do administrador está hoje dependente da qualificação desse acto como assumindo «especial relevo para o processo de insolvência» nos termos do art 161º, mas a declaração dessa ineficácia implicará a instauração de uma acção declarativa dirigida contra quem pretenda aproveitar – ou fazer prevalecer – o acto atacado, e contra o administrador infractor".

[1050] Cfr. FERNANDES, Luís A. Carvalho/LABAREDA, João, *Código da Insolvência e da Recuperação de Empresas Anotado*, Quid Juris Editora, Lisboa, 2008, p. 544, nota 8.

[1051] Como já vimos *supra*, o art. 5º contém uma definição de empresa para efeitos do CIRE.

[1052] Se a realização da assembleia de apreciação do relatório for dispensada, aplica-se o disposto no art. 36º, nºs 2-5.

Em terceiro lugar, por força do art. 157º, poderá o administrador da insolvência, a título excecional, encerrar os estabelecimentos do devedor, antes da assembleia de apreciação do relatório.

Em quarto lugar, a venda da empresa, de estabelecimentos ou da totalidade das existências, carece do consentimento da comissão de credores ou, se esta não existir, da assembleia de credores (art. 161º, nº 1, e nº 3, al. a)) e, se houver de ser alienada por negociação particular, deverá observar o procedimento dos nºs 4 e 5 do art. 161º.

Em quinto lugar, a empresa deve ser alienada como um todo, exceto se não existir uma proposta satisfatória ou houver vantagem em alienar a empresa em partes separadas (art. 162º, nº 1)[1053].

Em sexto lugar, assim que inicie funções, o administrador da insolvência deverá tomar as diligências necessárias à alienação da empresa ou dos seus estabelecimentos (art. 162º, nº 2). Este preceito parece dificilmente conciliável com a necessidade de parecer prévio da assembleia e de consentimento da comissão de credores, bem como com o próprio parecer do administrador da insolvência contido no relatório regulado no art. 155º, nº 1, al. c). Porém, a incongruência legal é meramente aparente, uma vez que o nº 2 do art. 162º diz respeito apenas a atividades de prospeção do mercado (possíveis interessados, preço, condições de pagamento, etc.), que até podem ser auxiliares da elaboração do relatório do administrador e da decisão da assembleia de credores[1054].

Por último, a violação do disposto no art. 162º, não prejudica a eficácia dos atos praticados, salvo se as obrigações assumidas pelo administrador da

[1053] Esta regra é uma manifestação clara da preocupação do legislador com a recuperação da empresa, mesmo em contexto de liquidação da massa insolvente. Se o administrador da insolvência exercer o seu poder discricionário de optar pela venda fracionada da empresa, tem a "correspondente responsabilidade e deve estar preparado para justificar a sua opção, cabendo-lhe o ónus de demostrar que [...] agiu com o cuidado e a lealdade devidos" – VASCONCELOS, Pedro Pais de, *Responsabilidade Civil do Administrador de Insolvência, in:* "II Congresso de Direito da Insolvência", Almedina, Coimbra, 2014, p. 204. Sobre o tema, ver também, PIDWELL, Pedro, *Os Poderes e Deveres do Administrador Judicial [da Insolvência] na Reestruturação de Empresas, in:* "Revista de Direito da Insolvência", n.º 2, Almedina, Coimbra, 2018, pp. 70 e ss.

[1054] Assim, FERNANDES, Luís A. Carvalho/LABAREDA, João, *Código da Insolvência e da Recuperação de Empresas Anotado*, Quid Juris Editora, Lisboa, 2008, p. 541, nota 8.

insolvência excederem manifestamente as obrigações assumidas pela contraparte (art. 163º)[1055].

8.5.3. Alienação de bens objeto de garantia real

A liquidação dos bens onerados com garantia real apresenta duas particularidades que merecem destaque.

Em primeiro lugar, o credor com garantia real sobre o bem a alienar[1056] é sempre ouvido acerca da modalidade da alienação, e informado do valor base estabelecido ou do preço da alienação projetada a entidade determinada (art. 164º, nº 2)[1057].

No prazo de uma semana, ou posteriormente mas em tempo útil, o credor garantido pode propor a aquisição do bem, por si ou por terceiro, por preço superior ao da alienação projetada ou ao valor base fixado (art. 164º, nº 3)[1058]. Esta proposta só será eficaz se for acompanhada de um cheque visado à ordem da massa insolvente[1059], no valor de 20% do montante da proposta[1060] (que tem

[1055] Cujo regime já foi analisado *supra*, valendo aqui, *mutatis mutandis*, as considerações a esse propósito expendidas.

[1056] Defendendo que não é necessário ouvir o devedor (afastando, por isso, a aplicação do disposto no art. 886º-A, nº 1, do CPCivil de 1961, atual art. 812º, nº 1, do CPCivil de 2013), mas apenas o credor com garantia real sobre o bem a alienar, veja-se FERNANDES, Luís A. Carvalho/ LABAREDA, João, *Código da Insolvência e da Recuperação de Empresas Anotado*, Quid Juris Editora, Lisboa, 2008, p. 547, nota 5. Neste sentido também, o Ac. Rel. Guim., de 15-09-2011 (ISABEL ROCHA): "O art. 164.º do CIRE visa a tutela do direito de crédito, e não a tutela de qualquer interesse do insolvente (...) Tal normativo limita a audição sobre a venda dos bens da massa ao credor com garantia real, afastando a necessidade de ouvir o devedor insolvente".

[1057] No sentido de que o parecer do credor não é vinculativo, sendo os atos de liquidação inimpugnáveis – ficando, porém, sempre ressalvada a responsabilidade e destituição com justa causa do administrador da insolvência –, veja-se FERNANDES, Luís A. Carvalho/LABAREDA, João, *Código da Insolvência e da Recuperação de Empresas Anotado*, Quid Juris Editora, Lisboa, 2008, p. 547, nota 5.

[1058] De acordo com o art. 165º, os credores garantidos que adquiram bens integrados na massa insolvente estão sujeitos à aplicação das regras do processo executivo que respeitam ao exercício dos respetivos direitos.

[1059] Repare-se que, por lapso, o legislador utiliza a expressão "massa falida", que, já em duas oportunidades, poderia ter sido corrigida (quer com o D.L. nº 200/2004, de 18 de agosto, quer com o D.L. nº 282/2007, de 7 de agosto, que alteraram o art. 164º).

[1060] Considerando este valor excessivo, LOUSA, Nuno Ferreira, *Os Créditos Garantidos e a Posição dos Garantes nos Processos Recuperatórios de Empresas*, *in* "Revista de Direito da Insolvência", n.º 0, Almedina, Coimbra, 2016, p. 151.

a função de caução) sendo aplicável, com as devidas adaptações, o estatuído nos arts. 824º e 825º do CPCivil (art. 164º, nº 4).

O administrador da insolvência pode aceitar ou recusar a proposta. Porém, se recusar e a alienação for feita por preço inferior, fica obrigado a colocar o credor na situação que decorreria da alienação a esse preço, caso ela venha a ocorrer por preço inferior (art. 164º, nº 3).

Em segundo lugar, na hipótese de o bem ter sido dado em garantia de dívida de terceiro ainda não exigível e pela qual o insolvente não responda pessoalmente, poderá a alienação ocorrer com essa oneração, (art. 164º, nº 5). Nesta hipótese em que o insolvente é mero garante e não devedor, o crédito do terceiro não se vence nos termos do art. 91.º. Por isso, a lei admite esta solução particular de venda dos bens com a respetiva oneração (a qual implicará um desconto no preço)[1061]. Todavia, o bem será alienado livre de ónus ou encargos se isso causar prejuízo à satisfação de crédito, com garantia prevalecente, já exigível ou em relação ao qual se verifique aquela responsabilidade pessoal.

Em terceiro lugar, o atraso na alienação de um bem (para além das consequências previstas no art. 169º) ainda tem as consequências previstas no art. 166º, exclusivamente quanto a credores com garantia real. Transitada em julgado a sentença declaratória da insolvência e realizada a assembleia de apreciação do relatório[1062] (isto é, a partir da abertura da fase de liquidação), o credor com garantia real deve ser compensado do prejuízo resultante do retardamento da alienação do bem objeto da garantia que lhe não seja imputável, assim como da desvalorização do mesmo causada pela sua utilização em proveito da massa insolvente (art. 166º, nº 1)[1063].

[1061] Sobre o tema, LOUSA, Nuno Ferreira, *Os Créditos Garantidos e a Posição dos Garantes nos Processos Recuperatórios de Empresas, in* "Revista de Direito da Insolvência", n.º 0, Almedina, Coimbra, 2016, pp. 153 e 154.

[1062] Se a realização da assembleia de apreciação do relatório tiver sido dispensada, aplica-se o disposto no art. 36º, nºs 2-5.

[1063] O art. 166º constitui uma proteção adicional para os credores com garantia real. De facto, do art. 158º já decorre que, aberta a fase de liquidação, o administrador deve proceder com prontidão à venda dos bens; e do art. 169º já resulta um fundamento para destituição com justa causa do administrador da insolvência, com base no atraso no encerramento do processo; e, por último, o art. 59º contém a regra geral da responsabilidade do administrador da insolvência pelo prejuízo que cause aos credores da insolvência. Porém, o art. 166º, nº 1, vem consagrar o direito a uma compensação pelo prejuízo que decorra do atraso não imputável ao próprio credor pelo atraso na venda do bem (ou seja, não se exige a culpa do administrador)

Para obviar às consequências do nº 1 do art. 166º, poderá o administrador da insolvência optar por satisfazer integralmente um crédito com garantia real à custa da massa insolvente antes de proceder à venda do bem objeto da garantia, desde que o pagamento tenha lugar depois da data fixada no nº 1 para o começo da venda dos bens (art. 166º, nº 2). Da leitura do preceito, parece resultar que o administrador da insolvência poderá realizar o pagamento independentemente do trânsito em julgado da sentença de verificação e graduação dos créditos (inobservando a regra contida no art. 173º), bastando apenas que a fase de liquidação já se tenha iniciado. Porém, a doutrina tem considerado que o administrador só poderá recorrer ao disposto no nº 2 do art. 166º, se, nos termos gerais, já podia satisfazer o crédito, estando, por isso, igualmente sujeito aos impedimentos previstos nos arts. 225º e 228º (se a administração da massa tiver sido atribuída ao devedor, a liquidação só poderá ter lugar depois de a mesma ter sido retirada ao devedor)[1064].

§4 Pagamento

O pagamento aos credores encontra-se regulado no título VII (arts. 172º-184º), dependendo o respetivo regime jurídico de uma distinção preliminar fundamental entre as dívidas da massa e os créditos sobre a insolvência.

1. Créditos sobre a massa

Os créditos sobre a massa são pagos antes dos créditos sobre a insolvência, devendo o administrador deduzir da massa insolvente os bens ou direitos necessários à sua satisfação, devendo ainda ter em conta as dívidas que previsivelmente se constituirão até ao encerramento do processo (art. 172º, nº 1).

ou que resulte da desvalorização do bem provocada pela utilização em proveito da massa insolvente (abstraindo-se também da culpa do administrador da insolvência). Falando aqui de indemnização por facto lícito, veja-se FERNANDES, Luís A. Carvalho/LABAREDA, João, *Código da Insolvência e da Recuperação de Empresas Anotado*, 3ª edição, Quid Juris Editora, Lisboa, 2015, p. 626, nota 7 e p. 627, nota 10.

1064 A este propósito, por todos, FERNANDES, Luís A. Carvalho/LABAREDA, João, *Código da Insolvência e da Recuperação de Empresas Anotado*, 3ª edição, Quid Juris Editora, Lisboa, 2015, p. 628, nota 16, para quem, no entanto, o administrador não precisa de obter o consentimento prévio do tribunal ou de outro órgão, não podendo o pagamento ser considerado um ato de especial relevo, para efeitos do art. 161º.

Para além disso, as dívidas da massa são pagas à custa dos rendimentos da massa e, no excedente, e na devida proporção, imputadas ao produto de cada bem móvel ou imóvel. Porém, tal imputação não poderá ultrapassar os 10% do valor do bem, quando se trate de bem onerado com garantia real (art. 172º, nº 2).

Por último, as dívidas da massa insolvente são pagas nas datas do respetivo vencimento, qualquer que seja o estado do processo (art. 172º, nº 3)[1065].

2. Créditos sobre a insolvência

2.1. Considerações gerais

O pagamento dos créditos sobre a insolvência deve observar uma regra fundamental: apenas aqueles que se encontrem verificados por sentença transitada em julgado podem ser pagos (art. 173º). Porém, os restantes créditos não ficam desprotegidos.

Assim, como cautela de prevenção, em caso de recurso da sentença de verificação e graduação de créditos ou de protesto por ação pendente, os créditos consideram-se *condicionalmente verificados*, por forma a que fique depositado em favor dos recorrentes ou dos protestantes o montante máximo que possa resultar da decisão de recurso (art. 180º, nº 1). Após a decisão definitiva do recurso ou da ação, será autorizado o levantamento das quantias devidas, ou efetuado o rateio pelos credores (art. 180º, nº 2).

Para além disso, o pagamento dos créditos sobre a insolvência deve observar a seguinte hierarquia: no topo, os créditos garantidos, mais abaixo os créditos privilegiados, de seguida, os créditos comuns, e, por último, os créditos subordinados.

Finalmente, todos os pagamentos são independentes de requerimento e devem ser feitos, preferencialmente, por transferência bancária para o IBAN do respetivo destinatário, sendo a quantia sacada sobre a conta da insolvência (art. 183.º, n.º 1)[1066]. Caso não seja possível realizar o pagamento de um crédito por transferência bancária, o administrador da insolvência deverá utilizar cheque sacado sobre a conta da insolvência (art. 183.º, n.º 2). Se, no prazo

[1065] De acordo com o art. 89º, nº 1, não podem ser propostas execuções para pagamento de dívidas da massa insolvente, durante os três meses posteriores à declaração de insolvência.

[1066] O pagamento por transferência bancária constitui uma novidade introduzida pelo D.L. n.º 79/2017, de 30 de junho.

de um ano contado desde a data do aviso ao credor, os cheques não forem apresentados a pagamento, o respetivo crédito prescreve e a quantia reverte a favor do Instituto de Gestão Financeira e Equipamentos da Justiça, I.P. (art. 183.º, n.º 3). Na utilização de qualquer um destes meios de pagamento (transferência bancária ou cheque), o administrador da insolvência deve observar os requisitos legais ou contratualmente definidos para a movimentação da conta da insolvência, sendo aplicado com as devidas adaptações, designadamente o n.º 2 do art. 167.º (art. 183.º, n.º 4).

2.2. Créditos garantidos

Os créditos garantidos encontram-se definidos no art. 47º, nº 4, al. a), e o seu pagamento deve observar o disposto nos arts. 172º a 174º. O pagamento destes créditos é feito à custa dos bens onerados com a garantia real: assim que estejam liquidados (e depois de deduzidas as respetivas despesas, bem como os 10% que sejam necessários para a satisfação das dívidas da massa), os credores garantidos são imediatamente pagos[1067].

O montante que fique por satisfazer, e relativamente ao qual o insolvente responda pessoalmente com a generalidade do seu património, será incluído entre os créditos comuns (art. 174º, nº 1, parte final). Por isso, o saldo estimado reconhecido deverá ser atendido nos rateios parciais a que haja lugar antes da venda dos bens garantidos, ficando depositadas as respetivas quantias, até que se apure o saldo efetivo (art. 174º, nº 2).

2.3. Créditos privilegiados

Os créditos privilegiados estão definidos no art. 47º, nº 4, al. a) encontrando-se o respetivo pagamento regulado no art. 175º. Assim, o pagamento dos créditos privilegiados é feito à custa dos bens que não estejam afetos a garantias reais prevalecentes, devendo observar-se a prioridade que lhes assista, e, na hipótese de créditos igualmente privilegiados, na proporção dos seus montantes (art. 175º, nº 1)[1068].

[1067] Pelo contrário, os restantes credores da insolvência são contemplados nos eventuais rateios parciais a que haja lugar, nos termos do art. 178º.

[1068] Com as devidas adaptações, é aplicável o disposto no art. 174º, nºs 1, 2ª parte, e 2 (*ex vi* remissão expressa do art. 175º, nº 2).

Finalmente, assim que estejam depositadas quantias suficientes para garantir um pagamento não inferior a 5% do valor de créditos privilegiados, o administrador da insolvência apresenta um plano e mapa de rateio que entenda ser mais adequado (art. 178º, nº 1), para que o juiz decida sobre os pagamentos que considere justificados (nº 2 do art. 178º).

2.4. Créditos comuns

Os créditos comuns constituem uma categoria residual de créditos sobre a insolvência e estão definidos no art. 47º, nº 4, al. c).

Na hipótese de a massa não ser suficiente para o seu pagamento integral, ficam sujeitos ao princípio da *par conditio creditorum*, isto é, a um pagamento rateado (art. 176º do CIRE e art. 604º, nº 1, do CCivil).

Para além disso, à medida que for sendo feita a liquidação, pode o administrador da insolvência apresentar um mapa e plano de rateio parcial (acompanhado de parecer da comissão de credores), assim que exista em depósito um montante suficiente para pagar pelo menos 5% do valor dos créditos comuns (art. 178º, nº 1). A decisão sobre os pagamentos justificados pertence ao juiz (art. 178º, nº 2).

2.5. Créditos subordinados

Os créditos subordinados encontram-se definidos no art. 47º, nº 4, al. b), e enumerados no art. 48º. Trata-se de créditos cujo pagamento só ocorre depois de integralmente satisfeitos os restantes créditos sobre a insolvência.

Para além disso, o seu pagamento deve observar a ordem segundo a qual são indicados no art. 48º (art. 177º, nº 1), podendo, porém, as partes atribuir uma graduação diferente aos créditos com subordinação convencional (art. 177º, nº 2). Tratando-se de créditos subsumíveis na mesma alínea, se a massa for insuficiente, o seu pagamento deve ser proporcional aos respetivos montantes (art. 177º, nº 1, parte final).

Por último, também estes créditos estão sujeitos aos rateios parciais, previstos no art. 178º e já analisados *supra*.

3. Rateio final

Uma vez terminada a liquidação da massa insolvente, tem lugar a distribuição do seu produto pelos credores e o rateio final, a realizar pela secretaria do tribunal depois de o processo ser remetido à conta (art. 182º, nº 1).

As sobras de liquidação que não sejam suficientes para cobrir as despesas do rateio são atribuídas ao organismo responsável pela gestão financeira e patrimonial do Ministério da Justiça (art. 182.º, n.º 2).

O administrador da insolvência pode apresentar proposta de distribuição e rateio final, acompanhada da documentação de suporte respetiva, devendo a secretaria apreciar tal informação (art. 182.º, n.º 3[1069]).

Se o produto da liquidação for suficiente para a satisfação integral de todos os créditos sobre a insolvência, o remanescente será entregue ao devedor, pelo administrador da insolvência (art. 184º, nº 1). Tratando-se de um insolvente que não é pessoa singular, o destinatário desse valor será apurado segundo as regras que seriam aplicáveis fora do processo de insolvência ou segundo o que estatutária ou legalmente estiver estipulado (art. 184º, nº 2).

4. Casos especiais

4.1. Pagamento no caso de devedores solidários

O art. 179.º, n.º 1, regula as hipóteses em que o devedor insolvente é devedor solidário e outros devedores solidários tenham também sido, paralelamente (em processos autónomos), declarados insolventes.

Segundo a disciplina substantiva da solidariedade passiva, o credor pode exigir de qualquer um dos codevedores a totalidade do seu crédito (art. 519.º, n.º 1, 1ª parte, CCivil); porém, se exigir a totalidade ou parte da prestação a um deles, fica impedido de proceder contra os restantes pelo que exigiu ao primeiro (sob pena de receber, no conjunto, mais do que aquilo a que tem direito), exceto no caso de insolvência deste (art. 519.º, n.º 1, 2ª parte, CCivil). Nesta hipótese, poderá demandar mais do que um devedor, pela totalidade da dívida, mas não pode, obviamente, receber, no final, mais do que lhe é devido. Assim o dispõe o art. 95.º, n.º 1, que permite ao credor concorrer pela totalidade do seu crédito de regresso a cada uma das diferentes massas insolventes

[1069] O n.º 3 do art. 182.º foi acrescentado pela Lei nº 16/2012, de 20 de abril.

de devedores solidários. Por isso, impõem-se cautelas adicionais, no momento do pagamento em sede de processo de insolvência (que estão plasmadas no art. 179.º, n.º 1, e também no art. 95.º) – o credor não pode receber qualquer quantia sem previamente apresentar certidão comprovativa dos montantes recebidos nos processos de insolvência dos restantes devedores[1070].

O art. 179.º, n.º 2, disciplina também o exercício pelo codevedor que satisfaz parcialmente a dívida (mas em montante que ultrapasse a sua quota nas relações internas) do direito de regresso contra codevedor declarado insolvente. Nesta hipótese, o codevedor poderá reclamar o seu crédito de regresso no processo de insolvência do codevedor insolvente. Porém, o concurso entre o codevedor (credor de regresso) e o credor (cujo crédito foi apenas parcialmente satisfeito por esse codevedor) é regido pela prioridade do pagamento deste – só depois de este crédito estar integralmente satisfeito poderá o credor de regresso ser pago.

Para Carvalho Fernandes e João Labareda, a disciplina contida no art. 179.º, não obstante a sua epígrafe redutora (que se refere apenas ao devedores solidários), "é extensível àqueles que, não sendo embora condevedores do insolvente em sentido próprio, respondem, todavia, com ele pelas dívidas que se consideram", propendendo, "pois, a ler *coobrigados* onde a lei fala em *condevedores*"[1071].

4.2. As obrigações sob condição suspensiva

Para efeitos do CIRE, considera-se sujeito a uma condição suspensiva, o crédito cuja constituição se encontra sujeita à verificação[1072] de um acontecimento

[1070] Caso o administrador da insolvência tome conhecimento de processos de insolvência de outros codevedores, deverá exigir tal certidão, sob pena de incorrer em responsabilidade civil e poder ser desituído com justa causa. Assim, Fernandes, Luís A. Carvalho/Labareda, João, *Código da Insolvência e da Recuperação de Empresas Anotado,* 3ª edição, Quid Juris Editora, Lisboa, 2015, pp. 659 e 660, nota 5. Defendendo a extensão teleológica da parte final do art. 179.º, n.º 1, aos casos em que, paralelamente ao processo de insolvência do devedor avalizado, corre ação executiva movida contra o avalista, Cunha, Carolina, *Aval e Insolvência*, Almedina, Coimbra, 2017, pp. 103 e ss.

[1071] *Código da Insolvência e da Recuperação de Empresas Anotado*, 3ª edição, Quid Juris Editora, Lisboa, 2015, p. 661, nota 10. No mesmo sentido, Cunha, Carolina, *Aval e Insolvência,* Almedina, Coimbra, 2017, p. 30.

[1072] Quanto à noção de verificação ou não verificação do acontecimento, veja-se o disposto no art. 275º do CCivil. O art. 50.º foi alterado pela Lei nº 16/2012, de 20 de abril, que acrescentou a referência à decisão judicial.

futuro e incerto, por força da lei, de decisão judicial ou de negócio jurídico (art. 50º, nº 1)[1073].

Constituem créditos sujeitos a condição suspensiva por força do art. 50º, nº 2, do CIRE, designadamente, os créditos que resultem de recusa de execução ou denúncia antecipada, pelo administrador da insolvência, de contratos bilaterais em curso à data da declaração de insolvência, enquanto não se verificar essa recusa ou essa denúncia (al. a)); os créditos emergentes da resolução de atos em benefício da massa insolvente, enquanto não se verificar essa resolução (al. a)); os créditos que não possam ser exercidos contra o insolvente sem a prévia excussão do património de outrem, enquanto essa excussão não se verificar (al. b)); os créditos sobre a insolvência pelos quais o devedor não responda pessoalmente, enquanto a dívida não for exigível (al. c)).

O crédito sujeito a condição suspensiva será atendido nos rateios parciais e pelo seu valor nominal, ficando, todavia, as respetivas quantias repartidas nos rateios parciais depositadas na pendência da condição (art. 181º, nº 1).

Se, no momento do rateio final, não se encontrar preenchida a condição, na hipótese de manifesta improbabilidade de verificação da condição, o crédito não será atendido, devendo as quantias que se encontrem já depositadas ser rateadas pelos restantes credores (al. a) do nº 2 do art. 181º).

[1073] A condição suspensiva consiste na "subordinação pelas partes a um acontecimento futuro e incerto (...) da produção dos efeitos do negócio jurídico" (art. 270º do CCivil) – PINTO, Carlos Alberto da Mota, *Teoria Geral do Direito Civil*, 3ª edição atualizada, Coimbra Editora, Coimbra, 1990, p. 555. Críticos quanto a esta noção legal de crédito sob condição suspensiva, FERNANDES, Luís A. Carvalho/LABAREDA, João, *Código da Insolvência e da Recuperação de Empresas Anotado*, 3ª edição, Quid Juris Editora, Lisboa, 2015, p. 305, nota 5 e LEITÃO, Luís M. T. de Menezes, *Código da Insolvência e da Recuperação de Empresas Anotado*, 9ª edição, Almedina, Coimbra, 2017, p. 135, nota 2. Considerando ser um credor condicional o portador de uma letra ou livrança em branco, ou seja, "o *sujeito* que celebrou com o *subscritor-avalista* um acordo que subordina o (eventual) preenchimento do título ao incumprimento do contrato fundamental garantido (contrato que liga, extracartularmente, esse sujeito ao *susbritor-avalizado*)", veja-se CUNHA, Carolina, *Aval e Insolvência*, Almedina, Coimbra, 2017, p. 46. Na jurisprudência, no mesmo sentido, o Ac. STJ, de 15-05-2013 (ABRANTES GERALDES) e, contra, o Ac. STJ, de 16-01-2014 (SALAZAR CASANOVA).

Se, no momento da realização do rateio final, a condição suspensiva ainda não se encontrar preenchida e, simultaneamente, ainda não existirem elementos que permitam concluir pela manifesta improbabilidade de verificação da condição, as quantias (referentes ao valor nominal do crédito) a atribuir ao credor deverão ficar depositadas numa instituição de crédito, para que, quando verificada a condição, sejam entregues ao respetivo credor, ou para que, quando for certa a impossibilidade da sua verificação, sejam repartidas pelos restantes credores (art. 181º, nº 2, al. b)).

4.3. As obrigações sob condição resolutiva

Para efeitos do CIRE, são considerados créditos sob *condição resolutiva*, os créditos cuja subsistência se encontra dependente da não verificação[1074] de um acontecimento futuro e incerto, quer por força da lei, quer por força de decisão judicial[1075], quer ainda por força de negócio jurídico[1076] (art. 50º, nº 1). Encontram-se, por isso, sujeitos a um regime especial consagrado no art. 94º. Assim, o crédito sobre a insolvência sujeito a condição resolutiva será sujeito ao regime de um crédito incondicional até ao momento da verificação da condição. Uma vez preenchida a condição, os seus efeitos retrotraem-se à data da conclusão do negócio (art. 276º do CCivil), pelo que, por força do art. 94º, *in fine*, o credor deve restituir os pagamentos recebidos.

O regime jurídico da condição resolutiva previsto no CIRE não contém, contrariamente à disciplina da condição suspensiva (art. 181º, nº 2, al. b)), qualquer regime específico para a hipótese de a condição se preencher após o rateio final.

[1074] Quanto à noção de verificação ou não verificação do acontecimento, veja-se o disposto no art. 275º do CCivil.

[1075] A referência à decisão judicial foi acrescentada pela Lei nº 16/2012, de 20 de abril.

[1076] Isto é, da "subordinação pelas partes a um acontecimento futuro e incerto (...) da resolução" dos efeitos do negócio jurídico (art. 270º do CCivil) – PINTO, Carlos Alberto da Mota, *Teoria Geral do Direito Civil*, 3ª edição atualizada, Coimbra Editora, Coimbra, 1990, p. 555.

Capítulo VI – Casos Especiais

§1 Considerações preliminares

Depois de analisadas as regras gerais procedimentais e substantivas do processo de insolvência, cumpre agora debruçarmo-nos sobre algumas especificidades que o processo pode encerrar.

A este propósito, iremos estudar o plano de insolvência (Título IX do CIRE) e as disposições específicas da insolvência de pessoas singulares (Título XII do CIRE). Muito embora o Título X do CIRE (administração pelo devedor) também constitua um regime particular, optámos por estudá-lo *supra* no âmbito da administração da massa insolvente.

§2 O plano de insolvência

1. Noções gerais

De acordo com o art. 1º, n.º 1, "o processo de insolvência é um processo de execução universal que tem como finalidade a satisfação dos credores pela forma prevista num plano de insolvência, baseado, nomeadamente, na recuperação da empresa compreendida na massa insolvente, ou, quando tal não se afigure possível, na liquidação do património do devedor insolvente e a repartição do produto obtido pelos credores".

Mais à frente, depois de regular a tramitação "normal" (supletiva) do processo de insolvência, o legislador dedica o título IX à matéria do plano de insolvência[1077]. E, logo no seu art. 192º, nº 1, estabelece um princípio geral: constitui função do plano de insolvência disciplinar de modo especial (isto é, "em derrogação" das normas do CIRE) o pagamento dos créditos sobre a insolvência, a liquidação da massa insolvente e a sua repartição pelos titulares desses créditos e pelo devedor, bem como a responsabilidade do devedor depois de findo o processo de insolvência. "O plano que se destine a prover à recuperação do devedor designa-se plano de recuperação, devendo tal menção constar em todos os documentos e publicações respeitantes ao mesmo" (n.º 3).

[1077] Para um balanço sobre os primeiros quatro anos de vigência do plano de insolvência, cfr. SILVA, Fátima Reis, *Dificuldades da Recuperação de Empresa no Código da Insolvência e da Recuperação de Empresa, in:* "Instituto de Direito das Empresas e do Trabalho – Miscelâneas", nº 6, Almedina, Coimbra, 2010, pp. 135-178.

Segundo Eduardo Santos Júnior, o CIRE, ao *estilo neoliberal*, deixa nas mãos dos credores, "confiando resultar disso uma expressão da lei do mercado, o destino dos bens da massa insolvente: aos credores cabe decidir da liquidação desses bens, segundo o modelo legal supletivo, se não optarem por um plano de insolvência, ou da sua liquidação ou, enfim, da recuperação da empresa, segundo um plano de insolvência"[1078].

Quanto ao *conteúdo do plano de insolvência*, vale a regra fundamental da liberdade de conteúdo[1079] (sobretudo no que toca às providências com incidência no passivo[1080]), manifestação da autonomia privada dos credores ("proprietários económicos da empresa"[1081], pois a lei colocou "nas mãos dos credores as decisões referentes ao património do devedor e à sua liquidação"[1082]). Desde logo, esta liberdade está presente no art. 192.º, n.º 1, *in fine*, no caráter exemplificativo das providências com incidência no passivo (artigo 196.º, n.º 1, proémio), e na natureza supletiva do art. 197.º. Depois, esta liberdade consente também que o plano contenha apenas providências com incidência no passivo, ou apenas providências específicas de sociedades comerciais, ou apenas preveja o saneamento por transmissão, sendo permitido aos credores adotar alguma das providências previstas na lei, combiná-las, ou escolher outras fora do elenco legal[1083].

2. Natureza jurídica

O plano de insolvência é um acordo aprovado por uma maioria de credores da insolvência que, uma vez homologado judicialmente, vincula todos

1078 *O Plano de Insolvência. Algumas Notas, in:* "O Direito", 138, III, 2006, p. 575.

1079 Contrariamente ao regime anterior, onde vigorava o princípio da tipicidade e, por isso, os credores estavam limitados às providências de recuperação elencadas no art. 4.º do pretérito (CPEREF).

1080 E menos presente nas providências específicas de sociedades comerciais, como veremos, pois constituem verdadeiras intromissões dos credores na vida das sociedades comerciais, impondo-se, por isso, a proteção, em primeira linha, dos titulares das participações sociais – assim, Fernandes, Luís A. Carvalho/ Labareda, João, *Código da Insolvência e da Recuperação de Empresas Anotado*, 3ª edição, Quid Juris, Lisboa, 2015, p. 730, nota 15.

1081 Ponto 3 do Preâmbulo do Decreto-Lei n.º 53/2004, de 18 de março.

1082 Cordeiro, António Menezes, *Introdução ao Direito da insolvência, in:* "O Direito", 138, III, 2006, p. 501.

1083 A este propósito, *vide* o nosso *O Plano de Insolvência, in:* "Estudos Dedicados ao Professor Doutor Luís Alberto Carvalho Fernandes", UCE Editora, Lisboa, 2011, p. 519.

os credores da insolvência (quer tenham reclamado ou não os seus créditos, participado ou não nas negociações, votado a favor ou contra o plano), o devedor (em princípio, independentemente da sua anuência) e até terceiros (como, por exemplo, os sócios) – art. 217.º, n.º 1 – configurando, por isso, um desvio ao princípio da eficácia relativa dos contratos (art. 406.º, n.º 2, do CCivil)[1084]. Consiste num modelo negocial de auto composição dos interesses dos credores (da insolvência) regido pelo princípio da liberdade contratual e sujeito a controlo jurisdicional através de sentença homologatória[1085].

Para Eduardo Santos Júnior é um negócio plural (porque comporta diversas pessoas, sem ser, no entanto, um negócio plurilateral), que "consubstancia um instituto próprio do Direito da Insolvência, que resulta e se reveste do carácter negocial de uma deliberação, acarretando, uma vez homologado, efeitos materiais e processuais"[1086].

Para Gisela Fonseca, "o plano de insolvência apresenta-se, no actual direito falimentar português, como uma figura jurídica de natureza complexa, sendo que a própria apreensão do modo intrincado como o mesmo *nasce*, *evolui* e *morre* permite validar esta afirmação; (...) O domínio do direito da insolvência pelo direito civil, face à falta de autonomia dogmática desta disciplina para que possa ser considerada um ramo especial do direito civil, projecta-se na própria tentativa de estabelecimento da natureza jurídica do plano de insolvência, a qual deve ser procurada nas estruturas dogmáticas do direito civil; A concretização do plano de insolvência permite aos credores a composição dos interesses emergentes do processo, de acordo com a sua própria vontade, revestindo-se, assim, de uma natureza negocial, explicação que não abrange, em termos globais, toda a complexidade deste novo instituto do direito da insolvência português; (...) Apenas uma visão dualista do plano de insolvência e a sua recondução à figura da transacção possibilitam responder à problemática da sua natureza jurídica, permitindo ao intérprete-aplicador

[1084] Cfr. Oliveira, Madalena Perestrelo, *Limites da Autonomia dos Credores na Recuperação da Empresa Insolvente,* Almedina, Coimbra, 2013, p. 50.

[1085] Na *jurisprudência*, veja-se o Ac. Rel. Co., de 17-03-2015 (Henrique Antunes).

[1086] *O Plano de Insolvência. Algumas Notas, in:* "O Direito", 138, III, 2006, pp. 590 e 591.

alcançar verdadeiramente a complexidade desta peça central do direito da insolvência português"[1087].

3. Âmbito subjetivo

Se o processo de insolvência é aplicável a qualquer devedor (art. 2º), o mesmo já não se passa com o plano de insolvência[1088]. De facto, e segundo uma técnica legislativa muito censurável, no título XII, nas disposições específicas da insolvência de pessoas singulares (nos arts. 249º e 250º) encontramos duas normas fundamentais a este propósito.

Assim, de acordo com o art. 250º, "aos processos de insolvência abrangidos pelo presente capítulo não são aplicáveis as disposições dos títulos IX e X" – ora o título IX regula precisamente o plano de insolvência.

Por seu turno, o capítulo onde se insere o art. 250º diz respeito às pessoas singulares que não sejam empresárias ou que sejam titulares de pequenas empresas.

Por pessoa singular *não empresária* entende a lei tratar-se de quem não tenha sido "titular da exploração de qualquer empresa nos três anos anteriores ao início do processo de insolvência" (art. 249º, nº 1, al. a)).

Por *pequena empresa* entende a lei tratar-se de uma empresa que, à data do início do processo, não tem dívidas laborais, tem um número de credores não superior a 20 e tem um passivo global não superior a €300 000 (art. 249º, nº 1, al. b)).

4. Tramitação

4.1. Legitimidade ativa

Nos termos do art. 193º, podem apresentar proposta de plano de insolvência o administrador da insolvência, o devedor, qualquer pessoa que legalmente responda pelas dívidas da insolvência[1089] e qualquer credor ou grupo de credores cujos créditos representem, pelo menos, 1/5 do total dos créditos não subordinados reconhecidos na sentença de verificação e graduação dos créditos ou na

[1087] *A Natureza Jurídica do Plano de Insolvência, in:* "Direito da Insolvência – Estudos", Coordenação de Rui Pinto, Coimbra Editora, Coimbra, 2011, pp. 120-122.

[1088] Também neste sentido, por todos, JÚNIOR, E. Santos, *O Plano de Insolvência. Algumas Notas, in:* "O Direito", 138, III, 2006, pp. 576-577.

[1089] Cfr. o art. 6º, nº 2, quanto ao conceito legal, para efeitos do Código, de responsável legal.

estimativa do juiz, se tal sentença ainda não tiver sido proferida (nº 1)[1090_1091]. Esta legitimidade ativa para a apresentação de proposta de plano de insolvência é distinta da legitimidade para o impulso do processo de insolvência: por um lado, porque naquela, ao contrário desta, nem todos os credores têm legitimidade – apenas os credores não subordinados que reúnam uma determinada percentagem; por outro lado, porque a primeira acrescenta à segunda mais um sujeito ao rol dos legitimados – o administrador da insolvência[1092].

4.1.1. O administrador da insolvência

O *administrador da insolvência* poderá apresentar proposta de plano de insolvência em vários momentos processuais, por sua iniciativa, ou a solicitação da assembleia de credores.

Desde logo, nos termos do art. 155º, nº 1, al. c), poderá já no relatório apresentar proposta de plano[1093] ou, pelo menos, pronunciar-se sobre a conveniência de apresentação de um plano (ainda que desacompanhada de proposta[1094]).

1090 Diferentemente, na *lei alemã* apenas o devedor e o administrador da insolvência têm legitimidade para a apresentação de um plano de insolvência – § 218 InsO.

1091 Sobre a existência de uma obrigação de apresentação de um plano de insolvência e de um "dever legal de submissão do plano a deliberação social previamente à sua apresentação no processo", veja-se Oliveira, Madalena Perestrelo de, *Limites da Autonomia dos Credores na Recuperação da Empresa Insolvente,* Almedina, Coimbra, 2013, pp. 25 e ss e 54 e ss., respetivamente.

1092 Por outro lado, é também distinta do pretérito regime do CPEREF, pois aí era permitido a qualquer credor apresentar proposta de medida de recuperação (independentemente da natureza e do montante dos créditos – art. 8º, nº 1, proémio, do CPEREF).

1093 Caso a proposta seja da sua iniciativa no próprio relatório, alguns Autores defendem que a assembleia de credores, na assembleia de apreciação do relatório (art. 156º), pode recusá-la (porque não concorda com a aprovação de um plano de insolvência de todo em todo), pode ordenar ao administrador que a modifique de acordo com as diretrizes aprovadas pela assembleia (art. 193º, nº 3) ou até encarregar o administrador de elaborar uma *ex novo.* Neste sentido, Fernandes, Luís A. Carvalho/Labareda, João, *Código da Insolvência e da Recuperação de Empresas Anotado,* 3ª edição, Quid Juris Editora, Lisboa, 2015, p. 709, nota 4.

1094 Confirmando esta ideia, o art. 155º, nº 1, al. d) do CIRE (em conjugação com o art. 60º, nº 3, e com o art. 26º da Lei nº 22/2013, de 26 de fevereiro), estabelece que basta a indicação da conveniência da apresentação de proposta para o administrador propor a remuneração a auferir pela sua elaboração. Assim, Fernandes, Luís A. Carvalho/Labareda, João, *Código da Insolvência e da Recuperação de Empresas Anotado,* 3ª edição, Quid Juris Editora, Lisboa, 2015, pp. 708-709, nota 3.

Depois, de acordo com o art. 156º, nº 3, poderá a assembleia de apreciação do relatório[1095] incumbir o administrador da tarefa de elaborar um plano. O administrador da insolvência elabora a proposta de plano de insolvência em colaboração com a comissão de credores, se existir, com a comissão ou representantes dos trabalhadores e com o devedor[1096] (art. 193º, nº 3). Para além disso, o administrador está vinculado às diretrizes aprovadas em assembleia de credores[1097] e à apresentação de uma proposta dentro de um prazo razoável (art. 193º, nºs 2 e 3)[1098]. Se a assembleia de credores fixar ao administrador da insolvência um prazo para apresentação do plano, é esse prazo que releva; porém, se a assembleia de credores não o fizer, por prazo razoável têm alguns Autores entendido tratar-se do prazo de 60 dias fixado no art. 156º, nº 4, al. a), ainda que a liquidação da massa não se encontre suspensa[1099].

4.1.2. O devedor

Quanto ao *devedor*, no caso de se ter apresentado à insolvência poderá na própria petição inicial apresentar proposta de plano (art. 24º, nº 3); na hipótese de insolvência requerida por outro legitimado, poderá na própria contestação apresentar a proposta, a título subsidiário (art. 30º) e, ainda que não conteste,

[1095] Tenha-se em consideração que, por força do art. 36.º, n.º 1, al. n) (alterado pela Lei nº 16/2012, de 20 de abril), o juiz pode dispensar a realização da assembleia de apreciação do relatório, desde que não seja previsível a apresentação de um plano de insolvência (art. 36.º, n.º 2).

[1096] A inércia do devedor pode ter as consequências previstas no art. 186º, nº 2, al. i), e nº 4, e a falta de colaboração da comissão de credores poderá gerar a eventual responsabilidade dos respetivos membros prevista no art. 70º.

[1097] No sentido de que um incumprimento deste dever pode acarretar a responsabilidade e até a destituição do administrador da insolvência, veja-se FERNANDES, Luís A. Carvalho/LABAREDA, João, *Código da Insolvência e da Recuperação de Empresas Anotado*, 3ª edição, Quid Juris Editora, Lisboa, 2015, p. 711, nota 10.

[1098] Desde que não faça uso da faculdade prevista no art. 60º, nº 3. O administrador da insolvência tem direito a uma remuneração especial em consequência da elaboração de um plano de insolvência (que constitui, à semelhança de qualquer remuneração que aufira no exercício de funções de administrador da insolvência, uma dívida da massa insolvente – art. 51º, nº 1, al. b)). Caso a elaboração do plano lhe tenha sido cometida pela assembleia de credores, é a própria assembleia que fixa o respetivo valor (art. 26º do Estatuto). Porém, o administrador, já no relatório previsto no art. 155º do CIRE, deve indicar o valor que se propõe auferir, se entender necessária a elaboração de um plano de insolvência (art. 155º, nº 1, al. d)).

[1099] Assim, FERNANDES, Luís A. Carvalho/LABAREDA, João, *Código da Insolvência e da Recuperação de Empresas Anotado*, 3ª edição, Quid Juris Editora, Lisboa, 2015, pp. 710-711, nota 8.

poderá aproveitar o prazo de oposição para apresentar a proposta de plano de insolvência. Para além disso, nos termos do art. 24º, nº 3, o devedor poderá apresentar a sua proposta mais tarde.

Por último, não está consagrado na lei qualquer dever de apresentação de um plano, contrariamente ao que acontece com o dever de apresentação à insolvência (art. 18º). Existe apenas uma situação que poderá ser configurada de ónus – sempre que pretenda conservar a administração dos seus bens, deverá o devedor apresentar, até à sentença declarativa da insolvência ou nos 30 dias subsequentes, proposta de plano de insolvência que preveja a continuação da exploração da empresa por si mesmo (arts. 224º, nº 2, al. b), e 228º, nº 1, al. e))[1100].

4.1.3. Os credores

A legitimidade dos credores depende da observância de um critério simultaneamente *qualitativo* e quantitativo[1101]. Começando pelo primeiro, a lei delimita-o pela negativa, afastando expressamente os credores não subordinados (art. 193º, nº 1)[1102].

Relativamente ao *critério quantitativo*, deve tratar-se de um credor, isoladamente, ou de um grupo de credores, cujos créditos representem pelo menos um quinto do total dos créditos não subordinados reconhecidos na sentença de verificação e de graduação de créditos[1103], ou, caso esta ainda não tenha sido proferida, na estimativa do juiz (art. 193º, nº 1)[1104].

[1100] A este propósito, FERNANDES, Luís A. Carvalho/LABAREDA, João, *Código da Insolvência e da Recuperação de Empresas Anotado*, 3ª edição, Quid Juris Editora, Lisboa, 2015, pp. 709-710, nota 5; JÚNIOR, E. Santos, *O Plano de Insolvência. Algumas Notas, in:* "O Direito", 138, III, 2006, p. 579.

[1101] No direito pretérito, de acordo com o art. 8º do CPEREF "qualquer credor seja qual for a natureza do seu crédito, pode requerer, em relação à empresa que considere economicamente viável, a aprovação da providência de recuperação adequada".

[1102] Esta limitação é consentânea com um conjunto de restrições a que está sujeita esta categoria de créditos, como por exemplo no seu direito de voto: arts. 73, nº 3, 212º, nº 2, al. b). Assim, FERNANDES, Luís A. Carvalho/LABAREDA, João, *Código da Insolvência e da Recuperação de Empresas Anotado*, 3ª edição, Quid Juris Editora, Lisboa, 2015, p. 710, nota 6.

[1103] Defendendo que não é necessário o seu trânsito em julgado, FERNANDES, Luís A. Carvalho/LABAREDA, João, *Código da Insolvência e da Recuperação de Empresas Anotado*, 3ª edição, Quid Juris Editora, Lisboa, 2015, p. 710, nota 7.

[1104] Uma vez que a aprovação do plano de insolvência só depende do trânsito em julgado da sentença de declaração de insolvência, então poderá ocorrer antes de proferida a sentença

4.1.4. Os responsáveis legais

Por responsável legal, para efeitos do CIRE, entende a lei tratar-se das "pessoas que, nos termos da lei, respondam pessoal e ilimitadamente pela generalidade das dívidas do insolvente, ainda que a título subsidiário" (art. 6º, nº 2).

São aqui subsumíveis, designadamente, o sócio de sociedade de responsabilidade ilimitada (o sócio de sociedade em nome coletivo – art. 175º, nº 1, do CSC –, o sócio comanditado de sociedade em comandita – art. 175º, nº 1 *ex vi* do art. 465º, nº 1, do CSC), as empresas agrupadas nos ACE (Base II, nº 2, da Lei nº 4/73, de 4 de junho), os membros dos AEIE (art. 24º, nº 1, do Regulamento n.º 2137/85, de 25 de julho), os sócios das sociedades civis (art. 997º, nº 1, do CCivil).

Estão ainda abrangidos a pessoa que responda pelas dívidas do património autónomo, o sócio de sociedade unipessoal que viole o princípio da separação patrimonial (art. 270º-F, nº 4, do CSC), o gerente que viole culposamente norma de proteção dos credores sociais (art. 78º do CSC) ou responda por danos causados no exercício das suas funções (art. 79º do CSC), a responsabilidade do sócio único (art. 84º do CSC), a responsabilidade para com credores de sociedade subordinada (art. 501º do CSC)[1105].

Não são subsumíveis, por exemplo, os sócios das sociedades por quotas que ilimitem a sua responsabilidade convencionalmente (art. 198º do CSC), assim como não estão incluídos os cooperadores que ilimitem convencionalmente a sua responsabilidade pelas dívidas da cooperativa (art. 23º CCoop).

4.2. Conteúdo

4.2.1. Breve conspecto

O plano de insolvência deve indicar claramente as alterações que dele decorrem para as posições jurídicas dos credores da insolvência (art. 195º, nº 1).

O plano de insolvência deve ainda indicar a sua finalidade, descrever as medidas necessárias à sua execução – já realizadas ou ainda a executar – e deve conter todos os elementos relevantes para efeitos de aprovação pelos credores e de homologação pelo juiz (art. 195º, nº 2, proémio). Estes elementos consistem, designadamente (art. 195º, nº 2):

de verificação e graduação dos créditos. Neste sentido, veja-se JÚNIOR, E. Santos, *O Plano de Insolvência. Algumas Notas, in:* "O Direito", 138, III, 2006, p. 579, nota 26.

1105 Cfr., a este propósito, FREITAS, José Lebre, *Pressupostos Objectivos e Subjectivos da Insolvência, in:* "Themis – edição especial Novo Direito da Insolvência", 2005, p. 17, nota 24.

- na descrição da situação patrimonial, financeira e reditícia do devedor (al. a));
- na indicação dos meios de satisfação dos interesses dos credores: liquidação da massa insolvente, recuperação do titular da empresa ou transmissão da empresa a outra entidade (al. b));
- na hipótese de se prever a manutenção da empresa em atividade, na titularidade do devedor ou de terceiro, a indicação dos elementos que constam da alínea c);
- a comparação da situação que se verificaria sem a aprovação do plano com aquela que é expectável com as alterações propostas (al. d));
- a indicação dos preceitos legais derrogados e do âmbito dessa derrogação (al. e)).

4.2.2. O novo paradigma da recuperação

O art. 1.º, n.º 1, estabeleceu uma nova ordem de valores para o processo de insolvência. Se na sua versão original o Código estava imbuído da finalidade primacial de satisfação dos interesses dos credores, pela forma que estes entendessem mais adequada (a liquidação e a recuperação dependiam exclusivamente da decisão dos credores, transformados em "proprietários económicos da empresa"), agora, e por imposição dos compromissos Internacionais firmados, a finalidade primacial é a satisfação dos interesses dos credores pela forma prevista num plano de insolvência e, quando tal não seja possível, através da liquidação do património do devedor insolvente e a repartição do produto obtido pelos credores. Se, inicialmente, existia uma tramitação regra e só subsidiariamente atuava o plano de insolvência, depois da alteração introduzida ao CIRE pela Lei nº 16/2012, de 20 de abril, é vontade do legislador que o plano de insolvência constitua a regra e só subsidiariamente vigore a tramitação supletiva.

Porém, a aprovação de um plano de insolvência não significa necessariamente que se opte pela via da recuperação. O legislador no n.º 1 afirma expressamente que o plano de insolvência se pode basear "nomeadamente" (e não necessariamente) na recuperação da empresa[1106]. Se a intenção do

[1106] Segundo Paulo Olavo Cunha, a adequada execução do plano deve tendencialmente conduzir à recuperação da empresa, outrora insolvente, ou à viabilização da (nova) entidade

legislador era dar prioridade à recuperação, não o conseguiu: desde logo, porque o plano de insolvência (como é afirmado expressamente no n.º 1) pode não ter como finalidade a recuperação. Depois, porque não há mecanismos legais ou judiciais especificamente criados para garantir a prioridade da aprovação do plano de insolvência. Neste contexto, apenas se acrescentou o n.º 3 ao art. 192.º, que obriga, nos casos em que o plano de insolvência se destine à recuperação, que a tal seja feita menção expressa em todos os documentos e publicações respeitantes ao plano de insolvência[1107].

4.2.3. Providências

Quanto às providências que podem ser adotadas no plano de insolvência, vigora o *princípio da liberdade de conteúdo*[1108], sendo permitido aos credores adotar alguma das providências previstas na lei, combiná-las, ou escolher outras fora do elenco legal, devendo sempre ser respeitado o princípio da igualdade dos credores da insolvência (art. 194º). Porém, porque essa liberdade de fixação do conteúdo poderá colidir com os interesses de uma minoria de credores, que votam contra, se abstêm ou, até, não participam no processo, mas ficam sujeitos à vontade da maioria, a lei impôs alguns limites excecionais a um tal princípio geral de liberdade de fixação do conteúdo do plano, estabelecendo que este "só pode afectar por forma diversa a esfera jurídica dos interessados, ou interferir com direitos de terceiros, na medida em que tal seja expressamente autorizado neste título ou consentido pelos visados" (art. 192.º, n.º 2). Assim, designadamente, o plano deve observar o princípio da igualdade de tratamento dos credores da insolvência (art. 194.º); pressupõe excecionalmente alguns consentimentos (art. 202.º) [1109]; não pode colocar certos interessados numa situação pior do que a que para si resultaria na ausência de plano (art. 216.º,

que resulta da entidade insolvente – *Providências Específicas do Plano de Recuperação de Sociedade, in:* "I Congresso de Direito da Insolvência", Almedina, Coimbra, 2014, p. 114.

1107 Sobre o plano de recuperação, veja-se Pidwell, Pedro, *Os Poderes e Deveres do Administrador Judicial [da Insolvência] na Reestruturação de Empresas, in:* "Revista de Direito da Insolvência", n.º 2, Almedina, Coimbra, 2018, pp. 72 e ss.

1108 Contrariamente ao regime anterior, onde vigorava o princípio da tipicidade e, por isso, os credores estavam limitados às providências de recuperação elencadas no art. 4º do CPEREF. Porém,

1109 Cfr., a este propósito, Martins, Alexandre de Soveral, *Um Curso de Direito da Insolvência*, 2ª edição revista e atualizada, Almedina, Coimbra, 2016, p. 477.

n.º 1, al. a)); não pode proporcionar aos credores um valor económico superior ao montante nominal dos seus créditos sobre a insolvência, acrescido do valor das eventuais contribuições que eles devam prestar (art. 216.º, n.º 1, al. b)).

O princípio da igualdade de credores tem sido objeto de intenso tratamento jurisprudencial. Segundo o art. 194.º, "o plano de insolvência obedece ao princípio da igualdade dos credores da insolvência, sem prejuízo das diferenciações justificadas por razões objetivas" (n.º 1) [1110] e sem prejuízo do acordo, expresso ou tácito (a lei considera que há consentimento tácito quando o credor vota favoravelmente), dos credores afetados[1111] (n.º 2). Corresponde à fórmula clássica que impõe que se trate de modo igual o que é igual, e de modo desigual o que é desigual. Em contexto insolvencial, quais são os critérios objetivos de diferenciação de tratamento dos credores da insolvência.

Desde logo, o critério primordial que tem sido pacificamente apontado pela *doutrina*[1112] ou pela *jurisprudência*[1113] portuguesas nesta matéria consiste na classificação legal dos créditos sobre a insolvência prevista no artigo 47.º

[1110] O princípio da igualdade dos credores da insolvência impõe que se trate igual o que é igual, e desigual o que é desigual. Para além disso, por força do nº 2 do art. 194º, o princípio da igualdade poderá ser afastado pelo consentimento do credor afetado, expresso ou tácito. Segundo o Ac. Rel. Co., de 25-06-2013 (CATARINA GONÇALVES), "o princípio da igualdade impõe que, sem prejuízo de qualquer razão objectiva que o justifique, os créditos garantidos e privilegiados não recebam um tratamento mais desfavorável do que os créditos comuns; mas não comporta qualquer violação do princípio da igualdade a mera circunstância de os créditos garantidos ou privilegiados ficarem submetidos a regime idêntico ao dos créditos comuns".

[1111] "Uma vez que o que está em causa é a tutela dos interesses individuais e disponíveis dos credores, admite-se a desigualdade quando o prejudicado nisso consinta" – FERNANDES, Luís A. Carvalho/ LABAREDA, João, *Código da Insolvência e da Recuperação de Empresas Anotado*, 3ª edição, Quid Juris, Lisboa, 2015, p. 712, nota 5.

[1112] JÚNIOR, Eduardo Santos, *O Plano de Insolvência. Algumas Notas, in:* "O Direito", 138, III, 2006, p. 588; FERNANDES, Luís A. Carvalho/ LABAREDA, João, *Código da Insolvência e da Recuperação de Empresas Anotado*, 3ª edição, Quid Juris, Lisboa, 2015, p. 712, nota 4; LOUSA, Nuno Ferreira, *Os Créditos Garantidos e a Posição dos Garantes nos Processos Recuperatórios, in:* "Revista de Direito da Insolvência, n.º 0, Almedina, Coimbra, 2016, p. 157.

[1113] Cfr., a título de exemplo, o Ac. Rel. Lx, de 12-07-2007 (ABRANTES GERALDES), *in Colectânea de Jurisprudência*, 2007, III, p. 110, segundo o qual "**a igualdade dos credores não impede que seja dado tratamento diversificado a credores em função da sua categoria e, designadamente, em face da natureza comum ou privilegiada dos créditos.** (...) Igualdade não se confunde com igualitarismo formal que frequentemente apenas serve para justificar desigualdades de ordem material" (destaque no original). Veja-se, ainda, o Ac. Rel. Po., de 15-11-2007 (DEOLINDA BORGES VARÃO) *in Colectânea de Jurisprudência*, 2007, V, p. 175.

do CIRE, que distingue e classifica estes em créditos garantidos, créditos privilegiados, créditos comuns e créditos subordinados. "A razão objetiva porventura mais clara que fundamenta a diferença de tratamento dos credores assenta na distinta classificação dos créditos, nos termos que agora está assumida no art. 47.º do *Código*. (...) Para além disso, dentro da mesma categoria há motivos para destrinçar, conforme o grau hierárquico que couber aos vários credores"[1114].

É possível ainda fazer diferenciações entre os créditos sobre a insolvência pertencentes a uma mesma classe, desde que observem o princípio da proporcionalidade[1115], isto é, sejam necessárias, adequadas e razoáveis, assegurando assim que um tal tratamento diferenciado delas resultante é proporcional ao interesse público na recuperação do devedor e proscrevendo aquelas diferenciações que revistam natureza arbitrária[1116].

4.2.3.1. Providências com incidência no passivo

Quanto às providências com incidência no passivo, o plano poderá prever, *designadamente* (art. 196º, nº 1): o perdão ou redução do valor dos créditos sobre a insolvência, seja quanto ao capital, seja quanto aos juros, com ou sem cláusula "salvo regresso de melhor fortuna" (al. a)); o condicionamento do reembolso de todos ou de parte (d)os créditos às disponibilidades do devedor (al. b)); a modificação dos prazos de vencimento ou das taxas de juro dos créditos (al. c))[1117]; a constituição de garantias (al. d)); a cessão de bens aos credores (al. e)).

[1114] Fernandes, Luís A. Carvalho/ Labareda, João, *Código da Insolvência e da Recuperação de Empresas Anotado*, 3ª edição, Quid Juris, Lisboa, 2015, p. 712, nota 4.

[1115] Como salienta Nuno Lousa, "faz menos sentido a aplicação de juízos de proporcionalidade, na medida em que o nosso CIRE prevê já expressamente o *best interest test* (artigo 216.º, n.º 1, alínea a) do CIRE), ou seja, no limite, caso os credores consigam demonstrar que receberiam um tratamento mais vantajoso se interviesse um cenário alternativo (leia-se, um cenário de liquidação), deve ser recusada a homologação do plano de recuperação. Encontrando-se previsto este mecanismo de salvaguarda dos direitos dos credores, não existem razões para recusar a homologação de planos de recuperação em que se preveja taxas de recuperação muito diferentes para credores garantidos e para credores comuns" – *Crónica de Jurisprudência dos Tribunais da Relação (2015/2016), in:* "Revista de Direito da Insolvência", n.º 1, 2017, Almedina, Coimbra, pp. 198-199.

[1116] Cfr., entre outros, o Ac. Rel. Co., de 15-09-2015 (Arlindo Oliveira) ou o Ac. Rel. Guim., de 25-05-2017 (Fernando Fernandes Freitas).

[1117] Porém, a mora ou o perdão ficam sem efeito se se verificar alguma das circunstâncias do art. 218º.

No entanto, de acordo com o art. 196º, nº 2, o plano "não pode afectar as garantias reais e os privilégios creditórios gerais acessórios de créditos detidos pelo Banco Central Europeu, por bancos centrais de um Estado membro da União Europeia e por participantes num sistema de pagamentos tal como definido pela alínea *a)* do artigo 2º da Diretiva nº 98/26/CE, do Parlamento Europeu e do Conselho, de 19 de Maio, ou equiparável, em decorrência do funcionamento desse sistema".

Nos termos do art. 197º, na falta de estatuição expressa do plano em sentido contrário, os direitos resultantes das garantias reais e de privilégios creditórios não são afetados pelo plano (al. a)), os créditos subordinados são objeto de perdão total (al. b)), o cumprimento do plano exonera o devedor da totalidade das dívidas da insolvência remanescentes, assim como exonera totalmente aqueles que sejam legalmente responsáveis por essas dívidas (al. c)).

4.2.3.2. Providências societárias

Caso o devedor seja uma sociedade comercial[1118], o plano de insolvência pode conter alguma das medidas elencadas no art. 198º (sob a epígrafe "providências específicas de sociedades comerciais")[1119].

Assim, pode prever medidas com incidência no capital social: redução do capital social, nomeadamente para 0 ou montante inferior ao mínimo legal respetivo, de forma a cobrir os prejuízos, desde que seja respeitado o nº 3 (al. a)); um aumento do capital social em dinheiro ou em espécie, a subscrever

[1118] Estendendo o âmbito subjetivo de aplicação destas medidas a "todas as realidades que se encontram sujeitas ao mesmo regime jurídico das sociedades comerciais, como é o caso das sociedades civis sob forma comercial (cfr. art. 1.º, n.º 4 do CSC)", *vide* Cunha, Paulo Olavo, *Providências Específicas do Plano de Recuperação de Sociedade, in:* "I Congresso de Direito da Insolvência", Almedina, Coimbra, 2014, p. 117. Acerca da sobreposição dos interesses dos credores e dos trabalhadores aos interesses dos titulares do capital social, numa "lógica de descentralização do interesse social", cfr. Cunha, Paulo Olavo, *A Recuperação de Sociedades no Contexto do PER e da Insolvência: Âmbito e Especificidades Resultantes da Situação de Crise da Empresa, in*: "Revista de Direito da Insolvência", n.º 0, Almedina, Coimbra, 2016, pp. 99-119.

[1119] No sentido de que estas medidas correspondem em parte às providências de restruturação financeira e de gestão controlada previstas nos arts. 88º, nº 2, 100º e 101º do CPEREF, Fernandes, Luís A. Carvalho/Labareda, João, *Código da Insolvência e da Recuperação de Empresas Anotado*, 3ª edição, Quid Juris Editora, Lisboa, 2015, p. 725, nota 2. Sobre os direitos dos sócios em contexto de reestruturação de sociedades, veja-se Cunha, Paulo Olavo, *Reestruturação de Sociedades e Direitos dos Sócios, in:* "IV Congresso de Direito da Insolvência", Almedina, Coimbra, 2017, pp. 341-359.

por terceiros ou por credores (designadamente, através da conversão de créditos em participações sociais, com ou sem respeito pelo direito de preferência legal ou estatutário dos sócios (al. b))[1120].

Segundo o art. 198.º, n.º 2, al. a), o plano pode "prever uma redução do capital social para cobertura de prejuízos, incluindo para zero ou outro montante inferior ao mínimo estabelecido na lei para o respectivo tipo de sociedade, desde que, neste caso, a redução seja acompanhada de aumento do capital para montante igual ou superior àquele mínimo". Pode consistir apenas numa redução do capital para cobertura de prejuízos ou numa redução do capital seguida do seu aumento. Quanto à primeira hipótese, trata-se de uma "modificação dos estatutos que consiste na substituição do montante do capital (elemento essencial e obrigatório daqueles), que consta da cláusula do contrato vigente nesse momento, por um montante inferior, implicando necessariamente uma operação contabilística: uma (nova) cifra de capital de montante inferior figurará no passivo, permitindo o reequilíbrio das contas sociais, pela adequação daquela ao património existente"[1121]. Quanto à segunda hipótese, trata-se da conhecida "operação acordeão", também designada pela doutrina de *"operação harmónio"* que "consiste em reduzir o capital social nominal – reduzindo proporcionalmente as participações sociais – e, simultaneamente, aumentá-lo através de novas entradas a realizar pelos sócios"[1122]. Estas novas entradas podem ser realizadas em dinheiro ou em espécie (*maxime*, através da conversão de créditos em capital).

O plano pode prever um *aumento do capital social* através de novas entradas, com ou sem prévia redução do capital[1123]. As entradas podem ser feitas em dinheiro ou em espécie – através de bens diferentes de dinheiro, penhoráveis e suscetíveis de avaliação pecuniária, designadamente, a conversão de créditos

[1120] Porém, quando não há respeito pelo direito de preferência deve observar-se o nº 4 do art. 198º.

[1121] Cunha, Paulo Olavo, *Providências Específicas do Plano de Recuperação de Sociedade, in:* "I Congresso de Direito da Insolvência", Almedina, Coimbra, 2014, p. 119.

[1122] Domingues, Paulo de Tarso, *Variações Sobre o Capital Social*, Almedina, Coimbra, 2009, pp. 547 e 548.

[1123] Considerando excluído o aumento do capital por incorporação de reservas, por não satisfazer o propósito de recapitalização da sociedade, veja-se Cunha, Paulo Olavo, *Providências Específicas do Plano de Recuperação de Sociedade, in:* "I Congresso de Direito da Insolvência", Almedina, Coimbra, 2014, p. 123.

em participações sociais (tal como é referido expressamente pelo art. 198.º, n.º 2, al. b)). A conversão de créditos em capital depende do consentimento dos titulares dos créditos afetados (art. 202.º, n.º 2), exceto na hipótese prevista no art. 203.º. Em qualquer caso, o aumento de capital depende da subscrição das participações sociais em momento anterior à homologação, da realização integral das entradas em dinheiro (através de depósito à ordem do administrador da insolvência), da emissão das declarações de transmissão das entradas em espécie e da verificação do seu valor pelo revisor oficial de contas designado no plano[1124] (art. 201.º, n.º 2). Por último, o aumento de capital sem concessão de preferência aos sócios pressupõe, em alternativa, que o capital da sociedade seja previamente reduzido a zero (al. a)) ou a medida não acarrete desvalorização das participações que os sócios conservem (al. b)) (art. 198.º, n.º 4).

O plano pode também incluir *medidas de natureza estrutural*: alteração dos estatutos, desde que observados os requisitos do nº 5 (al. c))[1125]; transformação da sociedade noutra de tipo distinto (al. d)), preenchidos os requisitos do nº 5; modificação dos órgãos sociais (al. e)), se respeitados os pressupostos do nº 5; nas sociedades em nome coletivo ou em comandita simples, a exclusão de todos os sócios acompanhada da admissão de novos sócios (al. f)), desde que respeitados os requisitos do nº 6; por último, nas sociedades em comandita por ações, a exclusão dos sócios comanditados acompanhada da redução do capital a 0 prevista na alínea a), com os requisitos do nº 6 (al. g)).

A sentença homologatória do plano é *título bastante* para a realização e o registo da redução ou aumento de capital, da transformação, da exclusão

[1124] Este relatório deve ser anexado ao plano e terá "em conta a real situação da empresa e, consequentemente, a sua solvabilidade", sendo de "admitir, em especial em sede de insolvência, substanciais *write offs*, determinados pela, mais do que provável, incobrabilidade desses créditos" – CUNHA, Paulo Olavo, *Providências Específicas do Plano de Recuperação de Sociedade, in:* "I Congresso de Direito da Insolvência", Almedina, Coimbra, 2014, p. 126.

[1125] Admitindo a fusão e a cisão como "modalidades operacionais da recuperação de uma sociedade insolvente", veja-se ANTUNES, José A. Engrácia, *Direito das Sociedades*, 8ª edição, ed. Autor, Porto, 2018, p. 443, nota 988. Com dúvidas acerca da fusão em contexto de plano de insolvência, CUNHA, Paulo Olavo, *Providências Específicas do Plano de Recuperação de Sociedade, in:* "I Congresso de Direito da Insolvência", Almedina, Coimbra, 2014, p. 131, nota 50.

de sócios ou da alteração dos órgãos sociais, bem como da modificação dos estatutos da sociedade devedora (art. 217º, nº 3, al. b))[1126].

Para além disso, poderá prever a constituição de uma ou mais sociedades (nova(s) sociedade(s)) com vista à exploração de um ou mais estabelecimentos adquiridos à massa insolvente através de contrapartida adequada – *saneamento por transmissão* (art. 199º)[1127_1128]. Nesse caso, deverá o plano conter em anexo os estatutos da(s) nova(s) sociedade(s) e prover quanto ao preenchimento dos seus órgãos (art. 199º), sendo a sentença homologatória do plano título bastante para a sua constituição e respetivo registo (art. 217º, nº 3, al. a))[1129]. As participações sociais desta(s) nova(s) sociedade(s) podem ser subscritas pelos credores[1130] (através da realização de entradas em dinheiro ou da

[1126] Considerando que, face aos efeitos imediatos da sentença homologatória (pois o recurso não tem efeitos suspensivos), os novos órgãos sociais deverão iniciar funções de imediato, ou seja, não terão que aguardar pelo respetivo registo, cfr. Cunha, Paulo Olavo, *Providências Específicas do Plano de Recuperação de Sociedade, in:* "I Congresso de Direito da Insolvência", Almedina, Coimbra, 2014, pp. 136 e 137.

[1127] Esta medida é inspirada na providência "reconstituição empresarial", que estava prevista nos arts. 78º e ss do CPEREF. Considerando tratar-se de uma medida de satisfação dos interesses dos credores e não uma medida de saneamento, cfr. Santos, Filipe Cassiano, *Plano de Insolvência e Transmissão da Empresa, in:* "I Congresso de Direito da Insolvência", Almedina, Coimbra, 2014, p. 142. Segundo Pedro Pidwell, este mecanismo não é exclusivo do plano de recuperação, podendo também ser utilizado no plano de liquidação – *Os Poderes e Deveres do Administrador Judicial [da Insolvência] na Reestruturação de Empresas, in:* "Revista de Direito da Insolvência", n.º 2, Almedina, Coimbra, 2018, pp. 74 e 75.

[1128] A contrapartida adequada pode consistir numa quantia em dinheiro ou na transmissão dos créditos sobre a insolvência (e não na conversão de créditos em capital, pois implicaria a sua extinção, comprometendo a formação do património da nova sociedade) – assim, Fernandes, Luís A. Carvalho/ Labareda, João, *Código da Insolvência e da Recuperação de Empresas Anotado*, 3ª edição, Quid Juris, Lisboa, 2015, pp. 733 e 734, nota 5; Santos, Filipe Cassiano, *Plano de Insolvência e Transmissão da Empresa, in:* "I Congresso de Direito da Insolvência", Almedina, Coimbra, 2014, pp. 150-151.

[1129] Segundo Filipe Cassiano dos Santos, a sociedade é criada pelo plano de insolvência (P.I.), "que corresponde ao contrato formalizado no regime do CSC (art. 7.º e 9.º do CSC), ou, mais exactamente, como o PI está sujeito a homologação, é criada pela deliberação da assembleia de credores que aprova o plano (art. 212.º) e pela sentença que o homologa (art. 217.º, n.º 2 e 3). [...] os direitos cuja aquisição se prevê transmitem-se com a sentença – mesmo antes do registo, pois" – *Plano de Insolvência e Transmissão da Empresa, in:* "I Congresso de Direito da Insolvência", Almedina, Coimbra, 2014, p. 146.

[1130] Para Filipe Cassiano dos Santos, ainda que tenha votado contra o plano – *Plano de Insolvência e Transmissão da Empresa, in:* "I Congresso de Direito da Insolvência", Almedina, Coimbra, 2014, p. 149.

conversão de créditos em capital) ou por terceiros[1131]. Para além disso, por força do art. 201º, nº 2, antes da homologação do plano deverá ocorrer a subscrição das participações sociais, a realização das entradas em dinheiro[1132], a emissão das declarações de transmissão das entradas em espécie, bem como a verificação do valor destas pelo ROC designado no plano. Por último, não é necessário o consentimento dos titulares de créditos comuns ou subordinados para a sua conversão em capital da nova sociedade quando se verifiquem os pressupostos do art. 203º.

4.2.4. Os créditos fiscais

A eficácia do plano de insolvência sobre os créditos fiscais (isto é, os créditos de que o Estado seja titular através da Fazenda Nacional e da Segurança Social[1133]), contra a sua vontade, tem sido objeto de aceso debate doutrinal e jurisprudencial, controvérsia que pode ser dividida em dois momentos temporais. Um primeiro momento, anterior à alteração do art. 30.º da Lei Geral Tributária, pelo art. 123.º da Lei n.º 55-A/2010, de 31 de dezembro (Lei do Orçamento do Estado para 2011)[1134_1135].

[1131] Assim, FERNANDES, Luís A. Carvalho/ LABAREDA, João, *Código da Insolvência e da Recuperação de Empresas Anotado*, 3ª edição, Quid Juris, Lisboa, 2015, p. 733, nota 4.

[1132] Através de depósito à ordem do administrador da insolvência.

[1133] Quanto à Segurança Social, tenha-se em conta o disposto no art. 115.º da Lei n.º 114/2017, de 29 de dezembro: nos "processos especiais de recuperação de empresas e insolvência e nos processos especiais de revitalização previstos no Código da Insolvência e da Recuperação de Empresas, compete ao IGFSS, I.P., definir a posição da segurança social, cabendo ao ISS, I.P., assegurar a respetiva representação".

[1134] Na doutrina, veja-se MORAIS, Rui Duarte, *Os Credores Tributários no Processo de Insolvência*, *in:* "Direito e Justiça", vol. XIX, tomo II, 2005, pp. 221 e ss.

[1135] Segundo o Ac. Rel. Lx., de 6-07-2009 (MARIA DO ROSÁRIO MORGADO), "assim, porque cabe na competência da assembleia de credores ao abrigo do art. 196º, nº 1, als. a) e c) do CIRE, o perdão ou redução do valor dos créditos sobre a insolvência, quer quanto ao capital, quer quanto aos juros, bem como a modificação dos prazos de vencimento ou as taxas de juro, sejam os créditos comuns, garantidos ou privilegiados, é possível, sem o acordo da administração fiscal, aprovar plano de insolvência que preveja o pagamento a prestações, redução ou extinção de dívidas fiscais". Veja-se, no mesmo sentido, entre muitos outros, Ac. Rel. Guim., de 18-10-2011 (MARIA CATARINA R. GONÇALVES), Ac. Rel. Co., de 1-02-2011 (FRANCISCO CAETANO), Ac. Rel. Lx, de 30-10-2008 (MARIA JOSÉ MOURO), Ac. Rel. Po., de 10-09-2009 (TELES DE MENEZES). Contra, seguindo uma corrente jurisprudencial minoritária, veja-se o Ac. Rel. Po, de 30-06-2006 (CAIMOTO JÁCOME).

E um segundo momento, posterior a essa alteração que aditou um n.º 3 ao art. 30.º, nos termos do qual o disposto no n.º 2 do art. 30.º prevalece sobre qualquer legislação especial[1136]. Não obstante a alteração legislativa, a partir de 1 de janeiro de 2011, a jurisprudência continuou dividida quanto a duas questões essenciais.

Em primeiro lugar, será admissível a afetação dos créditos públicos por um plano de insolvência? A tendência parece ir no sentido de não permitir que a "assembleia de credores defina o conteúdo e prazos de pagamento de créditos" de que seja titular o Estado, através da Fazenda Nacional e da Segurança Social[1137].

Em segundo lugar, caso a resposta à primeira questão seja negativa, qual o sentido da decisão judicial: recusa de homologação ou homologação ineficaz em relação ao credor público[1138]?

A solução contida no art. 30.º, n.º 3 da Lei Geral Tributária contraria claramente os objetivos previstos no Memorando de entendimento sobre as condicionalidades de política económica, firmado entre Portugal e a Comissão Europeia, o Banco Central Europeu e o Fundo Monetário Internacional.

[1136] Para além disso, por estatuição expressa do art. 125.º da LOE 2011, "o disposto no n.º 3 do artigo 30.º é aplicável, designadamente aos processos de insolvência que se encontrem pendentes e ainda não tenham sido objeto de homologação, sem prejuízo da prevalência dos privilégios dos trabalhadores previstos no Código do Trabalho sobre quaisquer outros créditos". O TC não julgou inconstitucional a aplicação retroativa a planos aprovados, mas ainda não homologados – Ac. TC n.º 402/2013, de 16 de outubro.

[1137] Neste sentido, Ac. Rel. Guim., de 20-10-2011 (AMÍLCAR ANDRADE). Veja-se também os Acs. Rel. Po. de 7-07-2011 (JOSÉ FERRAZ) e 13-07-2011 (SOARES OLIVEIRA), o Ac. Rel. Guim., de 27-10-2011 (ANTERO VEIGA). Em sentido contrário, veja-se, entre outros, o Ac. Rel Po., de 10-04-2014 (JOSÉ MANUEL DE ARAÚJO DE BARROS), segundo o qual: "I – A aplicação do critério pragmático de oportunidade plasmado no artigo 215º do CIRE, que permite a homologação do plano de insolvência aprovado que viole regras procedimentais ou normas negligenciáveis, pressupõe a ponderação relativa dos interesses concretamente em jogo, cotejando os protegidos por essas regras e normas com os demais contemplados naquele plano. II – Como expressamente nesse preceito se consigna, tal ocorre independentemente da natureza das regras ou normas violadas, podendo nomeadamente abarcar os créditos tributários, não obstante o princípio de indisponibilidade que em relação aos mesmos se consagra nos nºs 2 e 3 do artigo 30º da Lei Geral Tributária".

[1138] Segundo o Ac. Rel. Guim., de 27-11-2011 (ANTERO VEIGA), o plano de insolvência não pode ser homologado; segundo os Acs. do STJ de 25-03-2014 (FERNANDES DO VALE) e de 31-05-2012 (TÁVORA VICTOR) e o Ac. Rel. Po., de 7-07-2011 (JOSÉ FERRAZ), o plano é homologado, mas ineficaz em relação ao credor público.

De facto, no seu Ponto 2.19 (enquadramento legal da restruturação de dívidas de empresas e de particulares) "as autoridades tomarão também as medidas necessárias para autorizar a administração fiscal e a segurança social a utilizar uma maior variedade de instrumentos de reestruturação baseados em critérios claramente definidos, nos casos em que outros credores também aceitam a reestruturação dos seus créditos, e para rever a lei tributária com vista à remoção de impedimentos à reestruturação voluntária de dívidas".

4.3. Oportunidade

A delimitação do momento processual em que a proposta de plano de insolvência pode ser apresentada não foi objeto de regulamentação legal expressa e completa. Pelo contrário, existem apenas alguns preceitos dispersos pelo Código que regulam aspetos pontuais desta questão.

Assim, de acordo com o art. 24º, nº 3, quando o devedor se apresente à insolvência, ele pode juntar à petição inicial um plano de insolvência, sem prejuízo de *apresentação posterior*. Porém, se o devedor pretender beneficiar do instituto da manutenção da administração dos seus bens, deverá apresentar a proposta de plano de insolvência até à prolação da sentença declarativa de insolvência ou comprometer-se a fazê-lo nos 30 dias subsequentes (arts. 224º, nº 2, al. b) e 228º, nº 1, al. e)).

Na hipótese de a assembleia de credores encarregar o *administrador da insolvência* de elaborar um plano de insolvência, também existe um preceito que regula o respetivo momento processual. De acordo com o art. 193º, nº 2, o administrador da insolvência deverá apresentá-lo dentro de um "prazo razoável". Porém, perante a omissão do preenchimento deste conceito pelo legislador, a doutrina tem entendido tratar-se do prazo fixado concretamente pela assembleia de credores ou, na sua falta, do prazo de 60 dias fixado no art. 156º, nº 4, al. a) (mesmo que a liquidação da massa não esteja suspensa)[1139].

Tratando-se de proposta de plano de insolvência da iniciativa do *administrador da insolvência*, da *assembleia de credores*, dos *credores* (isolada ou coletivamente,

[1139] Neste sentido, JÚNIOR, E. Santos, *O Plano de Insolvência. Algumas Notas, in:* "O Direito", 138, III, 2006, p. 582; FERNANDES, Luís A. Carvalho/LABAREDA, João, *Código da Insolvência e da Recuperação de Empresas Anotado*, 3ª edição, Quid Juris Editora, Lisboa, 2015, pp. 710-711, nota 8.

mas fora do contexto da assembleia de credores) e dos *responsáveis legais*, tem a doutrina afirmado que a mesma pode ser apresentada em qualquer momento processual[1140].

4.4. Admissão da proposta

4.4.1. Considerações prévias

Em dois momentos processuais distintos, o plano de insolvência é objeto de controlo jurisdicional: o despacho liminar de admissibilidade (art. 207º) e a sentença de homologação do plano já aprovado em assembleia de credores (arts. 214º a 216º)[1141].

Começando pela admissibilidade do plano, o art. 207º, nº 1, elenca de forma alternativa um conjunto de situações em que o juiz não admite[1142] a proposta de plano de insolvência.

4.4.2. Violação dos preceitos sobre legitimidade e conteúdo

Desde logo, o juiz não admite a proposta de plano de insolvência sempre que a mesma viole os preceitos sobre a legitimidade para a apresentação da proposta ou os preceitos sobre o conteúdo do plano, contanto que os vícios sejam insupríveis ou insupridos no prazo razoável para tal fixado (art. 207º, nº 1, al. a)).

[1140] Assim, FERNANDES, Luís A. Carvalho/LABAREDA, João, *Código da Insolvência e da Recuperação de Empresas Anotado*, 3ª edição, Quid Juris Editora, Lisboa, 2015, p. 709, nota 4. Para E. SANTOS JÚNIOR, "parece que a oportunidade de apresentação de um plano de insolvência só cessa quando o estado do concreto processo e mormente os actos de liquidação e partilha a efectivar ou efectivados inviabilizem, tornem impossível, por natureza ou definição, em face do Direito, a execução da proposta desse plano" – *O Plano de Insolvência. Algumas Notas*, *in:* "O Direito", 138, III, 2006, p. 581. A *lei espanhola*, pelo contrário, estabelece um prazo limite para apresentação de proposta de *convenio* (art. 113 da Ley Concursal).

[1141] No *direito espanhol*, também existe um duplo controlo pelo juiz: primeiro, na admissão da proposta (arts. 106, 3 e 114, 1, *Ley Concursal*) – controlo *a priori*; e depois, na aprovação do *convenio* (art. 127 *Ley Concursal*) – controlo *a posteriori*. A este propósito, veja-se, por todos, GUTIÉRREZ GILSANZ, Andrés, *Tutela de los Acreedores Frente al Convenio Concursal: Oposición, Nulidad y Declaración de Incumplimiento*, RCP, monografia nº 7/2007, Kluwer, Madrid, 2008, pp. 151-152.

[1142] No sentido de que se trata de um dever e não apenas de uma faculdade ou opção, veja-se FERNANDES, Luís A. Carvalho/LABAREDA, João, *Código da Insolvência e da Recuperação de Empresas Anotado*, 3ª edição, Quid Juris Editora, Lisboa, 2015, p. 757, nota 1.

A *ilegitimidade* para a apresentação de proposta de plano de insolvência encontra-se regulada no art. 193º, e pode resultar quer da ausência absoluta da mesma, quer da falta da respetiva prova[1143].

No que concerne aos vícios de *conteúdo*, está sobretudo em causa a aplicação dos arts. 195º e ss, onde podemos encontrar não só normas que estabelecem exigências, como também as que fixam limites: em princípio, a violação das primeiras comporta um vício suprível e a violação das segundas já consubstanciará um vício absoluto.

A redação do art. 207º, nº 1, al. a), tem suscitado a questão da aplicabilidade do requisito de insupribilidade do vício apenas aos vícios de conteúdo ou também às regras sobre legitimidade. Tem sido defendida a segunda posição, não só com fundamento num argumento literal, como também com base na insuscetibilidade de o seu suprimento lesar os interesses fundamentais do processo[1144].

Perante um vício suprível, e em nome da economia processual, o juiz deverá proferir despacho de correção e notificar o apresentante para que proceda ao seu suprimento. Porém, o legislador foi omisso quanto à tramitação deste procedimento de suprimento dos vícios, designadamente quanto ao prazo máximo que o juiz poderá fixar, parecendo resultar que o tribunal tem liberdade para o fazer[1145].

4.4.3. Manifesta inverosimilhança da aprovação ou da posterior homologação do plano de insolvência

O juiz deverá recusar a admissão da proposta de plano de insolvência quando ocorra uma de duas situações distintas (previstas no art. 207º, nº 1, al. b)): manifesta inverosimilhança da aprovação do plano pela assembleia de credores ou da sua posterior homologação pelo tribunal.

[1143] CARVALHO FERNANDES e JOÃO LABAREDA acrescentam ainda uma terceira hipótese, que consiste na violação das regras procedimentais: assim, *Código da Insolvência e da Recuperação de Empresas Anotado*, 3ª edição, Quid Juris Editora, Lisboa, 2015, p. 758, nota 3.

[1144] Neste sentido, FERNANDES, Luís A. Carvalho/LABAREDA, João, *Código da Insolvência e da Recuperação de Empresas Anotado*, 3ª edição, Quid Juris Editora, Lisboa, 2015, p. 758, nota 5.

[1145] Caso, no despacho, o juiz omita a fixação do prazo, deverá aplicar-se o prazo supletivo legal fixado no art. 149º, nº 1, do CPCivil, *ex vi* do art. 17º, nº 1, do CIRE.

Quanto à primeira, trata-se de um juízo de prognose do tribunal que recai sobre a própria atuação da assembleia de credores, mais concretamente sobre a possibilidade de o plano constituir um instrumento razoável de satisfação dos interesses dos credores e, assim, ser merecedor da sua aprovação, podendo para tal recorrer designadamente às posições manifestadas pelos credores ao longo do processo (por exemplo, na assembleia de apreciação do relatório, prevista no art. 156º)[1146].

Já relativamente à inverosimilhança da homologação do plano aprovado, trata-se de uma decisão mais simples, baseada sobretudo na aplicação dos arts. 215º e 216º: isto é, mesmo que se afigure muito provável que a proposta seja aprovada pela assembleia de credores, o juiz deverá recusar a respetiva homologação.

4.4.4. Manifesta inexequibilidade do plano

A *manifesta* inexequibilidade do plano constitui um fundamento para a não admissão da proposta de plano de insolvência (art. 207º, nº 1, al. c))[1147]

[1146] Defendendo que se trata de um juízo meta-jurídico, que envolve valorações económico-financeiras e contabilísticas, por vezes de grande dificuldade e estranhas à atividade jurisdicional, veja-se GUTIÉRREZ GILSANZ, Andrés, *Tutela de los Acreedores Frente al Convenio Concursal: Oposición, Nulidad y Declaración de Incumplimiento*, RCP, monografia nº 7/2007, Kluwer, Madrid, 2008, p. 167.

[1147] No *direito espanhol*, a inviabilidade objetiva do cumprimento do *convenio*, encontra-se prevista no art. 128, 2, *Ley Concursal* e constitui *apenas* fundamento para a dedução de oposição à *aprobación judicial del convenio* (pela administração concursal ou por um grupo de credores minoritários), não valendo aqui o conhecimento oficioso do juiz. Para além disso, não se traduz num controlo da conveniência do *convenio*, ou seja, de comparar os resultados vantajosos para os credores que o *convenio* poderia trazer com os resultados da não aprovação de qualquer plano, mas sim de averiguar a impossibilidade (e não mera dificuldade) objetiva (isto é, baseada em valorações económico-financeiras e contabilísticas) de cumprimento do plano. Assim, GUTIÉRREZ GILSANZ, Andrés, *Tutela de los Acreedores Frente al Convenio Concursal: Oposición, Nulidad y Declaración de Incumplimiento*, RCP, monografia nº 7/2007, Kluwer, Madrid, 2008, pp. 166-167. A doutrina espanhola tem sido crítica a este propósito, defendendo que este fundamento deveria operar já na fase de admissão da proposta de *convenio* (prevista no art. 114 *Ley Concursal*) – veja-se RUTE, José Maria de la Cuesta, *El Convenio Concursal – Comentarios a los articulos 98 a 141 de la Ley Concursal*, Aranzadi, Navarra, 2004, p. 182. Pelo contrário, no *direito português*, a manifesta inexequibilidade do plano funciona *a priori* (como mecanismo de recusa judicial da proposta) e também *a posteriori* (já na fase de fiscalização do cumprimento do plano de insolvência, constituindo dever do administrador da insolvência, neste âmbito,

e importa a formulação de um juízo sobre o mérito da proposta apresentada, com caráter casuístico.

Assim, não deverá ser admitida a proposta que, por exemplo, contenha medidas insuscetíveis de serem jurídica ou materialmente realizadas, porque não existem meios para tal, ou porque ultrapassam a competência do devedor ou dos respetivos órgãos. Ainda a título exemplificativo, não deverá ser admitida a proposta de medidas que dependem da participação de terceiros que, pela experiência, da vida é "razoavelmente expectável" que não venha a acontecer[1148].

4.5. Oposição do administrador da insolvência

O art. 207º, nº 1, al. d), prevê um fundamento para o despacho de não admissão de proposta que depende do preenchimento, em simultâneo, de três requisitos.

Em primeiro lugar, deve tratar-se de proposta apresentada pelo devedor[1149]. Depois, é necessário que o devedor já tenha anteriormente apresentado outra proposta e que ela tenha sido admitida pelo tribunal. Em terceiro e último lugar, a lei exige ainda que o administrador da insolvência (com o acordo da comissão de credores, caso a mesma exista[1150]) se pronuncie contra a sua admissão.

4.6. Termos subsequentes

O despacho judicial que admite a proposta de plano de insolvência é, por disposição expressa da lei, irrecorrível (art. 207º, nº 2), tendo, por isso, caráter definitivo. Pelo contrário, a lei nada dispõe relativamente ao despacho judicial que rejeita a proposta de plano de insolvência, parecendo, por isso, que

informar de imediato o juiz e a comissão de credores da existência ou inevitabilidade de situações de incumprimento – art. 220º, nº 2, al. c)).

[1148] Exemplos retirados de FERNANDES, Luís A. Carvalho/LABAREDA, João, *Código da Insolvência e da Recuperação de Empresas Anotado*, 3ª edição, Quid Juris Editora, Lisboa, 2015, p. 759, nota 7.

[1149] Pessoalmente ou por intermédio dos seus administradores, nos termos dos arts. 6º e 82º.

[1150] Se a comissão de credores não existir, por ter sido dispensada nos termos do disposto nos arts. 66º e 67º, é suficiente a oposição do administrador. Para além disso, é de realçar que, tendo sido constituída a comissão de credores, à assembleia de credores pertence a palavra final, uma vez que todas as deliberações da comissão de credores podem ser revogadas pela assembleia de credores (art. 80º).

o mesmo será recorrível, nos termos gerais, isto é, de acordo com o disposto no art. 14º.

Admitida a proposta de plano de insolvência, o juiz notifica a comissão de trabalhadores[1151], a comissão de credores (se existir), o devedor[1152] e o administrador da insolvência, para que se pronunciem dentro de um prazo de 10 dias[1153] (art. 208º). Estes pareceres (que ficam à disposição dos interessados para consulta, na secretaria do tribunal – art. 209º, nº 1) não têm caráter vinculativo nem obrigatório: respetivamente, os pareceres emitidos não obrigam a assembleia nem limitam o seu poder deliberativo (constituindo um mero auxiliar da deliberação dos credores), por um lado, e, por outro lado, os notificados não sofrem qualquer consequência se não se pronunciarem sobre a proposta.

De seguida, o juiz convoca a assembleia de credores para discutir e votar a proposta de plano de insolvência, devendo para tal observar os termos gerais do art. 75º, com as particularidades fixadas no art. 209º.

Assim, por força do art. 75º, deverá ser convocada pelo juiz[1154] (nº 1), e imediatamente comunicada, através de anúncio publicado no portal *Citius* e de editais afixados na porta da sede e dos estabelecimentos da empresa (nº 2)[1155], devendo ainda ser enviadas circulares, sob registo, para os cinco

[1151] Se a mesma não existir, serão notificados os representantes designados pelos trabalhadores.

[1152] A Doutrina tem defendido a dispensa de notificação do devedor no caso de ele ter sido o autor da proposta (*mutatis mutandis* tal solução é também aplicável ao administrador da insolvência) e na hipótese do art. 12º ("dispensa da audiência do devedor"). Assim, por todos, FERNANDES, Luís A. Carvalho/LABAREDA, João, *Código da Insolvência e da Recuperação de Empresas Anotado*, 3ª edição, Quid Juris Editora, Lisboa, 2015, p. 761, nota 2.

[1153] Se o destinatário da notificação for uma pessoa coletiva ou com composição plúrima (como, por exemplo, os devedores pessoas coletivas, as comissões de credores, as comissões de trabalhadores), a notificação é feita na pessoa do seu representante legal e, caso exista mais do que um representante, é suficiente a notificação de um deles (art. 223º do CPCivil *ex vi* do art. 17º, nº 1, do CIRE). Neste sentido, FERNANDES, Luís A. Carvalho/LABAREDA, João, *Código da Insolvência e da Recuperação de Empresas Anotado*, 3ª edição, Quid Juris Editora, Lisboa, 2015, p. 761, nota 4.

[1154] *Ex officio*, ou por iniciativa do administrador da insolvência, da comissão de credores, ou de um credor ou grupo de credor(es) que represente(m) um quinto do total de créditos não subordinados, já reconhecidos na sentença respetiva ou estimados pelo tribunal (nº 1 do art. 75º).

[1155] Por força do art. 1º do Decreto-Lei nº 288/2007, de 7 de agosto, foi suprimida a exigência de publicação de anúncio num jornal diário de grande circulação nacional. Por força da Lei

maiores credores, para o devedor, os administradores e a comissão de trabalhadores, informando-os do dia, da hora e do local da reunião (nº 3)[1156].

Para além disso, e *distintamente* do regime regra das assembleias de credores, em primeiro lugar, entre a convocatória e a assembleia deverão decorrer pelo menos 20 dias, e o anúncio e as circulares deverão ter adicionalmente a indicação da disponibilidade da proposta de plano de insolvência na secretaria do tribunal, assim como dos pareceres eventualmente apresentados (art. 209º, nº 1).

Em segundo lugar, deve ser observado um limite temporal mínimo, que impede a realização da assembleia de credores convocada nos termos do nº 1[1157] sem que se tenham observado três requisitos cumulativos: trânsito em julgado da sentença declarativa de insolvência, decurso do prazo para a impugnação da lista de credores reconhecidos[1158], e realização da assembleia de apreciação de relatório[1159] (art. 209º, nº 2).

Se a assembleia reunir sem que se tenham verificado aquelas três condições, ocorre uma violação não negligenciável de regras procedimentais, que deverá fundamentar uma recusa oficiosa de homologação do plano de insolvência (nos termos do art. 215º)[1160].

nº 16/2012, de 20 de abril, a publicação no Diário da República foi substituída pela publicação no portal *Citius*.

1156 Cfr., no entanto, o nº 4 do art. 9º, com a redação introduzida pelo art. 1º do Decreto-Lei nº 282/2007, de 7 de agosto.

1157 Parece tratar-se aqui de uma exigência relativamente à reunião da assembleia e já não quanto à sua convocação. Assim, também, FERNANDES, Luís A. Carvalho/LABAREDA, João, *Código da Insolvência e da Recuperação de Empresas Anotado*, 3ª edição, Quid Juris Editora, Lisboa, 2015, p. 764, nota 7.

1158 O art. 1º do Decreto-Lei nº 200/2004, de 18 de agosto, introduziu modificações significativas nos nºs 2 e 3 do art. 209º, substituindo a exigência da prévia prolação de sentença de verificação e graduação de créditos pelo mero decurso do prazo de impugnação da lista de credores reconhecidos, indo assim de encontro às críticas apontadas pela doutrina, designadamente por FÁTIMA REIS SILVA, em *Algumas Questões Processuais no Código da Insolvência e da Recuperação de Empresas – uma primeira abordagem, in:* "Miscelâneas", nº 2, IDET, Almedina, Coimbra, 2004, pp. 54 e 55. Para esta Autora, muito embora a exigência do trânsito em julgado da sentença de verificação e graduação de créditos constitua um incentivo ao rápido proferimento de decisões judiciais, parece comprometer a praticabilidade do sistema e, assim, prejudicar as empresas recuperandas, pois pode arrastar no tempo (pelo menos dois meses, segundo a Autora) a obtenção de uma decisão definitiva de verificação e graduação de créditos.

1159 Tenha-se em atenção o disposto no art. 36.º, n.º 1, al. n) e n.os 2 -5.

1160 E também o recurso de uma eventual decisão homologatória.

4.7. Aprovação

4.7.1. Considerações prévias

A proposta de plano de insolvência é discutida e votada em assembleia de credores convocada nos termos referidos (art. 209º). A propósito desta reunião da assembleia de credores, há que distinguir três aspetos fundamentais: o direito de presença, o direito de participação e o direito de voto.

O *direito de presença* consiste no direito de assistir à reunião, e é um *prius* lógico em relação ao *direito de participar*, o qual constitui a "possibilidade de apresentar propostas, ou de tomar outras iniciativas interventoras, como requerimentos sobre que não deva recair deliberação, de intervir na discussão e, acima de tudo, de exercer o direito de voto"[1161]. Por último, o *direito de voto* consiste no direito de exprimir a opinião (favorável, desfavorável ou de abstenção) perante as concretas propostas de deliberação que, aceites pelo presidente da assembleia (o juiz, nos termos do art. 74º), são submetidas a votação.

Em termos gerais, e de acordo com o art. 72º do CIRE (sob a epígrafe "participação na assembleia de credores"), vigora o princípio da universalidade da assembleia de credores[1162], uma vez que têm direito de *participar* na assembleia de credores todos os credores da insolvência (com ou sem direito de voto)[1163], pessoalmente, ou por intermédio de mandatário com poderes especiais (nºs 1 e 3).

Porém, o juiz tem a faculdade de, com fundamento na conveniência ao andamento dos trabalhos, limitar a participação na assembleia aos titulares

[1161] Assim, e a partir do disposto no preceito nuclear do art. 379º do CSC (sob a epígrafe "participação na assembleia"), veja-se COELHO, Eduardo de Melo Lucas, *A Formação das Deliberações Sociais – assembleia geral das sociedades anónimas*, Coimbra Editora, Coimbra, 1994, pp. 49-50. CARVALHO FERNANDES e JOÃO LABAREDA resumem o direito de participação em quatro vetores fundamentais: o direito de assistir, o direito de discutir, o direito de propor e o direito de votar: *Código da Insolvência e da Recuperação de Empresas Anotado*, 3ª edição, Quid Juris Editora, Lisboa, 2015, p. 384, nota 5.

[1162] Neste sentido, FERNANDES, Luís A. Carvalho/LABAREDA, João, *Código da Insolvência e da Recuperação de Empresas Anotado*, 3ª edição, Quid Juris Editora, Lisboa, 2015, p. 384, nota 5.

[1163] Para CARVALHO FERNANDES e JOÃO LABAREDA, apenas os titulares de créditos sobre a insolvência têm direito a participar na assembleia de credores, ficando dela excluídos os credores da massa, por força do disposto no art. 192º, nº 1 (segundo o qual o plano de insolvência é um meio de satisfação dos credores da insolvência), no art. 193º, nº 1, e, sobretudo, da conjugação dos arts. 72º, nº 1, e 73º, nº 1. Assim, *Código da Insolvência e da Recuperação de Empresas Anotado*, 3ª edição, Quid Juris Editora, Lisboa, 2015, p. 773, nota 5.

de créditos que atinjam determinado montante[1164] (que não poderá exceder os €10 000), restando aos credores afetados a alternativa de se fazerem representar por outro credor cujo crédito atinja o limite judicialmente fixado, ou de se agruparem de modo a que o somatório dos seus créditos atinja esse limite judicial, fazendo-se representar por um representante comum (art. 72º, nº 4).

Para além disso, também *outras pessoas* têm o direito de participar na assembleia, a saber: representantes da comissão de trabalhadores (até um número máximo de três), ou, na sua falta, representantes dos trabalhadores designados por estes (até um número máximo de três) e o Ministério Público (nº 6 do art. 72º).

Por último, algumas pessoas têm não só o direito, mas sobretudo o *dever*, de participar: trata-se do administrador da insolvência, dos membros da comissão de credores, do devedor e dos seus administradores (nº 5 do art. 72º).

4.7.2. Quórum constitutivo

A aprovação do plano de insolvência depende do preenchimento cumulativo de dois quóruns distintos[1165]: o *quórum constitutivo* (ou *quórum* de reunião)[1166] e o *quórum deliberativo* (ou *quórum* de deliberação). O primeiro é um requisito de constituição da assembleia e consiste na "*fatia* mínima de créditos cujos titulares devem necessariamente estar presentes ou representados na assembleia para que ela possa funcionar (deliberar)"[1167]. O segundo consiste

[1164] No sentido de que apenas os credores, e já não os restantes legitimados a participar na assembleia, estão sujeitos a esta limitação, veja-se FERNANDES, Luís A. Carvalho/LABAREDA, João, *Código da Insolvência e da Recuperação de Empresas Anotado*, 3ª edição, Quid Juris Editora, Lisboa, 2015, p. 385, nota 6.

[1165] A este propósito, veja-se FERNANDES, Luís A. Carvalho/LABAREDA, João, *Código da Insolvência e da Recuperação de Empresas Anotado*, 3ª edição, Quid Juris Editora, Lisboa, 2015, p. 772, nota 3.

[1166] Em regra, este *quorum* não é exigido para as restantes, pois, de acordo com a regra geral contida no art. 77º, nº 1, *in fine*, "as deliberações da assembleia de credores são tomadas pela maioria dos votos emitidos [...], seja qual for o número de credores presentes ou representados, ou a percentagem dos créditos de que sejam titulares".

[1167] *In* FERNANDES, Luís A. Carvalho/LABAREDA, João, *Código da Insolvência e da Recuperação de Empresas Anotado*, 3ª edição, Quid Juris Editora, Lisboa, 2015, p. 773, nota 3. No *direito societário*, "o *quorum* constitutivo consiste no número mínimo de votos, correspondente a uma determinada percentagem do capital social, que devem estar presentes ou representados para que a assembleia geral possa validamente funcionar e formar as deliberações referentes

na percentagem mínima de votos favoráveis que é exigida para que a proposta se considere aprovada[1168].

Assim, para que a proposta de plano de insolvência se considere aprovada, devem estar *presentes* ou *representados* na reunião credores cujos créditos representem pelo menos um terço do total dos créditos com direito de voto (art. 212º, nº 1). Ora, apenas têm direito de voto aqueles que preencham em simultâneo os requisitos dos arts. 73º e 212º, nºs 2 a 4.

Em primeiro lugar, nos termos gerais do art. 73º, nº 1, tem direito de voto qualquer credor cujo crédito se encontre *reconhecido* por decisão definitiva[1169] ou, em alternativa[1170], haja sido objeto de reclamação no processo ou na própria assembleia para efeitos de participação na assembleia (al. a)), desde que não seja objeto de impugnação na mesma pelo administrador da insolvência nem por qualquer credor com direito de voto (al. b)). Se os créditos houverem sido impugnados, o juiz pode, todavia, e sem admissibilidade de recurso (nº 5 do art. 73º), atribuir-lhes votos, por força do nº 4 do art. 73º, a solicitação do interessado, fixando a sua quantidade de acordo com as circunstâncias relevantes (designadamente, a probabilidade da existência, do montante e da natureza subordinada do crédito e ainda, na hipótese de crédito sob condição suspensiva, a probabilidade da verificação da condição).

Em segundo lugar, apenas os *credores sobre a insolvência* têm direito de voto, excluindo-se, por isso, os credores da massa. Muito embora o art. 212º não o especifique, a solução resulta do art. 192º, nº 1 (segundo o qual o plano de insolvência é um meio alternativo de satisfação dos interesses dos credores sobre a insolvência), assim como dos arts. 193º, nº 1, 72º nº 1 e 73º, nº 1[1171].

aos assuntos para que haja sido convocada": assim, CUNHA, Paulo Olavo, *Direito das Sociedades Comerciais*, 6ª edição, Almedina, Coimbra, 2016, p. 651.

[1168] No *direito societário*, o *quorum* deliberativo é definido como a "percentagem mínima do capital social que corresponde às participações de sócios presentes ou representados legalmente exigível para que possa formar-se uma deliberação válida": assim, CUNHA, Paulo Olavo, *Direito das Sociedades Comerciais*, 6ª edição, Almedina, Coimbra, 2016, p. 666.

[1169] No apenso de verificação e graduação de créditos (arts. 128º e ss) ou em ação de verificação ulterior (arts. 146º e ss).

[1170] Desde que o prazo fixado na sentença para as reclamações de créditos não esteja esgotado.

[1171] Neste sentido, FERNANDES, Luís A. Carvalho/LABAREDA, João, *Código da Insolvência e da Recuperação de Empresas Anotado*, 3ª edição, Quid Juris Editora, Lisboa, 2015, p. 773, nota 5.

Para além disso, por estatuição expressa do art. 73º, nº 3, os *créditos subordinados* conferem direito de voto apenas relativamente a deliberação da assembleia de credores que recaia sobre a aprovação de um plano de insolvência. Porém, por disposição expressa da al. b) do nº 2 do art. 212º, não conferem direito de voto os créditos subordinados de determinado grau, se o plano decretar o perdão integral de todos os créditos de graus hierarquicamente inferiores[1172] e não atribuir qualquer valor económico ao devedor ou aos respetivos sócios, associados ou membros. Segundo o nº 4, e a título de exemplo, por valor económico entende a lei, quanto aos sócios de uma sociedade comercial, a previsão da continuação da exploração da empresa pela sociedade comercial sem que o capital seja reduzido a 0.

Em último lugar, de acordo com o art. 212º, nº 2, al. a), e em princípio (veja-se o nº 3 do art. 212º), *não* conferem direito de voto os créditos que não sejam modificados pela parte dispositiva do plano.

4.7.3. Quórum deliberativo

Terminada a discussão, tem lugar a votação. Esta votação pode ser feita na assembleia (em regra) ou por escrito[1173], no prazo máximo de 10 dias (art. 211º, nº 1, 1ª parte).

A proposta de plano de insolvência considera-se *aprovada* se reunir "mais de dois terços da totalidade dos votos emitidos e mais de metade dos votos emitidos correspondentes a créditos não subordinados, não se considerando como tal as abstenções" (art. 212º, nº 1)[1174].

A aprovação da proposta de plano depende, assim, do preenchimento de dois requisitos cumulativos: deve recolher o voto favorável de mais de dois terços de todos os votos emitidos, trate-se de créditos comuns, garantidos, privilegiados ou subordinados, por um lado (maioria deliberativa qualificada);

[1172] COUTINHO DE ABREU defende a aplicação da graduação prevista no art. 48º (cfr. art. 177º): assim, *Curso de Direito* Comercial, 11ª edição, Almedina, Coimbra, 2018, p. 344, nota 864.

[1173] Porém, apenas os credores presentes ou representados na própria assembleia podem votar (art. 211º, nº 1, 2ª parte).

[1174] Segundo o Ac. Rel. Lx., de 6-07-2009 (MARIA DO ROSÁRIO MORGADO), "decorre do art. 212º do CIRE não ser necessária a unanimidade do voto dos credores, incluindo os afectados pela supressão ou alteração do valor dos seus créditos e inerentes garantias, sendo privilegiados".

e, por outro lado, mais de metade dos votos deve corresponder a créditos não subordinados[1175].

A deliberação de aprovação é imediatamente publicada nos termos previstos nos arts. 75.º (com as devidas adaptações) e 192.º, n.º 3 (art. 213.º). Se o plano se destinar a prover à recuperação do devedor, é designado de plano de recuperação, devendo tal menção expressa ser feita na publicação da deliberação (art. 192.º, n.º 3[1176]).

4.8. Homologação

4.8.1. Considerações preliminares

A homologação do plano de insolvência aprovado em assembleia de credores é, não só, um requisito *indispensável* à eficácia do plano de insolvência, mas também um requisito *suficiente* para que se produzam certos efeitos do plano (art. 217º).

A sentença de homologação do plano de insolvência só pode ser proferida desde que tenham decorrido pelo menos 10 dias sobre a data da sua aprovação, ou, caso o plano tenha sido objeto de alterações na assembleia, sobre a data da publicação da deliberação (art. 214º).

A homologação encontra-se regulada pela negativa (há apenas um elenco das hipóteses de recusa judicial de homologação) e pode dividir-se em duas modalidades fundamentais[1177]: não homologação *oficiosa* (art. 215º) e não homologação a *solicitação* dos interessados (art. 216º)[1178].

[1175] Este requisito de maioria simples dos votos respeitante a créditos não subordinados foi aditado pelo art. 1º do Decreto-Lei nº 200/2004, de 18 de agosto, e, tal como resulta do preâmbulo do Diploma, destina-se a "evitar que os credores subordinados possam, sem o acordo dos restantes credores, fazer aprovar um plano de insolvência".

[1176] O n.º 3 foi acrescentado pela Lei nº 16/2012, de 20 de abril.

[1177] Segundo o Ac. Rel. Po., de 19-09-2013 (MARIA AMÁLIA SANTOS), a violação do princípio da igualdade entre os credores, consagrado no art. 194º (norma imperativa), pode sustentar a recusa de homologação do plano, quer oficiosamente (art. 215º), quer a solicitação dos interessados (art. 216º).

[1178] Para o Ac. Rel. Guim., de 04-06-2013 (ANTÓNIO BEÇA PEREIRA), "não sendo homologado um plano de insolvência, aquele que, em sua substituição, venha depois a ser elaborado, à partida, não tem que conter as cláusulas que no primeiro não padeciam de qualquer vício e nele podem figurar soluções que antes não constavam".

4.8.2. Não homologação oficiosa

De acordo com o art. 215º, o juiz recusa *ex officio*[1179] a homologação do plano de insolvência com algum dos seguintes fundamentos alternativos[1180]: violação não negligenciável de normas procedimentais (*vício de procedimento*); violação não negligenciável das normas aplicáveis ao conteúdo do plano[1181] (*vício de conteúdo*)[1182]; no prazo estabelecido, falta de verificação das condições – suspensivas do plano[1183] ou falta de prática dos atos ou de execução das medidas que devem preceder a homologação[1184].

O vício de procedimento não negligenciável ocorrerá quando, no *iter* processual conducente à publicidade de um plano de insolvência, houve (à semelhança do que se passa no art. 195º do CPCivil) violação de regras "susceptível de interferir com a boa decisão da causa, o que significa valorar se interfere ou não com a justa salvaguarda dos interesses protegidos ou a proteger

[1179] De acordo com o Ac. Rel. Po., de 15-12-2016 (Miguel Baldaia de Morais), "malgrado o comando vertido no artigo 215º do Código da Insolvência e da Recuperação de Empresas esteja, em primeira linha, dirigido ao juiz, no sentido de lhe conferir o papel de guardião da legalidade – cabendo-lhe, por conseguinte, evitar, *ex officio*, a ocorrência de vícios de procedimento ou de conteúdo –, nada obstaculiza que qualquer interessado que não tenha aprovado o plano possa submeter a questão à apreciação do tribunal, solicitando então uma decisão não homologatória tendo por base a existência de vício não negligenciável de normas procedimentais ou de normas aplicáveis ao conteúdo desse plano".

[1180] Segundo o Ac. Rel. Lx., de 6-07-2009 (maria do rosário morgado), "nos termos do art. 215º, do CIRE, o juiz (apenas) pode recusar oficiosamente a homologação do plano de insolvência aprovado pela assembleia de credores no caso de violação não negligenciável de regras procedimentais ou das normas aplicáveis ao seu conteúdo, qualquer que seja a sua natureza".

[1181] Sobre a violação do princípio da igualdade, veja-se o Ac. Rel. Co., de 25-06-2013 (Catarina Gonçalves).

[1182] A propósito desta classificação dos vícios do plano de insolvência, veja-se abreu, Jorge Manuel Coutinho, *Curso de Direito* Comercial, vol. I, 11ª edição, Almedina, Coimbra, 2018, pp. 345 e ss.

[1183] O legislador autoriza a aposição de condições suspensivas ao plano de insolvência quando se trate de prestações ou de outras medidas que devam ser realizadas antes da homologação pelo juiz (nº 1 do art. 201º). Em princípio, e sem prejuízo do disposto no art. 218º, a aposição de condições resolutivas está excluída pelo legislador (nº 3 do art. 201º).

[1184] A lei impõe a observância de certos atos prévios à homologação, na hipótese de aumento do capital social da sociedade devedora ou de saneamento por transmissão (art. 201º, nº 2). Nestes casos, a subscrição das participações sociais deve anteceder a homologação, bem como a realização integral das entradas em dinheiro, a emissão das declarações de que se transmitem as entradas em espécie e a verificação do valor pelo revisor oficial de contas escolhido no plano.

– nomeadamente, no que respeita à tutela devida à posição dos credores e do devedor nos diversos domínios em que se manifesta –, tendo em conta o que é, apesar de tudo, livremente renunciável"[1185]. Parecem constituir exemplos de normas procedimentais cuja violação não será negligenciável, as disposições previstas no art. 212º que fixam os dois quóruns indispensáveis para que uma deliberação se considere aprovada[1186].

Quanto ao prazo para o preenchimento das condições ou para a prática de certos atos, na falta de estipulação do plano, o juiz fixará um prazo razoável para que os mesmos ocorram (art. 215º, *in fine*). Trata-se de prazo perentório, findo o qual o juiz deverá proferir despacho de recusa de homologação caso as condições não se tenham verificado, ou os atos não tenham sido praticados[1187].

4.8.3. Não homologação a solicitação dos interessados

De acordo com o art. 216º, a homologação é ainda recusada pelo juiz[1188] a solicitação do devedor, de algum credor, sócio, associado ou membro do devedor, desde que se observe um conjunto de requisitos.

Em primeiro lugar, o legislador exige expressamente que o devedor não tenha apresentado a proposta de plano, mas é omisso relativamente aos restantes sujeitos previstos no proémio do art. 216º, nº 1. Ora, por força do art. 193º, têm legitimidade para apresentar a proposta não só o devedor, mas também qualquer credor ou grupo de credores, pelo que, sob pena de incorrerem num *venire contra factum proprio*, parece de afastar a possibilidade de um credor apresentante de uma proposta de plano de insolvência se opor à sua homologação.

[1185] Assim, FERNANDES, Luís A. Carvalho/LABAREDA, João, *Código da Insolvência e da Recuperação de Empresas Anotado*, 3ª edição, Quid Juris Editora, Lisboa, 2015, p. 782, nota 5.

[1186] Tem sido entendimento de alguma jurisprudência que ocorrerá vício não negligenciável quanto ao conteúdo do plano quando forem violadas "todas as normas imperativas que acarretem a produção de um resultado que a lei não autoriza". Assim, Ac. Rel. Po., de 15-12-2005 (AMARAL FERREIRA) e Ac. Rel. Guim., de 26-10-2006 (ANTÓNIO GONÇALVES).

[1187] Assim, FERNANDES, Luís A. Carvalho/LABAREDA, João, *Código da Insolvência e da Recuperação de Empresas Anotado*, 3ª edição, Quid Juris Editora, Lisboa, 2015, p. 783, nota 7.

[1188] No sentido de que sobre o juiz impende o dever de recusa da homologação quando se encontrem preenchidos os requisitos impostos pela lei, veja-se FERNANDES, Luís A. Carvalho/LABAREDA, João, *Código da Insolvência e da Recuperação de Empresas Anotado*, 3ª edição, Quid Juris Editora, Lisboa, 2015, p. 789, nota 14.

Em segundo lugar, é necessário ainda que o devedor, o credor, ou o membro, sócio ou associado do devedor tenham manifestado a sua oposição *anteriormente à aprovação* do plano de insolvência[1189]. Aqueles que têm legitimidade para participar na assembleia de credores podem opor-se aí – trata-se do devedor, assim como dos credores (art. 72º) – inscrevendo o seu protesto em ata. Porém, já os sócios, associados ou membros do devedor não têm legitimidade para participar na assembleia de credores[1190], devendo apresentar a sua oposição antes da mesma em requerimento escrito.

Para além disso, a doutrina tem defendido que à oposição deverá ser aplicado o prazo mínimo previsto no art. 214º para o proferimento do despacho sobre a homologação da deliberação[1191].

Em terceiro e último lugar, é exigência da lei que o requerente (credor, devedor, ou seu sócio, membro ou associado) demonstre em termos plausíveis, alternativamente, que existe um prejuízo próprio (nº 1, al. a)) ou um favorecimento indevido de um credor (nº 1, al. b)).

Existe *prejuízo próprio* quando a sua situação é previsivelmente menos favorável com a aprovação do plano do que na hipótese de o mesmo não existir "designadamente face à situação resultante de acordo já celebrado em procedimento extrajudicial de regularização de dívidas"[1192] (art. 216º, nº 1, al. a)). Trata-se de uma hipótese que impõe um juízo de prognose (*prognoseentscheidung*), muitas vezes complexo, segundo o qual se deve comparar o que o plano prevê para o reclamante com o que para ele resultaria se nenhum plano

[1189] Porém, quando o plano de insolvência é objeto de alterações na própria assembleia (de acordo com o disposto no art. 210º), o legislador dispensa esta oposição a quem não esteve presente nem representado (nº 2 do art. 216º). Não têm sido consideradas alterações as meras correções de erros materiais – assim, designadamente, FERNANDES, Luís A. Carvalho/LABAREDA, João, *Código da Insolvência e da Recuperação de Empresas Anotado*, 3ª edição, Quid Juris Editora, Lisboa, 2015, p. 786, nota 6.

[1190] No sentido de que poderão participar se especificamente autorizados a isso, veja-se FERNANDES, Luís A. Carvalho/LABAREDA, João, *Código da Insolvência e da Recuperação de Empresas Anotado*, 3ª edição, Quid Juris Editora, Lisboa, 2015, p. 786, nota 5.

[1191] Assim, FERNANDES, Luís A. Carvalho/LABAREDA, João, *Código da Insolvência e da Recuperação de Empresas Anotado*, 3ª edição, Quid Juris Editora, Lisboa, 2015, p. 785, nota 4. No *direito espanhol*, a lei estabelece expressamente um prazo de 10 dias (art. 128, 1, *Ley Concursal*).

[1192] Redação introduzida pelo art. 1º do D.L. nº 282/2007, de 7 de agosto.

fosse aprovado (ou seja, se ocorresse a liquidação universal do património do devedor, de acordo com a tramitação supletiva do processo de insolvência)[1193].

Por seu turno, o *favorecimento indevido de um credor* ocorrerá quando, de acordo com a al. b) do nº 1 do art. 216º, o plano confere a algum credor um valor económico superior ao montante nominal dos seus créditos sobre a insolvência, acrescido do valor das eventuais contribuições que ele deva prestar.

Por último, e na hipótese de o oponente ser o devedor, um seu sócio ou associado, ou um credor comum ou subordinado, a lei afasta o direito de oposição ("cessa o disposto no nº 1") se o conteúdo do plano, *cumulativamente* (art. 216º, nº 3), previr a extinção integral dos créditos garantidos e privilegiados por conversão em capital da sociedade devedora ou de uma nova sociedade ou sociedades, na proporção dos respetivos valores nominais (al. a)); e a "extinção de todos os demais créditos por contrapartida da atribuição de opções de compra conformes com o disposto nos nºs 1 e 2 do art. 230º relativamente à totalidade das acções assim emitidas" (al. b)); e conceder ao devedor, ou aos respetivos sócios, associados ou membros, "na proporção das respectivas participações, [...] opções de compra da totalidade das acções emitidas, contanto que o seu exercício determine a caducidade das opções atribuídas aos credores e pressuponha o pagamento do valor nominal dos créditos extintos por contrapartida da atribuição das opções caducadas" (al. c)).

4.8.4. Efeitos

A homologação do plano de insolvência desempenha uma múltipla função no âmbito do processo de insolvência, encontrando-se o seu regime jurídico plasmado sobretudo nos arts. 217º e 230º, nº 1, al. b).

Desde logo, é com a sentença homologatória que se produzem as alterações dos créditos sobre a insolvência introduzidas pelo plano de insolvência, independentemente de esses créditos terem sido reclamados ou verificados (art. 217º, nº 1).

Além do mais, segundo o art. 197.º, na ausência de estatuição expressa em sentido diverso constante do plano de insolvência: os direitos decorrentes de garantias reais e de privilégios creditórios não são afectados pelo plano

[1193] Assim, FERNANDES, Luís A. Carvalho/LABAREDA, João, *Código da Insolvência e da Recuperação de Empresas Anotado*, 3ª edição, Quid Juris Editora, Lisboa, 2015, pp. 786-787, nota 7.

(al. a)); os créditos subordinados consideram-se objecto de perdão total (al. b)); o cumprimento do plano exonera o devedor e os responsáveis legais da totalidade das dívidas da insolvência remanescentes (al. c))[1194].

Depois, é também com a sentença homologatória que se produzem efeitos sobre quaisquer atos ou negócios jurídicos previstos no plano de insolvência, prescindindo a lei da forma legalmente prevista (art. 217º, nº 2). Para isso, é necessário que do processo constem, por escrito, as declarações de vontade de terceiros e dos credores que não tenham votado favoravelmente ou que, de acordo com o plano, devessem ser emitidas após a aprovação[1195].

Para além disso, e de acordo com o nº 3 do art. 217º[1196], a sentença homologatória é título suficiente: para a constituição da nova sociedade, para a

[1194] Segundo o Ac. Rel. Po., de 19-05-2014 (Maria José Costa Pinto), "o regime supletivo de "*exoneração*" decorrente do cumprimento do plano de insolvência traçado na alínea c) do artigo 197.º do CIRE – que apenas pode ser afastado através de determinação expressa em contrário constante do próprio plano de insolvência – contempla a "*totalidade das dívidas da insolvência remanescentes*", como tal se entendendo todas as dívidas cujo fundamento seja anterior à data da declaração de insolvência, ainda que não reclamadas no processo respetivo (...) A interpretação do artigo 90.º do CIRE no sentido de que o mesmo admite que os credores podem exercer os seus direitos, nos termos normais, logo que se mostre encerrado o processo de insolvência, colide com o entendimento expresso no Acórdão do STJ n.º 1/2014 de que os créditos da insolvência só podem ser exercidos durante a pendência do processo de insolvência e em conformidade com os preceitos do CIRE, entendimento este que esteve na base da uniformização jurisprudencial nele contida". Pelo contrário, para o Ac. Rel. Po., do mesmo dia, ou seja, de 19-05-2014 (António José Ramos): "I – Inexiste, qualquer violação do caso julgado, não se verificando, por outro lado, qualquer efeito preclusivo, pela circunstância de o Autor não ter reclamado no processo de insolvência, parte do seu crédito, vencido antes da declaração da insolvência da recorrente, uma vez que nada o impede, após o encerramento daquele processo, de exercer o seu direito em acção proposta contra a Ré, que entretanto iniciou a sua actividade. II – Da interpretação conjugada dos artigos 90º, 217º, nº 1, alíneas a) e c) e 233º, nº 1, todos do CIRE nada impede que o credor possa reclamar, após o encerramento do processo de insolvência, o seu crédito. Se assim não fosse, estaríamos perante uma exoneração do passivo restante implícita, cuja não tem cobertura legal".

[1195] A lei prescinde expressamente da declaração de vontade do devedor cujo consentimento não seja obrigatório de acordo com o CIRE e também da declaração de vontade da(s) nova(s) sociedade(s) a constituir.

[1196] O elenco das duas alíneas do nº 3 tem caráter exemplificativo (repare-se no advérbio "designadamente" que consta expressamente do proémio do preceito). Defendendo que o nº 3 contém exemplos do regime legal contido no nº 2, e que, portanto, "os actos enumerados deviam já considerar-se genericamente abrangidos na previsão do nº 2", veja-se Fernandes, Luís A. Carvalho/Labareda, João, *Código da Insolvência e da Recuperação de Empresas Anotado*, 3ª edição, Quid Juris Editora, Lisboa, 2015, p. 792, nota 10.

transmissão em seu benefício dos bens e direitos que deva adquirir, assim como para a realização dos registos correspondentes (al. a))[1197]; e para a redução, aumento de capital, modificação dos estatutos, transformação, exclusão de sócios e alteração dos órgãos sociais da sociedade devedora, bem como para a realização dos registos respetivos (al. b)).

Os efeitos da sentença homologatória do plano de insolvência previstos nos n.ºs 1 a 3 do art. 217.º produzem-se de imediato, ainda que seja interposto recurso (art. 217.º, n.º 5)[1198].

Finalmente, de acordo com o art. 230º, nº 1, al. b), o trânsito em julgado da sentença homologatória constitui fundamento para a declaração judicial de encerramento do processo, desde que o conteúdo do plano a isso não se oponha[1199].

Em consequência do encerramento do processo, *em princípio*, cessam todos os efeitos da declaração de insolvência (recuperando o devedor o poder de livre disposição e administração dos seus bens e direitos), cessam as atribuições

[1197] Sobre a latitude dos poderes do conservador do registo comercial relativamente às modificações do contrato de sociedade, vide CUNHA, Paulo Olavo, *Providências Específicas do Plano de Recuperação de Sociedade, in:* "I Congresso de Direito da Insolvência", Almedina, Coimbra, 2014, p. 136.

[1198] O n.º 5 do art. 217.º foi aditado pelo art. 3.º do D.L. n.º 79/2017, de 30 de junho.

[1199] Veja-se também o art. 220º, nº 1, que se refere ao "plano de insolvência que implique o encerramento do processo". São exemplos apontados pela *Doutrina* as hipóteses de o plano de insolvência prever uma forma alternativa de liquidação do património do devedor ou então prever a liquidação de apenas uma parte da massa segundo o modelo geral. Nestes casos, o processo não encerrará com o trânsito em julgado da sentença homologatória do plano, mas apenas quando, com as devidas adaptações, se preencha alguma das hipóteses restantes do nº 1 do art. 230º. Assim, FERNANDES, Luís A. Carvalho/LABAREDA, João, *Código da Insolvência e da Recuperação de Empresas Anotado*, 3ª edição, Quid Juris Editora, Lisboa, 2015, p. 829, nota 7. Na *jurisprudência*, veja-se o Ac. Rel. Co., de 2-10-2012 (CARLOS MOREIRA), "I. O trânsito em julgado da decisão de homologação do plano de insolvência acarreta, por via de regra, o encerramento do processo de insolvência, o que apenas não sucederá se o conteúdo do plano e a efetivação, no processo, de qualquer medida nele consagrada, se revelarem com tal incompatíveis, i.e., estritamente necessários à satisfação de interesse relevante de interveniente processual ou à consecução da finalidade última e essencial nele prevista – art. 230.º, n.º 1, al. b) do CIRE. II. Assim, não obsta ao encerramento, a mera alegação de credor – que aceitou o plano no qual se prevê a dação em pagamento de imóvel, por um certo valor, para satisfação do seu crédito – que o imóvel se desvalorizou *ex vi* da crise e que cessaram os poderes do administrador para formalizar a cessão, até porque, neste aspeto, pode exigir tal do devedor – art. 233.º n.º 1 al. b) do CIRE".

da comissão de credores e do administrador da insolvência, os credores da insolvência podem exercer os seus direitos contra o devedor nos termos gerais, salvaguardando-se, no entanto, as limitações que resultam do plano de insolvência[1200] (art. 233º, nº 1).

Estes efeitos conhecem, porém, um conjunto de *desvios*. Assim, pode acontecer que, não obstante o encerramento, o plano preveja que a sua execução seja fiscalizada pelo administrador da insolvência. Neste caso, apesar do encerramento do processo, o administrador da insolvência e a comissão de credores (caso exista) mantêm-se em funções, e o juiz conserva a fiscalização após o encerramento do processo (art. 220º, nº 4). Para além disso, e no âmbito da fiscalização da execução do plano, pode o devedor ver o seu poder de livre disposição e administração dos seus bens limitado, nos termos previstos no art. 220º, nº 1.

4.8.5. Os direitos dos credores contra os codevedores e os terceiros garantes

Reza o art. 217.º, n.º 4, "as providências previstas no plano de insolvência com incidência no passivo do devedor não afetam a existência nem o montante dos direitos dos credores da insolvência contra os codevedores ou os terceiros garantes da obrigação, mas estes sujeitos apenas podem agir contra o devedor em via de regresso nos termos em que o credor da insolvência pudesse exercer contra ele os seus direitos"[1201].

A liberdade de fixação do conteúdo que rege o plano de insolvência não é absoluta. De facto, a lei estabelece alguns limites ao poder dos credores quanto à autorregulação dos seus interesses, tais como: o princípio da igualdade de tratamento dos credores, o *best interests of creditors' test*, a observância de um conjunto de regras procedimentais, o art. 217.º, n.º 4.

1200 Segundo o Ac. Rel. Po., de 28-04-2014 (António José Ramos), "II – Inexiste violação do caso julgado, não se verificando qualquer efeito preclusivo, na circunstância de o Autor não ter reclamado, no processo de insolvência, parte do crédito vencido antes da declaração da insolvência, uma vez que nada impede que, após o encerramento daquele processo, exerça o seu direito em ação proposta contra a Ré que entretanto retomou a sua atividade, ficando o mesmo sujeito às restrições constantes do plano de insolvência e do plano de pagamentos aprovado e devidamente homologado. Como nada obstaculiza que, na sentença, se tenha condenado a recorrente no pagamento desses créditos com as restrições advindas do plano de insolvência e de pagamentos".

1201 Na redação introduzida pelo art. 3.º do D.L. n.º 79/2017, de 30 de junho.

O art. 217.º, n.º 4, é, assim, uma norma excecional, que visa repor um equilíbrio entre os interesses "coletivizados dos credores" (através do plano de insolvência) e a tutela dos credores que beneficiam de uma garantia prestada por terceiro, através de um desvio à acessoriedade destas garantias – ou seja, um desvio ao vínculo de subordinação funcional e/ou de subordinação extintiva à obrigação garantida[1202], que é, porém, consentido pela função (do terceiro garante) de escudo protetor do credor, *maxime* em situações de insolvência do devedor garantido cujo risco em última linha deve ser suportado pelo próprio garante[1203].

A norma pode ser desdobrada em dois planos, regulando dois momentos distintos: num primeiro momento, o exercício dos direitos do credor face ao codevedor ou ao terceiro garante; e, num segundo momento, o exercício pelo codevedor ou pelo terceiro garante do seu direito de regresso contra o devedor insolvente.

Começando pelo primeiro (relações externas – isto é, entre o credor e os coobrigados ou os terceiros garantes), estabelece a lei que as providências contidas em plano de insolvência que incidam no passivo não afetam a existência nem o montante dos direitos dos credores contra os codevedores ou os terceiros sagrantes. Esta solução legal tem dividido a doutrina, entre os Autores que consideram tratar-se de uma "evolução positiva do direito

[1202] A este propósito, veja-se Gomes, M. Januário da Costa, *Assunção Fidejussória de Dívida – Sobre o Sentido e o Âmbito da Vinculação como Fiador*, Almedina, Coimbra, 2000, pp. 106 e ss; Pires, Miguel *Lucas, Penhor ou Penhores? O Regime Tradicional do Penhor e a Proliferação de Regimes Especiais – implicações para a unidade conceptual e natureza jurídica do instituto*, dissertação de Doutoramento, Universidade de Coimbra, 2012, vol. I, p. 298.

[1203] M. Januário da Costa Gomes afirma, a propósito da fiança, que "sendo a fiança (...) também uma garantia de solvência ou de solvabilidade do devedor, não faria sentido que o fiador, que garante a solvência do devedor, pudesse escusar-se a satisfazer o crédito no caso de o devedor não estar em condições, por incapacidade económica, de satisfazer o crédito" – cfr. *Sobre os Poderes dos Credores Contra os Fiadores no Âmbito de Aplicação do CIRE. Breves Notas*, *in:* "III Congresso de Direito da Insolvência", Almedina, Coimbra, 2015, p. 322. No Ac. STJ, de 30-10-2014 (Silva Gonçalves), entendeu-se que "a relação entre portador (exequente) e o avalista (executado) não constitui uma relação imediata, revelando, isso sim e sempre, uma relação mediata, deste circunstancialismo jurídico-positivo se inferindo que não é tolerado ao avalista, na oposição à execução que venha a deduzir, que faça valer quaisquer excepções fundadas nas relações pessoais com o avalizado. [Por isso] porque o plano de insolvência está, inexoravelmente, de fora da relação cartular configurada na livrança que se executa, esta ocorrência judicial não é susceptível de se impor na presente execução"

falimentar" e aqueles que defendem uma interpretação restritiva do seu âmbito de aplicação. Para os primeiros, a solução legal aplica-se a qualquer medida prevista no plano de insolvência (extinção, total ou parcial da dívida) e também ao seu reescalonamento, sob pena de se potenciarem "resultados perversos", induzindo os credores a preferirem um perdão face à recalendarização dos seus créditos[1204]. Para os segundos, e com base no elemento literal do preceito, os credores mantêm a integralidade dos seus direitos contra os terceiros garantes ou codevedores apenas no que respeita às providências que incidam no passivo do devedor, extinguindo-o (perdão total) ou reduzindo-o (perdão parcial), e já não nas restantes providências, designadamente o condicionamento do reembolso, a modificação do prazo de vencimento[1205_1206].

Quanto ao exercício do direito de regresso (relações internas – ou seja, entre o devedor e os coobrigados ou terceiros garantes), preceitua o art. 217.º, n.º 4, 2ª parte, que o codevedor ou o terceiro garante apenas poderão exercer o seu direito de regresso contra o devedor, nos termos em que o credor o poderia fazer. O legislador pretende, neste caso, que as alterações introduzidas no plano sejam oponíveis pelo devedor a qualquer sujeito (credor, coobrigado

1204 FERNANDES, Luís A. Carvalho/LABAREDA, João, *Código da Insolvência e da Recuperação de Empresas Anotado*, 3ª edição, Quid Juris Editora, Lisboa, 2013, pp. 793-794, nota 11; LOUSA, Nuno Ferreira, *Os Créditos Garantidos e a Posição dos Garantes nos Processos Recuperatórios de Empresas, in* "Revista de Direito da Insolvência", n.º 0, Almedina, Coimbra, 2016, pp. 160 e ss.

1205 SERRA, Catarina, *Nótula sobre o Art. 217.º, n.º 4, do CIRE (o direito de o credor agir contra o avalista no contexto do plano de insolvência), in:* "Estudos Dedicados ao Professor Doutor Luís Alberto Carvalho Fernandes", UCE Editora, Lisboa, 2011, p. 382. Para além disso, para a Autora, se o credor votou favoravelmente o plano, não poderá acionar o garante ou o codevedor à margem do plano, sob pena de violação dos ditames da boa fé (pp. 385 e ss.). Em sentido contrário, veja-se o Ac. STJ, de 26-02-2013 (AZEVEDO SOARES), que considerou que, "na verdade, o plano de insolvência é constituído por um conjunto de medidas que só se aplicam à sociedade insolvente. Ao votar a favor de tal plano, o credor fá-lo apenas por se tratar de medidas aplicáveis a uma sociedade que está numa particular situação de impossibilidade de cumprir as suas obrigações para com os credores. Não seria razoável que o credor ficasse inibido de accionar os respectivos avalistas, que não são insolventes, nem se encontram impossibilitados de cumprir as obrigações que livremente assumiram, face à autonomia da obrigação do aval que prestaram. Com efeito, o credor do insolvente, ao votar favoravelmente um plano de insolvência, fá-lo apenas em relação ao insolvente. Os garantes estão fora do âmbito da insolvência e do que nesta se delibera".

1206 Na jurisprudência, cfr. o Ac. Rel. Guim., de 24-04-2012 (ARAÚJO DE BARROS).

ou garante, mesmo que não tivesse participado no processo de isolvência), transferindo para a esfera jurídica dos coobrigados ou garantes o risco da sua insolvência e os custos da sua recuperação[1207]. A este sacrifício, segundo alguns Autores, os coobrigados ou terceiros garantes poderão escapar recorrendo aos institutos gerais do abuso do direito ou da fraude à lei[1208].

4.9. Vicissitudes

O art. 218º, sob a epígrafe "incumprimento", regula as hipóteses em que a moratória ou o perdão previstos no plano ficam sem efeito. Trata-se de um regime legal supletivo ("salvo disposição expressa do plano de insolvência em sentido diverso")[1209], que contém a disciplina da moratória ou do perdão estabelecidos no plano de insolvência em duas hipóteses distintas: constituição do devedor em *mora* relativamente a crédito que não é cumprido no prazo de 15 dias a contar da interpelação escrita feita pelo credor (nº 1, al. a)); declaração de *insolvência* do devedor em novo processo (nº 1, al. b)).

Na primeira hipótese, preenchidos os requisitos legais, salvo disposição expressa do plano em sentido diverso, ficam sem efeito a moratória ou o perdão previstos pelo plano de insolvência para o crédito relativamente ao qual o devedor se constituiu em mora (art. 218º, nº 1, al. a))[1210].

Já na segunda hipótese, quando sobre o património do devedor foi aberto um novo processo de insolvência, a ineficácia do perdão ou da moratória deve abranger todos os créditos (art. 218º, nº 1, al. b)).

A possibilidade de modificação de um plano homologado não está expressamente regulada na lei. Segundo PAULO OLAVO CUNHA, "não se afigura que o plano aprovado pela assembleia de credores e susbsequentemente homologado por despacho judicial seja susceptível de alteração na sua estrutura,

[1207] A este propósito, veja-se CUNHA, Carolina, *Aval e Insolvência,* Almedina, Coimbra, 2017, pp. 124 e ss.

[1208] Assim, LOUSA, Nuno, *Os Créditos Garantidos e a Posição dos Garantes nos Processos Recuperatórios de Empresas, in* "Revista de Direito da Insolvência", n.º 0, Almedina, Coimbra, 2016, pp. 163-164.

[1209] Por força do art. 218º, nº 3, o plano pode associar os efeitos previstos no art. 218º, nº 1, a acontecimentos de outro tipo que tenham ocorrido dentro do período máximo de três anos a contar da sentença homologatória do plano.

[1210] Assim, FERNANDES, Luís A. Carvalho/LABAREDA, João, *Código da Insolvência e da Recuperação de Empresas Anotado,* 3ª edição, Quid Juris Editora, Lisboa, 2015, pp. 796-797, nota 7.

nomeadamente na autorização para a prática de novos atos e sua qualificação e imputação de (novas) dívidas à massa insolvente"[1211].

4.10. Fiscalização

Se o plano de insolvência implicar o encerramento do processo, pode prever que a sua execução fica sujeita a fiscalização pelo administrador da insolvência (art. 220º, nº 1)[1212].

Assim, de acordo com o nº 2 do art. 220º, compete ao administrador da insolvência informar anualmente o juiz e a comissão de credores da execução e das perspetivas de cumprimento do plano de insolvência pelo devedor (al. a)); prestar ao juiz e à comissão de credores as informações que por eles sejam pedidas (al. b)); informar de imediato o juiz e a comissão de credores ou, caso esta não exista, todos os titulares de créditos reconhecidos, da existência ou inevitabilidade de situações de incumprimento (al. c)).

Por último, *se* o plano o previr, compete ainda ao administrador da insolvência: durante o período de fiscalização, representar o devedor nas ações de impugnação da resolução de atos em benefício da massa insolvente (nº 3 do art. 220º); autorizar previamente a prática de determinados atos pelo devedor ou pela(s) nova(s) sociedade(s) (nº 1 do art. 220º)[1213].

1211 *Providências Específicas do Plano de Recuperação de Sociedade, in:*"I Congresso de Direito da Insolvência", Almedina, Coimbra, 2014, p. 115.

1212 Da letra da lei parece resultar que se trata de um instituto privativo dos planos de insolvência que impliquem o encerramento do processo de insolvência. A confirmá-lo veja-se o facto de, por exemplo, os custos da fiscalização serem suportados pelo devedor ou pela nova sociedade, uma vez que já não existe massa insolvente (art. 220º, nº 5, 2ª parte). Caso o conteúdo do plano de insolvência se oponha ao encerramento do processo após o trânsito em julgado da decisão homologatória do plano de insolvência (art. 230º, nº 1, al. b)), a fiscalização do cumprimento do plano será feita nos termos gerais do processo de insolvência, podendo até acontecer que, no plano de insolvência, as partes atribuam competências especiais ao administrador da insolvência. A este propósito, veja-se FERNANDES, Luís A. Carvalho/LABAREDA, João, *Código da Insolvência e da Recuperação de Empresas Anotado*, 3ª edição, Quid Juris Editora, Lisboa, 2015, p. 802, nota 3.

1213 Nesta hipótese, é aplicável, com as devidas adaptações, o disposto no nº 6 do art. 81º. Para além disso, a publicação e o registo da decisão de encerramento deverão incluir a referência aos atos cuja prática depende do consentimento do administrador da insolvência (art. 222º, nº 1). Alguns Autores defendem que é possível os credores estipularem a fiscalização desacompanhada da limitação da capacidade, mas o inverso já não será possível (embora com dúvidas face à letra do preceito, mas confortados pelo regime do art. 222º). Assim, FERNANDES,

Se o administrador da insolvência violar os deveres que sobre ele impendem no âmbito da fiscalização da execução e das outras atribuições eventuais, incorrerá em responsabilidade (art. 59º) e poderá ser destituído se, fundadamente, o juiz considerar existir justa causa (art. 56º).

A fiscalização deve constar do conteúdo do plano (art. 220º, nº 1) e também da publicação e do registo da decisão de encerramento do processo de insolvência, devendo incluir-se, se for o caso, a referência aos atos cuja prática pelo devedor ou pela(s) nova(s) sociedade(s) depende do consentimento do administrador da insolvência (art. 222º, nº 1)[1214]. A fiscalização tem a duração máxima de três anos e termina assim que os créditos sobre a insolvência estejam satisfeitos (nas percentagens estabelecidas no plano) ou que, em novo processo, seja declarada a insolvência do devedor ou da(s) nova(s) sociedade(s) (nº 6 do art. 220º)[1215].

§3 Disposições específicas da insolvência de pessoas singulares

1. Considerações preliminares

No Título XII, a lei prevê um conjunto de disposições que se aplicam apenas às pessoas singulares. O *caráter único* do processo de insolvência (um único e mesmo processo que se aplica a qualquer devedor insolvente) anunciado logo no art. 1º (complementado pelo art. 2º) conhece aqui uma *brecha* importante nos arts. 235º-266º, através da consagração da exoneração do passivo restante

Luís A. Carvalho/LABAREDA, João, *Código da Insolvência e da Recuperação de Empresas Anotado*, 3ª edição, Quid Juris Editora, Lisboa, 2015, p. 803, nota 4.

1214 Neste caso, a publicidade constitui condição de oponibilidade *erga omnes* da necessidade de consentimento do administrador da insolvência e da concessão de prioridade a novos créditos de acordo com o art. 221º (art. 220º, nº 1, *in fine*). Por isso, a sua inobservância implica a ineficácia em relação a terceiros de boa fé. Porém, a lei é omissa quanto à exigência de publicidade à atribuição eventual ao administrador da insolvência da competência para representar o devedor nas ações de impugnação da resolução de atos em benefício da massa insolvente durante o período de fiscalização (prevista no nº 3 do art. 220º). Em sentido afirmativo, veja-se FERNANDES, Luís A. Carvalho/LABAREDA, João, *Código da Insolvência e da Recuperação de Empresas Anotado*, 3ª edição, Quid Juris Editora, Lisboa, 2015, p. 809, nota 3.

1215 O fim da fiscalização é objeto de confirmação judicial, a pedido do administrador da insolvência, do devedor ou da(s) nova(s) sociedade(s) (2ª parte do nº 6 do art. 220º), que deve ser publicada e registada de acordo com o disposto para a decisão de encerramento do processo de insolvência (nº 2 do art. 222º).

(arts. 235º-248º), do plano de pagamentos aos credores (arts. 251º-263º) e do regime da insolvência de ambos os cônjuges (arts. 264º-266º).

2. Exoneração do passivo restante

2.1. Noções introdutórias

A exoneração do passivo restante constitui uma novidade do nosso ordenamento jurídico, inspirada no direito alemão (*Restschuldbefreiung*), determinada pela necessidade de conferir aos devedores pessoas singulares uma oportunidade de começar de novo (*fresh start*)[1216_1217].

De acordo com o art. 235º, trata-se da concessão de uma exoneração dos créditos sobre a insolvência que não fiquem integralmente pagos no processo de insolvência ou nos cinco anos posteriores ao seu encerramento.

2.2. Pressupostos

A exoneração do passivo restante é aplicável exclusivamente aos devedores pessoas singulares[1218] (titulares de empresa ou não, titulares de uma grande

[1216] "O princípio do *fresh start* para as pessoas singulares de boa fé incorridas em situação de insolvência, tão difundido nos Estados Unidos, e recentemente incorporado na legislação alemã da insolvência" – cfr. ponto 45 do Preâmbulo do D.L. nº 53/2004, de 18 de março. No *direito espanhol*, sobre as vantagens do "fresh start" para a recuperação da economia – estimula a reintegração no mercado e força os credores a tentarem a aprovação de um plano de insolvência (que afasta a concessão da exoneração) – veja-se CUENA CASAS, Matilde, *Crédito Responsable, "Fresh Start" y Dácion en Pagamento. Reflexiones sobre Algunas Propuestas Legislativas, in:* "El Notariado del Siglo XXI", mayo-junio 2012, pp. 38-43.

[1217] Para PAULO DA MOTA PINTO, na exoneração do passivo restante, há uma "colisão entre direitos ou valores constitucionalmente protegidos: de um lado, a proteção constitucional dos créditos, no quadro [...] da proteção geral do parimónio; do outro lado, a proteção da liberdade económica e do direito ao desenvolvimento da personalidade, e, também, o princípio, próprio do Estado Social de Direito, da proteção social dos mais fracos (neste caso, tendencialmente o devedor insolvente)", sendo a solução alcançada um sacrifício não desproporcionado do interesse do credor na satisfação do respetivo crédito – PINTO, Paulo da Mota, *Exoneração do Passivo Restante: Fundamento e Constitucionalidade, in:* "III Congresso de Direito da Insolvência", Almedina, Coimbra, 2015, pp. 187 e 194.

[1218] Neste sentido, também, CRISTAS, Assunção, *Exoneração do Devedor pelo Passivo Restante, in:* "Themis – Revista da Faculdade de Direito da UNL, Edição Especial – *Novo Direito da Insolvência*", 2005, p. 168. Defendendo que este instituto não é privativo dos consumidores, podendo aproveitar também a comerciantes ou profissionais liberais (como, por exemplo, os médicos, advogados, arquitetos), cfr. LEITÃO, Luís M. T. de Menezes, *Direito da Insolvência*, 8ª edição, Almedina, Coimbra, 2018, p. 365, em especial a nota 464.

ou de uma pequena empresa[1219]) que se tenham "portado bem", desde que não tenha sido aprovado e homologado um plano de insolvência (art. 237º, al. c))[1220].

Assim, desde logo, e em primeiro lugar, o devedor não merece a oportunidade que este instituto lhe confere, constituindo motivo *de indeferimento liminar* do pedido de exoneração, de acordo com o art. 238º, nº 1[1221]: a prestação por escrito, dolosa ou com culpa grave, pelo devedor de informações falsas ou incompletas sobre a sua situação económica com as finalidades da al. b), nos três anos anteriores à data do início do processo de insolvência; a violação do dever de apresentação à insolvência ou, não existindo esse dever, a falta de apresentação à insolvência nos 6 meses seguintes à verificação da situação de insolvência, com prejuízo, em qualquer dos casos, para os credores[1222],

[1219] A qualificação de uma pessoa singular como empresária ou como titular de uma pequena empresa é apenas relevante para efeitos do capítulo II do título XII (cfr. art. 249º, nº 1, proémio), ou seja, para efeitos da aplicação do regime do plano de pagamentos aos credores e da coligação de cônjuges.

[1220] Segundo o Ac. STJ, de 15-05-2012 (SALRETA PEREIRA), "I – A inexistência de património e de qualquer rendimento da recorrente, quando se apresentou à insolvência e posteriormente, não constitui impedimento para o deferimento liminar do pedido de exoneração do passivo restante, apesar da designação escolhida para o incidente (...).

[1221] Segundo o Ac. STJ, de 22-10-2010 (OLIVEIRA VASCONCELOS), "o devedor não tem que fazer prova dos requisitos previstos no nº 1 do artigo 238º do Código da Insolvência e da Recuperação de Empresas". De acordo com o Ac. Rel. Lx., de 15-12-2011 (JERÓNIMO FREITAS), "I. Ao requerente que pretenda aceder ao procedimento para exoneração do passivo restante bastará alegar a qualidade de insolvente e fazer constar do requerimento a declaração expressa do n.º 3, do art. 236.º (CIRE), cabendo aos credores e ao administrador alegar e provar os factos e circunstâncias a que alude o artigo 238.º, n.º 1 (CIRE), enquanto factos impeditivos do direito (art. 342.º, n.º 2 do CC) (...) VII. Cabe ao administrador de insolvência e aos credores o ónus de alegar e demonstrar esses requisitos que delimitam negativamente o direito à exoneração do passivo restante, por terem natureza impeditiva do direito, nos termos do art. 342.º/2 do C.Civil".". No sentido de que a enumeração é taxativa, cfr. Ac. Rel. Co, de 12-06-2012 (ARTUR DIAS). Sobre a natureza taxativa do elenco legal, veja-se MARTINS, Cláudia Oliveira, *O Procedimento de Exoneração do Passivo Restante, in* "Revista de Direito da Insolvência", n.º 0, Almedina, Coimbra, 2016, p. 220.

[1222] O preenchimento deste requisito (prejuízo para os credores) tem dividido a jurisprudência. Para um setor da jurisprudência presumem-se os prejuízos para os credores (cabendo ao devedor/insolvente a alegação e prova que da apresentação tardia não resultou qualquer prejuízo para os credores), para outro setor, os prejuízos têm que ser provados. *Seguindo a primeira orientação,* de acordo com o Ac. Rel. Guim, de 13-10-2011 (RAQUEL REGO) "A não apresentação atempada à insolvência torna evidente o prejuízo para os credores, pelo avolumar de

e sabendo, ou não podendo ignorar sem culpa grave, não haver qualquer perspetiva séria de melhoria da sua situação económica (al. d))[1223]; a existência de

seus créditos face ao vencimento de juros e pelo consequente avolumar do passivo global do insolvente (o que dificulta o pagamento dos créditos) ". Neste sentido, também, entre outros, o Ac. Rel. Lx., de 15-12-2011 (AGUIAR PEREIRA), o Ac. Rel. Co., de 17-12-2008 (GREGÓRIO SILVA JESUS) e os Acs. Rel. Po., de 9-12-2008 (GUERRA BANHA) e de 12-05-2009 (HENRIQUE ARAÚJO). *Perfilhando a segunda orientação*, veja-se o Ac. STJ, de 24-01-2012 (FONSECA RAMOS): "Os requisitos *tempestividade* e *prejuízo para os credores* são autónomos, já que a apresentação do insolvente pode não causar prejuízos sensíveis aos credores, como está implícito na al. d), mal se compreendendo que prejuízos insignificantes fossem motivo suficiente para a recusa liminar do pedido, por esse *prejuízo* ser de presumir em virtude da pretensão do insolvente ser requerida fora do prazo legal (...) A apresentação tardia do insolvente/requerente da exoneração do passivo restante, não constitui, por si só, presunção de *prejuízo para os credores* – nos termos do art. 238.º, n.º 1, d) do CIRE – pelo facto de, entretanto, se terem acumulado juros de mora – competindo aos credores do insolvente e ao administrador da insolvência o ónus de prova desse efetivo prejuízo, que se não presume". Neste sentido, também, veja-se, entre outros, Acs. STJ, de 21-10-2010 (OLIVEIRA VASCONCELOS), de 22-03-2011 (MARTINS DE SOUSA), de 6-07-2011 (FERNANDES DO VALE), de 3-11-2011 (MARIA DOS PRAZERES BELEZA), 24-01-2012 (FONSECA RAMOS), de 15-03-2012 (FERNANDES DO VALE), de 21-03-2012 (JOÃO TRINDADE), de 19-04-2012 (OLIVEIRA VASCONCELOS), de 15-05-2012 (SALRETA PEREIRA), 19-06-2012 (HÉLDER ROQUE), 21-01-2014 (PAULO SÁ), os Acs. Rel. Po., de 20-11-2008 (TELES DE MENEZES), de 21-10-2010 (AMARAL FERREIRA), Acs. Rel. Lx., de 14-05-2009 (NÉLSON BORGES CARNEIRO), de 20-10-2011 (LUÍS CORREIA DE MENDONÇA), Ac. Rel. Co., de 13-09-2011 (CARLOS GIL). No sentido de que "a obrigação de aprovisionamento do crédito incobrado pelo Banco de Portugal, não constitui em si mesma um prejuízo" para efeitos deste preceito, veja-se o Ac. Rel. Po., de 18-11-2013 (JOSÉ EUSÉBIO ALMEIDA). Considerando que o atraso na apresentação permitiu ao devedor alienar um imóvel seu a preço reduzido a uma sociedade com sede na sua morada pessoal e da qual vem a ser nomeado gerente, veja-se o Ac. Rel. Év., de 28-09-2017 (MÁRIO COELHO).

[1223] A este propósito, veja-se o Ac. Rel. Lx. de 02-07-2009 (MARIA JOSÉ MOURO), "III – Entre os requisitos a verificar quando do despacho liminar está o previsto na alínea d) do nº 1 do art. 238 do CIRE, no qual são perspectivadas duas hipóteses distintas: a do devedor ter incumprido o dever de apresentação à insolvência e a de, não estando obrigado a essa apresentação, da mesma se ter abstido nos seis meses seguintes à verificação da situação de insolvência – com prejuízo, em qualquer dos casos para os credores, e sabendo, ou não podendo ignorar sem culpa grave, não existir qualquer perspectiva séria de melhoria da sua situação económica. IV – Não estando a requerente sujeita àquele dever de apresentação, para beneficiar da pretendida exoneração tinha o ónus de não se ter abstido de se apresentar à insolvência nos seis meses seguintes à verificação da situação de insolvência – isto já no âmbito da segunda hipótese que a lei configura. V – Não tendo a requerente dito concretamente que não se apresentara à insolvência mais do que seis meses depois da verificação daquela situação, nem tal resultando da factualidade por ela relatada, haverá ainda, que verificar se, cumulativamente, se presenciam as outras condições aludidas na 2ª parte da alínea d) do nº 1 do art. 238 do CIRE, sendo

elementos que indiciem com toda a probabilidade a existência de culpa na criação ou agravamento da situação de insolvência, nos termos do art. 186º (al. e)); a condenação transitada em julgado pela prática de algum dos crimes previstos nos arts. 227º-229º do Código Penal, nos 10 anos anteriores ao início do processo ou posteriormente a essa data (al. f)); a violação pelo devedor, com dolo ou culpa grave, dos deveres de informação, apresentação e colaboração na pendência do processo (al. g)).

Para além disso, em segundo lugar, constitui motivo de *cessação antecipada do procedimento* (nos termos do art. 243º, nº 1, al. a)) a conduta, dolosa ou com culpa grave, do devedor que, prejudicando a satisfação dos créditos sobre a insolvência, viole os deveres impostos no art. 239º, nº 4, durante o período da cessão: o dever de não ocultar ou dissimular quaisquer rendimentos que aufira e informar o tribunal e o fiduciário sobre os seus rendimentos e património na forma e no prazo pedidos (al. a)); o dever de exercer profissão remunerada nos termos da al. b); o dever de entregar de imediato ao fiduciário a parte dos rendimentos objeto de cessão (al. c)); o dever de informar o tribunal e o fiduciário sobre quaisquer mudanças de domicílio ou de condições de emprego (al. d)); o dever de não fazer quaisquer pagamentos aos credores da insolvência (exceto através do fiduciário) e não criar vantagens especiais para algum credor da insolvência (al. e)).

2.3. Tramitação[1224]

2.3.1. Requerimento

Apenas o devedor tem legitimidade para apresentar o requerimento[1225], devendo fazê-lo na própria petição inicial, quando se tenha apresentado à insolvência, ou então dentro de um prazo de 10 dias a contar da sua citação (art. 236º, nº 1, 1ª parte)[1226]. Porém, o decurso do prazo de 10 dias não preclude

que ocorrendo prejuízo para os credores e não tendo ela explicitado, nem resultado dos autos uma perspectiva séria de melhoria da sua situação económica, é de indeferir liminarmente o pedido de exoneração".

[1224] No sentido de que ao pedido de exoneração do passivo restante é aplicável o art. 11º do CIRE, veja-se o Ac. Rel. Co, de 20-06-2012 (Carlos Gil).

[1225] Por força do art. 248º, o devedor que apresente um pedido de exoneração do passivo restante beneficia de apoio judiciário.

[1226] Aliás, neste caso, de acordo com o art. 236º, nº 2, do ato de citação deve constar a indicação da possibilidade de o devedor pedir a exoneração do passivo restante nos termos previstos no

a possibilidade de o devedor apresentar mais tarde esse requerimento desde que o juiz por sua "livre decisão"[1227] o admita e desde que o requerimento não tenha sido apresentado depois da assembleia de apreciação do relatório ou, no caso de esta ter sido dispensada na sentença declaratória de insolvência (por força do art. 36.º, n.º 1, al. n)), após os 60 dias subsequentes a esta sentença[1228] (art. 236º, nº 1, 2ª parte)[1229].

Os credores e o administrador da insolvência podem pronunciar-se sobre o requerimento de exoneração do passivo restante na assembleia de apreciação do relatório ou, caso esta seja dispensada, no prazo de 10 dias subsequente ao decurso do prazo de 60 dias previsto na parte final do n.º 1[1230_1231] (art. 236.º n.º 4).

nº 1 (ou seja, dentro do prazo de 10 dias a contar da citação, mas nunca mais tarde do que a assembleia de apreciação do relatório, decidindo o juiz livremente quanto à admissibilidade de requerimento apresentado no período intermédio).

[1227] Os critérios que deverão presidir à decisão do juiz dizem respeito à "vontade e capacidade do devedor para cumprir as exigências legais o que permitirá um bom aproveitamento deste mecanismo". Assim, CRISTAS, Assunção, *Exoneração do Devedor pelo Passivo Restante, in:* "Themis – Revista da Faculdade de Direito da UNL, Edição Especial – *Novo Direito da Insolvência*", 2005, pp. 168-169.

[1228] Tenha-se em consideração que, por força do art. 36.º, n.º 1, al. n) (alterado pela Lei nº 16/2012, de 20 de abril), o juiz pode dispensar a realização da assembleia de apreciação do relatório. Só através do art. 3.º do D.L. n.º 79/2017, de 30 de junho, se previu o regime jurídico do momento de apresentação do requerimento da exoneração do passivo restante para essa hipótese de dispensa.

[1229] A apresentação do requerimento fora do prazo constitui fundamento para o despacho de indeferimento liminar (art. 238º, nº 1, al. a)), mas já não constitui fundamento para a sua revogação antecipada.

[1230] O n.º 4 do art. 236.º foi alterado pelo art. 3.º do D.L. n.º 79/2017. Parece ter sido intenção do legislador adaptar o regime jurídico contemplado no n.º 4 aos casos em que foi dispensada a assembleia de apreciação do relatório e o devedor apresentou o seu requerimento nos 60 dias subsequentes à sentença declaratória de insolvência. E se o devedor apresentou o seu pedido no requerimento de apresentação à insolvência ou nos 10 dias posteriores à citação? Fará sentido conceder aos credores 60 dias + 10 dias após essa sentença?

[1231] Sobre a necessidade de observância do princípio do contraditório, veja-se o Ac. Rel. Po., de 27-05-2013 (JOSÉ EUSÉBIO ALMEIDA): "Feita a junção aos autos de insolvência dos articulados das reclamações de créditos e respetivos documentos, elementos esses em que os credores oponentes à exoneração do passivo restante fundam essa oposição, os insolventes (requerentes da exoneração) devem ser notificados, de modo a poderem exercer o contraditório, previamente à decisão que indefere ou defere liminarmente a exoneração".

Apresentado o pedido de exoneração nos termos definidos seguem-se dois momentos processuais fundamentais: o despacho inicial e o despacho final.

2.3.2. Despacho inicial

O *despacho inicial* é proferido na assembleia de apreciação do relatório ou nos 10 dias subsequentes ou, caso não seja realizada a assembleia de apreciação do relatório, no decurso dos prazos previstos no n.º 4 do art. 236.º[1232] (art. 239º, nº 1). Será proferido se não houver motivo para indeferimento liminar, nos termos do art. 238.º (art. 239.º, n.º 1)[1233].

O despacho inicial[1234_1235] determina a abertura, nos cinco anos posteriores ao encerramento do processo, do período da cessão, ou seja, o período dentro do qual, por forma a revelar-se merecedor da concessão da exoneração do passivo restante, o devedor é posto à prova, através da cessão do rendimento disponível a um fiduciário, e da imposição de um conjunto de obrigações[1236].

[1232] Este ajustamento aos prazos do n.º 4 do art. 236.º foi acrescentado pelo art. 3.º do D.L. n.º 79/2017, de 30 de junho.

[1233] O despacho de indeferimento liminar encontra-se regulado no art. 238º e pode fundamentar-se em razões de ordem formal ou processual (apresentação fora do prazo – art. 238º, nº 1, al. a)) ou em razões de ordem material ou substantiva (mérito do comportamento do devedor – art. 238º, nº 1, als. b)-g)). O despacho de indeferimento liminar é proferido após a audição dos credores e do administrador da insolvência (nos termos previstos no n.º 4 do art. 236.º), salvo se o pedido de exoneração for apresentado fora do prazo ou já constar dos autos documento autêntico comprovativo de algum dos factos elencados no n.º 1 do art. 238.º (art. 238.º, n.º 2). Sobre o critério de aferição do valor da ação para efeitos de admissibilidade do recurso do despacho de indeferimento liminar, veja-se o Ac. TC nº 328/12 (VÍTOR GOMES).

[1234] O despacho inicial é objeto de publicidade e registo nos termos previstos para a decisão de encerramento do processo de insolvência (art. 247º).

[1235] Segundo o Ac. Rel. Po., de 14-06-2011 (MARIA CECÍLIA AGANTE), o encerramento do processo de insolvência por insuficiência de bens ou a ausência de reclamação de créditos (não obstante o seu reconhecimento, sem impugnações, pelo administrador da insolvência) não exluem a admissibilidade do incidente de exoneração do passivo restante.

[1236] A propósito deste período probatório, veja-se CRISTAS, Assunção, *Exoneração do Devedor pelo Passivo Restante, in:* "Themis – Revista da Faculdade de Direito da UNL, Edição Especial – *Novo Direito da Insolvência*", 2005, pp. 169-170.

2.3.2.1. Cessão do rendimento disponível

O despacho inicial determina que, durante os cinco anos posteriores ao encerramento do processo de insolvência (o "período da cessão")[1237], o rendimento disponível que o devedor venha a auferir se considera cedido a um fiduciário[1238].

O *fiduciário* é escolhido pelo tribunal a partir da lista oficial de administradores da insolvência (art. 239º, nº 2), sendo a sua nomeação registada oficiosamente, nos termos do art. 38º, nº 2, e a sua destituição sujeita ao disposto nos arts. 56º e 57º (*ex vi* remissão expressa do art. 240º, nº 2). O fiduciário tem direito à remuneração prevista no estatuto respetivo e ao reembolso das despesas que "fundadamente tenha considerado úteis" (art. 60º, nº 1, *ex vi* remissão expressa do art. 240º, nº 2, 2ª parte, e art. 28.º do Estatuto[1239]) ou indispensáveis, as quais, porém, são suportadas pelo devedor (art. 240º, nº 1)[1240]. Por força de remissão expressa do art. 240º, nº 2, no desempenho da sua função, o fiduciário encontra-se sujeito à fiscalização do juiz (art. 58º),

1237 Por força do art. 230.º, n.º 1, al. e) (esta alínea foi acrescentada pelo art. 2.º da Lei n.º 16/2012, de 20 de abril), o juiz declara o encerramento do processo no despacho inicial de exoneração do passivo restante, quando ainda não tenha sido declarado.

1238 Segundo CARVALHO FERNANDES, os rendimentos devem ser entregues diretamente ao fiduciário e não ao insolvente (que, por seu turno, os entregaria ao fiduciário): cfr. *A Exoneração do Passivo Restante nas Pessoas Singulares, in:* "Colectânea de Estudos sobre a Insolvência", Quid Juris, Lisboa, 2009, p. 296.

1239 Por força do art. 2.º, n.º 2, o Estatuto do Administrador Judicial é aplicável aos fiduciários (não obstante a ausência de referência legal ao fiduciário na definição de administrador judicial prevista no n.º 1 do art. 2.º). Para PEDRO PIDWELL, o fiduciário não é um órgão da insolvência, mas sim um interveniente no processo – *Insolvência das Pessoas Singulares. O Fresh Start – será mesmo começar de novo? O Fiduciário. Algumas Notas, in*: "Revista de Direito da Insolvência", n.º 0, Almedina, Coimbra, 2016, p. 202.

1240 Segundo o Ac. Rel. Po., de 16-01-2008 (ESTELITA DE MENDONÇA): "I – A responsabilidade pelo pagamento da remuneração e das despesas do fiduciário é, em primeira linha, do devedor, uma vez que deve ser suportado pelas quantias objecto da cessão, atento o disposto no art.º 241.º n.º 1 do CIRE e art.º 28.º do Estatuto do Administrador Judicial. II – É admissível o pagamento de remuneração ao fiduciário por adiantamento do Cofre Geral dos Tribunais (hoje, Instituto de Gestão Financeira e Patrimonial da Justiça) no valor devido pelo trabalho realizado e despesas suportadas, quando não existam quantias cedidas pelo devedor que permitam tal pagamento". Assim, também, o Ac. Rel. Po., de 28-10-2015 (INÊS MOURA), o Ac. Rel. Co., de 12-09-2017 (ANTÓNIO CARVALHO MARTINS) e o Ac. Rel. Guim., de 30-05-2018 (JOSÉ AMARAL).

ao regime de responsabilidade previsto no art. 59º[1241], ao regime de prestação de contas estatuído nos arts. 62º-64º e à obrigatoriedade de prestar informações anualmente, a cada credor e ao juiz (art. 61º, nº 1). Para além disso, o art. 241º, nº 2, impõe expressamente ao fiduciário a obrigação de manter em separado do seu património pessoal as quantias que receba, sob pena de responder, com todo o seu património, pelos fundos que desapareçam, bem como pelos danos causados em sua consequência.

O rendimento disponível é integrado por todos os rendimentos que o devedor aufira, a qualquer título[1242] (art. 239º, nº 3, proémio), exceto[1243]: os créditos previstos no art. 115º que tenham sido cedidos a terceiro, e durante o período de eficácia da cessão (art. 239º, nº 3, al. a)); o que seja razoavelmente necessário para o sustento minimamente digno do devedor e seu agregado familiar[1244] (com o limite máximo, salvo decisão fundamentada do juiz em

[1241] E às responsabilidades disciplinar e contraordenacional previstas no Estatuto.

[1242] Sobre a subsunção das ajudas de custo no conceito de rendimento disponível, veja-se o Ac. Rel. Po., de 30-05-2018 (CARLOS GIL). No sentido de que o insolvente apenas está obrigado a ceder os rendimentos que receba a título próprio, e já não aqueles valores que receba, mas que não lhe pertencem, como por exemplo a pensão de alimentos devida pelo pai do filho menor da insolvente, veja-se o Ac. Rel. Guim., de 18-06-2013 (ANTÓNIO FIGUEIREDO DE ALMEIDA). Para uma hipótese de coligação de cônjuges, o Ac. Rel. Po., de 8-02-2018 (FREITAS VIEIRA), decidiu que, "admitido o pedido de exoneração do passivo restante requerido por ambos os cônjuges, e fixado em valor equivalente a um salário mínimo nacional por cada cônjuge o rendimento necessário para o sustento minimamente digno do devedor e do seu agregado familiar, só viola o dever de entrega do rendimento disponível durante o período de cessão previsto na alínea c) do nº 4 do artº 239º do CIRE o cônjuge que nesse período auferiu rendimentos em valor superior aquele valor".

[1243] Sobre a controvérsia jurisprudencial em torno da fixação do rendimento (in)disponível, ver MARTINS, Cláudia Oliveira, *O Procedimento de Exoneração do Passivo Restante, in* "Revista de Direito da Insolvência", n.º 0, Almedina, Coimbra, 2016, pp. 222 e ss.

[1244] No sentido de que a "alegação das necessidades do devedor e seu agregado familiar [...] e oferecimento da respetiva prova, em ordem a obter a fixação do montante a excluir do rendimento disponível a ceder ao fiduciário, devem ter lugar aquando da formulação do pedido de exoneração do passivo restante", veja-se o Ac. Rel. Lx., de 12-12-2013 (VÍTOR AMARAL). De acordo com este aresto, deve atender-se às "condições pessoais e de vida do insolvente e agregado [...] designadamente a sua idade, situação profissional, estado de saúde, rendimentos, composição do seu agregado familiar, encargos essenciais com o seu sustento, habitação, vestuário e despesas de saúde". O que não significa que o devedor deva manter "o nível de vida que tinha anteriormente, antes pode/deve mesmo baixá-lo, ainda que tendo sempre como limite o quantum necessário para a salvaguarda de uma sua existência condigna" – assim, Ac. Rel. Guim., de 19-03-2013 (ANTÓNIO SANTOS). Segundo o Ac. Rel. Év., de 19-06-2014

sentido contrário, do triplo do salário mínimo nacional – art. 239º, nº 3, al. b), i))[1245], para o exercício da sua atividade profissional (art. 239º, nº 3, al. b), ii)) e para outras despesas que, a requerimento do devedor, venham a ser consideradas pelo juiz, no próprio despacho inicial ou mais tarde (art. 239º, nº 3, al. b), iii))[1246].

Durante o período da cessão, e no final de cada ano, o fiduciário afeta os montantes recebidos aos pagamentos previstos nas várias alíneas do nº 1 do art. 241º[1247].

(Canelas Brás), "tem que haver um custo visível no teor e qualidade de vida dos insolventes". Para uma hipótese em que os insolventes residem na casa dos pais e em que, por isso, não se pode englobar qualquer valor a título de renda no montante necessário ao sustento dos insolventes, veja-se o Ac. Rel. Lx., de 02-07-2013 (gouveia barros).

1245 A este propósito, veja-se o Ac. Rel. Po. de 15-07-2009 (barateiro mendes), segundo o qual "o art. 239º, nº 3, al. b), i), do CIRE deve ser interpretado no sentido de que a exclusão, aí prevista, tem como limite mínimo "o que seja razoavelmente necessário para um sustento minimamente digno do devedor e do seu agregado familiar", não podendo o respectivo limite máximo exceder, salvo decisão fundamentada do juiz em contrário, 3 (três) vezes o salário mínimo nacional". Segundo o Ac. Rel. Lx., de 20-09-2012 (tomé ramião), "(...) II – Na determinação desse montante, e dada a ausência de outro critério legal, deverá ter-se como critério orientador que o rendimento per capita do agregado familiar do insolvente não deve, em princípio, ser inferior a ¾ do indexante dos apoios sociais (IAS), em consonância com o regime previsto no art. 824.º/4 do C.P.Civil, sem esquecer os seus rendimentos, a composição e encargos do seu agregado familiar". Segundo o Ac. Rel. Co., de 11-02-2014 (carlos moreira), os valores recebidos pelo insolvente a título de 13º e 14º mês devem, por via de regra, integrar, na sua totalidade, o rendimento disponível. Considerando que o sustento minimamente digno "apenas se pode discernir *em concreto*, sem prejuízo do recurso a noções consolidadas e que reflectem o nosso estado civilizacional relativamente a conceitos como os da dignidade do trabalho, reflectidas nos montantes fixados como salário mínimo nacional ou relativos ao rendimento social de inserção ou ao valor do subsídio de desemprego", veja-se o Ac. Rel. Po., de 15-09-2015 (José Igreja Matos). No sentido desta apreciação concreta, e que, por isso, "arreda a salvaguarda sistemática do valor correspondente a um SMN, e designadamente por cabeça do agregado familiar, como o necessário ao sustento minimamente digno do devedor",veja-se também o Ac. Rel. Lx, de 1-06-2017 (Ezagüy Martins).

1246 Segundo o Ac. Rel. Po., de 16-01-2018 (Rui Moreira), "na definição desse montante não haverão de ser ponderadas como despesas a que o insolvente se encontra sujeito os valores que, em momento anterior ao da insolvência, se obrigara a pagar, por acordo homologado judicialmente, a título de prestações de alimentos, a ex-mulher e a filho menor".

1247 No sentido de que os pagamentos devem ser realizados pela ordem em que estão enumerados nas várias alíneas do art. 241º, nº 1, veja-se fernandes, Luís A. Carvalho/labareda, João, *Código da Insolvência e da Recuperação de Empresas Anotado*, 3ª edição, Quid Juris Editora, Lisboa, 2015, p. 864, nota 4.

O devedor que apresente o pedido de exoneração do passivo restante beneficia do diferimento do pagamento das custas (e do reembolso do organismo responsável pela gestão financeira e patrimonial do Ministério da Justiça das remunerações e despesas do administrador da insolvência e do fiduciário que tenham sido suportadas pelo organismo) até à decisão final desse pedido (n.º 1 do art. 248.º)[1248]. Se a exoneração do passivo restante for concedida, será aplicável o art. 33.º do Regulamento das Custas Processuais, quer quanto ao pagamento das custas, quer quanto ao reembolso das remunerações e despesas do administrador da insolvência e do fiduciário que tenham sido suportadas pelo Cofre Geral dos Tribunais (n.º 2 do art. 248.º). Se a exoneração for revogada, a autorização do pagamento em prestações caduca, acrescendo ao montante em dívida juros de mora apurados como se o benefício não tivesse sido concedido, à taxa prevista no art. 33.º, n.º 1, do Regulamento das Custas Processuais (n.º 3 do art. 248.º)[1249].

Sobre a natureza jurídica da cessão de rendimentos podemos encontrar Autores que defendem tratar-se de uma efetiva cessão de bens ou de créditos futuros (de fonte legal), sendo-lhe por isso aplicados os arts. 577º e ss do

[1248] A atribuição deste benefício afasta a possibilidade de concessão de outra forma de apoio judiciário ao devedor (exceto no que respeita à nomeação e ao pagamento dos honorários de patrono) (art. 248.º, n.º 4). Porém, segundo o Ac. Rel. Po., de 13-06-2018 (Filipe Caroço), "nada obsta a que o devedor possa beneficiar do regime geral do apoio judiciário depois daquela decisão final, sob pena de grave atropelo ao princípio constitucional da igualdade no acesso ao direito e aos tribunais", aqui abrangendo a remuneração do fiduciário.

[1249] Os nºs 2 e 3 do art. 248º foram alterados pela Lei nº 16/2012, de 20 de abril. Segundo o Ac. Rel. Po., de 6-02-2018 (Lina Baptista), "no processo de insolvência, e por aplicação do disposto no art.º 248.º do CIRE, o Devedor, com a apresentação do pedido de exoneração do passivo restante, beneficia do diferimento do pagamento das custas do processo. Por outro lado, com a apresentação do mesmo pedido, fica impedido de apresentar incidente do apoio judiciário, na modalidade de dispensa de taxa de justiça e demais encargos com o processo. II – O regime geral da oportunidade do pedido de apoio judiciário, previsto no art.º 18.º da Lei n.º 34/2004, de 29/07, tem que ser conjugado com este regime especial introduzido no CIRE. III – Estando o devedor, nesta situação específica, impedido de apresentar incidente do apoio judiciário, na modalidade de dispensa de taxa de justiça e demais encargos com o processo, ter-se-á que lhe conceder essa possibilidade no momento em que essa impossibilidade desaparece. Ou seja, no momento de indeferimento liminar do incidente ou no momento da revogação da exoneração. Apenas com esta interpretação fica assegurado o fim do apoio judiciário, de proteger que o requerente não fique impedido de litigar por insuficiência económica".

CCivil[1250]. Em consequência, os rendimentos auferidos durante este período transferem-se no momento em que são adquiridos e independentemente do consentimento dos devedores dos rendimentos (arts. 408º, nº 1 e 577º, nº 1, do CCivil), sendo acompanhados das garantias e outros acessórios dos créditos que não sejam inseparáveis da pessoa do cedente (art. 582º, nº 1, do CCivil).

2.3.2.2. Obrigações do devedor

Durante o período da cessão, o devedor fica vinculado à observância de um conjunto de obrigações fundamentais[1251], cujo cumprimento pode ser fiscalizado pelo próprio fiduciário, se assim for decidido pela assembleia de credores (art. 241º, nº 3).

Desde logo, está obrigado a exercer uma profissão remunerada, a saber: está impedido de a abandonar sem motivo legítimo, está obrigado a informar o tribunal e o fiduciário de qualquer alteração nas condições de emprego, no prazo de 10 dias; se estiver desempregado, deve procurar diligentemente tal profissão e, quando solicitado, informar o tribunal e o fiduciário, no prazo de 10 dias, acerca das diligências realizadas para a obtenção de emprego (art. 239º, nº 4, als. b) e d)). Sendo a finalidade deste período a cessão dos rendimentos aí auferidos para pagamento dos créditos elencados no art. 241º, compreende-se que o devedor não possa frustrá-la, através do expediente do desemprego.

Em segundo lugar, deve entregar de imediato ao fiduciário a parte dos rendimentos que receba e que sejam objeto de cessão (art. 239º, nº 4, al. c)).

Em terceiro lugar, não pode ocultar ou dissimular quaisquer rendimentos que aufira e por qualquer título, e deve informar o tribunal e o fiduciário,

[1250] Assim, entre outros, LEITÃO, Luís M. T. de Menezes, *Direito da Insolvência*, 8ª edição, Almedina, Coimbra, 2018, p. 369; FERNANDES, Luís A. Carvalho/LABAREDA, João, *Código da Insolvência e da Recuperação de Empresas Anotado*, 3ª edição, Quid Juris Editora, Lisboa, 2015, pp. 860-861, notas 6 e 7; aparentemente, CRISTAS, Assunção, *Exoneração do Devedor pelo Passivo Restante, in:* "Themis – Revista da Faculdade de Direito da UNL, Edição Especial – *Novo Direito da Insolvência*", 2005, pp. 174 e ss.

[1251] Sobre a existência de um verdadeiro dever de colaboração com o fiduciário, veja-se PIDWELL, Pedro, *Insolvência das Pessoas Singulares. O Fresh Start – será mesmo começar de novo? O Fiduciário. Algumas Notas, in*: "Revista de Direito da Insolvência", n.º 0, Almedina, Coimbra, 2016, pp. 207 e 208.

na forma e no prazo solicitados, sobre os seus rendimentos e património (art. 239º, nº 4, al. a)).

Em quarto lugar, está impedido de fazer quaisquer pagamentos ou de criar vantagens especiais aos credores da insolvência (art. 239º, nº 4, al. e)), visto que os pagamentos são feitos através do fiduciário (art. 241º, nº 1).

Por último, no período da cessão, deve ser observado o princípio da igualdade de credores, pelo que não pode haver execuções sobre os bens do devedor com vista ao pagamento dos créditos sobre a insolvência (art. 242º, nº 1)[1252], nem podem ser atribuídas, sob pena de nulidade, vantagens especiais a um credor da insolvência, seja pelo devedor, seja por terceiro (art. 242º, nº 2), nem tão pouco pode haver compensação entre dívidas da insolvência e obrigações de um credor sobre a insolvência (a não ser nos mesmos termos em que seria possível durante o processo de insolvência – art. 242º, nº 3).

2.3.2.3. Cessação antecipada do procedimento de exoneração

Antes de terminar o período da cessão, o procedimento de exoneração pode extinguir-se prematuramente porque ocorreu algum dos fundamentos para recusa de exoneração previstos no nº 1 do art. 243º, ou porque os créditos sobre a insolvência se mostram integralmente satisfeitos (art. 243º, nº 4)[1253].

Quanto à primeira hipótese, o juiz recusa a exoneração a requerimento fundamentado de qualquer credor da insolvência, do administrador da insolvência (se ainda estiver em funções) ou do fiduciário, se tiver ficado incumbido de fiscalizar o cumprimento das obrigações do devedor (art. 243º, nº 1, proémio). Esse requerimento, que deve ser acompanhado da respetiva prova, só pode ser apresentado dentro do prazo máximo de um ano a contar do conhecimento (ou do momento em que podia ter tido conhecimento) dos fundamentos invocados (art. 243º, nº 2). Se o requerimento se basear em algum dos factos previstos nas als. a) e b) do nº 1, o juiz, antes de decidir, deve ouvir o devedor, o fiduciário e os credores da insolvência (art. 243º, nº 3,

[1252] No sentido de que esta proibição apenas opera relativamente aos créditos sobre a insolvência, mas já não quanto aos créditos constituídos após a declaração de insolvência, veja-se o Ac. Rel. Po., de 25-01-2016 (Carlos Gil).

[1253] O despacho de cessação antecipada é publicado e registado nos termos aplicáveis ao encerramento do processo de insolvência (art. 247º).

1ª parte). Se o devedor faltar injustificadamente ou não oferecer as informações que comprovem o cumprimento das obrigações, o juiz deve sempre recusar a exoneração (art. 243º, nº 3, 2ª parte).

O requerimento pode fundamentar-se: na violação dolosa ou com negligência grave de alguma das obrigações previstas no art. 239º, desde que com esse comportamento tenha prejudicado a satisfação dos créditos sobre a insolvência (art. 243º, nº 1, al. a))[1254]; ou na existência de alguma das circunstâncias contidas no art. 238º, nº 1, als. b), e), f)[1255], desde que o requerente as conheça após o despacho inicial ou tenham ocorrido depois desse momento (art. 243º, nº 1, al. b)); ou na decisão final do incidente de qualificação da insolvência que conclua pela existência de culpa do devedor na criação ou no agravamento da situação de insolvência (art. 243º, nº 1, al. c)).

2.3.2.4. O período da cessão e o encerramento do processo

O período da cessão tem início no momento do encerramento do processo de insolvência, por estatuição expressa do art. 239.º, n.º 2. Ora, as causas de encerramento do processo encontram-se elencadas no art. 230.º, tendo especial pertinência para o caso concreto a alínea e) do seu n.º 1 – quando o encerramento ainda não haja sido declarado, no despacho inicial do incidente de exoneração do passivo restante. Várias hipóteses se impõe distinguir, a este propósito.

O processo de insolvência pode ser encerrado antes do despacho inicial, por insuficiência da massa para a satisfação das custas do processo e das restantes dívidas da massa (regulada no art. 232.º).

O processo de insolvência pode encerrar depois do despacho inicial, porque há bens ou direitos a liquidar, ocorrendo o seu encerramento apenas após a realização do rateio final, segundo o art. 230.º, n.º 1, al. a). Esta hipótese pode, na prática, gerar situações de desigualdade entre os devedores, pois faz depender o início do período da cessão das contingências dos processos

[1254] A este propósito, cfr. os Acs. Rel. Co., de 3-06-2014 (Henrique Antunes) e de 7-04-2016 (Sílvia Pires) e o Ac. Rel. Guim., de 14-06-2018 (Amílcar Andrade).

[1255] No sentido de que as circunstâncias previstas nas restantes alíneas do art. 238º, nº 1 (com exclusão natural da alínea a)), também devem ter relevância para efeitos do art. 243º, nº 1, al. b), veja-se Cristas, Assunção, *Exoneração do Devedor pelo Passivo Restante, in:* "Themis – Revista da Faculdade de Direito da UNL, Edição Especial – *Novo Direito da Insolvência*", 2005, p. 171.

quando há bens a liquidar[1256]. Por isso, o legislador aditou a al. e) ao art. 230.º, n.º 1[1257], tipificando como causa de encerramento do processo de insolvência o despacho inicial do incidente de exoneração do passivo restante. Será, assim, neste momento, que o período da cessão tem início. Porém, se existirem nessa data bens da massa a liquidar, o processo não poderá, naturalmente, encerrar. Nesse caso, o processo só encerra com o rateio final (art. 230.º, n.º 1, al. a)), funcionando a al. e) como uma ficção legal apenas relevante para efeitos de início de contagem do perído da cessão[1258]. Assim se explica o n.º 7 do art. 233.º, nos termos do qual "o encerramento do processo de insolvência nos termos da alínea e) do n.º 1 do artigo 230.º, quando existam bens ou direitos a liquidar, determina unicamente o início do período de cessão do rendimento disponível"[1259]. Assim se compreende também que o processo não encerre

[1256] Chamando a atenção para as fragilidades dessa solução, veja-se MARTINS, Cláudia Oliveira, *O Procedimento de Exoneração do Passivo Restante, in* "Revista de Direito da Insolvência", n.º 0, Almedina, Coimbra, 2016, p. 225; PIDWELL, Pedro, *Insolvência das Pessoas Singulares. O Fresh Start – será mesmo começar de novo? O Fiduciário. Algumas Notas, in*: "Revista de Direito da Insolvência", n.º 0, Almedina, Coimbra, 2016, pp. 199 e 200.

[1257] Através do art. 2.º da Lei n.º 16/2012, de 20 de abril.

[1258] Questionando a necessidade de uma segunda decisão de encerramento do processo de insolvência, veja-se MARTINS, Alexandre de Soveral, *Estudos de Direito da Insolvência*, 2ª edição, Almedina, Coimbra, 2018, pp. 21 e ss. Em nosso entender, teria sido muito mais simples se, em 2017, o legislador tivesse modificado o regime da exoneração e não o regime do encerramento do processo. Segundo o Ac. Rel. Guim., de 8-03-2018 (ALCIDES RODRIGUES), proferido já à luz do art. 6.º, n.º 6, do D.L. n.º 79/2017, de 30 de junho, "só se deve declarar o encerramento do processo de insolvência no despacho liminar de deferimento do pedido de exoneração do passivo restante, se inexistirem bens a liquidar; existindo património dos insolventes a liquidar e tendo sido requerida a exoneração do passivo restante, o encerramento do processo de insolvência terá lugar após a realização do rateio final (art. 230.º, n.º 1, al. a) do CIRE), data à qual se reporta o início do período de cessão (art. 239.º, 2, al. a) do CIRE)".

[1259] O n.º 7 foi aditado pelo art. 3.º do D.L. n.º 79/2017, de 30 de junho. Sobre o sentido e alcance desta solução, veja-se o Ac. Rel. Év., de 22-03-2018 (FRANCISCO MATOS). O art. 6.º, n.º 6, contém uma norma transitória, garantindo que a sua disciplina se aplica a todos os devedores: "nos casos previstos na alínea e) do n.º 1 do artigo 230.º do Código da Insolvência e da Recuperação de Empresas, aprovado pelo Decreto- Lei n.º 53/2004, de 18 de março, em que não tenha sido declarado o encerramento e tenha sido proferido o despacho inicial de exoneração do passivo restante, considera-se iniciado o período de cessão do rendimento disponível na data de entrada em vigor do presente decreto-lei". Na jurisprudência, aplicando este preceito, vejam-se os Ac. Rel. Guim., de 19-10-2017 (EUGÉNIA MARIA DE MOURA MARINHO DA CUNHA), e de 9-11-2017 (ALCIDES RODRIGUES), e o Ac. Rel. Év., de 12-04-2018 (PAULO AMARAL). A este propósito, SILVA, Fátima Reis Silva, *O Pacote Legislativo Programa Capitalizar – em especial*

quando (e enquanto) o devedor beneficia do diferimento do pagamento das custas, nos termos do art. 248.º.

Esta nova solução legal suscitará inúmeras questões práticas, uma vez que o regime jurídico do perído da cessão foi desenhado no pressuposto de que, havedo bens a liquidar, o período só teria início com o encerramento do processo de insolvência. Uma vez que, por força desta alteração legislativa, o período da cessão tem início no momento da prolação do despacho inicial, será que, enquanto o processo não for encerrado, em simultâneo desempenharão funções, quer o administrador da insolvência, quer o fiduciário? Para além disso, uma das finalidades do processo de insolvência é o pagamento aos credores cujos créditos ficaram por satisfazer no processo de insolvência, durante cinco anos. Isto significa que, nos casos em que há património a liquidar, durante uma fase inicial do perído da cessão não haverá lugar ao pagamento dos créditos remanescentes? Isto porque os bens ainda não foram liquidados e os créditos ainda não foram verificados ou graduados[1260].

as alterações ao processo de insolvência, in: "III Jornadas de Reestruturações & Insolvências, da Uría Menendez – Proença de Carvalho", em curso de publicação. Através do aditamento do n.º 7 do art. 233.º, pretendeu-se pôr fim a uma divergência jurisprudencial em torno do art. 230.º, n.º 1, al. e). A título de exemplo, o Ac. Rel. Po., de 24-01-2017 (Márcia Portela), interpretou restritivamente o preceito considerando que "o início do período de cessão só poderá começar a contar-se da data do despacho inicial havendo inexistência ou insuficiência de bens nos termos do artigo 232.º, CIRE; sendo determinada a liquidação de bens, como no caso dos autos, o início do período de cessão reporta-se à data do rateio final". Já segundo o Ac. Rel. Co., de 18-10-2016 (Fonte Ramos), "nas situações em que o despacho inicial de exoneração do passivo restante e o despacho de encerramento do processo de insolvência não são proferidos em simultâneo, e começando de imediato os insolventes a ceder o rendimento disponível segundo o decidido naquele despacho e o promovido pelo fiduciário (nos termos do art.º 239º, n.º 4, alínea c) do CIRE), é razoável uma *interpretação extensiva* do disposto no art.º 239º, n.º 2 do CIRE, que permita considerar que o *período de cessão* (de 5 anos) e a referida *cedência* do rendimento disponível pode *legalmente* e *de facto* ocorrer, independentemente da prolação do despacho de encerramento, após o despacho de admissão liminar do pedido de exoneração do passivo".

1260 Segundo o Ac. Rel. Év., de 8-03-2018 (Vítor Sequinho), proferido já à luz do art. 6.º, n.º 6, do D.L. n.º 79/2017, de 30 de junho, "tendo sido determinada e efectuada a apreensão de uma parte dos rendimentos do insolvente ao abrigo do disposto no artigo 46.º do CIRE, não poderá o tempo de duração da mesma ser, posteriormente, contabilizado no prazo previsto no n.º 2 do artigo 239.º do mesmo Código, nomeadamente fazendo retroagir o início deste último à data daquela".

2.3.3. Despacho final

Se o procedimento não tiver terminado de forma antecipada, o juiz deverá proferir *despacho final*, nos 10 dias posteriores ao fim do período da cessão (art. 244º, nº 1), depois de ouvidos o devedor, o fiduciário e os credores da insolvência, com vista a apreciar o comportamento do devedor durante o período da cessão, por forma a conceder-se, ou não, a final a exoneração do passivo restante.

A recusa de exoneração tem os mesmos fundamentos e está sujeita aos mesmos requisitos que se aplicam ao mecanismo de cessação antecipada do procedimento de exoneração, e que estão previstos no art. 243º (art. 244º, nº 2).

A decisão de exoneração do devedor[1261] importa a *extinção* de todos os créditos sobre a insolvência que ainda subsistam à data em que é concedida[1262], mesmo que não tenham sido reclamados e verificados[1263], sendo ainda aplicável o disposto no art. 217º, nº 4 (art. 245º, nº 1). Porém, ficam expressamente excluídos da exoneração (art. 245º, nº 2): os créditos por alimentos (al. a))[1264], as indemnizações por facto ilícito doloso praticado pelo devedor, que tenham sido reclamadas nessa qualidade[1265] (al. b)), os créditos por multas, coimas e outras sanções pecuniárias por crimes ou contra-ordenações (al. c)), os créditos tributários (al. d)).

[1261] Que é objeto de publicidade e registo nos termos previstos para a decisão de encerramento do processo (art. 247º).

[1262] Considerando que os créditos subsistem, mas como créditos naturais (art. 402.º do CCivil), veja-se PINTO, Paulo da Mota, *Exoneração do Passivo Restante: Fundamento e Constitucionalidade, in:* "III Congresso de Direito da Insolvência", Almedina, Coimbra, 2015, p. 195.

[1263] Defendendo que através da exoneração do passivo restante o Direito da Insolvência vem introduzir desvios importantes às soluções do direito substantivo, contrariando, assim, a sua tendência de neutralidade do ponto de vista das soluções que decorrem do direito substantivo, cfr. CRISTAS, Assunção, *Exoneração do Devedor Pelo Passivo Restante, in:* "Themis – Revista da Faculdade de Direito da UNL, Edição Especial – *Novo Direito da Insolvência*", 2005, p. 166.

[1264] A este propósito, cfr. o Ac. Rel. Po., de 25-01-2016 (CARLOS GIL).

[1265] E não por facto ilícito negligente. Assim também o Ac. Rel. Guim., de 11-06-2015 (HEITOR GONÇALVES). Segundo o Ac. Rel. Co., de 28-06-2016 (FONTE RAMOS), "1. O crédito do Fundo de Garantia Automóvel (FGA) emergente de falta dolosa de seguro obrigatório, não está abrangido pela exoneração do passivo restante, pois que cabe na previsão do art.º 245º, n.º 2, alínea b), do CIRE. 2. O FGA adquire por via da *sub-rogação legal* o direito de crédito do lesado, consistente num direito de indemnização devido por *facto ilícito negligente* mas tal *sub-rogação* tem subjacente determinado quadro fáctico e normativo, não se podendo ignorar o decisivo contributo do devedor/insolvente, ao incumprir, *dolosamente*, o dever legal (e social/comunitário) de segurar o veículo de que era proprietário e que determinou a intervenção do FGA".

Por último, até ao fim do ano subsequente ao trânsito em julgado do despacho de exoneração, a exoneração do passivo restante pode ser *revogada*, depois de ouvidos o devedor e o fiduciário, desde que se prove que o devedor prejudicou de forma relevante a satisfação dos credores da insolvência, porque preencheu alguma das alíneas b) a g) do art. 238º, nº 1, ou porque violou com dolo as obrigações a que está vinculado no período da cessão (art. 246º, nºs 1 a 3). Em consequência da revogação[1266], todos os créditos extintos são reconstituídos (art. 246º, nº 4).

3. Os devedores não empresários ou titulares de pequenas empresas

3.1. Âmbito de aplicação

O CIRE prevê um regime próprio para os devedores pessoas singulares que não sejam empresários ou que sejam titulares de pequenas empresas (art. 249º, nº 1, proémio).

Uma pessoa singular *não empresária* é aquela que não tenha sido titular da exploração de qualquer empresa[1267] nos três anos que antecederam o início do processo de insolvência (art. 249º, nº 1, al. a)).

Por seu turno, uma pessoa singular titular de uma *pequena empresa* é aquela que, à data do início do processo de insolvência, preenche os seguintes requisitos cumulativos: não tem dívidas laborais, tem um número de credores igual ou inferior a 20 e tem um passivo global que não ultrapassa os €300 000 (art. 249º, nº 1, al. b)).

3.2. Regime jurídico

Os devedores não empresários ou titulares de pequenas empresas estão sujeitos a um regime particular.

Em primeiro lugar, não lhes são aplicáveis as disposições dos títulos IX e X (art. 250º), ou seja, respetivamente, o plano de insolvência e a administração pelo devedor[1268]. Em segundo lugar, é-lhes exclusivamente aplicável o disposto

[1266] O despacho de revogação é publicado e registado nos termos previstos para a decisão de encerramento do processo de insolvência (art. 247º).

[1267] O art. 5º contém uma noção de empresa para efeitos do CIRE.

[1268] Sobre a inaplicabilidade do plano de insolvência a pessoa singular não titular de uma empresa nos três anos anteriores à data de início do processo de insolvência, veja-se o Ac. Rel. Po., de 15-09-2015 (Rodrigues Pires).

no capítulo II do Título XII: o plano de pagamentos aos credores[1269] (arts. 251º a 263º) e o regime da insolvência de ambos os cônjuges (arts. 264º a 266º).

3.2.1. O plano de pagamentos aos credores

O plano de pagamentos constitui um incidente que é processado por apenso (art. 263º) e introduz uma disciplina especial no processo de insolvência[1270], quer ao nível da sua tramitação, quer ao nível dos seus efeitos[1271].

3.2.1.1. Tramitação

O plano de pagamentos depende desde logo de um pedido do devedor, na própria petição inicial (art. 251º), ou, quando o processo de insolvência tenha sido desencadeado por outro legitimado, dentro do prazo para a apresentação de contestação, e alternativamente a esta (art. 253º)[1272]. Esse pedido deve conter uma proposta de satisfação dos direitos dos credores que, tendo em conta a situação do devedor, acautele devidamente os interesses daqueles (art. 252º, nº 1). Se o devedor pretender beneficiar da exoneração do passivo

[1269] O regime do sistema de recuperação de empresas por via extrajudicial (SIREVE) introduzia um desvio no âmbito de aplicação do plano de pagamentos, ao estatuir, no art. 19.º, do D.L. nº 178/2012, de 3 de agosto, a possibilidade de as empresas serem sujeitas aos efeitos do plano de pagamentos.

[1270] Quanto ao pagamento de taxa de justiça pela apresentação do plano de pagamentos, veja-se o Ac. Rel. Po., de 02-07-2013 (HENRIQUE ARAÚJO). Para uma comparação entre o plano de insolvência e o plano de pagamentos, veja-se o Ac. Rel. Lx, de 8-11-2016 (MANUEL MARQUES).

[1271] De acordo com o Ponto 46 do Preâmbulo, "o incidente do plano abre caminho para que as pessoas que podem dele beneficiar sejam poupadas a toda a tramitação do processo de insolvência (com apreensão de bens, liquidação, etc.), evitem quaisquer prejuízos para o seu bom nome ou reputação e se subtraiam às consequências associadas à qualificação da insolvência como culposa". Tem tido muito pouca utlização, apesar das vantagens que pode apresentar para determinados devedores, ou seja, "os que conservem algum poder negocial, em primeira linha porque ainda disponham de algum património ou de algum rendimento disponível que permita uma margem negocial, pelo menos com os credores de referência" – BRANCO, José Manuel, *Plano de Pagamentos: o instituto perdido, in*: "Revista de Direito da Insolvência", n.º 0, Almedina, Coimbra, 2016, p. 232.

[1272] Por isso, a citação deve conter a indicação da possibilidade de apresentação de um plano de pagamentos em alternativa à contestação (dentro do prazo desta e desde que se preencham os pressupostos do art. 249º, nº 1) e das consequências previstas nos arts. 252º, nº 4, e 254º (art. 253º).

restante deverá necessariamente requerê-la aquando da apresentação do plano de pagamentos (art. 254.º)[1273].

O plano de pagamentos deve ser acompanhado dos anexos enumerados no nº 5 do art. 252º, segundo o modelo aprovado pela Portaria nº 1039/2004, de 13 de agosto. Se o apresentante não oferecer estes elementos, o tribunal fixar-lhe-á um prazo para o fazer, sob pena de se considerar que desiste da apresentação do plano de pagamentos (art. 252º, nº 8).

Ao apresentar o pedido de plano de pagamentos (na petição inicial ou em alternativa à contestação), o devedor está a confessar a situação de insolvência, mesmo que iminente (art. 252º, nº 4).

Perante o requerimento, o juiz em despacho liminar de apreciação do plano[1274], pode proferir uma de duas decisões: se a aprovação do plano for altamente improvável, o juiz pode proferir decisão irrecorrível de encerramento do incidente[1275] (em consequência, é decretada a insolvência, seguindo o processo os seus termos gerais – art. 255º, nºs 1 e 2); no caso contrário, o juiz determina a suspensão do processo de insolvência até à decisão sobre o plano de pagamentos (sem prejuízo das medidas cautelares a que haja lugar, por força do art. 31º – art. 255º, nº 1, 2ª parte, e nº 3)[1276].

Havendo de prosseguir o incidente do plano de pagamentos, a secretaria extrai ou notifica o devedor para juntar no prazo de 5 dias os documentos elencados no nº 1 do art. 256º. Para além disso, a secretaria notifica o credor

1273 O plano de pagamentos e a exoneração do passivo restante são, por isso, institutos alternativos – FERNANDES, Luís A. Carvalho/LABAREDA, João, *Código da Insolvência e da Recuperação de Empresas Anotado*, 3ª edição, Quid Juris Editora, Lisboa, 2013, p. 887, nota 3.

1274 Segundo o Ac. Rel. Lx., de 11-03-2011 (ANA LUCINDA CABRAL), "Ao não emitir no momento processual adequado o despacho liminar de apreciação de tal plano, e sendo certo que a declaração de insolvência não pode preceder a decisão relativa àquele, foi, no tribunal *a quo*, cometida a nulidade prevista no n.º 1 do artigo 201.º do Código de Processo Civil. (...) Sendo patente que tal irregularidade tem clara influência na decisão da causa, há que declarar verificada esta nulidade e nos termos do n.º 2 do mesmo artigo e anular a sentença proferida nos autos bem como todos os actos processuais que dela decorreram".

1275 Para o Ac. Rel. Co., de 30-07-2013 (TELES PEREIRA), "o artigo 255º, nº 1 do CIRE, no seu trecho inicial, em que exclui a recorribilidade da decisão liminar de indeferimento do plano de pagamentos apresentado pelo devedor, quando "[...] se afigurar altamente improvável [...]" a sua aprovação pelos credores, é materialmente inconstitucional, por violação do princípio constitucional da igualdade estabelecido no artigo 13º, nº 1 da CRP".

1276 O juiz não pode declarar a insolvência sem apreciar previamente o plano – Ac. Rel. Po., de 24-04-2012 (PINTO DOS SANTOS).

requerente da insolvência (se for o caso) e cita os restantes credores (nos termos do art. 256º, nº 2).

Os credores dispõem de um prazo de 10 dias para se pronunciarem – se nada disserem, a lei considera que aderiram ao plano (art. 256º, nº 2, al. a)) – e para corrigirem as informações respeitantes aos seus créditos, contidas na relação apresentada pelo devedor – o seu silêncio tem o valor de aceitação dessas informações e de perdão das dívidas cuja omissão não tenha sido reportada pelo credor (art. 256º, nº 2, al. b)).

Se algum credor contestar a natureza, o montante ou outros elementos do seu crédito ou invocar a existência de outros créditos, é dada a oportunidade ao devedor para, dentro de um prazo máximo de 10 dias, modificar ou não a relação de créditos por ele apresentada. Este momento é muito relevante, uma vez que o plano de pagamentos só abrange os créditos que tenham sido reconhecidos pelo devedor, quanto à sua existência, e na parte aceite pelo devedor, se não houver entendimento quanto ao montante (art. 256º, nº 3, al. a)), ou na sua totalidade, se for exata a indicação do devedor (art. 256º, nº 3, al. b)).

Por força do nº 4 do art. 256º, pode ser conferida ao devedor a possibilidade de, no prazo de 5 dias, modificar o plano de pagamentos, para atender às observações feitas pelos credores ou para facilitar a obtenção de acordo quanto ao pagamento das dívidas[1277].

As alterações ao plano de pagamentos introduzidas pelo devedor (nos termos dos nºs 3 e 4 do art. 256º) são notificadas aos credores, quando necessário, para que, no prazo de 10 dias, se pronunciem: neste caso, o silêncio dos credores vale como manutenção da sua posição (art. 256º, nº 5).

3.2.1.2. Aprovação

O plano de pagamentos considera-se aprovado quando não tenha sido recusado por nenhum dos credores ou quando tenha sido suprida a aprovação de todos os que se opuseram (art. 257º, nº 1).

[1277] Segundo o Ac. Rel. Lx., de 15-12-2011 (DINA MONTEIRO), "O artigo 256.º, n.º 4 do CIRE confere uma faculdade que o Tribunal pode ou não exercer, tendo em conta a situação patrimonial do devedor e a satisfação dos interesses dos credores, pressupondo que o julgador proceda a um juízo de razoabilidade quanto à possibilidade de esses mesmos credores ultrapassarem as divergências existentes perante a apresentação de um novo Plano de Pagamentos".

A lei entende que há *oposição* ao plano de pagamentos quando os credores o recusam expressamente (art. 257º, nº 2, al. a)) ou quando os credores, de forma não aceite pelo devedor, contestam a natureza, o montante ou outros elementos dos respetivos créditos relacionados pelo devedor ou invocam a existência de outros créditos (art. 257º, nº 2, al. b)).

A aprovação dos credores que se tenham oposto ao plano de pagamentos pode ser objeto de *suprimento* pelo tribunal nos termos do art. 258º[1278], desde que o plano de pagamentos tenha sido aceite por credores titulares de créditos que representem pelo menos mais de 2/3 do valor total dos créditos relacionados pelo devedor, desde que tenha sido apresentado requerimento de algum desses credores ou do devedor, e desde que se verifique uma de duas situações fundamentais: preenchimento de todos os requisitos elencados nas als. a) a c) do nº 1 do art. 258º ou preenchimento do nº 3 do art. 258º.

Desde logo, o nº 3 do art. 258º prevê uma hipótese em que o tribunal pode sempre suprir a aprovação do credor que se tenha limitado a apenas impugnar a identificação do crédito, sem nada acrescentar quanto à sua configuração.

Pelo contrário, o nº 1 já exige uma série de pressupostos, a saber: para nenhum dos oponentes pode resultar, em idênticas circunstâncias do devedor, uma desvantagem económica maior do que a que resultaria da continuação do processo de insolvência (com liquidação da massa insolvente e exoneração do passivo restante) (al. a)); para os oponentes não pode advir um tratamento discriminatório injustificado (al. b)); e, por último, os oponentes não podem questionar legitimamente a veracidade ou completude da relação de créditos que foi apresentada pelo devedor, com implicações no tratamento que para eles resulta (al. c)).

A decisão final pode ser de suprimento da aprovação ou de recusa de aprovação: porém, não pode ser interposto recurso da decisão de indeferimento do pedido de suprimento da aprovação de qualquer credor (art. 258º, nº 4).

Se o plano de pagamentos for aprovado, nos termos acima expostos, segue-se a fase da sua homologação. Se, pelo contrário, não for aprovado, o processo de insolvência retoma os seus termos através da prolação de sentença declarativa de insolvência, de acordo com os arts. 36º ou 39º (art. 262º).

[1278] O legislador é omisso quanto à possibilidade de suprimento da aprovação de credores públicos.

3.2.1.3. Homologação

Depois de aprovado, o plano de pagamentos é homologado pelo juiz, através de sentença (art. 259º, nº 1, 1ª parte), a qual é notificada só aos credores que constam da relação de créditos que foi fornecida pelo devedor (art. 259º, nº 2). Esta sentença, que não é objeto de qualquer publicidade ou registo (art. 259º, nº 5), é recorrível apenas pelos credores cuja aprovação tenha sido suprida (nº 3 do art. 259º). Se a sentença de homologação for revogada, são de imediato retomados os termos do processo de insolvência, sendo proferida sentença declarativa de insolvência, nos termos gerais dos arts. 36º ou 39º (art. 262º).

Uma vez transitada em julgado a sentença de homologação, o juiz declara a insolvência do devedor no processo principal (art. 259º, nº 1, 1ª parte), embora da sentença constem apenas as menções das als. a) e b) do art. 36º, nº 1, e sendo aplicável a al. a) do art. 39º, nº 7 (art. 259º, nº 1, 2ª parte). Esta sentença, que é apenas notificada aos credores que constam da relação fornecida pelo devedor (art. 259º, nº 2), e que não é objeto de qualquer publicidade ou registo (art. 259º, nº 5), só pode ser impugnada (por via de recurso ou de oposição de embargos) pelos credores cuja aprovação tenha sido suprida (art. 259º, nº 3)[1279]. Se a sentença declarativa de insolvência vier a ser revogada, o plano de pagamentos é ineficaz (art. 259º, nº 3, 2ª parte).

3.2.1.4. Efeitos

Como já afirmámos, o plano de pagamentos importa um conjunto de alterações substantivas e processuais no processo de insolvência. Desde logo, em consequência do trânsito em julgado da sentença homologatória do plano e da sentença declarativa de insolvência, o processo de insolvência encerra (art. 259º, nº 4).

Em segundo lugar, a declaração de insolvência não desencadeia os efeitos substantivos e processuais que já conhecemos e foram vistos *supra* (arts. 36º, n.º 1, als. a) e b), e 39º, nº 7, al. a), *ex vi* remissão expressa do art. 259º, nº 1, 2ª parte), designadamente: não há privação do poder de disposição e de

[1279] Poupando o devedor ao efeito estigmatizante da declaração de insolvência – assim, SABINO, Rute, *O Plano de Pagamentos, in:* "Processo de Insolvência e Ações Conexas", CEJ, dez. 2014, p. 494, http://www.cej.mj.pt/cej/recursos/ebooks/civil/Processo_insolvencia_acoes_conexas.pdf.

administração, não há fixação de residência, não há direito a alimentos[1280], não são nomeados os órgãos da insolvência, não é aberto o incidente de qualificação da insolvência, etc.

Em terceiro lugar, com a homologação do plano de pagamentos produzem-se as alterações por ele introduzidas, ficando o devedor obrigado a satisfazer as obrigações que constam do plano, nos termos em que foram modificadas, reduzidas ou até extintas[1281]. Assim, e enquadrado pelo princípio da liberdade de fixação do conteúdo, o plano prevê a "adopção pelo devedor de medidas concretas de qualquer natureza susceptíveis de melhorar a sua situação patrimonial", ou seja, designadamente: moratórias, perdões, constituição de garantias, extinção (total ou parcial) de garantias reais ou de privilégios creditórios. Tenha-se em consideração que não ficam abrangidos os créditos que não tenham sido relacionados pelo devedor ou aqueles cujos titulares não puderam ser ouvidos por facto que não lhes seja imputável (art. 257º, nº 3). No silêncio do plano, a lei regula supletivamente os efeitos do seu incumprimento no art. 260º: assim, ficam sem efeito a moratória e o perdão, nas hipóteses previstas no art. 218º, nº 1.

Por último, a possibilidade de apresentação de um pedido de declaração de insolvência, na pendência de processo em que foi apresentado um plano de pagamentos, encontra-se regulada no art. 261º, o qual distingue duas hipóteses fundamentais: o incidente do plano de pagamentos ainda está em curso (nºs 2 e 3), ou o incidente do plano de pagamentos já foi decidido com a sua homologação (nº 1)[1282].

3.2.2. A insolvência de ambos os cônjuges

A insolvência de pessoas singulares, não titulares de uma empresa ou titulares de uma pequena empresa, encerra mais uma particularidade, prevista nos

[1280] Defendendo a aplicação analógica do art. 88º, nº 1, e assim, enquanto vigorar o plano de pagamentos, a suspensão das execuções por dívidas que tenham sido relacionadas e que integrem o plano, ficando esses credores obrigados a exercer os seus direitos em conformidade com o estabelecido no plano, cfr. LEITÃO, Luís M. T. de Menezes, *Direito da Insolvência*, 8ª edição, Almedina, Coimbra, 2018, pp. 388 e 389.

[1281] A este propósito, veja-se LEITÃO, Luís M. T. de Menezes, *Direito da Insolvência*, 8ª edição, Almedina, Coimbra, 2018, p. 388.

[1282] Veja-se, por todos, FERNANDES, Luís A. Carvalho/LABAREDA, João, *Código da Insolvência e da Recuperação de Empresas Anotado*, 3ª edição, Quid Juris Editora, Lisboa, 2015, p. 902, nota 2.

arts. 264º a 266º: a possibilidade de apresentação de ambos os cônjuges[1283] à insolvência ou de contra eles ser instaurado um processo de insolvência – trata-se de um mecanismo processual de coligação activa ou passiva[1284].

A coligação, ou seja, a possibilidade de ambos os cônjuges se apresentarem à insolvência (coligação *ativa*) ou de contra ambos os cônjuges ser instaurado o processo de insolvência (coligação *passiva*), depende de um conjunto de pressupostos cumulativos, a saber: a insolvência de ambos os cônjuges, o preenchimento do nº 1 do art. 249º relativamente a cada um deles[1285] e a vigência do regime de comunhão de bens, geral ou de adquiridos (arts. 249º, nº 2, e 264º, nº 1).

A coligação *passiva* apresenta ainda algumas particularidades: por um lado, é necessário que ambos os cônjuges sejam responsáveis perante o requerente da insolvência (art. 264º, nº 1, *in fine*); por outro lado, poderá haver coligação superveniente (a ação é inicialmente intentada contra um dos cônjuges, mas o outro cônjuge apresenta-se à insolvência nesse processo, com o acordo do seu consorte, mas independentemente da anuência do requerente – art. 264º, nº 2, 1ª parte)[1286].

[1283] O art. 3.º do D.L. n.º 79/2017, de 30 de junho, ajustou o regime da insolvência de ambos os cônjuges (que ainda se referia expressamente apenas a marido e mulher) à Lei n.º 9/2010, de 31 de maio (que permite o casamento civil entre pessoas do mesmo sexo). No entanto, por força do art. 5.º da Lei n.º 9/2010, de 31 de maio, que preceitua que "todas as disposições legais relativas ao casamento e seus efeitos devem ser interpretadas à luz da presente lei, independentemente do género dos cônjuges", o regime já era aplicável também aos casos de casamento entre pessoas do mesmo sexo. Dúvidas já se suscitam quanto à aplicação do regime da coligação às situações de união de facto: entendemos que, se a lei exclui expressamente do regime os cônjuges em regime de separação de bens, por maioria de razão estão excluídos os unidos de facto.

[1284] Poderá, em lugar da coligação, haver apenas uma apensação à ação de insolvência de pessoa singular casada do processo de insolvência do seu cônjuge, se o regime de bens não for o da separação e se tal for requerido pelo administrador da insolvência. Sobre o regime desta apensação, veja-se FERNANDES, Luís A. Carvalho/LABAREDA, João, *De Volta à Temática da Apensação de Processos de Insolvência (Em Especial, a Situação das Sociedades em Relação de Domínio ou de Grupo), in:* "Direito das Sociedades em Revista", março 2012, Ano 4, vol. 7, pp. 150 e ss. No sentido de que a intervenção de ambos os cônjuges não configura uma situação de litisconsórcio voluntário ou necessário, mas sim de coligação, veja-se o Ac. Rel. Lx., de 03-10-2013 (MAGDA GERALDES).

[1285] Ou seja, é titular de uma pequena empresa ou não é titular de qualquer empresa.

[1286] A coligação superveniente tem algumas *especificidades*. Desde logo, se já estiver aberto o incidente de aprovação de um plano de pagamentos, a intervenção superveniente só é possível se o plano não for aprovado ou homologado (art. 264º, nº 2, 2ª parte). Depois, a apresentação à

A *relevância processual* da coligação ativa ou passiva manifesta-se desde logo no facto de a apreciação da situação de *insolvência* de ambos os cônjuges ter sempre lugar na mesma sentença (art. 264º, nº 4, al. a)). Depois, importa a necessidade de ser formulada conjuntamente por ambos os cônjuges uma eventual proposta de plano de pagamentos (art. 264º, nº 4, al. b)).

Para além disso, há um regime especial para a hipótese de um dos cônjuges se opor ao pedido de declaração de insolvência. Em primeiro lugar, se o outro cônjuge apresentar uma proposta de plano de pagamentos, o incidente do plano e o processo de insolvência contra o outro consorte correm paralelamente. Porém, a tramitação do incidente apenas pode continuar depois de proferida a sentença no processo de insolvência (art. 264º, nº 5, al. a)). Em segundo lugar, se a oposição ao pedido não for julgada procedente, é declarada a insolvência de ambos os cônjuges e o incidente do plano de pagamentos extingue-se (art. 264º, nº 5, al. b)). Em terceiro lugar, se a oposição ao pedido for julgada procedente, o incidente do plano de pagamentos pros-segue os seus termos até final, aplicando-se o estatuído nos arts. 259º ou 262º (art. 264º, nº 5, al. c)).

É também de realçar que a coligação dos cônjuges tem relevância para efeitos de elaboração da *lista de credores reconhecidos* pelo administrador da insolvência e fixada na sentença de verificação e graduação de créditos, bem como para efeitos de conteúdo da proposta de plano de pagamentos: assim, a propósito de cada dívida, é necessária a indicação da responsabilidade comum ou exclusiva de cada um dos cônjuges (art. 265º, nº 1). Desde logo, porque nas deliberações da assembleia de credores e da comissão de credores que incidam sobre bens próprios do cônjuge, os titulares de créditos da responsabilidade exclusiva do outro cônjuge não são admitidos a votar (art. 265º, nº 3). Porém, os votos na assembleia de credores são atribuídos em função do valor nominal dos créditos não sendo de atender à responsabilidade dos cônjuges, comum ou exclusiva (art. 265º, nº 2).

insolvência só importa a confissão da situação de insolvência do apresentante, se for declarada a insolvência do outro cônjuge (art. 264º, nº 3, al. a)). Por último, a apresentação à insolvência suspende qualquer processo de insolvência já instaurado contra o apresentante (e no qual a insolvência ainda não tenha sido declarada), desde que essa apresentação tenha sido acompanhada de confissão expressa da situação de insolvência ou então tenha sido apresentada pelos cônjuges uma proposta de plano de pagamentos (art. 264º, nº 3, al. b)).

Por último, não obstante a coligação, por força do art. 266.º, os *bens* comuns e os bens próprios de cada um dos cônjuges são inventariados, mantidos e liquidados em separado.

§4 Benefícios fiscais

No Título XIII, encontram-se regulados os benefícios fiscais aplicáveis às operações realizadas no âmbito de um plano de insolvência ou de pagamentos.

Os benefícios relativos aos *impostos sobre o rendimento das pessoas singulares e coletivas* estão previstos no art. 268.º[1287]. O seu n.º 1 isenta de IRS e de IRC os rendimentos e os ganhos apurados, bem como as variações patrimoniais positivas não refletidas no resultado líquido, verificados em processo de insolvência que prossiga para liquidação, por efeito da dação em cumprimento de bens e direitos do devedor, da cessão de bens aos credores e da venda de bens e direitos. Esta isenção concretiza-se na não consideração desses rendimentos, ganhos ou variações patrimonais para efeitos de matéria coletável do devedor[1288]. Já o n.º 2 do art. 268.º desconsidera, para efeitos de matéria coletável do devedor, as variações patrimonias positivas decorrentes das alterações das suas dívidas previstas em plano de insolvência, em plano de pagamentos ou plano de recuperação. Por último, o seu n.º 3 preceitua que o valor dos créditos que for objeto de redução no âmbito de plano de insolvência, plano de recuperação ou plano de pagamentos é computado como custo ou perda do respetivo exercício, para apuramento do lucro tributável dos sujeitos passivos do imposto sobre o rendimento das pessoas singulares ou coletivas (n.º 3)[1289].

[1287] Este preceito foi alterado em 2012, pelo art. 234.º da Lei n.º 66-B/2012, de 31 de dezembro, tendo sido acrescentada aos n.ºs 2 e 3 a referência ao plano de recuperação, com o claro propósito de abranger o processo especial de revitalização. Mais tarde, em 2017, o seu n.º 1, foi modificado pelo art. 287.º da Lei n.º 114/2017, de 29 de dezembro. Passou a fazer referência expressa aos rendimentos e ganhos apurados e às variações patrimonias positivas não refletidas no resultado líquido (e não às mais-valias) verificadas em processo de insolvência liquidatório. Sobre esta matéria, veja-se Dinis, Ana Cristina/Lopes, Cidália Maria, *A Fiscalidade das Sociedades Insolventes – uma primeira abordagem*, Almedina, Coimbra, 2015, pp. 122 e ss.

[1288] Fernandes, Luís A. Carvalho/Labareda, João, *Código da Insolvência e da Recuperação de Empresas Anotado*, 3.ª edição, Quid Juris Editora, Lisboa, 2015, p. 917, nota 3.

[1289] Trata-se de um benefício que visa incentivar os credores a apoiarem medidas de redução do passivo em contexto de plano de insolvência – Fernandes, Luís A. Carvalho/Labareda,

Quanto ao imposto do selo, o art. 269.º[1290] preceitua a isenção do seu pagamento relativamente aos atos elencados nas suas várias alíneas, desde que contemplados em plano de insolvência, de pagamentos ou de recuperação, ou praticados no âmbito da liquidação da massa insolvente:

- as modificações dos prazos de vencimento ou das taxas de juro dos créditos sobre a insolvência (al. a));
- a constituição de nova sociedade ou sociedades (al. c));
- a dação em cumprimento de bens da empresa e a cessão de bens aos credores (al. d));
- a realização de operações de financiamento, o trespasse ou a cessão da exploração de estabelecimentos da empresa, a constituição de sociedades e a transferência de estabelecimentos comerciais, a venda, permuta ou cessão de elementos do activo da empresa, bem como a locação de bens (al. e));
- a emissão de letras ou livranças (al. f));
- a constituição ou prorrogação de garantias (al. g)).

Por último, o art. 270.º estabelece isenções de imposto municipal sobre as transmissões onerosas de imóveis (IMT). No seu n.º 1, isenta de IMT as transmissões onerosas de imóveis, integradas em qualquer plano de insolvência, de pagamentos ou de recuperação[1291], e elencadas nas suas alíneas:

- as que se destinem à constituição de nova(s) sociedade(s) e à realização do seu capital (al. a));

João, *Código da Insolvência e da Recuperação de Empresas Anotado*, 3ª edição, Quid Juris Editora, Lisboa, 2015, p. 917, nota 5.

1290 O art. 269.º foi objeto de duas alterações. Na primeira (pelo art. 234.º da Lei n.º 66-B/2012, de 31 de dezembro), ao proémio foi acrescentada a referência ao plano de recuperação, com o claro propósito de abranger o processo especial de revitalização. Na segunda (pelo art. 287.º da Lei n.º 114/2017, de 20 de dezembro), modificou-se o elenco de atos que beneficiam da isenção, eliminado os aumentos de capital, as conversões de crédito em capital e as alienações de capital e aditando a constituição ou prorrogação de garantias.

1291 À semelhança dos arts. 268.º e 269.º, este preceito também foi alterado pelo art. 234.º da Lei n.º 66-B/2012, de 31 de dezembro, por forma a abranger os planos de recuperação.

- as que se destinem à realização do aumento do capital da sociedade devedora (al. b));
- as que decorram da dação em cumprimento de bens da empresa e da cessão de bens aos credores (al. c)).

No seu n.º 2, o art. 270.º também isenta de IMT os atos de venda, permuta ou cessão da empresa ou estabelecimento, integrados no âmbito de um plano de insolvência, recuperação, pagamentos ou da liquidação da massa insolvente. O sentido e alcance desta isenção suscitou dúvidas no seio da jurisprudência: estão abrangidas apenas a venda e a permuta de empresas ou estabelecimentos enquanto universalidades de bens, ou também a venda e a permuta de imóveis enquanto elementos do ativo de empresas ou estabelecimentos[1292]. O Supremo Tribunal Administrativo tem divergido e a Administração Fiscal entende que "a transmissão isolada de bens da empresa não está isenta, sendo necessário que a coisa vendida, permutada ou cedida abranja a universalidade da empresa insolvente ou um seu estabelecimento"[1293]. Por isso, foi proferido o Acórdão do STA de Unifomização de Jurisprudência n.º 3/2017, de 29 de maio[1294], segundo o qual: "a isenção de IMT prevista pelo n.º 2 do artigo 270.º do CIRE aplica-se, não apenas às vendas ou permutas de empresas ou estabelecimentos enquanto universalidade de bens, mas também às vendas e permutas de imóveis, enquanto elementos do seu ativo, desde que enquadradas no âmbito de um plano de insolvência ou de pagamento, ou praticados no âmbito da liquidação da massa insolvente".

1292 Sobre a questão, veja-se, por todos, Dinis, David Sequeira/ Rosa, Luís Bértolo, *A Isenção de Imposto Municipal sobre as Transmissões Onerosas de Imóveis nas Vendas e Permutas em Processo de Insolvência, in:* "Revista da Ordem dos Advogados", ano 75, vol. I/II, jan-jun (2015), pp. 459-482.

1293 Circular n.º 10/2015, de 9 de setembro, da Diretora-Geral da Autoridade Tributária e Aduaneira.

1294 Publicado no Diário da República n.º 103/2017, 1ª série, de 29 de maio de 2017, pp. 2576-2580.

Capítulo VII – Encerramento do Processo

§1 Âmbito de aplicação

O CIRE dedica o título XI (arts. 230º-234º) ao encerramento do processo de insolvência nas hipóteses em que o processo de insolvência prosseguiu depois da sentença declarativa de insolvência (proémio do nº 1 do art. 230º).

O encerramento do processo depende de declaração do juiz, que é notificada aos credores e objeto da publicidade e do registo previstos nos arts. 37º e 38º, devendo ser indicada a razão que o fundamenta (art. 230º, nº 2). A decisão de encerramento é recorrível, subindo o recurso nos próprios autos (art. 14º, nº 6, al. a)). Quando não tenha sido aberto o incidente de qualificação da insolvência, o juiz deve declarar expressamente na decisão de encerramento o caráter fortuito da insolvência (n.º 6 do art. 233.º)[1295].

O encerramento será decretado se ocorrer alguma das circunstâncias previstas nas als. a) a d) do nº 1 do art. 230º, a saber: depois da realização do rateio final, exceto na hipótese do nº 6 do art. 239º (al. a))[1296], depois do trânsito em julgado da decisão homologatória do plano de insolvência, desde que o conteúdo do plano a tal não se oponha (al. b))[1297]; a pedido do devedor, com fundamento na cessação da situação de insolvência ou no consentimento de todos os credores, de acordo com o art. 231º (al. c))[1298]; quando o administrador da insolvência constate a insuficiência da massa insolvente para a satisfação das custas do processo e das restantes dívidas da massa insolvente, nos termos

[1295] O n.º 6 do art. 233.º foi acrescentado pela Lei nº 16/2012, de 20 de abril.

[1296] Quanto ao rateio final, veja-se o art. 182º.

[1297] Nesta hipótese, a lei impõe não só a referência à *fiscalização* da execução do plano na publicação e no registo da decisão de encerramento do processo de insolvência, mas também a publicação e registo da confirmação judicial do *fim do período de fiscalização* nos termos previstos para o encerramento do processo (arts. 222º, 230º, nº 2, 37º e 38º do CIRE, art. 81º-A, nº 1, al. b) do CRCivil e Modelos XXIV e XXV da Portaria nº 1257/2004, de 28 de setembro, e art. 69º, nº 1, al. u), do CRCom). Afirmando que, em termos práticos e lógico-jurídicos, se trata de uma solução discutível, veja-se JÚNIOR, E. Santos, *O Plano de Insolvência. Algumas Notas, in:* "O Direito", 138, III, 2006, p. 589.

[1298] Temos muitas dúvidas quanto à solução acolhida pelo Tribunal da Relação de Guimarães no Acórdão de 12 de maio de 2016 (ANTÓNIO BEÇA PEREIRA): "Quando se declarar o encerramento do processo de insolvência a pedido do devedor, se o respectivo incidente de qualificação ainda não estiver findo (com decisão transitada em julgado), o mesmo não prossegue, por os efeitos genéricos de tal encerramento a isso obstarem, não se aplicado a este caso o regime especial do artigo 232.º n.º 5 CIRE".

do art. 232º (al. d)); no despacho inicial do incidente de exoneração do passivo restante, quando o encerramento ainda não tenha sido declarado (al. e))[1299].

§2 Publicidade

A decisão de encerramento do processo é notificada aos credores e objeto da publicidade e do registo previstos nos arts. 37º e 38º, devendo indicar-se a razão determinante (art. 230º, nº 2).

O encerramento do processo de insolvência está sujeito a inscrição no registo civil (arts. 1º, nº 1, al. l), 69º, nº 1, al. i), 81º-A, nº 1, al. b), do CRCivil e Modelo XXIV da Portaria nº 1257/2004, de 28 de setembro), e no registo comercial (art. 9º, al. n), do CRCom, e art. 10º, al. ag), do Regulamento do Registo Comercial).

§3 Efeitos

O art. 233.º, n.º 1, regula os efeitos do encerramento do processo, ressalvando expressamente os efeitos da sentença homologatória do plano de insolvência (que, por força do art. 217.º, n.º 5, são imediatos, ainda que tenha sido interposto recurso da sentença homologatória)[1300]. Encerrado o processo de insolvência, o *devedor* recupera o poder de disposição dos seus bens e a livre gestão dos seus negócios, sem prejuízo do regime da qualificação da insolvência como culposa (art. 233º, nº 1, al. a)).

Encerrado o processo de insolvência, cessam as atribuições da *comissão de credores e do administrador da insolvência*, salvo as que digam respeito à apresentação de contas e as conferidas pelo plano de insolvência (se for o caso) (art. 233º, nº 1, al. b)).

Encerrado o processo de insolvência, os *credores da insolvência* podem exercer os seus direitos contra o devedor sem outras restrições para além das que constem do eventual plano de insolvência e plano de pagamentos (art. 233º, nº 1, al. c)).

Porém, se o processo de insolvência *encerrar antes do rateio final* (art. 233º, nº 2, proémio): as resoluções de atos em benefício da massa insolvente são,

[1299] A al. e) do n.º 1 do art. 230.º foi acrescentada pela Lei nº 16/2012, de 20 de abril.

[1300] A ressalva do disposto no art. 217.º, n.º 5, foi acrescentada pelo art. 3.º do D.L. n.º 79/2017, de 30 de junho.

em princípio, ineficazes (al. a))[1301]; é extinta a instância dos processos de verificação de créditos e de restituição e separação de bens já liquidados que se encontrem pendentes, salvo se a sentença de verificação e graduação já tiver sido proferida, de acordo com o art. 140º, ou se o encerramento resultar da aprovação do plano de insolvência, caso em que prosseguem até final os recursos interpostos da sentença de verificação e graduação de créditos e as ações cujos autores ou a devedora[1302] assim o requeiram (al. b))[1303]; é extinta a instância das ações contra os responsáveis legais pelas dívidas do insolvente propostas pelo administrador da insolvência e que ainda se encontrem pendentes, exceto se nos termos do plano de insolvência o administrador da insolvência tiver competência para o seu prosseguimento (al. c)).

Por último, o encerramento do processo de insolvência apresenta algumas particularidades no que toca às *sociedades comerciais*. Desde logo, se o encerramento do processo de insolvência se fundamentar na aprovação de um plano de insolvência que preveja a continuidade da sociedade comercial, esta retomará a sua atividade, sem qualquer dependência de deliberação dos sócios (art. 234º, nº 1). Depois, se o encerramento se fundamentar no pedido do devedor (arts. 230º, nº 1, al. c), e 231º), os sócios poderão deliberar a retoma da atividade (art. 234º, nº 2). Por último, encerrado o processo com fundamento no rateio final, a sociedade extingue-se com o registo do encerramento

[1301] Exceto se o plano atribuir ao administrador da insolvência competência para a defesa nas ações destinadas à sua impugnação (art. 233º, nº 2, a)).

[1302] A referência expressa à devedora foi acrescentada pelo art. 3.º do D.L. n.º 79/2017, de 30 de junho.

[1303] Segundo o Ac. Rel. Po., de 28-04-2014 (Manuel Domingos Fernandes) "a homologação de um plano de insolvência não importa a inutilidade do processo de verificação de créditos ou das acções ulteriores de créditos, pois que, a sentença de verificação a proferir continua a manter interesse quer como meio de estabilização do passivo do devedor, quer servindo como título executivo a par com a sentença de homologação do plano de insolvência quando haja incumprimento deste. O encerramento do processo de insolvência por aprovação do plano não acarreta a extinção da instância do processo de verificação e graduação de créditos (nem das acções ulteriores de créditos), devendo prosseguir até final, ainda que não tenha sido proferida sentença de verificação". No mesmo sentido, o Ac. Rel. Lx., de 22-11-2016 (Luís Filipe Pires de Sousa): "Do elemento sistemático da interpretação dos Artigos 233º, nº2, alínea b), 209º, nº3 e 218º, nº3, todos do CIRE, decorre que o trânsito em julgado da sentença que homologou o plano de insolvência não determina a extinção do apenso de reclamação de créditos, sobretudo se neste ocorreu – como é o caso – impugnação de créditos".

do processo (art. 234º, nº 3, do CIRE, art. 160º do CSC e art. 3º, nº 1, al. t), do CRCom)[1304_1305].

1304 A dissolução é consequência da declaração de insolvência (arts. 141.º, n.º 1, al. e) e 146.º do CSC), mas a extinção ocorre apenas com o registo do encerramento do processo. Considerando que a obrigação de pagamento de coimas e a respetiva execução fiscal se extinguem com a declaração de insolvência (que equivale, para efeitos fiscais, à morte do infrator), cfr. o Ac. STA, de 9-07-2014 (Casimiro Gonçalves).

1305 Segundo o Ac. Rel. Po., de 25-03-2010 (António Martins), "registado o encerramento do processo de insolvência de uma sociedade comercial (por insuficiência da massa) esta considera-se extinta, não podendo ser representada por uma sua sócia em acção pendente contra tal sociedade".

Parte II
Outros Instrumentos (híbridos e extrajudiciais)

Capítulo I – O Processo Especial de Revitalização

§1. Considerações prévias

A Lei nº 16/2012, de 20 de abril, introduziu no Código um novo processo – o processo especial de revitalização (PER) – que pretendeu "assumir-se como um mecanismo célere e eficaz que possibilite a revitalização dos devedores que se encontrem em situação económica difícil ou em situação de insolvência meramente iminente mas que ainda não tenham entrado em situação de insolvência actual"[1306]. Depois de modificado pelo art. 4.º do D.L. n.º 26/2015, de 6 de fevereiro (que alterou apenas o art. 17.º-F, n.º 3), foi objeto de uma alteração de fundo, através do D.L. n.º 79/2017, de 30 de junho: apostado na "credibilização do processo especial de revitalização (PER) enquanto instrumento de recuperação, reforçou-se a transparência e a credibilização do regime e desenhou-se um PER dirigido às empresas, sem abandonar o formato para as pessoas singulares não titulares de empresa ou comerciantes"[1307].

Segundo o art. 1º, nº 2, a empresa, que se encontre em situação económica difícil ou em situação de insolvência meramente iminente, pode requerer ao tribunal a instauração de processo especial de revitalização, de acordo com

[1306] Exposição de Motivos da Proposta de Lei nº 39/XII, de 30 de dezembro de 2011.

[1307] Preâmbulo do D.L. n.º 79/2017, de 30 de junho.

o previsto nos arts. 17º-A a 17º-J. Deste modo, as empresas que se encontram em situação de insolvência meramente iminente têm ao seu alcance no CIRE: o processo de insolvência (de natureza judicial e insolvencial pura) ou o processo especial de revitalização (de natureza híbrida, e pré-insolvencial, como explicaremos *infra*).

§2. Características

O Processo Especial de Revitalização (PER) é um processo judicial especial, pré-insolvencial, concursal, urgente, híbrido e recuperatório. Trata-se de um processo *judicial*[1308] *especial*, pois rege-se, em primeiro lugar, pelas respetivas disposições (arts. 17.º-A a 17.º-J), de seguida, e com as devidas adaptações, pelas regras previstas no CIRE que não sejam incompatíveis com a sua natureza (art. 17.º-A, n.º 3), e, por último, pelas disposições gerais e comuns do Código de Processo Civil, também com as necessárias adaptações (art. 17.º, n.º 1, do CIRE, combinado com o art. 549.º, n.º 1, do CPCivil)[1309].

[1308] No sentido de que, por ser um processo judicial, está sujeito ao pagamento de custas, veja-se Casanova, Nuno Salazar/Dinis, David Sequeira, *PER – O Processo Especial de Revitalização – Comentários aos artigos 17º-A a 17º-I do Código da Insolvência e da Recuperação de Empresas*, Coimbra Editora, Coimbra, 2014, pp. 30 e 31.

[1309] A aplicação subsidiária de todas as disposições do processo de insolvência (e não apenas a aplicação das normas da parte geral do CIRE) foi acrescentada ao art. 17.º-A, n.º 3, pelo D.L. n.º 79/2017, de 30 de junho, e já era defendida por Silva, Fátima Reis, *Processo Especial de Revitalização – Notas práticas e Jurisprudência Recente*, Porto Editora, Porto, 2014, p. 18, e *Paralelismos e Diferenças entre o PER e o Processo de Insolvência – o plano de recuperação, in*: "Revista de Direito da Insolvência", n.º 0, Almedina, Coimbra, 2016, p. 137; Alexandre, Isabel, *Efeitos Processuais da Abertura do Processo de Revitalização, in:* "II Congresso de Direito da Insolvência", Almedina, Coimbra, 2014, pp. 236 e 237. A primeira Autora fala mesmo de um processo especialíssimo em relação ao processo de insolvência – Silva, Fátima Reis, *A Verificação de Créditos no Processo de Revitalização, in:* "II Congresso de Direito da Insolvência", Almedina, Coimbra, 2014, p. 255. Para nós, e salvo o devido respeito, a aplicação ao PER das disposições gerais do CIRE já resultava da própria inserção sistemática do processo; já a aplicação das restantes normas do CIRE deve ser rodeada das devidas cautelas, dadas as diferenças entre os dois processos – veja-se Epifânio, Maria do Rosário, *O Processo Especial de Revitalização*, Almedina, Coimbra, 2015, pp. 13 e 14. Por último, deve ter-se em consideração que o art. 17.º-A, n.º 3, é uma norma remissiva – trata-se de uma técnica legislativa em que é o próprio legislador "que se dá conta da existência da analogia. Pelo que não é descabido falar aqui de hipóteses de "analogia de remissão", como já alguém fez" – Machado, J. Baptista, *Introdução ao Direito e ao Discurso Legitimador*, Almedina, Coimbra, 1989, pp. 106 e 107.

O PER é um processo *pré-insolvencial*, pois é aplicável a empresas que, pela positiva, já se encontrem em situação económica difícil ou em situação de insolvência iminente e, pela negativa, não estejam ainda numa situação de insolvência atual (art. 17.º-A, n.º 1).

É um processo *concursal*, uma vez que, não só todos os credores interessados podem nele participar, como também a sentença homologatória do plano aprovado em sede de PER vincula todos os credores, mesmo aqueles que não tenham reclamado os seus créditos ou participado nas negociações (art. 17º-F, nº 10).

É um processo *urgente*, por força de disposição própria (o art. 17.º-A, n.º 3), o que terá relevância, designadamente, para a contagem dos prazos (art. 138.º, n.º 1 do CPCivil, *ex vi* do art. 17.º, n.º 1, do CIRE). No entanto, a lei é omissa quanto à precedência do PER sobre o serviço ordinário do tribunal (contrariamente ao art. 9.º, que estatui a precedência do processo de insolvência – e seus incidentes, apensos e recursos – sobre o serviço ordinário do tribunal)[1310].

O PER é um processo *híbrido*, composto por uma forte componente extrajudicial, temperada com a intervenção do juiz em momentos chave[1311], indispensável ao caráter concursal do mesmo.

Por último, o PER é um processo *recuperatório*, pois visa permitir à empresa que seja suscetível de recuperação a obtenção de um acordo com os respetivos credores "conducente à sua revitalização" (art. 17.º-A, n.º 1).

§3. Âmbito de aplicação

1. Âmbito subjetivo

Da conjugação do disposto nos arts. 1.º, n.º 2, e 17.º-A, n.º 1 (entre outros preceitos do PER), decorre a restrição às empresas do âmbito subjetivo de

[1310] No sentido da aplicação do art. 9.º ao PER, veja-se Fernandes, Luís A. Carvalho/Labareda, João, *Código da Insolvência e da Recuperação de Empresas Anotado*, Quid Juris Editora, 3ª edição, Lisboa, 2015, p. 141, nota 12 (que defendem a aplicação analógica dos n.ºs 2 e ss do art. 9.º) e Casanova, Nuno Salazar/Dinis, David Sequeira, *PER – O Processo Especial de Revitalização – Comentários aos artigos 17º-A a 17º-I do Código da Insolvência e da Recuperação de Empresas*, Coimbra Editora, Coimbra, 2014, p. 19.

[1311] *Maxime*, no controlo inicial, na decisão da impugnação dos créditos, no cômputo dos votos e na decisão de homologação e, para alguns, na declaração de insolvência. *Vide* Silva, Fátima Reis, *Processo Especial de Revitalização – Notas práticas e Jurisprudência Recente*, Porto Editora, Porto, 2014, p. 17.

aplicação do PER. Esta limitação às empresas resultou da alteração legislativa introduzida pelo art. 3.º do D.L. n.º 79/2017 e veio pôr fim a uma divergência, mais acentuada na Doutrina (e mais mitigada, pelo menos recentemente, na Jurisprudência), em torno da sua aplicabilidade a devedores não titulares de uma empresa[1312].

Em consequência desta alteração legislativa, podemos agora afirmar "com segurança", por um lado, pela positiva, que o PER se aplica a qualquer empresa (titulada por pessoa singular, por pessoa coletiva ou que integra um património autónomo – art. 2.º, n.º 1), e, por outro lado, pela negativa, que o PER não se aplica a quem não tiver o estatuto de empresa. A empresa surge aqui como sujeito de direitos e deveres e não como objeto de relações jurídicas, ou seja, surge subjetivada. O CIRE prevê uma noção de empresa, para efeitos do Código, e que é também aplicável ao PER. Segundo o art. 5.º, empresa é "toda a organização de capital e de trabalho destinada ao exercício de qualquer actividade económica". A amplitude desta noção legal pode gerar incertezas quanto à linha de fronteira entre o âmbito subjetivo de aplicação do PER e o âmbito subjetivo do processo especial para acordo de pagamento (que, como veremos *infra*, é reservado pela lei aos devedores que, pelo seu estatuto subjetivo, não podem lançar mão de um PER e tem um regime jurídico "mais benéfico" para o devedor) e que já foram realçadas em algumas decisões jurisprudenciais[1313].

1312 A este propósito, vejam-se os nossos *Manual de Direito da Insolvência*, 6ª edição (3ª reimpressão), Almedina, Coimbra, 2016, p. 280 e *O Processo Especial de Revitalização*, 1ª reimpressão, Almedina, Coimbra, 2016, pp. 15 e 16. Sobre a questão e os argumentos, por nós invocados, para a aplicabilidade do PER a devedores, pessoas singulares, pessoas coletivas ou patrimónios autónomos, independentemente da titularidade de uma empresa ou da sua qualidade de comerciante (o elemento literal, o elemento racional ou teleológico, o elemento histórico, e o argumento da utilidade do PER para as pessoas singulares), cfr. a nossa *Anotação ao Acórdão do STJ de 12 de outubro de 2015 (*Pinto de Almeida*), in* "Revista de Direito da Insolvência", n.º 1, abril /2017, Almedina, Coimbra, pp. 179-193.

1313 Designadamente no Ac. Rel. Co., de 2-08-2017 (Fernando Monteiro), a propósito de pessoa singular titular de participação social em sociedade gestora de participações sociais. Admitindo a sujeição a PER dos fundos de investimento imobiliário, cfr. o Ac. Rel. Lx., de 3-12-2015 (Sacarrão Martins).

2. Âmbito objetivo

O PER aplica-se às empresas que se encontrem em situação económica difícil ou em situação de insolvência meramente iminente, mas que ainda seja suscetível de recuperação (arts. 1º, nº 2 e 17º-A, nº 1). Para além disso, enquanto mecanismo pré-insolvencial, não é aplicável a empresas que estejam já numa situação de insolvência atual[1314] ou que ainda não estejam numa situação de insolvência iminente ou numa situação económica difícil. Ou seja, não pode ser utilizado como instrumento de recuperação de empresas insolventes (aliás, sujeitas ao dever de apresentação à insolvência – art. 18.º – e suscetíveis de aí serem recuperadas através de um plano de insolvência ou de um plano de pagamentos), nem como mecanismo de gestão para a reestruturação empresarial[1315].

O CIRE não prevê qualquer definição de insolvência iminente, nem tão-pouco qualquer critério auxiliar da sua integração, seja para efeitos de

[1314] Segundo o Ac. Rel. Lx, de 10-05-2018 (Ana Paula Carvalho), "I – A situação económica difícil ou a insolvência iminente têm de ser apreciadas no concreto e de acordo com os elementos disponíveis no momento, e não com recurso a eventos futuros e incertos. II – Está em situação de insolvência a empresa que não dispõe de crédito junto da banca e carece de liquidez suficiente para pagar as suas dívidas no momento em que se vençam, bem como revela incapacidade para satisfazer obrigações contraídas que no cômputo global excedem o dobro da relação de ativos fixos tangíveis junta com o plano de revitalização". O Ac. STJ, de 3-11-2015 (José Raínho) considerou que "se o processo revelar inequivocamente que o devedor se encontra numa situação de insolvência atual, o juiz deve recusar oficiosamente a homologação do plano que, ainda assim, foi aprovado [com fundamento na] "violação não negligenciável das regras procedimentais e da norma legal basilar (a que define em que situações é admitido o processo de revitalização) que permite a realização ou preenchimento do seu conteúdo. Acresce que o uso ilegal e abusivo do procedimento implica a nulidade do negócio jurídico subjacente e, inclusivamente, a sua neutralização por excesso manifesto dos limites impostos pelo fim económico do direito". Sobre a responsabilidade por utilização indevida do processo (porque a empresa já se encontra numa situação de insolvência atual), cfr. Leitão, Luís M.T. de Menezes, *A Responsabilidade pela Abertura Indevida do Processo Especial de Revitalização, in:* "II Congresso de Direito da Insolvência", Almedina, Coimbra, 2014, p. 151.

[1315] Assim, Vasconcelos, Luís Miguel Pestana, *Recuperação de Empresas: o Processo Especial de Revitalização*, Almedina, Coimbra, 2017, pp. 48 e 49. Sobre a responsabilidade da empresa por utilização indevida do PER (por ter dificultado a cobrança individual dos créditos), ver Leitão, Luís M.T. de Menezes, *A Responsabilidade pela Abertura Indevida do Processo Especial de Revitalização, in:* "II Congresso de Direito da Insolvência", Almedina, Coimbra, 2014, pp. 149 e 150.

processo de insolvência (art. 3.º, n.º 4), seja para efeitos de processo especial de revitalização[1316].

Já quanto à situação económica difícil, segundo o art. 17º-B, e para efeitos do CIRE: "encontra-se em situação económica difícil o devedor que enfrentar dificuldade séria para cumprir pontualmente as suas obrigações, designadamente, por ter falta de liquidez ou por não conseguir obter crédito"[1317]. A doutrina tem sido muito crítica a propósito deste preceito. Para CARVALHO FERNANDES e JOÃO LABAREDA a definição legal é tautológica e envolve conceitos cujo conteúdo não é esclarecido (por exemplo, o adjetivo "séria")[1318]; para SALAZAR CASANOVA e SEQUEIRA DINIS, o critério adotado pela lei é essencialmente casuístico[1319]; segundo NUNO LÍBANO MONTEIRO, a definição legal redundou numa definição de situação financeira difícil, pois apenas se faz referência a "situações de falta de tesouraria"[1320]. Para PESTANA

[1316] Vejam-se as considerações feitas *supra* a propósito do conceito de insolvência iminente.

[1317] O CPEREF, no seu art. 3º, nº 2, acrescentado pela revisão operada pelo D.L. nº 315/98, de 20 de outubro, também continha uma definição de situação económica difícil: "É considerada em situação económica difícil a empresa que, não devendo considerar-se em situação de insolvência, indicie dificuldades económicas e financeiras, designadamente por incumprimento das suas obrigações". Sobre esta noção legal, veja-se FERNANDES, Luís A. Carvalho/LABAREDA, João, *Código dos Processos Especiais de Recuperação da Empresa e de Falência Anotado*, 3ª edição, 1999, Quid Juris Editora, Lisboa, pp. 69 e ss. Segundo o art. 1º, nº 1, do D.L. nº 353-H/77, de 29 de agosto, "podem ser declaradas em situação económica difícil empresas públicas ou privadas cuja exploração se apresente fortemente deficitária, prevendo-se que a sua recuperação seja problemática ou demorada".

[1318] *Código da Insolvência e da Recuperação de Empresas Anotado*, Quid Juris Editora, 3ª edição, Lisboa, 2015, pp. 142 e 144. Para estes AUTORES, considera-se "em situação económica difícil o devedor que, pela ponderação dos diversos fatores que relevem na sua vida económica concreta, nomeadamente pela sua liquidez e capacidade de a obter e pela qualidade, consistência e evolução expectável das componentes do seu património, se encontre já, ou se anteveja já, na contingência efetiva de não cumprir pontualmente as suas obrigações ou, independentemente disso, e tratando-se de entidade abrangida na previsão do art. 3.º, n.º 2, de apresentar um passivo manifestamente superior ao seu ativo".

[1319] Para estes AUTORES, "a situação económica difícil é a situação anterior à da insolvência iminente na qual o devedor, tendo embora um ativo suficiente para fazer face às suas obrigações, não as pode cumprir sem para isso praticar actos – designadamente negócios desfavoráveis em condições normais de mercado – que ponham em causa a sua viabilidade económica": *PER – O Processo Especial de Revitalização – Comentários aos artigos 17º-A a 17º-I do Código da Insolvência e da Recuperação de Empresas*, Coimbra Editora, Coimbra, 2014, p. 24.

[1320] *in:* AA.VV. – PLMJ Sociedade de Advogados, *Código da Insolvência e da Recuperação de Empresas Anotado*, Coimbra Editora, Coimbra, 2012, p. 63.

DE VASCONCELOS, "o núcleo da distinção" entre a situação económica difícil e a situação de insolvência iminente passa pelo seguinte: respetivamente, "num caso o devedor terá dificuldade séria para cumprir, não sendo, ainda assim previsível, que venha incumprir, enquanto no outro, pelo contrário, é já previsível que se venha a verificar esse incumprimento"[1321].

Por último, o critério aferidor da recuperabilidade da empresa também não consta da lei, com a agravante de a lei se bastar com a certificação pela própria empresa de que reúne as condições necessárias para a sua recuperação (art. 17.º-A, n.º 2)[1322].

§4. Tramitação

1. Requerimento

I. O processo de revitalização inicia-se com um requerimento apresentado pela empresa no tribunal competente para declarar a sua insolvência (arts. 17.º-C, n.º 3 e 7.º do CIRE e art. 128.º, n.º 1, al. a), da LOSJ)[1323]. Desde logo, e em primeiro lugar, este requerimento deve ser acompanhado de *declaração escrita assinada pela empresa e por credor ou credores*[1324] que preencham três requisitos cumulativos, ou seja, credor(es) que, não estando especialmente relacionado(s) com a empresa (requisito qualitativo negativo), seja(m) titular(es), pelo menos, de 10% (requisito quantitativo positivo) de créditos não subordinados (requisito qualitativo negativo). A exigência legal deste acordo triplamente qualificado visa evitar utilizações abusivas do PER a que a sua redação inicial se propiciava.

A exigência legal do duplo requisito qualitativo (crédito(s) não subordinado(s) de credor(es) sem uma relação especial com a empresa) parece

[1321] *Recuperação de Empresas: o Processo Especial de Revitalização*, Almedina, Coimbra, 2017, pp. 42 e 43.

[1322] Recusando a homologação de um plano de recuperação por a situação ser já de insolvência atual ou de insolvência iminente sem perspetivas de recuperação, veja-se o Ac. Rel. Co., de 6-07-2016 (CARLOS MOREIRA).

[1323] Segundo PAULO OLAVO CUNHA, o artigo 64.º do CSC "acolhe na sua previsão o dever de apresentação da empresa à insolvência ou, se a situação não for tão grave, de recurso ao PER", *Os Deveres dos Gestores e dos Sócios no Contexto da Revitalização, in:* "II Congresso de Direito da Insolvência", Almedina, Coimbra, 2014, p. 234.

[1324] Esta declaração deve ser assinada pela empresa e por todos os credores, devendo sempre conter a data da assinatura (art. 17º-C, n.º 2).

redundante, mas efetivamente não o é. De facto, os créditos titulados por pessoa especialmente relacionada com a empresa não constituem necessariamente créditos subordinados, pois, tal como resulta expressamente do art. 47.º, n.º 4, al. b), são subordinados "os créditos enumerados no artigo seguinte, excepto quando beneficiem de privilégios creditórios, gerais ou especiais, ou de hipotecas legais, que não se extingam por efeito da declaração de insolvência"[1325].

Tenha-se em consideração, todavia, que a percentagem mínima exigida pela lei (10%) pode ser reduzida em duas hipóteses distintas. Desde logo, a requerimento fundamentado da empresa e de credor ou credores que, satisfazendo o disposto no n.º 1, detenham, pelo menos, créditos no valor de 5% dos créditos relacionados. Depois, mediante requerimento fundamentado apenas da empresa. Em ambas as hipóteses, na apreciação do pedido, o juiz terá em consideração o montante absoluto dos créditos relacionados e a composição do universo de credores.

II. O requerimento *deve ainda ser acompanhado de declaração subscrita, há não mais de 30 dias, por contabilista certificado ou por revisor oficial de contas*, sempre que a revisão de contas seja legalmente exigida, atestando que não se encontra em situação de insolvência atual, à luz dos critérios previstos no artigo 3.º. (art. 17.º-A, n.º 2). Este atestado deve ser emitido há não mais de 30 dias, sendo o seu subscritor responsável pelas informações aí contidas, não só nos termos gerais do art. 485.º do CCivil[1326], como também, nos termos dos arts. 186.º e 189.º, n.º 2, al. a) do CIRE. Em consequência, e uma vez que a fronteira entre a situação de insolvência iminente e a situação de insolvência atual é subtil, adivinham-se dificuldades acrescidas, para as empresas que pretendam recorrer a um PER, na obtenção dessa declaração.

1325 A propósito do art. 47.º, n.º 4, al. b), veja-se o Ac. Rel. Po., de 29-04-2013 (José Eusébio Almeida): "Um crédito que, pela sua natureza objectiva, beneficie de privilégio não pode ser, por outra via, classificado como subordinado porque o privilégio já define uma relação credor/devedor que afasta, ou, pelo menos desconsidera um eventual «relacionamento especial»".

1326 Assim, Leitão, Luís Menezes, *Código da Insolvência e da Recuperação de Empresas Anotado*, 9ª edição, Almedina, Coimbra, 2017, p. 78, nota 7.

Esta exigência legal de certificação por ROC ou CC foi introduzida pelo D.L. n.º 79/2017, de 30 de junho[1327] e recuperou em parte a solução que constava do Anteprojeto de diploma que criou o PER (mas que não foi incorporada no texto final), onde se estabelecia que: "O procedimento referido no número anterior pode ser utilizado por todo o devedor que, mediante declaração certificada por técnico oficial de contas ou, sempre que legalmente a tal esteja obrigado, por revisor oficial de contas, independentes, ateste que reúne as condições necessárias para a sua recuperação"[1328].

As diferenças são, no entanto, notórias. Desde logo, e em primeiro lugar, na redação atual não consta qualquer referência a um contabilista certificado ou revisor oficial de contas *independentes*.

Depois, exige-se agora uma certificação negativa de situação de insolvência atual, contrariamente à versão proposta em 2012, que obrigava à apresentação de uma certificação positiva "das condições necessárias para a sua recuperação". Isto significa, por um lado, que se trata apenas de um atestado de que a empresa não se encontra impossibilitada de cumprir as suas obrigações vencidas (art. 3.º, n.º 1) e também, nos casos de empresa prevista no art. 3.º, n.º 2, de que o seu passivo não é manifestamente superior ao ativo. Por outro lado, esta declaração não certifica que a empresa se encontra numa situação de insolvência iminente ou numa situação económica difícil (o que pode abrir as portas à utlização do mecanismo como mero instrumento de gestão empresarial).

III. O requerimento de abertura do PER deve, em terceiro lugar, ser acompanhado de (mera) *declaração escrita e assinada pela empresa* que ateste (uma espécie inútil de "auto-atestado") que reúne as condições necessárias para a sua recuperação (art. 17.º-A, n.º 2).

[1327] Por força do seu art. 6.º, n.º 1, combinado com o art. 136.º, n.º 1, do CPCivil (aplicável *ex vi* do art. 17.º, n.º 1, do CIRE), esta exigência apenas se aplica às ações propostas a partir de 1 de julho.

[1328] Anteprojeto de Diploma que Altera o CIRE (Proposta de Lei n.º 39/XII), publicado *in* http://app.parlamento.pt/webutils/docs/doc.pdf?path=6148523063446f764c3246795a5868774d546f334e7a67774c336470626d6c7561574e7059585270646d467a4c31684a535339305a58683062334d76634842734d7a6b7457456c4a4c6d527659773d3d&fich=ppl39-XII.doc&Inline=true. A este propósito, veja-se Casanova, Nuno Salazar/ Dinis, David Sequeira, *PER – O Processo Especial de Revitalização – comentários aos artigos 17.º-A a 17.º-I do Código da Insolvência e da Recuperação de Empresas*, Coimbra Editora, Coimbra, 2014, pp. 16 e 17.

IV. Em quarto lugar, a empresa deve juntar ao seu requerimento cópia dos *documentos* previstos no nº 1 do art. 24º (art. 17º-C, nº 3, al. b))[1329].

V. Por último, por força do D.L. n.º 79/2017, de 30 de junho, e com vista a credibilizar o PER, exige-se agora que a empresa junte também *proposta de plano de recuperação* acompanhada, pelo menos, da descrição da situação patrimonial, financeira e reditícia da empresa (art. 17.º-C, n.º 3, al. c)). Desta forma evita-se a utilização do PER como mecanismo de resposta (ou seja, de suspensão) da empresa às ações de insolvência ou às ações executivas contra si interpostas.

2. Despacho liminar

Entregue o requerimento, e feita a distribuição, o juiz deve de imediato[1330] proferir despacho liminar (art. 17º-C, nº 4). O conteúdo deste despacho tem suscitado alguma divergência no seio da doutrina e da jurisprudência: poderá (deverá) o juiz controlar os requisitos materiais de que depende o recurso ao procedimento e, assim, proferir um despacho de indeferimento liminar, ou até um despacho de correção, ou, pelo contrário, deve necessariamente proferir um despacho de nomeação do administrador judicial provisório[1331]?

Em nosso entender, este despacho liminar pode ter um de três conteúdos: despacho de indeferimento liminar, despacho de correção e despacho de admissão.

O juiz deverá proferir despacho de admissão do PER, exceto nas hipóteses residuais, mas incontornáveis, em que deverá recusar o pedido – apenas quando for manifesta a inviabilidade do pedido (p. ex. a empresa apresentou-se à insolvência, ou foi declarada insolvente, ou apresentou-se a um PER que terminou nos dois anos anteriores)[1332] –, e nos casos de convite ao

1329 As cópias ficam patentes na secretaria para consulta dos credores durante todo o processo (art. 17º-C, nº 3, al. b)).

1330 No Anteprojeto de alteração ao CIRE, de 24 de novembro de 2011, propunha-se o prazo de um dia para a prolação do despacho.

1331 Segundo o Ac. Rel. Po., de 15-11-2012 (José Amaral), o despacho é um mero ato formal desprovido de qualquer conteúdo material, pelo que, ressalvadas as hipóteses de recusa em casos marginais (como, por exemplo, a falta de "atestado"), não existe a possibilidade de não nomear administrador porque se apreciou pressuposto material de que depende o processo.

1332 No sentido da recorribilidade deste despacho (embora reconheçam apenas legitimidade ao devedor), veja-se Casanova, Nuno Salazar/Dinis, David Sequeira, *PER – O Processo Especial*

aperfeiçoamento (quando faltarem os documentos exigidos na lei ou alguma indicação obrigatória, podendo o juiz instar a empresa a juntá-los, no prazo de cinco dias – à semelhança do disposto para o processo de insolvência, no art. 27.º do CIRE)[1333]. Trata-se de um processo urgente (a expressão "de imediato" confere-lhe um caráter urgentíssimo), pelo que o controlo dos pressupostos materiais será feito posteriormente (no despacho de homologação, ou em momento anterior, se o administrador judicial provisório suscitar a questão perante o juiz[1334]).

Nas restantes hipóteses, o juiz profere despacho de admissão do PER. Para Salazar Casanova e Sequeira Dinis, os credores ou outros interessados não podem recorrer deste despacho, porque ainda não são sujeitos processuais, nem podem deduzir embargos, pois a lei não prevê essa possibilidade[1335].

de Revitalização – Comentários aos Artigos 17º-A a 17º-I do Código da Insolvência e da Recuperação de Empresas, Coimbra Editora, Coimbra, 2014, p. 41. Segundo Fátima Reis Silva, o despacho de indeferimento liminar é recorrível nos termos do disposto nos arts. 14.º do CIRE e 644.º, n.º 1, al. a), do CPCivil, no prazo de 15 dias (art. 638.º, n.º 1, do CPCivil), sendo o recurso de apelação, com efeito meramente devolutivo e subida nos próprios autos (art. 644.º, n.º 1, do CPCivil, e art. 14.º, n.ºs 5 e 6, al. a), com as devidas adaptações, do CIRE) – cfr. *Processo Especial de Revitalização – Notas Práticas e Jurisprudência Recente*, Porto Editora, Porto, 2014, p. 33. Na *jurisprudência*, no sentido da recorribilidade do despacho, veja-se o Ac. Rel. Po., de 15-11-2012 (José Amaral).

1333 No sentido da admissibilidade do despacho de correção, à semelhança do art. 27.º, n.º 1, al. b), Fernandes, Luís A. Carvalho/Labareda, João, *Código da Insolvência e da Recuperação de Empresas Anotado*, Quid Juris Editora, 3ª edição, Lisboa, 2015, pp. 145 e 146, nota 4 (os Autores defendem a aplicação analógica do preceito); Casanova, Nuno Salazar/Dinis, David Sequeira, *PER – O Processo Especial de Revitalização – Comentários aos Artigos 17º-A a 17º-I do Código da Insolvência e da Recuperação de Empresas*, Coimbra Editora, Coimbra, 2014, p. 19; Silva, Fátima Reis, *Processo Especial de Revitalização – Notas Práticas e Jurisprudência Recente*, Porto Editora, Porto, 2014, pp. 25 e 26.

1334 Assim, com base nos arts. 17.º-D, n.º 9 e 17.º-G, n.º 1, devidamente adaptados, veja-se Casanova, Nuno Salazar/Dinis, David Sequeira, *PER – O Processo Especial de Revitalização – Comentários aos Artigos 17º-A a 17º-I do Código da Insolvência e da Recuperação de Empresas*, Coimbra Editora, Coimbra, 2014, pp. 17 e 18.

1335 Casanova, Nuno Salazar/Dinis, David Sequeira, *PER – O Processo Especial de Revitalização – Comentários aos Artigos 17º-A a 17º-I do Código da Insolvência e da Recuperação de Empresas*, Coimbra Editora, Coimbra, 2014, pp. 41 e 42. Também, Silva, Fátima Reis, *Processo Especial de Revitalização – Notas práticas e Jurisprudência Recente*, Porto Editora, Porto, 2014, pp. 33 e 34. Na redação do Anteprojeto em discussão pública pelo Governo (Proposta de Lei n.º 39/XII), estava expressamente consagrada a irrecorribilidade do despacho.

3. Despacho de admissão
3.1. Conteúdo. Nomeação do administrador judicial provisório

No despacho de admissão, o juiz nomeia *sempre* o administrador judicial provisório, aplicando-se, com as devidas adaptações, o disposto nos arts. 32.º a 34.º (art. 17º-C, n.º 3, al. a)). Da letra do art. 17.º-E, n.º 2 ("Caso o juiz nomeie administrador judicial provisório nos termos da alínea a) do n.º 3 do artigo 17.º-C") parece resultar a possibilidade de o juiz admitir o requerimento sem nomear um administrador judicial provisório. No entanto, o que o legislador pretendeu dizer foi apenas: caso o juiz profira despacho de admissão do requerimento.

O administrador judicial provisório é nomeado pelo juiz, nos termos do art. 32º, com as devidas adaptações (*ex vi* do art. 17.º-C, n.º 3, al. a)). Assim, a escolha recai sobre entidade inscrita na lista oficial de administradores judiciais (*vide* também o art. 13.º, n.º 1, do EAJ). Para FÁTIMA REIS SILVA, uma vez que no PER (na generalidade dos casos) não é previsível a existência de atos de gestão que requeriam especiais conhecimentos, não se aplica a parte final do art. 32.º, n.º 1, pelo que o juiz pode (não está obrigado) atender à indicação do revitalizando[1336]. Pelo contrário, segundo ALEXANDRE DE SOVERAL MARTINS, a autorização para a prática de atos de especial relevo pode também pressupor esses especiais conhecimentos, sendo por isso aplicável a parte final do referido preceito[1337].

1336 *Processo Especial de Revitalização – Notas Práticas e Jurisprudência Recente*, Porto Editora, Porto, 2014, pp. 27 e 28. No entanto, o juiz deverá fundamentar, fática e juridicamente, a sua decisão – cfr. Ac. Rel. Po., de 13-11-2017 (JORGE SEABRA).

1337 *Um Curso de Direito da Insolvência*, 2ª edição revista e atualizada, Almedina, Coimbra, 2016, pp. 517 e 518, nota 24. Segundo o Ac. Rel. Po., de 13-11-2017 (JORGE SEABRA), "II – Por regra o administrador provisório é escolhido pelo juiz de entre os administradores que se encontrem inscritos na lista oficial e por processo informático que assegure a aleatoriedade da escolha. III – Excepcionalmente, esta regra poderá ser afastada, optando-se pela indicação feita pelo requerente do processo de revitalização. IV – A indicação de administrador efectuada na petição inicial só é juridicamente atendível se tratar de processo em que se preveja a necessidade da prática (pelo administrador) de actos de gestão que exijam especiais conhecimentos, exigindo-se ao requerente que alegue factos que permitam concluir pela aludida previsibilidade. V – Alegando apenas o requerente que o administrador indicado conhece a empresa e um esboço do plano de pagamentos a submeter à negociação com os credores, não se mostra demonstrada a previsibilidade da prática de actos de gestão que, por via da sua particular complexidade ou especialidade, exijam do administrador especiais conhecimentos, isto é que ultrapassem os conhecimentos comuns à gestão de uma empresa, que visa a recuperação do

Segundo o art. 32.º, n.º 3 (aplicável *ex vi* do art. 17.º-C, n.º 3, al. a)), a remuneração do administrador judicial provisório é fixada pelo juiz na própria decisão de nomeação, ou posteriormente, e é suportada pela empresa, por força do art. 17.º-F, n.º 11[1338]. Estabelece o art. 23.º do EAJ que o administrador judicial provisório tem direito a uma remuneração pelos atos praticados, segundo o montante estabelecido em Portaria dos membros do Governo responsáveis pelas áreas das finanças, da justiça e da economia (n.º 1), e a uma remuneração variável em função do resultado da recuperação do devedor, cujo valor é fixado nas tabelas constantes da referida Portaria, nos termos do seu n.º 2 (considerando-se resultado de recuperação o valor determinado com base no montante a satisfazer aos credores integrados no plano, conforme tabela constante da Portaria – n.º 3[1339]). Porém, até ao momento, a referida Portaria ainda não foi publicada, vigorando ainda a Portaria n.º 51/2005, publicada em data em que ainda não existia sequer o processo especial de revitalização. A aplicação da Portaria n.º 51/2005 ao PER suscita inúmeras questões que dividem a jurisprudência. Desde logo, porque o PER, teoricamente, não dura mais de seis meses, a componente fixa da remuneração será de € 1000? Depois, não há uma tabela específica para a componente variável da remuneração – fará sentido aplicar a tabela do anexo II? Fará sentido fasear o seu pagamento nos termos aí previstos? A jurisprudência tem ido, maioritariamente, no sentido da ausência de similitude que permita sustentar a aplicação analógica da Portaria n.º 51/2005 à remuneração variável do administrador judicial provisório em sede de processo especial de revitalização[1340]. Por isso, a remuneração variável tem sido fixada "com recurso à equidade, e tendo em consideração as funções

seu equilíbrio financeiro" (destaque no original). Segundo o Ac. Rel. Lx, de 12-09-2017 (Rui Vouga), não basta a alegação de experiência profissional e formação na área da economia, sendo ainda necessário fundamentar o pedido nos especiais conhecimentos técnicos que os atos de gestão, a serem previsivelmente praticados no processo, exigem.

[1338] Assim, o Ac. Rel. Lx. de 9-02-2017 (Nuno Sampaio), segundo o qual o art. 30.º do EAJ é aplicável apenas ao administrador da insolvência.

[1339] Para o Ac. Rel. Co., de 5-03-2013 (Moreira do Carmo), a remuneração do administrador judicial provisório não pode ser mensal.

[1340] Por exemplo, na Relação do Porto, os Acs. de 23-02-2015 (José Eusébio Almeida), de 7-07-2016 (Maria Graça Mira) e de 5-02-2018 (Carlos Gil); na Relação de Lisboa, o Ac. de 9-02-2017 (Nuno Sampaio); na Relação de Coimbra, o Ac. de 16-02-2016 (Maria João Areias). Aplicando analogicamente a Portaria n.º 51/2005, veja-se, porém, o Ac. Rel. Guim., de 24-11-2014 (António Santos).

desempenhadas pelo AJP, atendendo ao número e natureza dos créditos reclamados, montante dos créditos a satisfazer e tempo durante o qual exerceu as suas funções"[1341].

As funções do administrador judicial provisório não foram objeto de tratamento autónomo no CIRE[1342], encontrando-se dispersas pelo regime jurídico do PER:

- receção das reclamações de créditos (art. 17.º-D, n.º 2);
- elaboração da lista provisória de créditos (art. 17.º-D, n.º 2);
- autorização para a prorrogação das negociações por mais um mês, mediante acordo prévio com a empresa (art. 17.º-D, n.º 5);
- fixação das regras das negociações entre a empresa e os seus credores (art. 17.º-D, n.º 8);
- participação, orientação e fiscalização do decurso e da regularidade das negociações, assegurando que não são adotados expedientes dilatórios ou inúteis, prejudiciais à sua boa marcha (art. 17.º-D, n.º 9);
- autorização prévia para a prática de atos de especial relevo, tal como definidos no art. 161.º (art. 17.º-E, n.º 2);
- receção dos votos dos credores, abertura das cartas, em conjunto com a empresa, e elaboração de documento com o resultado da votação (art. 17.º-F, n.º 6);
- comunicação do encerramento do processo negocial, nos termos do art. 17.º-G, n.º 1;
- elaboração de parecer sobre a situação de (in)solvência do devedor (art. 17.º-G, n.º 4).

1341 Ac. Rel. Po., de 16-05-2016 (Jose Eusébio Almeida).

1342 Muito embora o art. 2.º, n.º 1, do EAJ estabeleça que "o administrador judicial é a pessoa incumbida da fiscalização e da orientação dos atos integrantes do processo especial de revitalização".

3.2. Publicidade

O despacho de admissão é notificado de imediato à empresa, sendo-lhe aplicável o disposto nos arts. 37.º e 38.º, em matéria de registo e publicidade (art. 17.º-C, n.º 4).

O despacho é objeto de publicidade nos termos do art. 38.º: é registado na conservatória do registo civil, se o devedor for uma pessoa singular (n.º 2, al. a)), na conservatória do registo comercial, se houver factos sujeitos a esse registo (n.º 2, al. b)), na conservatória do registo predial (n.º 2, al. c)). A publicidade do despacho, apesar do risco do seu efeito estigmatizante[1343], é indispensável à produção dos efeitos do mesmo (efeitos processuais, efeitos substantivos, que serão analisados *infra*).

Para além disso, ao despacho é também aplicável o disposto no art. 37.º, com as devidas adaptações (art. 17.º-D, n.º 2). Será que, com a remissão geral para o art. 37.º o legislador pretendeu que o despacho fosse objeto de todas as notificações e citações previstas nesse preceito? A saber: a notificação aos administradores pelas formas prescritas na lei processual civil para a citação (art. 37.º, n.º 1); ao Fundo de Garantia Salarial, ao Ministério Público, ao Instituto de Segurança Social e à comissão de trabalhadores (art. 37.º, n.º 2); aos cinco maiores credores conhecidos, nos termos do n.º 3 do art. 27.º; aos credores com residência habitual, domicílio ou sede em outros Estados-Membros da União Europeia (art. 37.º, n.º 4) e aos restantes credores (nos termos do art. 37.º, n.º 7).

A resposta a esta questão depende do sentido e alcance da remissão para o art. 37.º. Será que se pretende citar os credores e outros interessados[1344]? A resposta tem relevância prática, não só quanto ao momento da citação/notificação, mas também quanto à aplicação da dilação prevista no n.º 7 do art. 37.º[1345]. Porém, em contexto de PER e para efeitos da contagem do prazo

[1343] A este propósito, Fernandes, Luís A. Carvalho/Labareda, João, *Código da Insolvência e da Recuperação de Empresas Anotado*, Quid Juris Editora, 3ª edição, Lisboa, 2015, p. 148, nota 9.

[1344] No sentido da sua aplicação, Casanova, Nuno Salazar/Dinis, David Sequeira, *PER – O Processo Especial de Revitalização – Comentários aos artigos 17º-A a 17º-I do Código da Insolvência e da Recuperação de Empresas*, Coimbra Editora, Coimbra, 2014, pp. 36 e ss.

[1345] A Doutrina e a Jurisprudência têm-se dividido quanto à questão de saber se a publicação no portal *Citius* poderá ser considerada uma forma de citação dos credores. Para Salazar Casanova e Sequeira Dinis, a resposta é afirmativa – *PER – O Processo Especial de Revitalização – Comentários aos Artigos 17º-A a 17º-I do Código da Insolvência e da Recuperação de Empresas*,

para a reclamação de créditos, vale a norma especial contida no art. 17.º-D, n.º 2, que manda contar o prazo a partir da publicação no portal *Citius* e não da notificação dos credores, pelo que parece não haver lugar à dilação de cinco dias. Não sendo pacífica a questão, à cautela, devem os interessados contar com um prazo simples.

3.3. Efeitos

O despacho de nomação do administrador judicial provisório produz um conjunto de efeitos automáticos de natureza processual e de natureza substantiva, que têm uma função instrumental das negociações estabelecidas entre a empresa e os seus credores com vista à obtenção de um acordo de revitalização.

3.3.1. Efeitos processuais

O despacho de nomeação do administrador judicial provisório obsta à instauração de quaisquer ações propostas contra a empresa para cobrança de dívidas[1346] e suspende, quanto à empresa, não só as ações em curso com idêntica finalidade (art. 17.º-E, n.º 1)[1347], como também os processos de insolvência em que anteriormente haja sido requerida a insolvência da empresa (art. 17.º-E, n.º 6).

Coimbra Editora, Coimbra, 2014, pp. 45 e ss. Para Fátima Reis Silva, a reposta é negativa, pois a publicação no portal *Citius* não tem o valor ou a função de citação dos credores (por isso, não parece ter aplicação a dilação prevista no art. 37.º, n.º 8) – *Processo Especial de Revitalização – Notas práticas e Jurisprudência Recente*, Porto Editora, Porto, 2014, p. 38; *A Verificação de Créditos no Processo de Revitalização, in:* "II Congresso de Direito da Insolvência", Almedina, Coimbra, 2014, pp. 256 e 257. Na *jurisprudência*, no mesmo sentido, veja-se o Ac. Rel. Guim., de 14-02-2013 (Manso Raínho). No sentido da aplicação da dilação prevista no art. 37.º, n.º 8, veja-se o Ac. Rel. Co., de 19-12-2012 (Maria Inês Moura). Sobre a citação de um credor conhecido e residente no estrangeiro, nos termos do art. 37.º, n.º 4, ou dos credores conhecidos que tenham residência habitual, domicílio ou sede, em outros Estados-Membros da União Europeia, cfr. Ac. Rel. Co., de 19-12-2012 (Maria Inês Moura).

1346 Segundo o Ac. Rel. Po., de 7-04-2014 (João Nunes), se a ação for intentada, deve ser proferida decisão de absolvição da instância, com fundamento em exceção dilatória inominada.

1347 Defendendo que basta a prolação do despacho para se produzir este efeito sobre as ações para cobrança de dívidas, já propostas ou a propor, Alexandre, Isabel, *Efeitos Processuais da Abertura do Processo de Revitalização, in:* "II Congresso de Direito da Insolvência", Almedina, Coimbra, 2014, p. 240.

3.3.1.1. Ações para cobrança de dívidas

A expressão "ações para cobrança de dívidas" é dúbia: será que abrange apenas as ações executivas, ou também as ações declarativas? A questão tem dividido a jurisprudência[1348] e a doutrina[1349].

A resposta poderá ser encontrada nos efeitos processuais da declaração de insolvência[1350]. No processo de insolvência, as ações declarativas em que o devedor seja parte (como autor ou como réu) não se suspendem, podendo apenas ser apensadas ao processo, a pedido do administrador da insolvência (art. 85.º, n.º 1). No processo de insolvência, a declaração de insolvência determina a suspensão de quaisquer diligências executivas ou providências requeridas pelos credores da insolvência que atinjam os bens integrantes da

[1348] No sentido de que a suspensão abrange também as ações declarativas, veja-se o Ac. STJ, de 17-11-2016 (Ana Luísa Geraldes), o Ac. Rel. Co., de 16-10-2012 (Carlos Moreira), o Ac. Rel. Guim., de 26-09-2013 (José Estilita de Mendonça), os Acs. Rel. Po., de 30-06-2014 (Caimoto Jácome), e de 4-07-2014 (João Nunes) (este último Acórdão respeita a uma ação para cobrança de créditos laborais), o Ac. Rel. Lx, de 16-11-2016 (Duro Mateus Cardoso). Considerando que apenas as ações executivas estão aqui abrangidas, cfr. o Ac. Rel. Lx, de 11-07-2013 (Leopoldo Soares), de 27-01-2016 (José Eduardo Sapateiro). Quanto às ações laborais, abrangendo no efeito suspensivo também as ações para cobrança de créditos laborais interpostas por trabalhador contra a empresa em PER, vejam-se, os Acs. STJ, de 17-03-2016 e de 17-11-2016 (ambos relatados por Ana Luísa Geraldes). Porém, para a jurisprudência dominante, as ações de acidente de trabalho (p.ex., o Ac. Rel. Po., de 7-04-2014 (Paula Maria Roberto)), de impugnação do despedimento (p.ex., o Ac. Rel. Lx. de 6-09-2016 (José Eduardo Sapateiro)) e a providência cautelar de suspensão do despedimento (p.ex., o Ac. Rel. Po., de 23-03-2015 (Maria José Costa Pinto), escapam à aplicação do art. 17.º-E, n.º 1.

[1349] Defendendo a suspensão das ações declarativas e executivas, veja-se Fernandes, Luís A. Carvalho/Labareda, João, *Código da Insolvência e da Recuperação de Empresas Anotado*, Quid Juris Editora, 3ª edição, Lisboa, 2015, pp. 160 e 161, nota 4; Pereira, João Aveiro, *A Revitalização Económica dos Devedores, in* "O Direito", ano 145, 2013, I/II, Almedina, Coimbra, p. 37; Silva, Fátima Reis, *Processo Especial de Revitalização – Notas Práticas e Jurisprudência Recente*, Porto Editora, Porto, 2014, p. 53; martins, Alexandre de Soveral, *Um Curso de Direito da Insolvência*, 2ª edição revista e atualizada, Almedina, Coimbra, 2016, pp. 521 e 522. No sentido de que o despacho só afeta as ações executivas, cfr. Casanova, Nuno Salazar/Dinis, David Sequeira, *PER – O Processo Especial de Revitalização – Comentários aos Artigos 17º-A a 17º-I do Código da Insolvência e da Recuperação de Empresas*, Coimbra Editora, Coimbra, 2014, pp. 97 e ss; Alexandre, Isabel, *Efeitos Processuais da Abertura do Processo de Revitalização, in:* "II Congresso de Direito da Insolvência", Almedina, Coimbra, 2014, pp. 245 e 246.

[1350] Sobre os efeitos processuais da declaração de insolvência, veja-se o nosso *Os Efeitos Processuais da Declaração de Insolvência, in* "Jornadas de Direito Processual Civil "Olhares Transmontanos"", Valpaços, 2011, pp. 175-191.

massa insolvente e obsta à instauração ou ao prosseguimento de qualquer ação executiva intentada pelos credores da insolvência (art. 88.º).

Em nosso entender, no art. 17.º-E, n.º 1, estão abrangidas apenas as ações executivas, ou as diligências executivas, e ainda as providências cautelares de natureza executiva[1351], propostas contra a empresa, e respeitantes a quaisquer dívidas. Desde logo, com base num argumento literal, pois uma ação de cobrança de dívida visa o cumprimento de uma obrigação que já foi previamente verificada. Pelo contrário, na ação declarativa, de condenação, ou de simples apreciação o autor visa, sempre, a verificação de um crédito (e a obtenção de um título executivo) que possa, posteriormente, ser cobrado em sede de ação executiva. Em segundo lugar, se o PER é um processo especial de cariz concursal, à semelhança do processo de insolvência (embora com uma forte componente extrajudicial), não faz sentido suspender as ações declarativas ou impedir a sua propositura. Em terceiro lugar, porque a verificação dos créditos (de natureza perfunctória[1352]) tem eficácia de caso julgado formal (só tem efeitos no âmbito do PER), pode o respetivo credor ter interesse na prossecução dessa ação declarativa. Ora, se as ações declarativas forem paralisadas no âmbito do PER, extinguir-se-ão, nos termos do art. 17.º-E, n.º 1,

[1351] Assim também Fernandes, Luís A. Carvalho/Labareda, João, *Código da Insolvência e da Recuperação de Empresas Anotado*, Quid Juris Editora, 3ª edição, Lisboa, 2015, pp. 160 e 161, nota 4; Silva, Fátima Reis, *Processo Especial de Revitalização – Notas práticas e Jurisprudência Recente*, Porto Editora, Porto, 2014, p. 53; Alexandre, Isabel, *Efeitos Processuais da Abertura do Processo de Revitalização, in:* "II Congresso de Direito da Insolvência", Almedina, Coimbra, 2014, p. 246. No sentido de que apenas os procedimentos cautelares antecipatórios de ações executivas para pagamento de quantia certa são suspensos, Casanova, Nuno Salazar/Dinis, David Sequeira, *PER – O Processo Especial de Revitalização – Comentários aos artigos 17º-A a 17º-I do Código da Insolvência e da Recuperação de Empresas*, Coimbra Editora, Coimbra, 2014, p. 97. Decidindo no sentido da suspensão de procedimento cautelar de entrega judicial de bens locados, na sequência de incumprimento dos contratos de locação financeira imobiliária, *vide* Ac. Rel. Lx, de 22-01-2015 (Maria de Deus Correia); porém, em sentido contrário, cfr. Ac. Rel. Po., de 21-01-2016 (Carlos Portela).

[1352] Assim, também, o Ac. Rel. Por., de 24-01-2018 (Manuel Domingos Fernandes) e o Ac. Rel. Co., de 14-04-2015 (Luís Cravo). Segundo este último aresto, "o processo previsto no art. 17º-D do C.I.R.E. para a reclamação de créditos e organização da lista definitiva de credores, não é definitivo, nem faz caso julgado, relativamente ao incidente de verificação e graduação de créditos no processo de insolvência". Não subscrevemos, por isso, a tese de Catarina Serra, segundo a qual o apuramento dos créditos em sede de PER "deve ser o mais exaustivo possível" – *Lições de Direito da Insolvência*, Almedina, Coimbra, 2018, p. 391.

se vier a ser homologado um plano de recuperação (solução excessivamente gravosa do ponto de vista da economia processual). Em quarto lugar, se, segundo o art. 17.º-E, n.º 1, parte final, as ações suspensas se extiguem por efeito da homologação do plano de recuperação, "não se poderão olvidar as consequências profundamente penosas para os titulares de créditos litigiosos que tenham sido, por hipótese, impugnados no âmbito do processo especial de revitalização e excluídos da lista definitiva apresentada pelo administrador provisório, os quais – por via do defendido efeito de extinção da respectiva instância declarativa – se vêem remetidos para um exaustivo processo de repetição de esforços com vista ao reconhecimento do seu crédito, gerador de multiplicação de gastos, uma espécie de *via sacra* desesperante e totalmente incompreensível para o comum destinatário do sistema de justiça"[1353]. Em quinto e último lugar, porque as ações declarativas (que não afetam a existência ou consistência do acervo patrimonial) em nada prejudicam o ambiente negocial ou o posterior cumprimento do plano recuperatório, sendo, por isso, inócuas face à finalidade recuperatória do PER[1354].

Para além disso, em nosso entender, estão aqui abrangidas quaisquer ações executivas para cobrança de dívidas[1355]: prestação de coisa ou de facto, prestação de quantia em dinheiro ou de outra coisa[1356]. O objetivo da paralisação de ações executivas (suspensão das ações em curso e proibição de propositura de novas) seria seriamente comprometido perante outro entendimento.

Se as ações em curso não forem suspensas, por desconhecimento do tribunal da causa em consequência de omissão de comunicação pela empresa, coloca-se a questão da possibilidade de arguição da nulidade da decisão. Uma vez que a empresa viola o dever de cooperação e lealdade com o tribunal,

[1353] Ac. Rel. Lx, de 21-04-2015 (Luís Espírito Santo).

[1354] Em sentido contrário, Ac. STJ, de 17-11-2016 (Ana Luísa Geraldes).

[1355] Com dúvidas, cfr. Alexandre, Isabel, *Efeitos Processuais da Abertura do Processo de Revitalização, in:* "II Congresso de Direito da Insolvência", Almedina, Coimbra, 2014, p. 246.

[1356] O débito (ou dívida) corresponde ao lado passivo de uma relação obrigacional, ou seja, ao dever de realizar uma prestação (de coisa, designadamente quantia em dinheiro), ou de facto (positivo ou negativo). A este propósito, *vide* Varela, J. M. Antunes, *Das Obrigações em Geral*, vol. I, 10ª edição, Almedina, Coimbra, 2000, pp. 63 e 64.

é duvidoso que a mesma possa arguir a nulidade da sentença proferida após o despacho previsto no art. 17.º-C, n.º 3[1357].

Por último, apenas as ações respeitantes aos créditos existentes à data da nomeação do administrador judicial provisório são abrangidas pelo art. 17.º-E, n.º 1, pois só esses créditos conferem direito de voto e podem ser afetados pelo plano de recuperação (art. 17.º-F, n.º 10)[1358].

3.3.1.2. Processos de insolvência

Segundo o art. 17.º-E, n.º 6, a publicação no portal *Citius* do despacho de admissão do requerimento de abertura do PER[1359] suspende as ações de insolvência em curso[1360], desde que se preencham os seguintes requisitos cumulativos:

[1357] No mesmo sentido, o Ac. Rel. Guim., de 30-05-2013 (Moisés Silva). Aliás, segundo o Ac. STJ, de 17-12-2015 (Maria dos Prazeres Beleza): "3. A recusa definitiva de homologação do plano de recuperação elimina o impedimento à propositura de uma acção que foi proposta e julgada em 1ª instância sem que o devedor tenha dado a conhecer a pendência do processo de revitalização, fazendo *cessar* o motivo que fundamentaria a absolvição da instância, com fundamento em excepção dilatória inominada – nº 2 do artigo 278ºdo Código de Processo Civil. 4. Se o devedor optar por não contestar essa acção pendente, sofrerá as consequências legalmente atribuídas à revelia do réu, como sucedeu no caso presente: os factos alegados pelo autor têm-se como confessados, por não ter sido observado o ónus de contestar". Na Doutrina, veja-se Alexandre, Isabel, *Efeitos Processuais da Abertura do Processo de Revitalização, in:* "II Congresso de Direito da Insolvência", Almedina, Coimbra, 2014, pp. 249 e ss.

[1358] Assim, quanto a uma ação para cobrança de retribuições, o Ac. Rel. Po., de 19-01-2015 (Fernanda Soares), *in* CJ n.º 260, tomo I/2015, p. 312 e Ac. Rel. Po., de 7-07-2016 (Filipe Caroço), *in* www.dgsi.pt.. Segundo este último aresto, os titulares desses créditos podem "instaurar «quaisquer ações para cobrança de dívidas contra o devedor», ações que tanto abrangem a execução para pagamento de quantia certa como ações declarativas destinadas a obter a condenação no pagamento de quantias pecuniárias".

[1359] No sentido de que a suspensão do processo de insolvência depende da publicação do despacho de admissão no portal *Citius*, veja-se o Ac. Rel. Guim., de 26-09-2013 (José Estilita de Mendonça), na Doutrina, Alexandre, Isabel, *Efeitos Processuais da Abertura do Processo de Revitalização, in:* "II Congresso de Direito da Insolvência", Almedina, Coimbra, 2014, pp. 251.

[1360] Não pode, no entanto, a empresa deixar de deduzir oposição no processo de insolvência, sob pena de a insolvência se considerar confessada (art. 30.º, n.º 5), inviabilizando-se, desta forma, o PER (art. 17.º-A, n.º 1). Com fundamento num argumento *a maiori ad minus*, deve entender-se que também está vedada a propositura de ações de insolvência pelos credores, pelos responsáveis legais ou pelo Ministério Público (art. 20.º, n.º 1, proémio).

- a ação de insolvência não tenha sido proposta pela empresa[1361] (uma vez que a apresentação da empresa à insolvência importa a confissão da situação de insolvência, segundo o art. 28.º, por um lado, e, por outro lado, o PER não se aplica a empresas em situação de insolvência atual, de acordo com o art. 17.º-A, n.º 1, *a contrario*);
- na ação de insolvência requerida por credor, por responsável legal ou pelo Ministério Público, ainda não tenha sido proferida sentença declaratória de insolvência (não sendo, todavia, necessário que a sentença tenha sido publicada)[1362].

3.3.1.3. Duração dos efeitos processuais

O momento *a quo* da duração dos efeitos sobre as ações para cobrança de dívidas é a data da prolação do despacho de nomeação do administrador judicial provisório (art. 17.º-E, n.º 1). Já os efeitos sobre as ações de insolvência não apresentadas pela empresa estão dependentes da publicação, no portal *Citius*, do despacho de nomeação do administrador judicial provisório (art. 17.º-E, n.º 6).

Porém, a lei não é clara quanto ao *momento final da sua duração*. Na primeira hipótese estatui o art. 17.º-E, n.º 1, que a proibição dura "todo o tempo em que perdurarem as negociações" e que as ações suspensas se extinguem "logo que seja aprovado e homologado plano de recuperação, salvo quando este preveja a sua continuação". Já no que respeita às ações de insolvência suspensas, o art. 17.º-E, n.º 6, estatui a sua extinção "logo que seja aprovado e homologado plano de recuperação". Da confusa redação dos preceitos citados e do novo art. 17.º-J, que regula as causas e o momento da extinção do processo de insolvência e as causas e o momento da cessação de funções do administrador judicial provisório, resulta o seguinte entendimento. Desde logo, os efeitos quanto às ações para cobrança de dívidas e quanto às ações de insolvência prolongam-se até à decisão de homologação do plano de recuperação, independentemente do seu trânsito em julgado (ou seja, antes

[1361] Mesmo que o devedor tenha fundamentado o seu pedido na situação de insolvência iminente (art. 3.º, n.º 4)

[1362] Segundo o Ac. Rel. Co., de 16-10-2012 (Carlos Moreira), se a sentença declaratória de insolvência ainda não tiver transitado em julgado, o PER deve ser suspenso e, se a sentença já tiver transitado em julgado, o PER deve ser declarado extinto/encerrado.

do encerramento do processo, nos termos do art. 17.º-J, n.º 1). Depois, as ações para cobrança de dívidas que se encontravam suspensas extinguem-se nesse momento, salvo se o plano de recuperação estabelecer o contrário[1363]. Por último, as ações de insolvência também se extinguem nesse momento, mas sem possibilidade de o plano dispor em sentido contrário, naturalmente.

3.3.2. Efeitos substantivos

O despacho de nomeação do administrador judicial provisório também produz efeitos substantivos, a saber: a proibição de prática, pela empresa, de atos de especial relevo, a proibição de suspensão de prestação à empresa de certos serviços públicos essenciais, e a suspensão de todos os prazos de prescrição oponíveis pela empresa aos seus credores.

3.3.2.1. Proibição de prática de atos de especial relevo

Por efeito automático do despacho de nomeação do administrador judicial provisório, a empresa fica impedida de praticar atos jurídicos de especial relevo, tal como definidos no art. 161.º, sem a prévia autorização do administrador judicial provisório[1364] (art. 17.º-E, n.º 2).

Se, no processo de insolvência, por mero efeito da declaração de insolvência o devedor fica privado dos poderes de disposição e de administração dos seus bens que integram a massa insolvente (art. 81.º, n.º 1), no PER, a empresa conserva a possibilidade de praticar atos de disposição e de administração sobre os seus bens, com exceção dos atos de especial relevo[1365].

O legislador foi pouco feliz nesta remissão para os atos de especial relevo: trata-se de um conceito indeterminado definido no art. 161.º, n.º 2, e concretizado através das várias alíneas do seu n.º 3, que, no âmbito do processo de

[1363] Sobre esta possibilidade, veja-se o Ac. Rel. Guim., de 3-03-2016 (Sérgio Almedia).

[1364] Sobre os critérios que devem nortear o administrador judicial provisório na sua decisão, veja-se Pidwell, Pedro, *Os Poderes e Deveres do Administrador Judicial [da Insolvência] na Reestruturação de Empresas, in:* "Revista de Direito da Insolvência", n.º 2, Almedina, Coimbra, 2018, pp. 83 e ss.

[1365] Não se aplicam aqui, por isso, os n.ºs 1 e 2 do art. 33.º (apesar da remissão para os arts. 32.º a 34.º, feita pelo art. 17.º-C, n.º 3, a)). No mesmo sentido, veja-se Casanova, Nuno Salazar/ Dinis, David Sequeira, *PER – O Processo Especial de Revitalização – Comentários aos artigos 17º-A a 17º-I do Código da Insolvência e da Recuperação de Empresas*, Coimbra Editora, Coimbra, 2014, p. 35.

insolvência, se aplica à atuação do administrador da insolvência e cuja violação nem sequer importa, em princípio, a ineficácia do ato (art. 163.º). Esta opção legislativa desprotege claramente os credores. Por isso, mesmo que a empresa não solicite previamente a autorização para a prática do ato, entendemos que o credor mais avisado deverá interpelar o administrador judicial provisório antes de praticar um ato com a empresa no âmbito de um PER.

A qualificação de um ato como ato de especial relevo para efeitos do PER dependerá dos riscos envolvidos e da sua repercussão na tramitação do processo, das perspetivas de satisfação dos credores e da suscetibilidade de recuperação da empresa (art. 161.º, n.º 2). O n.º 3 do art. 161.º contém um elenco exemplificativo de atos de especial relevo:

- a venda da empresa, de estabelecimentos ou da totalidade das existências;
- a alienação de bens necessários à continuação da exploração da empresa, anteriormente ao respetivo encerramento;
- a alienação de participações noutras sociedades destinadas a garantir o estabelecimento com estas de uma relação duradoura;
- a aquisição de imóveis;
- a celebração de novos contratos de execução duradoura;
- a assunção de obrigações de terceiros e a constituição de garantias;
- a alienação de qualquer bem da empresa por preço igual ou superior a 10000 € e que represente, pelo menos, 10% do valor da massa insolvente, tal como existente à data da declaração da insolvência, salvo se se tratar de bens do ativo circulante ou for fácil a sua substituição por outro da mesma natureza.

A prática de um ato de especial relevo sem a prévia autorização do administrador judicial provisório importa a ineficácia do ato em relação aos bens da empresa[1366] (art. 81.º, n.º 6, *ex vi* do art. 34.º, por sua vez, *ex vi* do art. 17.º-C, n.º 4).

[1366] A remissão para o art. 161.º não abrange assim o regime jurídico da sua violação no âmbito de um processo de insolvência, não se aplicando por isso o art. 163.º. No mesmo sentido, Fernandes, Luís A. Carvalho/Labareda, João, *Código da Insolvência e da Recuperação de Empresas Anotado*, Quid Juris Editora, 3ª edição, Lisboa, 2015, pp. 162 e 163, nota 9.

O legislador foi omisso quanto a dois aspetos fundamentais do regime jurídico desta ineficácia. Em primeiro lugar, quando e em que termos cessa a ineficácia do ato? No processo de insolvência, a ineficácia tem caráter relativo, valendo apenas quando e onde não prejudique os interesses dos credores. E, pelo menos na hipótese de apreensão e liquidação dos bens que integram a massa insolvente, uma vez encerrado o processo, os atos ineficazes recuperam a sua plena eficácia. Já no PER não há lugar à apreensão ou liquidação dos bens da empresa, pelo que poderá colocar-se a questão da cessação da ineficácia dos atos praticados em violação do disposto no art. 17.º-E, n.º 2. Em nosso entender, e através de um argumento de maioria de razão a partir do regime jurídico do processo de insolvência, a ineficácia cessa com o encerramento do PER[1367].

Em segundo lugar, o regime jurídico do PER não prevê a possibilidade de o administrador judicial provisório ratificar os atos praticados pela empresa em violação da proibição legal, se entender existir interesse para a recuperação da mesma. O mecanismo da ratificação dos atos praticados pela empresa, em violação da proibição legal, também não está consagrado no processo de insolvência, contrariamente ao processo de falência, no âmbito do qual, no art. 155.º, n.º 2, do Código dos Processos Especiais de Recuperação da Empresa e de Falência, se previa a possibilidade de o liquidatário judicial confirmar os atos, se houvesse interesse para a massa falida[1368]. Em nosso entender, nada parece obstar à ratificação dos atos praticados pela empresa no âmbito do PER, em violação da proibição legal. De facto, por um lado, não se trata de uma proibição absoluta de prática de um ato, mas sim de prática desse ato sem a autorização prévia do administrador judicial provisório. Por outro lado, o prazo para a resposta do administrador judicial provisório ao pedido de autorização pela empresa é tão curto que pode, em certos casos, impedir aquele de, em tempo útil, autorizar a prática de um ato que pode ser indispensável à recuperação da empresa.

1367 Quanto ao momento do encerramento do PER, veja-se *infra*.

1368 A este propósito, veja-se o nosso *Os Efeitos Substantivos da Falência*, UCP Publicações, Porto, 2000, pp. 131 e ss.

3.3.2.2. Serviços públicos essenciais

O despacho de nomeação do administrador judicial provisório impede de imediato a suspensão dos seguintes serviços públicos essenciais (art. 17.º-E, n.º 8):

a) Fornecimento de água;
b) Fornecimento de energia elétrica;
c) Fornecimento de gás natural e gases de petróleo liquefeitos canalizados;
d) Comunicações eletrónicas;
e) Serviços postais;
f) Recolha e tratamento de águas residuais;
g) Gestão de resíduos sólidos urbanos.

Trata-se de um efeito novo, introduzido pelo D.L. n.º 79/2017, de 30 de junho, e que visa proteger a empresa durante o período de negociações, inibindo o prestador dos serviços elencados taxativamente no preceito [1369] de exercer os seus poderes contratuais. Durante o período de negociações (ou seja, durante os dois meses iniciais e ainda o terceiro mês, eventualmente prorrogado), por força da lei, ficam "paralisados" os poderes contratuais dos fornecedores de serviços públicos essenciais pelos serviços prestados antes da abertura do PER ou posteriores à abertura do PER. Em consequência, estes (e só estes) prestadores dos serviços essenciais não poderão invocar a exceção de não cumprimento do contrato (suspender a sua prestação, ao abrigo dos arts. 428.º e ss. do CCivil) nem resolver o contrato, na pendência nas negociações[1370].

Se é verdade que a intenção do legislador foi boa, pois pretendeu garantir a manutenção em funcionamento da empresa durante o período de negociações[1371], por outro lado, suscita muitas reservas quanto à viabilidade e solvabilidade da empresa – de facto, se a empresa suspende os pagamentos dos serviços públicos essenciais, não estará já insolvente?

[1369] Assim o nosso *As alterações ao Processo Especial de Revitalização e o Novo Processo Especial para Acordo de Pagamento*, in: "III Jornadas de Reestruturações & Insolvências, da Uría Menéndez – Proença de Carvalho" (em curso de publicação) e também Serra, Catarina, *Lições de Direito da Insolvência*, Almedina, Coimbra, 2018, p. 399.

[1370] Neste sentido, também, Leitão, Luís Menezes, *Código da Insolvência e da Recuperação de Empresas Anotado*, 9ª edição, Almedina, Coimbra, 2017, pp. 88 e 89, nota 9.

[1371] Em linha aliás com a Proposta de Diretiva em matéria de insolvência COM(2016) 723 final.

Como forma de compensar os credores "obrigados a subsidiar a empresa", os créditos pelos serviços prestados na pendência das negociações são classificados como dívidas da massa, se a empresa for declarada insolvente nos dois anos seguintes ao termo do prazo das negociações (art. 17.º-E, n.º 9). Se, aparentemente, esta norma parece proteger suficientemente os credores, a verdade é que pode ser enganadora. De facto, desde logo, se a empresa for declarada insolvente mais tarde, isto é, depois de esgotado o prazo de dois anos após o término do prazo das negociações, os créditos destes prestadores de serviços essenciais serão classificados como créditos sobre a insolvência.

Para além do mais, ainda que a empresa seja declarada insolvente nos dois anos seguintes ao fim do prazo das negociações, pode acontecer que o seu património seja insuficiente para cobrir essas dívidas – isto é, a "massa insolvente está insolvente". Para estes casos, o processo de insolvência contém duas normas que acautelam os credores da massa – o artigo 39.º e o artigo 232.º. Será que estes preceitos poderiam ser aplicados ao PER?

3.3.2.3. A suspensão dos prazos de prescrição e de caducidade

O D.L. n.º 79/2017, de 30 de junho, associou um novo efeito ao despacho de nomeação do ajp. Segundo o art. 17.º-E, n.º 7:

> "A decisão a que se refere o n.º 4 do artigo 17.º-C determina a suspensão de todos os prazos de prescrição e de caducidade oponíveis pela empresa, durante todo o tempo em que perdurarem as negociações e até à prolação dos despachos de homologação, de não homologação, caso não seja aprovado plano de recuperação até ao apuramento do resultado da votação ou até ao encerramento das negociações nos termos previstos nos n.ºs 1 e 5 do artigo 17.º-G".

Este novo efeito veio corrigir um manifesto desequilíbrio processual que existia, até então, entre a empresa, por um lado, e os credores, por outro lado[1372]. Efetivamente, como vimos, por mero efeito do despacho de nomea-

[1372] Antes da alteração legislativa, era pacífico que o despacho de nomeação do ajp não suspendia os prazos de prescrição e de caducidade oponíveis pela empresa aos seus credores. Na jurisprudência, vide o Ac. Rel. Lx, de 27-01-2016 (José Eduardo Sapateiro) e, na doutrina, o nosso *O Processo Especial de* Revitalização, Almedina, Coimbra, 2015, p. 39.

ção do ajp, os poderes processuais dos credores ficam paralisados, pois estes ficam impedidos de propor e de fazer seguir quaisquer ações para cobrança de dívidas contra a empresa (art. 17.º-E, n.º 1, do CIRE). Ora, os prazos de prescrição são uma penalização da ordem jurídica pela inércia (desinteresse) do credor no exercício dos seus direitos e nunca pela impossibilidade legal do respetivo exercício. Como afirma Luís Carvalho Fernandes, "o fundamento último da prescrição encontra-se na negligência do titular do direito, ao não o exercer dentro de certo período de tempo, tido como razoável pelo legislador, e durante o qual seria legítimo esperar o seu exercício, se nisso estivesse interessado"[1373].

Deve-se ter presente que se trata de uma causa de suspensão e não de interrupção de contagem dos prazos. Isto significa que, cessando a causa de suspensão (isto é, retomando-se a contagem do prazo), não será inutilizado todo o tempo decorrido até ao evento suspensivo (contrariamente, portanto, à interrupção, onde se desconsidera o tempo decorrido até ao facto interruptivo – art. 325.º do Código Civil)[1374].

Por último, o momento *a quo* da suspensão é a data do despacho de nomeação do administrador judicial provisório; o momento *final* é, consoante os casos, o momento[1375]:

- da prolação do despacho de homologação, ou
- da prolação do despacho de não homologação, ou
- do apuramento do resultado da votação, caso não seja aprovado plano de recuperação, ou
- do encerramento das negociações, nos termos previstos nos n.ºs 1 e 5 do art. 17.º-G.

[1373] *Teoria Geral do Direito Civil*, II, 5ª edição revista e atualizada, UCE, Lisboa, 2010, p. 692.

[1374] Vide, por todos, Fernandes, Luís A. Carvalho, *Teoria Geral do Direito Civil*, vol. II, 5ª edição, revista e atualizada, Universidade Católica Editora, Lisboa, 2010, pp. 700 e 701.

[1375] No texto do Projeto de Decreto-Lei (n.º 79/2017, de 30 de junho), apenas se estabelecia o seguinte: "A decisão a que se refere a alínea a) do n.º 3 do artigo 17.º-C determina a suspensão de todos os prazos de prescrição e de caducidade oponíveis pela empresa, durante todo o tempo em que perdurarem as negociações". Consultável em file:///C:/Users/User/Desktop/Reforma%20legislativa/Consulta%20P%C3%BAblica%20Programa%20Capitalizar%20%20%20Consultas%20P%C3%BAblicas%20Legislativas%20em%20Curso%20%20%20Consultas%20p%C3%BAblicas%20%20%20Rep%C3%BAblica%20Portuguesa.htm.

3.3.3. Efeitos do PER *versus* efeitos da declaração de insolvência

O PER destina-se à recuperação da empresa que se encontra em situação económica difícil ou em situação de insolvência iminente. Pelo contrário, o processo de insolvência visa, em primeira linha, a satisfação dos interesses dos credores através de um plano de insolvência ou, se tal não for possível, através da liquidação do seu património e da repartição do produto obtido pelos credores (art. 1.º, n.º 1). Para além desta distinta finalidade, os processos divergem na sua natutreza jurídica: o processo de insolvência tem natureza executiva (envolve, em regra atos de apreensão e liquidação de bens); no PER nunca são apreendidos ou liquidados bens da empresa.

Em consequência destas diferenças (de finalidade e de natureza jurídica), a lei não associou (nem tinha que associar) ao PER os seguintes efeitos jurídicos.

Desde logo, e em primeiro lugar, se no processo de insolvência, e em regra, o devedor, por mero efeito da declaração de insolvência, fica privado do poder de disposição e de administração dos bens que integram a massa insolvente (art. 81.º, n.º 1); já no PER, a empresa fica apenas impedida de praticar atos de especial relevo sem a autorização do administrador judicial provisório (art. 17.º-E, n.º 2).

Para além disso, os efeitos sobre os créditos associados pela lei à declaração de insolvência (essencialmente nos arts. 90.º-101.º) também não se produzem no PER, designadamente, o vencimento imediato de todas as obrigações do insolvente não subordinadas a condição suspensiva (art. 91.º), a extinção de privilégios creditórios e de garantias reais prevista no art. 97.º.

Por isso também, não há lugar à resolução pelo administrador judicial dos atos prejudiciais à massa, praticados pela empresa nos dois anos anteriores à data do início do processo de insolvência (efeitos sobre os atos passados previstos nos arts. 120.º e ss.).

Em quarto lugar, no PER não se produzem os efeitos sobre os negócios em curso, disciplinados nos arts. 102.º-119.º, e determinados, em primeira linha, pela maximização da satisfação dos interesses dos credores e que, por isso, postergam em regra, os mecanismos gerais de tutela do credor face ao incumprimento do seu devedor – como, por exemplo, a exceção de não cumprimento do contrato, o direito de resolução, o direito a uma indemnização pelos danos decorrentes do incumprimento[1376].

Em último lugar, no PER não é aberto qualquer incidente de qualificação da insolvência (previsto para o processo de insolvência, nos arts. 185.º e ss.), não estando, por isso, a empresa, os seus administradores de direito e de facto, e os ROC ou CC sujeitos às consequências previstas no art. 189.º, n.º 2.

4. Tramitação subsequente

4.1. Dever de comunicação

Logo que seja notificada do despacho de admissão, a empresa comunica de imediato, por meio de carta registada, a todos os seus credores que não hajam subscrito a declaração junta ao requerimento de abertura do PER (art. 17.º-D, n.º 1):

- que deu início a negociações, com vista à sua revitalização, convidando-os a participar, se assim o entenderem;
- que a documentação prevista no art. 24.º, n.º 1, e também a proposta de plano, se encontram disponíveis para consulta na secretaria do tribunal.

Se a empresa, ou os seus administradores de direito ou de facto (tratando-se de uma pessoa coletiva[1377]), violarem este dever de comunicação, respondem

[1376] Segundo o Ac. Rel. Lx, de 10-09-2015 (Maria de Deus Correia), "no PER, mantêm-se as obrigações recíprocas e sinalagmáticas. Se, como vimos a modificação unilateral do contrato não é permitida num processo de insolvência, muito menos seria admissível num processo especial de revitalização, em que nem o administrador judicial provisório, nem o devedor podem optar por recusar o cumprimento do contrato e o devedor não se encontra sequer numa situação de insolvência actual". Por isso, "os créditos por obrigações de contratos bilaterais em que as contraprestações, recíprocas e sinalagmáticas, ainda não foram cumpridas, não podem ser afectados pelo plano de recuperação, no âmbito do processo especial de revitalização (PER), sem o acordo da contraparte". De acordo com o Ac. STJ, de 3-03-2015 (João Camilo), na pendência das negociações, "o credor que seja locador financeiro incidente sobre imóveis em que o devedor seja locatário financeiro, não pode resolver esse contrato, mesmo que tenha causa legal para o efeito, resolução essa que tornava inviável o plano de recuperação já aprovado, apesar do voto contra do locador financeiro".

[1377] Se o devedor for um património autónomo (art. 2.º), também os respetivos administradores, de direito ou de facto, estão sujeitos à responsabilidade prevista no art. 17.º-D, n.º 11. Assim, Casanova, Nuno Salazar/Dinis, David Sequeira, *PER – O Processo Especial de*

solidária e civilmente pelos prejuízos causados aos seus credores, correndo autonomamente ao PER a ação intentada para apurar essa responsabilidade (art. 17.º-D, n.º 11) – esta consequência, num contexto de situação económica difícil ou de insolvência iminente (ou até de insolvência atual), é destituída de efeito útil relevante. Para além disso, em nosso entender, a violação do dever de comunicação poderá, se não for negligenciável[1378], constituir um fundamento para a recusa da homologação do plano, nos termos do art. 215.º (*ex vi* do art. 17.º-F, n.º 7),[1379] por violação de uma regra procedimental.

4.2. Reclamação de créditos

4.2.1. Regime jurídico

Qualquer credor[1380] tem um prazo de 20 dias contados a partir da publicação no portal *Citius* do despacho de admissão do requerimento[1381] (previsto no art. 17.º-C, n.º 4) para reclamar os seus créditos, devendo as reclamações ser remetidas ao administrador judicial provisório (art. 17.º-D, n.º 2). Trata-se de um prazo processual perentório, ao qual se aplicam as regras de contagem previstas no Código de Processo Civil: o prazo é contínuo e, uma vez que se trata de um processo urgente (art. 17.º-A, n.º 3), não se suspende nas férias judiciais (art. 138.º, n.º 1, do CPCivil *ex vi* do art. 17.º, n.º 1, do CIRE)[1382].

Revitalização – Comentários aos Artigos 17º-A a 17º-I do Código da Insolvência e da Recuperação de Empresas, Coimbra Editora, Coimbra, 2014, pp. 90 e 91.

1378 Neste sentido, veja-se o Ac. Rel. Guim., de 3-07-2014 (António Sobrinho): "Tendo o devedor omitido, no âmbito do processo especial de revitalização, a existência de um credor cuja existência era sua conhecida, credor esse que por isso não foi citado nem participou no processo, verifica-se uma violação não negligenciável das regras procedimentais. II – Tal implica a anulação da lista provisória de credores e dos atos processuais subsequentes".

1379 *Vide* Silva, Fátima Reis, *Processo Especial de Revitalização – Notas Práticas e Jurisprudência Recente*, Porto Editora, Porto, 2014, p. 50.

1380 A lei não é clara quanto à necessidade de os credores signatários da declaração prevista no art. 17.º-C, n.º 1, reclamarem os respetivos créditos para efeitos de elaboração da lista provisória. Sobre a questão, cfr. Alexandre, Isabel, *Efeitos Processuais da Abertura do Processo de Revitalização, in:* "II Congresso de Direito da Insolvência", Almedina, Coimbra, 2014, p.254.

1381 Repare-se no manifesto lapso do legislador que manteve a referência à al. a) do n.º 3 do art. 17.º-C, apesar de o despacho de admissão do requerimento, após a alteração introduzida pelo D.L. n.º 79/2017, de 30 de junho, estar atualmente previsto no n.º 4 do art. 17.º-C.

1382 Nos termos gerais da Lei Processual Civil, um ato processual pode ser praticado fora do prazo num dos três dias úteis, mediante o pagamento de multa (art. 139.º, n.º 5, do CPCivil), ou com fundamento em justo impedimento (arts. 139.º, n.º 4, e 140.º do CPCivil). No sentido

É de realçar que o momento *a quo* da contagem do prazo é tão só a data da publicação no portal *Citius* do despacho de admissão do requerimento e não o momento em que os credores se consideram notificados ou recebem a comunicação do devedor, prevista no art. 17.º-D, n.º 1.

Quanto ao conteúdo da reclamação, o legislador foi omisso. Para CARVALHO FERNANDES e JOÃO LABAREDA, deve aplicar-se o disposto no art. 128.º, por analogia[1383]. Segundo SALAZAR CASANOVA e SEQUEIRA DINIS, uma vez que a reclamação não serve para obter a satisfação do crédito no PER, não tem que ser articulada nem subscrita por advogado[1384].

4.2.2. Créditos reclamáveis

Segundo o art. 17.º-D, n.º 2, qualquer credor pode reclamar os seus créditos no processo especial de revitalização. Para além disso, como vimos, o PER tem natureza concursal (art. 17.º-E, n.º 10), pois a decisão de homologação do plano vincula os credores, mesmo que não hajam reclamado os seus créditos ou participado nas negociações, relativamente aos créditos constituídos até à data do despacho de admissão do requerimento de abertura do PER. Isto significa que, em primeiro lugar, qualquer credor, comum, garantido, privilegiado, subordinado, pode reclamar o seu crédito[1385]. Em segundo lugar,

de que este prazo suplementar não vale no PER, com fundamento na desjudicialização do processo, no facto de o ato não ser tributado em taxa de justiça e de os prazos serem curtos, cfr. CASANOVA, Nuno Salazar/DINIS, DAVID Sequeira, *PER – O Processo Especial de Revitalização – Comentários aos Artigos 17º-A a 17º-I do Código da Insolvência e da Recuperação de Empresas*, Coimbra Editora, Coimbra, 2014, p. 49. Já segundo o Ac. Rel. Év., de 5-11-2015 (MANUEL BARGADO), "o art. 17º-D, nº 3, do CIRE, não afasta a aplicabilidade do nº 5 do artigo 139º do CPC, devendo por isso ser admitida a impugnação apresentada no terceiro dia útil subsequente ao termo do prazo de 5 dias previsto no primeiro daqueles normativos".

1383 FERNANDES, Luís A. Carvalho/LABAREDA, João, *Código da Insolvência e da Recuperação de Empresas Anotado*, Quid Juris Editora, 3ª edição, Lisboa, 2015, p. 151, nota 6. Para estes Autores, a reclamação constitui um apenso – *op. cit.*, p. 152 e 153, nota 9.

1384 Cfr. *PER – O Processo Especial de Revitalização – Comentários aos Artigos 17º-A a 17º-I do Código da Insolvência e da Recuperação de Empresas*, Coimbra Editora, Coimbra, 2014, p. 51.

1385 Defendendo que os créditos sujeitos a condição suspensiva não são reclamáveis no âmbito do PER (e apenas os créditos sujeitos a condição resolutiva são reclamáveis), veja-se CASANOVA, Nuno Salazar/DINIS, DAVID Sequeira, *PER – O Processo Especial de Revitalização – Comentários aos Artigos 17º-A a 17º-I do Código da Insolvência e da Recuperação de Empresas*, Coimbra Editora, Coimbra, 2014, p. 58; DINIS, David Sequeira/SACOTO, Constança Borges, *Créditos Pré e Pós PER, in:* "Revista de Direito da Insolvência", n.º 1, Almedina, Coimbra, 2017, pp. 68 e ss.

deve tratar-se de um crédito atual (já constituído à data do despacho de admissão do PER), mesmo que ainda não se tenha vencido[1386] no momento da reclamação[1387]. Não podem, por isso, ser reclamados os créditos futuros (ou novos créditos), à semelhança do processo de insolvência, ou seja, dos créditos sobre a massa, os quais, como vimos, estão excluídos do apenso de reclamação, verificação e graduação de créditos, e não conferem direito de voto, não podendo, por isso, ser afetados por um eventual plano de insolvência que venha a ser aprovado.

Em terceiro lugar, são reclamáveis todos os direitos de crédito, trate-se de prestações de coisa, de prestação de facto, de prestação de quantia em dinheiro ou de prestação de outra coisa[1388]. Quanto aos créditos não pecuniários, ou os créditos pecuniários cujo montante ainda não esteja determinado, aplica-se o disposto no art. 96.º, n.º 1, als. a) e b).

Por fim, e por força do art. 17.º-D, n.º 2, o prazo de 20 dias também se aplica aos credores que tenham subscrito a declaração com a manifestação de vontade de encetarem negociações, referida no art. 17.º-C, n.º 1[1389].

Considerando que o crédito que beneficia do regime da solidariedade passiva é um crédito sujeito a condição resolutiva, devendo ter o tratamento legal previsto no art. 94.º do CIRE cfr. o Ac. STJ, de 5-04-2016 (Fernandes do Vale). Subsumindo no art. 519.º do CCivil a apresentação de um dos codevedores solidários a PER, porque a execução dos restantes codevedores não configura uma qualquer "habilidade" por parte do credor, cfr. o Ac. STJ, de 19-04-2016 (Júlio Gomes) – *in* "Processo Especial de Revitalização (PER) na jurisprudência do Supremo Tribunal de Justiça", sumários de acórdãos das secções cíveis de 2012 a março de 2015, disponível em www.stj.pt.

1386 Muito embora, contrariamente ao processo de insolvência (art. 91.º), o despacho de abertura do PER não importe o vencimento imediato das dívidas.

1387 Esta solução, que está agora expressamente plasmada na lei (desde 1 de julho de 2017), já era defendida na doutrina por Casanova, Nuno Salazar/Dinis, David Sequeira, *PER – O Processo Especial de Revitalização – Comentários aos Artigos 17º-A a 17º-I do Código da Insolvência e da Recuperação de Empresas*, Coimbra Editora, Coimbra, 2014, pp. 65 e 66, para quem a sua quantificação deverá reger-se pelo disposto no art. 91.º, n.ºs 2, 3 e 4; e também por nós no nosso *O Processo Especial de Revitalização*, Almedina, Coimbra, 2015, pp. 44 e 45.

1388 Quanto aos créditos litigiosos, cfr. Dinis, David Sequeira/Sacoto, Constança Borges, *Créditos Pré e Pós PER, in:* "Revista de Direito da Insolvência", n.º 1, Almedina, Coimbra, 2017, pp. 69 e ss.

1389 Cfr. Ac. Rel. Lx, de 9-05-2013 (Ondina Carmo Alves).

4.2.3. Verificação ulterior de créditos

No processo de insolvência, o legislador consagrou a verificação ulterior de créditos (art. 146.º), admitindo a possibilidade de reconhecimento tardio de créditos, através de ação proposta contra a massa insolvente, os credores e o devedor. Em nosso entender, a aplicação deste regime no âmbito do PER é incompatível com a sua natureza (art. 17.º-A, n.º 3, parte final)[1390]. Desde logo, e em primeiro lugar, essa aplicação analógica é incompatível com o caráter (ultra) urgente do PER. Depois, e em segundo lugar, essa aplicação analógica é desnecessária, pois, como veremos, se, no processo de insolvência, a lista definitiva de créditos goza de força de caso julgado material, pelo contrário, no PER, a lista definitiva de créditos tem força de caso julgado meramente formal[1391].

4.2.4. Relevância prática

A finalidade e a natureza jurídica do processo de insolvência (o qual visa a satisfação dos interesses dos credores, através da aprovação de um plano de insolvência, ou do pagamento aos credores à custa da alienação dos bens do devedor) conferem à reclamação de créditos (que é um ónus para todos os credores da insolvência) uma importância fulcral no processo. Isto porque, mesmo os credores que tenham requerido a insolvência, mesmo aqueles que tenham o seu crédito verificado por sentença transitada em julgado (art. 128.º, n.º 3), têm o ónus de reclamar os respetivos créditos para que possam ser pagos no processo de insolvência (art. 173.º) e para que possam exercer os seus direitos (de participação e de voto) nas assembleias de credores.

1390 No sentido do indeferimento liminar de pedido de verificação ulterior em sede de PER, por manifesta improcedência, veja-se na jurisprudência, o Ac. Rel. Guim., de 2-05-2013 (Antero Veiga) e, na doutrina, Silva, Fátima Reis, *Processo Especial de Revitalização – Notas Práticas e Jurisprudência Recente*, Porto Editora, Porto, 2014, p. 49. Para esta Autora, aliás, nem sequer é possível, "sob a veste de impugnação da lista, a reclamação de créditos não reclamados no prazo legal" – *A Verificação de Créditos no Processo de Revitalização, in:* "II Congresso de Direito da Insolvência", Almedina, Coimbra, 2014, pp. 260-261.

1391 Assim também o Ac. Rel. Guim., de 2-05-2013 (Antero Veiga), segundo o qual "a sedimentação dos créditos tem como finalidade não propriamente a fixação definitiva dos débitos da requerente, mas sim permitir uma rápida tramitação do processo, ou seja, visa as negociações e aprovação do plano e não mais do que isso".

Pelo contrário, no PER, a sua distinta finalidade e a sua diversa natureza jurídica coferem uma diferente função à reclamação de créditos no seu âmbito. Efetivamente, no PER a reclamação de créditos destina-se[1392]:

- à delimitação do universo de credores que podem participar nas negociações,
- à delimitação do universo de credores que têm direito de voto,
- ao apuramento da "base de cálculo das maiorias necessárias".

A reclamação de créditos em sede de PER tem, assim, uma função eminentemente processual, valendo exclusivamente para efeitos do PER não gozando de força de caso julgado material[1393] (eficácia interna e externa – art. 619.º do CPCivil), mas apenas formal[1394] (eficácia interna – art. 620.º do CPCivil), uma vez que a questão pode ser reposta novamente em sede de processo de insolvência ou de outro processo.

Apenas este entendimento é consentido pela inexistência de um efetivo contraditório (repare-se que não há uma fase de resposta às impugnações, como existe no processo de insolvência – art. 131.º) ou dos controlos garantísticos do processo civil, por um lado, e pelo caráter célere e perfunctório da apreciação dos créditos, ditado pela finalidade de recuperação da empresa, por outro lado[1395].

[1392] A este propósito, veja-se FERNANDES, Luís A. Carvalho/LABAREDA, João, *Código da Insolvência e da Recuperação de Empresas Anotado*, Quid Juris Editora, 3ª edição, Lisboa, 2015, pp. 154 e 155, nota 12.

[1393] "O *caso julgado material* tem força obrigatória *dentro do processo e fora dele*, impedindo que o mesmo ou outro tribunal, ou qualquer outra autoridade, possa definir em termos diferentes o direito concreto aplicável à relação material litigada" – VARELA, J. M. Antunes/BEZERRA, J. Miguel/NORA, Sampaio e, *Manual de Processo Civil*, 2ª edição, revista e atualizada, Coimbra Editora, Coimbra, 1985, p. 703.

[1394] "O *caso julgado formal* tem força obrigatória *apenas dentro do processo*, obstando a que o juiz possa, na mesma ação, alterar a decisão proferida, mas não impedindo que, noutra acção, a mesma questão processual concreta seja decidida em termos diferentes pelo mesmo tribunal, ou por outro entretanto chamado a apreciar a causa" – VARELA, J. M. Antunes/BEZERRA, J. Miguel/NORA, Sampaio e, *Manual de Processo Civil*, 2ª edição, revista e atualizada, Coimbra Editora, Coimbra, 1985, pp. 703 e 704.

[1395] No mesmo sentido, veja-se FERNANDES, Luís A. Carvalho/LABAREDA, João, *Código da Insolvência e da Recuperação de Empresas Anotado*, Quid Juris Editora, 3ª edição, Lisboa, 2015, p. 155, nota 12; SILVA, Fátima Reis, *Processo Especial de Revitalização – Notas Práticas e Jurisprudência*

4.3. Lista provisória de créditos

O administrador judicial provisório elabora a lista provisória de créditos no prazo de cinco dias, devendo de imediato apresentá-la na secretaria do tribunal e publicá-la no portal *Citius* (art. 17.º-D, n.º 2)[1396]. O momento *a quo* para a contagem deste prazo processual é o término do prazo de 20 dias para a apresentação das reclamações pelos credores.

Perante a omissão do legislador quanto ao conteúdo desta lista, CARVALHO FERNANDES e JOÃO LABAREDA defendem a aplicação analógica do art. 129.º (com exclusão do n.º 4)[1397], podendo, por isso, o administrador judicial provisório incluir na lista os créditos que não tenham sido reclamados, mas que constem dos elementos de contabilidade da empresa ou por outra forma lhe cheguem ao conhecimento (esta solução, aliás, é consentânea com a imperatividade da junção dos elementos que constam do art. 24.º, n.º 1)[1398].

Há quem vá mais longe e considere que o administrador judicial provisório deverá incluir na lista provisória, não só os créditos reclamados, mas também

Recente, Porto Editora, Porto, 2014, p. 45, e *A Verificação de Créditos no Processo de Revitalização, in:* "II Congresso de Direito da Insolvência", Almedina, Coimbra, 2014, p. 255; BOULAROT, Ana Paula, *Apontamentos Sobre o Processo Especial de Recuperação, in:* "Revista do CEJ", II, 2016, p. 42. Segundo SALAZAR CASANOVA e SEQUEIRA DINIS, o "PER não tem como finalidade dirimir litígios sobre a existência, natureza ou amplitude de créditos" – *PER – O Processo Especial de Revitalização – Comentários aos Artigos 17º-A a 17º-I do Código da Insolvência e da Recuperação de Empresas*, Coimbra Editora, Coimbra, 2014, p. 78. De acordo com JOÃO AVEIRO PEREIRA, "o que importa, nesta fase, é estabelecer um quórum deliberativo" – *A Revitalização Económica dos Devedores, in* "O Direito", ano 145, 2013, I/II, Almedina, Coimbra, p. 41. Na jurisprudência, cfr. o Ac. Rel. Po., de 24-01-2018 (MANUEL DOMINGOS FERNANDES): "As decisões proferidas no âmbito do processo de revitalização (PER) relativas às impugnações da lista provisória de créditos aí apresentadas não operam caso julgado material tendo apenas efeitos intra-processuais, destinando-se a legitimar o credor a intervir nas negociações e a calcular o quórum deliberativo e a maioria prevista no artigo 17º-F, n.º 3 do CIRE".

1396 Uma vez publicada, a lista provisória de créditos não pode ser alterada a não ser em consequência da procedência de alguma impugnação deduzida – assim, Ac. Rel. Po., de 4-02-2014 (ANABELA DIAS DA SILVA).

1397 Só esta solução é consentânea com os requisitos da maioria e com os requisitos da homologação (quanto ao conteúdo do plano, *maxime* a observância do princípio da igualdade de credores). Assim, *Código da Insolvência e da Recuperação de Empresas Anotado*, Quid Juris Editora, 3ª edição, Lisboa, 2015, p. 152, nota 7. No entanto, atendendo à curtíssima duração do prazo, FÁTIMA REIS SILVA defende que o administrador judicial provisório não tem que fazer o trabalho previsto no art. 129.º, n.º 4, *in fine* – *A Verificação de Créditos no Processo de Revitalização, in:* "II Congresso de Direito da Insolvência", Almedina, Coimbra, 2014, p. 258.

1398 Mas, será que estes credores têm que ser avisados nos termos do art. 129.º, nº 4?

os créditos que constem da relação de créditos remetida pela empresa ao processo. De facto, as projeções financeiras em que a empresa assenta o seu plano de recuperação, baseiam-se, em regra, apenas no volume do passivo que consta da lista provisória. Em consequência, mesmo que a proposta venha a ser aprovada, o juiz não poderá deixar de recusar oficiosamente a homologação do plano, com fundamento na violação não negligenciável de regras procedimentais respeitantes à elaboração do plano de recuperação[1399].

Por último, a lista de créditos deve conter todos os créditos reclamados (reconhecidos e não reconhecidos), uma vez que, para além de o prazo para a sua apresentação ser muito curto, não há direito de resposta às impugnações (ficando, por isso, afastado o exercício do direito ao contraditório pelos credores excluídos)[1400].

4.4. Impugnação da lista provisória de créditos

A lista provisória de créditos pode ser impugnada no prazo de cinco dias úteis a contar da sua publicação no portal *Citius*[1401] (art. 17.º-D, n.º 3). Apesar da omissão do legislador quanto ao destinatário das impugnações (contrariamente ao processo de insolvência – art. 130.º, n.º 1), entendemos que (tal como no processo de insolvência) as impugnações são necessariamente dirigidas ao juiz, pois é ele que decide as mesmas[1402]. A falta de impugnação importa o

[1399] Esteves, Bertha Parente, *Da Aplicação das Normas Relativas ao Plano de Insolvência ao Plano de Recuperação Conducente à Revitalização, in:* "II Congresso de Direito da Insolvência", Almedina, Coimbra, 2014, pp. 268 e 269.

[1400] Casanova, Nuno Salazar/Dinis, David Sequeira, *PER – O Processo Especial de Revitalização – Comentários aos Artigos 17º-A a 17º-I do Código da Insolvência e da Recuperação de Empresas,* Coimbra Editora, Coimbra, 2014, pp. 73-75. Para estes Autores a lista deve indicar o fundamento, a natureza (garantida, privilegiada, comum ou subordinada) dos créditos, a subordinação a condições.

[1401] No sentido da não aplicabilidade a este prazo do disposto no art. 139.º, n.º 5, do CPCivil, veja-se Silva, Fátima Reis, *A Verificação de Créditos no Processo de Revitalização, in:* "II Congresso de Direito da Insolvência", Almedina, Coimbra, 2014, p. 259.

[1402] Neste sentido, Fernandes, Luís A. Carvalho/Labareda, João, *Código da Insolvência e da Recuperação de Empresas Anotado,* Quid Juris Editora, 3ª edição, Lisboa, 2015, p. 153, nota 10; Casanova, Nuno Salazar/Dinis, David Sequeira, *PER – O Processo Especial de Revitalização – Comentários aos artigos 17º-A a 17º-I do Código da Insolvência e da Recuperação de Empresas,* Coimbra Editora, Coimbra, 2014, p. 75.

reconhecimento definitivo dos créditos "sem necessidade sequer de qualquer ato judicial que o confirme"[1403].

As entidades com legitimidade para impugnar a lista provisória de créditos são a empresa[1404] e os credores reclamantes[1405]. Quanto aos credores não reclamantes, SALAZAR CASANOVA e SEQUEIRA DINIS recusam-lhes legitimidade[1406]; já segundo FÁTIMA REIS SILVA, os credores não reclamantes terão legitimidade se o seu crédito constar da lista de credores junta pela empresa e não figurar na lista provisória[1407].

Contrariamente ao processo de insolvência (art. 131.º), no PER não há lugar a resposta às impugnações, nem tão-pouco a audiência de discussão e julgamento (art. 139.º)[1408]. Para além disso, se, no processo de insolvência, a decisão sobre as impugnações pode passar pela realização de diligências instrutórias

1403 Assim, FERNANDES, Luís A. Carvalho/LABAREDA, João, *Código da Insolvência e da Recuperação de Empresas Anotado*, Quid Juris Editora, 3ª edição, Lisboa, 2015 p. 153, nota 11.

1404 Segundo o Ac. Rel. Co., de 21-04-2015 (HENRIQUE ANTUNES): "Age com abuso do direito, na modalidade de *venire contra factum proprium*, o devedor que impugna, com fundamento na sua inexistência, um crédito detido por quem, na petição inicial do procedimento de recuperação, indicou como seu credor e com o qual se propôs encetar negociações com vista à sua revitalização".

1405 Segundo o Ac. Rel. Co., de 23-09-2014 (CARLOS MOREIRA), "na impugnação da lista provisória de créditos em sede de PER, não obstante o dever de cooperação para a descoberta da verdade que também recai sobre o impugnante, é perante o credor reclamante – vg. porque a impugnação se assume como incidente do jaez da acção de simples apreciação negativa e por a lista definitiva ter efeitos na subsequente insolvência -, que impende a essencialidade probatória, por via de regra apenas documental, sobre a existência do crédito".

1406 Mas já reconhecem legitimidade ao administrador judicial provisório, pois compete-lhe garantir que a lista represente "a realidade dos factos, evitando abusos e conluios". CASANOVA, Nuno Salazar/DINIS, DAVID Sequeira, *PER – O Processo Especial de Revitalização – Comentários aos artigos 17º-A a 17º-I do Código da Insolvência e da Recuperação de Empresas*, Coimbra Editora, Coimbra, 2014, pp. 75 e 76.

1407 SILVA, Fátima Reis, *A Verificação de Créditos no Processo de Revitalização, in:* "II Congresso de Direito da Insolvência", Almedina, Coimbra, 2014, p. 261.

1408 Assim também PEREIRA, João Aveiro, *A Revitalização Económica dos Devedores, in* "O Direito", ano 145, 2013, I/II, Almedina, Coimbra, pp. 41; FERNANDES, Luís A. Carvalho/LABAREDA, João, *Código da Insolvência e da Recuperação de Empresas Anotado*, Quid Juris Editora, 3ª edição, Lisboa, 2015, p. 153, nota 11; SILVA, Fátima Reis, *A Verificação de Créditos no Processo de Revitalização, in:* "II Congresso de Direito da Insolvência", Almedina, Coimbra, 2014, p. 261. Para esta AUTORA, também não há lugar a qualquer tentativa de conciliação das partes.

(art. 139.º), o mesmo já não se passa no PER[1409], devendo o tribunal decidir com base nos elementos que acompanham os requerimentos (designadamente, os documentos[1410]). O juiz decide sobre as impugnações e, para isso, dispõe de um prazo de cinco dias úteis[1411] a contar do termo do prazo de cinco dias úteis para a impugnação (art. 17.º-D, n.º 3). É um prazo muito curto, imposto pela urgência do processo, que confere à decisão do juiz um caráter perfunctório e obriga à restrição da sua eficácia ao PER.

[1409] Assim, FERNANDES, Luís A. Carvalho/LABAREDA, João, *Código da Insolvência e da Recuperação de Empresas Anotado*, Quid Juris Editora, 3ª edição, Lisboa, 2015, p. 154, nota 11. No sentido de que no PER se "admite em teoria todo o tipo de produção de prova, designadamente testemunhal" ver CASANOVA, Nuno Salazar/DINIS, DAVID Sequeira, *PER – O Processo Especial de Revitalização – Comentários aos Artigos 17º-A a 17º-I do Código da Insolvência e da Recuperação de Empresas*, Coimbra Editora, Coimbra, 2014, p. 78.

[1410] Segundo o Ac. Rel. Po., de 24-01-2018 (MANUEL DOMINGOS FERNANDES), "no âmbito do PER incumbe à respectiva devedora, no âmbito da impugnação dos créditos reconhecidos na lista provisória elaborada pelo Sr. administrador judicial (provisório), o ónus da prova (documental) dos fundamentos aí deduzidos para o efeito". Sustentada somente em prova documental, segundo FERNANDES, Luís A. Carvalho/LABAREDA, João, *Código da Insolvência e da Recuperação de Empresas Anotado*, Quid Juris Editora, 3ª edição, Lisboa, 2015, p. 155, nota 12. Assim, na jurisprudência, o Ac. Rel. Po., de 24-03-2015 (MARIA GRAÇA MIRA) – "no PER, a decisão sobre a reclamação de créditos é incompatível com a produção de prova que não seja meramente documental". Quanto ao momento de apresentação da prova documental, cfr. o Ac. Rel. Co., de 21-04-2015 (HENRIQUE ANTUNES). Por isso, o Ac. STJ, de 14-12-2016 (FONSECA RAMOS) considerou:" II – Dependendo a existência da garantia real *direito de retenção*, do crédito reclamado pelo promitente comprador de fracção autónoma predial à devedora requerente do PER, de prova que há-de fazer-se ou não, em acção judicial a intentar por si, com vista ao reconhecimento, por parte da promitente vendedora que goza do direito de retenção, importa ponderar, na aplicação do *princípio da igualdade* dos credores, qual a situação em que ficaria o crédito de outro credor que goza de garantia real incontestada. III. Beneficiando o credor bancário dessa incontestada garantia hipotecária, a não ser intentada aquela acção, por incumprimento, também contra este credor – (a estratégia processual não pode ser imposta ao futuro demandante), a sua situação, ao abrigo do plano se fosse homologado, seria, previsivelmente, menos favorável que aquela que teria na ausência do plano – art. 216º, nº1, a) do CIRE. IV. A ser homologado o plano de recuperação violaria o princípio de igualdade dos credores, do ponto em que um crédito cuja existência depende de uma acção judicial a intentar (de desfecho incerto) teria o mesmo tratamento que um crédito hipotecário que não foi impugnado".

[1411] Defendendo tratar-se de um prazo meramente indicativo (até porque o prazo para as negociações começa a correr a partir do termo do prazo para as impugnações e o quórum pode ser computado com base na lista provisória), veja-se CASANOVA, Nuno Salazar/DINIS, DAVID Sequeira, *PER – O Processo Especial de Revitalização – Comentários aos Artigos 17º-A a 17º-I do Código da Insolvência e da Recuperação de Empresas*, Coimbra Editora, Coimbra, 2014, p. 77.

Para FÁTIMA REIS SILVA, a decisão sobre a impugnação não é autonomamente recorrível, só podendo ser impugnada no recurso interposto da decisão final, desde que tenha havido aprovação de um plano[1412]. Para CARVALHO FERNANDES e JOÃO LABAREDA, a decisão sobre a impugnação é recorrível nos termos gerais[1413].

A lista provisória de créditos (ou seja, a lista de créditos apresentada pelo administrador judicial provisório nos termos do art. 17.º D, n.º 3) converte-se, de imediato, em definitiva se não for impugnada (art. 17.º-D, n.º 4). Na hipótese (não prevista expressamente na lei) de impugnação parcial, os créditos não impugnados integrarão também de imediato a lista definitiva, sem necessidade de qualquer ato judicial que os confirme (nesse caso, a lista será, apenas, parcialmente definitiva)[1414]. Havendo impugnação (total ou parcial) os créditos impugnados, mas reconhecidos pelo juiz, serão igualmente incluídos na lista definitiva[1415].

A lista definitiva de créditos não integra um "ato formal de reconhecimento dos créditos" (uma sentença de verificação ou graduação, tal como acontece no processo de insolvência – art. 140.º), pois não existem respostas às impugnações. Para além disso, não há graduação dos créditos, uma vez que não há lugar à apreensão dos bens para liquidação nem à repartição do seu produto pelos credores[1416].

[1412] *Processo Especial de Revitalização – Notas Práticas e Jurisprudência Recente,* Porto Editora, Porto, 2014, pp. 47 e 48.

[1413] *Código da Insolvência e da Recuperação de Empresas Anotado,* Quid Juris Editora, 3ª edição, Lisboa, 2015, p. 155, nota 13.

[1414] Assim, FERNANDES, Luís A. Carvalho/LABAREDA, João, *Código da Insolvência e da Recuperação de Empresas Anotado,* Quid Juris Editora, 3ª edição, Lisboa, 2015, p. 153, nota 11. A este propósito, veja-se CASANOVA, Nuno Salazar/DINIS, DAVID Sequeira, *PER – O Processo Especial de Revitalização – Comentários aos Artigos 17º-A a 17º-I do Código da Insolvência e da Recuperação de Empresas,* Coimbra Editora, Coimbra, 2014, p. 124, nota 29.

[1415] Assim também SILVA, Fátima Reis, *A Verificação de Créditos no Processo de Revitalização, in:* "II Congresso de Direito da Insolvência", Almedina, Coimbra, 2014, p. 261.

[1416] Afirmando que se trataria de um ato inútil, FERNANDES, Luís A. Carvalho/LABAREDA, João, *Código da Insolvência e da Recuperação de Empresas Anotado,* Quid Juris Editora, 3ª edição, Lisboa, 2013, p. 153, nota 11. Assim também o Ac. Rel. Co., de 14-04-2015 (MARIA DOMINGAS SIMÕES), *in* CJ n.º 261, tomo II/2015, p. 301.

4.5. Sociedades em relação de domínio ou de grupo

A Reforma de 2017 veio regular a matéria pela primeira vez[1417]. Assim, segundo o art. 17.º-C, n.º 7, "oficiosamente ou a requerimento do administrador judicial provisório, são apensados aos autos os processos especiais de revitalização intentados por sociedades comerciais com as quais a empresa se encontre em relação de domínio ou de grupo, nos termos do Código das Sociedades Comerciais, podendo o mesmo requerimento ser formulado por todas as empresas naquelas circunstâncias que tenham intentado processo especial de revitalização". Estão aqui abrangidas as relações de coligação previstas no art. 486.º do CSC (relações de domínio) e nos arts. 488.º, 489.º e 493.º do CSC (relações de grupo)[1418].

Tenha-se em consideração que esta apensação só pode ser requerida no processo ao qual os demais devam ser apensados e até ao início do prazo de negociações, sendo aplicável, com as necessárias adaptações, o disposto no n.º 4 do artigo 86.º (art. 17.º-C, n.º 8).

4.6. Negociações

Segundo o art. 17.º-D, n.º 5, os declarantes têm um prazo de dois meses para concluir as negociações[1419]. Tenha-se em atenção que o momento *a quo* para a contagem do prazo é o fim do prazo para as impugnações, e não a decisão

[1417] Sobre a reforma, nesta matéria, veja-se OLIVEIRA, Ana Perestrelo, *Proposta de Alteração Relacionadas com a Insolvência de Sociedades em Relação de Domínio ou de Grupo, in:* "Revista de Direito das Sociedades", ano IX (2017), n.º 1, p. 58.

[1418] Sobre a noção e o regime legal das relações de domínio e de grupo, *vide* ANTUNES, J. Engrácia, *Os Grupos de Sociedades – estrutura e organização jurídica da empresa plurissocietária*, 2ª edição, Almedina, Coimbra, 2002, pp. 443 e ss e 611 e ss, respetivamente.

[1419] Considerando tratar-se de um prazo de caducidade, pelo que, em consequência, o plano não poderá ser homologado por violação não negligenciável de regras procedimentais, cfr., por todos, FERNANDES, Luís A. Carvalho/LABAREDA, João, *Código da Insolvência e da Recuperação de Empresas Anotado*, Quid Juris Editora, 3ª edição, Lisboa, 2013, p. 157, nota 17. Na jurisprudência, neste sentido, os Acs. STJ, de 7-10-2014 (SALRETA PEREIRA) e 14-10-2014 (JOÃO CAMILO) – in "Processo Especial de Revitalização (PER) na jurisprudência do Supremo Tribunal de Justiça", sumários de acórdãos das secções cíveis de 2012 a março de 2015, disponível em www.stj.pt -, os Acs. Rel. Lx. de 13-03-2014 (JORGE LEAL), de 5-02-2015 (CARLA MENDES), de 13-10-2015 (DINA MONTEIRO), da Rel. Po., de 19-11-2013 (JOSÉ IGREJA MATOS). Contra, em minoria, os Acs. Rel. Lx, de 10-04-2014 (MARIA DO ROSÁRIO MORGADO), de 9-12-2014 (CRISTINA COELHO).

final acerca das impugnações[1420]; isto significa que pode acontecer que as negociações se desenvolvam ou até terminem sem que seja proferida a decisão sobre as impugnações.

Este prazo de dois meses pode ser prorrogado apenas uma vez e por um mês, desde que exista acordo prévio (ou seja, outorgado antes de terminado o prazo de dois meses, sob pena de caducidade, irreversível, do processo negocial, como veremos *infra*) e escrito, entre o administrador judicial provisório e a empresa, o qual deve ser junto aos autos e publicado no portal *Citius*[1421] (art. 17.º-D, n.º 5).

Por fim, o administrador judicial provisório só deverá recusar a subscrição do acordo prorrogatório se a continuidade das negociações for um expediente manifestamente dilatório ou a aprovação de um acordo for manifestamente inverosímel (art. 207.º)[1422]. Se a maioria dos credores concluir pela impossibilidade de obtenção de um acordo, o administrador judicial provisório deverá comunicar ao processo o encerramento do processo negocial (art. 17.º-G, n.º 1).

As negociações desenvolvem-se entre a empresa[1423]_[1424] e os seus credores, com a participação, e sob orientação e fiscalização do administrador judicial

[1420] Assim, Ac. Rel. Co., de 26-02-2013 (Arlindo Oliveira), Ac. Rel. Guim., de 10-10-2013 (Isabel Rocha), e Silva, Fátima Reis, *Processo Especial de Revitalização – Notas Práticas e Jurisprudência Recente*, Porto Editora, Porto, 2014, p. 50.

[1421] Entendendo que o dever de publicação do acordo recai sobre qualquer um dos subscritores (empresa ou administrador judicial provisório), cfr. Casanova, Nuno Salazar/Dinis, David Sequeira, *PER – O Processo Especial de Revitalização – Comentários aos Artigos 17º-A a 17º-I do Código da Insolvência e da Recuperação de Empresas*, Coimbra Editora, Coimbra, 2014, p. 81. No sentido da "inoperacionalidade" do acordo de prorrogação obtido ou junto ao processo depois de terminado o prazo das negociações, veja-se Silva, Fátima Reis, *Processo Especial de Revitalização – Notas Práticas e Jurisprudência Recente*, Porto Editora, Porto, 2014, p. 50. Porém, no sentido de que a publicação do acordo depois de expirado o prazo de dois meses não impede a eficácia do acordo de prorrogação, consubstanciando uma mera irregularidade apenas "suscetível de implicar a responsabilidade do administrador", veja-se Fernandes, Luís A. Carvalho/Labareda, João, *Código da Insolvência e da Recuperação de Empresas Anotado*, Quid Juris Editora, 3ª edição, Lisboa, 2013, p. 157, nota 17.

[1422] Fernandes, Luís A. Carvalho/Labareda, João, *Código da Insolvência e da Recuperação de Empresas Anotado*, Quid Juris Editora, 3ª edição, Lisboa, 2013, p. 157, nota 17.

[1423] Defendendo que cabe sempre aos gestores em funções a proposta de plano, o qual deve prever a atividade a empreender pela sociedade em caso de aprovação e homologação, e deve "ser aceitável e credível para os credores – fornecedores ou financiadores –, que serão maioritariamente chamados a sancionar o projeto de recuperação", veja-se Cunha, Paulo Olavo,

provisório (art. 17.º-D, n.ºs 8 e 9). O n.º 7 do art. 17.º-D prevê a possibilidade de os credores participarem, a todo o tempo, nas negociações em curso, através de declaração à empresa[1425], por carta registada (a qual deve ser junta ao processo). No entanto, distinta da participação desses credores é a hipótese do exercício por esses credores do seu direito de voto, o qual depende da inscrição dos respetivos créditos na lista de créditos (a lista definitiva de créditos ou, se esta não existir, a lista provisória de créditos, uma vez que os créditos podem ser computados nos cálculos das maiorias de aprovação do plano de recuperação – arts. 17.º-D, n.ºs 3 a 5, e 17.º-F, n.º 5, proémio)[1426]. Poderão também participar nas negociações, segundo o art. 17.º-D, n.º 8, os peritos que cada um dos intervenientes entenda oportuno, desde que suporte

Os Deveres dos Gestores e dos Sócios no Contexto da Revitalização de Sociedades, in: "II Congresso de Direito da Insolvência", Almedina, Coimbra, 2014, p. 225.

1424 Por força do art. 17º-G, n.º 5, a empresa pode, a todo o tempo, e independentemente de qualquer causa, pôr termo às negociações. Nesse caso, deve comunicar tal pretensão ao administrador judicial provisório, a todos os seus credores e ao tribunal, através de carta registada (art. 17º-G, n.º 5). Uma vez que os credores podem participar a todo o tempo nas negociações (art. 17º-D, n.º 7), a comunicação deverá ser feita a todos os credores que constam da lista de créditos reconhecidos, ainda que não participem no processo. Segundo o Ac. Rel. Guim., de 01-10-2013 (MARIA ROSA TCHING), a prolação da decisão declaratória do encerramento do processo (e não o seu trânsito em julgado) é o limite a partir do qual deixa de poder haver desistência da instância ou do pedido de revitalização (por aplicação do art. 21º do CIRE, com as devidas adaptações).

1425 No sentido de que a declaração deve ser enviada à empresa e não apenas junta ao processo, SILVA, Fátima Reis, *Processo Especial de Revitalização – Notas Práticas e Jurisprudência Recente*, Porto Editora, Porto, 2014, p. 50. Sobre as questões que esta participação tardia dos credores suscita, veja-se MARTINS, Alexandre de Soveral, *O P.E.R. (Processo Especial de Revitalização), in:* "AB INSTANTIA – Revista do Instituto do Conhecimento AB", Ano I, n.º 1, 2013, Almedina, Coimbra, pp. 27-28.

1426 Segundo o Ac. Rel. Po., de 8-07-2015 (MANUEL DOMINGUES FERNANDES), "se um credor, com crédito reclamado e reconhecido, manifestou a sua vontade de participar nas negociações, mas não lhe foi dada essa possibilidade de participação, assim o deixando afastado do iter que levou à aprovação e homologação desse plano, ocorre violação não negligenciável da norma do art.º 17.º-D, n.º 6, do CIRE". Já de acordo com o Ac.STJ, de 16-06-2015 (JÚLIO GOMES), "o afastamento de um dos credores do processo negocial com vista à revitalização do devedor, previsto no art. 17.º-D do CIRE constituirá ou não uma violação não negligenciável, nos termos do art. 215.º (aplicável com as necessárias adaptações por força do n.º 5 do art. 17.º-F), consoante o montante do crédito, o tipo de crédito e a existência ou não de garantias (mormente reais)", in "Processo Especial de Revitalização (PER) na jurisprudência do Supremo Tribunal de Justiça", sumários de acórdãos das secções cíveis de 2012 a março de 2015, disponível em www.stj.pt.

os respetivos custos (salvo se do plano resultar expressamente o contrário)[1427]. Por fim, nos termos gerais da lei do trabalho, também as comissões de trabalhadores ou as comissões coordenadoras poderão participar no processo negocial (art. 429.º do CTrabalho).

As negociações regem-se pelos termos convencionados entre os intervenientes ou, na falta de acordo, pelas regras definidas pelo administrador judicial provisório (art. 17.º-D, n.º 8)[1428], devendo o administrador judicial provisório assegurar que as partes não adotam expedientes dilatórios ou inúteis, que sejam prejudiciais à boa marcha das negociações (art. 17.º-D, n.º 9). Durante as negociações, os intervenientes devem respeitar os princípios orientadores aprovados pela Resolução do Conselho de Ministros n.º 43/2011, de 25 de outubro (art. 17.º-D, n.º 10) [1429].

Por último, durante as negociações, a empresa presta toda a informação pertinente e sempre atualizada aos seus credores e ao administrador judicial provisório, por forma a que as negociações decorram de modo transparente e equitativo (art. 17º-D, nº 6). A violação deste dever pela empresa ou, se esta for uma pessoa coletiva[1430], pelos seus administradores de direito ou de facto importa a sua responsabilidade civil e solidária pelos prejuízos causados aos seus credores em virtude de falta ou incorreção das comunicações ou informações prestadas (art. 17º-D, nº 11).

[1427] No sentido de que a intervenção dos peritos poderá ser "necessária para avaliar certas realidades patrimoniais e financeiras, designadamente bens imóveis, o *avviamento* e as garantias", veja-se Pereira, João Aveiro, *A Revitalização Económica dos Devedores, in* "O Direito", ano 145, 2013, I/II, Almedina, Coimbra, pp. 42.

[1428] Pode até, no limite, convencionar-se a reunião dos credores em assembleia. No sentido de que aos credores que não estiveram presentes ou representados na assembleia deve ser sempre reconhecido o direito de votar por escrito, Ac. Rel. Guim., de 18-12-2012 (Maria Rosa Tching).

[1429] Publicada no Diário da República n.º 205-Iª série, de 25 de outubro de 2011. Trata-se dos Princípios orientadores da recuperação extrajudicial de devedores, a cuja definição Portugal se comprometeu no Ponto 2.18 do memorando de entendimento celebrado entre a República Portuguesa e o Banco Central Europeu, a Comissão Europeia e o Fundo Monetário Internacional, no quadro do programa de auxílio financeiro a Portugal.

[1430] Em bom rigor, a lei deveria ter feito referência às hipóteses em que o devedor não é uma pessoa singular, abrangendo-se assim as pessoas coletivas, mas também os patrimónios autónomos (em coerência com o conceito de devedor acolhido no art. 2.º).

4.7. Depósito da versão final do plano

O Decreto-Lei n.º 79/2017, de 30 de junho, com o expresso propósito (assumido no seu Preâmbulo) de reforçar a credibilização do PER, passou a obrigar a empresa a depositar a versão final do plano de revitalização, até ao último dia do prazo de negociações (art. 17.º-F, n.º 1). A versão final deve ser acompanhada de todos os elementos previstos no art. 195.º (aplicável com as devidas adaptações), devendo ser, de imediato, publicada no portal *Citius* (apenas) a indicação do seu depósito.

Nos cinco dias subsequentes à publicação, qualquer credor pode alegar nos autos o que tiver por conveniente quanto ao plano depositado pela empresa, podendo até, já neste momento, alegar circunstâncias suscetíveis de fundamentar a não homologação do plano (art. 17.º-F, n.º 2). Nos cinco dias subsequentes ao termo deste prazo, a empresa pode, se assim o entender, alterar o plano em conformidade, devendo depositar no tribunal a nova versão do plano, acompanhada de todos os elementos previstos no art. 195.º (com as devidas adaptações) (art. 17.º-F, n.ºs 2 e 1).

Terminado o prazo de cinco dias para a empresa modificar o plano se assim o entender e, em caso afirmativo, depositar a nova versão, é publicado no portal *Citius* novo anúncio, desta vez advertindo da junção, ou da não junção, de nova versão do plano. É a partir desta publicação que começa a correr o prazo de 10 dias para os credores votarem, podendo durante este prazo de votação qualquer interessado (credor ou outro legitimado, de acordo com o art. 216.º) solicitar a não homologação do plano, nos termos previstos nos arts. 215.º e 216.º, com as devidas adaptações (art. 17.º-F, n.º 3). Contrariamente ao regime anterior do PER – onde a votação do plano devia ocorrer dentro do prazo das negociações, sob pena de recusa de homologação do mesmo, por violação não negligenciável de normas procedimentais (art. 215.º)[1431] –, no regime atual, a votação ocorre após o encerramento das negociações[1432].

A votação é feita por escrito, aplicando-se-lhe o disposto no art. 211.º, com as devidas adaptações. Os votos são enviados ao administrador judicial

[1431] Este preceito será analisado *infra*. Veja-se, entre outros, o Ac. Rel. Po., de 2-06-2016 (Fernando Baptista).

[1432] Assim, também, o Ac. Rel. Po., de 11-07-2018 (Fátima Andrade).

provisório, que os abre em conjunto com a empresa[1433] e elabora um documento com o resultado da votação, o qual deve ser de imediato remetido para o tribunal (art. 17.º-F, n.º 6).

4.8. Conteúdo do plano

Não existe uma norma específica reguladora do conteúdo do plano de recuperação conducente à revitalização da empresa. Não obstante, é possível retirar do respetivo regime jurídico um conjunto de elementos densificadores desse conteúdo. Desde logo, pode o plano contemplar providências com incidência no passivo da empresa, tais como: perdão total ou parcial do valor dos créditos, seja quanto ao capital, seja quanto aos juros, a modificação dos prazos de vencimento, a constituição de garantias[1434]. Dúvidas já se suscitam quanto à oponibilidade dessas modificações aos garantes da dívida modificada. Apenas no regime jurídico do plano de insolvência, no seu art. 217º, nº 4, encontramos um preceito expressamente regulador desta hipótese, e cuja aplicação ao PER tem sido defendida pela jurisprudência[1435].

Quanto à possibilidade de, em sede de PER, serem aprovadas providências específicas de sociedades comerciais, o art. 17.º-F, n.º 7, ao remeter expressamente apenas para o n.º 1 do art. 198.º ("Se o devedor for uma sociedade comercial, o plano de insolvência pode ser condicionado à adopção e execução, pelos órgãos sociais competentes, de medidas que não consubstanciem meros actos de disposição do património societário, sem prejuízo do n.º 1 do artigo 201.º"), e não para o n.º 2 (onde estão previstos os pressupostos da admissibilidade de, em sede de plano de insolvência, os credores – e não os sócios – adotarem medidas de natureza societária), parece apontar para uma resposta negativa à questão.

[1433] Em consequência, o administrador judicial provisório deve informar a empresa sobre a hora e o local da abertura. Neste sentido, FERNANDES, Luís A. Carvalho/LABAREDA, João, *Código da Insolvência e da Recuperação de Empresas Anotado*, Quid Juris Editora, Lisboa, 2015, 3ª edição, p. 167, nota 8.

[1434] Aliás, por força do art. 17º-H, nº 1, as garantias convencionadas entre a empresa e os seus credores durante o processo especial de revitalização, com a finalidade de facultar àquela os meios financeiros para o desenvolvimento da sua atividade, mantêm-se, mesmo que a empresa venha a ser declarada insolvente nos dois anos subsequentes ao encerramento do PER.

[1435] Assim, o Ac. Rel. Co., de 03-06-2014 (CATARINA GONÇALVES).

4.9. Votação do plano

4.9.1. Direito de voto

Têm direito de voto (seja o plano aprovado por maioria ou por unanimidade[1436]) para efeitos de aprovação do plano:

- os titulares de créditos que constam da lista provisória, que se converte em definitiva por falta de impugnação (art. 17.º-D, n.ºs 3 e 4);
- os titulares de créditos impugnados que entretanto foram reconhecidos por decisão judicial;
- os titulares de créditos impugnados (com impugnação pendente à data da votação), mas que foram computados pelo juiz (art. 17.º-F, n.º 5, proémio)[1437].

Pouco pacífica é a questão da atribuição de direito de voto a credores cujo crédito não seja afetado pelo plano de recuperação. A remissão do art. 17.º-F, n.º 7, feita de modo genérico para o Título IX do Código (e destacando, em especial, alguns preceitos, onde não se inclui o art. 212.º, n.º 2) tem suscitado a questão da aplicabilidade do n.º 2 do art. 212.º (que regula a aprovação de um plano de insolvência) ao PER, mais concretamente do art. 212.º, n.º 2, al. a),

[1436] Contrariamente à hipótese de aprovação não unânime, o legislador foi omisso quanto ao sentido e alcance da expressão "todos os credores". Estarão aqui abrangidos os titulares de créditos incluídos na lista definitiva de créditos, assim como os titulares de créditos impugnados já reconhecidos pelo juiz no momento da votação. Dúvidas levantam-se quanto aos créditos impugnados em que ainda não houve decisão do juiz. O art. 17.º-F, n.º 5, prevê (para a hipótese de aprovação não unânime) a possibilidade de o juiz computar os créditos impugnados, caso a questão ainda não tenha sido decidida no momento da votação. Não vemos qualquer motivo para não aplicar o disposto no n.º 5 do art. 17.º-F à aprovação unânime do plano. Defendendo a aplicação analógica do art. 17.º-F, n.º 3, *in fine* (correspondente ao atual art. 17.º-F, n.º 5, proémio), ao caso, cfr. CASANOVA, Nuno Salazar/DINIS, DAVID Sequeira, *PER – O Processo Especial de Revitalização – Comentários aos Artigos 17º-A a 17º-I do Código da Insolvência e da Recuperação de Empresas*, Coimbra Editora, Coimbra, 2014, pp. 122 e ss.

[1437] A este propósito, CARVALHO FERNANDES e JOÃO LABAREDA defendem a aplicação analógica do art. 73.º, n.º 4. Em consequência poderá o juiz a requerimento do interessado anterior à votação ou simultâneo à mesma, computar total ou parcialmente o crédito impugnado. *Código da Insolvência e da Recuperação de Empresas Anotado*, Quid Juris Editora, 3ª edição, Lisboa, 2013, pp. 168 e 169, nota 10. No mesmo sentido, CASANOVA, Nuno Salazar/DINIS, DAVID Sequeira, *PER – O Processo Especial de Revitalização – Comentários aos Artigos 17º-A a 17º-I do Código da Insolvência e da Recuperação de Empresas*, Coimbra Editora, Coimbra, 2014, p. 133.

segundo o qual os créditos que não sejam modificados pela parte dispositiva do plano não conferem direito de voto[1438].

Quanto ao cálculo dos votos, apesar da omissão do texto da lei, é aplicável ao PER, por analogia, o disposto no art. 73.º, n.º 1, para o processo de insolvência: assim, cada crédito confere um voto por cada euro ou fração[1439].

4.9.2. Aprovação por maioria[1440]

Quóru(m)(ns)

Segundo o art. 17.º-F, n.º 5[1441], "considera-se aprovado o plano de recuperação que:

[1438] Recusando a sua aplicação, veja-se FERNANDES, Luís A. Carvalho/LABAREDA, João, *Código da Insolvência e da Recuperação de Empresas Anotado,* Quid Juris Editora, 2ª edição, Lisboa, 2013, p. 175, nota 13 (na 3ª edição, não parecem tomar posição – pp. 170-171, nota 13); SILVA, Fátima Reis, *Processo Especial de Revitalização – Notas práticas e Jurisprudência Recente,* Porto Editora, Porto, 2014, p. 60. No sentido da sua aplicação ao PER, veja-se CASANOVA, Nuno Salazar/ DINIS, DAVID Sequeira, *PER – O Processo Especial de Revitalização – Comentários aos Artigos 17º-A a 17º-I do Código da Insolvência e da Recuperação de Empresas,* Coimbra Editora, Coimbra, 2014, p. 137. Na jurisprudência, aplicando a al. a) do n.º 2 do art. 212.º ao PER, vejam-se os Acs. Rel. Lx, de 23-01-2014 (MARIA JOSÉ MOURO), de 6-12-2016 (AFONSO HENRIQUE) e de 15-12-2016 (JORGE VILAÇA), o Ac. Rel. Co., de 1-04-2014 (HENRIQUE ANTUNES), o Ac. Rel. Év., de 22-10-2015 (FRANCISCO MATOS).

[1439] No mesmo sentido, veja-se FERNANDES, Luís A. Carvalho/LABAREDA, João, *Código da Insolvência e da Recuperação de Empresas Anotado,* Quid Juris Editora, 3ª edição, Lisboa, 2015, p. 171, nota 14.

[1440] Após a Reforma Legislativa de 2017, na hipótese de aprovação não unânime do plano já não impende sobre a empresa o dever de remeter o plano aprovado ao tribunal, previsto no art. 17.º-F, n.º 2. Atualmente, o plano é remetido antes da votação, como vimos (art. 17.º-F, n.ºs 1 a 3).

[1441] Redação introduzida pelo D.L. n.º 26/2015, de 6 de fevereiro (segundo o Ac. Rel. Co., de 15-09-2015 (FERNANDO MONTEIRO), é de aplicação imediata aos processos de negociação em curso, cuja votação ocorra depois de 1 de março de 2015). Veio pôr fim à polémica que dividia a doutrina acerca da existência de um quórum constitutivo. SALAZAR CASANOVA e SEQUEIRA DINIS defendiam a existência de um quórum constitutivo de pelo menos 1/3 do total dos créditos com direito de voto – *PER – O Processo Especial de Revitalização – Comentários aos Artigos 17º-A a 17º-I do Código da Insolvência e da Recuperação de Empresas,* Coimbra Editora, Coimbra, 2014, p. 131. Na jurisprudência, veja-se o Ac. Rel. Guim., de 1-10-2013 (FERNANDO FERNANDES FREITAS), o Ac. Rel. Lx, de 23-01-2014 (MARIA JOSÉ MOURO), o Ac. Rel. Po., de 30-06-2014 (CAIMOTO JÁCOME). Para FÁTIMA REIS SILVA, "o quórum de aprovação é de 2/3 da lista definitiva (e/ou de 2/3 da lista provisória, podendo ser conferidos votos a créditos impugnados)", devendo mais de ½ dos créditos corresponder a créditos não subordinados

a) Sendo votado por credores cujos créditos representem, pelo menos, um terço do total dos créditos relacionados com direito de voto, contidos na lista de créditos a que se referem os n.os 3 e 4 do artigo 17.º-D, recolha o voto favorável de mais de dois terços da totalidade dos votos emitidos e mais de metade dos votos emitidos correspondentes a créditos não subordinados, não se considerando como tal as abstenções; ou
b) Recolha o voto favorável de credores cujos créditos representem mais de metade da totalidade dos créditos relacionados com direito de voto, calculados de harmonia com o disposto na alínea anterior, e mais de metade destes votos correspondentes a créditos não subordinados, não se considerando como tal as abstenções"[1442].

Para que o plano se considere aprovado, basta que preencha uma das alternativas legais. A segunda (al. b)) é independente do universo de votos efetivos, bastando que votem favoravelmente mais de 50% dos créditos com direito de voto. A primeira (al. a)) pressupõe o preenchimento de um "quórum constitutivo" ou "quórum de reunião", ou seja, que votem (favorável ou desfavoravelmente) credores cujos créditos representem, pelo menos, 1/3 do total dos créditos com direito de voto. Por isso, na segunda hipótese a lei se basta com o voto favorável de credores representativos de mais de 50% (50% +1); e, na primeira hipótese, exige os votos favoráveis de mais de 2/3 do universo dos votantes (o que acabará por corresponder, a apenas 22,22% da totalidade dos créditos com direito de voto).

4.9.3. Aprovação da empresa

O plano de insolvência não tem que ser aprovado pela empresa, exceto nos casos expressamente previstos na lei (designadamente, no art. 202.º). No PER, o legislador não contém qualquer previsão expressamente reguladora desta matéria. No entanto, a partir das características essenciais do PER, é possível

Processo Especial de Revitalização – Notas Práticas e Jurisprudência Recente, Porto Editora, Porto, 2014, p. 60. Na jurisprudência, cfr. o Ac. Rel. Guim., de 18-12-2012 (Maria Rosa Tching).

1442 Considerando que apenas relevam os créditos com direito de voto e não os votos concretamente emitidos, cfr. o Ac. Rel. Év., de 28-09-2017 (Tomé de Carvalho). Quanto às absetenções, veja-se o Ac. Rel. Po., de 15-12-2016 (Ataíde Neves).

retirarmos a conclusão de que o consentimento da empresa e a subscrição do acordo são essenciais à eficácia do mesmo[1443].

Desde logo, o PER só pode ser desencadeado pela empresa (contrariamente à insolvência, que pode ser requerida por credor, responsável legal ou Ministério Público, *contra* o devedor). Para além disso, a empresa pode, a todo o tempo, pôr termo às negociações (contrariamente ao processo de insolvência – art. 21.º). Por último, o PER destina-se à recuperação da empresa, o que, naturalmente, pressuporá o seu acordo para que essa recuperação seja viável (contrariamente ao processo de insolvência, mais concretamente ao plano de insolvência, que visa a satisfação dos interesses dos credores). Aliás, a remissão expressa para o art. 202.º (*ex vi* do art. 17.º-F, n.º 7), impõe que "a proposta de plano de insolvência segundo o qual o devedor deva continuar a exploração da empresa é acompanhada da declaração, por parte deste, da sua disponibilidade para o efeito, sendo ele uma pessoa singular, ou, no caso de uma sociedade comercial, por parte dos sócios que mantenham essa qualidade e respondam pessoalmente pelas suas dívidas" (n.º 1).

4.9.4. Não aprovação

Se a empresa ainda não se encontrar em situação de insolvência, terá lugar o encerramento do processo de revitalização e, em consequência, a extinção de todos os seus efeitos (art. 17.º-G, n.º 2). Se a empresa já se encontrar em situação de insolvência, o encerramento do processo importa a declaração de insolvência e a aplicação do art. 28º, com as devidas adaptações. Neste caso, o juiz deve[1444] declarar a insolvência no prazo de três dias úteis a contar da receção da comunicação do administrador judicial, sendo o processo de revitalização apenso ao processo de insolvência (art. 17.º-G, n.os 3 e 4)[1445_1446].

1443 Assim também CASANOVA, Nuno Salazar/DINIS, DAVID Sequeira, *PER – O Processo Especial de Revitalização – Comentários aos Artigos 17º-A a 17º-I do Código da Insolvência e da Recuperação de Empresas*, Coimbra Editora, Coimbra, 2014, pp. 124 e ss.

1444 A imposição legal deste dever poderá ser contrária ao princípio do inquisitório, previsto no art. 11.º. Assim, se o juiz, perante os elementos disponíveis no processo, entender que não há fundamentos para a declaração de insolvência, poderá recusar esta declaração?

1445 No sentido de que a insolvência deve ser decretada no próprio PER, "que se converte em processo de insolvência, ficando os autos iniciais apensos a este", veja-se o Ac. Rel. Co., de 12-03-2013 (ALBERTINA PEDROSO). Em sentido contrário, cfr. MARTINS, Alexandre de Soveral,

4.10. Homologação do plano

O plano de recuperação aprovado por unanimidade (nos termos do art. 17.º-F, n.º 4) ou por maioria (segundo o art. 17.º-F, n.º 5)[1447] carece de homologação judicial para ser eficaz, não só *inter partes*, mas também perante todos os credores não subscritores, mesmo que não hajam participado nas negociações (art. 17.º-F, n.º 10)[1448]. O juiz decide se deve homologar o plano de recuperação, ou recusar a sua homologação, nos 10 dias subsequentes à receção do documento com o resultado da votação (elaborado pelo administrador judicial provisório e por si remetido, de imediato, ao tribunal[1449]) (art. 17.º-F, n.ºs 6 e 7)[1450].

À decisão de homologação são aplicadas, com as necessárias adaptações, as regras de aprovação e homologação do plano de insolvência, previstas no Título X, em especial as regras previstas nos arts. 194.º-197.º, 198.º, n.º 1, 200.º-202.º, 215.º e 216.º (art. 17.º-F, n.º 7). Assim, o juiz poderá recusar

O P.E.R. (Processo Especial de Revitalização), in: "Ab Instantia – Revista do Instituto do Conhecimento AB", Ano I, n.º 1, 2013, Almedina, Coimbra, pp. 38 e 39.

1446 Se à data estiver suspenso um processo de insolvência contra a mesma empresa, faz sentido o juiz retomar os trâmites deste processo e declarar aí a insolvência. Repare-se que este processo suspenso só se extingue se não for aprovado e homologado plano, por um lado, e só se suspende se ainda não tiver sido proferida sentença declaratória de insolvência. Assim, também, Ac. Rel. Co., de 24-09-2013 (José Avelino Gonçalves).

1447 Após a Reforma Legislativa de 2017, o legislador deixou de exigir que o plano aprovado por todos os credores seja por eles assinado. Esta exigência constituía uma das diferenças entre o regime jurídico da aprovação por unanimidade e o regime jurídico da aprovação por maioria. A este propósito, cfr. Fernandes, Luís A. Carvalho/Labareda, João, *Código da Insolvência e da Recuperação de Empresas Anotado*, Quid Juris Editora, 3ª edição, Lisboa, 2013, p. 165, nota 4.

1448 Porém, em certos casos excecionais, a lei exige o consentimento do credor afetado (art. 202.º *ex vi* remissão expressa do art. 17.º-F, n.º 7), designadamente para a dação em cumprimento. Sobre a necessidade do consentimento do credor beneficiário da dação *in soluto*, mas já não dos restantes credores, cfr. o Ac. Rel. Co., de 15-09-2015 (Arlindo Oliveira).

1449 No sentido de que a competência pertence também à empresa, e não ao administrador judicial provisório (muito embora à luz da versão original do preceito), cfr. Casanova, Nuno Salazar/Dinis, David Sequeira, *PER – O Processo Especial de Revitalização – Comentários aos Artigos 17º-A a 17º-I do Código da Insolvência e da Recuperação de Empresas*, Coimbra Editora, Coimbra, 2014, pp. 126 e 127.

1450 O Ac. Rel. Guim., de 18-12-2012 (Maria Rosa Tching), considerou nulo o despacho que recusou a homologação de plano de recuperação quando ainda decorria o prazo das votações por escrito (por preterição de requisito formal dirigido à tutela da vontade dos credores).

a homologação do plano, oficiosamente (art. 215.º) ou a solicitação dos interessados (art. 216.º)[1451].

O juiz dispõe de um prazo de 10 dias, a contar da receção da documentação prevista no art. 17.º-F, n.ºs 4 e 6, para homologar o plano de recuperação (art. 17.º-F, n.º 7). Repare-se que, contrariamente ao processo de insolvência (onde a sentença homologatória só pode ser proferida decorridos pelo menos 10 dias sobre a data da respetiva aprovação – art. 214.º), no PER o juiz profere a sentença homologatória dentro dos 10 dias subsequentes à receção da documentação referida – o que significa que, em teoria, o juiz poder proferir a sentença no dia seguinte. Por isso, qualquer interessado que pretenda solicitar a recusa de homologação do plano (seja no âmbito do art. 215.º, seja ao abrigo do art. 216.º), deverá fazê-lo antes de exercer o seu direito de voto (designadamente, quando se pronuncia sobre o plano depositado – art. 17.º-F, n.º 2), ou em simultâneo (devendo, neste caso, o voto ser enviado ao administrador judicial provisório, e o pedido de recusa de homologação ser remetido ao juiz)[1452].

4.10.1. Recusa oficiosa

A recusa oficiosa de homologação do PER pode fundar-se na violação não negligenciável de regras procedimentais[1453] ou na violação não negligenciável das normas aplicáveis ao seu conteúdo (por exemplo, o princípio da igualdade dos credores da insolvência, consagrado no art. 194.º[1454]).

[1451] Para Carvalho Fernandes e João Labareda, a decisão é recorrível nos termos do art. 14.º, com as devidas adaptações – *Código da Insolvência e da Recuperação de Empresas Anotado*, Quid Juris Editora, 3ª edição, Lisboa, 2013, p. 171, nota 15.

[1452] A este propósito, Silva, Fátima Reis, *Processo Especial de Revitalização – Notas Práticas e Jurisprudência Recente*, Porto Editora, Porto, 2014, p. 64.

[1453] Segundo o Ac. Rel. Co., de 1-04-2014 (Henrique Antunes), "se para a deliberação de aprovação do plano de recuperação foi decisivo o voto do credor relativamente ao qual se verifica o impedimento de voto, a violação procedimental correspondente, por não ser negligenciável, constitui fundamento de recusa de homologação daquele plano". O Ac. Rel. Po. de 8-07-2015 (Manuel Domingos Fernandes) considerou ocorrer violação não negligenciável das normas procedimentais

[1454] Segundo o Ac. Rel. Lx, de 23-01-2014 (Maria José Mouro), "em processo especial de revitalização, sendo o crédito do Credor «"C"» um crédito garantido por uma hipoteca, diferencia-se dos demais créditos, todos eles créditos comuns, tendo em conta a distinção constante do art. 47.º do CIRE; trata-se, pois, de créditos numa situação objectivamente diferente, susceptível de nela assentar uma diferenciação de tratamento que não contende com o princípio da igualdade dos credores". No mesmo sentido, o Ac. Rel. Guim., de 4-03-2013

À semelhança do processo de insolvência, deve tratar-se de uma "violação não negligenciável", isto é, as "violações consideradas menores, que não ponham em causa o interesse do devedor e dos credores afectados, não constituirão causa suficiente para que o juiz possa recusar a homologação do plano"[1455].

O art. 215.º também prevê a possibilidade de recusa oficiosa de homologação do plano quando, no prazo razoável que estabeleça, ainda não se tenham preenchido as condições suspensivas do plano ou não sejam praticados os atos ou executadas as medidas que devam anteceder a homologação. Se, à luz da versão inicial do preceito, já não encontrávamos impedimento à aplicação deste segmento normativo – pois a remissão genérica para as normas que regulam a aprovação e a homologação, e que estão previstas no Título X, parecia permitir a aplicação do art. 201.º e, por isso, a aposição de condições suspensivas ao plano de recuperação (desde que a sua execução aconteça antes da homologação judicial do plano) –, atualmente, esse entendimento sai reforçado pela remissão expressa para o art. 202.º

4.10.2. Recusa a solicitação dos interessados

Segundo o art. 216.º (aplicável por força da remissão expressa do art. 17.º-F, n.º 7), o juiz pode recusar a homologação do plano a pedido do devedor (desde que este não seja o proponente do plano e tenha manifestado no plano a sua oposição). Esta hipótese não faz sentido no âmbito do PER, não só porque o plano é apresentado pelo próprio devedor (empresa), como também, como vimos *supra*, porque a aprovação do plano pressupõe o seu assentimento.

(António Santos), o Ac. Rel. Co., de 1-04-2014 (Henrique Antunes), o Ac. Rel. Po., de 7-04-2016 (Carlos Querido), os Acs. Rel. Lx., de 28-01-2016 (Sacarrão Martins) e de 24-05-2018 (Carlos Marinho). Segundo o Ac. STJ, de 25-03-2014 (Fonseca Ramos), visto que o "PER tem como fim primordial a recuperação da empresa, a derrogação do *princípio da igualdade* dos credores é legítima num quadro de ponderação de interesses – o interesse individual por contraposição ao coletivo". Sobre o princípio da proporcionalidade, veja-se o Ac. Rel. Po., de 15-09-2015 (Rodrigues Pires). Sobre o princípio da igualdade e o princípio da recuperabilidade, cfr. os Acs. STJ, de 25-03-2014 (Fonseca Ramos), de 24-11-2015 (José Raínho), o Ac. Rel. Po., de 15-09-2015 (Rodrigues Pires). Considerando que "a razão objetiva porventura mais clara que fundamenta a diferença de tratamento dos credores assenta na distinta classificação dos créditos, nos termos em que está agora assumida no art. 47.º do CIRE", veja-se o Ac. Rel. Lx, de 03-12-2015 (Sacarrão Martins).

[1455] Leitão, Luís M. T. de Menezes, *Direito da Insolvência*, 8ª edição, Almedina, Coimbra, 2018, p. 305. Na jurisprudência, cfr. o Ac. Rel. Po., de 30-06-2014 (Caimoto Jácome).

O juiz pode recusar a homologação do PER a pedido de algum credor[1456] ou sócio, associado ou membro da empresa, desde que tenham manifestado nos autos a sua oposição[1457] anteriormente à aprovação do plano de recuperação, se (art. 216.º, n.º 1):

- a sua situação ao abrigo do plano for previsivelmente menos favorável do que a que resultaria na ausência de qualquer plano (designadamente em resultado de acordo já celebrado em procedimento extrajudicial de regularização de dívidas) (al. a))[1458],
- ou o plano proporciona a algum credor um valor económico superior ao montante nominal dos seus créditos sobre a insolvência, acrescido do valor das eventuais contribuições que ele deva prestar (al. b)).

O pedido de não homologação pode ser feito através de requerimento dirigido ao juiz, em momento anterior à votação (por isso, o art. 17.º-F, n.º 3, se refere, mais abrangentemente, a "qualquer interessado"), mas também pode acompanhar o exercício do direito de voto. Poderá ainda ser posterior à votação, por conta e risco do próprio. Isto porque o prazo de 10 dias para a homologação do plano de revitalização (contrariamente ao plano de insolvência – art. 214.º) não é um prazo dilatório, mas sim perentório, podendo

[1456] Caso o plano de recuperação tenha sido aprovado por unanimidade, a hipótese de recusa de homologação a pedido do credor cai por terra.

[1457] Considerando que o voto contra na "deliberação de aprovação do plano de recuperação não é suficiente para manifestar a oposição", vide o Ac. Rel. Co., de 15-09-2015 (Arlindo Oliveira). Reputando suficiente o voto contra, Fernandes, Luís A. Carvalho/Labareda, João, *Código da Insolvência e da Recuperação de Empresas Anotado*, Quid Juris Editora, 3ª edição, Lisboa, 2015, p. 786, nota 5, e, na jurisprudência, o Ac. STJ, de 14-12-2016 (Fonseca Ramos).

[1458] Segundo o Ac. Rel. Po., de 30-06-2014 (Caimoto Jácome), "incumbe ao credor oponente a prova, em termos plausíveis, de que o plano de recuperação o coloca numa situação menos favorável do que aquela que decorreria da ausência de qualquer plano (artº 216º, do CIRE)". Segundo o Ac. STJ, de 22-11-2016 (Salreta Pereira): "Não deve ser homologado o plano de recuperação [...] se o credor alegou e provou que, com o produto da venda do imóvel hipotecado a seu favor, sobre a casa de habitação dos devedores, liquidaria, de imediato, os encargos do processo e a totalidade do seu crédito, sendo esta situação mais favorável do que aquela que resultaria da aprovação do plano, onde se previa o pagamento da totalidade do capital em dívida em 504 prestações mensais, iguais e sucessivas, devendo a primeira ocorrer no último dia útil do 30.º mês seguinte ao do trânsito em julgado da sentença homologatória do plano".

o juiz proferir sentença de homologação (ou de recusa de homologação) logo no primeiro dia do prazo[1459].

4.10.3. Efeitos da homologação

A homologação do plano de recuperação é notificada, publicitada e registada pela secretaria do tribunal, nos termos dos arts. 37.º e 38.º e vincula a empresa e os credores, mesmo que não hajam reclamado os seus créditos ou participado nas negociações, relativamente aos créditos constituídos à data em que foi nomeado o administrador judicial provisório (art. 17.º-F, n.º 10). Após a Reforma Legislativa de 2017, o legislador passou a distinguir dois tipos de créditos: os créditos constituídos antes do despacho de nomeação do administrador judicial provisório (*créditos atuais*), por um lado, e os créditos constituídos depois do despacho de nomeação do administrador judicial provisório, por outro lado (*créditos futuros ou créditos novos*). A fronteira entre as duas "categorias" de créditos assume relevância prática, uma vez que apenas os primeiros poderão ser afetados, não só pelo acordo aprovado e homologado, como também, pelos efeitos do PER.

Desde logo, a lei exige que os créditos estejam já constituídos à data do despacho de nomeação do administrador judicial provisório, saindo da alçada do preceito os créditos constituídos a partir desse momento (designadamente, os créditos constituídos desde esse momento e o término do prazo para a reclamação dos créditos, por forma a garantir que os credores dispõem do mesmo prazo para exercerem os seus direitos).

Depois, basta que os créditos estejam constituídos, ainda que não se encontrem vencidos, ou seja, abrangem-se os créditos vencidos e os créditos vincendos[1460] – pelo que o plano afeta os créditos já constituídos, independentemente da sua exigibilidade (*Fälligkeit*)[1461].

[1459] Acompanhamos a posição de CARVALHO FERNANDES e JOÃO LABAREDA, *in Código da Insolvência e da Recuperação de Empresas Anotado*, Quid Juris Editora, 3ª edição, Lisboa, 2015, pp. 169 e 170, nota 11.

[1460] Neste sentido, DINIS, David Sequeira/SACOTO, Constança Borges, *Créditos Pré e Pós PER*, *in:* "Revista de Direito da Insolvência", n.º 1, Almedina, Coimbra, 2017, pp. 63 e ss.

[1461] *Vide* VARELA, J. Antunes, *Das Obrigações em Geral*, vol. II (7ª edição), Almedina, Coimbra, 1997, p. 41. Confundindo vencimento com existência do crédito, veja-se o Ac. Rel. Lx, de 13-07-2016 (CELINA NÓBREGA).

Também em consequência da homologação do plano, extinguem-se de imediato as ações para cobrança de dívida, salvo se o plano previr a sua continuação (art. 17.º-E, n.º 1), bem como os processos em que tenha sido requerida a insolvência da empresa e que se encontravam suspensos por efeito do despacho de admissão do requerimento (art. 17.º-E, n.º 6).

Por último, os efeitos descritos produzem-se de imediato, independentemente do trânsito em julgado da descião homologatória. Em primeiro lugar, por força do disposto no art. 217.º, n.º 5, que também se aplica subsidiariamente ao PER, embora com as devidas adaptações (art. 17.º-A, n.º 3)[1462]. Em segundo lugar, ainda que seja interposto recurso da sentença, ele terá apenas efeito devolutivo (não sendo possível o requerimento do efeito suspensivo – art. 14.º[1463]), o que contém o sério risco de revogação de planos já executados ou em execução (com todos os perigos de desproteção dos credores e, sobretudo, dos terceiros que negoceiam com a empresa). Em terceiro lugar, quanto aos efeitos processuais, a lei associa à sentença homologatória esse efeito imediato (art. 17.º-E, n.º 1).

4.10.4. Os créditos públicos[1464]

Os créditos fiscais e da segurança social não foram objeto de qualquer tratamento autónomo no âmbito do PER (aliás, à semelhança do plano de

[1462] No mesmo sentido, Casanova, Nuno Salazar/Dinis, David Sequeira, *PER – O Processo Especial de Revitalização – Comentários aos Artigos 17.º-A a 17.º-I do Código da Insolvência e da Recuperação de Empresas*, Coimbra Editora, Coimbra, 2014, pp. 150 e 151.

[1463] No sentido da aplicação do regime do art. 14.º ao PER, veja-se Casanova, Nuno Salazar/Dinis, David Sequeira, *PER – O Processo Especial de Revitalização – Comentários aos Artigos 17.º-A a 17.º-I do Código da Insolvência e da Recuperação de Empresas*, Coimbra Editora, Coimbra, 2014, p. 151. Recusando a atribuição de efeito suspensivo ao recurso, veja-se o Ac. Rel. Po., de 15-11-2012 (José Amaral).

[1464] Segundo o Ac. Rel. Guim., de 2-05-2016 (Miguel Morais): "As taxas de portagem e os seus juros, os custos administrativos, as coimas e os seus encargos fazem parte do ativo do concessionário, constituem um recurso deste, uma receita, um benefício económico que o mesmo usufrui por permitir, não só mas também, a circulação de viaturas dos utentes por eixos viários sobre os quais possui exclusividade. O Estado assume a função de mero cobrador dessas receitas mas a titularidade das mesmas mantém-se na esfera jurídica do concessionário. II – Os referidos créditos do concessionário não assumem, assim, natureza de créditos tributários, isto é, de créditos titulados pelo Estado. III – Nessa medida, os concessionários ficam vinculados às condições de pagamento estabelecidas para os credores comuns no plano de

insolvência, mas contrariamente ao RERE)[1465]. Assim, não se prevê qualquer dever de participação nas negociações, contrariamente ao RERE, que consagra expressamente esse dever no art. 14.º, n.º 3, da Lei n.º 8/2018, de 2 de março. Depois, não se regula a possibilidade de os créditos fiscais e da segurança social serem objeto de alteração ou transação no plano de recuperação.

Em contrapartida, o art. 30.º, n.º 2, da Lei Geral Tributária estabelece que "o crédito tributário é indisponível, só podendo fixar-se condições para a sua redução ou extinção com respeito pelo princípio da igualdade e da legalidade tributária"[1466]. O seu n.º 3, acrescentado pelo art. 123.º da Lei n.º 55-A/2010, de 31 de dezembro, preceitua que "o disposto no número anterior prevalece sobre qualquer legislação especial". Por último, o art. 125.º desta Lei esclarece que "o disposto no n.º 3 do artigo 30.º da LGT é aplicável, designadamente, aos processos de insolvência que se encontrem pendentes e ainda não tenham sido objecto de homologação, sem prejuízo da prevalência dos privilégios creditórios dos trabalhadores previstos no Código do Trabalho sobre quaisquer outros créditos".

A *jurisprudência maioritária* tem entendido que, face à redação do art. 30.º da Lei Geral Tributária, os créditos fiscais e os créditos da segurança social devem considerar-se indisponíveis, pelo que não poderão ser objeto de redução, extinção ou moratória nos planos de recuperação apresentados no âmbito de um PER, sem que o Estado tenha votado favoravelmente[1467]. Em consequência,

revitalização aprovado e homologado por decisão judicial, mesmo que não tenham participado nas respetivas negociações".

1465 Tenha-se em conta, porém, que, por força do art. 78.º, n.º 7, al. c), do CIVA, os sujeitos passivos podem deduzir o imposto respeitante a créditos incobráveis, "em processo especial de revitalização, após homologação do plano de recuperação pelo juiz, previsto no artigo 17.º-F do Código da Insolvência e da Recuperação de Empresas [...]". De acordo com o art. 78.º-A, n.º 4, al. c), do CIVA, os sujeitos passivos podem deduzir o imposto relativo a créditos considerados incobráveis, "quando seja proferida sentença de homologação do [...] plano de recuperação que preveja o não pagamento definitivo do crédito".

1466 Sobre a aplicabilidade do n.º 3 do art. 196.º do CPPT a uma empresa submetida a um plano de recuperação já em curso quando foi instaurada a execução fiscal, onde veio a formular o pedido de pagamento em prestações, e sem que esta dívida se mostre contemplada nesse plano de recuperação, cfr. o Ac. STA, de 16-12-2015 (Ana Paula da Fonseca Lobo).

1467 Vejam-se, entre outros, os Acs. Rel. Po., de 28-06-2013 (Maria Amália Santos) e de 24-09-2013 (Freitas Neto), o Ac. Rel. Év., de 10-09-2015 (Silva Rato). No entanto, segundo o Ac. STJ, de 10-05-2018 (Fonseca Ramos): "Após a alteração legislativa que consagrou a intangibilidade dos créditos fiscais – Lei 55-A/2010, de 31.12 e art. 30º, nº2, que estatuiu os planos de recuperação aprovados que prevejam uma modificação ou extinção dos créditos públicos sem que o Estado tenha votado favoravelmente estão feridos de vício não negligenciável quanto ao seu conteúdo.

Mas, deverá o juiz recusar a homologação do plano (não produzindo, em consequência, o plano quaisquer efeitos) ou, antes, homologar o plano e recusar-lhe eficácia perante quem não possa ser afetado pelo mesmo? Ou seja, haverá uma recusa de homologação ou apenas uma ineficácia do plano em relação aos credores públicos? A jurisprudência tem-se dividido quanto a esta questão[1468]. As decisões de recusa de homologação fundamentam-se na existência de "uma violação que, por afetar a boa decisão da causa, configura uma nulidade que atinge todo o plano votado, a ser tratada nos termos da lei processual geral [...] com a particularidade prescrita no próprio art. 215.º do CIRE"[1469]. Por seu turno, as decisões (maioritárias) de homologação do plano e de ineficácia do mesmo relativamente aos credores públicos têm sido sustentadas na natureza do plano de recuperação, que, "assente numa ampla

– "*O crédito tributário é indisponível, só podendo fixar-se condições para a sua redução ou extinção com respeito pelo princípio da igualdade e da legalidade tributária*", tendo o art. 125º daquela Lei do Orçamento para 2011, aditado um nº3, ao art. 30º, da Lei Geral Tributária consagrando que "*O disposto no número antedito prevalece sobre qualquer legislação especial.*", tem sido jurisprudência reiterada deste Supremo Tribunal de Justiça e 6ª Secção, que tem competência especializada em matéria do foro comercial, que a sanção para a homologação da assembleia de credores, no processo de insolvência que atinja, sem o seu consentimento os créditos por impostos do Estado, é a ineficácia quanto a este credor da decisão que homologue essa deliberação. II. Admitindo, excepcionalmente, que em caso de flagrante e injustificada afirmação intransigente, pela autoridade tributária, das prerrogativas dos créditos fiscais, podem os Tribunais desconsiderá-las, na salvaguarda de interesses públicos, que num patamar de justificados sacrifícios, imponham ao Estado, [no respeito pelo paradigma insolvencial vigente, sobretudo após a Reforma de 2012, com a introdução do PER, já que a finalidade da lei insolvencial é agora a recuperação da empresa devedora e não a liquidação], o seu contributo para evitar a destruição e a liquidação da empresa. III. Nesse hipotético quadro de *estado de necessidade social*, visando evitar a derrocada de empresas, sobretudo, grandes empregadores, em meio social economicamente débil e carenciado, a justiça, a equidade e os fins sociais pelos quais o Estado deve velar, podem conduzir à atenuação daquele direito de intangibilidade, se e quando a posição do credor público for decisiva para a recuperação da sociedade devedora".

[1468] Para uma hipótese de recusa de homologação, veja-se o Ac.Rel. Po., de 28-06-2013 (Maria Amália Santos). Para uma hipótese de mera ineficácia relativa, vejam-se os Acórdãos do STJ de 18-02-2014 (Fonseca Ramos), e de 1-04-2014 (Fernandes do Vale), o Ac Rel. Guim., de 18-06-2013 (Maria Rosa Tching), o Ac. Rel. Po., de 16-09-2013 (Manuel Domingues Fernandes).

[1469] Ac. Rel. Po., de 28-06-2013 (Maria Amália Santos).

liberdade de estipulação pelos credores do insolvente, constitui um negócio atípico, sendo-lhe aplicável o regime jurídico da ineficácia", e também no argumento de que face aos "interesses subjacentes jurídicos e sociais imbrincados na recuperação da empresa [...] a solução mais ajustada é a da ineficácia relativa" [1470].

Por último, a jurisprudência recente do Supremo Tribunal Administrativo, assim como dos Tribunais Centrais, tem assumido o entendimento de que a prestação de garantia (prevista no art. 52.º, n.º 4, da LGT) extravasa do âmbito do princípio da indisponibilidade dos créditos tributários. No entanto, a empresa deverá requerer, fundamentadamente, a dispensa de prestação de garantia, comprovando[1471]: que a sua prestação lhe causa prejuízo irreparável ou que carece, manifestamente, de meios económicos revelada pela insuficiência de bens penhoráveis para o pagamento da dívida exequenda e acrescido, desde que não existam fortes indícios de que a insuficiência ou inexistência de bens se deveu a atuação dolosa do interessado. Porém, tem também entendido que não existem razões para que estes requisitos não se considerem "fortemente indiciados no PER, se este, pela forma como se mostra elaborado e aprovado, possuir elementos bastantes ao preenchimento dos mesmos"[1472].

[1470] Acórdãos do STJ, de 18-02-2014 (Fonseca Ramos) e de 1-04-2014 (Fernandes do Vale). Diz o Ac. STJ, de 13-11-2014 (Salreta Pereira): "I – Apesar da alteração do CIRE, introduzida pela Lei n.º 16/2012, de 20-04, dando prevalência à recuperação económica do devedor e relegando para um plano secundário a liquidação do respectivo património, através da criação do processo especial de revitalização – cf. arts. 1.º, n.º 1, e 17.º-A do CIRE –, a LGT consagra a indisponibilidade dos créditos tributários e a prevalência do seu regime sobre qualquer legislação especial, designadamente no âmbito dos processos de insolvência – cf. arts. 30.º, n.ºs 2 e 3, e 125.º da LGT. II – Os arts. 30.º e 125.º da LGT são imperativos quanto à impossibilidade da redução ou extinção dos créditos tributários no processo de insolvência. III – A inclusão, no acordo de recuperação de empresa, da redução dos créditos tributários e do seu pagamento em prestações, com um período de carência, conduz à nulidade dessas cláusulas, mas não à nulidade de todo o plano de recuperação – cf. art. 292.º do CC".

[1471] Assim, Ac. TCAS, de 9-06-2016 (Catarina Almeida e Sousa).

[1472] Russo, Anabela/Silva, Fátima Reis, *O Processo Especial de Revitalização no Espaço de Conexão da Jurisprudência dos Tribunais Comuns e dos Tribunais Tributários, in:* "Revista de Direito da Insolvência", n. º 1, Almedina, Coimbra, 2017, pp. 158 e 159.

4.11. Efeitos da falta de aprovação/homologação

Se o plano não for aprovado[1473] ou, uma vez aprovado, o juiz recusar (oficiosamente ou a solicitação dos interessados) a sua homologação[1474], o administrador judicial provisório, depois de ouvir a empresa e os credores[1475], emite parecer[1476] sobre se aquela se encontra ou não em situação de insolvência[1477]. Se a empresa não se encontrar em situação de insolvência, o PER encerra, extinguindo-se em consequência todos os seus efeitos (art. 17.º-G, n.º 2). Se a empresa se encontrar em situação de insolvência[1478], o administrador judicial provisório requer[1479] a respetiva insolvência, a qual deve ser declarada no prazo de três dias úteis (contados a partir da receção do parecer por aquele

[1473] Ocorrendo a votação do plano depois do encerramento das negociações (e não antes, como sucedia no regime anterior), deve entender-se que o n.º 1 do art. 17.º-G, também é aplicável às hipóteses de falta de aprovação do plano.

[1474] Esta remissão legal foi introduzida pela revisão de 2017. Até aí, perante o silêncio da lei quanto aos efeitos da recusa de homologação, já defendíamos, por interpretação extensiva do art. 17.º-G, n.º 4, as mesmas consequências. Veja-se o nosso *O Processo Especial de Revitalização*, Almedina, Coimbra, 2015, p. 76; e, também, Martins, Alexandre de Soveral, *O P.E.R. (Processo Especial de Revitalização), in:* "Ab Instantia – Revista do Instituto do Conhecimento AB", Ano I, n.º 1, 2013, Almedina, Coimbra, p. 32. Na jurisprudência, cfr. o Ac. Rel. Co., de 6-07-2016 (Carlos Moreira). Tenha-se em consideração, todavia que, se a decisão de recusa de homologação for objeto de recurso, é aplicável com as devidas adaptações o disposto no art. 40.º, n.º 3 – ou seja, na pendência do recurso, fica suspensa a liquidação e a partilha do ativo, sem prejuízo do disposto no art. 158.º, n.º 2.

[1475] No sentido de que "é irrelevante que a maioria qualificada dos credores que votaram favoravelmente o plano de recuperação se pronuncie pela não insolvência, não sendo essa pronúncia vinculativa para tal administrador nem para o tribunal, pois o que importa nesta fase é que o mesmo administrador e o tribunal concluam pela situação de insolvência de tal devedor", veja-se o Ac. Rel. Co. de 23-02-2016 (Moreira do Carmo).

[1476] A não apresentação do parecer consubstancia justa causa de destituição, se verificados os seus pressupostos. Para além disso, sem a emissão do parecer, o tribunal não pode avançar para a declaração de insolvência. Assim, Silva, Fátima Reis, *Processo Especial de Revitalização – Notas Práticas e Jurisprudência Recente*, Porto Editora, Porto, 2014, p. 72.

[1477] Defendendo que só a insolvência atual releva, não sendo aplicável o art. 3.º, n.º 4, Fernandes, Luís A. Carvalho/Labareda, João, *Código da Insolvência e da Recuperação de Empresas Anotado*, Quid Juris Editora, 3ª edição, Lisboa, 2015, p. 177, nota 3. Parecendo defender que a insolvência tanto pode ser atual como iminente, veja-se Silva, Fátima Reis, *Processo Especial de Revitalização – Notas Práticas e Jurisprudência Recente*, Porto Editora, Porto, 2014, p. 72.

[1478] Para uma hipótese de fortes indícios de insolvência atual, cfr. o Ac. Rel. Co., de 6-07-2016 (Carlos Moreira).

[1479] No sentido de que esta comunicação "é ao mesmo tempo comunicação, parecer e requerimento", veja-se Martins, Alexandre de Soveral, *O P.E.R. (Processo Especial de Revitalização)*,

enviado)[1480], sendo o processo especial de revitalização apenso ao processo de insolvência (art. 17.º-G, n.º 4, *ex vi* remissão expressa do art. 17.º-F, n.º 8). Para a elaboração do parecer, deve o administrador judicial provisório ouvir previamente a empresa e os credores (art. 17.º-G, n.º 4). Entendemos[1481] não ser aplicável o segmento inicial do art. 28.º, pelo que não existe reconhecimento pelo devedor da sua situação de insolvência. Em consequência, a empresa poderá deduzir oposição à sentença declaratória de insolvência através de embargos ou de recurso (por força da aplicação analógica do art. 40.º, n.º 1, al. a), e 42.º, n.º 1, respetivamente, ditada pelo princípio do contraditório)[1482].

Mas, a declaração de insolvência é proferida no próprio PER, que se converte em processo de insolvência, ou é proferida num novo processo a distribuir? A primeira solução foi inicialmente sustentada no argumento literal (a letra do art. 17.º-G, n.º 3 – "acarreta a insolvência da empresa, devendo a mesma ser declarada pelo juiz no prazo de três dias úteis, contados a partir da receção pelo tribunal da comunicação mencionada no n.º 1"), na solução expressa contida no art. 17.º-G, n.º 7 (que preceitua "sendo o processo especial

in: "AB INSTANTIA – Revista do Instituto do Conhecimento AB", Ano I, n.º 1, 2013, Almedina, Coimbra, p. 37.

1480 O Ac. T. Const. n.º 55/2018, de 31-01-2018 (CATARINA SARMENTO E CASTRO), julgou "inconstitucional, por violação do artigo 20.º, n.os 1 e 4, conjugado com o artigo 18.º, n.º 2, da Constituição da República Portuguesa, a norma extraível do artigo 17.º-G, n.º 4, do CIRE, interpretada no sentido de que, requerida a insolvência do devedor pelo administrador judicial provisório, se deve aplicar, de imediato, o disposto no art.º 28, com as necessárias adaptações, isto é, que o requerimento do administrador judicial provisório pedindo a insolvência do devedor deve implicar o reconhecimento por este da sua situação de insolvência e a dispensa da sua audiência". Segundo o Ac. Rel. Lx, de 7-12-2016 (PEDRO MARTINS): "O requerimento de insolvência feito pelo administrador judicial provisório (art. 17-G/4 do CIRE) não equivale ao pedido de insolvência por apresentação do devedor, pelo que não há reconhecimento pelo devedor da sua situação de insolvência. II.Feito esse requerimento e autuado e distribuído como processo de insolvência, os devedores devem ser citados entre o mais para deduzirem, querendo, oposição, no prazo de 10 dias (arts. 29.º, 1 e 30.º, 1, ambos do CIRE)".

1481 Como já defendíamos no nosso *O Processo Especial de Revitalização*, Almedina, Coimbra, 2015, p. 77.

1482 Assim, CASANOVA, Nuno Salazar/DINIS, DAVID Sequeira, *PER – O Processo Especial de Revitalização – Comentários aos Artigos 17º-A a 17º-I do Código da Insolvência e da Recuperação de Empresas*, Coimbra Editora, Coimbra, 2014, pp. 165 e ss. Segundo o Ac. Rel. Co. de 23-02-2016 (MOREIRA DO CARMO), "declarada a insolvência, o devedor pode opor-se à mesma, para salvaguarda do princípio do contraditório, por meio de embargos ou de recurso". Sobre o recurso de tal sentença, veja-se o Ac. Rel. Lx, de 15-05-2014 (TIBÉRIO SILVA).

de revitalização convertido em processo de insolvência") e na urgência do PER, que ficaria inviabilizada com a solução contrária[1483]. A Jurisprudência maioritária bem como a Doutrina têm ido no segundo sentido[1484]. Assim, Carvalho Fernandes e João labareda entendem não se tratar em rigor de uma conversão[1485]. Para Fátima Reis Silva, trata-se de um outro processo, devendo o requerimento do administrador "ser remetido à distribuição acompanhado do PER apensado"[1486].

Por último, caso à data do encerramento do PER esteja suspenso um processo de insolvência, a sentença declaratória de insolvência será prolatada no processo entrado em primeiro lugar, onde deverá ser proferido despacho de cessação da suspensão (por força do art. 8.º)[1487].

5. Encerramento do processo

Com a Reforma Legislativa de 2017, as causas e os efeitos do encerramento do PER tiveram um tratamento sistematizado no art. 17.º-J, sob a epígrafe "Encerramento do processo especial de revitalização e cessação de funções do administrador judicial provisório", muito embora (contrariamente ao processo de insolvência – art. 230.º), a lei seja omissa quanto à necessidade de o encerramento ser judicialmente declarado[1488].

[1483] Veja-se, entre outros, o Ac. Rel. Co., de 12-03-2013 (Albertina pedroso). Na doutrina, Pereira, João Aveiro, *A Revitalização Económica dos Devedores, in* "O Direito", ano 145, 2013, I/II, Almedina, Coimbra, p. 47.

[1484] Cfr. o Ac. Rel. Lx, de 15-05-2014 (Tibério Silva) e o Ac. Rel. Po., de 25-11-2014 (Rui Moreira).

[1485] Fernandes, Luís A. Carvalho/Labareda, João, *Código da Insolvência e da Recuperação de Empresas Anotado,* Quid Juris Editora, 3ª edição, Lisboa, 2015, pp. 176-177, nota 12.

[1486] *Processo Especial de Revitalização – Notas práticas e Jurisprudência Recente,* Porto Editora, Porto, 2014, p. 73. Assim, também, Martins, Alexandre de Soveral, *Articulação entre o PER e o Processo de Insolvência, in*: "Revista de Direito da Insolvência", n.º 0, Almedina, Coimbra, 2016, p. 127.

[1487] Assim, o Ac. STJ, de 8-09-2015 (João Camilo). Também, o Ac. Rel. Co., de 24-09-2013 (José Avelino Gonçalves), segundo o qual a solução contrária importaria prejuízo para os credores pois restringiria o âmbito de aplicação temporal do art. 120.º do CIRE. "Bastava, na pendência da insolvência, lançar mão do PER para tornar esta norma (quase) inútil, assim se prejudicando os credores".

[1488] No sentido de que o encerramento tem que ser judicialmente declarado (muito embora, à luz do regime anterior do PER), veja-se Fernandes, Luís A. Carvalho/Labareda, João, *Código da Insolvência e da Recuperação de Empresas Anotado,* Quid Juris Editora, 3ª edição, Lisboa, 2015, p. 177, nota 13. Sobre a questão, ainda antes do aditamento do art. 17.º-J, veja-se martins,

Importa, todavia, traçar a fronteira entre o encerramento do processo negocial[1489] e o encerramento do PER[1490].

O legislador previu o encerramento do processo negocial pelo decurso do prazo previsto no art. 17.º-D, n.º 5, sem qualquer acordo (encerramento por caducidade)[1491] ou por impossibilidade, assumida pela empresa ou pela maioria dos credores prevista no art. 17.º-F, n.º 5, de obtenção de acordo antes do término do prazo para as negociações (encerramento antecipado)[1492] (art. 17.º-G, n.º 1). A estas causas de encerramento do processo negocial deve, naturalmente, acrescer a hipótese de ser depositada a versão final do plano, até ao último dia do prazo para as negociações, sem a subsequente aprovação (por maioria ou unanimidade) (art. 17.º-F, n.º 1). Na verdade, se o plano

Alexandre de Soveral, *O P.E.R. (Processo Especial de Revitalização), in:* "Ab Instantia – Revista do Instituto do Conhecimento AB", Ano I, n.º 1, 2013, Almedina, Coimbra, pp. 37 e ss.

1489 À luz do regime anterior do PER, segundo o Ac. Rel. Guim., de 1-10-2013 (Maria Rosa Tching), e por aplicação, com as necessárias adaptações, do art. 21.º, "a prolação da decisão declaratória do encerramento do processo [negocial] marca o limite a partir do qual deixa de poder haver lugar à desistência da instância ou do pedido de revitalização, sendo indiferente o trânsito em julgado desta decisão".

1490 Ainda antes da Reforma Legislativa de 2017, também no sentido de que não se deve confundir o encerramento do processo negocial com o encerramento do PER, veja-se Martins, Alexandre de Soveral, *O P.E.R. (Processo Especial de Revitalização), in:* "Ab Instantia – Revista do Instituto do Conhecimento AB", Ano I, n.º 1, 2013, Almedina, Coimbra, p. 36; em sentido contrário, e fazendo coincidir temporalmente estes dois momentos, cfr. Casanova, Nuno Salazar/Dinis, David Sequeira, *PER – O Processo Especial de Revitalização – Comentários aos Artigos 17º-A a 17º-I do Código da Insolvência e da Recuperação de Empresas,* Coimbra Editora, Coimbra, 2014, p. 160.

1491 Ou seja, até ao último dia do prazo, a empresa não deposita no tribunal a última versão do plano (art. 17.º-F, n.º 1). O prazo previsto no art. 17.º-F, n.º 1, é, assim, um prazo de caducidade, pelo que o acordo obtido após o decurso do prazo não pode ser homologado pelo juiz. Assim, Fernandes, Luís A. Carvalho/Labareda, João, *Código da Insolvência e da Recuperação de Empresas Anotado,* Quid Juris Editora, 3ª edição, Lisboa, 2015, p. 157, nota 17. Segundo o Ac. Rel. Co., de 21-10-2014 (Sílvia Pires), "Inserindo-se a aprovação do plano de recuperação dentro da fase das negociações, uma vez decorrido o prazo máximo destas sem a aprovação unânime daquele impõe-se a não homologação do plano por ter sido aprovado em violação de norma legal imperativa – n.º 1 do art.º 17º-G conjugada com o n.º 5 do art.º 17º-D, ambos do CIRE".

1492 Será possível o processo encerrar antes do decurso do prazo, a pedido dos credores com base na inexistência dos pressupostos do PER? Parece que não. Como processo híbrido, essa competência pertence ao administrador judicial provisório, ao longo do processo, e ao juiz, no momento da decisão de homologação. Assim, Casanova, Nuno Salazar/Dinis, David Sequeira, *PER – O Processo Especial de Revitalização – Comentários aos Artigos 17º-A a 17º-I do Código da Insolvência e da Recuperação de Empresas,* Coimbra Editora, Coimbra, 2014, pp. 17 e 18.

pode ser alterado (por força de *inputs* dos credores ou da empresa), em rigor, o processo negocial ainda não estará encerrado.

5.1. Trânsito em julgado da decisão homologatória

As negociações podem terminar com a obtenção de um acordo entre a empresa e os seus credores. Neste caso, a eficácia do acordo ainda depende da intervenção judicial através de decisão homologatória. Se o acordo obtido for homologado, o processo encerra apenas com o trânsito em julgado da decisão homologatória (art. 17.º-J, n.º 1, al. a)), ou seja, na pendência do recurso, o processo continua aberto, muito embora, como veremos, o administrador judicial provisório já não esteja em funções e os efeitos associados à sua nomeação já se tenham extinguido.

O alcance do encerramento do PER, nos casos de trânsito em julgado da decisão homologatória, é muito limitado no que concerne aos efeitos associados à nomeação do administrador judicial provisório. Efetivamente, a duração destes efeitos está associada pela lei a outro momento temporal, senão vejamos.

Quanto aos efeitos processuais – seja quanto às ações para cobrança de dívidas (art. 17.º-E, n.º 1), seja relativamente aos processos de insolvência não propostos pela empresa desde que não haja declaração de insolvência (art. 17.º-E, n.º 6) – , por força da letra do art. 17.º-E, n.ºs 1 e 6, parece que estes efeitos se extinguem logo que seja homologado o plano de recuperação[1493]. Depois, a suspensão de todos os prazos de prescrição e de caducidade oponíveis pela empresa cessa com a prolação do despacho de homologação (e não com o trânsito em julgado do despacho). Em terceiro lugar, a proibição de suspensão dos serviços públicos essenciais tem início no momento do despacho de nomeação do administrador judicial provisório e mantém-se durante todo o tempo em que perdurarem as negociações, o que significa que cessa, necessariamente, antes do trânsito em julgado da decisão de homologação do plano (art. 17.º-F, n.º 8).

Por último, nem tão pouco a proibição de atos de especial relevo cessa no momento do encerramento do PER, nos casos de homologação do plano. Tendo o recurso da decisão homologatória efeito meramente devolutivo

[1493] Considerando que os efeitos não cessam no momento do encerramento das negociações, Ac. Rel. Lx, de 16-11-2016 (Duro Mateus Cardoso).

(e não efeito suspensivo), de imediato se produzem os efeitos do plano de recuperação, o qual pressuporá, naturalmente a recuperação na plenitude dos poderes de disposição e de administração (salvo se no plano se previr expressamente o contrário). Até porque, o administrador judicial provisório já não está em funções (como veremos) e não compete ao juiz autorizar a prática dos atos de especial relevo.

5.2. Outras causas

Se o plano não foi aprovado ou não foi homologado, o administrador judicial provisório comunica/emite parecer no processo sobre a situação de (in) solvência da empresa. Se a empresa não se encontrar insolvente, o processo encerra nesse momento; se a empresa se encontrar insolvente, o processo encerra no momento em que o administrador judicial provisório emite o parecer e requer a insolvência ou, mais tarde, no momento em que a insolvência é declarada pelo juiz do processo de insolvência (e não pelo juiz do PER)? A lei não é clara a este propósito, pois refere-se apenas, com demasiada latitude, ao cumprimento (por quem?) do disposto nos n.ºs 1 a 5 do art. 17.º-G (art. 17.º-J, n.º 1, al. b)).

Segundo o art. 17.º-G, n.º 2, *se a empresa não se encontrar numa situação de insolvência*, o encerramento do processo acarreta a extinção de todos os seus efeitos[1494].

Porém, em bom rigor, apenas as ações para cobrança de dívidas ou as ações de insolvência retomam o seu curso nesse momento temporal. Isto porque, a suspensão de todos os prazos de prescrição e de caducidade oponíveis pela empresa cessa com o despacho de não homologação (e não nos termos do art. 17.º-G, n.ºs 1 a 5); com o apuramento do resultado da votação, caso não seja aprovado o plano de recuperação (e não nos termos do art. 17.º-G, n.ºs 1 a 5), ou com o encerramento das negociações (aqui já nos termos do art. 17.º-G, n.ºs 1 a 5, 17.º-J, n.º 1, al. b)). Para além disso, a proibição de suspensão dos serviços públicos essenciais mantém-se durante todo o tempo em que perdurarem

[1494] Não se compreende que a extinção do PER sem acordo não tenha a mesma publicidade de que goza a extinção com acordo homologado (publicidade e registo segundo o art. 17.º-F, n.º 10). Se o despacho de admissão do requerimento é objeto de publicidade nos termos dos arts. 37.º e 38.º (*ex vi* do art. 17.º-C, n.º 4), a extinção dos efeitos desse despacho devia gozar da mesma publicidade (à semelhança, aliás, da decisão de encerramento do processo de insolvência – art. 230.º, n.º 2).

as negociações (art. 17.º-F, n.º 8), cessando, necessariamente, antes do trânsito em julgado da decisão de homologação do plano e igualmente antes do momento previsto no art. 17.º-G, n.ºs 1 a 5.

Por último, se o administrador judicial provisório entender que a empresa se encontra em situação de insolvência, o PER também encerra e, com esse encerramento, extinguem-se os seus efeitos. No entanto, com a abertura do processo de insolvência, desencadeiam-se os efeitos da declaração de insolvência: as restrições ao poder de disposição próprias do PER dão lugar às restrições associadas à declaração de insolvência, o administrador judicial provisório cessa funções e é substituído pelo administrador da insolvência, as ações para cobrança de dívidas continuam suspensas[1495] (art. 88.º), os prazos de prescrição e de caducidade continuam suspensos (art. 100.º).

Para além disso, o prazo para a reclamação de créditos, previsto no art. 36.º, n.º 1, al. j) destina-se apenas à reclamação de créditos não reclamados nos termos do art. 17.º-D, n.º 2 (art. 17.º-G, n.º 7)[1496]. Isto não significa, no entanto, que os créditos constantes da lista definitiva do PER não possam ser impugnados no âmbito do processo de insolvência, pois, como defendemos *supra*, esta lista tem apenas força de caso julgado formal[1497]. E também não significa que os créditos reconhecidos não possam ser reclamados no processo de insolvência, uma vez que o seu montante poderá ter sofrido uma atualização por força dos juros ou até de eventuais pagamentos que a empresa tenha realizado[1498].

[1495] E as ações condenatórias que (na nossa opinião) não ficaram suspensas no âmbito do PER, também não vão ficar suspensas no âmbito do processo de insolvência. Veja-se, no entanto, a este propósito, o Acórdão de Uniformização de Jurisprudência, n.º 1/2014, de 8 de maio de 2013.

[1496] Para Fátima Reis Silva, o administrador judicial provisório do PER tem preferência na nomeação como administrador da insolvência (art. 52.º *ex vi* do art. 32.º, n.º 1, e 17.º-C, n.º 3, al. a)) – *Processo Especial de Revitalização – Notas práticas e Jurisprudência Recente*, Porto Editora, Porto, 2014, pp. 28 e 29.

[1497] Assim também Pereira, João Aveiro, *A Revitalização Económica dos Devedores, in* "O Direito", ano 145, 2013, I/II, Almedina, Coimbra, p. 47; Silva, Fátima Reis, *A Verificação de Créditos no Processo de Revitalização, in:* "II Congresso de Direito da Insolvência", Almedina, Coimbra, 2014, p. 263. Na *jurisprudência*, em sentido contrário, cfr. o Ac. Rel. Lx., de 9-05-2013 (Ondina Carmo Alves).

[1498] Para Fátima Reis Silva, a interpretação correta do preceito "não pode deixar de ser que os credores que já relamaram créditos no PER podem não os reclamar novamente em processo de insolvência sequencial porque os seus créditos se consideram reclamados e não que não os podem reclamar novamente" – *A Verificação de Créditos no Processo de Revitalização, in:* "II

6. Cessação de funções do administrador judicial provisório

Segundo o art. 17.º-J, n.º 2, o administrador judicial provisório cessa as suas funções (naturalmente, sem prejuízo da sua substituição ou remoção), com a prolação da sentença de homologação do plano de recuperação ou, nos demais casos, com o encerramento do processo nos termos previstos na alínea b) do art. 17.º-J, n.º 1.

O momento do encerramento do processo e o momento da cessação de funções do ajp poderão não coincidir. Isto porque, é com a mera prolação da decisão de homologação do plano que cessam as funções do ajp. Porém, apenas com o trânsito em julgado dessa decisão se dá o encerramento do processo. Isto significa que o processo continuará aberto, não obstante já não exista um ajp em funções, o que se compreende, uma vez que as suas funções no PER já se esgotaram. Se o processo encerrar nos termos previstos na alínea b) do art. 17.º-J, n.º 1, a cessação de funções do ajp coincide com o encerramento do PER.

Por último, o Conselho Consultivo do Instituto dos Registos e Notariado emitiu Parecer (de 15 de dezembro de 2017) sobre a questão de saber "se o registo da decisão de homologação do plano de recuperação no âmbito o PER deve ser acompanhado do registo de cessação de funções do administrador judicial provisório, em face do disposto no Código da Insolvência e da Recuperação de Empresas (CIRE)". A resposta foi a seguinte: "ora, como em todas as outras hipóteses no CRCom em que a previsão de um registo de designação é seguida da previsão do registo de cessação de funções, a unidade do sistema jurídico-registal demanda que também aqui se efetue o registo de cessação de funções, pelo que temos de concluir que o n.º 5 do artigo 17.º-C ao remeter para o disposto no artigo 38.º se reporta ao regime de publicidade previsto para a nomeação do administrador de insolvência, o qual engloba, quer a nomeação, quer a cessação de funções [cfr. artigo 9.º, alínea l), e artigo 67.º, n.º 3, do CRCom e artigo 22.º, 4.1 do RERN]"[1499].

Congresso de Direito da Insolvência", Almedina, Coimbra, 2014, pp. 262 e 263. Defendendo que os créditos incluídos na lista definitiva não podem voltar a ser reclamados, Martins, Alexandre de Soveral, *Articulação entre o PER e o Processo de Insolvência, in*: "Revista de Direito da Insolvência", n.º 0, Almedina, Coimbra, 2016, pp. 130 e ss.

[1499] http://www.irn.mj.pt/IRN/sections/irn/doutrina/pareceres/comercial/2017/pareceres-11-25-017/downloadFile/attachedFile_6_f0/55_CC_2017-Co18_2017_STJ_CC.pdf?nocache=1516635784.67

§5. Garantias

1. Manutenção das garantias

Com o objetivo de promover a participação e a adesão dos credores ao PER, o art. 17.º-H, n.º 1, prevê a manutenção, pelo prazo de dois anos (subsequentes ao encerramento do processo), das garantias convencionadas entre a empresa e os seus credores durante o PER, com a finalidade de proporcionar àquela os meios financeiros necessários para o desenvolvimento da sua atividade.

A manutenção das garantias significa, designadamente: a sua não extinção por aplicação do art. 97.º, n.º 1, al. e) do CIRE, a sua imunidade, durante o período de tempo referido, ao mecanismo da resolução em benefício da massa insolvente – seja por aplicação do art. 121.º, n.º 1, als. c) e e), isto é, do mecanismo da resolução incondicional, seja no âmbito do mecanismo da resolução condicional, previsto no art. 120.º[1500] (por força do seu n.º 3, combinado com o art. 121.º, n.º 1, als. c) e e), a constituição de garantias presume-se prejudicial aos credores)[1501] – e, também, a imunidade do negócio que lhe subjaz[1502].

A expressão "proporcionar ao devedor os meios necessários para o desenvolvimento da sua atividade" deverá ser entendida como "disponibilização de capital" ou poderá abranger, mais latamente, situações de pagamento diferido ou de pagamento do preço em prestações, ou outras semelhantes? Pena foi que o legislador não tivesse aproveitado o ensejo para esclarecer a questão[1503].

[1500] Por todos, CASANOVA, Nuno Salazar/DINIS, DAVID Sequeira, *PER – O Processo Especial de Revitalização – Comentários aos Artigos 17º-A a 17º-I do Código da Insolvência e da Recuperação de Empresas*, Coimbra Editora, Coimbra, 2014, p. 176.

[1501] Defendendo a suscetibilidade de impugnação pauliana ou de declaração de nulidade desses atos, nos termos dos meios gerais da tutela dos credores, veja-se FERNANDES, Luís A. Carvalho/LABAREDA, João, *Código da Insolvência e da Recuperação de Empresas Anotado,* Quid Juris Editora, 3ª edição, Lisboa, 2015, pp. 180-181, nota 8.

[1502] Assim, FERNANDES, Luís A. Carvalho/LABAREDA, João, *Código da Insolvência e da Recuperação de Empresas Anotado,* Quid Juris Editora, 3ª edição, Lisboa, 2015, p. 184, nota 6.

[1503] Seguindo o rigor terminológico adotado noutros diplomas. Veja-se, por exemplo, o art. 28.º da Lei n.º 8/2018, de 2 de março (RERE), que protege da resolução em benefício da massa insolvente os negócios jurídicos que hajam compreendido a efetiva disponibilização ao devedor de novos créditos pecuniários, incluindo sob a forma de deferimento de pagamento.

Será que estão aqui abrangidas apenas as garantias prestadas a favor de novos créditos, ou também as garantias prestadas a favor de créditos preexistentes[1504]?

Devemos também entender que se mantêm as garantias prestadas a favor de pessoa especialmente relacionada com a empresa (designadamente, um acionista)? Ou seja, os créditos de pessoa especialmente relacionada com a empresa que se destinem a proporcionar os meios financeiros necessários ao desenvolvimento da atividade da empresa, conservam as garantias convencionadas, escapando, por isso, ao âmbito de aplicação do art. 47.º, n.º 4, al. b), e do art. 97.º, n.º 1, al. e)[1505]?

2. Privilégio creditório pelo financiamento

O n.º 2 do art. 17.º-H atribui aos credores[1506] um privilégio creditório mobiliário geral (graduado antes do privilégio creditório mobiliário geral dos trabalhadores, o qual, por seu turno, é graduado segundo o disposto no art. 333.º do CTrabalho), pelo financiamento da empresa, durante o processo, através da disponibilização de capital para a sua revitalização.

Por força do art. 733.º, e perante o silêncio da lei insolvencial, o privilégio creditório abrange os juros relativos aos últimos dois anos, se devidos (art. 734.º do Código Civil).

Será que este n.º 2 do art. 17.º-H se aplica apenas à disponibilização de capital ("dinheiro vivo" ou *fresh money*) ou, mais amplamente, a outros

[1504] No sentido de que também as garantias convencionadas a favor de créditos preexistentes estão aqui contempladas, *vide* CASANOVA, Nuno Salazar/DINIS, DAVID Sequeira, *PER – O Processo Especial de Revitalização – Comentários aos Artigos 17º-A a 17º-I do Código da Insolvência e da Recuperação de Empresas*, Coimbra Editora, Coimbra, 2014, pp. 180 e 181. Defendendo que são apenas as garantias prestadas a favor de financiamentos concedidos ao devedor na pendência do PER (e não as garantias prestadas a favor "de créditos anteriores de que seja titular o mesmo credor financiador"), veja-se PEREIRA, João Aveiro, *A Revitalização Económica dos Devedores*, *in* "O Direito", ano 145, 2013, I/II, Almedina, Coimbra, p. 39.

[1505] Neste sentido, CASANOVA, Nuno Salazar/DINIS, DAVID Sequeira, *PER – O Processo Especial de Revitalização – Comentários aos Artigos 17º-A a 17º-I do Código da Insolvência e da Recuperação de Empresas*, Coimbra Editora, Coimbra, 2014, pp. 181 e ss.

[1506] Defendendo que, não obstante a letra da lei, não é necessário que o financiamento seja feito por quem já era previamente credor, CASANOVA, Nuno Salazar/DINIS, DAVID Sequeira, *PER – O Processo Especial de Revitalização – Comentários aos artigos 17º-A a 17º-I do Código da Insolvência e da Recuperação de Empresas*, Coimbra Editora, Coimbra, 2014, p. 183.

"financiamentos"? Será que há razões objetivas para diferenciar os credores que injetam capital dos credores que concedem "novos financiamentos" através de moratórias ou fracionamentos de pagamentos, ou novos fornecimentos[1507]? Deveremos distinguir a moratória e o fracionamento de pagamento relativamente aos créditos antigos e aos créditos novos? Se considerarmos que todas as moratórias e todos os fracionamentos de pagamento devem beneficiar desta garantia legal, corremos o risco de generalizar a atribuição de privilégios creditórios[1508], esvaziando-os de conteúdo.

Para além do mais, qual o sentido e alcance da referência legal ao "financiamento da empresa, duante o processo"? Será que este "financiamento ponte" depende da aprovação e da homologação do plano? Será que beneficia os financiamentos sob a forma de suprimentos[1509]? Se assim for, a sua natureza privilegiada afastará necessariamente o caráter subordinado dos créditos (arts. 48.º, al. g) e 47.º, n.º 4, al. b))

Entendemos que este privilégio creditório mobiliário geral não constitui estímulo suficiente para a participação dos credores. "O legislador *poderia e deveria ter ido mais longe.* A consagração de um privilégio mobiliário geral a favor dos créditos de financiamento da atividade da empresa (mesmo que graduado antes do privilégio dos trabalhadores) não é um incentivo ao financiamento de que tanto depende a recuperação daquela[1510] – qual é o credor que,

[1507] Defendendo que "nada justifica que um credor que conceda ao devedor novas disponibilidades pecuniárias deva ficar em melhor situação – mais protegido – do que aquele que lhe faz novos fornecimentos ou faculta novas entradas patrimoniais, sem o recebimento imediato do respetivo preço", veja-se Fernandes, Luís A. Carvalho/Labareda, João, *Código da Insolvência e da Recuperação de Empresas Anotado*, Quid Juris Editora, 3ª edição, Lisboa, 2015, p. 179, nota 4. No sentido de que o preceito apenas abrange "um fluxo de dinheiro e não outros valores", veja-se Silva, Fátima Reis, *Processo Especial de Revitalização – Notas Práticas e Jurisprudência Recente*, Porto Editora, Porto, 2014, p. 76; Oliveira, Madalena Perestrelo de, *O Regime de Proteção do "Dinheiro Novo" no PER, in:* "Revista de Direito das Sociedades", ano IX (2017), n.º 1, p. 42.

[1508] Risco agravado pela superioridade hierárquica destes créditos face aos créditos dos trabalhadores.

[1509] Sobre as questões, Oliveira, Madalena Perestrelo, *O Regime de Proteção do "Dinheiro Novo" no PER, in:* "Revista de Direito das Sociedades", ano IX (2017), n.º 1, pp. 46-48.

[1510] Já poderia constituir um incentivo a graduação destes créditos, total ou parcialmente, como créditos sobre a massa (e, por isso, satisfeitos precipuamente), à semelhança do legislador espanhol, francês e italiano.

neste contexto, vai assumir o risco de financiar uma empresa numa situação de crise?"[1511]

3. O caso especial dos garantes

Perante mais uma (de entre muitas) desnecessária omissão do legislador, coloca-se a questão da eficácia do PER perante os terceiros garantes.

No âmbito do plano de insolvência, dispõe o art. 217.º, n.º 4, que as providências previstas no plano de insolvência com incidência no passivo do devedor não afetam a existência nem o montante dos direitos dos credores da insolvência contra os terceiros garantes da obrigação, por um lado, mas os direitos dos garantes perante o devedor garantido só poderão ser exercidos nos mesmos termos em que os credores da insolvência os pudessem exercer contra o devedor, por outro lado[1512_1513].

Defendemos a aplicação do disposto no art. 217.º, n.º 4, ao PER, desde logo, porque, se esta solução vale para o processo de insolvência – cuja finalidade primacial é a satisfação dos interesses dos credores –, por maioria de razão terá que valer no PER – onde se pretende recuperar a empresa[1514]. Qual o credor garantido que vai votar favoravelmente o plano se sabe que corre o risco de perder (ou de ver reduzida) essa garantia (que pretende exatamente acautelar as dificuldades de pagamento da própria empresa)?

[1511] Veja-se o nosso *O Processo Especial de Revitalização, in:* "II Congresso Direito das Sociedades em Revista", Almedina, Coimbra, 2012, p. 262.

[1512] No sentido de que esta solução é aplicável ainda que o credor tenha votado favoravelmente a medida, veja-se FERNANDES, Luís A. Carvalho/LABAREDA, João, *Código da Insolvência e da Recuperação de Empresas Anotado,* 3ª edição, Quid Juris Editora, Lisboa, 2015, pp. 792-793., nota 12.

[1513] Foram, assim, acolhidas as críticas feitas por CARVALHO FERNANDES e JOÃO LABAREDA ao regime previsto no art. 63.º do CPEREF. Ditava este preceito que "as providências de recuperação a que se refere o artigo anterior não afectam a existência nem o montante dos direitos dos credores contra os co-obrigados ou os terceiros garantes da obrigação, salvo se os titulares dos créditos tiverem aceitado ou aprovado as providências tomadas". Esta norma suscitava dúvidas da perspetiva da viabilização da empresa, mas tutelava os interesses dos garantes – FERNANDES, Luís A. Carvalho/LABAREDA, João, *Código dos Processos Especiais de Recuperação da Empresa e de Falência Anotado,* 3ª edição, Quid Juris Editora, Lisboa, 1998, p. 204, nota 2.

[1514] Aplicando o art. 217.º ao PER, ao plano de revitalização e aos seus efeitos, mas sem se debruçarem concretamente sobre a aplicabilidade do seu n.º 4, veja-se CASANOVA, Nuno Salazar/DINIS, DAVID Sequeira, *PER – O Processo Especial de Revitalização – Comentários aos Artigos 17º-A a 17º-I do Código da Insolvência e da Recuperação de Empresas,* Coimbra Editora, Coimbra, 2014, pp. 151-152.

Em segundo lugar, a aplicação do n.º 4 do art. 217.º pode também ser sustentada na remissão operada pelo art. 17.º-F, n.º 7, para as regras previstas no título IX (onde se insere, designadamente, o art. 217.º).

Na jurisprudência, tem sido defendido que "as providências com incidência no passivo do devedor – designadamente a modificação dos prazos de vencimento das obrigações – previstas em plano de recuperação aprovado e homologado em processo especial de revitalização referente à subscritora de uma livrança não aproveitam aos respectivos avalistas e, como tal, não obstam à instauração e prosseguimento da execução onde lhes é exigido o pagamento da quantia titulada na livrança"[1515]. Porém, a extensão desta blindagem dos direitos dos credores face aos garantes não é pacífica na doutrina – será que, com base numa interpretação literal, a norma apenas se aplica aos casos de perdão e de redução do montante do crédito, ou abrange também os prazos de pagamento[1516]?

§6. Incumprimento

O incumprimento do plano aprovado em sede de PER rege-se pelo disposto no art. 218.º, n.º 1, por remissão expressa do art. 17.º-F, n.º 12[1517]. Reza o art. 218.º, n.º 1, que:

> "1 – Salvo disposição expressa do plano de insolvência em sentido diverso, a moratória ou o perdão previstos no plano ficam sem efeito:

[1515] Ac. Rel. Co., de 3-06- 2014 (Catarina Gonçalves). No mesmo sentido, os Acs. Rel. Co., de 3-06-2014 (Anabela Luna de carvalho) e de 6-07-2016 (João Moreira do Carmo), o Ac. Rel. Po., de 7-10-2014 (José Igreja Matos). Defendendo a aplicação por interpretação extensiva, cfr. o Ac. Rel. Po., de 16-09-2014 (M. Pinto dos Santos). Sobre o aval, veja-se, por todos, Antunes, José A. Engrácia, *Os Títulos de Crédito – Uma Introdução*, 2ª edição, Coimbra Editora, Coimbra, 2012, pp. 85 e ss.

[1516] No primeiro sentido, cfr. Serra, Catarina, *Nótula sobre o Art. 217.º, n.º 4, do CIRE (o direito de o credor agir contra o avalista no contexto do plano de insolvência), in:* "Estudos Dedicados ao Professor Doutor Luís Alberto Carvalho Fernandes", UCE Editora, Lisboa, 2011, p. 382. Em sentido contrário, Fernandes, Luís A. Carvalho/Labareda, João, *Código da Insolvência e da Recuperação de Empresas Anotado,* 3ª edição, Quid Juris Editora, Lisboa, 2015, pp. 793 e 794, nota 14.

[1517] Já defendíamos esta solução, ao abrigo da versão inicial do PER – veja-se, designadamente, o nosso *O Processo Especial de Revitalização,* 1ª reimpressão, Almedina, Coimbra, 2016, pp. 97 e 98. Aplaudindo esta solução, veja-se Festas, David de Oliveira, *Alterações a Introduzir no Processo Especial de Revitalização, in* "Revista de Direito das Sociedades", Ano IX (2017), n.º 1, p. 36.

a) Quanto a crédito relativamente ao qual o devedor se constitua em mora, se a prestação, acrescida dos juros moratórios, não for cumprida no prazo de 15 dias após interpelação escrita pelo credor;
b) Quanto a todos os créditos se, antes de finda a execução do plano, o devedor for declarado em situação de insolvência em novo processo".

Trata-se de um conceito amplo de incumprimento, que abrange o incumprimento *stricto sensu* do plano (al. a)) e também a declaração superveniente de insolvência da empresa (al. b)). Começando pelo primeiro, está em causa um incumprimento definitivo da prestação acrescida de juros moratórios, que pressupõe: um atraso no cumprimento da prestação e a interpelação da empresa pelo credor para, no prazo de 15 dias, cumprir a obrigação e os juros moratórios, sob pena de a obrigação se ter por definitivamente incumprida (à semelhança da "interpelação cominatória", regulada no art. 808.º do CC). Em resultado deste incumprimento definitivo, ficam sem efeito a moratória e o perdão relativos a esse crédito objeto de inadimplemento (e não relativamente aos outros créditos)[1518].

Quanto à declaração subsequente de insolvência da empresa, durante a execução do plano, a sua eficácia estende-se a todos os créditos, pois a moratória ou o perdão previstos no plano ficam sem efeito relativamente a todos eles. Outra solução legal não seria de esperar, uma vez que o pressuposto em que assentou a autolimitação dos direitos dos credores (a garantia do cumprimento das obrigações nos termos acordado) falha.

Sem resposta legal direta[1519], ficam as consequências da apresentação da empresa a novo PER. Entendemos que o art. 218.º, n.º 1, al. b) também se aplica a esta hipótese, ficando, por isso, sem efeito as moratórias e os perdões, valendo

[1518] Trata-se de uma solução que potencia conluios entre o devedor e esse credor em prejuízo dos restantes (violadora, por isso, do princípio da igualdade dos credores).

[1519] Também sem resposta direta do legislador fica a subsunção, com as devidas adaptações, do incumprimento do PER na alínea f) do n.º 1 do art. 20.º (o incumprimento de obrigações previstas em plano de insolvência ou em plano de pagamentos, nas condições previstas na alínea a) do n.º 1 e no n.º 2 do artigo 218, ao qual subjaz a presunção de que o devedor continua insolvente) – será um facto índice da insolvência da empresa?

também aqui, *mutatis mutandis*, as mesmas razões que subjazem à ineficácia do perdão e da moratória em consequência da declaração de insolvência da empresa.

Por último, o incumprimento do plano de recuperação não poderá ser apreciado no próprio processo especial de revitalização ou incidente que seja nele suscitado, pois o tribunal não é competente para apreciar essa matéria (que não é subsumível em nenhuma das alíneas do art. 128.º, n.º 1 da LOSJ)[1520].

§7. Segundos PER'S

De acordo com o art. 17.º-G, n.º 6, a empresa fica impedida de recorrer a um novo PER nos dois anos subsequentes ao seu encerramento, ou melhor, ao encerramento enquadrável no art. 17.º-J, n.º 1, al. b). Por força da remissão expressa do art. 17.º-F, n.º 8, a mesma solução é estendida também à hipótese de o plano aprovado não vir a ser homologado[1521].

Para além do mais, se o plano for aprovado e homologado, a empresa não poderá requerer um novo PER nos dois anos seguintes à decisão de homologação (e não ao seu trânsito em julgado) (art. 17.º-F, n.º 13). Porém, a empresa poderá excecionalmente apresentar-se a PER antes de expirado o referido prazo se, no respetivo requerimento inicial, demonstrar que executou integralmente o plano[1522] ou que o requerimento de novo processo especial de revitalização é "motivado por fatores alheios ao próprio plano e a alteração superveniente é alheia à empresa".

[1520] Assim, Ac. Rel. Lx, de 11-08-2016 (Maria da Conceição Saavedra).

[1521] A proibição de recurso ao PER nos dois anos seguintes ao encerramento do mesmo por não homologação de plano aprovado já era defendida por nós, com base numa interpretação extensiva do art. 17.º-G, n.º 6 – *O Processo Especial de Revitalização*, Almedina, Coimbra, 2015, p. 76. Contra, Casanova, Nuno Salazar/Dinis, David Sequeira, *PER – O Processo Especial de Revitalização – Comentários aos Artigos 17º-A a 17º-I do Código da Insolvência e da Recuperação de Empresas*, Coimbra Editora, Coimbra, 2014, pp. 168 e 169. Para estes Autores, à luz da redação anterior do preceito, se fosse aprovado um plano, não existia qualquer impedimento ao recurso a um novo PER nos dois anos seguintes, fazendo todo o sentido conceder ao devedor e credores uma segunda oportunidade.

[1522] Se a empresa se apresenta a novo PER, será que o plano anterior cumpriu o seu objetivo de revitalização da empresa (e, portanto, será que se encontra integralmente cumprido)?

§8. Homologação de acordos extrajudiciais

1. Abertura do processo

O art. 17.º-I regula uma modalidade de PER[1523], mais abreviada e rápida, destinada à homologação de acordos extrajudiciais de recuperação[1524]. Neste caso, antes da abertura do PER, a empresa já celebrou acordo com os seus credores (que representem pelo menos a maioria dos votos prevista no art. 17.º-F, n.º 5), inexistindo, por isso, no decurso do processo, um período de negociações.

Em consequência, o PER inicia-se com a apresentação pela empresa[1525] de um acordo extrajudicial de recuperação já assinado por si e pelos seus credores e acompanhado dos documentos previstos nos arts. 17.º-A, n.º 2, e 24.º, n.º 1 (art. 17º-I, nº 1).

2. Despacho liminar

Recebido o pedido devidamente documentado, o juiz profere despacho liminar, o qual, à semelhança do PER para obtenção de acordo, poderá ser de indeferimento liminar, de correção ou de admissão do pedido[1526].

No despacho de admissão, o juiz nomeia administrador judicial provisório[1527], devendo a secretaria notificar os credores que não subscreveram o plano (e que constam da lista de créditos relacionados pela empresa) da existência do acordo e que este fica patente na secretaria[1528] (art. 17.º-I, n.º 2, al. a)).

1523 Defendendo que o PER para homologação de acordo extrajudicial ainda é um processo especial de revitalização, MARTINS, Alexandre de Soveral, *O P.E.R. (Processo Especial de Revitalização), in:* "AB INSTANTIA – Revista do Instituto do Conhecimento AB", Ano I, n.º 1, 2013, Almedina, Coimbra, p. 40.

1524 Quanto ao âmbito (objetivo e subjetivo) de aplicação valem aqui, *mutatis mutandis*, as considerações feitas *supra* a respeito do PER para abertura de negociações.

1525 No sentido de que é a este que pertence o impulso processual, veja-se CASANOVA, Nuno Salazar/DINIS, DAVID Sequeira, *PER – O Processo Especial de Revitalização – Comentários aos Artigos 17º-A a 17º-I do Código da Insolvência e da Recuperação de Empresas*, Coimbra Editora, Coimbra, 2014, p. 189.

1526 Na nossa opinião, valem aqui as considerações feitas *supra* a propósito do despacho liminar em sede de PER destinado à obtenção de acordo.

1527 O qual deverá estar inscrito na respetiva lista oficial, e que poderá ser indicado pelos subscritores do acordo, nos termos do art. 32.º, n.º 1 (*ex vi* do art. 17.º-I, n.º 2). O âmbito das competências do administrador judicial provisório neste processo de homologação de acordos extrajudiciais foi definido pela lei, por remissão para o disposto nos arts. 32.º a 34.º (art. 17.º-I, n.º 2, proémio).

1528 O devedor não está obrigado a fazer a comunicação aos seus credores, prevista no art. 17.º-D, n.º 1. Assim, também, SILVA, Fátima Reis, *Processo Especial de Revitalização – Notas Práticas e Jurisprudência Recente*, Porto Editora, Porto, 2014, p. 78.

Para além disso, apesar de não existir um período de negociações, este despacho de admissão desencadeia os mesmos efeitos processuais e substantivos associados pela lei ao despacho de admissão de requerimento de abertura de negociações para a obtenção de acordo em sede de PER.

Começando pelos *primeiros*, o despacho obsta à instauração contra a empresa de quaisquer ações para cobrança de dívidas e suspende aquelas que já estiverem em curso (art. 17.º-E, n.º 1, *ex vi* do art. 17.º-I, n.º 6)[1529]. Para além disso, os processos de insolvência em curso (desde que não tenham sido desencadeados pela empresa e desde que ainda não tenha sido proferida sentença declarativa de insolvência) suspendem-se na data da publicação no portal *Citius* do despacho de nomeação do administrador judicial provisório (art. 17.º-E, n.º 6, *ex vi* do art. 17.º-I, n.º 6). Quanto aos *efeitos substantivos*, a empresa fica impedida de praticar atos de especial relevo (nos termos do art. 161.º), sem a prévia autorização do administrador judicial provisório (art. 17.º-E, n.ºs 2 a 5, *ex vi* do art. 17.º-I, n.º 6); os prestadores de serviços públicos essenciais ficam sujeitos à disciplina prevista no art. 17.º-E, n.ºs 8 e 9; todos os prazos de prescrição e de caducidade oponíveis pela empresa aos seus credores ficam suspensos (art. 17.º-E, n.º 7).

3. Reclamação de créditos

Os credores podem reclamar os seus créditos no prazo de 20 dias a contar da publicação no portal *Citius* do despacho de admissão do acordo extrajudicial (art. 17.º-D, n.º 2, *ex vi* do art. 17.º-I, n.º 3), através de requerimento dirigido ao administrador judicial provisório.

Quanto aos créditos reclamáveis, valem as considerações acima expendidas a propósito do PER para a aprovação de plano, com as seguintes especificidades. Atendendo à especial urgência deste PER (que "valida" a fase das negociações ocorrida antes da abertura do processo), parece-nos que os credores que subscreveram o acordo, e aqueles que constam da lista de créditos apresentada pela empresa, estão dispensados de reclamar os seus créditos[1530].

[1529] Cfr. *supra* o nosso entendimento sobre o sentido e alcance do conceito "ações para cobrança de dívidas".

[1530] Concordamos, assim, com a posição tomada por Salazar Casanova e Sequeira Dinis *in PER – O Processo Especial de Revitalização – Comentários aos Artigos 17º-A a 17º-I do Código da Insolvência e da Recuperação de Empresas*, Coimbra Editora, Coimbra, 2014, pp. 191 e 192.

No entanto, e porque não vale a pena correr riscos, é mais prudente que todos reclamem os seus créditos.

Compete ao administrador judicial provisório, no prazo de cinco dias, elaborar uma lista provisória de créditos (art. 17.º-D, n.º 2, *ex vi* do art. 17.º-I, n.º 3), que é de imediato apresentada na secretaria do tribunal e publicada no portal *Citius*, podendo ser impugnada no prazo de cinco dias úteis, dispondo o juiz também de cinco dias úteis para decidir as impugnações (art. 17.º-D, n.º 3, *ex vi* do art. 17.º-I, n.º 3).

4. Modificação do acordo

Fátima Reis Silva considera não existir obstáculo legal à modificação, já no âmbito do PER, do plano aprovado antes da abertura do PER, desde que o novo plano tenha a mesma maioria, seja essencialmente o mesmo e a alteração seja devidamente publicitada.

Para além disso, para a Autora também é possível a conversão de um PER do art. 17.º-I num PER dos arts. 17.º-A e ss, desde que a situação seja devidamente publicitada no portal *Citius* e a empresa conclua que o plano apresentado já não é viável, necessitando de voltar a negociar com os seus credores[1531]. Salvo o devido respeito, encaramos com grandes reservas esta hipótese, pelo menos nos casos em que os credores que deram o seu assentimento inicial não concordem com a abertura de novas negociações.

5. Homologação

Convertida a lista de créditos em definitiva, o juiz tem um prazo de 10 dias para analisar o acordo extrajudicial e homologá-lo (se o acordo respeitar a maioria prevista no art. 17.º-F, n.º 5), ou recusar a sua homologação, oficiosamente ou a solicitação dos interessados, se subsistir alguma das circunstâncias previstas nos arts. 215.º e 216.º (art. 17.º-I, nº 4). Parece, assim, que este prazo começa a contar-se a partir do termo do prazo para as impugnações[1532].

[1531] Silva, Fátima Reis, *Processo Especial de Revitalização – Notas Práticas e Jurisprudência Recente*, Porto Editora, Porto, 2014, pp. 78 e 79.

[1532] Para Fátima Reis Silva, este prazo só faz sentido quando o acordo obtém a maioria legalmente exigida. Caso contrário, o juiz poderá recusar de imediato a homologação. Assim, Silva, Fátima Reis, *Processo Especial de Revitalização – Notas Práticas e Jurisprudência Recente*, Porto Editora, Porto, 2014, p. 78.

Se o juiz não homologar o acordo, o administrador judicial provisório emite parecer sobre se a empresa se encontra em situação de insolvência (depois de ouvir a empresa e os credores e com base na informação de que disponha) e, em caso afirmativo, requer a insolvência da mesma (art. 17.º-G, n.º 4, *ex vi* do art. 17.º-I, n.º 5). Recebido o requerimento do administrador judicial provisório, o juiz, no prazo de três dias úteis, tem o dever de declarar a insolvência, sendo o processo especial de revitalização apenso ao processo de insolvência (art. 17.º-G, n.os 3 e 4, *ex vi* do art. 17.º-I, n.º 5)[1533].

Se o juiz homologar o acordo, a sua decisão vincula a empresa e os credores, mesmo aqueles que não tenham reclamado os seus créditos ou subscrito o acordo (mas apenas relativamente aos créditos constituídos à data da nomeação do ajp), e é notificada, publicitada e registada pela secretaria do tribunal (art. 17º-F, nº 10, *ex vi* do art. 17º-I, nº 6).

Em consequência da homologação, do ponto de vista processual, extinguem-se de imediato os processos de insolvência que se encontrassem suspensos (art. 17.º-E, n,º 6, *ex vi* do art. 17.º-I, n.º 5), e as ações para cobrança de dívidas intentadas contra a empresa, que se encontravam suspensas, exceto se do plano resultar a sua continuação (art. 17.º-E, n.º 1, *ex vi* do art. 17.º-I, n.º 6).

Quanto aos efeitos substantivos da homologação, mantêm-se as garantias acordadas entre a empresa e os seus credores durante o processo especial de revitalização (com o intuito de proporcionar àquela os meios financeiros necessários à sua atividade) ainda que, terminado o processo, seja declarada a insolvência da empresa no prazo de dois anos (art. 17.º-H, n.º 1, *ex vi* do art. 17.º-I, n.º 6). Depois, os credores que financiem a atividade da empresa no decurso do processo disponibilizando-lhe capital para a sua revitalização gozam de concedido privilégio creditório mobiliário geral (graduado antes do privilégio creditório mobiliário geral dos trabalhadores) (art. 17.º-H, n.º 2, *ex vi* do art. 17.º-I, nº 6).

§9. PER *versus* Processo de insolvência

Os processos de insolvência, desencadeados por credor, Ministério Público ou responsável legal (nos termos do art. 20.º, n.º 1, proémio), que já estejam

[1533] Valem aqui as considerações feitas *supra* a propósito da declaração de insolvência na sequência da frustração de PER. Vale inclusivamente, não obstante a ausência de remissão legal para o art. 17.º-G, n.º 6, a proibição de recurso ao PER pelo prazo de dois anos.

em curso à data em que é publicado no portal *Citius* o despacho de abertura das negociações suspendem-se, desde que ainda não tenha sido proferida sentença declarativa de insolvência (arts. 17.º-E, n.º 6 e 17.º-I, n.º 6). Assim que seja aprovado e homologado plano de recuperação, os processos de insolvência suspensos extinguem-se (arts. 17.º-E, n.º 6 e 17.º-I, n.º 6).

Se já tiver sido proferida sentença declarativa de insolvência (mesmo que ainda não tenha sido publicada e mesmo que não tenha ainda transitado em julgado), não é admissível a abertura do processo especial de revitalização, uma vez que não estão preenchidos os pressupostos da sua abertura: situação de insolvência meramente iminente ou situação económica difícil.

Se o processo especial de revitalização encerrar sem a aprovação de um plano (ou sem homologação de um plano aprovado), e o administrador judicial provisório emitir parecer no sentido da insolvência da empresa, será declarada a sua insolvência em novo processo de insolvência. Caso estivesse algum processo de insolvência (entrado antes ou depois da apresentação do requerimento de PER) suspenso à data, a declaração de insolvência será proferida no processo entrado em primeiro lugar, nos termos gerais do art. 8.º.

Por último, se for declarada a insolvência da empresa (por força do art. 17.º-G, n.os 3 e 4), o processo especial de revitalização tem alguma influência no processo de insolvência. Desde logo, se já existir lista definitiva de créditos reclamados, o prazo de reclamação de créditos previsto no art. 36.º, n.º 1, al. j) aplica-se apenas aos créditos não reclamados nos termos do art. 17.º-D, n.º 2 (arts. 17.º-G, n.º 7, e 17.º-I, n.º 5). Em segundo lugar, os negócios celebrados no âmbito do PER são insuscetíveis de resolução por aplicação das regras da resolução em benefício da massa insolvente (art. 120.º, n.º 6). Em terceiro lugar, se, findo o processo especial de revitalização, vier a ser declarada a insolvência da empresa, no prazo de dois anos, as garantias que tenham sido acordadas entre a empresa e os seus credores durante aquele processo (com a finalidade de proporcionar os meios financeiros necessários para o desenvolvimento da sua atividade) mantêm-se (arts. 17.º-H, n.º 1, e 17.º-I, n.º 6).

Capítulo II – O Processo Especial para Acordo de Pagamento

§1 Considerações prévias

O D.L. n.º 79/2017, de 30 de junho introduziu no nosso ordenamento jurídico um novo processo pré-insolvencial – o processo especial para acordo de pagamento (regulado nos novos arts. 222.º-A a 222.º-J e no novo n.º 3 do art. 1.º). Por força desta reforma legislativa, aos dois processos especiais já existentes – o processo de insolvência e o processo especial de revitalização – foi acrescentado um novo processo especial, de natureza pré-insolvencial.

O processo de insolvência é um processo universal e concursal, com finalidade recuperatória ou de mera liquidação universal, aplicável a qualquer devedor (em situação de insolvência atual ou iminente) – pessoa singular, pessoa coletiva ou património autónomo, independentemente da titularidade de uma empresa e da atividade exercida.

O processo especial de revitalização (PER) é um processo pré-insolvencial recuperatório aplicável às empresas (tituladas por pessoas singulares, pessoas coletivas ou patrimónios autónomos, como vimos *supra*) em situação económica difícil ou em situação de insolvência iminente.

O novo processo especial para acordo de pagamento (PEAP) é também um processo pré-insolvencial recuperatório. Porém, é apenas aplicável aos devedores (pessoas singulares, pessoas coletivas ou patrimónios autónomos) "que não sejam uma empresa" e que se encontrem numa situação económica difícil ou numa situação de insolvência iminente.

A criação do PEAP veio "compensar" a restrição legal do âmbito subjetivo de aplicação do PER[1534]. Tal como resulta do Preâmbulo do D.L. n.º 79/2017, de 30 de junho, "desenhou-se um PER dirigido às empresas, sem abandonar o formato para as pessoas singulares não titulares de empresa ou comerciantes"[1535].

[1534] No sentido de que a criação do PEAP é consequência da desnecessária restrição do PER às empresas, veja-se Leitão, Luís Menezes, *Código da Insolvência e da Recuperação de Empresas Anotado*, 9ª edição, Almedina, Coimbra, 2017, p. 263, nota 3.

[1535] Como veremos *infra*, este "formato" não foi abandonado, visto que a disciplina do PEAP foi praticamente decalcada da disciplina original do PER (que abria portas à utilização fraudulenta deste processo pré-insolvencial). Já para Renato Gonçalves, "o principal traço de destrinça entre o PER e o PEAP traduz-se no facto de neste se manter, *grosso modo*, a configuração processual genética que enformou o PER na sua versão primitiva, visto que

§2. Características

O PEAP é um processo judicial especial, pré-insolvencial, concursal, urgente, híbrido. Trata-se de um processo *judicial*[1536] *especial*, pois rege-se, em primeiro lugar, pelas respetivas disposições (arts. 222.º-A a 222.º-J), de seguida as regras previstas no CIRE que não sejam incompatíveis com a sua natureza, com as devidas adaptações (art. 222.º-A, n.º 3), e, por último, as disposições gerais e comuns do Código de Processo Civil, também com as necessárias adaptações (art. 17.º, n.º 1, do CIRE, combinado com o art. 549.º, n.º 1, do CPCivil).

O PEAP é um processo *pré-insolvencial* pois é aplicável a devedores que já se encontrem em situação económica difícil ou em situação de insolvência iminente (pela positiva) e que não estejam ainda numa situação de insolvência atual (pela negativa) (art. 222º-A, n.º 1).

O PEAP é também um processo *concursal*, pois, não só todos os credores interessados podem nele participar, como também a sentença homologatória do plano aprovado em sede de PEAP vincula todos os credores, mesmo aqueles

a simplicidade e a adequação do regime a todos os devedores tornou *quasi* desnecessária a alteração daquelas regras" – *Recuperação de Empresas – um desígnio continuado, in:* "IV Congresso de Direito da Insolvência", Almedina, Coimbra, 2017, p. 384. Na jurisprudência, veja-se o Ac. Rel. Guim., de 23-11-2017 (Raquel Baptista Tavares): o legislador criou "um novo processo, pensado em termos essencialmente idênticos ao Processo Especial de Revitalização (conforme decorre da análise do seu regime previsto nos referidos artigos 222º – A a 222º – J), clarificando dessa forma a situação das pessoas singulares, que não devam ser consideradas empresa para este efeito, permitindo-lhes o acesso a este processo (e não apenas o recurso ao processo de insolvência)". Sobre a aplicação no tempo do D.L. n.º 79/2017, de 30 de junho, veja-se o Ac. Rel. Guim., de 2-11-2017 (José Amaral): "a lei nova claramente quis "desenhá-lo" (cfr. preâmbulo do dito Decreto-Lei) e reservá-lo para as empresas (definidas estas, no artº 5º, como toda a organização de capital e trabalho destinada a exercer qualquer actividade económica) e reservou para os devedores de qualquer outra natureza o processo especial para acordo de pagamento, que tem tramitação específica – cfr. artºs 1º, nº 3, e 222º-A a 222º-I. Logo, não faz sentido, numa situação em que, como esta, o devedor é pessoa singular e não uma empresa mas em que, à luz do regime anterior, foi admitido a recorrer ao PER, aplicar-se e ele beneficiar agora do regime novo afinal pelo legislador ao mesmo negado e só concedido às empresas". Para uma hipótese de convolação de um PER num PEAP, vide o Ac. Rel. Co., de 2-08-2017 (Fernando Monteiro).

[1536] No âmbito do PER, mas com pertinência para o PEAP, considerando que, por ser um processo judicial, está sujeito ao pagamento de custas, veja-se Casanova, Nuno Salazar/Dinis, David Sequeira, *PER – O Processo Especial de Revitalização – Comentários aos artigos 17º-A a 17º-I do Código da Insolvência e da Recuperação de Empresas,* Coimbra Editora, Coimbra, 2014, pp. 30 e 31.

que não tenham reclamado os seus créditos ou participado nas negociações (art. 222º-F, nº 8).

É um processo *urgente* por força do art. 222.º-A, n.º 3, o que terá relevância, nomeadamente, para efeitos de contagem de prazos (art. 138.º, n.º 1 do CPCivil, *ex vi* do art. 17.º, nº 1, do CIRE). Todavia, a lei é omissa quanto à precedência do PEAP sobre o serviço ordinário do tribunal (contrariamente ao art. 9.º, n.º 1, que estatui a precedência do processo de insolvência – e seus incidentes, apensos e recursos – sobre o serviço ordinário do tribunal)[1537].

Por último, o PEAP é um processo *híbrido*, composto por uma forte componente extrajudicial, compensada com a intervenção do juiz em momentos chave[1538], *conditio sine qua non* do caráter concursal do mesmo.

§3. Âmbito de aplicação[1539]

Desde logo, tal como já referimos, o PEAP aplica-se aos devedores não titulares de uma empresa, ou seja, não titulares de qualquer organização de capital e de trabalho destinada ao exercício de qualquer atividade económica (nos termos previstos no art. 5.º[1540]) (entre outros, art. 222.º-A, n.º 1).

Para além disso, é necessário (à semelhança do PER) que o devedor se encontre numa situação de insolvência iminente ou em situação económica difícil (arts. 222.º-A, n.º 1, 222.º-B). Todavia, e diferentemente do PER (artigo 17.º-A, n.º 1), a lei não exige (pelo menos expressamente) a sua recuperabilidade[1541] – aliás, em nenhum preceito do PEAP se faz essa referência.

[1537] No sentido da aplicação do art. 9.º ao PER, veja-se Fernandes, Luís A. Carvalho/Labareda, João, *Código da Insolvência e da Recuperação de Empresas Anotado*, Quid Juris Editora, 3ª edição, Lisboa, 2015, p. 141, nota 12 (que defendem a aplicação analógica dos n.ºs 2 e ss do art. 9.º) e Casanova, Nuno Salazar/Dinis, David Sequeira, *PER – O Processo Especial de Revitalização – Comentários aos artigos 17º-A a 17º-I do Código da Insolvência e da Recuperação de Empresas*, Coimbra Editora, Coimbra, 2014, p. 19.

[1538] *Maxime*, no controlo inicial, na decisão da impugnação dos créditos, no cômputo dos votos e na decisão de homologação e, para alguns, na declaração de insolvência. *Vide*, para o PER, mas com pertinência para o PEAP, Silva, Fátima Reis, *Processo Especial de Revitalização – Notas práticas e Jurisprudência Recente*, Porto Editora, Porto, 2014, p. 17.

[1539] Como veremos, a principal diferença entre o PER e o PEAP reside nos seus pressupostos e nos requisitos do requerimento de abertura.

[1540] Aplicável não só por força da sua inserção sistemática, mas também da remissão genérica do artigo 222.º-A, n.º 3.

[1541] No sentido de que a ideia de recuperação está ausente do PEAP, veja-se Leal, Ana Alves/Trindade, Cláudia, *O Processo Especial para Acordo de Pagamento (PEAP): O novo regime*

§4. Tramitação

1. Requerimento

O PEAP inicia-se com um requerimento apresentado pelo devedor no tribunal que seria competente para o processo de insolvência (art. 7.º do CIRE e art. 128.º, n.º 1, al. a), da LOSJ, *ex vi* art. 222.º-C, n.º 3, proémio, do CIRE). Neste requerimento, é o devedor que atesta, mediante declaração por si assinada (apenas), que preenche os requisitos para a abertura de um PEAP (art. 222.º-A, n.º 2). Isto é, no PEAP, a lei não exige qualquer certificação externa do preenchimento, bastando-se com uma espécie de "auto-atestado"[1542].

Para além do mais, no PEAP (e contrariamente ao PER) o devedor não precisa de apresentar, com o requerimento de abertura do processo, uma proposta de plano de pagamentos.

Por último, o requerimento deve ser acompanhado de vários documentos. Desde logo, uma declaração escrita assinada pelo devedor e, pelo menos, um dos seus credores de encetarem negociações conducentes à elaborção de acordo de pagamento (art. 222.º-C, n.º 1). Da letra do preceito parece decorrer que a abertura do PEAP depende só do consentimento de apenas um credor (e qualquer credor, especialmente relacionado com o devedor, ou não, titular de créditos subordinados, ou não)[1543].

pré-insolvencial para devedores não empresários, in: "Revista de Direito das Sociedades", IX, 2017, n.º 1, p. 80; Leitão, Luís Menezes, *Código da Insolvência e da Recuperação de Empresas Anotado,* 9ª edição, Almedina, Coimbra, 2017, pp. 264 e 265, nota 2. Na jurisprudência, *vide* o Ac. Rel. Év., de 22-02-2018 (Albertina Pedroso).

1542 Ora, uma vez que o PEAP é aplicável a pessoas coletivas não empresárias que podem estar sujeitas a revisão legal de contas, esta certificação, relativamente a estes sujeitos, também poderia ter sido exigida no âmbito do PEAP – neste sentido, Leal, Ana Alves/Trindade, Cláudia, *O Processo Especial para Acordo de Pagamento (PEAP): O novo regime pré-insolvencial para devedores não empresários, in:* "Revista de Direito das Sociedades", IX, 2017, n.º 1, p. 97.

1543 Tal como afirmámos no nosso *As Alterações ao Processo Especial de Revitalização e o Novo Processo Especial para Acordo de Pagamento, in:* "Actas das Jornadas de Reestruturações e Insolvências da URÍA Menéndez Proença de Carvalho" (em curso de publicação), foi pena que os novos requitos do PER não fossem também exigidos para a abertura de um PEAP, até porque este processo não é mais do que uma espécie de "transplante" daquele.

Depois, o devedor deve ainda juntar os seguintes documentos, ficando a dcumentação disponível na secretaria, para consulta dos credores durante todo o processo (art. 222.º-C, n.º 3, al. b))[1544]:

- lista de todas as ações de cobrança de dívida pendentes contra si;
- comprovativo da sua declaração de rendimentos;
- comprovativo da sua situação profissional ou, se aplicável, situação de desemprego;
- cópias dos documentos elencados nas alíneas a), d) e e) do n.º 1 do artigo 24.º.

2. Despacho liminar

2.1. Considerações prévias

Apresentado o requerimento, e realizada a distribuição do processo, o juiz deve de imediato proferir despacho liminar (art. 222.º-C, n.º 4). Para nós, e à semelhança do PER, esta imediatez (que lhe confere um caráter "urgentíssimo") não é impeditiva de um controlo mínimo dos seus pressupostos materiais. Ou seja, o juiz deverá proferir um despacho de indeferimento liminar[1545], com fundamento nos elementos carreados para o processo ou noutros elementos que cheguem ao seu conhecimento: por exemplo, se o devedor foi declarado insolvente em processo de insolvência pendente, ou beneficiou de PEAP nos dois anos anteriores, e se o juiz tomar conhecimento de tal facto no momento da prolação do despacho liminar, deve proferir despacho de indeferimento liminar.

2.2. Despacho de admissão. Nomeação do administrador judicial provisório

2.2.1. Conteúdo e notificação

Se não houver motivos para indeferir liminarmente o requerimento, o juiz profere despacho de admissão em que nomeia *sempre* o administrador judicial

[1544] A este propósito, veja-se a sugestão de Leal, Ana Alves/Trindade, Cláudia, *O Processo Especial para Acordo de Pagamento (PEAP): O novo regime pré-insolvencial para devedores não empresários, in:* "Revista de Direito das Sociedades", IX, 2017, n.º 1, p. 113.

[1545] Para Menezes Leitão, uma vez que não se exige a recuperabilidade do devedor, nem um atestado de que não se encontra em situação de insolvência atual, parece afastar-se qualquer possibilidade de apreciação liminar do requerimento – *Código da Insolvência e da Recuperação de Empresas Anotado,* 9ª edição, Almedina, Coimbra, 2017, p. 265.

provisório. A expressão legal "caso o juiz nomeie administrador judicial provisório nos termos do n.º 4 do artigo 222.º-C", contida no art. 222.º-E, n.º 2, foi indevidamente "importada" do regime jurídico do PER (do seu art. 17.º-E, n.º 2), devendo ser interpretada com o seguinte sentido, apenas: "caso o juiz profira despacho de admissão do requerimento".

O despacho de admissão é de imediato notificado ao devedor, segundo o disposto nos arts. 37.º e 38.º, com as devidas adaptações (art. 222.º-C, n.º 5). Para além disso, o devedor deve também, assim que seja notificado do despacho, e por carta resgistada enviada de imediato a todos os seus credores que não subscreveram o documento que acompanha o requimento de abertura do PEAP (art. 222.º-D, n.º 1):

- comunicar que deu início a negociações com vista à elaboração de acordo de pagamento;
- convidá-los a participar nas negociações;
- informar que se encontra patente na secretaria do tribunal, para consulta, a informação referida no art. 222.º-C, n.º 3, al. b).

2.2.2. Efeitos

2.2.2.1. Efeitos processuais

I. Desde logo, do ponto de vista processual, o despacho de nomeação do administrador judicial provisório obsta à instauração de quaisquer ações para cobrança de dívidas contra o devedor e suspende quanto ao devedor as ações em curso para cobrança de dívidas (art. 222.º-E, n.º 1).

A expressão "ações para cobrança de dívidas" é dúbia e suscitará, em sede de PEAP, questões semelhantes às suscitadas no âmbito do PER: será que abrange apenas as ações executivas, ou também as ações declarativas? Valem aqui, por isso, as considerações por nós expendidas a este propósito em sede de PER.

Da leitura do preceito legal parece resultar que este efeito processual decorre da mera prolação do despacho de admissão e não da sua publicação. Será este, portanto, o seu momento inicial. Parece também resultar da letra da lei que a duração deste efeito processual coincide com a duração do período de negociações. Porém, uma leitura mais atenta da lei (*maxime*, a aplicação combinada dos arts. 222.º-E, n.º 1, e 222.º-G, n.º 1) obriga o intérpete a distinguir várias hipóteses. Se for aprovado e homologado um acordo de pagamento, os efeitos processuais cessam na data da prolação da sentença homologatória do plano[1546], extinguindo-se as ações em curso, exceto se o plano previr a sua continuidade. Porém, se as negociações terminarem antecipadamente, se o plano não for aprovado, ou não for homologado, e o parecer do administrador judicial provisório não for no sentido da insolvência do devedor, os efeitos processuais cessam com o encerramento do PEAP (art. 222.º-G, n.º 2).

II. Depois, suspende também os processos de insolvência em que anteriormente tenha sido requerida a insolvência do devedor, desde que ainda não tenha sido proferida sentença declarativa de insolvência (art. 222.º-E, n.º 6). À semelhança do PER, com fundamento num argumento *a maiori ad minus*, deve entender-se que também está vedada a propositura de ações de insolvência pelos credores, pelos responsáveis legais ou pelo Ministério Público (art. 20.º, n.º 1, proémio). À semelhança do PER, também está vedado o acesso ao PEAP por devedor que se tenha apresentado à insolvência, pois a apresentação à insolvência implica o reconhecimento da sua situação de insolvência (art. 28.º).

Segundo o disposto no art. 222.º-E, n.º 6, este efeito processual tem início na data da publicação no portal *Citius* do despacho de admissão do PEAP e cessa logo que seja aprovado e homologado acordo de pagamento, ou seja, no momento da prolação do despacho de homologação (e não no momento do encerramento do PEAP – trânsito em julgado desse despacho – art. 222.º-J, n.º 1, al. a)). Contudo, se as negociações terminarem antecipadamente, se o plano não for aprovado, ou não for homologado, e o parecer do administrador judicial provisório não for no sentido da insolvência do devedor, o processo de insolvência suspenso retomará o seu curso normal, pois é nesse momento que o PEAP encerra (art. 222.º-G, n.º 2).

2.2.2.2. Efeitos substantivos

I. O despacho de nomeação do administrador judicial provisório também produz *efeitos substantivos* automáticos. À semelhança do PER, o devedor fica

[1546] Ou seja, antes do encerramento do PEAP (o qual, nessa hipótese, só ocorre com o trânsito em julgado da sentença homologatória do acordo de pagamento – art. 222.º-J, n,º 1, al. a)).

impedido de praticar atos jurídicos de especial relevo, tal como definidos no n.º 2 e nas alíneas d), e), f) e g), do n.º 3 do art. 161.º, sem a autorização prévia do administrador judicial provisório (art. 222.º-E, n.º 2)[1547].

O devedor deve solicitar a autorização para a prática do ato, por escrito (de preferência por comunicação eletrónica), devendo o administrador judicial provisório concedê-la pela mesma forma (num prazo não superior a cinco dias) (art. 222.º-E, n.ºs 3 e 4). A falta de resposta do administrador judicial provisório ao pedido formulado pelo devedor corresponde a declaração de recusa de autorização para a realização do negócio pretendido (art. 222.º-E, n.º 5).

A qualificação de um ato como ato de especial relevo para efeitos do PEAP dependerá, designadamente, dos riscos envolvidos e da sua repercussão na tramitação do processo, das perspetivas de satisfação dos credores. A remissão para as alíneas d), e), f) e g) do elenco exemplificativo do n.º 3 do art. 161.º, poderá ajudar a densificar o conceito: aquisição de imóveis; celebração de novos contratos de execução duradoura; assunção de obrigações de terceiros e constituição de garantias; alienação de qualquer bem da empresa (entenda-se, do devedor) por preço igual ou superior a 10.000 € e que represente, pelo menos, 10% do valor da massa insolvente, tal como existente à data da declaração da insolvência, salvo se se tratar de bens do ativo circulante ou for fácil a sua substituição por outro da mesma natureza.

II. O despacho de nomeação do administrador judicial provisório, à semelhança do PER, também determina a imediata suspensão de todos os prazos de prescrição e de caducidade oponíveis pelo devedor até (art. 222.º-E, n.º 7):

- ao momento da prolação do despacho de homologação do acordo de pagamento (e não ao momento do encerramento do processo);
- ao momento da prolação do despacho de não homologação;
- caso não seja aprovado plano de pagamento, até ao apuramento do resultado da votação, ou até ao encerramento das negociações nos termos previstos nos n.ºs 1 e 6 do art. 222.º-G.

[1547] Sob pena de o ato ser ineficaz em relação aos bens do devedor (artigo 81.º, n.º 6, *ex vi* art. 34.º, *ex vi* 222.º-C, n.º 4).

III. Em terceiro e último lugar, a partir do despacho de nomeação do administrador judicial provisório, e tal e qual como no PER, não pode ser suspensa a prestação dos seguintes serviços públicos essenciais (art. 222.º-E, n.º 8)[1548]:

- fornecimento de água (al. a));
- fornecimento de energia elétrica (al. b));
- fornecimento de gás natural e gases de petróleo liquefeitos canalizados (al. c));
- comunicações eletrónicas (al. d));
- serviços postais (al. e));
- recolha e tratamento de águas residuais (al. f));
- gestão de resíduos sólidos urbanos (al. g)).

A partir do despaho de nomeação do administrador judicial provisório (e não da sua publicação), e durante todo o tempo em que perdurarem as negociações, os prestadores dos serviços elencados no art. 222.º-E, n.º 8, ficam impedidos de exercer os seus poderes contratuais ainda que o devedor se encontre numa situação de incumprimento – estão impedidos, designdamente, de invocar a exceção de não cumprimento do contrato ou de resolver o contrato. Esta paralisação (temporária) dos seus poderes contratuais tem suscitado dúvidas quanto à sua constitucionalidade (*maxime*, por violação do princípio da igualdade – art. 13.º da CRP), pois apenas estes credores são afetados pela solução legal (os fornecedores de outros serviços, ou os outros credores não estão abrangidos), estando mais expostos ao risco de incumprimento e insolvência do devedor do que os restantes credores[1549].

Para compensar estes credores, o preço dos serviços públicos essenciais prestados durante o período temporal referido, que não seja objeto de pagamento pelo devedor, será considerado dívida da massa insolvente em insolvência do mesmo que venha a ser decretada nos dois anos posteriores ao termo do prazo de negociações, sem prejuízo do disposto no art. 10.º da Lei n.º 23/96 de 26 de julho, alterada e republicada pela Lei n.º 12/2008, de 26

[1548] À semelhança do PER, este elenco é fechado.

[1549] Assim, LEAL, Ana Alves/TRINDADE, Cláudia, *O Processo Especial para Acordo de Pagamento (PEAP): O novo regime pré-insolvencial para devedores não empresários, in:* "Revista de Direito das Sociedades", IX, 2017, n.º 1, p. 101.

de fevereiro, e alterada pelas Leis n.ºs 24/2008, de 2 de junho, 6/2011, de 10 de março, 44/2011, de 22 de junho, e 10/2013, de 28 de janeiro (art. 222.º-E, n.º 9). Trata-se de uma solução manifestamente insuficiente, senão vejamos. Em primeiro lugar, o momento *a quo* da contagem do prazo de dois anos deveria ser o momento do encerramento do processo, e não o termo do prazo de negociações. Em segundo lugar, esta proteção está dependente da declaração de insolvência do devedor. Por último, é potenciadora de situações em que o processo de insolvência se inicia já com dívidas da massa (por definição, trata-se de dívidas que se contituem após a declaração de insolvência) e, no limite, eventualmente, enquadráveis no art. 39.º (insuficiência do património do devedor para satisfazer as custas do processo e as dívidas previsíveis da massa insolvente).

2.3. Tramitação subsequente

2.3.1. Reclamação de créditos

Qualquer credor tem um prazo de 20 dias, contados a partir da publicação no portal *Citius* do despacho de admissão do requerimento, para reclamar os seus créditos[1550], devendo as reclamações ser remetidas ao administrador judicial provisório (art. 222.º-D, n.º 2).

O prazo para a reclamação dos créditos é um prazo processual perentório, regendo-se a sua contagem pelas regras do Código de Processo Civil: assim, o prazo é contínuo e, uma vez que se trata de um processo urgente (art. 222.º-A, n.º 3), não se suspende nas férias judiciais (art. 138.º do Código de Processo Civil *ex vi* do art. 17.º, n.º 1, do CIRE).

No prazo de cinco dias após o término do prazo de 20 dias para a reclamação dos créditos, o administrador judicial provisório elabora a lista provisória de créditos, devendo de imediato apresentá-la na secretaria do tribunal e publicá-la no portal *Citius* (art. 222.º-D, n.º 3).

No prazo de cinco dias úteis a contar da data da publicação no portal *Citius*, a lista provisória de créditos pode ser impugnada através de requerimento dirigido ao juiz. Se a lista de créditos não for impugnada converte-se, de imediato, em definitiva (art. 222.º-D, n.º 4). Se for impugnada, o juiz dispõe

1550 Vejam-se, *supra*, as considerações feitas no âmbito do PER, a propósito da reclamação de créditos.

do prazo de cinco dias úteis para decidir sobre as impugnações (art. 222.º-D, n.º 3).

2.3.2. Negociações

Segundo o art. 222.º-D, n.º 5, os declarantes dispõem de um prazo de dois meses para concluírem as negociações. Note-se que o momento *a quo* para a contagem do prazo, tal como no PER, é o fim do prazo para as impugnações, e não a decisão final das impugnações; pode, por isso, acontecer que as negociações se desenvolvam ou até terminem sem que haja decisão sobre as impugnações.

Havendo acordo prévio (ou seja, outorgado antes de terminado o prazo de dois meses para as negociações) e escrito entre o administrador judicial provisório e o devedor, o prazo negocial pode ser prorrogado apenas uma vez e por um mês, devendo esse acordo ser junto aos autos e publicado no portal *Citius* (art. 222.º-D, n.º 5).

As negociações desenvolvem-se entre o devedor e os seus credores, com a participação, e sob orientação e fiscalização do administrador judicial provisório (art. 222.º-D, n.ºs 8 e 9). Tal como no PER, podem também participar nas negociações:

- a todo o tempo, os credores, através de declaração dirigida ao devedor, por carta registada (que deve ser junta ao processo) (art. 222.º-D, n.º 7);
- exceto se do plano resultar expressamente o contrário, os peritos que cada um dos intervenientes entenda oportuno, desde que suporte os respetivos custos (art. 222.º-D, n.º 8).

As negociações regem-se pelos termos convencionados entre os intervenientes ou, na falta de acordo, pelas regras fixadas pelo administrador judicial provisório (art. 222.º-D, n.º 8). Compete sempre ao administrador judicial provisório (que também participa nas negociações) orientar e fiscalizar o decurso dos trabalhos e a sua regularidade, assim como assegurar que as partes não adotam expedientes dilatórios, inúteis ou prejudiciais à boa marcha das negociações (art. 222.º-D, n.º 9). Por fim, durante as negociações, os intervenientes devem respeitar os princípios orientadores aprovados pela

Resolução do Conselho de Ministros n.º 43/2011, de 25 de outubro (art. 222.º-D, n.º 10)[1551].

2.3.3. Votação e aprovação

A votação efetua-se por escrito, nos termos do art. 211.º, com as devidas adaptações, sendo os votos remetidos ao administrador judicial provisório, que os abre em conjunto com o devedor e elabora um documento com o resultado da votação, que é de imediato remetido ao tribunal (art. 222.º-F, n.º 4). Têm direito de voto os credores cujos créditos[1552], tenham sido verificados ou tenham sido computados pelo juiz no cálculo das maiorias, se entender que há probabilidade séria de serem reconhecidos (art. 222.º-F, n.º 3, proémio).

Se as negociações terminarem com a aprovação unânime de acordo de pagamento em que intervenham todos os seus credores, o acordo deve ser assinado por todos e de imediato remetido para o juiz para homologação, ou recusa de homologação, acompanhado da documentação que comprova a sua aprovação e atestada pelo administrador judicial provisório (art. 222.º-F, n.º 1)

Se as negociações terminarem com a aprovação de acordo de pagamento, sem observância do disposto no número anterior (ou seja, sem unanimidade), o devedor remete o acordo ao tribunal (e não o plano, como decorre, por lapso, da letra da lei). De imediato deverá ser publicado anúncio no portal *Citius* advertindo da junção do plano, correndo nos 10 dias subsequentes o prazo para a votação do plano; durante esse prazo podem os credores solicitar a não homologação do plano (ao abrigo dos arts. 215.º e 216.º, com as devidas adaptações) (art. 222.º-F, n.º 2). Segundo o Acórdão do Tribunal da Relação do Porto, de 11 de julho de 2018 (Fátima Andrade):

1551 Críticas relativamente a esta remissão para os princípios orientadores aprovados pela Resolução do Conselho de Ministros n.º 43/2011, de 25 de outubro, vocacionados para realidades empresariais, veja-se Leal, Ana Alves/Trindade, Cláudia, *O Processo Especial para Acordo de Pagamento (PEAP): O novo regime pré-insolvencial para devedores não empresários, in:* "Revista de Direito das Sociedades", IX, 2017, n.º 1, p. 106.

1552 Segundo o Ac. Rel. Év., de 7-06-2018 (Francisco Xavier), "constitui violação não negligenciável de regra procedimental relativa à votação e aprovação do acordo de pagamento, de que o tribunal deve conhecer oficiosamente, a admissão a votação de credor cujos créditos não conferem direito de voto". No mesmo sentido o Ac. Rel. Guim., de 24-05-2018 (Alexandra Rolim Mendes).

> "V – Sendo pressuposto da remessa a tribunal do acordo de pagamento (e não plano, conforme consta na letra da lei do segundo segmento deste nº 2 em análise) a prévia sujeição do mesmo a votação, resulta a nosso ver incompreensível e contrário à lógica do regime definido, a menção (no caso de votação sem unanimidade) à publicação do acordo de pagamento (e não plano) para votação no prazo de 10 dias a contar de tal publicação, bem como a possibilidade de em tal prazo poder qualquer interessado solicitar a não homologação desse mesmo acordo de pagamento nos termos e para efeitos do artigo 215º e 216º. Pois que o acordo de pagamento já foi votado. Havendo apenas, após observância do nº 3 do artigo 222º-F que proceder à sua homologação ou recusar a mesma, nos termos previstos no nº 5 deste mesmo artigo.
> VI – Assim entende-se necessária uma interpretação ab-rogante deste artigo 222ºF nº 2 ao abrigo do artigo 9º do CC, por forma a conferir coerência ao regime instituído no PEAP, nomeadamente no que respeita à votação do acordo do pagamento que sempre ocorrerá em momento prévio à sua remessa a tribunal. Implicando que após a remessa cabe apenas ao tribunal verificar os pressupostos de que depende a sua homologação ou recusar a mesma.
> VII – Não há lugar à apresentação em tribunal da versão final do acordo que será sujeito a votação findas as negociações, nem a publicação deste mesmo acordo com vista a definir o início de prazo para votação, tal como previsto no atual artigo 17º-F nºs 1 a 3 para o PER".

Por último, o acordo de pagamento considera-se aprovado por maioria se, em alternativa (art. 222.º-F, n.º 3):

– sendo votado por credores cujos créditos representem, pelo menos, um terço do total dos créditos relacionados com direito de voto, contidos na lista de créditos a que se referem os n.ºs 3 e 4 do art. 222.º-D, recolher o voto favorável de mais de dois terços da totalidade dos votos emitidos e mais de metade dos votos emitidos correspondentes a créditos não subordinados, não se considerando como tal as abstenções (al. a)); ou

– recolher o voto favorável de credores cujos créditos representem mais de metade da totalidade dos créditos relacionados com direito de voto, calculados de harmonia com o disposto na alínea anterior, e mais de metade destes votos correspondentes a créditos não subordinados, não se considerando como tal as abstenções (al. b)).

2.3.4. Homologação do acordo

O acordo de pagamento aprovado por unanimidade, ou por maioria, carece de homologação judicial, para ser eficaz, não só *inter partes*, mas também perante todos os credores não subscritores, mesmo que não hajam reclamado os seus créditos ou participado nas negociações, relativamente aos créditos constituídos à data do despacho de nomeação do administrador judicial provisório (art. 222.º-F, n.º 8)[1553].

No prazo de 10 dias subsequentes à receção da documentação referida no n.º 1 e no n.º 4 do art. 222.º-F, juiz profere decisão de homologação ou de recusa de homologação do acordo de pagamento. Tal como no PER, são aplicáveis ao PEAP as regras vigentes em matéria de aprovação e homologação do plano de insolvência, com as devidas adaptações, em especial o disposto nos arts. 215.º (recusa oficiosa) e 216.º (recusa a solictação dos interessados) (art. 222.º-F, n.º 5).

Contrariamente ao PER (art. 17.º-F, n.º 7)[1554], na disciplina do PEAP, o legislador não faz qualquer remissão expressa para o artigo 194.º[1555] (que consagra o princípio da igualdade de tratamento dos credores), para o artigo 195.º (que regula o conteúdo do plano), para o artigo 196.º (sobre as providências com incidência no passivo), ou para o artigo 197.º (disposição com caráter supletivo, face à ausência de disposição expressa do plano). Entendemos que esta omissão não constitui qualquer impedimento à aplicabilidade dos referidos preceitos, pois a mesma está devidamente alicerçada, não só na remissão

1553 Sobre os créditos afetados pelo plano, vejam-se as considerações feitas *supra* a propósito do PER.

1554 É de realçar que, na versão do Projeto de Decreto-Lei de alteração ao CIRE, as normas do PER que regulam a decisão de homologação do plano também não remetiam expressamente para os artigos 194.º a 198.º do CIRE, mas apenas para o disposto nos artigos 215.º e 216.º.

1555 Para uma hipótese de aplicação ao acordo de pagamento do princípio da igualdade, veja-se o Ac. Rel. Év., de 22-02-2018 (Albertina Pedroso).

genérica contida no art. 222.º-A, n.º 3, como também, na remissão operada pelo art. 222.º-F, n.º 5, para o Título IX.

2.3.5. Falta de aprovação ou de homologação

O processo negocial poderá encerrar no término do respetivo prazo – sem obtenção de qualquer acordo – ou antecipadamente (antes de decorrido o seu prazo legal máximo) – se o devedor, ou a maioria dos credores prevista no n.º 3 do art. 222.º-F, concluírem antecipadamente não ser possível alcançar acordo. Em qualquer uma destas hipóteses, o administrador judicial provisório deve comunicar o encerramento do processo negocial ao processo (se possível, por meios eletrónicos) e publicá-lo no portal *Citius* (art. 222.º-G, n.º 1).

Nesta comunicação, o administrador judicial provisório deve também emitir o seu parecer sobre a situação de (in)solvência do devedor, com base na informação que disponha, e depois de ouvir o devedor e os credores[1556].

Para além do mais, se o devedor se encontrar em situação de insolvência, nessa comunicação deve o administrador judicial provisório requerer a sua insolvência, aplicando-se o disposto no art. 28.º, com as necessárias adaptações, sendo o processo especial para acordo de pagamento apenso ao processo de insolvência (art. 222.º-G, n.º 4)[1557].

Por último, sendo o parecer do administador judicial provisório no sentido da insolvência do devedor, o tribunal, recebida a comunicação, e antes de proferir sentença declarativa de insolvência, notifica o devedor para, querendo e caso se mostrem preenchidos os respetivos pressupostos, em cinco dias, apresentar plano de pagamentos[1558] (nos termos do disposto nos arts. 249.º

[1556] Este parecer também deve ser emitido caso o juiz não homologue o acordo, por força da remissão expressa operada pelo artigo 222.º-F, n.º 6, para o disposto nos n.ºs 4 e 5 do art. 222.º-G.

[1557] Havendo lista definitiva de créditos reclamados, e sendo declarada a insolvência do devedor por aplicação do disposto no n.º 4, o prazo de reclamação de créditos previsto na alínea j) do n.º 1 do artigo 36.º destina-se apenas à reclamação de créditos não reclamados nos termos do n.º 2 do art. 222.º-D (art. 222.º-G, n.º 8).

[1558] Antes da Reforma Legislativa operada pelo D.L. n.º 79/20017, de 30 de junho, e a propósito de PER's de pessoas singulares não empresárias ou titulares de pequenas empresas, a jusrisprudência dividia-se quanto à admissibilidade de apresentação de plano de pagamentos em processo de insolvência subsequente a PER. Veja-se, a título de exemplo, no sentido da sua inadmissibilidade, o Ac. Rel. Co, de 30-06-2015 (Fonte Ramos) e o Ac. Rel. Lx, de 26-11-2015

e ss.)[1559] ou requerer a exoneração do passivo restante (segundo o disposto nos arts. 235.º e ss.) (art. 222.º-G, n.º 5). Só depois de esgotado este prazo pode o juiz, nos três dias úteis subsequentes, declarar a insolvência do devedor[1560] (art. 222.º-G, n.º 3). Porém, se o devedor tiver apresentado proposta de plano de pagamentos e não houver motivos para a sua recusa, ao declarar a insolvência o juiz determina a suspensão do processo de insolvência até à decisão sobre o incidente do plano de pagamentos (art. 255.º, n.º 1, *ex vi* do art. 222.º-G, n.º 3).

(Maria de Deus Correia). Segundo este último aresto: "Nos processos de insolvência de pessoas singulares não empresários ou titulares de pequenas empresas (art.º 249.º do CIRE), decretada a insolvência ao abrigo do disposto no art.º 17.º-G n.º 3 do CIRE, não é admissível a apresentação de plano de pagamentos aos credores. Isto porque tal situação se distingue quer da prevista no artigo 251.º, quer da prevista no art.º 253.º, ambos do CIRE, pois apresenta uma particularidade que consiste em se ter ultrapassado já uma fase negocial, no âmbito do processo especial de revitalização que precedeu o decretamento da insolvência". Em sentido contrário, cfr. Ac. Rel. Guim., de 24-10-2013 (Manuel Bargado): "I – No processo especial de revitalização, em que não foi possível alcançar acordo e estando o devedor já em situação de insolvência, o encerramento do processo especial de revitalização acarreta a insolvência do devedor, devendo a mesma ser declarada pelo juiz no prazo de três dias úteis, contados a partir da recepção pelo tribunal da comunicação do administrador judicial provisório de que não foi possível alcançar acordo (art. 17.º-G, n.º 3, do CIRE). II – Nesse caso, não tendo sido possível ao devedor/insolvente apresentar o plano de pagamentos a que alude o art. 251º do CIRE, não se vislumbram razões substantivas ou de outra natureza que impeçam aquele de, na assembleia de credores subsequente à declaração de insolvência referida em I, apresentar ou propor um plano de pagamentos que possa vir a merecer a aprovação dos credores. III – Tal mostra-se, aliás, em consonância com os princípios da adequação formal e da cooperação plasmados nos artigos 265.º-A e 266.º do CPC, os quais se encontram constitucionalmente tutelados pelos princípios do acesso ao direito e à tutela jurisdicional efectiva, consignados no art. 20.º da Constituição".

1559 Será que o devedor que se opôs à declaração de insolvência pode apresentar plano de pagamentos? É que, por força do art. 253.º, a apresentação de plano de pagamentos é alternativa à contestação do requerimento de insolvência, o que se compreende, uma vez que a apresentação de proposta de plano de pagamentos configura uma confissão pelo devedor da sua situação de insolvência (art. 252.º, n.º 4).

1560 No sentido de que este prazo de três dias úteis só começa a contar a partir do término do prazo de cinco dias de que o devedor dispõe para, querendo, apresentar plano de pagamentos, veja-se Leal, Ana Alves / Trindade, Cláudia, *O Processo Especial para Acordo de Pagamento (PEAP): O novo regime pré-insolvencial para devedores não empresários, in:* "Revista de Direito das Sociedades", IX, 2017, n.º 1, p. 121.

3. Encerramento do PEAP

Tal como no PER, a lei contém uma disciplina especial para o encerramento do PEAP (causas e momento)[1561] e para a cessação de funções do administrador judicial provisório (causas e momento) (art 222.º-J).

Começando pela primeira hipótese, constituem causas de encerramento do PEAP (art. 222.º-J, n.º 1):

- se o acordo de pagamento[1562] for aprovado e subsequentemente homologado, o trânsito em julgado da respetiva sentença homologatória (al. a));
- se o acordo de pagamento for aprovado, mas não for homologado, o cumprimento do disposto no art. 222º-G, n.ºs 1 a 6 (al. b));
- se, terminado o período das negociações, o acordo não for aprovado, o cumprimento do disposto no art. 222º-G, n.ºs 1 a 6 (al. b));
- se o período das negociações terminar antecipadamente, o cumprimento do disposto no art. 222º-G, n.ºs 1 a 6 (al. b)).

A relevância prática do encerramento do PEAP é muito nebulosa. Desde logo, o encerramento do processo é dissociado da cessação de funções do administrador judicial provisório, na hipótese em que o acordo de pagamento é homologado. De facto, neste caso o administrador judicial provisório cessa as suas funções logo no momento da prolação da decisão homologatória, ou seja, antes do encerramento do processo. Nas restantes hipóteses de encerramento do PEAP, a cessação de funções do AJP coincide com o encerramento do processo (art. 222.º-J, n.º 2, al. b)).

4. Cessação de funções do administrador judicial provisório

Tal como no PER, nem sempre a cessação de funções do AJP coincide com o encerramento do PEAP[1563]. Assim, de acordo com o art. 222.º-J, n.º 2:

O administrador judicial provisório manter-se-á em funções, sem prejuízo da sua substituição ou remoção: a) até ser proferida decisão de homologação

[1561] Vejam-se, por isso, as considerações feitas *supra*, no âmbito do PER, acerca desta matéria.

[1562] Indevidamente, a lei refere-se a plano de pagamento no lugar de acordo de pagamento.

[1563] Valem, por isso, aqui as considerações feitas no âmbito do PER sobre o tema.

do plano de pagamento; b) até ao encerramento do processo nos termos previstos no art. 222.º-J, n.º 1, nos restantes casos.

§5. Garantias

1. Manutenção das garantias

Com o intuito de promover a participação e a adesão dos credores ao PEAP, o artigo 222.º-H, n.º 1 (com uma redação integralmente decalcada do artigo 17.º-H), sob a epígrafe "garantias" prevê a manutenção das garantias convencionadas entre o devedor e os seus credores durante o PEAP, com a finalidade de proporcionar ao devedor os meios financeiros necessários para o desenvolvimento da sua atividade, ainda que, findo o processo, o devedor venha a ser declarado insolvente no prazo de dois anos. A referência legal ao financiamento da atividade do devedor parece desajustada quando estão em causa devedores não empresários, sobretudo devedores pessoas singulares[1564].

As questões levantadas a este propósito em sede de PER também não encontram resposta aqui, em sede de PEAP, a saber: a expressão "proporcionar ao devedor os meios necessários para o desenvolvimento da sua atividade" deverá ser entendida, restritamente, como "disponibilização de capital" ou poderá abranger, mais latamente, situações de pagamento diferido ou de pagamento do preço em prestações, ou outras semelhantes? e será que estão aqui abrangidas apenas as garantias prestadas a favor de novos créditos, ou também as garantias prestadas a favor de créditos preexistentes?

2. Privilégio creditório pelo financiamento

O n.º 2 do artigo 222.º-H (sob a epígrafe "garantias") e também com uma redação mimetizada do preceito equivalente do PER (art. 17.º-H, n.º 2) atribui aos credores "financiadores" um privilégio creditório mobiliário geral. Este privilégio creditório é atribuído aos credores que financiem o devedor, durante o processo, através da disponibilização de capital para o desenvolvimento da sua atividade[1565].

[1564] Assim, cfr. LEAL, Ana Alves/TRINDADE, Cláudia, *O Processo Especial para Acordo de Pagamento (PEAP): O novo regime pré-insolvencial para devedores não empresários, in:* "Revista de Direito das Sociedades", IX, 2017, n.º 1, p. 94.

[1565] Cfr., *supra*, as críticas a esta referência legal à atividade do devedor.

Este privilégio creditório é graduado antes do privilégio creditório mobiliário geral dos trabalhadores (o qual, por seu turno, é graduado segundo o disposto no art. 333.º do CTrabalho) e, por força do art. 733.º, e perante o silêncio da lei insolvencial, abrange os juros relativos aos últimos dois anos, se devidos (art. 734.º do CCivil).

Também aqui se replicam as questões suscitadas em sede de PER, designadamente: será que este n.º 2 do art. 17.º-H se aplica apenas à disponibilização de capital ou, mais amplamente, a outros "financiamentos"?

§6. Incumprimento do acordo de pagamento e segundos PEAP's[1566]

O incumprimento do acordo aprovado em sede de PEAP rege-se pelo disposto no art. 218.º, n.º 1, por remissão expressa do art. 222.º-F, n.º 10. Reza o art. 218.º, n.º 1, que:

> "1 – Salvo disposição expressa do plano de insolvência em sentido diverso, a moratória ou o perdão previstos no plano ficam sem efeito:
> a) Quanto a crédito relativamente ao qual o devedor se constitua em mora, se a prestação, acrescida dos juros moratórios, não for cumprida no prazo de 15 dias após interpelação escrita pelo credor;
> b) Quanto a todos os créditos se, antes de finda a execução do plano, o devedor for declarado em situação de insolvência em novo processo".

Segundo o art. 222.º-G, n.º 7, nos dois anos subsequentes ao encerramento do PEAP (isto é, ao encerramento enquadrável no art. 222.º-G, n.º 1, al. b)), o devedor fica impedido de recorrer ao mesmo; por força da remissão expressa do art. 222.º-F, n.º 6, a mesma solução é estendida também à hipótese de o acordo aprovado não vir a ser homologado.

Para além do mais, se o acordo for aprovado e homologado, o devedor não poderá requerer um novo PEAP nos dois anos seguintes à decisão de homologação (e não ao seu trânsito em julgado) (art. 222.º-G, n.º 7, *ex vi* do art. 222.º-F, n.º 11). Porém, o devedor poderá excecionalmente apresentar-se a PEAP antes de expirado o referido prazo se, no respetivo requerimento inicial,

[1566] Vejam-se *supra* as considerações feitas, em sede de PER, quanto a esta matéria.

demonstrar que executou integralmente o acordo ou que o requerimento de novo processo especial para acordo de pagamento é "motivado por fatores alheios ao próprio plano e a alteração superveniente é alheia ao devedor".

§7. Homologação de acordo extrajudicial de pagamento

À semelhança do PER, a lei consagra duas modalidades de processo especial para acordo de pagamento: o PEAP para abertura de negociações com vista à obtenção de um acordo de pagamento (arts. 222.º-A a 222.º-H e 222.º-J) e o PEAP com vista à homologação judicial de acordo de pagamento obtido por via extrajudicial (art. 222.º-I). Esta segunda modalidade (mais abreviada) rege-se pelas normas do PEAP para abertura de negociações, com algumas especificidades.

Desde logo, o requerimento de abertura deve ser acompanhado também de acordo extrajudicial de pagamento – assinado pelo devedor e por credores que representem, pelo menos, a maioria de votos exigida no n.º 3 do artigo 222.º-F –, e dos documentos previstos no n.º 2 do artigo 222.º-A (art. 222.º-I, n.º 1). O acordo fica patente na secretaria para consulta (art. 222.º-I, n.º 2, al. a)).

Depois, nomeado o administrador judicial provisório, a existência do acordo deve ser notificada, pela secretaria, aos credores que não intervieram no mesmo e que constam da lista de créditos relacionados pelo devedor (art. 222.º-I, n.º 2, al. a)).

Por último, convertendo-se a lista de créditos em definitiva, o juiz procede, no prazo de 10 dias, à análise do acordo extrajudicial, devendo homologá-lo se respeitar a maioria prevista no n.º 3 do artigo 222.º-F, exceto se subsistir alguma das circunstâncias previstas nos artigos 215.º e 216.º (art. 222.º-I, n.º 4).

Capítulo III – O Regime Extrajudicial de Recuperação de Empresas

§ 1 Introdução

Em 2 de março de 2018, foi publicada a Lei n.º 8/2018, que aprovou o regime extrajudicial de recuperação de empresas (RERE), e revogou o SIREVE[1567], implementando assim a medida n.º 33 do Programa Capitalizar (aprovado pela Resolução do Conselho de Ministros n.º 42/2016, de 18 de Agosto), que previa a criação de "um regime jurídico de reestruturação extrajudicial de passivos empresariais, a partir da avaliação de potenciais melhorias no âmbito do PER e Sistema de Recuperação de Empresas por Via Extrajudicial"[1568].

Em jeito de introdução e muito sinteticamente, podemos afirmar que o RERE é um instrumento extrajudicial (sem intermediação judicial – como o PER – ou administrativa – como o SIREVE), recuperatório, confidencial, voluntário, aplicável a devedores que se encontram numa situação de insolvência iminente ou numa situação económica difícil e que regula os termos e os efeitos, quer das negociações, quer do acordo de reestruturação entre o devedor e um ou mais credores.

Nas palavras da lei, "o RERE regula os termos e os efeitos das negociações e do acordo de reestruturação que seja alcançado entre um devedor e um ou mais dos seus credores, na medida em que os participantes manifestem, expressa e unanimemente, a vontade de submeter as negociações ou o acordo de reestruturação ao regime previsto na presente lei" (art. 2.º, n.º 1, do RERE).

1567 O SIREVE foi aprovado pelo D.L. n.º 178/12, de 3 de agosto, alterado pelo D.L. n.º 26/2015, de 6 de fevereiro. Tratava-se de um mecanismo recuperatório enquadrado no âmbito do Programa Revitalizar (aprovado pela Resolução do Conselho de Ministros n.º 11/2012, de 3 de fevereiro), que permitia que, ao invés de recorrerem aos processos judiciais previstos no âmbito do CIRE, as empresas que se encontrassem numa situação financeira difícil ou numa situação de insolvência iminente ou atual e os respetivos credores, que representassem no mínimo 50% do total das suas dívidas, optassem pela celebração de um acordo extrajudicial com vista à sua recuperação e viabilização. Justifica-se, por isso, que, aqui e ali, se faça referência comparativa ao SIREVE.

1568 O diploma (que foi publicado no Diário da República n.º 44/2018, 1ª série, de 2 de março, pp. 1148-1154) também alterou o CIRS e o CIVA e definiu a responsabilidade por dívidas tributárias em contexto de PER, PERE e plano de insolvência de recuperação (no seu art. 33.º). Para além disso, revogou o D.L. n.º 178/2012, de 3 de agosto, que criou o Sistema de Recuperação de Empresas por Via Extrajudicial (SIREVE) – crítico quanto a esta opção, veja-se Duarte, Diogo Pereira, *Comentário aos Artigos 1.º a 5.º e 31.º a 33.º do Projeto: Aspetos Gerais e Disposições Transitórias, in:* "Revista de Direito das Sociedades", ano IX (2017), n.º 1, p. 176.

Trata-se de um instrumento recuperatório (e não de um processo judicial[1569]) que, por ser extrajudicial e confidencial, mitiga a estigmatização do devedor, estando, por isso, em linha com a Recomendação da Comissão Europeia sobre uma nova abordagem em matéria de falência e de insolvência das empresas e com a Proposta de Diretiva em matéria de insolvência[1570].

§ 2. Âmbito de aplicação

1. Âmbito subjetivo

1.1. O devedor

O âmbito subjetivo e objetivo de aplicação do RERE encontra-se delimitado no art. 3.º do RERE[1571]. Desde logo, o RERE aplica-se às entidades referidas nas alíneas a) a h) do n.º 1 do art. 2.º do CIRE. Trata-se dos devedores pessoas singulares ou pessoas coletivas, mas também dos patrimónios autónomos (como a herança jacente, as associações sem personalidade jurídica e as comissões especiais, as sociedades civis, as sociedades comerciais e as sociedades civis sob a forma comercial até à data do registo definitivo do contrato pelo qual se constituem, as cooperativas, antes do registo da sua constituição, o estabelecimento individual de responsabilidade limitada).

Porém, encontram-se expressamente excluídas do seu âmbito de aplicação as pessoas singulares não titulares de uma empresa, considerando-se, para este efeito, empresa "toda a organização de capital e de trabalho destinada ao exercício de qualquer actividade económica" (art. 5.º do CIRE *ex vi* art. 3.º, n.º 1, al. a) do RERE).

Encontram-se igualmente excluídas as entidades previstas no n.º 2 do art. 2.º do CIRE, a saber (art. 3.º, n.º 2, do RERE): as pessoas coletivas públicas e as entidades públicas empresariais, as empresas de seguros, as instituições de crédito, as sociedades financeiras, as empresas de investimento que prestem

[1569] No mesmo sentido, MARTINS, Alexandre de Soveral, *O RERE (Regime Extrajudicial de Recuperação de Empresas, in:* "Estudos de Direito da Insolvência", 2ª edição, Almedina, Coimbra, 2018, pp. 23 e 24.

[1570] Assim, DUARTE, Diogo Pereira, *Comentário aos Artigos 1.º a 5.º e 31.º a 33.º do Projeto: Aspetos Gerais e Disposições Transitórias, in:* "Revista de Direito das Sociedades", ano IX (2017), n.º 1, p. 170.

[1571] Sob a enganadora epígrafe "Âmbito subjetivo de aplicação do Regime Extrajudicial de Recuperação de Empresas".

serviços que impliquem a detenção de fundos ou de valores mobiliários de terceiros e os organismos de investimento colectivo.

Em síntese, não obstante a sua designação e a intenção expressamente assumida no Programa Capitalizar, o RERE não é um mecanismo de recuperação exclusivo de entidades empresariais[1572].

1.2. O credor

Podem intervir no RERE (seja nas negociações, seja no acordo de reestruturação) um ou mais credores do devedor, titulares de créditos de natureza patrimonial sobre este, vencidos, vincendos ou sob condição, qualquer que seja a sua nacionalidade ou domicílio (arts. 2.º, n.º 1, e 3.º, n.º 4, do RERE).

Podem também ser admitidos a intervir nas negociações e no acordo de reestruturação os titulares de garantias sobre bens do devedor, ainda que não sejam seus credores, apenas na medida do necessário à prestação de consentimento à alteração dos termos e condições da garantia (art. 3.º, n.º 5, do RERE).

Podem igualmente ser admitidos a intervir nas negociações e no acordo de reestruturação os sócios do devedor, na medida em que (por força da lei ou dos estatutos) seja necessária a sua intervenção ou consentimento (art. 3.º, n.º 6, do RERE).

Por último, a lei admite a representação coletiva de grupos de credores por entidade mandatada para atuar como agente de financiamento – tratando-se de grupos de trabalhadores, serão representados pelas respetivas organizações representativas – e de grupos de beneficiários de garantias sobre bens do devedor por entidade por si mandatada para atuar como agente de garantias (art. 3.º, n.º 7, do RERE).

[1572] Não podemos, por isso, subscrever o entendimento de Serra, Catarina, *Lições de Direito da Insolvência*, Almedina, Coimbra, 2018, pp. 495 e ss. Considerando que, quanto às pessoas coletivas ou patrimónios autónomos, a lei não exige a titularidade de uma empresa, Martins, Alexandre de Soveral, *O RERE (Regime Extrajudicial de Recuperação de Empresas, in*: "Estudos de Direito da Insolvência", 2ª edição, Almedina, Coimbra, 2018, p. 24; Abreu, J. M. Coutinho, *Curso de Direito Comercial*, vol. I, 11ª edição, Almedina, Coimbra, 2018, p. 357. Para este último Autor, estão, por isso, abrangidas as entidades referidas (por remissão) no art. 3.º, n.º 1, al. a), que, mesmo quando não sejam titulares de empresas (como as sociedades *holding* puras, associações sem empresas), estejam sujeitas ao SNC.

2. Âmbito objetivo

Podem submeter-se ao RERE os devedores que se encontrem numa situação de insolvência iminente ou numa situação económica difícil (art. 3.º, n.º 1, al. b), do RERE). O diploma não define a situação de insolvência iminente (remetendo apenas para o disposto no art. 3.º do CIRE, que também não tem qualquer definição da mesma, mas apenas da insolvência atual e especial) e remete para a definição de situação económica difícil contida no art. 17.º-B do CIRE ("encontra-se em situação económica difícil a empresa que enfrentar dificuldade séria para cumprir pontualmente as suas obrigações, designadamente por ter falta de liquidez ou por não conseguir obter crédito"[1573]) (art. 3.º, n.º 3, do RERE).

Não podem, por isso, ser admitidos ao RERE os devedores que se encontrem numa situação de insolvência atual (art. 3.º, n.º 1, do CIRE) ou numa situação de insolvência especial (art. 3.º, n.º 2, do CIRE, ambos por remissão expressa do art. 3.º, n.º 3, do RERE)[1574], salvo dois casos excecionais. Se o devedor ficar insolvente na pendência do RERE (mais concretamente, depois do depósito do protocolo de negociação), o prazo para a apresentação à insolvência (previsto no art. 18.º, n.º 1, do CIRE) só se começa a contar a partir do encerramento das negociações (art. 13.º do RERE). Depois, o art. 35.º, n.º 1, do RERE, contém uma norma transitória segundo a qual, "pelo prazo de 18 meses a contar da entrada em vigor da presente lei, podem recorrer ao RERE devedores que estejam em situação de insolvência, aferida nos termos do n.º 3 do artigo 3.º, dispensando-se nesse caso a apresentação da declaração prevista na alínea a) do n.º 2 do artigo 19.º".

Esta disposição transitória merece três reparos. Desde logo, o n.º 3 do art. 3.º do CIRE contém uma noção de solvência e não de insolvência, complementando o conceito de insolvência especial previsto no seu n.º 2.

Em segundo lugar, não se compreende a sua solução (ainda que, ou porque, transitória): se o RERE foi pensado como instrumento de recuperação

[1573] Como vimos *supra* trata-se, em bom rigor, de uma definição de situação financeira difícil.

[1574] Considerando que também não é aplicável a entidades que não estão sequer numa siuação de insolvência iminente ou económica difícil, ver MARTINS, Alexandre de Soveral, *O RERE (Regime Extrajudicial de Recuperação de Empresas, in:* "Estudos de Direito da Insolvência", 2ª edição, Almedina, Coimbra, 2018, p. 24.

de empresas que não estão insolventes, por que razão permitir-lhes o acesso temporário? De acordo com a Exposição de Motivos da Proposta de Lei, "numa visão integrada com as demais medidas do referido Programa Capitalizar, porquanto se prossegue o objetivo de permitir a integral aplicação da lei e limitar o acesso ao Processo Especial de Revitalização efetivamente apenas a empresas em situação económica difícil ou em insolvência iminente, antevê-se que muitas empresas fiquem consequentemente impedidas de recorrer ao Processo Especial de Revitalização por não cumprirem com os respetivos requisitos de acesso. Com o objetivo de disponibilizar às empresas que se encontrem nessa situação um mecanismo extrajudicial de recuperação que seja alternativo ao processo de insolvência, é criado um regime transitório que, durante um período de 18 meses, permite às empresas que se encontrem em situação de insolvência recorrer ao RERE". Pena foi que entre o início de vigência das alterações ao PER e o início de vigência do RERE tenha havido um desfasamento no tempo de cerca de oito meses.

Em terceiro e último lugar, esta solução suspende, relativamente aos devedores que participam no RERE, o dever de apresentação à insolvência[1575]. Ora, "as normas que consagram deveres em situação de insolvência são normas de proteção de terceiros e a admissibilidade de manutenção em atividade de empresas em situação de insolvência é uma fonte de riscos acentuados para esses terceiros"[1576].

§3. Características

I. O RERE é um instrumento *extrajudicial* de recuperação do devedor, que se desenvolve entre o devedor e todos ou alguns dos seus credores (e outras entidades como, por exemplo, titulares de garantias reais sobre bens do devedor, mas que não sejam credores deste – art. 3.º, n.º 5 -, os sócios do devedor – art. 3.º, n.º 6[1577]), sem a intermediação de entidade administrativa ou qual-

[1575] É de realçar, a este propósito, que a apresentação de requerimento de utilização do SIREVE, após 2015, deixou de suspender o prazo para apresentação à insolvência.

[1576] DUARTE, Diogo Pereira, *Comentário aos Artigos 1.º a 5.º e 31.º a 33.º do Projeto: Aspetos Gerais e Disposições Transitórias, in:* "Revista de Direito das Sociedades", ano IX (2017), n.º 1, p. 176. Para o AUTOR, esta solução ainda que trasitória é inadequada.

[1577] Sobre os direitos dos sócios no âmbito do RERE, veja-se CUNHA, Paulo Olavo, *Reestruturação de Sociedades e Direitos dos Sócios, in:* "IV Congresso de Direito da Insolvência", Almedina, Coimbra, 2017, pp. 341 e ss.

quer intervenção judicial e até, se o devedor assim o entender, sem a nomeação de um mediador de recuperação de empresas[1578] (art. 14.º, n.º 1, do RERE).

II. É um mecanismo de natureza (tendencialmente) *voluntária* para todos os intervenientes, devedor, credores ou outros. Desde logo, o art. 4.º, n.º 1, do RERE, preceitua que "as partes são livres de sujeitar ao RERE os efeitos do acordo de reestruturação que alcancem, bem como os efeitos decorrentes das negociações". Depois, o n.º 2 do citado preceito reforça que a participação nas negociações e no acordo de reestruturação é livre. Por último, o art. 2.º, n.º 1, do RERE, esclarece que os credores devem manifestar expressamente a sua vontade. No entanto, o n.º 3 do art. 14.º do RERE introduz um desvio ao caráter voluntário da participação dos credores nas negociações, pois, "sempre que forem credoras do devedor ou que com este mantenham acordo prestacional, a segurança social e a AT, os trabalhadores e as organizações representativas dos trabalhadores, participam obrigatoriamente nas negociações a realizar ao abrigo do RERE, mesmo que não subscrevam o protocolo de negociação, sem prejuízo do estipulado no artigo 30.º da Lei Geral Tributária, aprovada pelo Decreto-Lei n.º 398/98, de 17 de dezembro"[1579]. Este desvio depende, pois, da existência de débitos incumpridos pelo devedor relativamente a estas entidades.

III. Por ser voluntário, naturalmente que os efeitos do protocolo de negociação vinculam só os credores subscritores (art. 11.º, n.º 3, do RERE) e o acordo obtido é eficaz apenas *inter partes* (art. 19.º, n.º 5, do RERE). Esta característica distingue o PER do RERE, pois, neste, o acordo obtido vincula todos os credores, ainda que não tenham participado ou tenham votado contra o plano (art. 17.º-F, n.º 10, do CIRE).

[1578] A Lei n.º 6/2018, de 22 de fevereiro, estabelece o Estatuto do mediador de recuperação de empresas.

[1579] No sentido de que "os procedimentos adequados e atempados de informação e consulta dos trabalhadores aumentam a eficácia dos processos de reestruturação", veja-se a Proposta de Diretiva do Parlamento Europeu e do Conselho, COM (2016) 723 final (na sua Exposição de Motivos).

IV. O RERE é um instrumento de natureza (tendencialmente) *confidencial*. Esta característica será, sem dúvida, um fator de escolha pelo devedor e pelos seus credores (face a outros mecanismos recuperatórios de devedores que ainda não se encontram numa situação de insolvência atual – como, por exemplo, o PER), pois reduz o impacto estigmatizante da publicidade de um processo de recuperação. Existem, no entanto, quatro desvios a esta regra. Desde logo, segundo o n.º 1 do art. 8.º, do RERE, as partes podem acordar, por unanimidade, conferir publicidade total ou parcial, quer às negociações, quer ao conteúdo do protocolo de negociação. Para além disso, sempre que forem titulares de créditos sobre o devedor, a segurança social, a AT e os trabalhadores são obrigatoriamente informados do depósito do protocolo de negociação e do seu conteúdo (art. 8.º, n.º 6, do RERE). Em terceiro lugar, por força do art. 8.º, n.º 2, do RERE, a confidencialidade cessa na medida necessária à suspensão dos processos judiciais (art. 11.º do RERE) e à execução judicial da obrigação (art. 30.º, n.º 4, do RERE). Em quarto e útlimo lugar, o devedor é obrigado a comunicar aos prestadores dos serviços essenciais previstos no art. 12.º, n.º 1, do RERE, o depósito do protocolo de negociação (art. 12.º, n.º 6, do RERE).

V. Por fim, trata-se de um mecanismo tendente à obtenção de um acordo *recuperatório* ("com o objetivo de permitir que a empresa sobreviva na totalidade ou em parte"), de conteúdo livre, que produzirá determinados efeitos, designadamente ficais (art. 2.º, n.º 2, do RERE). "Adicionalmente, o RERE permite ainda ao devedor, por via da celebração de um protocolo de negociação, obter um ambiente favorável à negociação com os seus credores"[1580].

§4. As negociações do acordo de reestruturação

O RERE (no seu capítulo II – arts. 6.º-18.º) regula os termos e os efeitos das negociações tendentes à obtenção de um acordo de reestruturação. Entre o acordo e as negociações não existe uma relação de dependência: ou seja, as partes são livres de sujeitar ao RERE apenas o acordo de reestruturação, e não o período de negociações que o antecedeu; são igualmente livres de sujeitar

[1580] Exposição de Motivos da Proposta de Lei n.º 84/XIII (2.ª).

o período negocial ao RERE, e não o acordo final que eventualmente venha a ser alcançado[1581].

As negociações do acordo de reestruturação poderão ser enquadradas num conjunto de regras estabelecidas no protocolo de negociação. A opção por este protocolo permite às partes beneficiarem de certas vantagens, que se traduzem, como veremos, essencialmente, num "certo standstill" e na paralisação de certos poderes contratuais. A verdade é que também este protocolo de negociação tem que ser negociado, não se encontrando a sua negociação juridicamente enquadrada no RERE.

1. Protocolo de negociação

O protocolo de negociação *deve ser* (art. 6.º do RERE):

i) assinado pelo devedor e credores que representem pelo menos 15% do passivo não subordinado (n.º 1);
ii) depositado na Conservatória do Registo Comercial, segundo o processo especial de depósito do RERE[1582] (o qual goza do benefício emolumentar previsto no art. 34.º do RERE) (n.º 1); e
iii) acompanhado de uma declaração de um contabilista certificado ou de revisor oficial de contas emitida há 30 dias ou menos, que ateste a representatividade dos credores (n.º 4).

O conteúdo do protocolo é *livremente fixado pelas partes, devendo, todavia, conter* (art. 7.º, n.º 1, do RERE):

i) a identificação completa do devedor, dos credores participantes, dos representantes do devedor e dos representantes dos credores para efeitos do RERE (al. a));

[1581] Assim também, Casanova, Nuno Salazar, *O RERE – Regime Extrajudicial de Recuperação de Empresas, in:* "Actas das Jornadas de Reestruturações e Insolvências da URÍA Menéndez Proença de Carvalho" (em curso de publicação).

[1582] Não obstante esta referência legal (reforçada no seu n.º 2), a verdade é que ao Código do Registo Comercial não foi enxertado qualquer processo especial de depósito do RERE, sendo a este aplicáveis apenas as regras gerais do depósito (art. 53.º-A, n.º 5, al. i) do CRCom).

ii) o prazo máximo acordado para as negociações, que não pode exceder três meses contados desde a data em que for requerido o depósito do protocolo de negociação na Conservatória do Registo Comercial (al. b))[1583];
iii) o passivo total do devedor (al. c));
iv) a responsabilidade pelos custos inerentes ao processo negocial, incluindo o custo com a assessoria técnica, financeira e legal, e modo de repartição dos mesmos (al. d));
v) o acordo relativo à não instauração pelas partes, contra o devedor, no decurso do prazo acordado para as negociações, de processos judiciais de natureza executiva, de processos judiciais que visem privar o devedor da livre disposição dos seus bens ou direitos, bem como de processo relativo à declaração da insolvência do devedor (al. e)); e
vi) a data e as assinaturas reconhecidas (al. f)).

Para além do mais, as negociações devem pautar-se pelo princípio da boa fé e pelos Princípios Orientadores da Recuperação Extrajudicial de Devedores, aprovados pela Resolução do Conselho de Ministros n.º 43/2011, de 25 de outubro (art. 5.º, n.º 1, do RERE).

O devedor está obrigado a fornecer às partes envolvidas informação atual, verdadeira e completa que permita aferir com rigor da sua situação económico-financeira (art. 5.º, n.º 2, do RERE), devendo designadamente, no decurso das negociações, e de forma transparente, elaborar e apresentar aos credores participantes nas negociações o diagnósico económico-financeiro que lhes permita conhecer os pressupostos nos quais a sua recuperação assentará[1584] (art. 15.º, n.º 1, do RERE). Por seu turno, a lei impõe, utopicamente, aos

[1583] Esta duração máxima de três meses abrange, não só, o prazo inicialmente fixado no protocolo de negociações, mas também a prorrogação em que as partes eventualmente acordem (art. 6.º, n.º 5). A prorrogação depende de acordo entre o devedor e, todos ou alguns dos envolvidos nas negociações, desde que se continue a verificar um dos pressupostos do art. 3.º, n.º 1, al. b) (art. 16.º, n.º 3). Além do mais, não há lugar a prorrogação se, no decurso das negociações, o devedor ficar em situação de insolvência subsumível no art. 3.º, n.ºs 1 a 3, do CIRE (art. 16.º, n.º 4).

[1584] Este diagnóstico deve ser elaborado em articulação com o credor líder, os assessores financeiros e legais, se existirem, podendo o devedor recorrer à ferramenta de auto-diagnóstico financeiro disponibilizada no sítio da Internet do IAPMEI (art. 15.º, n.º 2).

credores o dever de partilharem entre si, de modo transparente, a informação que possuam sobre o devedor, com ressalva das limitações legais decorrentes dos deveres de sigilo a que se encontrem vinculados[1585] (art. 5.º, n.º 2, do RERE)

Por último, o protocolo de negociação deve ser acompanhado *dos seguintes documentos* (art. 7.º, n.º 3, do RERE)):

i) certidão do registo comercial do devedor ou código de acesso à respetiva certidão electrónica e estatutos, se aplicável (al. a));
ii) documentos de prestação de contas do devedor relativos aos três últimos exercícios (al. b));
iii) declaração do devedor a indicar o detalhe do seu passivo (apurado de acordo com o art. 3.º, n.º 4), designadamente, nome de todos os credores, proveniência, montante e natureza dos créditos, e garantias associadas (al. c));
iv) lista de todos os processos judiciais e arbitrais nos quais o devedor seja parte (al. d)); e
v) justificação para a não apresentação de algum destes documentos, se não forem apresentados com o protocolo de negociação (al. e)).

A lei prevê também algumas sugestões nos n.ºs 2 (de conteúdo) e 4 (relativas a documentos) do art. 7.º, no art. 5.º, n.º 1 (possibilidade de as partes adotarem, a todo o tempo, um código de conduta), no art. 14.º, n.º 2 (todos do RERE) (designação de um – ou mais – credor líder e nomeação de um comité de credores[1586])[1587].

[1585] Considerando que este dever pode dissuadir alguns credores de participarem, veja-se Casanova, Nuno Salazar, *O RERE – Regime Extrajudicial de Recuperação de Empresas, in:* "Actas das Jornadas de Reestruturações e Insolvências da URÍA Menéndez Proença de Carvalho", (em curso de publicação).

[1586] O credor líder é o interlocutor preferencial dos credores no contacto com o devedor; o comité de credores acompanha a atividade do devedor no decurso das negociações e assessora o credor líder na interligação com o devedor (art. 14.º, n.º 2, do RERE).

[1587] Considerando estas "sugestões", não só de técnica duvidosa, como também equívocas, pois suscitam dúvidas sobre se são limitativas, veja-se Casanova, Nuno Salazar, *O RERE – Regime Extrajudicial de Recuperação de Empresas, in:* "Actas das Jornadas de Reestruturações e Insolvências da URÍA Menéndez Proença de Carvalho", (em curso de publicação).

2. Os efeitos do depósito do protocolo de negociação

O depósito do protocolo de negociação produz cinco efeitos essenciais:

1.º efeitos sobre o devedor;
2.º efeitos sobre os credores;
3.º efeitos processuais;
4.º efeitos sobre contratos de prestação de serviços essenciais;
5.º suspensão do dever de apresentação à insolvência.

2.1. Efeitos sobre o devedor

Com o depósito do protocolo de negociação, o devedor fica obrigado a manter o curso normal do seu negócio e fica impedido de praticar atos de especial relevo, tal como definidos no art. 161.º, n.º 2 e 3 do CIRE (art. 9.º, n.º 1, do RERE). Trata-se de atos que poderão prejudicar a tramitação ulterior do RERE, as perspectivas de satisfação dos credores da insolvência e a suscetibilidade de recuperação do devedor, como, por exemplo: a) a venda da empresa, de estabelecimentos ou da totalidade das existências; b) a alienação de bens necessários à continuação da exploração da empresa, anteriormente ao respectivo encerramento; c) a alienação de participações noutras sociedades destinadas a garantir o estabelecimento com estas de uma relação duradoura; d) a aquisição de imóveis; e) a celebração de novos contratos de execução duradoura; f) a assunção de obrigações de terceiros e a constituição de garantias; g) a alienação de qualquer bem da empresa por preço igual ou superior a €10.000 e que represente, pelo menos, 10% do valor do património do devedor, salvo se se tratar de bens do activo circulante ou for fácil a sua substituição por outro da mesma natureza.

O devedor poderá praticar estes atos se estiverem previstos no protocolo de negociação ou se forem previamente autorizados por todos os credores (diretamente ou através do comité de credores) (art. 9.º, n.º 1, *in fine*, do RERE).

Para além disso, se o devedor considerar que não existem condições para prosseguir com as negociações, pode fazer cessar as mesmas. Todavia, está obrigado a comunicar a sua decisão a todos os credores que subscreveram o protocolo de negociação e a todos os credores que aderiram ulteriormente, bem como a requerer na Conservatória do Registo Comercial o depósito dessa comunicação (art. 9.º, n.º 2, do RERE).

Ademais, o devedor está obrigado a elaborar e a apresentar aos credores participantes, de forma transparente, um diagnóstico da sua situação económico-financeira, em articulação com o credor líder, os assessores financeiros e legais, o mediador de recuperação, se existirem (art. 15.º, n.º 1, do RERE).

Por fim, é sobre o devedor que impende a obrigação de informar, sempre que sejam titulares de créditos sobre o mesmo, a segurança social, a AT e os trabalhadores, do depósito do protocolo de negociação (arts. 9.º, n.º 3, e 8.º, n.º 6, do RERE).

A violação destes deveres não importa a invalidade ou ineficácia dos atos praticados (com exceção da inobservância do dever de informar a segurança social, a AT e os trabalhadores, que gera a nulidade do protocolo de negociação e de todos os atos a ele inerentes – art. 8.º, n.º 7, do RERE); gera apenas a obrigação de indemnizar os credores (nos termos gerais) e a faculdade de os credores, no caso de violação grosseira desses deveres, resolverem o protocolo de negociação (desvinculando-se, assim, das obrigações aí assumidas (art. 10.º, n.º 1, do RERE)).

2.2. Efeitos sobre os credores

Desde logo, os credores não podem desvincular-se dos compromissos assumidos no protocolo de negociação antes de decorrido o prazo para o encerramento das mesmas (p.ex. a proibição de propositua de ações executivas), podendo, todavia, cessar a participação ativa nas negociações (art. 10.º, n.º 1, do RERE). Contudo, se o devedor violar de modo grosseiro as obrigações decorrentes do protocolo de negociação, os credores poderão resolver o protocolo de negociação, e, assim, desvincular-se do mesmo (art. 10.º, n.º 1, do RERE).

Depois, os credores podem ceder o seu crédito ou transmitir a sua posição contratual no decurso das negociações. Porém, o credor cessionário também está vinculado pelos compromissos assumidos pelo credor cedente. Por isso, o credor cedente é obrigado a informar o credor cessionário da existência e do conteúdo do protocolo de negociação (art. 10.º, n.º 2, do RERE), exceto nos casos em que o devedor já tenha feito cessar as negociações nos termos do art. 9.º, n.º 2 (art. 10.º, n.º 3, do RERE)[1588]. Se o credor cedente violar a sua

[1588] Esta obrigação de informar será conciliável com a confidencialidade do protocolo?

obrigação, o protocolo é vinculativo para o credor cessionário, que poderá responsabilizar aquele pelos danos sofridos.

Segundo o art. 10.º, n.º 4, excetua-se da aplicação dos números anteriores o acordo previsto na alínea e) do n.º 1 do art. 7.º (ambos do RERE), ou seja, o acordo relativo à não instauração pelos credores contra o devedor, durante o prazo acordado para as negociações, de processos de declaração de insolvência do devedor, de processos judiciais de natureza executiva ou que visem privar o devedor da livre disposição dos seus bens ou direitos. No entanto, esta ressalva deve ser interpretada com cautelas. De facto, se o referido n.º 4 estabelecesse um desvio aos n.ºs 2 e 3 do art. 10.º (e não ao seu n.º 1), permitiria ao credor cessionário acionar judicialmente o devedor, durante o prazo de negociações, bem como o requerimento da insolvência do devedor, ou a prossecução de ação de insolvência já iniciada, ou até a propositura de ação executiva ou de privação do poder de disposição do devedor, respeitante a créditos seus ou a créditos cedidos por credor participante no protocolo de negociação. Esta solução legal permitiria defraudar as obrigações assumidas pelos credores no âmbito do protocolo – não parece ter sido este o resultado pretendido pelo legislador. Aliás, os n.ºs 3 e 4 do art. 10.º não constavam da Proposta de Lei que antecedeu o diploma, tendo sido incompreensivelmente aditados ao preceito. Entendemos, por isso, que o legislador pretendeu referir-se apenas ao n.º 1 do citado preceito: ou seja, o exercício do direito de resolução, pelos credores, do protocolo de negociação (e, portanto, do seu direito de se desvincularem das obrigaçõess aí assumidas) não permite, excecionalmente, aos credores desvincularem-se das obrigações (processuais) assumidas nos termos do art. 7.º, n.º 1, al. e) do RERE[1589].

2.3. Efeitos processuais

Desde logo, um dos elementos obrigatórios do protocolo de negociação é o acordo relativo à não instauração pelas partes, contra o devedor, e durante o prazo acordado para as negociações, de processos judiciais de natureza executiva, de processos judiciais que visem privar o devedor da livre disposição

[1589] Assim também Serra, Catarina, *Lições de Direito da Insolvência*, Almedina, Coimbra, 2018, pp. 503 e 504.

dos seus bens ou direitos e de processo relativo à declaração de insolvência do devedor (art. 7.º, n.º 1, al. e), do RERE)[1590].

Este conteúdo (processual) do acordo é livremente fixado pelas partes, com exceção das ações de insolvência: reza o art. 11.º, n.º 1, do RERE que a participação (ou a adesão) no protocolo de negociação por credor que tenha requerido a insolvência do devedor determina a imediata suspensão do processo de insolvência (desde que a insolvência ainda não tenha sido declarada)[1591]. Por maioria de razão, o credor participante fica igualmente impedido de, durante o prazo das negociações, requerer a insolvência do devedor.

O art. 11.º, n.º 2, reza o seguinte: "Celebrado acordo nos termos da presente lei, e salvo quando o mesmo preveja a manutenção da respetiva suspensão, extinguem-se automaticamente as ações executivas para pagamento de quantia certa instauradas contra a empresa e ou os seus respetivos garantes relativamente às operações garantidas, e, salvo transação, mantêm-se suspensas, por prejudicialidade, as ações destinadas a exigir o cumprimento de ações pecuniárias instauradas contra a empresa e ou os seus respetivos garantes relativamente às operações garantidas". Não obstante a sua inserção sistemática, entendemos que este preceito não é aplicável ao protoloco de negociações. Na Proposta de Lei inicial, o art. 11.º regulava a matéria do acordo de reestruturação e não o protoloco de negociações. Por isso, a lei faz referência à extinção de ações que se encontravam suspensas e à manutenção da suspensão de ações que se encontravam suspensas (em virtude do protocolo de negociações)[1592]. Não podemos também deixar de realçar a falta de rigor terminológico no art. 11.º – se o seu n.º 2 faz referência a "ações destinadas a exigir o cumprimento de ações [leia-se] pecuniárias», já o n.º 3 refere-se a «ações executivas

[1590] Considerando que os efeitos se produzem apenas com o depósito do protoloco de negociações, veja-se MARTINS, Alexandre de Soveral, *Estudos de Direito da Insolvência*, 2ª edição, Almedina, Coimbra, 2018, p. 26.

[1591] Esta suspensão é causa de cessação de suspensão de ação de insolvência proposta por credor não participante (art. 8.º, n.º 2, do CIRE) – assim, CASANOVA, Nuno Salazar, *O RERE – Regime Extrajudicial de Recuperação de Empresas, in:* "Actas das Jornadas de Reestruturações e Insolvências da URÍA Menéndez Proença de Carvalho" (em curso de publicação).

[1592] Assim, também, MARTINS, Alexandre de Soveral, *O RERE (Regime Extrajudicial de Recuperação de Empresas, in:* "Estudos de Direito da Insolvência", 2ª edição, Almedina, Coimbra, 2018, pp. 26 e ss.

para pagamento de quantia certa ou quaisquer outras ações destinadas a exigir o cumprimento [serão declarativas?] de obrigações pecuniárias".

O RERE não tem natureza concursal (contrariamente ao PER). Por isso, apenas os credores participantes (aqueles que subscreveram o protocolo ou a ele aderiram) são afetados pelos efeitos processuais, ou seja, os credores não participantes podem propor ou fazer prosseguir ações executivas para pagamento de quantia certa, ações de insolvência (aliás, se entretanto o devedor for declarado insolvente, as negociações encerram automática e imediatamente – art. 16.º, n.º 5, do RERE) ou processos judiciais destinados a privar o devedor da livre disposição dos seus bens e direitos. É o que resulta de inúmeros preceitos tais como os arts. 7.º, n.º 1, al. e), 11.º, n.ºs 1 e 3 (todos do RERE).

2.4. Efeitos sobre contratos de prestação de serviços essenciais

O depósito do protocolo de negociação impede os prestadores de serviços essenciais de interromperem o fornecimento dos mesmos durante o prazo máximo de três meses (art. 12.º, n.ºs 1 e 3, do RERE)[1593]. Os serviços essenciais abrangidos estão elencados (taxativamente) nas alíneas a) a g) do art. 12.º, n.º 1[1594]:

a) Serviço de fornecimento de água;
b) Serviço de fornecimento de energia elétrica;
c) Serviço de fornecimento de gás natural e gases de petróleo liquefeitos canalizados;
d) Serviço de comunicações eletrónicas;
e) Serviços postais;
f) Serviço de recolha e tratamento de águas residuais;
g) Serviços de gestão de resíduos sólidos urbanos.

Trata-se de um efeito que paralisa os poderes contratuais dos prestadores destes serviços essenciais, nos seguintes termos. Desde logo, os prestadores

[1593] Por isso, o devedor está obrigado a comunicar aos prestadores destes serviços o depósito do protocolo de negociação (art. 12.º, n.º 6, do RERE). Tenha-se em conta, porém, que a violação desta obrigação, contrariamente ao disposto no art. 9.º, n.ºs 2 e 3, do RERE, não é sancionada com a nulidade do mesmo.

[1594] Trata-se de um elenco idêntico ao previsto no art. 17.º-F, n.º 8, do CIRE.

de serviços estão impedidos de invocar a exceção de não cumprimento do contrato (art. 428.º do CCivil)[1595], ou de resolver os respetivos contratos com fundamento em dívidas respeitantes a serviços prestados em momento anterior ao depósito, apenas[1596]. Mas, se o devedor não efetuar o pagamento dos serviços prestados após o depósito do protocolo de negociação, os fornecedores já poderão suspender ou interromper a respetiva prestação.

Depois, este efeito (contariamente aos outros efeitos que estão associados ao depósito do protocolo de negociação) aplica-se aos fornecedores dos serviços essenciais referidos, ainda que não participem no protocolo de negociação. Tenha-se em conta, porém, que estes credores nunca são afetados pelo acordo de reestruturação se não fizerem parte do mesmo (art. 19.º, n.º 5, do RERE).

Além disso, a proibição de interrupção dos serviços essenciais tem início com o depósito do protocolo de negociação e tem a duração máxima de três meses, exceto se os fornecedores forem parte do protocolo de negociação e acordarem prazo mais longo (art. 12.º, n.º 3, do RERE)[1597].

Por último, os fornecedores dos serviços essenciais são "compensados" pela lei com uma proteção reforçada dos respetivos créditos. Os custos dos serviços fornecidos ao abrigo da imposição prevista no art. 12.º, n.º 1, constituem dívida da massa insolvente[1598] se o devedor for declarado insolvente no prazo de dois anos após o depósito do protocolo de negociação; e, nos demais casos (designadamente, se for declarado insolvente decorridos mais de dois anos sobre o depósito do protocolo de negociação, ou não for declarado insolvente), beneficia de privilégio creditório mobiliário geral graduado antes

[1595] Mas, será que podem exigir antecipadamente o pagamento da prestação ou a prestação/reforço de garantias, ao abrigo do art. 429.º do CCivil? A este propósito, veja-se CASANOVA, Nuno Salazar, *O RERE – Regime Extrajudicial de Recuperação de Empresas, in:* "Actas das Jornadas de Reestruturações e Insolvências da URÍA Menendez Proença de Carvalho" (em curso de publicação).

[1596] Contrariamente ao PER, o que se compreende, uma vez que o RERE é um procedimento que não tem natureza concursal.

[1597] É de realçar a este propósito que, contrariamente ao art. 10.º, n.º 1, do RERE em que a lei associa a duração da proibição de desvinculação dos compromissos assumidos pelos credores ao prazo máximo previsto para a duração das negociações, neste art. 12.º, n.º 3, do RERE, o legislador refere-se apenas ao prazo de três meses.

[1598] Neste caso, o processo de insolvência já terá início com dívidas da massa, podendo até enquandrar-se no âmbito do art. 39.º Além do mais, como poderão os credores reclamar os respetivos créditos? Quem aprecia os seus créditos?

do privilégio creditório mobiliário concedido aos trabalhadores (art. 12.º, n.º 5, ambos do RERE).

2.5. Suspensão do dever de apresentação à insolvência

Se, após o depósito do protocolo de negociação, o devedor ficar em situação de insolvência – atual (nos termos do art. 3.º, n.º 1) ou especial (nos termos do art. 3.º, n.ºs 2 e 3, ambos do CIRE) –, a contagem do prazo para apresentação à insolvência (previsto no art. 18.º, n.º 1, do CIRE) fica suspensa até ao encerramento das negociações (art. 13.º do RERE). Para além disso, as partes ficam impedidas de prorrogar o prazo das negociações (arts. 13.º e 16.º, n.º 4, do RERE).

Este efeito tem uma utilidade residual, pois muito dificilmente se poderá demonstrar que a situação de insolvência teve lugar, precisamente, nos dois meses das negociações[1599].

3. Encerramento das negociações

3.1. Causas

O art. 16.º, n.º 1, do RERE, contém um elenco (fechado?) alternativo de causas de encerramento das negociações:

- depósito do acordo de reestruturação, ou
- depósito da declaração (unilateral) do devedor de cessação das negociações, ou
- decurso do prazo para as negociações, sem que tenha havido depósito do acordo e sem que tenha havido prorrogação do prazo, ou
- decurso do prazo máximo para a prorrogação das negociações, sem que tenha havido depósito do acordo, ou
- apresentação do devedor à insolvência, na pendência das negociações, ou
- declaração de insolvência do devedor, na pendência das negociações, em processo de insolvência requerido por um credor.

[1599] Neste sentido, CASANOVA, Nuno Salazar, *O RERE – Regime Extrajudicial de Recuperação de Empresas, in:* "Actas das Jornadas de Reestruturações e Insolvências da URÍA Menéndez Proença de Carvalho" (em curso de publicação).

3.2. Efeitos

O encerramento das negociações é causa de cessação dos efeitos previstos na secção II do capítulo II (art. 16.º, n.º 2, do RERE). Trata-se dos efeitos sobre o devedor (art. 9.º), dos efeitos sobre os credores (art. 10.º), dos efeitos sobre as ações judiciais (art. 11.º) e dos efeitos sobre os contratos de prestação de serviços essenciais (art. 12.º, todos do RERE). Devem, no entanto, ser feitas três ressalvas.

Desde logo, se for celebrado acordo de reestruturação ao abrigo do RERE, as ações executivas para pagamento de quantia certa instauradas contra o devedor e/ou os seus garantes extinguem-se (exceto se o acordo previr a manutenção da sua suspensão) e, salvo transação, mantêm-se suspensas (se, no protocolo, as partes acordaram na sua suspensão), por prejudicialidade, as ações destinadas a exigir o cumprimento de obrigações (ações, segundo a letra da lei) pecuniárias instauradas contra a empresa e/ou os respetivos garantes, relativamente às obrigações garantidas (art. 11.º, n.º 2, do RERE). Porém, o art. 25.º, n.º 1, prevê (sem prejuízo de o acordo poder dispor diversamente) a imediata extinção dos processos judiciais declarativos (de todos, e não apenas dos que se destinem a exigir o cumprimento de obrigações pecuniárias), a partir do depósito do acordo (e não da mera celebração do acordo). Trata-se de preceitos dificilmente conciliáveis[1600] (é de realçar que o n.º 2 do art. 11.º não constava do texto da Proposta de Lei), pelo que será mais prudente as partes regularem expressamente esta matéria no acordo de reestruturação.

Depois, a proibição de interrupção dos serviços essenciais pode ter uma duração superior aos três meses (e, portanto, às negociações), se os prestadores forem parte no protocolo e acordarem num prazo mais longo (art. 12.º, n.º 3, do RERE).

Em terceiro e último lugar, o encerramento é objeto de registo pela Conservatória do Registo Comercial (segundo o, inexistente, processo especial de registo do RERE), com a mera menção da causa (art. 17.º, n.º 1, do RERE). Porém, se as partes atribuíram caráter público às negociações, a Conservatória do Registo Comercial deverá também publicar anúncio relativo ao

[1600] Assim, SERRA, Catarina, *Lições de Direito da Insolvência*, Almedina, Coimbra, 2018, p. 506.

termo das negociações e respetiva causa, indicando se foi ou não alcançado o acordo de reestruturação (art. 17.º, n.º 2, do RERE). O encerramento das negociações é ainda comunicado, por via eletrónica, pela Conservatória do Registo Comercial, aos processos judiciais previstos no art. 11.º, n.º 4, do RERE (os processos judiciais pendentes identificados no protocolo de negociação) e aos fornecedores de serviços essenciais (art. 17.º, n.º 3, do RERE).

3.3. Novas negociações

Se bem que o devedor possa escolher os credores que participam no protocolo de negociação, já não lhe é permitido sujeitar ao RERE mais do que um processo de negociação, ou seja, não é possível que, em paralelo, corram vários processos de negociação entre o devedor e diferentes credores. Vale, por isso, o princípio imperativo da unidade de processos de negociação sujeitos ao RERE (art. 18.º, n.º 1, do RERE).

No entanto, já poderá haver em simultâneo um processo de negociação sujeito ao RERE e um ou vários processos de negociação fora do âmbito do RERE. E, já poderá haver processos negociais sucessivos, com os seus credores (todos ou alguns, os mesmos ou diferentes). Esta possibilidade é admitida pela lei, quer nos casos em que não foi aprovado um acordo de reestruturação, quer nas hipóteses em que esse acordo foi alcançado. Porém, o novo acordo deverá respeitar os termos específicos do acordo anteriormente alcançado (art. 18.º, n.º 2, do RERE).

§5. O acordo de reestruturação

1. Conteúdo e formalidades

O art. 19.º, n.º 1, do RERE, consagra o princípio da liberdade de fixação do conteúdo do acordo de reestruturação. O acordo pode compreender, designadamente, medidas de reestruturação do passivo do devedor, de reestruturação da sua atividade económica, da sua estrutura legal, de financiamento ou de prestação de novas garantias pelo devedor. Segundo o n.º 2 do art. 2.º do RERE, pode consistir numa alteração da composição, das condições ou da estrutura do ativo ou do passivo de um devedor, ou de qualquer outra parte da estrutura de capital do devedor, incluindo o capital social, ou uma combinação destes elementos, incluindo a venda de ativos ou de partes de atividade.

Existem, porém, alguns desvios a esta regra. Desde logo, se as partes pretenderem sujeitar o acordo obtido a homologação judicial em contexto de PER, deverão observar o disposto no art. 17.º-I, n.º 4 do CIRE (art. 29.º do RERE).

Para além disso, o acordo de reestruturação deve indicar claramente as alterações que dele decorrem para as posições jurídicas dos credores (art. 19.º, n.º 6, do RERE).

Em terceiro lugar, o momento *a quo* da eficácia do acordo não está na disponibilidade das partes, pois o art. 23.º, n.º 2, do RERE, afirma expressamente que o acordo produz efeitos apenas para o futuro.

Por último, os termos do acordo não podem prejudicar o cumprimento das obrigações do devedor empregador perante os seus trabalhadores (art. 19.º, n.º 8, do RERE). Esta norma pode suscitar inúmeras questões. A sua violação importa a nulidade do acordo, ou apenas a sua ineficácia (absoluta ou relativa)? A primeira solução parece excessiva, pois configura um controlo legal do conteúdo do acordo que não foi pretendido pelo legislador[1601]. A ineficácia absoluta pode constituir um "pretexto" para o incumprimento do acordo.

O acordo de reestruturação deve observar a forma legal prevista no art. 20.º do RERE – um único documento escrito assinado por todos os credores que nele decidam participar e por todos os credores que a ele adiram através de termo de adesão (n.º 1), com o reconhecimento da assinatura de todos os subscritores, quer do acordo, quer do termo de adesão (n.º 2).

O acordo de reestruturação está sujeito a depósito eletrónico na Conservatória do Registo Comercial, a requerimento do devedor ou de qualquer credor, segundo o (inexistente) processo especial de depósito do RERE (art. 22.º, n.º 1, do RERE). O depósito do acordo é *conditio sine qua non* da produção dos efeitos previstos nos arts. 27 e 28.º e requisito eventual da produção dos efeitos estatuídos nos arts. 23.º e 25.º, todos do RERE (como veremos *infra*).

O depósito não prejudica a confidencialidade do mesmo, obrigando até à sua comunicação automática à AT, por via eletrónica, segundo o (inexistente) processo especial de registo do RERE (art. 22.º, n.º 3, do RERE).

1601 Veja-se, a este propósito, Pereira, Maria de Lurdes, *Comentário aos artigos 6.º a 17.º do Projeto: Conteúdo, Forma, Depósito, Efeitos e Incumprimento do Acordo de Reestruturação*, *in:* "Revista de Direito das Sociedades", ano IX (2017), n.º 1, pp. 177 e ss.

2. Efeitos

2.1. Efeitos sobre os credores

O acordo de reestruturação produz efeitos entre o devedor e os credores subscritores do acordo ou do termo de adesão, a partir do seu depósito, salvo disposição em contrário no próprio acordo (art. 23.º, n.º 1, do RERE).

O acordo produz efeitos apenas para o futuro, seja a partir do seu depósito, seja a partir de outro momento temporal, que pode ser estabelecido pelas partes (art. 23.º, n.º 2, do RERE). O n.º 1 do citado preceito salvaguarda "em qualquer caso" o disposto no n.º 2, dele parecendo resultar a natureza imperativa da norma. Esta solução, aparentemente incongruente com a natureza voluntária e extrajudicial do RERE, parece encontrar a sua razão de ser nas vantagens fiscais que lhe estão associadas.

2.2. Efeitos sobre as garantias prestadas pelo devedor

O acordo de reestruturação pode afetar garantias preexistentes (a favor de credores ou a favor de terceiro[1602], pessoais ou reais), desde que os respetivos beneficiários consintam, devendo o consentimento ser anexado ao próprio acordo (art. 24.º, n.º 1, e também o art. 19.º, n.º 5, ambos do RERE). Todavia, a modificação da garantia depende da sua formalização segundo as suas regras específicas, podendo a documentação ser anexada ao acordo (art. 24.º, n.º 2, do RERE).

2.3. Efeitos sobre as garantias prestadas por terceiro

Salvo disposição do acordo em sentido diverso, a redução da obrigação do devedor importa, em termos equivalentes, também a redução da obrigação dos codevedores ou dos terceiros garantes (art. 19.º, n.º 7, do RERE). Trata-se de uma norma supletiva e que acolhe uma solução distinta da que vigora, no processo de insolvência, para o plano de insolvência. De facto, neste caso, as providências com incidência no passivo do devedor não afetam a existência nem o montante dos direitos dos credores da insolvência contra os codevedores ou os terceiros garantes da obrigação (art. 217.º, n.º 4, do CIRE).

[1602] Assim, também, Pereira, Maria de Lurdes, *Comentário aos artigos 6.º a 17.º do Projeto: Conteúdo, Forma, Depósito, Efeitos e Incumprimento do Acordo de Reestruturação, in:* "Revista de Direito das Sociedades", ano IX (2017), n.º 1, p. 181.

2.4. Efeitos processuais

Se as partes não dispuserem diversamente, o depósito do acordo de reestruturação determina a extinção imediata dos processos judiciais respeitantes aos créditos incluídos no acordo de reestruturação, trate-se de ações declarativas, de ações executivas ou de providências cautelares (art. 25.º, n.º 1, do RERE). Tenha-se em consideração, todavia, o disposto no art. 11.º, n.º 2, do RERE, dificilmente conciliável com esta norma (e que analisámos *supra*).

Para além disso, salvo disposição do acordo em sentido contrário, importa a extinção dos processos de insolvência propostos por credor que seja parte no acordo, desde que a insolvência ainda não tenha sido declarada, e ainda que o crédito que funda o pedido não esteja abrangido pelo plano de reestruturação (art. 25.º, n.º 1, do RERE)[1603].

No entanto, são expressamente ressalvados os processsos que tenham sido instaurados por mais do que uma entidade, pois nesse caso apenas se extinguem relativamente às entidades que sejam parte no acordo, prosseguindo relativamente às restantes (art. 25.º, n.º 2, do RERE). Estão, também, expressamente excluídos os processos judiciais de natureza laboral, declarativos, executivos ou cautelares (art. 25.º, n.º 3, do RERE).

Em consequência dos efeitos processuais associados ao depósito do acordo, o conservador do registo comercial tem o dever de, no prazo de três dias úteis após o depósito do acordo, comunicar, por meios eletrónicos, aos processos identificados na lista anexa ao acordo, informando-os do respetivo depósito (art. 25.º, n.º 4, do RERE).

2.5. Efeitos fiscais

2.5.1. Pressupostos

A partir do respetivo depósito, o acordo confere às partes (devedor e credores) os benefícios fiscais previstos nos arts. 268.º, 269.º e 270.º do CIRE, se estiverem preenchidos dois pressupostos. Em primeiro lugar, é necessário que o acordo compreenda a reestruturação de créditos que correspondam a, pelo menos, 30% do valor total do passivo não subordinado do devedor (art. 27.º, n.º 1, do RERE). Todavia, nos números seguintes, a lei abre duas exceções a esta

1603 Como vimos, efetivamente o acordo pode incidir sobre todos ou apenas uma parte dos créditos pertencentes aos credores participantes (art. 19.º, n.º 3).

norma. Desde logo, no seu n.º 2, admite que esses benefícios fiscais aproveitem às partes ainda que os créditos reestruturados correspondam a uma percentagem inferior a esses 30%, se alguma das partes apresentar requerimento fundamentado. Depois, os titulares de créditos subordinados (nos termos do CIRE) e o devedor podem igualmente aproveitar os benefícios fiscais se, a pedido do credor subordinado ou do devedor, for dada autorização específica da AT (art. 27.º, n.º 4, do RERE).

Para que o acordo confira esses benefícios fiscais deve, em segundo lugar, ser acompanhado de uma certificação emitida por um ROC, redigida em língua portuguesa, que ateste, não só que o acordo preenche os requisitos impostos no n.º 1 do art. 27.º do RERE (quantitativos e qualitativos), como também que, em virtude do acordo de reestruturação, a situação financeira da empresa fica mais equilibrada, por aumento da proporção do ativo sobre o passivo, e os capitais próprios do devedor são superiores ao capital social (art. 27.º, n.º 3, do RERE)[1604].

2.5.2. Vantagens fiscais

Em consequência do acordo obtido em sede de RERE (e que preencha os requisitos enunciados), desde logo, a nível do IRC, podem ser considerados gastos ou perdas do período de tributação os créditos abrangidos por acordo sujeito ao RERE que tenha sido depositado na Conservatória do Registo Comercial, que cumpra o disposto no n.º 3 do art. 27.º do RERE e do qual resulte o não pagamento definitivo do crédito (art. 41.º, n.º 1, al. g), do CIRC).

Depois, em sede de IVA, segundo o art. 78.º-A, n.º 4, al. e) do CIVA, os sujeitos passivos podem, ainda, deduzir o imposto relativo a créditos considerados incobráveis, quando for celebrado e depositado na Conservatória do Registo Comercial acordo sujeito ao RERE que cumpra o disposto no n.º 3 do art. 27.º do RERE e do qual resulte o não pagamento definitivo do crédito.

Por fim, por força da remissão expressa do art. 27.º, n.º 1, do RERE, para os arts. 268.º a 270.º do CIRE:

[1604] Considerando que esta declaração é obrigatória apenas para os efeitos fiscais previstos no n.º 1 do art. 25.º, veja-se Martins, Alexandre de Soveral, *O RERE (Regime Extrajudicial de Recuperação de Empresas, in:* "Estudos de Direito da Insolvência", 2ª edição, Almedina, Coimbra, 2018, p. 31.

i) estão isentos de impostos sobre o rendimento das pessoas singulares e coletivas, não concorrendo para a determinação da matéria coletável do devedor, os rendimentos e ganhos apurados e as variações patrimoniais positivas não refletidas no resultado líquido, verificadas por efeito da dação em cumprimento de bens e direitos do devedor, da cessão de bens e direitos dos credores e da venda de bens e direitos (art. 268.º, n.º 1, do CIRE);

ii) não entram igualmente para a formação da matéria coletável do devedor as variações patrimoniais positivas resultantes das alterações das suas dívidas (art. 268.º, n.º 2, do CIRE);

iii) o valor dos créditos que for objeto de redução, ao abrigo do acordo de reestruturação é considerado como custo ou perda do respetivo exercício, para efeitos de apuramento do lucro tributável dos sujeitos passivos do imposto sobre o rendimento das pessoas singulares e do imposto sobre o rendimento das pessoas coletivas (art. 268.º, n.º 3, do CIRE);

iv) os atos previstos no acordo de reestruturação que se encontrem elencados no art. 269.º do CIRE estão isentos do imposto de selo;

v) estão isentas de imposto municipal sobre as transmissões onerosas de imóveis as transmissões de imóveis integradas no acordo de reestruturação que se destinem à constituição de nova sociedade ou sociedades e à realização do seu capital, à realização do aumento do capital da sociedade devedora ou que decorram da dação em cumprimento de bens da empresa e da cessão de bens aos credores (art. 270.º, n.º 1, do CIRE);

vi) estão ainda isentos de imposto municipal sobre as transmissões onerosas de imóveis os atos de venda, permuta ou cessão da empresa ou de estabelecimentos desta integrados no acordo de reestruturação, bem como (à luz do Acórdão do STA de Uniformização de Jurisprudência n.º 3/2017) as vendas e permutas de imóveis, enquanto elementos do ativo de sociedade.

2.6. Resolução em benefício da massa insolvente

A segunda vantagem do RERE, e que contitui efetivamente uma mais valia face a uma mera negociação extrajudicial, é a imunidade à resolução em benefício da massa insolvente (prevista nos arts. 120.º e ss. do CIRE) conferida pelo art. 28.º, n.º 1, do RERE, ao acordo obtido[1605]. Efetivamente, se o devedor vier a ser declarado insolvente, os negócios jurídicos que integram o acordo e que "hajam compreendido a efetiva disponibilização ao devedor de novos créditos pecuniários, incluindo sob a forma de deferimento de pagamento" e a constituição pelo devedor de garantias respeitantes a esses créditos não podem ser resolvidos em benefício da massa insolvente.

Com algumas semelhanças com norma idêntica do PER contida no art. 17.º-H, n.º 1, do CIRE, são, no entanto, grandes as diferenças entre ambos. Por um lado, no RERE, a lei não estabelece um limite temporal para esse "escudo protetor" (contrariamente ao PER que, no art. 17.º-H, n.º 1, do CIRE, confere essa proteção "apenas" nos dois anos posteriores ao encerramento do processo).

Por outro lado, é mais exigente do que o PER, pois impõe que o acordo contenha uma declaração de um ROC, redigida em língua portuguesa, a certificar: i) que o acordo compreende a reestruturação de créditos correspondentes a, pelo menos, 30 % do total do passivo não subordinado do devedor; ii) que, em virtude do acordo, a situação financeira da empresa fica mais equilibrada, por aumento da proporção do ativo sobre o passivo e os capitais próprios do devedor são superiores ao capital social (art. 27.º, n.º 3, *ex vi* art. 28.º, n.º 1, do RERE).

Para além disso, são protegidos os financiamentos (com o sentido lato referido) e a constituição de garantias previstos não só no acordo de reestruturação, mas também no protocolo de negociação. Isto significa que os "financiamentos ponte" se encontram expressamente protegidos pela lei, contrariamente ao PER onde, perante a vaguidade da lei, a questão tem sido suscitada na doutrina[1606].

Por fim, o n.º 2 do art. 28.º do RERE prevê um requisito adicional negativo: o novo financiamento não pode ser utilizado pelo devedor em benefício da entidade financiadora ou em benefício de entidade com esta especialmente relacionada (nos termos do art. 49.º do CIRE). Este n.º 2, que não constava

[1605] A lei é omissa quanta à possibilidade de os credores lançarem mão da impugnação pauliana.

[1606] Oliveira, Madalena Perestrelo de, *O Regime de Proteção do "Dinheiro Novo" no PER, in:* "Revista de Direito das Sociedades", ano IX (2017), n.º 1, p. 46.

da versão inicial do diploma, tem uma redação dúbia. Se se compreende que o financiamento não possa ser utilizado para satisfazer dívidas anteriores do devedor para com a própria entidade financiadora, já não se vislumbra o sentido e alcance da referência final do preceito – "ou de entidade que com esta esteja especialmente relacionada, nos termos referidos no artigo 49.º do CIRE". Ou seja, será que o legislador se quis referir efetivamente a entidade especialmente relacionada com a entidade financiadora ("com esta especialmente relacionada") ou, antes, a entidade especialmente relacionada com o próprio devedor (ou seja, "com [aquele] especialmente relacionada")?

2.7. O caso especial dos trabalhadores

Os trabalhadores mereceram um tratamento diferenciado no RERE, em linha, aliás, com a Proposta de Diretiva em matéria de insolvência. Esta proteção dos trabalhadores em sede de RERE configura um limite à autonomia das partes e à liberdade de fixação do conteúdo do acordo (expressamente consagrada no art. 19.º, n.º 1, do RERE).

Antes de mais, segundo o disposto no art. 19.º, n.º 8, do RERE, "os termos do acordo de reestruturação não podem prejudicar o cumprimento das obrigações do devedor enquanto empregador perante os trabalhadores". Isto significa, desde logo, que o acordo de reestruturação não pode afetar os créditos dos trabalhadores (remuneratórios, compensatórios, ou idemnizatórios), designadamente, através de uma moratória, de um pagamento fracionado, de um perdão total ou parcial. Mas, será que tem um sentido mais lato, proibindo outras medidas que, embora não incidindo diretamente sobre esses créditos, poderão no futuro vir a comprometer o seu cumprimento pontual?

Um segundo limite ao conteúdo do plano está previsto no art. 25.º, n.º 3, do RERE: o acordo de reestruturação não pode afetar (extinguindo ou suspendendo) os processos judiciais, de natureza declarativa, executiva ou cautelar. Esta solução está assim alinhada com a tendência do direito europeu. De facto, a Proposta de Diretiva em matéria de insolvência prevê (na sua Exposição de Motivos) que "os créditos pendentes dos trabalhadores tal como definidos na Diretiva 2008/94/CE devem, em princípio, ser isentos de suspensão de ações executivas, o que levaria a uma suspensão temporária da possibilidade de execução desses créditos por parte dos trabalhadores, independentemente de terem surgido antes ou depois da concessão da suspensão".

2.8. Incumprimento

O art. 30.º do RERE regula o incumprimento do acordo de reestruturação, estabelecendo um conjunto de regras cuja natureza, imperativa/supletiva, é muito duvidosa. No seu n.º 1, a lei estabelece (sem possibilidade de as partes disporem em sentido diverso?) que "o incumprimento de alguma das obrigações previstas no acordo de reestruturação não determina a invalidade das demais obrigações dele decorrentes perante o mesmo ou outros credores, nem afeta a validade dos atos que hajam sido praticados em sua execução, designadamente os atos societários". Esta norma confunde invalidade (enquanto vício genético de uma obrigação) com o seu incumprimento (que configura um vício superveniente). O incumprimento não é causa de invalidade da obrigação, mas poderá, apenas, constituir fundamento para a resolução do acordo. Parece, por isso, uma norma destituída de efeito útil[1607].

No seu n.º 2, supletivamente, a lei preceitua que:

- o seu incumprimento por uma das partes legitima a parte afetada pelo mesmo a resolver o acordo de reestruturação (al. a));
- o incumprimento de uma prestação legitima o credor da mesma a declarar imediatamente vencidas todas as demais prestações de que seja credor constantes do acordo de reestruturação (al. b));
- o incumprimento perante um credor não determina o automático incumprimento das demais obrigações constantes do acordo de reestruturação (al. c)).

Ou seja, desde logo, o incumprimento *pode* constituir fundamento para o credor afetado resolver o acordo ou exigir o cumprimento imediato das restantes prestações. Depois, *no silêncio das partes*, o incumprimento perante um credor não afeta as obrigações assumidas no acordo de reestruturação perante os restantes credores participantes[1608].

[1607] Neste sentido, veja-se Pereira, Maria de Lurdes, *Comentário aos Artigos 6.º a 17.º do Projeto: Conteúdo, Forma, Depósito, Efeitos e Incumprimento do Acordo de Reestruturação, in:* "Revista de Direito das Sociedades", ano IX (2017), n.º 1, p. 183.

[1608] Consagrou-se, deste modo, a preferência pelo exercício individual do direito de resolução, à semelhança do que valia no SIREVE (art. 14.º do DL n.º 178/2012, de 3 de agosto). Assim, Pereira, Maria de Lurdes, *Comentário aos Artigos 6.º a 17.º do Projeto: Conteúdo, Forma, Depósito,*

De novo sem admissibilidade de afastamento pelas partes, reza o n.º 3 que, em caso algum, a resolução tem efeitos retroativos ou importa a repristinação dos termos originais da obrigação alterada no acordo de reestruturação. Então, que efeitos produz? Gera apenas a obrigação de indemnizar? Se a obrigação não é repristinada aos seus termos originais, como se compreende o vencimento imediato das obrigações, expressamente previsto no art. 30.º, n.º 2, al. b), do RERE? E se o devedor for declarado insolvente?

Por fim, o acordo de reestruturação constitui título executivo relativamente às obrigações pecuniárias nele assumidas pelo devedor (art. 30.º, n.º 4, do RERE).

2.9. Responsabilidade dos titulares dos órgãos de administração

O art. 33.º do RERE (que não constava do texto da Proposta de Lei) preceitua que "os administradores judiciais ou titulares de órgãos de administração de uma pessoa coletiva ou ente fiscalmente equiparado, que sejam investidos nessas funções na sequência de acordo celebrado nos termos do RERE [...] são subsidiariamente responsáveis em relação àquelas e solidariamente entre si, pelas dívidas tributárias cujo facto constitutivo se tenha verificado no período de exercício do seu cargo ou cujo prazo legal de pagamento ou entrega tenha terminado no período do exercício do seu cargo ou depois deste, quando, em qualquer dos casos, tiver sido por culpa sua que o património da pessoa coletiva ou ente fiscalmente equiparado se tornou insuficiente para a sua satisfação".

Esta norma regula a responsabilidade fiscal dos sujeitos que são investidos pelo acordo de reestruturação na titularidade de órgão de administração de uma pessoa coletiva ou de ente fiscalmente equiparado. Desde logo, trata-se de uma responsabilidade que abrange as dívidas tributárias cujo facto constitutivo se verificou no período de exercício do seu cargo ou cujo prazo legal de pagamento ou entrega ocorreu nesse período temporal.

Depois, é uma responsabilidade que depende da insuficiência do património da pessoa coletiva ou ente fiscalmente equiparado para a satisfação dessas dívidas tributárias. Em terceiro lugar, essa insuficiência deve resultar de

Efeitos e Incumprimento do Acordo de Reestruturação, in: "Revista de Direito das Sociedades", ano IX (2017), n.º 1, p. 184.

uma atuação culposa (não necessariamente exclusiva) não presumida desses órgãos de administração.

Por último, esta responsabilidade é subsidiária (em relação à pessoa coletiva ou ente fiscalmente equiparado) e solidária, se a responsabilidade for plural (ou seja, recair sobre mais do que um membro do órgão de administração).

§6. RERE *versus* processo de insolvência

A lei regula em várias disposições a dialética entre o RERE e o processo de insolvência. Assim, e desde logo, a apresentação do devedor à insolvência na pendência do RERE é causa de extinção automática e imediata das negociações (art. 16.º, n.º 5, do RERE). Por maioria de razão, entendemos que o devedor não se pode apresentar a RERE na pendência de processo de insolvência por si proposto.

Depois, o protocolo de negociação suspende o processo de insolvência proposto por credor participante (art. 11.º, n.º 1, do RERE), o qual se extingue, eventualmente (se o acordo de reestruturação não dispuser em sentido diverso), com o depósito do acordo de reestruturação (art. 25.º, n.º 1, do RERE).

Em terceiro lugar, se, no decurso do prazo das negociações, o devedor for declarado insolvente em processo de insolvência requerido por um credor (não participante), as negociações encerram automática e imdediatamente (art. 16.º, n.º 5, do RERE).

Em quarto e último lugar, se, no decurso das negociações, o devedor ficar em situação de insolvência (nos termos do art. 3.º, n.ºs 1 e 3, do CIRE), o prazo das negociações não pode ser prorrogado (art. 16.º, n.º 4, do RERE). Repare-se que, neste caso, as negociações não encerram, constituindo a insolvência superveniente, até, uma causa de suspensão do prazo para o devedor se apresentar à insolvência, previsto no art. 18.º, n.º 1, do CIRE (art. 13.º do RERE)[1609].

§7. RERE *versus* PER

Se o acordo de reestruturação for subscrito (ou a ele aderirem posteriormente) por credores que representem uma das duas maiorias previstas no art. 17.º-I,

[1609] Se for obtido e depositado um acordo de reestruturação, em que termos deverão os credores participantes reclamar os seus créditos? Nos seus termos originais, ou nos termos resultantes do acordo? Fará sentido aplicar a solução contida no art. 218.º, n.º 1, al. b), se o acordo for omisso?

n.º 1, do CIRE, o devedor pode iniciar um PER com vista à homologação judicial do acordo de resstruturação (art. 29.º do RERE). A lei exige, sempre, que o devedor cumpra o disposto no art. 17.º-I, n.º 4 do CIRE. Não se vislumbra o sentido e alcance desta remissão, pois este preceito não prevê qualquer obrigação para o devedor, estabelecendo apenas que o juiz procede, no prazo de 10 dias, à análise do acordo extrajudicial, devendo homologá-lo se respeitar a maioria prevista no n.º 5 do artigo 17.º-F, exceto se subsistir alguma das circunstâncias previstas nos artigos 215.º e 216.º (todos do CIRE).

Poderá o devedor, na pendência do RERE apresentar-se a PER? E, neste caso, será que as negociações se devem, imediata e automaticamente, encerrar? A lei é omissa, contrariamente ao SIREVE, onde a apresentação a PER, na pendência deste procedimento, figurava como uma causa da sua extinção (art. 18.º, n.º 7, do D.L. n.º 178/2012, de 3 de agosto). Será aplicável ao PER, por analogia, o disposto no art. 16.º, n.º 5, do RERE?

Capítulo IV – A Conversão de Créditos em Capital

§1. Introdução

A Lei n.º 7/2018, de 2 de março (que entrou em vigor no dia 3 de março de 2018 – art. 8.º), criou o regime jurídico da conversão de créditos em capital (RJCCC), com vista a "assegurar que a empresa que se encontre em situação de incumprimento perante os seus credores, tendo os seus capitais próprios negativos, possa conhecer um modo célere de reestruturação do respetivo balanço e reforço dos capitais próprios" (Preâmbulo da Proposta de Lei).

De modo muito sintético, trata-se de um instrumento jurídico de recuperação financeira de sociedades em dificuldades que consiste na tomada de controlo da mesma pelos seus credores maioritários (por conversão dos seus créditos em capital) de forma expedita, evitando-se o recurso a instrumentos judiciais de recuperação (como o processo especial de revitalização)[1610].

[1610] Quanto às vantagens para a sociedade e para os credores, veja-se MARTINS, Alexandre de Soveral, *O Regime de Conversão de Créditos em Capital, in:* "Estudos de Direito da Insolvência", 2ª edição, Almedina, Coimbra, 2018, pp. 34 e 35.

§2. Âmbito de aplicação

Dsede logo, este instrumento jurídico aplica-se apenas aos créditos detidos sobre uma sociedade comercial ou uma sociedade civil sob forma comercial com sede em Portugal (art. 2.º, n.º 1, do RJCCC), cujo volume de negócios seja =/> € 1000 000 (art. 2.º, n.º 4, do RJCCC). Excetuam-se, segundo o art. 2.º, n. º 2, do RJCCC, os créditos detidos sobre empresas de seguros, instituições de crédito, sociedades financeiras, empresas de investimento, sociedades abertas e entidades integradas no setor público empresarial (na aceção do D.L. n.º 133/2013, de 3 de outubro).

Para além disso, podem ser convertidos em capital quaisquer créditos[1611], com exceção dos créditos detidos por entidades integradas no setor público empresarial, que dependem de autorização prévia do membro do Governo responsável pela área das finanças e do cumprimento dos princípios e regras aplicáveis ao setor públio empresarial (art. 2.º, n.ºs 3 e 5, do RJCCC). Porém, deve ter-se em consideração o regime especial eventualmente previsto na lei como, por exemplo, o art. 101.º do RGIC.

Em terceiro lugar, é necessário que:

1.º O capital próprio da sociedade, tal como resultante das últimas contas de exercício aprovadas ou, caso existam, das contas intercalares elaboradas pelo órgão de administração e aprovadas há menos de três meses, seja inferior (em quanto?) ao capital social (art. 3.º, n.º 1, al. a), do RJCCC); e

2.º Se encontrem em mora, superior a 90 dias, créditos não subordinados sobre a sociedade de valor superior a 10 % do total de créditos não subordinados ou prestações de reembolso parcial de capital ou

[1611] Segundo Catarina Serra, podem ser convertidos créditos de terceiro ou créditos de sócios (com exceção dos créditos por suprimentos) – *Lições de Direito da Insolvência*, Almedina, Coimbra, 2018, p. 531. Já para Rui Pinto Duarte, apenas os créditos de terceiros estão abrangidos – *A Conversão em Capital Social de Suprimentos e de Outros Créditos – Notas sobre o Dec.-Lei 79/2017, de 30 de junho, e sobre um Projeto Legislativo Relativo à Conversão de Créditos de Terceiros em Capital Social, in:* "IV Congresso de Direito da Insolvência", Almedina, Coimbra, 2017, pp. 331 e ss. Para David Sequeira Dinis, os créditos litigiosos não podem ser convertidos em capital social, exceto se a própria sociedade consentir – *Conversão de Créditos em Capital – Primeiras Considerações, in:* "Actas das Jornadas de Reestruturações e Insolvências da URÍA Menéndez Proença de Carvalho" (em curso de publicação).

juros, desde que estas respeitem a créditos não subordinados[1612] de valor superior a 25 % do total de créditos não subordinados[1613] (art. 3.º, n.º 1, al. b), do RJCCC); e

3.º Após o aumento, o capital próprio da sociedade seja superior ao valor do capital social à data da proposta (art. 3.º, n.º 11, do RJCCC).

Relativamente ao primeiro pressuposto, muitas dúvidas se suscitam[1614]. Basta a mera inferioridade, não sendo necessária uma perda grave ou total, como acontece no art. 35.º do CSC? A sociedade pode até nem estar insolvente ou numa situação económica difícil? Efetivamente, a inferioridade do capital próprio relativamente ao capital social não é sinónimo de situação patrimonial líquida negativa.

Quanto ao segundo pressuposto, a exigência da mora poderá ser excessiva num procedimento de natureza extrajudicial[1615]. De facto, a mora pressupõe um atraso ilícito e culposo no cumprimento, ainda possível, de uma obrigação (art. 804.º, n.º 2, do CCivil).

§3. Medidas societárias

Podem ficar sujeitas ao regime jurídico da conversão de créditos em capital as seguintes medidas, cumulativas ou alternativas: aumento do capital social por conversão dos créditos, redução do capital social, transformação da sociedade devedora noutra de tipo distinto, exclusão de sócios.

[1612] Para efeitos do regime jurídico da conversão de créditos em capital, são subordinados os créditos assim qualificados nos termos do disposto nos arts. 47.º e 48.º do CIRE (art. 3.º, n.º 2, do RJCCC).

[1613] Considerando que estes créditos não têm que estar em mora, veja- Martins, Alexandre de Soveral, *O Regime de Conversão de Créditos em Capital, in:* "Estudos de Direito da Insolvência", 2ª edição, Almedina, Coimbra, 2018, p. 36.

[1614] A este propósito, veja-se Dinis, David Sequeira, *in: Conversão de Créditos em Capital – Primeiras Considerações, in:* "Actas das Jornadas de Reestruturações e Insolvências da URÍA Menéndez Proença de Carvalho" (em curso de publicação).

[1615] Cfr. Duarte, Rui Pinto, *A Conversão em Capital Social de Suprimentos e de Outros Créditos – Notas sobre o Dec.-Lei 79/2017, de 30 de junho, e sobre um Projeto Legislativo Relativo à Conversão de Créditos de Terceiros em Capital Social, in:* "IV Congresso de Direito da Insolvência", Almedina, Coimbra, 2017, p. 338. Segundo David Sequeira Dinis, o legislador pretendeu referir-se a créditos vencidos há não mais de 90 dias e não necessariamente a créditos em mora – *Conversão de Créditos em Capital – Primeiras Considerações, in:* "Actas das Jornadas de Reestruturações e Insolvências da URÍA Menéndez Proença de Carvalho" (em curso de publicação).

1. Aumento do capital social

No aumento do capital social por conversão dos créditos, desde logo, apenas podem participar titulares de créditos não subordinados (art. 3.º, n.º 8, al. c), do RJCCC).

Depois, a proposta de conversão deve se acompanhada da fundamentação do rácio de conversão do crédito em capital (art. 3.º, n.º 8, al. c), do RJCCC). Efetivamente, estamos perante entradas em espécie[1616], cujo valor deve ser verificado nos termos do art. 28.º do CSC (*ex vi* do art. 3.º, n.º 3, al. b)), ou seja, por relatório elaborado por ROC independente. Isto significa que o valor da entrada (valor económico do crédito) poderá não coincidir com o valor nominal do crédito[1617].

Para além disso, os sócios gozam sempre de preferência no aumento de capital[1618]. Porém, os sócios devem sempre realizar as suas entradas em dinheiro, o qual é obrigatoriamente aplicado na amortização dos créditos que, segundo a proposta, seriam convertidos em capital (art. 3.º, n.º 12, do RJCCC). Se nem todos os sócios exercerem o seu direito de preferência, podem os preferentes subscrever a parte do capital que caberia aos restantes, na proporção das suas ações (art. 3.º, n.º 13, do RJCCC); para além disso, o valor das entradas efetivamente realizadas é aplicado na amortização dos créditos que não sejam convertidos em capital, nos termos do art. 3.º, n.º 14, do RJCCC.

Por último, este regime jurídico é aplicável a todas as hipóteses de aumento do capital social, com ou sem prévia redução do capital social a zero.

[1616] Com dúvidas, veja-se MARTINS, Alexandre de Soveral, *O Regime de Conversão de Créditos em Capital, in:* "Estudos de Direito da Insolvência", 2ª edição, Almedina, Coimbra, 2018, p. 38.

[1617] Assim, DINIS, David Sequeira, *Conversão de Créditos em Capital – Primeiras Considerações, in:* "Actas das Jornadas de Reestruturações e Insolvências da URÍA Menéndez Proença de Carvalho" (em curso de publicação) e, no âmbito do plano de insolvência, mas com pertinência para esta temática, CUNHA, Paulo Olavo, *Providências Específicas do Plano de Recuperação de Sociedade, in:* "I Congresso de Direito da Insolvência", Almedina, 2014, p. 126.

[1618] Questionando a qualificação legal desta preferência, veja-se DUARTE, Rui Pinto, *A Conversão em Capital Social de Suprimentos e de Outros Créditos – Notas sobre o Dec.-Lei 79/2017, de 30 de junho, e sobre um Projeto Legislativo Relativo à Conversão de Créditos de Terceiros em Capital Social, in:* "IV Congresso de Direito da Insolvência", Almedina, Coimbra, 2017, p. 334. Sobre o exercício do direito de preferência no suprimento judicial, veja-se MARTINS, Alexandre de Soveral, *O Regime de Conversão de Créditos em Capital, in:* "Estudos de Direito da Insolvência", 2ª edição, Almedina, Coimbra, 2018, p. 41.

2. Redução do capital social

A conversão de créditos em capital também pode ser precedida de uma redução do capital para zero ou para montante inferior ao montante mínimo legal (art. 3.º, n.º 7, do RJCCC)[1619]. Esta medida depende da demonstração, através de relatório do ROC, de que é de presumir que, em liquidação integral do património da sociedade, não subsistiria qualquer remanescente a distribuir pelos sócios (art 3.º, n.ºs 7 e 9, do RJCCC)[1620].

3. Transformação da sociedade devedora noutra de tipo distinto

O art. 3.º, n.º 10, do RJCCC, prevê a possibilidade de apresentação, em contexto de regime jurídico de conversão de créditos em capital, de proposta de transformação da sociedade noutra de tipo distinto. Todavia, a lei é omissa quanto ao respetivo regime jurídico. Valerão aqui as regras gerais societárias, *maxime* os arts. 130.º a 140.º-A do CSC? Algumas serão difícilmente conciliáveis com o regime jurídico da conversão de créditos em capital. Por exemplo, as deliberações de transformação que importem para todos ou alguns sócios a assunção de responsabilidade ilimitada só são válidas se forem aprovadas pelos sócios que devam assumir essa responsabilidade (art. 133.º, n.º 2, do CSC)[1621].

4. Exclusão de todos os sócios

Segundo a parte final do n.º 10 do art. 3.º, no âmbito da conversão de créditos em capital, pode prever-se a exclusão de todos os sócios, desde que as respetivas participações sejam destituídas de qualquer valor. Não obstante a total omissão da lei, DAVID SEQUEIRA DINIS defende a restrição da sua aplicação

[1619] Trata-se de uma "operação harmónio", prevista não só no CSC (no seu art. 95.º, n.ºs 2 e 3) como também no CIRE, no âmbito das providências específicas das sociedades comerciais (art. 198.º, n.º 2, al. a)).

[1620] Considerando que esta exigência legal do relatório se aplica a todas as hipóteses de redução do capital social (a zero ou não), veja-se GOMES, José Ferreira/PIRES, Catarina Monteiro, *Resposta à Consulta Pública Relativa ao Projecto de Proposta de Lei que Aprova o Regime Jurídico de Conversão de Créditos em Capital*" *in:* "Revista de Direito das Sociedades", ano IX (2017), n.º 1, pp. 152 e 153.

[1621] Por todos, cfr. DINIS, David Sequeira, *in: Conversão de Créditos em Capital – Primeiras Considerações*, *in:* "Actas das Jornadas de Reestruturações e Insolvências da URÍA Menéndez Proença de Carvalho" (em curso de publicação).

apenas às sociedades em nome coletivo e às sociedades em comandita simples, à semelhança do disposto no art. 198.º, n.º 2, al. f), do CIRE, no âmbito do plano de insolvência[1622].

§4. Conversão voluntária

1. A proposta de conversão

Reunidos os pressupostos enunciados *supra*, podem os credores propor à sociedade a conversão de créditos em capital, desde que a proposta seja subscrita por credores cujos créditos representem, pelo menos, dois terços do total do passivo da sociedade e a maioria dos créditos não subordinados (art. 3.º, n.º 3, proémio, do RJCCC)[1623]. Ora, como vimos, a conversão de créditos em capital depende da existência de mora (ou vencimento), superior a 90 dias, relativamente a créditos não subordinados sobre a sociedade de valor superior a 10 % do total de créditos não subordinados ou, caso estejam em causa prestações de reembolso parcial de capital ou juros, desde que estas respeitem a créditos não subordinados de valor superior a 25 % do total de créditos não subordinados (art. 3.º, n.º 1, al. b), do RJCCC). Isto significa que poderão participar na conversão de créditos em capital credores cujos créditos ainda nem se venceram[1624].

Para além disso, a proposta deve ser acompanhada dos seguintes documentos (art. 3.º, n.º 3, do RJCCC): relatório elaborado por ROC que demonstre a verificação dos pressupostos previstos no n.º 1 do art. 3.º (al. a)); documento contendo as propostas de alteração do capital social da sociedade (al. b)).

O relatório do ROC é elaborado com base na informação prestada pelo órgão de administração da sociedade, o qual se encontra obrigado a prestar

[1622] *Conversão de Créditos em Capital – Primeiras Considerações, in:* "Actas das Jornadas de Reestruturações e Insolvências da URÍA Menéndez Proença de Carvalho" (em curso de publicação)

[1623] No cálculo do passivo não se computam os créditos detidos pelas entidades públicas (art. 3.º, n.º 4, do RJCCC). Considerando que, na hipótese excecional de as entidades integradas no setor público empresarial serem admitidas a participar como credoras, os respetivos créditos são relevantes para efeitos de apuramento do passivo, *vide* DINIS, David Sequeira, *in: Conversão de Créditos em Capital – Primeiras Considerações, in:* "Actas das Jornadas de Reestruturações e Insolvências da URÍA Menéndez Proença de Carvalho" (em curso de publicação).

[1624] Alertando para este risco, veja-se DINIS, David Sequeira, *in: Conversão de Créditos em Capital – Primeiras Considerações, in:* "Actas das Jornadas de Reestruturações e Insolvências da URÍA Menéndez Proença de Carvalho" (em curso de publicação).

todas as informações que sejam necessárias para o efeito (art. 3.º, n.ºs 5 e 6, do RJCCC). Se a informação não for prestada no prazo de 10 dias a contar a data em que é solicitada, o ROC elabora o seu relatório, aferindo do preenchimento dos pressupostos previstos no n.º 1, al. b), do art. 3.º, com base nos elementos fornecidos pelos credores (quanto aos montantes em mora) e nas últimas contas aprovadas (quanto à proporção entre os montantes em mora e o passivo da sociedade) (art. 3.º, n.º 6, do RJCCC).

O documento que contém as propostas de alteração (segundo o art. 3.º, n.º 8, do RJCCC) deve descrever o conteúdo concreto da operação (al. a)); deve prever o montante do capital social a subscrever pelos credores proponentes, através da conversão dos créditos não subordinados de que sejam titulares em participações sociais, e a fundamentação do *ratio* dessa conversão (al. c)); e, por último, quando aplicável, deve prever a redução do capital social e a sua justificação legal (al. b)).

2. A apresentação da proposta

Uma vez recebida a proposta de conversão de créditos em capital, deve ser imediatamente convocada a assembleia geral da sociedade, a realizar nos 60 dias posteriores à receção da proposta, com o objetivo de aprovar ou recusar as propostas aí referidas (art. 4.º, n.º 1, do RJCCC).

Esta proposta pode ser modificada por acordo entre a sociedade e os credores, devendo, no entanto, as alterações ser facultadas aos sócios com a antecedência, legal ou contratual, de convocação da assembleia geral da socidade (art. 4.º, n.º 2, do RJCCC).

Se a proposta for recusada, ou se a assembleia não se realizar no prazo legal, ou não aprovar as medidas propostas ou executar as medidas no prazo de 90 dias a contar da sua receção, os credores proponentes podem requerer judicialmente o suprimento da deliberação de alteração social (art. 4.º, n.º 3, do RJCCC). Trata-se de uma expressão desadequada, pois as deliberações sociais não podem ser objeto de suprimento judicial – em rigor, existe uma conversão judicial.

§5. Conversão judicial

A conversão judicial depende do preenchimento de vários pressupostos cumulativos. Desde logo, os credores que propuseram a alteração do capital social devem apresentar requerimento no tribunal que seria competente para o processo de insolvência da sociedade (aplicando-se, por isso, o art. 7.º do CIRE e o art. 128.º, n.º 1, al. a), da LOSJ, *ex vi* do art. 4.º, n.º 3, do RJCCC). Segundo o art. 5.º, n.º 9, do RJCCC, trata-se de um processo judicial urgente.

Depois, como vimos, é necessário que a proposta tenha sido recusada ou as medidas não tenham sido aprovadas ou executadas no prazo de 90 dias a contar da receção daquela (art. 4.º, n.º 3, do RJCCC). Por isso, os credores proponentes devem juntar, consoante os casos, o comprovativo da recusa da proposta, quando tal tenha ocorrido, o comprovativo da não realização da assembleia geral, ou declaração subscrita pela sociedade ou ata da assembleia geral que comprove que a proposta não foi adotada (art. 5.º, n.º 1, al. b), do RJCCC)[1625].

Para além disso, devem juntar uma lista de todos os credores conhecidos (al. c) do n.º 1 do art. 5.º do RJCCC). Por último, devem juntar a proposta de conversão e todos os documentos que a instruem (al. a) do n.º 1 do art. 5.º do RJCCC).

Recebidos os documentos referidos, o juiz nomeia administrador judicial provisório, através de despacho que é publicado no portal *Citius* (art. 5.º, n.º 2, proémio, e n.º 3, do RJCCC). A lei é totalmente omissa quanto aos critérios de nomeação deste órgão processual. Valerão os critérios previstos no processo de insolvência ou apenas as regras contidas no Estatuto dos administradores judiciais? Como se fixa a sua remuneração e quem suporta a mesma?

De seguida, a secretaria notifica, da existência da proposta (que fica disponível na secretaria do tribunal, para consulta), os credores não proponentes que constem da lista de créditos relacionados pelos requerentes (art. 5.º, n.º 2, al. a), do RJCCC). Em paralelo, qualquer credor[1626] dispõe do prazo de 20 dias – a contar da data da publicação no portal *Citius* do despacho de nomeação do administrador judicial provisório (e não do momento em que eventualmente tenha sido notificado pela secretaria) – para, através de comunicação

[1625] Alertando para as dificuldades na obtenção do comprovativo, uma vez que os credores ficam dependentes da boa vontade da sociedade, veja-se DINIS, David Sequeira, *in: Conversão de Créditos em Capital – Primeiras Considerações, in:* "Actas das Jornadas de Reestruturações e Insolvências da URÍA Menéndez Proença de Carvalho" (em curso de publicação).

[1626] A este propósito, veja-se MARTINS, Alexandre de Soveral, *O Regime de Conversão de Créditos em Capital, in:* "Estudos de Direito da Insolvência", 2ª edição, Almedina, Coimbra, 2018, p. 43.

dirigida ao administrador judicial provisório, relacionar os seus créditos; e referir se também pretende converter os seus créditos em capital social (art. 5.º, n.º 3, do RJCCC).

No prazo de cinco dias a contar do término do prazo (de 20 dias) para o envio das comunicações pelos credores, o administrador judicial provisório elabora lista provisória de créditos, que é de imediato apresentada na secretaria do tribunal e publicada no portal *Citius* (art. 5.º, n.º 3, do RJCCC).

A lista provisória de créditos pode ser impugnada (por quem?) no prazo de 10 dias úteis a contar da data da sua publicação no portal *Citius* (art. 5.º, n.º 4). Esgotado este prazo, se não houver impugnações, a lista converte-se de imediato em definitiva (art. 5.º, n.º 6); se houver impugnações, o juiz decide sobre as mesmas nos cinco dias úteis subsequentes[1627] (art. 5.º, n.º 5). A lista definitiva de créditos tem apenas força de caso julgado formal, ou seja, é relevante apenas para efeitos de conversão judicial de créditos em capital social (art. 5.º, n.º 7, todos do RJCCC).

No prazo de 10 dias a contar do momento em que a lista de créditos se torna definitiva, o juiz aprecia a proposta de conversão de créditos em capital social, devendo homologá-la se preencher os pressupostos legais, designadmente, a maioria exigida no n.º 3 do art. 3.º (art. 5.º, n.º 6). A sentença homologatória é título bastante para a redução ou o aumento de capital social, a modificação dos estatutos, a transformação do tipo social, a exclusão de sócios, assim como para a realização dos respetivos registos (art. 5.º, n.º 8, todos do RJCCC).

A constitucionalidade da tramitação da conversão judicial suscita-nos muitas reservas. De facto, em momento algum a sociedade ou o sócio são citados ou notificados para deduzir oposição, à lista de créditos, ou aos pressupostos desta conversão "forçada", violando-se, por isso, e designadamente, o princípio do contraditório, o direito à tutela jurisdicional efetiva (art. 20.º da CRP)[1628].

[1627] A lei é omissa quanto à realização de audiência para produção de prova (em consequência, os meios de prova estão necessariamente limitados à prova documental) ou quanto à possibilidade de apresentação de resposta às impugnações. Assim, DINIS, David Sequeira, *in: Conversão de Créditos em Capital – Primeiras Considerações, in:* "Actas das Jornadas de Reestruturações e Insolvências da URÍA Menéndez Proença de Carvalho" (em curso de publicação).

[1628] Assim, também, MARTINS, Alexandre de Soveral, *O Regime de Conversão de Créditos em Capital, in:* "Estudos de Direito da Insolvência", 2ª edição, Almedina, Coimbra, 2018, p. 43.

Após o trânsito em julgado da sentença homologatória da proposta de conversão de créditos em capital social, podem os sócios, no prazo de 30 dias, adquirir (ou fazer adquirir por terceiro por si indicado) o capital da sociedade que resultou da alteração (ou seja, o capital social adquirido pelos credores), pelo seu valor nominal, desde que: não só paguem o respetivo valor como também adquiram (tornando-se credores da sociedade) ou paguem a totalidade dos créditos remanescentes sobre a sociedade dos credores proponentes (art. 6.º do RJCCC).

Esta reversibilidade suscita-nos muitas dúvidas. Por exemplo, se, para que um sócio de uma sociedade anónima (ou seja, um sócio que responde limitadamente pelas dívidas do ente social) possa recuperar a sua participação, é necessário que, para além de pagar o seu valor, tenha de satisfazer as restantes dívidas da sociedade perantes os credores proponentes, não estaremos a ilimitar a sua responsabilidade?

§6. Processo de insolvência

O art. 7.º do RJCCC regula a articulação entre o processo de insolvência e a conversão de créditos em capital.

Desde logo, se à data do registo das alterações ao capital social aprovadas por deliberação social ou homologadas por sentença judicial, estiver em curso um processo de insolvência da sociedade, este extingue-se se ainda não tiver sido declarada a sua insolvência (art. 7.º, n.º 2)[1629].

Depois, se a sociedade for declarada insolvente, e estiver em curso a conversão voluntária, caducam de imediato as propostas apresentadas e os efeitos da deliberação prevista no art. 4.º do RJCCC (art. 7.º, n.º 1, al. a)). Para além disso, se ainda estiver em curso um processo judicial de suprimento, este extingue-se de imediato (art. 7.º, n.º 1, al. b)).

[1629] No sentido de que só nos casos em que a sociedade não está insolvente poderá o processo extinguir-se, interpretando corretivamente o preceito, *vide* Dinis, David Sequeira, *in: Conversão de Créditos em Capital – Primeiras Considerações, in:* "Actas das Jornadas de Reestruturações e Insolvências da URÍA Menéndez Proença de Carvalho" (em curso de publicação). Crítico quanto à solução legal, veja-se Martins, Alexandre de Soveral, *O Regime de Conversão de Créditos em Capital, in:* "Estudos de Direito da Insolvência", 2ª edição, Almedina, Coimbra, 2018, p. 45.

Do exposto, parece legítima a conclusão de que: 1.º a conversão de créditos em capital não é causa de suspensão dos processos de insolvência em curso; 2.º a conversão de créditos em capital não obsta à instauração de um processo de insolvência.

A lei é omissa quanto aos efeitos da conversão de créditos em capital sobre o processo especial de revitalização. Entendemos que o processo especial de revitalização se sobrepõe sempre à conversão de créditos em capital social, seja ela voluntária ou judicial. Desde logo, a apresentação a PER (mais concretamente, o despacho de nomeação do administrador judicial provisório) consubstancia uma causa de suspensão da conversão voluntária, por força dos Princípios Orientadores da Recuperação Extrajudicial de Devedores aprovados pela Resolução do Conselho de Ministros n.º 43/2011, de 25 de outubro. Depois, é também uma causa de suspensão da conversão judicial, pois o despacho de nomeação do administrador judicial provisório suspende todas as ações para cobrança de dívidas (art. 17.º-E, n.º 1, do CIRE). Ora, em bom rigor, a conversão de créditos em capital é uma forma (indireta) de cobrança de dívida, uma vez que, mais do que o reforço do capital social é a satisfação dos créditos dos credores proponentes que perpassa ao longo do seu regime jurídico (cfr., por exemplo, o art. 6.º – os sócios devem pagar a totalidade das dívidas remanescentes -, o art. 3.º, n.º 12 – se os sócios exercerem o seu direito de preferência, o dinheiro é obrigatoriamente utilizado para amortizar os créditos dos credores proponentes).

§7. Apreciação crítica

A conversão de créditos em capital poderá constituir um genuíno instrumento de capitalização das sociedades, mas poderá infelizmente encerrar alguns perigos para todos os seus interveninentes.

Começando pela sociedade e pelos sócios, do exposto resulta manifestamente a insuficiência (ou ausência, até) de mecanismos externos de controlo do preenchimento dos seus pressupostos. Depois, a ausência de contraditório pela sociedade e pelos sócios, no âmbito da conversão judicial, seja quanto à lista de créditos, seja quanto aos pressupostos da conversão, suscita-nos muitas reservas quanto à bondade da solução legal.

Relativamente aos credores proponentes, este mecanismo não é imune à resolução em benefício da massa insolvente (contrariamente ao RERE) ou à impugnação pauliana (art. 120.º, n.º 6)[1630]. Além do mais, os credores correm o risco de serem qualificados como credores subordinados em negócios futuros com a sociedade[1631]. De facto, nessa hipótese serão considerados pessoas especialmente relacionadas com a sociedade devedora (nos termos dos arts. 48.º, al. a) e 49.º, n.º 2, al. a), do CIRE).

1630 Cfr. Martins, Alexandre de Soveral, *Estudos de Direito da Insolvência*, 2ª edição, Almedina, Coimbra, 2018, p. 41.

1631 Assim, Serra, Catarina, *Lições de Direito da Insolvência*, Almedina, Coimbra, 2018, pp. 536-537.

Parte III
O Direito Internacional da Insolvência

Capítulo I – Considerações Preliminares

O Direito Internacional da Insolvência tem-se debatido com alguma dificuldade em atingir regras uniformes. Desde logo, a falência foi *excluída* do âmbito de aplicação quer da Convenção de Bruxelas de 27 de setembro de 1968, sobre competência judiciária e execução de decisões em matéria civil e comercial, quer da Convenção de Haia, de 1 de fevereiro de 1971, sobre o reconhecimento e a execução de sentenças estrangeiras em matéria civil e comercial.

Depois, a matéria tem sido objeto de várias *tentativas falhadas* de regulação internacional, seja porque nem sequer o acordo foi alcançado, seja porque o mesmo não chegou a entrar em vigor: é o caso do Projeto da Conferência de Haia de Direito Internacional privado (1925), que nem foi aprovado; é o caso da Convenção Europeia sobre certos aspetos internacionais da falência, de 5 de junho de 1990, celebrada em Istambul (que não entrou em vigor); e é o caso da Convenção Comunitária sobre os processos de insolvência de 23 de novembro de 1995, celebrada em Bruxelas, que também não entrou em vigor.

No Direito Europeu, foi posto um ponto final no impasse com a aprovação do Regulamento (CE) nº 1346/2000 do Conselho, de 29 de maio de 2000, sobre os processos de insolvência.

No âmbito do *soft law*, não tem havido grande sucesso. Podemos citar a *Lei-Modelo sobre a Insolvência Transfronteiriça*, aprovada pela "CNUDCI – Comissão das Nações Unidas para o Direito Comercial Internacional", em 30 de maio de 1997 e pela Resolução 52/158 da Assembleia-Geral das Nações Unidas, de 15 de dezembro de 1997[1632].

Este diploma constitui um texto de lei-tipo uniforme recomendado aos Estados signatários para a elaboração da respetiva legislação interna. No seu preâmbulo podemos destacar as finalidades que estiveram na sua origem, designadamente:

a) A cooperação entre os tribunais e outras autoridades competentes envolvidos em insolvências transfronteiriças;
b) Maior certeza jurídica no comércio e investimento;
c) Uma mais justa e eficiente administração insolvencial, por forma a proteger os credores, o devedor e outros interessados;
d) Proteção e maximização do valor do património do devedor;
e) Promoção da recuperação de empresas em dificuldade financeira e em consequência do investimento e do emprego.

[1632] O texto oficial e o respetivo relatório encontram-se publicados em UNITED NATIONS GENERAL ASSEMBLY, *Guide to Enactment of the UNICTRAL Model Law on Cross-Border Insolvency*, Doc. A/CN.9/442, of 19 december 1997. A este propósito, veja-se o nosso *Leis da Insolvência e da Recuperação das Empresas* (3ª edição revista e atualizada), Almedina, Coimbra, 2005, pp. 787 e ss.

Capítulo II – O Direito Europeu

§1. Aspetos gerais

O Direito Europeu da Insolvência caracterizou-se inicialmente por uma diversidade de regimes nacionais, quer de Direito Substantivo e Processual da Insolvência, quer de Direito Internacional Privado (DIP)[1633]. Com a entrada em vigor do Regulamento (CE) nº 1346/2000 do Conselho, de 29 de maio de 2000 (Regulamento de 2000)[1634], uniformizou-se o DIP da Insolvência por forma a que, para o bom funcionamento do mercado interno, "os processos de insolvência que produzem efeitos transfronteiriços se efectuem de forma eficiente e eficaz" (Considerando 2), de modo a "evitar quaisquer incentivos que levem as partes a transferir bens ou acções judiciais de um Estado-Membro para outro no intuito de obter uma posição legal mais favorável (*forum shopping*)" (Considerando 4). Os princípios da unidade e da universalidade constituíam os princípios matriciais deste Regulamento de 2000, muito embora fossem mitigados pelos princípios da pluralidade e da territorialidade. Diz o princípio da unidade que "haverá um único processo de insolvência em curso no Estado-Membro onde se situa o centro principal de interesses do devedor" (CIPD). Segundo o princípio da universalidade, "o processo de insolvênia aberto no Estado onde se situa o CIPD, abrangerá, *todo*

[1633] Assim, Sousa, António Frada, *Exoneração do Passivo Restante e* Forum Shopping *na Insolvência de Pessoas Singulares na União Europeia, in:* "Estudos em Memória do Professor Doutor J. L. Saldanha Sanches", Coimbra Editora, Coimbra, vol. II, p. 63.

[1634] Publicado no Jornal Oficial nº L 160 de 30 de junho de 2000, pp. 1-18, e alterado pelo Regulamento (CE) nº 603/2005 do Conselho, de 12 de abril de 2005 (publicado no Jornal Oficial nº L 100, de 20 de abril de 2005, pp. 1-8). O Regulamento de 2000 entrou em vigor em 31 de maio de 2002 (art. 47º do Regulamento) e, entre nós, foi executado pelo Título XIV do CIRE (arts. 271º-274º). O Regulamento era aplicado de forma direta e imediata nos Estados-Membros, sem necessidade de qualquer ato legislativo complementar, e prevalecendo sobre as correspondentes normas de direito interno (art. 189º do Tratado de Roma, de 25 de março de 1957). Sobre o Regulamento de 2000, veja-se na doutrina Fernandes, Luís A. Carvalho/Labareda, João, *Insolvências Transfronteiriças – Regulamento (CE) nº 1346/2000 do Conselho – Anotado*, Quid Juris, Lisboa, 2003; Brito, Maria Helena, *Falências Internacionais. Algumas Considerações a Propósito do Código da Insolvência e da Recuperação de Empresas, in:* "Themis – Revista da Faculdade de Direito da UNL, Edição Especial – *Novo Direito da Insolvência*", 2005, p. 189; Pinheiro, Luís de Lima, *O Regulamento Comunitário sobre Insolvência – Uma Introdução, in:* "Revista da Ordem dos Advogados", Ano 66, vol. III, dez. 2006, http://www.oa.pt/Conteudos/Artigos/detalhe_artigo.aspx?idc=1&idsc=54103&ida=54127.

o património do devedor e não apenas aquele que se situe no Estado do foro, bem como *todos* os credores do devedor, sejam eles do foro ou estrangeiros"[1635].

A aplicação prática do Regulamento de 2000 foi objeto de uma avaliação pela Comissão, tendo sido identificados essencialmente cinco problemas[1636]:

1 – Necessidade de alargar o âmbito de aplicação a processos pré-insolvenciais e a processos híbridos (que mantêm a administração em exercício) e a processos de insolvência de pessoas singulares que não se encontravam abrangidos pelo referido diploma;
2 – Dificuldades suscitadas pelo preenchimento do conceito de centro dos principais interesses do devedor e facilidade no recurso ao *forum shopping* ilegítimo;
3 – O processo secundário pode dificultar a administração eficaz do património do devedor;
4 – Dificuldades no que respeita à publicidade do processo de insolvência e da reclamação de créditos: falta de obrigatoriedade de registo das decisões no Estado-Membro onde o processo é aberto, nem no Estado-Membro onde existe um estabelecimento e inexistência de um registo europeu de insolvências;
5 – Ausência de disposições específicas para a insolvência transfronteiriça de grupos de sociedades.

Por isso, o Regulamento de 2000 foi revogado pelo Regulamento (UE) 2015/848, do Parlamento Europeu e do Conselho, de 20 de maio de 2015, relativo aos processos de insolvência (reformulação), que entrou em vigor no dia 14 de junho de 2015, e é diretamente aplicável a todos os Estados-Membros (exceto a Dinamarca – Considerandos 87 e 88), a partir de 26 de junho de 2017[1637] (art. 92.º).

[1635] Sousa, António Frada, *Exoneração do Passivo Restante e* Forum Shopping *na Insolvência de Pessoas Singulares na União Europeia, in:* "Estudos em Memória do Professor Doutor J. L. Saldanha Sanches", Coimbra Editora, Coimbra, vol. II, pp. 65 e 66.

[1636] Relatório da Comissão sobre a aplicação do Regulamento n.º 1346/2000 do Conselho, de 12 de dezembro de 2012.

[1637] Com exceção de alguns preceitos. Assim, segundo o art. 92.º: al. a) o art. 86.º já é aplicável a partir de 26 de junho de 2016; al. b) o art. 24.º, n.º 1 só é aplicável a partir de 26 de junho de 2018; al. c) o art. 25.º só é aplicável a partir de 26 de junho de 2019.

O novo Regulamento, à semelhança do anterior, não contém uma disciplina uniformizadora do Direito Insolvencial Substantivo ou Processual dos Estados-Membros, mas apenas[1638]: 1) regras de atribuição de competência Internacional aos Tribunais dos Estados-Membros[1639], 2) regras de determinação da lei aplicável, 3) regras de reconhecimento de decisões estrangeiram, 4) regras de articulação entre um processo de insolvência principal e um processo de insolvência secundário, 5) regras relativas à informação dos credores e à reclamação dos respetivos créditos, 6) regras respeitantes aos processos de insolvência relativos a membros de um grupo de sociedades, 7) regras relativas à proteção de dados.

§2. Âmbito de aplicação

Segundo o seu art. 1.º, n.º 1, o Regulamento é aplicável[1640] "aos processos coletivos públicos de insolvência, incluindo os processos provisórios, com fundamento na lei no domínio da insolvência e nos quais, para efeitos de recuperação, ajustamento da dívida, reorganização ou liquidação [alternativamente][1641_1642]:

[1638] O Regulamento de 2000 tinha por objeto as seguintes matérias: competência internacional, direito aplicável e reconhecimento e declaração de executoriedade de decisões. Neste sentido, BRITO, Maria Helena, *Falências Internacionais. Algumas Considerações a Propósito do Código da Insolvência e da Recuperação de Empresas, in:* "Themis – Revista da Faculdade de Direito da UNL, Edição Especial – *Novo Direito da Insolvência*", 2005, p. 191.

[1639] Segundo o Considerando 26 do Regulamento de 2015, as normas de competência aí previstas estabelecem unicamente a competência internacional, isto é, determinam o Estado-Membro cujos órgãos jurisdicionais estão habilitados a abrir processos de insolvência. A competência territorial interna deverá ser determinada pela lei nacional do Estado-Membro em questão.

[1640] O Regulamento de 2000 era "aplicável aos processos colectivos em matéria de insolvência do devedor que determinem a inibição parcial ou total desse devedor da administração ou disposição de bens e a designação de um síndico" (art. 1º), ou seja, aos *processos de insolvência* (de acordo com o art. 2º, al. a)), cuja listagem estava prevista no anexo A. Sobre a inaplicabilidade do Regulamento de 2000 aos processos híbridos, ANDRIANESIS, Anastasios P., *The Opening of Multijurisdictional Insolvencies Through the Prism of the Recast Regulation 848/2015, in:* "European Company Law Journal", 14, n.º 1, 2017, p. 7.

[1641] Estão excluídos do seu âmbito subjetivo de aplicação os processos referentes a empresas de seguros, instituições de crédito, empresas de investimento e outras empresas e instituições, na medida em que estas sejam abrangidas pela Diretiva 2001/24/CE, e organismos de investimento coletivo (art. 1.º, n.º 2, do Regulamento).

[1642] Tenha-se em atenção que o Regulamento não é aplicável se o centro dos principais interesses se situar fora da União Europeia (ainda que o devedor tenha estabelecimento na

a) O devedor é total ou parcialmente privado dos seus bens e é nomeado um administrador da insolvência;
b) Os bens e negócios do devedor ficam submetidos ao controlo ou à fiscalização por um órgão jurisdicional[1643]; ou
c) Uma suspensão temporária de ações executivas singulares é ordenada por um órgão jurisdicional ou por força da lei, a fim de permitir a realização de negociações entre o devedor e os seus credores, desde que o processo no qual é ordenada a suspensão preveja medidas adequadas para proteger o interesse coletivo dos credores e, caso não seja obtido acordo, seja preliminar relativamente a um dos processos a que se referem as alíneas a) ou b)".

De realçar que, nos casos em que os processos referidos no presente número possam ser iniciados em situações em que existe apenas uma probabilidade de insolvência, a sua finalidade deve ser a de evitar a insolvência do devedor ou a cessação das suas atividades.

Por último, os processos descritos são apenas os que se encontram enumerados no Anexo A do Regulamento. Aliás, segundo o Considerando 9, "em relação aos processos nacionais que figuram no anexo A, o presente regulamento deverá ser aplicável sem que os órgãos jurisdicionais de outro Estado-Membro devam apreciar se as condições nele fixadas estão preenchidas. Os processos nacionais de insolvência não enumerados no anexo A não deverão ser abrangidos pelo presente regulamento"[1644]. Por isso, na sequência das subsequentes alterações legislativas no Direito da Insolvência português, o anexo A foi alterado (pelo Regulamento (EU) 2018/946, do Paralemento Europeu e

União Europeia) – Considerando 25. A este propósito, veja-se MARTINS, Alexandre de Soveral, *O Regulamento (UE) 2015/848 Relativo aos Processos de Insolvência, in:* "Estudos de Direito da Insolvência", 2ª edição, Almedina, Coimbra, 2018, p. 49.

1643 Segundo o art. 2.º, n.º 5, «administrador da insolvência» é qualquer pessoa ou órgão (enumerados no Anexo B) cuja função, inclusive a título provisório, seja: verificar e admitir créditos reclamados em processos de insolvência, representar o interesse coletivo dos credores, administrar, no todo ou em parte, os bens de que o devedor foi privado, liquidar os bens referidos na alínea iii), ou supervisionar a administração dos negócios do devedor. Em Portugal, segundo o Anexo B, serão o administrador da insolvência e o administrador judicial provisório.

1644 A este propósito, veja-se MARTINS, Alexandre de Soveral, *O Regulamento (UE) 2015/848 Relativo aos Processos de Insolvência, in:* "Estudos de Direito da Insolvência", 2ª edição, Almedina, Coimbra, 2018, p. 51, nota 59.

do Conselho, de 4 de julho de 2018) e passou a incluir, para além do processo de insolvência e do PER, o PEAP. Entendemos que o Regulamento não é aplicável ao RERE, pois, para além de não estar previsto no elenco contido no Anexo A, é, por força da lei, um procedimento confidencial (Considerando 13).

§3. Competência internacional

1. Apreciação oficiosa

Em matéria de competência internacional é importante realçar, desde já, que o órgão jurisdicional onde é apresentado o pedido de abertura de um processo de insolvência[1645] tem de apreciar oficiosamente a sua competência internacional: julgando-se internacionalmente incompetente deverá indicar os fundamentos da sua decisão; considerando-se internacionalmente competente, deverá igualmente indicar os respetivos fundamentos, em especial, o preenchimento do n.º 1 ou do n.º 2 do art. 3.º (art. 4.º, n.º 1, do Regulamento)[1646].

Para além disso, deve ainda referir se é competente para um processo principal de insolvência ou para um processo secundário de insolvência (art. 3.º, n.º 1 e n.º 3, do Regulamento).

Por último, e para evitar decisões inconciliáveis, a competência internacional para o processo de insolvência estende-se também às ações que decorram diretamente do processo de insolvência e que com este se encontrem estreitamente relacionadas, como as ações de impugnação pauliana[1647] (art. 6.º, n.º 1, do Regulamento). Segundo o art. 6.º, n.º 2, do Regulamento[1648], se uma das ações a que se refere o n.º 1 estiver relacionada com uma ação em matéria civil e comercial contra o mesmo requerido, o administrador da insolvência pode instaurar ambas as ações nos órgãos jurisdicionais do Estado-Membro

[1645] Sobre o conceito de abertura do processo, veja-se Martins, Alexandre de Soveral, *O Regulamento (UE) 2015/848 Relativo aos Processos de Insolvência, in:* "Estudos de Direito da Insolvência", 2ª edição, Almedina, Coimbra, 2018, pp. 54 e ss.

[1646] Diz o Considerando 34 do Regulamento que todos os credores do devedor deverão dispor de vias de recurso efetivas para a impugnação da decisão de abertura do processo.

[1647] Ou, segundo o Considerando 35, as ações relativas a obrigações que se constituam durante o processo de insolvência, tais como adiantamentos para as custas do processo.

[1648] Para efeitos deste n.º 2, consideram-se relacionadas as ações ligadas entre si por um nexo tão estreito que haja interesse em que sejam instruídas e julgadas conjuntamente para evitar decisões que poderiam ser inconciliáveis se as causas fossem julgadas separadamente (art. 6.º, n.º 3, do Regulamento).

do domicílio do requerido ou, se a ação for instaurada contra vários requeridos, nos órgãos jurisdicionais do Estado-Membro do domicílio de algum deles, desde que esses órgãos jurisdicionais sejam competentes ao abrigo do Regulamento (UE) n.º 1215/2012[1649].

2. Competência internacional para o processo principal de insolvência

Reza o art. 3.º, n.º 1, do Regulamento que, para o processo principal de insolvência, os órgãos jurisdicionais do Estado-Membro em cujo território está situado o centro dos interesses principais do devedor (CIPD) são competentes para abrir o processo de insolvência («processo principal de insolvência»)[1650].

1649 Será, por exemplo, o caso, segundo o Considerando 35 do Regulamento, de o administrador da insolvência pretender combinar uma ação de responsabilidade dos gerentes, administradores ou diretores da sociedade, com base na lei em matéria de insolvência, com uma ação baseada no direito das sociedades ou no direito da responsabilidade civil.

1650 No Regulamento de 2000, quanto à *competência internacional*, de acordo com o art. 3º, nº 1, 1ª parte, vigorava a regra de que tinham competência para abrir o processo de insolvência os tribunais do Estado membro em cujo território se situasse o centro dos seus principais interesses, ou seja, até prova em contrário, no local da sede estatutária das sociedades e pessoas coletivas (art. 3º, nº 1, 2ª parte). Segundo o Considerando 13, tratava-se do "local onde o devedor exerce habitualmente a administração dos seus interesses", devendo ser objetivamente identificável e determinável por terceiro. A este propósito, veja-se, por todos, FERNANDES, Luís A. Carvalho/LABAREDA, João, *Insolvências Transfronteiriças – Regulamento (CE) nº 1346/2000 do Conselho – Anotado*, Quid Juris, Lisboa, 2003, pp. 34 e ss. Na jurisprudência comunitária, segundo o Acórdão do Tribunal de Justiça (Primeira Secção) de 20 de outubro de 2011, "3) Para efeitos de determinar o "centro dos interesses principais de uma sociedade devedora, o artigo 3.º, n.º 1, segunda frase, do Regulamento n.º 1346/2000 deve ser interpretado da seguinte forma: – o centro dos interesses principais de uma sociedade devedora deve ser determinado privilegiando o local da administração central dessa sociedade, tal como pode ser demonstrado por elementos objectivos e determináveis por terceiros. Na hipótese de os órgãos de direcção ou de controlo de uma sociedade estarem no local da sua sede estatutária e de as decisões de administração dessa sociedade serem tomadas, de forma determinável por terceiros, nesse local, a presunção prevista nessa disposição não pode ser ilidida. Na hipótese de o local da administração central de uma sociedade não ser o da sede estatutária da mesma, a presença de activos sociais e a existência de contratos relativos à sua exploração financeira num Estado-Membro diferente do da sede estatutária dessa sociedade não podem ser consideradas elementos suficientes para ilidir essa presunção, a não ser que uma apreciação global de todos os elementos pertinentes permita demonstrar, de forma determinável por terceiros, que o centro efectivo da direcção e do controlo da referida sociedade, bem como da administração dos seus interesses, se situa nesse outro Estado-Membro; – no caso de transferência da sede estatutária de uma sociedade devedora, antes da apresentação de um pedido de abertura de um processo de insolvência, presume-se que o centro dos interesses principais dessa sociedade

O centro dos interesses principais é o local em que o devedor exerce habitualmente a administração dos seus interesses de forma habitual[1651] e cognoscível por terceiros[1652].

A escolha do centro dos principais interesses como conexão relevante para a competência do órgão jurisdicional, para a determinação da lei nacional aplicável e para o reconhecimento automático das decisões proferidas teve o efeito perverso (e contrário à finalidade prosseguida pelo Diploma) de potenciar o fenómeno do *forum shopping*: trata-se da "identificação, por um ou vários sujeitos, da jurisdição que irá proferir a decisão que para ele(s) será mais favorável, adoptando esse(s) sujeitos(s) as medidas necessárias para que essa jurisdição reconheça a sua competência e aplique o Direito que mais lhe(s) convém"[1653]. No Direito da União Europeia, a prática do *forum shopping* não é necessariamente ilícita, até porque o conceito de CIPD adotado pressupõe a sua mutabilidade: impôs-se, por isso, fazer a destrinça entre o *forum shopping* legítimo e o *forum shopping* ilegítimo, sobretudo nas hipóteses de mudança de CIPD. Um *forum shopping* ilegítimo verificar-se-ia se um devedor residente num Estado-Membro alterasse a sua residência habitual para outro Estado-Membro depois de requerida a sua insolvência no primeiro Estado[1654]. Também era reputada como ilegítima a deslocação do CIPD de um Estado-Membro para

se encontra na nova sede estatutária da mesma". Na jurisprudência nacional, segundo o Ac. Rel. Po., de 24-04-2014 (CARLOS PORTELA), "I – O Regulamento (CE) nº 1346/2000 de 29 de Maio, aplicável aos processos de insolvência, assenta entre outros no princípio de que o processo de insolvência principal seja aberto no Estado-Membro em que se situa o centro dos interesses principais do devedor; II – Presume-se, até prova em contrário, que o centro dos interesses principais das sociedades e pessoas colectivas é o local da respectiva sede estatutária; III – Tal presunção pode ser afastada quando através de elementos objectivos e determináveis se conclua pela existência de uma situação real diferente daquela que decorre da localização da sede estatutária, nomeadamente quando a sociedade ou pessoa colectiva aí não exerça qualquer actividade".

[1651] A tradução portuguesa não foi feliz na repetição do advérbio "habitual".

[1652] No Regulamento de 2000, não existia tal definição, mas apenas uma presunção, quanto às sociedades e pessoas coletivas, de que o centro dos principais interesses coincidia com o local da sede respetiva sede estatutária (art. 3.º, n.º 1, do Regulamento).

[1653] SOUSA, António Frada, *Exoneração do Passivo Restante e* Forum Shopping *na Insolvência de Pessoas Singulares na União Europeia, in:* "Estudos em Memória do Professor Doutor J. L. Saldanha Sanches", Coimbra Editora, Coimbra, 2011, vol. II, p. 88.

[1654] Assim foi considerado pelo Advogado-Geral Jarabo-Colomer, nas conclusões apresentadas no processo *Staubiz-Schreiber* (Acórdão do TJ de 17 de janeiro de 2006).

outro Estado-Membro que consistisse num "expediente puramente artificial, desprovido de realidade económica" – tratava-se do "elemento central na verificação objetiva da existência de uma prática abusiva"[1655]. De qualquer modo, o controlo das práticas abusivas "dependerá, necessariamente, das circunstâncias factuais do caso concreto de deslocação do CIPD de um Estado-membro para outro"[1656].

Pelas razões expostas, no Regulamento de 2015, pretendeu-se, com vista ao bom funcionamento do mercado interno, "evitar incentivos que levem as partes a transferir bens ou ações judiciais de um Estado-Membro para outro, no intuito de obter uma posição jurídica mais favorável em detrimento do interesse coletivo dos credores (seleção do foro)" (Considerando 5).

Por isso, nesta matéria, para além da exigência da habitualidade e da cognoscibilidade por terceiros, o Regulamento (art. 3.º, n.º 1) prevê um conjunto de presunções ilidíveis ("até prova em contrário")[1657]:

– no caso de sociedades e pessoas coletivas, presume-se, até prova em contrário, que o centro dos interesses principais é o local da respetiva sede estatutária[1658]; esta presunção só é aplicável se a sede estatutária

[1655] Sousa, António Frada, *Exoneração do Passivo Restante e* Forum Shopping *na Insolvência de Pessoas Singulares na União Europeia, in:* "Estudos em Memória do Professor Doutor J. L. Saldanha Sanches", Coimbra Editora, Coimbra, 2011, vol. II, pp. 92 e 93. Para o mesmo Autor, não basta o exercício de uma atividade económica quando, tratando-se de devedores pessoas singulares (em especial na hipótese de exoneração do passivo restante), a sua família continue a residir no estado de origem e, assim que seja decretada a exoneração do passivo restante, o devedor regresse de imediato a esse Estado. Já Eidenmüller recorre a um critério de "mudança eficiente" de CIPD – *Abuse of Law in Contextf European Insolvency Law, in:* "European Company and Financial Law Review", 2009, pp. 14 e 15.

[1656] Sousa, António Frada, *Exoneração do Passivo Restante e* Forum Shopping *na Insolvência de Pessoas Singulares na União Europeia, in:* "Estudos em Memória do Professor Doutor J. L. Saldanha Sanches", Coimbra Editora, Coimbra, 2011, vol. II, p. 93.

[1657] Segundo o Considerando 29 do Regulamento, trata-se de "salvaguardas destinadas a prevenir a seleção do foro fraudulenta ou abusiva". E, de acordo com o Considerando 32, "em todos os casos, se as circunstâncias específicas derem azo a dúvidas acerca da competência do órgão jurisdicional, este deverá requerer ao devedor a apresentação de elementos de prova adicionais justificativos das suas alegações e, se a lei aplicável ao processo de insolvência o permitir, dar aos credores do devedor a oportunidade de apresentarem as suas observações relativamente à questão da competência".

[1658] Segundo o Considerando 30 do Regulamento, "essa presunção deverá poder ser ilidida se a administração central da sociedade se situar num Estado-Membro diferente do da sede

não tiver sido transferida para outro Estado-Membro nos três meses anteriores[1659] ao pedido de abertura do processo de insolvência;

- no caso de pessoa singular que exerça uma atividade comercial ou profissional independente, presume-se, até prova em contrário, que o centro dos interesses principais é o local onde exerce a atividade principal; esta presunção só é aplicável se o local de atividade principal da pessoa singular não tiver sido transferido para outro Estado--Membro nos três meses anteriores ao pedido de abertura do processo de insolvência;
- no caso de qualquer outra pessoa singular, presume-se, até prova em contrário, que o centro dos interesses principais é o lugar de residência habitual[1660]; esta presunção só é aplicável se a residência habitual não tiver sido transferida para outro Estado-Membro nos seis meses anteriores ao pedido de abertura do processo de insolvência.

3. Competência internacional para o processo territorial ou secundário de insolvência

No caso de o CPID se situar num Estado-Membro, os órgãos jurisdicionais de outro Estado-Membro são competentes para abrir um processo de insolvência se o devedor possuir um estabelecimento no território deste Estado-Membro[1661]. Para efeitos do Regulamento, estabelecimento é "o local de atividade

estatutária e se uma avaliação global de todos os fatores relevantes permitir concluir, de forma cognoscível por terceiros, que o centro efetivo da administração e supervisão da sociedade e da gestão dos seus interesses se situa nesse outro Estado-Membro". Tenha-se em atenção que o CIPD não é necessariamente o local da sua constituição – assim, por todos, MARTINS, Alexandre de Soveral, *O Regulamento (UE) 2015/848 Relativo aos Processos de Insolvência, in:* "Estudos de Direito da Insolvência", 2ª edição, Almedina, Coimbra, 2018, p. 59.

1659 Sobre este "período suspeito", veja-se MARTINS, Alexandre de Soveral, *O Regulamento (UE) 2015/848 Relativo aos Processos de Insolvência, in:* "Estudos de Direito da Insolvência", 2ª edição, Almedina, Coimbra, 2018, pp. 60 e ss.

1660 De acordo com o Considerando 30 do Regulamento, "essa presunção deverá poder ser ilidida, por exemplo, se a maior parte dos bens do devedor estiver situada fora do Estado--Membro onde este tem a sua residência habitual, ou se puder ficar comprovado que o principal motivo para a sua mudança de residência foi o de requerer a abertura de um processo de insolvência na nova jurisdição e se tal pedido prejudicar significativamente os interesses dos credores cujas relações com o devedor tenham sido estabelecidas antes da mudança".

1661 Segundo o Considerando 24 do Regulamento, é necessário "que o devedor exerça nesse Estado uma atividade económica com recurso a meios humanos e a bens materiais, de acordo

em que o devedor exerça, ou tenha exercido, de forma estável, uma atividade económica, com recurso a meios humanos e a bens materiais, nos três meses anteriores à apresentação do pedido de abertura do processo principal de insolvência" (art. 2.º, n.º 10)[1662].

O processo territorial é limitado aos bens do devedor que se encontrem neste último território (art. 3.º, n.º 2, do Regulamento), podendo ser abertos vários processos territoriais de insolvência relativamente a um mesmo devedor (art. 41.º, n.º 1, do Regulamento).

§4. A lei aplicável

1. Princípio geral

A lei aplicável ao processo (principal ou secundário) de insolvência e aos seus efeitos é a lei do Estado-Membro em cujo território o processo é aberto (arts. 7.º, n.º 1, e 35.º, do Regulamento) – lei nacional do Estado-Membro de abertura (ou *lex fori concursus*).

Isto significa, desde logo, que é a *lex fori concursus* que determina as condições de abertura, tramitação e encerramento do processo de insolvência, designadamente (art. 7.º, n.º 2, do Regulamento):

- os devedores que podem ser objeto de um processo de insolvência em razão da qualidade dos mesmos (al. a));
- os bens pertencentes à massa insolvente e o destino a dar aos bens adquiridos pelo devedor após a abertura do processo de insolvência (al. b));
- os poderes respetivos do devedor e do administrador da insolvência (al. c));
- as condições de oponibilidade de uma compensação (al. d));

com a jurisprudência do Tribunal de Justiça da União Europeia". Ainda ao abrigo do Regulamento de 2000, veja-se o Ac. Rel. Év., de 10-03-2016 (Conceição Ferreira).

1662 Defendendo uma interpretação restritiva do preceito na sua redação portuguesa (aplicando o requisito temporal apenas aos casos em que o devedor exerceu uma atividade e não aos casos em que exerce a atividade) – Martins, Alexandre de Soveral, *O Regulamento (UE) 2015/848 Relativo aos Processos de Insolvência, in:* "Estudos de Direito da Insolvência", 2ª edição, Almedina, Coimbra, 2018, pp. 71 e ss.

- os efeitos do processo de insolvência nos contratos em vigor nos quais o devedor seja parte (al. e));
- os efeitos do processo de insolvência nas ações instauradas por credores singulares, com exceção das ações pendentes (al. f));
- os créditos a reclamar contra a massa insolvente do devedor e o destino a dar aos créditos constituídos após a abertura do processo de insolvência (al. g));
- as regras relativas à reclamação, verificação e aprovação dos créditos (al. h));
- as regras de distribuição do produto da liquidação dos bens, a graduação dos créditos e os direitos dos credores que tenham sido parcialmente satisfeitos após a abertura do processo de insolvência, em virtude de um direito real ou por efeito de uma compensação (al. i));
- as condições e os efeitos do encerramento do processo de insolvência, nomeadamente por concordata (al. j));
- os direitos dos credores após o encerramento do processo de insolvência (al. k));
- a imputação das custas e despesas do processo de insolvência (al. l));
- as regras referentes à nulidade, à anulabilidade ou à impugnação dos atos prejudiciais ao interesse coletivo dos credores (al. m)).

2. Casos especiais

Com vista a proteger as expectativas legítimas e a segurança do comércio jurídico nesses outros Estados-Membros, o Regulamento previu uma série de derrogações à regra geral (Considerando 67 do Regulamento)[1663_1664].

[1663] Tenha-se em consideração, todavia, que são, em certos casos, expressamente, salvaguardadas as ações de nulidade, de anulação ou de impugnação referidas no art. 7.º, n.º 2, alínea m) (arts. 8.º, n.º 4, 9.º, n.º 2, 10.º, n.º 3, do Regulamento).

[1664] No Regulamento de 2000, a respeito do direito aplicável, dispunha o art. 4º, nº 1, o princípio geral *lex fori concursus principalis*: o processo de insolvência e os seus efeitos regem-se pela lei do Estado-Membro em cujo território o processo é aberto. Porém, este princípio sofria restrições nos arts. 5º a 15º, que determinam a aplicabilidade de outras leis que estejam em contacto com a situação, por forma a facilitar que os processos de insolvência abertos num Estado-Membro sejam reconhecidos de modo automático nos outros Estados-Membros. Tratava-se de manifestações do princípio da territorialidade, que atenuavam o pendor universalista do Diploma – assim, Sousa, António Frada, *Exoneração do Passivo Restante e* Forum

Desde logo, em matéria de direitos reais (particularmente relevante na verificação de créditos), sentiu-se uma especial necessidade de estabelecer um vínculo especial diverso do da lei do Estado de abertura[1665]. Por isso, o fundamento, a validade e o alcance de um direito real deverão ser geralmente determinados pela lei do Estado em que tiver sido constituído o direito (*lex locus rei sitae*) – art. 11.º, do Regulamento. Por isso, também, segundo o art. 8.º, n.º 1, do Regulamento, a abertura do processo de insolvência não afeta os direitos reais de credores ou de terceiros sobre bens corpóreos ou incorpóreos, móveis ou imóveis, específicos ou conjuntos de bens indeterminados considerados como um todo, cuja composição pode sofrer alterações ao longo do tempo, pertencentes ao devedor e que, no momento da abertura do processo, se encontrem no território de outro Estado-Membro, designadamente (art. 8.º, n.º 2, do Regulamento):

- O direito de liquidar ou de exigir a liquidação de um bem e de ser pago com o respetivo produto ou rendimentos, em especial por força de um penhor ou hipoteca (al. a));
- O direito exclusivo de cobrar um crédito, nomeadamente quando garantido por um penhor ou pela cessão desse crédito a título de garantia (al. b));
- O direito de reivindicar o bem e/ou de exigir que o mesmo seja restituído por quem o possuir ou dele usufruir contra a vontade do titular (al. c));
- O direito real de perceber os frutos de um bem (al. d)).

Por fim, havendo bens que sejam objeto de direitos reais constituídos ao abrigo da lei de um Estado-Membro, se o processo principal de insolvência correr noutro Estado-Membro, pode o administrador da insolvência deste processo requerer a abertura de um processo secundário de insolvência na

Shopping *na Insolvência de Pessoas Singulares na União Europeia, in:* "Estudos em Memória do Professor Doutor J. L. Saldanha Sanches", Coimbra Editora, Coimbra, vol. II, p. 67.

[1665] Em bom rigor, mais do que um desvio à regras geral da *lex fori concursus*, que é uma regra de conflitos, temos verdadeiras normas de Direito material. Neste sentido, veja-se FERNANDES, Luís A. Carvalho/LABAREDA, João, *Código da Insolvência e da Recuperação de Empresas Anotado*, 3ª edição, Quid Juris Editora, Lisboa, 2015, p. 940, nota 3.

jurisdição em que foram constituídos os direitos reais, se o devedor aí tiver um estabelecimento (art. 34.º e Considerando 38 do Regulamento). Se a liquidação dos ativos do processo secundário de insolvência permitir o pagamento de todos os créditos aí verificados, o excedente da venda dos bens abrangidos por direitos reais deverá ser entregue ao administrador da insolvência do processo principal de insolvência (art. 49.º do Regulamento).

Outra regra especial respeita à compensação: a abertura do processo de insolvência não afeta o direito de um credor a invocar a compensação do seu crédito com o crédito do devedor, desde que essa compensação seja permitida pela lei aplicável ao crédito do devedor insolvente (art. 9.º, n.º 1, do Regulamento).

Também a compra e venda com reserva de propriedade tem uma disciplina especial (art. 10.º do Regulamento): na hipótese de abertura de um processo de insolvência do comprador de um bem, os direitos do vendedor decorrentes de reserva de propriedade não são afetados, se, no momento da abertura do processo, esse bem se encontrar no território de um Estado-Membro diferente do Estado de abertura do processo (n.º 1); a abertura de um processo de insolvência do vendedor de um bem, após a entrega desse bem, não é fundamento para a resolução do contrato de compra e venda nem é impedimento à aquisição pelo comprador da propriedade do bem vendido, desde que, no momento da abertura do processo, esse bem se encontre no território de um Estado-Membro diferente do Estado de abertura do processo (n.º 2).

Quanto aos sistemas de pagamento e mercados financeiros, sem prejuízo do disposto no art. 8.º, os efeitos do processo de insolvência nos direitos e nas obrigações dos participantes num sistema de pagamento ou de liquidação ou num mercado financeiro regem-se exclusivamente pela lei do Estado-Membro aplicável ao referido sistema ou mercado (art. 12.º, n.º 1, do Regulamento).

Os efeitos do processo de insolvência nos contratos de trabalho e na relação laboral regem-se exclusivamente pela lei do Estado-Membro aplicável ao contrato de trabalho (art. 13.º, n.º 1, do Regulamento). Além disso, os órgãos jurisdicionais do Estado-Membro (ou a autoridade competente, nos termos da lei nacional) em que pode ser aberto um processo secundário de insolvência mantêm a sua competência para aprovar a resolução ou modificação dos contratos referidos, ainda que não tenha sido aberto um processo de insolvência nesse Estado-Membro (art. 13.º, n.º 2 e 3, do Regulamento).

Os efeitos do processo de insolvência nos direitos do devedor sobre um bem imóvel, um navio ou uma aeronave, cuja inscrição num registo público seja obrigatória, regem-se pela lei do Estado-Membro sob cuja autoridade é mantido esse registo (art. 14.º do Regulamento).

Em matéria de atos prejudiciais aos credores, não é aplicável o artigo 7.º, n.º 2, alínea m) do Regulamento (ou seja, a *lex fori concursus*), se, quem tiver beneficiado de um ato prejudicial a todos os credores, provar, em simultâneo, que o ato é regido pela lei de um Estado-Membro diferente do Estado de abertura do processo e que a lei desse Estado-Membro não permite a impugnação do ato por nenhum meio (art. 16.º do Regulamento).

Relativamente aos atos praticados pelo devedor após a abertura do processo de insolvência em que o devedor dispõe, a título onersoso, de bem imóvel, de navio ou de aeronave cuja inscrição num registo público seja obrigatória ou de valores mobiliários cuja existência requeira a respetiva inscrição num registo previsto pela lei, não vale a *lex fori concursus*, mas sim a lei do Estado em cujo território está situado o referido bem imóvel ou sob cuja autoridade é mantido esse registo (art. 17.º do Regulamento).

Por fim, aos efeitos do processo de insolvência sobre ações judiciais ou processos de arbitragem pendentes relativamente a bem ou direito que integre a massa insolvente do devedor, aplica-se exclusivamente a lei do Estado-Membro onde a ação se encontra pendente ou onde o Tribunal arbitral tem a sua sede (art. 18.º do Regulamento)[1666].

§5. Reconhecimento e efeitos da decisão de abertura do processo de insolvência noutro Estado-Membro

1. Princípio geral

Nesta matéria, vigora o princípio geral do reconhecimento automático, nos outros Estados-Membros, de qualquer decisão de abertura do processo de insolvência (e logo que produza efeitos no Estado de abertura do processo), proferida por um órgão jurisdicional de um Estado-Membro competente por força do artigo 3.º, ainda que o devedor, em virtude da sua qualidade, não

[1666] Na jurisprudência, sobre este efeito, ainda à luz do Regulamento anterior, veja-se o Ac. Rel. Guim., de 9-06-2016 (Francisca Mendes).

possa ser sujeito a um processo de insolvência nos restantes Estados-Membros (art. 19.º, n.º 1, do Regulamento)[1667].

O reconhecimento automático abrange as ações diretamente decorrentes do processo de insolvência e que com este se encontrem estreitamente relacionadas (art. 6.º) e as medidas cautelares (art. 52.º do Regulamento).

Em consequência do reconhecimento automático, a decisão de abertura produz efeitos, sem mais formalidades, ou seja, é imediatamente executada noutro Estado-Membro, com dispensa de *exequator* (previsto nos arts. 39.º-44.º e 47.º-57.º do Regulamento 1215/2012 (Bruxelas I reformulado)).

O reconhecimento da decisão de abertura de um processo principal de insolvência não obsta à abertura de um processo secundário de insolvência noutro Estado-Membro, não podendo ser impugnados, nos outros Estados-Membros, os efeitos do processo secundário de insolvência (art. 19.º, n.º 2, do Regulamento). A limitação dos direitos dos credores prevista no processo secundário (p.ex. moratórias ou perdões de dívida) só é oponível, relativamente aos bens situados no território de outro Estado-Membro, aos credores que tiverem dado o seu consentimento (valendo aqui, assim, um princípio de territorialidade) (art. 20.º, n.º 2, do Regulamento). Porém, enquanto o processo secundário não for aberto, a decisão de abertura do processo principal de insolvência produz, nos outros Estados-Membros, de modo automático, os efeitos previstos na lei do Estado-Membro do processo principal (art. 20.º, n.º 1, do Regulamento).

[1667] *Vide* Processo C116/11, Bank Handlowy e Ryszard Adamiak Contra Christianapol sp. z o.o. (ECLI:EU:C:2012:308). No Regulamento de 2000, quanto ao reconhecimento num Estado-Membro dos processos de insolvência (tramitação e encerramento) abertos noutro Estado-Membro bem como das "decisões directamente decorrentes do processo de insolvência e que com este se encontrem estreitamente relacionadas, mesmo que proferidas por outro órgão jurisdicional", valia o princípio do reconhecimento automático (consagrado no art. 16.º e reforçado no art. 25.º, n.º 1, do Regulamento de 2000). Existiam, contudo, dois desvios a este reconhecimento automático: a exceção de ordem pública internacional (consagrada no art. 26.º do Regulamento de 2000) e, jurisprudencialmente, o princípio geral de Direito da União Europeia de proibição de práticas abusivas. Considerando que este princípio desempenha "uma função sucedânea da doutrina da fraude à lei do DIP que, diferentemente do que sucede com a cláusula de ordem pública, não teve consagração expressa [...] no Regulamento 1346/2000", veja-se Sousa, António Frada, *Exoneração do Passivo Restante e* Forum Shopping *na Insolvência de Pessoas Singulares na União Europeia, in:* "Estudos em Memória do Professor Doutor J. L. Saldanha Sanches", Coimbra Editora, Coimbra, vol. II, p. 75.

Por forma a "melhorar a informação aos credores e aos órgãos jurisdicionais interessados e evitar a abertura de processos de insolvência paralelos" (Considerando 76), os Estados-Membros são obrigados a criar e a manter, no seu território, um ou vários registos em que sejam publicadas, logo que possível após a abertura do processo, informações sobre os processos de insolvência («registos de insolvências») (art. 24.º, n.º 1, do Regulamento)[1668]. Estas informações devem ser publicadas nas condições estabelecidas no artigo 27.º (exceto se forem relativas a pessoas singulares que não exerçam uma atividade comercial ou profissional independente[1669]) e incluir os seguintes elementos («informações obrigatórias») (art. 24.º, n.º 2, do Regulamento):

- data de abertura do processo de insolvência (al. a));
- órgão jurisdicional que abriu o processo de insolvência e número de referência do processo, caso exista (al. b));
- tipo de processo de insolvência aberto a que se refere o anexo A e, quando aplicável, subtipo relevante desse processo aberto nos termos da lei nacional (al. c));
- indicação de que a competência para abrir o processo decorre do artigo 3.º, n.º 1, n.º 2 ou n.º 4 (al. d));
- no caso de o devedor ser uma sociedade ou uma pessoa coletiva, nome, número de registo, sede estatutária ou, se diferente desta última, endereço postal do devedor (al. e));
- no caso de o devedor ser uma pessoa singular, que exerça ou não uma atividade comercial ou profissional independente, nome, número de registo, se existir, e endereço postal ou, se o endereço não puder ser divulgado, data e local do nascimento do devedor (al. f));
- nome, endereço postal ou endereço eletrónico do administrador da insolvência nomeado no processo, se for o caso (al. g));

1668 Segundo o art. 92.º, al. b), do Regulamento, a partir de 26 de junho de 2018.

1669 Nem a tornar essas informações acessíveis ao público através do sistema de interligação desses registos, desde que os credores estrangeiros conhecidos sejam informados (sob pena de o processo de insolvência não poder afetar os créditos dos credores estrangeiros), nos termos do artigo 54.º, dos elementos referidos no art. 24.º, n.º 2, al. j) (art. 24.º, n.º 4, todos do Regulamento). Nesta hipótese, o prazo para a reclamação dos créditos não pode ser inferior a 30 dias após essa informação (art. 55.º, n.º 6, do Regulamento).

- prazo para a reclamação de créditos, se o houver, ou referência aos critérios para calcular esse prazo (al. h));
- data de encerramento do processo principal de insolvência, se for o caso (al. i));
- órgão jurisdicional perante o qual pode ser impugnada a decisão de abertura do processo de insolvência nos termos do artigo 5.º, e, quando aplicável, o prazo para o fazer, ou uma referência aos critérios para calcular esse prazo (al. j)).

Por fim, segundo o art. 25.º, n.º 1, do Regulamento, a Comissão cria[1670], através de atos de execução, um sistema descentralizado com vista à interligação dos registos de insolvências, que é constituído pelos registos de insolvências e pelo Portal Europeu da Justiça (o qual funciona como ponto de acesso central do público às informações no sistema), e que deve proporcionar um serviço de pesquisa em todas as línguas oficiais das instituições da União, que disponibilize: as informações obrigatórias e todos os outros documentos ou informações incluídos nos registos de insolvências que os Estados-Membros pretendam facultar através do Portal Europeu da Justiça.

2. Prova da nomeação do administrador da insolvência e exercício das suas competências

A prova da nomeação do administrador da insolvência é feita através da apresentação noutro Estado-Membro de uma cópia autenticada da decisão da sua nomeação ou de qualquer outro certificado emitido pelo órgão jurisdicional competente, podendo ser exigido que sejam acompanhados da tradução para a língua oficial do Estado-Membro onde pretende atuar, mas já não qualquer legalização ou formalidade análoga (art. 22.º do Regulamento).

No exercício dos seus poderes, o administrador da insolvência cumpre a lei do Estado-Membro em cujo território pretende agir, em especial as disposições que digam respeito às formas de liquidação dos bens. Porém, esses poderes não podem incluir o recurso a medidas coercivas (exceto se forem

[1670] Os respetivos atos de execução devem ser adotados até 26 de junho de 2019 (art. 25.º, n.º 2, do Regulamento).

ordenadas por um órgão jurisdicional desse Estado-Membro) nem o direito de dirimir litígios ou diferendos (art. 21.º, n.º 3, do Regulamento).

O administrador da insolvência nomeado pelo órgão jurisdiconal competente à luz do art. 3.º, n.º 1, pode exercer, no território de outro Estado-Membro, todos os poderes que lhe são conferidos pela lei do Estado de abertura do processo, enquanto nesse outro Estado-Membro não tiver sido aberto outro processo de insolvência, nem tiver sido tomada qualquer medida cautelar em contrário na sequência de um pedido de abertura de um processo de insolvência nesse Estado – podendo, nomeadamente, transferir os bens do devedor do território do Estado-Membro em que se encontrem, sem prejuízo dos arts. 8.º e 10.º (art. 21.º, n.º 1, do Regulamento).

O administrador da insolvência nomeado por um órgão jurisdicional competente por força do artigo 3.º, n.º 2, pode arguir, em qualquer outro Estado-Membro, judicial ou extrajudicialmente, que, após a abertura do processo de insolvência, um bem móvel foi transferido do território do Estado de abertura do processo para o território desse outro Estado-Membro, e pode, também, propor qualquer ação revogatória útil aos interesses dos credores (art. 21.º, n.º 2, do Regulamento).

O administrador da insolvência, nomeado nos termos do art. 3.º, n.º 1 ou n.º 2, deve requerer o registo da decisão de abertura do processo e da sua nomeação, no registo de insolvência do Estado-Membro onde se situe um estabelecimento do devedor, indicando, quando adequado, a regra de competência aplicada (art. 28.º, n.º 1)[1671]. O administrador da insolvência (ou o devedor não desapossado) pode requerer a publicação destas informações em qualquer outro Estado-Membro onde o administrador da insolvência (ou o devedor não desapossado) considere necessário, segundo os procedimentos de publicação previstos nesses Estados-Membros (art. 28.º, n.º 2, do Regulamento). A publicação destas informações é relevante para efeitos de presunção de boa/má fé do cumprimento indevido, a favor do devedor, de uma obrigação. Efetivamente, segundo o art. 31.º, n.º 1, do Regulamento, quem cumprir uma obrigação, num Estado-Membro, a favor de um devedor sujeito a um processo de insolvência aberto noutro Estado-Membro, quando deveria

[1671] Tenha-se em consideração, todavia, que o devedor não desapossado também está sujeito a este dever (art. 28.º, n.º 1, do Regulamento).

cumpri-la a favor do administrador da insolvência, fica liberado da sua obrigação se não tinha conhecimento da abertura do processo. Ora, a lei presume (até prova em contrário), por um lado, o conhecimento da abertura do processo de insolvência, se a obrigação foi cumprida após a execução das medidas de publicação previstas no art. 28.º e, por outro lado, o não conhecimento da abertura do processo de insolvência, se foi cumprida antes (art. 31.º, n.º 2, do Regulamento).

Por último, o administrador da insolvência (ou o devedor não desapossado) deve requerer a inscrição[1672], da decisão de abertura do processo de insolvência, no registo público (predial, comercial ou outro) de outro Estado-Membro onde se situe um estabelecimento ou bem imóvel do devedor, se a lei deste Estado-Membro assim o exigir (art. 29.º, n.º 1, do Regulamento).

§6. Processo secundário de insolvência

1. Pressupostos de abertura

Segundo o art. 37.º, n.º 1, do Regulamento, podem requerer a abertura de um processo secundário de insolvência[1673]:

- o administrador da insolvência do processo principal de insolvência;
- qualquer outra pessoa ou entidade habilitada para o efeito pela lei do Estado-Membro em cujo território seja requerida a abertura do processo secundário de insolvência.

O pedido de abertura do processo secundário de insolvência deve ser apresentado no prazo de 30 dias após a receção do aviso de aprovação de

[1672] O administrador da insolvência (ou o devedor não desapossado) podem requerer que esse registo seja feito em qualquer outro Estado-membro, se a lei do Estado-Membro onde o registo é mantido o permitir (art. 29.º, n.º 2, do Regulamento).

[1673] Segundo o Considerando 40 do Regulamento, "pode acontecer que a massa insolvente do devedor seja demasiado complexa para ser administrada como uma unidade, ou que as diferenças entre os sistemas jurídicos sejam tão substanciais que possam surgir dificuldades decorrentes da extensão dos efeitos produzidos pela lei do Estado de abertura do processo a outros Estados-Membros em que se encontrem situados os bens. Por esse motivo, o administrador da insolvência do processo principal de insolvência pode pedir a abertura de um processo secundário de insolvência caso a administração eficaz da massa insolvente assim o exija".

uma garantia que se torne vinculativa nos termos do art. 36.º (art. 37.º, n.º 2, do Regulamento).

O órgão jurisdicional onde é apresentado o requerimento de abertura de um processo secundário de insolvência deve notificar de imediato o administrador da insolvência (ou o devedor não desapossado) do processo principal de insolvência dando-lhe oportunidade para ser ouvido (art. 38.º, n.º 1, do Regulamento). Tenha-se, porém, em consideração que, se o processo principal de insolvência tiver exigido que o devedor esteja insolvente, o Estado-Membro onde é aberto o processo secundário de insolvência não poderá reexaminar a insolvência (art. 34.º do Regulamento).

O órgão jurisdicional onde é requerida a abertura de processo secundário de insolvência pode recusar a sua abertura[1674], a pedido do administrador da insolvência do processo principal de insolvência se este tiver dado uma garantia nos termos do art. 36.º e aquele considerar que a garantia protege adequadamente os interesses coletivos dos credores locais[1675] (art. 38.º, n.º 2, do Regulamento)[1676].

O órgão jurisdicional onde é apresentado o requerimento de abertura de um processo secundário de insolvência pode, a pedido do administrador da insolvência (ou do devedor não desapossado), suspender[1677], por um período máximo de três meses, a abertura do processo de insolvência secundário, se tiver sido ordenada uma suspensão temporária da ação executiva individual com vista a permitir as negociações entre o devedor e os seus credores e se tiverem sido tomadas as medidas adequadas para proteger os interesses dos credores locais (art. 38.º, n.º 3, do Regulamento).

Por último, a pedido do administrador da insolvência do processo principal de insolvência, o órgão jurisdicional onde é requerida a abertura de

[1674] Porque os os processos secundários de insolvência podem comprometer a administração eficaz da massa insolvente (Considerando 41 do Regulamento).

[1675] Ao ponderar esses interesses, o órgão jurisdicional deverá ter em consideração a aprovação da garantia por uma maioria qualificada dos credores locais (Considerando 42 do Regulamento).

[1676] Sobre os "synthetic secondary proceedings", veja-se MARTINS, Alexandre de Soveral, *O Regulamento (UE) 2015/848 Relativo aos Processos de Insolvência, in:* "Estudos de Direito da Insolvência", 2ª edição, Almedina, Coimbra, 2018, pp. 65 e ss.

[1677] Também para garantir que os processos secundários de insolvência não comprometem a administração eficaz da massa insolvente (Considerando 41 do Regulamento).

um processo secundário de insolvência pode abrir um tipo de processo de insolvência enumerado no anexo A diferente do inicialmente solicitado, nos termos do art. 38.º, n.º 4, do Regulamento.

2. Processo principal *versus* processo territorial (ou secundário)

Como vimos, o processo territorial é limitado aos bens do devedor que se encontrem neste último território (art. 3.º, n.º 2, do Regulamento): se o processo territorial for aberto na pendência de processo principal, será necessariamente um processo secundário (art. 3.º, n.º 3, do Regulamento); quando o processo principal de insolvência é aberto depois do processo territorial de insolvência, este passsa a ser um processo secundário de insolvência (art. 3.º, n.º 4, do Regulamento).

O processo territorial poderá ser aberto antes do processo principal se, em alternativa estiverem reunidos os seguintes pressupostos (art. 3.º, n.º 4, do Regulamento):

- não for possível abrir um processo de insolvência ao abrigo do n.º 1 em virtude das condições estabelecidas na lei do Estado-Membro em cujo território se situa o centro dos interesses principais do devedor (al. a)); ou
- a abertura do processo territorial de insolvência for requerida por (al. b)):um credor cujo crédito decorra da exploração, ou esteja relacionado com a exploração, de um estabelecimento situado no território do Estado-Membro em que é requerida a abertura do processo territorial (i), uma autoridade pública que, nos termos da lei do Estado-Membro em cujo território o estabelecimento está situado, tenha o direito de requerer a abertura de um processo de insolvência (ii)[1678].

O processo principal de insolvência tem alcance universal e visa abarcar todo o património do devedor. Por isso, "para proteger a diversidade dos interesses", o Regulamento permite que os processos secundários de insolvência eventualmente instaurados corram paralelamente ao processo principal de

[1678] Considerando que a simples sede estatutária não é só por si um estabelecimento, veja-se Martins, Alexandre de Soveral, *O Regulamento (UE) 2015/848 Relativo aos Processos de Insolvência, in:* "Estudos de Direito da Insolvência", 2ª edição, Almedina, Coimbra, 2018, p. 71.

insolvência. Todavia, tenha-se em conta que os efeitos dos processos secundários de insolvência se limitam aos ativos situados no território desse Estado (art. 3.º, n.º 2, do Regulamento) e "a necessidade de manter a unidade dentro da União é garantida por normas imperativas de coordenação com o processo principal de insolvência" (Considerando 23 do Regulamento).

Por último, no Direito português, o processo particular (segundo o Regulamento, processo territorial) aberto em território protuguês abrange apenas os seus bens situados em território português (art. 294.º, n.º 1, do CIRE). Este processo particular pode ser aberto também nos casos em que o devedor não tenha estabelecimento em Portugal, desde que os tribunais portugueses sejam competentes à luz dos requsisitos impostos pela alínea c) do n.º 1 do artigo 62.º do CPCivil (art. 294.º, n.º 2, do CIRE). Esta extensão de competência dos tribunais portugueses para os processos territoriais de insolvência valerá apenas para as hipóteses em que ao processo de insolvência internacional não se aplique o Regulamento[1679]. Tal solução é sustentada, desde logo, no disposto no art. 275.º, do CIRE, segundo o qual: "Os processos regulados neste Código a que se aplica o Regulamento (UE) n.º 2015/848 do Parlamento Europeu e do Conselho, de 20 de maio de 2015, regem-se pela disciplina vertida naquele instrumento e, em tudo quanto a não contrarie, pelo presente diploma" (n.º 1); "as disposições do presente título são aplicáveis apenas na medida em que não contrariem o estabelecido no Regulamento referido no número anterior ou noutras normas de Direito da União Europeia ou em tratados e convenções internacionais" (n.º 2).

O administrador da insolvência do processo secundário de insolvência pode reclamar nos outros processos créditos já reclamados no processo secundário para o qual foi nomeado (art. 45.º, n.º 2, do Regulamento), e pode participar, na mesma qualidade que qualquer credor, noutro processo (designadamente, participando numa assembleia de credores) (art. 45.º, n.º 3, do Regulamento). Para além do mais, o administrador da insolvência do processo secundário de insolvência deve transferir de imediato, para o

[1679] Assim, MARTINS, Alexandre de Soveral, *Um Curso de Direito da Insolvência*, 2ª edição revista e atualizada, Almedina, Coimbra, 2016, pp. 98 e 99. E, também, embora à luz do Regulamento de 2000, mas com pertinência para o caso, FERNANDES, Luís A. Carvalho/LABAREDA, João, *Código da Insolvência e da Recuperação de Empresas Anotado*, 3ª edição, Quid Juris Editora, Lisboa, 2015, p. 967, nota 7. Na jurisprudência, vide o Ac. Rel. Év., de 23-02-2016 (MANUEL BARGADO).

administrador da insolvência do processo principal de insolvência, o ativo remanescente (se a liquidação dos ativos permitir o pagamento de todos os créditos verificados) (art. 49.º do Regulamento).

O administrador da insolvência do processo principal de insolvência tem os seguintes poderes no processo secundário de insolvência[1680]:

- poder de, para evitar a abertura do processo secundário de insolvência, dar uma garantia unilateral, designada de «a garantia» (de que, ao distribuir os bens ou as receitas advenientes da sua liquidação, respeitará os direitos de distribuição e os privilégios creditórios consignados na lei nacional que assistiriam aos credores se o processo secundário de insolvência fosse aberto nesse Estado-Membro) (art. 36.º, n.º 1, do Regulamento);
- poder de requerer a abertura de um tipo de processo de insolvência enumerado no anexo A distinto do processo incialmente requerido ou de, mais tarde, pedir a sua convolação neste tipo de processo (respetivamente arts. 38.º, n.º 4, e 51.º, do Regulamento);
- poder de impugnar a decisão de abertura de um processo secundário de insolvência, junto dos órgãos jurisdicionais do Estado-Membro em que tenha sido aberto o processo secundário de insolvência, com fundamento no incumprimento das condições previstas no art. 38.º (art. 39.º);
- poder de reclamar créditos já reclamados no processo principal, de participar na qualidade de qualquer credor, designadamente, tomando parte numa assembleia de credores do processo secundário (art. 45.º, n.ºs 2 e 3);
- poder de requerer a suspensão da liquidação dos bens no processo secundário, pelo período de três meses, prorrogável ou renovável por períodos da mesma duração, nos termos do art. 46.º do Regulamento;
- poder de propor planos de recuperação, nos termos previstos na lei do Estado-Membro onde foi aberto o processo secundário de insolvência (art. 47.º do Regulamento).

[1680] Reveladoras de uma predominância (assumida, expressamente, no Considerando 48 do Regulamento) do processo principal de insolvência face ao processo secundário de insolvência.

Todavia, na hipótese de o processo territorial de insolvência ter sido aberto antes do processo principal de insolvência, o regime descrito tem algumas particularidades, uma vez que, por força do art. 50.º, é ao processo aberto em primeiro lugar (ou seja, ao processo territorial, que depois se transforma em processo secundário), que se aplicam os arts. 41.º, 45.º, 46.º, 47.º e 49.º do Regulamento[1681], na medida do possível. Assim:

- é o administrador da insolvência do processo principal que deve dar ao administrador da insolvência do processo secundário a possibilidade de apresentar, em tempo útil, propostas relativas à liquidação ou utilização dos bens no processo principal de insolvência (art. 41.º, n.º 2, al. c), do Regulamento);
- é o administrador da insolvência no processo secundário que poderá requerer a suspensão total ou parcial das operações de liquidação dos bens no processo principal de insolvência (art. 46.º do Regulamento);
- é o administrador da insolvência do processo secundário que poderá pedir que seja posto termo ao processo principal sem liquidação, através de um plano de recuperação, de uma concordata ou de medida análoga (art. 47.º do Regulamento);
- se a liquidação dos ativos no processo principal permitir o pagamento de todos os créditos verificados nesse processo, é ao administrador da insolvência nesse processo que cabe transferir, para o processo secundário de insolvência, o ativo remanescente (art. 49.º do Regulamento).

3. Deveres de cooperação e comunicação em processos abertos contra o mesmo devedor

A possibilidade prevista no Regulamento de abertura de diferentes processos de insolvência contra o mesmo devedor obriga, necessariamente, a uma cooperação adequada entre todos os atores em causa, em todos os processos paralelos, nomeadamente, um suficiente intercâmbio de informações. "No âmbito da sua cooperação, os administradores da insolvência e os órgãos jurisdicionais deverão ter em conta as boas práticas de cooperação em casos

[1681] Na hipótese inversa (o processo principal de insolvência é aberto antes do processo territorial de insolvência), é ao processo principal de insolvência que se aplicam os preceitos referidos.

de insolvência transfronteiriça, resultantes dos princípios e orientações em matéria de comunicação e cooperação adotados por organizações europeias e internacionais que atuem no domínio da lei em matéria de insolvência, em especial as orientações relevantes da Comissão das Nações Unidas para o Direito Comercial Internacional (CNUDCI) (Considerando 48 do Regulamento). Esta cooperação desdobra-se em vários níveis[1682].

Desde logo, há um dever de cooperação e comunicação entre o administrador da insolvência do processo principal e o(s) administrador(es) da insolvência do(s) processo secundário(s), que pode ser concretizado por qualquer forma, designadamente protocolos, acordos e que se desenvolve em três eixos fundamentais – troca de informações sobre reclamação e verificação de créditos, revitalização do devedor e liquidação ou utilização dos bens e negócios do devedor (art. 41.º do Regulamento).

Depois, há também um dever de cooperação e comunicação entre órgãos jurisdicionais, na medida em que essa cooperação não seja incompatível com as regras aplicáveis em cada um dos processos, desde que sejam salvaguardados os direitos processuais das partes e seja respeitada a confidencialidade da informação (art. 42.º, n.ºs 1 e 2, do Regulamento). A cooperação (direta, entre os juízes, ou através de pessoa ou entidade independente, designada pelo Tribunal) pode dizer respeito, nomeadamente, a algumas das seguintes matérias: coordenação para a nomeação dos administradores da insolvência[1683]; comunicação de informações; coordenação da administração e fiscalização dos bens e negócios do devedor; coordenação da realização de audiências;

[1682] Em qualquer um deles, segundo o Considerando 49 do Regulamento, "esses acordos e protocolos podem assumir diferentes formas, a saber, escrita ou oral, e diferentes âmbitos de aplicação, desde um genérico a um mais específico, e podem ser celebrados por diversas partes. Os acordos genéricos simples podem salientar a necessidade de uma estreita cooperação entre as partes, sem abordarem aspetos específicos, ao passo que os acordos mais pormenorizados e específicos podem estabelecer um quadro de princípios para reger os processos de insolvência múltiplos e podem ser aprovados pelos órgãos jurisdicionais em causa, se a lei nacional o exigir. Podem refletir um acordo entre as partes para tomar ou abster-se de tomar determinadas medidas ou de praticar certas ações".

[1683] Designadamente, através da nomeação de "um administrador da insolvência único para vários processos de insolvência relativos ao mesmo devedor ou para diferentes membros de um grupo de sociedades, desde que tal seja compatível com as normas aplicáveis em cada um dos processos, em especial com os eventuais requisitos relativos à qualificação e habilitação do administrador da insolvência".

coordenação da aprovação de protocolos, sempre que necessário (art. 42.º, n.º 3, do Regulamento).

Por último, também está consagrado um dever de cooperação e comunicação entre administradores da insolvência e órgãos jurisdicionais (em qualquer das modalidades referidas no art. 42.º, n.º 3), com vista a facilitar a coordenação, que recai não só sobre o administrador da insolvência do processo principal de insolvência como também sobre o administrador da insolvência do processo secundário ou territorial de insolvência (art. 43.º do Regulamento).

4. Reclamação de créditos

Em matéria de reclamação de créditos vigora a regra geral de que qualquer credor, que tenha residência habitual, domicílio ou sede estatutária na União Europeia pode reclamar o respectivo crédito em cada processo pendente na União Europeia (seja no processo principal, seja em qualquer processo secundário) (art. 45.º, n.º 1, e Considerando 63, do Regulamento).

Os credores estrangeiros podem reclamar os seus créditos utilizando o formulário-tipo de reclamação de créditos, a criar nos termos do art. 88.º, intitulado «Reclamação de créditos», em todas as línguas oficiais das insituições da União (art. 55.º, n.º 1, do Regulamento)[1684]. Em alternativa, os credores estrangeiros podem reclamar os seus créditos por qualquer meio admitido pela lei do Estado-Membro do processo, desde que a reclamação contenha toda a informação prevista no art. 55.º, n.º 2 (art. 55.º, n.º 4, do Regulamento).

Os créditos podem ser reclamados em qualquer língua oficial das instituições da União. Porém, o órgão jurisdicional, o administrador da insolvência ou o devedor não desapossado, podem exigir ao credor que apresente uma tradução na língua oficial (ou numa das línguas oficiais) do Estado-Membro de abertura do processo (art. 55.º, n.º 5, do Regulamento), dentro do prazo fixado na lei do Estado-Membro de abertura do processo (o qual, tratando-se de credores estrangeiros, nunca pode ser inferior a 30 dias após a inscrição da decisão de abertura do processo de insolvência no registo de insolvências do Estado de abertura do processo ou após a notificação/informação dos credores nos termos do art. 54.º) (art. 55.º, n.º 6, do Regulamento).

[1684] Disponível no anexo II, o qual pode ser descarregado em qualquer língua oficial em https://ejustice.europa. eu/content_ins olvency-474pt.do?init=true.

Logo que seja aberto um processo de insolvência num Estado-Membro, o respetivo órgão jurisdicional (ou o administrador da insolvência por ele nomeado), informa, sem demora, os credores conhecidos estrangeiros, através do formulário-tipo intitulado «Aviso sobre processos de insolvência»[1685], o qual, para além das referências impostas no art. 54.º, n.º 1, deverá incluir uma cópia do formulário-tipo de reclamação de créditos do anexo II (art. 54.º do Regulamento).

Por último, em Portugal, os credores conhecidos com residência habitual, domicílio ou sede estatutária num Estado-Membro diferente daquele onde foi aberto o processo são citados por carta registada, sem demora, em conformidade com o art. 54.º do Regulamento (art. 37.º, n.º 4, do CIRE).

§7. Processos de insolvência relativos a membros de um grupo de sociedades

Com vista a garantir uma "gestão eficiente dos processos de insolvência respeitantes a diferentes sociedades que façam parte de um grupo"[1686], no capítulo V, o Regulamento prevê dois mecanismos de coordenação de insolvências de sociedades pertencentes a um mesmo grupo: regras de coordenação entre processos de insolvência respeitantes a membros de um grupo de sociedades; possibilidade de instauração de um processo de coordenação de grupo. Para efeitos do Regulamento, entende-se por «Grupo de sociedades»[1687], uma empresa-mãe e todas as suas empresas filiais[1688] (art. 3.º, n.º 13, do Regulamento) e, por «Empresa-mãe», uma empresa que controla, direta ou indiretamente, uma ou mais empresas filiais (uma empresa que elabora demonstrações

[1685] Que consta do Anexo I e pode ser descarregado em https://e-justice.europa.eu/content_insolvency-447-pt.do. Nos processos de insolvência de pessoas singulares que não exerçam uma atividade comercial ou profissional, não é obrigatória a utilização do formulário-tipo, se os credores não forem obrigados a reclamar os seus créditos para que as suas dívidas sejam levadas em conta (art. 54.º, n.º 4, do Regulamento).

[1686] Considerando 51 do Regulamento.

[1687] Sobre este conceito, vide Oliveira, Ana Perestrelo, *O Novo Regime dos Grupos de Sociedades no Regulamento Europeu sobre Insolvência Transfronteiriça: primeira avaliação, in:* "IV Congresso de Direito da Insolvência", Almedina, Coimbra, 2017, p.p. 209 e ss.

[1688] Para Soveral Martins empresa filial "parece ser a «empresa» que é direta ou indiretamee controlada por outra empresa" – Martins, Alexandre de Soveral, *O Regulamento (UE) 2015/848 Relativo aos Processos de Insolvência, in:* "Estudos de Direito da Insolvência", 2ª edição, Almedina, Coimbra, 2018, p. 84.

financeiras consolidadas nos termos da Diretiva 2013/34/UE do Parlamento Europeu e do Conselho é considerada uma empresa-mãe (art. 3.º, n.º 14, do Regulamento)).

A coordenação de processos de insolvência relativos a um grupo de sociedades envolve deveres de comunicação e de cooperação entre administradores da insolvência, entre os órgãos jurisdicionais e entre os administradores da insolvência e os órgãos jurisdicionais. Em qualquer uma destas três hipóteses, os deveres de cooperação e de comunicação pressupõem a abertura de um processo de insolvência de dois ou mais membros de um grupo de sociedades, desde que os processos tenham sido abertos em Estados-Membros diferentes (este caráter transfronteiriço parece resultar do Considerando 62 do Regulamento).

Começando pela primeira hipótese (cooperação e comunicação entre administradores da insolvência), o dever de cooperação e comunicação entre os administradores da insolvência depende do preenchimento de três requisitos cumulativos: a cooperação é adequada a facilitar a gestão eficaz desses processos, não é incompatível com as regras aplicáveis aos mesmos e não implica qualquer conflito de interesses (art. 56.º, n.º 1, do Regulamento). A cooperação pode passar, nomeadamente, pela celebração de acordos ou protocolos.

Com idênticos pressupostos, o órgão jurisidicional que abriu o processo coopera com qualquer outro órgão juridicional ao qual tenha sido requerida a abertura de um processo de insolvência relativo a outro membro do mesmo grupo, ou que até já tenha aberto esse processo. Para o efeito, podem os órgãos jurisdicionais designar uma pessoa ou um organismo independente que atue de acordo com as suas instruções, se tal não for incompatível com as regras que lhes são aplicáveis e em respeito dos direitos processuais das partes e da confidencialidade das informações (art. 57.º, n.ºs 1 e 2, do Regulamento).

Por último, e também com pressupostos semelhantes, o administrador da insolvência no processo de insolvência respeitante a um membro de um grupo de sociedades está, por um lado, obrigado a cooperar e comunicar com qualquer órgão jurisdicional ao qual tenha sido requerida (ou até já tenha procedido à) a abertura de um processo relativo a outro membro do mesmo grupo e, por outro lado, pode solicitar a esse órgão jurisdicional informações sobre os processos relativos ao outro membro do grupo ou assistência no processo para o qual foi nomeado (art. 58.º do Regulamento).

Os poderes do administrador da insolvência nomeado no processo de insolvência de um membro do grupo e que podem ser exercidos nos processos de insolvência dos restantes membros do grupo estão previstos no art. 60.º do Regulamento. Em qualquer um dos processos, na medida do necessário para facilitar a gestão eficaz do processo, pode: ser ouvido; solicitar a suspensão de qualquer medida de liquidação dos bens nos processos abertos relativamente a quaisquer outros membros do grupo, desde que se verifiquem cumulativamente os pressupostos previstos no art. 60.º, n.º 1, al. b), do Regulamento; requerer a abertura de um processo de contraordenação de grupo, nos termos do art. 61.º.

O processo de coordenação é um processo voluntário (como veremos) que pode ser solicitado por um administrador da insolvência nomeado num processo de insolvência de um membro do grupo e é dirigido a qualquer órgão jurisdicional competente para o processo de insolvência de um membro desse grupo (art. 61.º, n.º 1, do Regulamento)[1689]. O pedido é acompanhado dos seguintes elementos (art. 61.º, n.º 3):

- uma proposta relativa à pessoa a designar como coordenador de grupo («coordenador»), elementos pormenorizados de informação sobre a sua elegibilidade nos termos do art. 71.º[1690], as suas habilitações e o seu consentimento escrito para agir como coordenador;
- um resumo da coordenação proposta para o grupo, em especial a justificação do cumprimento das condições previstas no art. 63.º, n.º 1;
- uma lista dos administradores da insolvência nomeados para os membros do grupo e, se necessário, os órgãos jurisdicionais e as autoridades competentes no processo de insolvência dos membros do grupo; e
- um resumo dos custos estimados da coordenação proposta para o grupo e uma estimativa da quota-parte desses custos a pagar por cada membro do grupo.

[1689] Vejam-se, todavia, os arts. 62.º e 66.º sobre a competência do tribunal para o processo de coordenação.

[1690] O coordenador tem que estar habilitado para agir na qualidade de administrador da insolvência segundo a lei de um Estado-Membro e não pode ser um dos administradores da insolvência já nomeados (art. 71.º do Regulamento).

Recebido o pedido, o órgão jurisdicional notifica, sem demora, e por carta registada com aviso de receção, os administradores da insolvência nomeados para os membros do grupo, do pedido de abertura do processo de coordenação de grupo e do coordenador proposto, para que se pronunciem no prazo de 30 dias (arts. 63.º, n.ºs 1 e 3, e 64.º, n.º 2, do Regulamento). Os administradores da insolvência nomeados para quaisquer membros do grupo podem levantar objeções com um dos fundamentos previstos no art. 64.º, n.º 1, do Regulamento, podendo para tal utilizar o formulário tipo estabelecido nos termos do art. 88.º[1691] (art. 64.º, n.º 2, do Regulamento). Se o administrador da insolvência deduzir oposição à inclusão, no processo de coordenação, do processo de insolvência onde foi nomeado, este não será incluído (foi, assim, adotado o modelo do *opt-out*)[1692].

O órgão jurisdicional profere decisão nos termos do art. 68.º do Regulamento. Se entender que estão reunidos os pressupostos previstos no art. 63.º, n.º 1, deve: nomear um coordenador, decidir das linhas gerais de coordenação, da estimativa dos custos e da quota-parte a pagar pelos membros do grupo. Compete ao coordenador, entre outras tarefas, propor um plano de coordenação de grupo que identifique, descreva e recomende um conjunto amplo de medidas apropriadas para uma abordagem integrada que vise a resolução das insolvências dos membros do grupo (art. 72.º, n.º 1, do Regulamento)[1693]. Por estatuição expressa do art. 72.º, n.º 3, o plano não pode incluir recomendações quanto à consolidação de processos ou de massas insolventes[1694].

[1691] O formulário consta do Anexo III e pode ser descarregado em https://e-justice.europa.eu/content_insolvency-447-pt.do.

[1692] Ver Considerando 56 do Regulamento.

[1693] As recomendações e o plano não são obrigatórios para os administradores da insolvência dos membros do grupo (art. 70.º, n.º 2). A este propósito, cfr. Martins, Alexandre de Soveral, *O Regulamento (UE) 2015/848 Relativo aos Processos de Insolvência, in:* "Estudos de Direito da Insolvência", 2ª edição, Almedina, Coimbra, 2018, p. 99.

[1694] Sobre o afastamento expresso da consolidação substantiva no Regulamento, isto é, a proibição de "tratar os ativos e responsabilidade dos grupos como se de uma empresa se tratasse, seja para efeitos de liquidação, seja para efeitos de recuperação, o que seria interessante no caso de confusão de esferas jurídicas", veja-se Oliveira, Ana Perestrelo, *O Novo Regime dos Grupos de Sociedades no Regulamento Europeu sobre Insolvência Transfronteiriça: primeira avaliação, in:* "IV Congresso de Direito da Insolvência", Almedina, Coimbra, 2017, p. 207.

Capítulo III O Direito Internacional Privado

O título XV é absolutamente inovador ao prever "um conjunto de regras de direito internacional privado, destinadas a dirimir conflitos de leis no que respeita a matérias conexas com a insolvência" (ponto 48 do Preâmbulo).

De acordo com o art. 275º, n.º 2, as disposições do título XV só serão aplicáveis desde que não contrariem o estabelecido no Regulamento (UE) nº 2015/848 do Parlamento Europeu e do Conselho, de 20 de maio de 2015, e noutras normas de Direito da União Europeia ou contidas em tratados e convenções internacionais[1695].

Nesta matéria, vale o princípio geral de que, na falta de disposição em contrário, o processo de insolvência, bem como os seus efeitos, se regem pelo direito do Estado onde o processo haja sido intentado – princípio da *lex fori concursus* (art. 276º). Porém, certas matérias têm uma disciplina especial. Entre outras, e desde logo, as relações laborais regem-se pela lei aplicável ao contrato de trabalho (art. 277º). Depois, os efeitos da declaração de insolvência sobre os direitos do devedor sobre imóveis e outros bens sujeitos a registo regem-se pela lei do Estado sob cuja autoridade o registo é mantido (art. 278º). Em terceiro lugar, os efeitos da declaração de insolvência sobre os contratos que atribuem o direito de adquirir direitos reais sobre bem imóvel, ou o direito de os usar, regem-se pelo disposto no art. 279º. Tratando-se de regular os efeitos da declaração de insolvência sobre os direitos reais de credores ou de terceiros sobre bens ou direitos do devedor, ou respeitantes aos direitos do vendedor que alienou o bem sob reserva de propriedade, é aplicável o art. 280º. Para além de que o direito do credor da insolvência à compensação não é afetado se a lei aplicável ao contra-crédito do devedor a permitir (art. 286º). Por último, e sem esgotar o elenco legal e caso especiais, a resolução em benefício da massa insolvente é limitada pelo disposto no art. 287º.

[1695] Esta disposição tem sido considerada inútil pela doutrina, em virtude dos princípios constitucionais (art. 8º da CRP), e das regras gerais da hierarquia das fontes – assim, LEITÃO, Luís M. T. de Menezes, *Direito da Insolvência*, 8ª edição, Almedina, Coimbra, 2018, p. 396; FERNANDES, Luís A. Carvalho/LABAREDA, João, *Código da Insolvência e da Recuperação de Empresas Anotado*, 3ª edição, Quid Juris Editora, Lisboa, 2015, pp. 933-934, nota 4.

BIBLIOGRAFIA

AA.VV., PLMJ Sociedade de Advogados, *Código da Insolvência e da Recuperação de Empresas Anotado*, Coimbra Editora, Coimbra, 2012.

Abrantes, José João, *O Fundo de Garantia Salarial nos Processos de Insolvência e de Revitalização, in:* "III Congresso de Direito da Insolvência", Almedina, Coimbra, 2015, pp. 409-412.

Abreu, J. M. Coutinho, *Curso de Direito Comercial*, vol. I, 6ª edição (2006), 7ª edição (2009), 11ª edição (2018), Almedina, Coimbra.

Abreu, J. M. Coutinho, *Da Empresarialidade – As Empresas no Direito*, Almedina, Coimbra, 1996.

Abreu, J.M. Coutinho, *Direito das Sociedades e Direito da Insolvência: Interações, in:* "IV Congresso de Direito da Insolvência", Almedina, Coimbra, 2017, pp. 181-192.

Abreu, J. M. Coutinho, *Providências de Recuperação de Empresas e Falência (Apontamentos de Direito Português), in:* "Boletim da Faculdade de Direito", vol. LXXIV, pp. 107-129.

Alberti, Alberto Maffei, *Commentario Breve Alla Legge Fallimentare*, Cedam, Padova, 1991.

Albuquerque, Martim, *Novos Créditos, in:* "Estudos de Direito Comercial" (vol. I – Das Falências), Almedina, Coimbra, 1989, pp. 87-103.

Albuquerque, Paulo Pinto, *Comentário do Código Penal à Luz da Constituição da República Portuguesa e da Convenção Europeia dos Direitos do Homem*, UCE, Lisboa, 2010.

Albuquerque, Pedro, *Declaração de Situação de Insolvência, in:* "O Direito", 137, III, 2005, pp. 507-525.

Alcover Garau, Guillermo, *Introducción al Régimen Jurídico de la Calificación Concursal, in:* "Derecho Concursal", dir. R. Garcia Villaverde/A. Alonso Ureba/J. Pulgar Ezquerra, Dilex, Madrid, 2003, pp. 487-503.

Alexandre, Isabel, *Efeitos Processuais da Abertura do Processo de Revitalização, in:* "II Congresso de Direito da Insolvência", Almedina, Coimbra, 2014, pp. 235-254.

Almeida, António Pereira, *Direito Comercial* (Lições Policopiadas), AAFDL, Lisboa, 1976/77.

Almeida, Carlos Ferreira, *O Âmbito de Aplicação dos Processos de Recuperação da Empresa e de Falência: Pressupostos Objectivos e Subjectivos, in:* "Revista da Faculdade de Direito da Universidade de Lisboa", vol. XXXVI, 1995, pp. 383-400.

ANDRADE, José Robin, *Reestruturação Financeira e Gestão Controlada como Providências de Recuperação, in*: "Revista da Banca", nº 27, 1993, pp. 77-92.

ANDRADE, Manuel A. D., *Teoria Geral da Relação Jurídica*, vol. II, 1ª edição, 4ª reimpressão, Coimbra, 1974.

ANDRIANESIS, Anastasios P., *The Opening of Multijurisdictional Insolvencies Through the Prism of the Recast Regulation 848/2015, in:* "European Company Law Journal", 14, n.º 1, 2017, pp. 6-14.

ANTUNES, J. Engrácia, *Direito da Contabilidade – uma introdução*, Almedina, Coimbra, 2018.

ANTUNES, José Engrácia, *Direito das Sociedades*, 8ª edição, ed. Autor, Porto, 2018.

ANTUNES, José Engrácia, *Direito dos Contratos Comerciais*, reimpressão, Almedina, Coimbra, 2017.

ANTUNES, José Engrácia, *Liability of Corporate Groups*, Kluwer, Deventer/Boston, 1994.

ANTUNES, José Engrácia, *O Âmbito Subjetivo do Incidente de Qualificação da Insolvência, in:* "Revista de Direito da Insolvência", n.º 1, Almedina, Coimbra, 2017, pp. 77-105.

ANTUNES, José Engrácia, *Os Derivados, in*: "Cadernos do Mercado de Valores Mobiliários", nº 30, ano 2008, pp. 91-136.

ANTUNES, José Engrácia, *Os Grupos de Sociedades - estrutura e organização ourídica da empresa plurissocietária*, 2ª edição, Almedina, Coimbra, 2002.

ARAÚJO, Nuno Marcelo, *A equidade na nomeação do administrador judicial*, APAJ, Coimbra, 2015.

AREIAS, Maria João, *Insolvência de Pessoa Casada num dos Regimes de Comunhão – sua articulação com o regime da responsabilidade por dívidas dos cônjuges, in:* "Revista de Direito da Insolvência", n.º 1, Almedina, Coimbra, 2017, pp. 106-122.

ASCENSÃO, José de Oliveira, *Direito Civil – Teoria Geral*, vol. I, Coimbra Editora, Coimbra, 1997.

ASCENSÃO, José de Oliveira, *Direito Comercial*, vol. I (Parte Geral), Lisboa, 1986/87.

ASCENSÃO, José de Oliveira, *Direito Comercial*, vol. IV, Lisboa, 2000.

ASCENSÃO, José de Oliveira, *Direitos Reais*, Lisboa, 1962.

ASCENSÃO, José de Oliveira, *Efeitos da Falência sobre a Pessoa e Negócios do Falido, in:* "Revista da Ordem dos Advogados", Ano 55, dez. 1995, pp. 641-688.

ASCENSÃO, José de Oliveira, *Insolvência: Efeitos sobre os Negócios em Curso, in:* "Direito e Justiça", vol. XIX, tomo II, 2005, pp. 233-261.

BAPTISTA, José João, *Processo Civil I – Competência Internacional dos Tribunais Portugueses de Acordo com as Convenções de Bruxelas e de Lugano*, SPB Editores, 1999.

BERTACCHINI, Elisabetta/GUALANDI, Laura/PACCHI, Stefania/PACCHI, Gaetano/SCARSELLI, Giuliano, *Manuale di Diritto Fallimentare*, Giuffrè, Milano, 2007.

BOULAROT, Ana Paula, *Apontamentos Sobre o Processo Especial de Recuperação, in:* "Revista do CEJ", II, 2016, pp. 33-46.

BOULAROT, Ana Paula, *Processo de Insolvência e Ações Conexas – resenha jurisprudencial 2016, in:* "Revista de Direito da Insolvência", n. º 1, Almedina, Coimbra, 2017, pp. 223--243.

BOULAROT, Ana Paula, *Processo de Insolvência e Ações Conexas – resenha jurisprudencial do STJ 2017, in:* "Revista de Direito da Insolvência", n. º 2, Almedina, Coimbra, 2018, pp. 169-216.

Branco, José Manuel, *Dos Suspeitos do Costume aos Culpados Improváveis (algumas considerações sobre os intervenientes no âmbito do incidente de qualificação da insolvência), in:* "Revista de Direito da Insolvência", n.º 2, Almedina, Coimbra, 2018, pp. 39-59.

Branco, José Manuel, *Plano de Pagamentos: o instituto perdido, in*: "Revista de Direito da Insolvência", n.º 0, Almedina, Coimbra, 2016, pp. 231-241.

Branco, José Manuel, *Qualificação da Insolvência (evolução da figura), in*: "Revista de Direito da Insolvência", n.º 0, Almedina, Coimbra, 2016, pp. 13-43.

Branco, José Manuel, *Responsabilidade Patrimonial e Insolvência Culposa – da falência punitiva à insolvência reconstitutiva*, Almedina, Coimbra, 2015.

Branco, José Manuel, *Uma Abordagem Estatística ao Fenómeno da Insolvência: evolução e tendências. Quem a pede e que respostas recebe do sistema judicial, in:* "Revista de Direito da Insolvência", n. º 1, Almedina, Coimbra, 2017, pp. 245-267.

Brito, Maria Helena, *Falências Internacionais. Algumas Considerações a Propósito do Código da Insolvência e da Recuperação de Empresas, in:* "Themis – Revista da Faculdade de Direito da UNL, Edição Especial – *Novo Direito da Insolvência*", 2005, pp. 183-200.

Caeiro, Pedro, *Sobre a Natureza dos Crimes Falenciais*, Coimbra Editora, Coimbra, 1996.

Campos, António, *Linhas Gerais do Processo de Recuperação da Empresa, in*: "Revista da Banca", nº 27, 1993, pp. 107-123.

Campos, António, *Sistema Bancário e a Recuperação de Empresas, in:* "Revista da Banca", nº 13, 1990, pp. 57-75.

Candelario, Maria Isabel/Rodriguez, Luisa E., *Apuntes sobre el Nuevo Código de la Insolvencia y de la Recuperación de Empresas de Portugal, in:* "Revista de Derecho Concursal y Paraconcursal", La Ley, 2/2005, pp. 395-435.

Canotilho, J. J. Gomes, *Direito Constitucional*, 5ª edição, Almedina, Coimbra, 2002.

Canotilho, J. J. Gomes/Moreira, Vital, *Constituição da República Portuguesa Anotada*, 3ª edição revista, Coimbra Editora, Coimbra, 1993.

Cardoso, Eurico Lopes, *Manual da Acção Executiva*, 3ª edição, reimpressão, Almedina, Coimbra, 1992.

Carvalho, Jorge Morais/Jerónimo, Maria, *As Garantais dos Novos Financiamentos, in:* "IV Congresso de Direito da Insolvência", Almedina, Coimbra, 2017, pp. 269-291.

Casanova, Nuno Salazar, *O RERE – Regime Extrajudicial de Recuperação de Empresas, in:* "Actas das Jornadas de Reestruturações e Insolvências da URÍA Menéndez Proença de Carvalho" (em curso de publicação).

Casanova, Nuno Salazar/Dinis, David Sequeira, *PER – O Processo Especial de Revitalização – Comentários aos artigos 17º-A a 17º-I do Código da Insolvência e da Recuperação de Empresas*, Coimbra Editora, Coimbra, 2014.

Casanova, Salazar, *Abordagem Judiciária dos Aspectos mais Relevantes da Marcha Processual do Novo Código da Insolvência e da Recuperação de Empresas, in:* http://www.asjp.pt/estudos/salazarcasanova_insolvência 2004.pdf.

Castro, Carlos Albero Farracha, *A Crise da Empresa. Um Diálogo entre Brasil e Portugal, in:* "Revista de Direito da Insolvência", n.º 1, Almedina, Coimbra, 2017, pp. 124-144.

Castro, Carlos Osório, *Preâmbulo não Publicado do Decreto-Lei que Aprovou o Código, in:* "Código da Insolvência e da Recuperação de Empresas", Ministério da Justiça, Coimbra Editora, Coimbra, 2004, pp. 197-261.

CASTRO, Gonçalo Andrade e, *Efeitos da Declaração de Insolvência sobre os Créditos, in:* "Direito e Justiça", vol. XIX, tomo II, 2005, pp. 263-290.

COELHO, Eduardo de Melo Lucas, *A Formação das Deliberações Sociais – assembleia geral das sociedades anónimas*, Coimbra Editora, Coimbra, 1994.

COELHO, F. M. Pereira, *Breves Notas ao "Regime do Arrendamento Urbano", in:* "Revista de Legislação e de Jurisprudência", 125, 1992-93, pp. 257 e ss.

CORDEIRO, António Menezes, *Da Natureza do Direito do Locatário, in:* "Revista da Ordem dos Advogados", Ano 40, 1980, pp. 61-136 e 349-415.

CORDEIRO, António Menezes, *Direito das Obrigações*, vol. 3, AAFDL, Lisboa, 1991.

CORDEIRO, António Menezes, *Introdução ao Direito da Insolvência, in:* "O Direito", 137, III, 2005, pp. 465-506.

CORDEIRO, António Menezes, *Litigância de Má Fé, Abuso do Direito de Acção e* Culpa in Agendo, Almedina, Coimbra, 2006.

CORDEIRO, António Menezes, *Manual de Direito Bancário*, Almedina, Coimbra, 1998.

CORDEIRO, António Menezes, *Manual de Direito Comercial*, 2ª edição, revista, atualizada e aumentada, Almedina, Coimbra, 2007.

CORREIA, António Ferrer, *Lições de Direito* Comercial, vol. I (com a colaboração de Manuel Henrique Mesquita e António A. Caeiro, 1973), vol. II (com a colaboração de Vasco Lobo Xavier, Manuel Henrique Mesquita, José Manuel Sampaio Cabral e António A. Caeiro, 1968), Coimbra.

CORREIA, Luís Brito, *Direito Comercial*, vol. I (1987), vol. II (Sociedades Comerciais, 1993), AAFDL, Lisboa.

CORREIA, Miguel J. A. Pupo, *Direito Comercial*, 4ª edição, revista e aumentada, Lisboa, 1996.

COSTA, M. J. Almeida, *Direito das Obrigações*, 5ª edição (1991), 8ª edição, revista e atualizada (2000), 12ª edição (2009), Almedina, Coimbra.

COSTA, Maria Olímpia, *O Dever de Apresentação à Insolvência*, Almedina, Coimbra, 2016.

COSTA, Ricardo, *O Sócio Gestor – a administração da sociedade PME e o sócio gestor. Sócios como administradores de facto das suas sociedadaes*, Almedina, Coimbra, 2018.

COSTA, Ricardo, *Os Administradores de Facto das Sociedades Comerciais*, Almedina, Coimbra, 2014.

COSTA, Salvador da, *O Concurso de Credores no Processo de Insolvência, in:* "Revista do CEJ", IV, 1º semestre 2006, pp. 91-111.

COSTA, Salvador da, *O Concurso de Credores*, Almedina, Coimbra, 1998.

COSTA, Teresa Nogueira, *A Responsabilidade pelo Pedido Infundado ou Apresentação Indevida ao Processo de Insolvência Prevista no Artigo 22.º do CIRE, in:* "Estudos de Direito da Insolvência", coord. Maria do Rosário Epifânio, Almedina, 2015, pp. 7-50.

COSTEIRA, Maria José, *Novo Direito da Insolvência, in:* "Themis – Revista da Faculdade de Direito da UNL, Edição Especial – *Novo Direito da Insolvência*", pp. 25-42.

COSTEIRA, Maria José, *O Código da Insolvência e da Recuperação de Empresas Revisitado, in:* "Instituto de Direito das Empresas e do Trabalho – Miscelâneas", n.º 6, 2010, pp. 49--94.

COSTEIRA, Maria José, *Questões Práticas no Domínio das Assembleias de Credores, in:* "II Congresso de Direito da Insolvência", Almedina, Coimbra, 2014, pp. 101-114.

COSTEIRA, Maria José, *Verificação e Graduação de Créditos, in:* "Código da Insolvência e da Recuperação de Empresas", Ministério da Justiça, Coimbra Editora, Coimbra, 2004, pp. 69-78.

COSTEIRA, Maria José/SILVA, Fátima Reis, *Classificação, Verificação e Graduação de Créditos no CIRE – em especial os créditos laborais, in:* "Prontuário de Direito do Trabalho", n°s 76, 77 e 78, Centro de Estudos Judiciários, Coimbra Editora, Coimbra, 2007, pp. 359--371.

CRISTAS, Assunção, *Exoneração do Devedor pelo Passivo Restante, in:* "Themis – Revista da Faculdade de Direito da UNL, Edição Especial – *Novo Direito da Insolvência*", 2005, pp. 165-182.

CUENA CASAS, Matilde, *Crédito Responsable, "Fresh Start" y Dácion en Pagamento. Reflexiones sobre Algunas Propuestas Legislativas, in:* "El Notariado del Siglo XXI", mayo-junio 2012, pp. 38-43.

CUNHA, Carolina, *Aval e Insolvência*, Almedina, Coimbra, 2017.

CUNHA, Paulo Olavo, *A Recuperação de Sociedades no Contexto do PER e da Insolvência: Âmbito e Especificidades Resultantes da Situação de Crise da Empresa, in*: "Revista de Direito da Insolvência", n.º 0, Almedina, Coimbra, 2016, pp. 99-119.

CUNHA, Paulo Olavo, *Direito das Sociedades Comerciais*, 6ª edição, Almedina, Coimbra, 2016.

CUNHA, Paulo Olavo, *Os Deveres dos Gestores e dos Sócios no Contexto da Revitalização, in:* "II Congresso de Direito da Insolvência", Almedina, Coimbra, 2014, pp. 207--234.

CUNHA, Paulo Olavo, *Os Empréstimos Intragrupo no Contexto da Insolvência: em especial o* cash pooling, *in:* "III Congresso de Direito da Insolvência", Almedina, Coimbra, 2015, pp. 345-360.

CUNHA, Paulo Olavo, *Providências Específicas do Plano de Recuperação de Sociedade, in*: "I Congresso de Direito da Insolvência", Almedina, 2014, pp. 107-139.

CUNHA, Paulo Olavo, *Reestruturação de Sociedades e Direitos dos Sócios, in:* "IV Congresso de Direito da Insolvência", Almedina, Coimbra, 2017, pp. 341-359.

DIAS, Sara Luís, *A Afetação do Crédito Tributário no Plano de Recuperação da Empresa Insolvente e no Plano Especial de Revitalização, in*: "Revista de Direito da Insolvência", n.º 0, Almedina, Coimbra, 2016, pp. 243-266.

DINIS, Ana Cristina/LOPES, Cidália Maria, *A Fiscalidade das Sociedades Insolventes – uma primeira abordagem*, Almedina, Coimbra, 2015.

DINIS, David Sequeira, *Conversão de Créditos em Capital - Primeiras considerações, in:* "Actas das Jornadas de Reestruturações e Insolvências da URÍA Menéndez Proença de Carvalho" (em curso de publicação).

DINIS, David Sequeira/ ROSA, Luís Bértolo, *A Isenção de Imposto Municipal sobre as Transmissões Onerosas de Imóveis nas Vendas e Permutas em Processo de Insolvência, in:* "Revista da Ordem dos Advogados", ano 75, vol. I/II, jan-jun (2015), pp. 459-482.

DINIS, David Sequeira/ROSA, Luís, Bértolo, *A Proteção dos Credores Garantidos e o Regime do Artigo 164º, nº 2, do CIRE, in:* "Revista de Direito da Insolvência", n.º 2, Almedina, Coimbra, 2018, pp. 9- 38.

DINIS, David Sequeira/SACOTO, Constança Borges, *Créditos Pré e Pós PER, in:* "Revista de Direito da Insolvência", n.º 1, Almedina, Coimbra, 2017, pp. 60-76.

DOMINGOS, Maria Adelaide, *Efeitos Processuais da Declaração de Insolvência sobre as Acções Laborais Pendentes, in:* "Memórias do IX e X Congressos Nacionais de Direito do Trabalho", Almedina, Coimbra, 2007, pp. 261-289.

DOMINGUES, Paulo de Tarso, *Variações Sobre o Capital Social,* Almedina, Coimbra, 2009.

DRAY, Guilherme Machado/SILVA, Luís Gonçalves/MARTINEZ, Pedro Romano/VASCONCELOS, Joana/MONTEIRO, Luís Miguel/BRITO, Pedro Madeira, *Código do Trabalho – Anotado,* 8ª edição, Almedina, Coimbra, 2009.

DUARTE, Diogo Pereira, *Comentário aos Artigos 1.º a 5.º e 31.º a 33.º do Projeto: Aspetos Gerais e Disposições Transitórias, in*: "Revista de Direito das Sociedades", ano IX (2017), n.º 1, pp. 169-176.

DUARTE, Rui Pinto, *A Administração da Empresa Insolvente: Rutura ou Continuidade? In:* "I Congresso de Direito da Insolvência", Almedina, Coimbra, 2013, pp. 153-174.

DUARTE, Rui Pinto, *A Conversão em Capital Social de Suprimentos e de Outros Créditos – Notas sobre o Dec.-Lei 79/2017, de 30 de junho, e sobre um Projeto Legislativo Relativo à Conversão de Créditos de Terceiros em Capital Social, in:* "IV Congresso de Direito da Insolvência", Almedina, Coimbra, 2017, pp. 319-340.

DUARTE, Rui Pinto, *Classificação dos Créditos sobre a Massa Insolvente no Projecto de Código da Insolvência e Recuperação de Empresas, in:* "Código da Insolvência e da Recuperação de Empresas", Ministério da Justiça, Coimbra Editora, Coimbra, 2004, pp. 51-60.

DUARTE, Rui Pinto, *Efeitos da Declaração de Insolvência Quanto à Pessoa do Devedor, in:* "Themis – Revista da Faculdade de Direito da UNL, Edição Especial – *Novo Direito da Insolvência*", 2005, pp. 131-150.

DUARTE, Rui Pinto, *Responsabilidade dos Administradores: coordenação dos regimes do CSC e do CIRE, in:* "III Congresso de Direito da Insolvência", Almedina, Coimbra, 2015, pp. 151-173.

EINDENMÜLLER, Hörst, *Abuse of Law in Context f European Insolvency Law, in:* "European Company and Financial Law Review", 2009, pp. 1-28.

EPIFÂNIO, Maria do Rosário, *A Crise da Empresa no Direito Português, in*: "Questões de Direito Comercial no Brasil e em Portugal", Saraiva, São Paulo, 2013, pp. 377-403.

EPIFÂNIO, Maria do Rosário, *Anotação ao Acórdão do STJ de 12 de outubro de 2015 (Pinto de Almeida), in*: "Revista de Direito da Insolvência", n.º 1, 2017, Almedina, Coimbra, pp. 179-193.

EPIFÂNIO, Maria do Rosário, *Anotação ao Acórdão do STJ de 3 de outubro de 2017 (Júlio Gomes), in*: "Revista de Direito da Insolvência", n.º 2, 2018, Almedina, Coimbra, pp. 123-146.

EPIFÂNIO, Maria do Rosário, *As Alterações ao Processo Especial de Revitalização e o Novo Processo Especial para Acordo de Pagamento, in:* "Actas das Jornadas de Reestruturações e Insolvências da URÍA Menéndez Proença de Carvalho" (em curso de publicação).

EPIFÂNIO, Maria do Rosário, *Efeitos da Declaração de Insolvência sobre o Insolvente e Outras Pessoas, in:* "Estudos em Homenagem ao Senhor Professor Doutor Manuel Henrique Mesquita", Coimbra Editora, Coimbra, 2009, pp. 797-826.

EPIFÂNIO, Maria do Rosário, *Efeitos da Declaração de Insolvência sobre o Insolvente e Outras Pessoas no Direito Português, in:* "Falência, Insolvência e Recuperação de Empresas – Estudos Luso-Brasileiros" coord. Newton de Luca/Miguel Pestana de Vasconcelos, pp. 337-363.

Epifânio, Maria do Rosário, *Efeitos da Declaração de Insolvência sobre o Insolvente no novo Código da Insolvência e da Recuperação de Empresas, in:* "Direito e Justiça", vol. XIX, tomo II, 2005, pp. 191-203.

Epifânio, Maria do Rosário, *Efeitos da Declaração de Insolvência sobre os Negócios em Curso, in* http://elearning.cej.mj.pt/mod/resource/view.php?inpopup=true&id=1905.

Epifânio, Maria do Rosário, *El Incidente de Calificación de la Insolvencia, in:* "Revista de Derecho Concursal y Paraconcursal", n.º 18, 2013, La Ley, Madrid, pp. 419-435.

Epifânio, Maria do Rosário, *El Nuovo Derecho Concursal Portugués, in:* "Revista de Derecho Concursal y Paraconcursal", nº 2, 2005, La Ley, Madrid, pp. 385-393.

Epifânio, Maria do Rosário, *Garantias Bancárias Autónomas – Breves Reflexões*, in: "Juris et de Jure - Nos 20 Anos da Faculdade de Direito da UCP - Porto", Porto, 1998, pp. 319-365.

Epifânio, Maria do Rosário, *La Reforma del Código de la Insolvencia y de la Recuperación de Empresas (Ley n.º 16/2012, de 20 de abril), in:* "Revista de Derecho Concursal y Paraconcursal", n.º 17, 2012, La Ley, Madrid, pp. 423-425.

Epifânio, Maria do Rosário, *Leis da Falência e da Recuperação das Empresas*, Almedina, Coimbra, 2001.

Epifânio, Maria do Rosário, *Leis da Insolvência e da Recuperação das Empresas*, 3ª edição revista e atualizada, Almedina, Coimbra, 2005.

Epifânio, Maria do Rosário, *O Incidente de Qualificação da Insolvência, in:* "Estudos em Memória do Professor Doutor J. L. Saldanha Sanches", Coimbra Editora, Coimbra, vol. II, pp. 579-603.

Epifânio, Maria do Rosário, *O Plano de Insolvência, in:* "Estudos Dedicados ao Professor Doutor Luís Alberto Carvalho Fernandes", Revista Direito e Justiça – volume especial, vol. II, Universidade Católica Editora, Lisboa, 2011, pp. 495-521.

Epifânio, Maria do Rosário, *O Processo Especial de Revitalização, in:* "II Congresso Direito das Sociedades em Revista", Almedina, Coimbra, 2012, pp. 257-264.

Epifânio, Maria do Rosário, *O Processo Especial de Revitalização*, Almedina, Coimbra, 2015.

Epifânio, Maria do Rosário, *Os Credores e o Processo de Insolvência, in:* "Estudos em Homenagem ao Professor Doutor Heinrich Ewald Hörster", Almedina, Coimbra, 2012, pp. 693-723.

Epifânio, Maria do Rosário, *Os Efeitos Processuais da Declaração de Insolvência, in:* "Jornadas de Direito Processual Civil "Olhares Transmontanos"", Valpaços, 2011, pp. 175-191.

Epifânio, Maria do Rosário, *Os Efeitos Substantivos da Falência*, PUC, Porto, 2000.

Esteves, Bertha Parente, *Da Aplicação das Normas Relativas ao Plano de Insolvência ao Plano de Recuperação Conducente à Revitalização, in:* "II Congresso de Direito da Insolvência", Almedina, Coimbra, 2014, pp. 267-278.

Fernandes, Luís A. Carvalho, *A Exoneração do Passivo Restante nas Pessoas Singulares, in:* "Colectânea de Estudos sobre a Insolvência", Quid Juris, Lisboa, 2009, pp. 275-309.

Fernandes, Luís A. Carvalho, *A Qualificação da Insolvência e a Administração da Massa Insolvente pelo Devedor, in:* "Themis – Revista da Faculdade de Direito da UNL, Edição Especial – *Novo Direito da Insolvência*", 2005, pp. 81-104.

Fernandes, Luís A. Carvalho, *Efeitos da Declaração de Insolvência no Contrato de Trabalho Segundo o Código da Insolvência e da Recuperação de Empresas, in:* "Revista de Direito e de Estudos Sociais", 45 (2004), nºs 1, 2 e 3, pp. 5-39.

FERNANDES, Luís A. Carvalho, *Efeitos Substantivos da Declaração de Falência, in*: "Direito e Justiça", vol. IX, tomo 2, 1995, pp. 19-49.

FERNANDES, Luís A. Carvalho, *Natureza do Prazo para o Insolvente Requerer a Falência*, sep. "Revista de Direito e de Estudos Sociais", jan.-set., 1997, ano XXXIX (XII da 2ª série), nº 1-2-3, pp. 257-264.

FERNANDES, Luís A. Carvalho, *O Novo Regime da Inibição do Falido para o Exercício do Comércio, in:* "Direito e Justiça", vol XIII, tomo 2, 1999, pp. 7-13.

FERNANDES, Luís A. Carvalho, *Repercussões da Falência na Cessação do Contrato de Trabalho, in:* "Estudos do Instituto de Direito do Trabalho", vol. I, Almedina, Coimbra, pp. 411-440.

FERNANDES, Luís A. Carvalho, *Sentido Geral dos Novos Regimes de Recuperação da Empresa e de Falência, in*: "Direito e Justiça", vol. IX, tomo 1, 1995, pp. 11-32.

FERNANDES, Luís A. Carvalho, *Teoria Geral do Direito Civil*, vols. I (5ª edição, revista e atualizada, 2009) e II (5ª edição, revista e atualizada, 2010), Universidade Católica Editora, Lisboa.

FERNANDES, Luís A. Carvalho/LABAREDA, João, *Código da Insolvência e da Recuperação de Empresas Anotado*, Quid Juris Editora, Lisboa, 2008 (1ª edição), 2013 (2ª edição), 2015 (3ª edição).

FERNANDES, Luís A. Carvalho/LABAREDA, João, *Código dos Processos Especiais de Recuperação da Empresa e de Falência Anotado*, 2ª edição (1997), 3ª edição (1999), Quid Juris Editora, Lisboa.

FERNANDES, Luís A. Carvalho/LABAREDA, João, *De Volta à Temática da Apensação de Processos de Insolvência (Em Especial, a Situação das Sociedades em Relação de Domínio ou de Grupo), in:* "Direito das Sociedades em Revista", março 2012, Ano 4, vol. 7, pp. 133-173.

FERNANDES, Luís A. Carvalho/LABAREDA, João, *Insolvências Transfronteiriças – Regulamento (CE) nº 1346/2000 do Conselho – Anotado*, Quid Juris, Lisboa, 2003.

FERRA, Giampaolo/GUGLIEMUCCI, Lino, *Effetti del Fallimento per il Fallito*, Zanichelli Editore, Bologna, 1986.

FINEZ RATON, Jose Manuel, *Los Efectos de la Declaración de la Quiebra en los Contratos Bilaterales*, Editorial Civitas, Madrid, 1992.

FLETCHER, Ian F., *The Law of Insolvency*, 2nd edition, Sweet & Maxwell, London, 1996.

FRADA, Manuel A. Carneiro, *A Responsabilidade dos Administradores na Insolvência, in:* "Revista da Ordem dos Advogados", Ano 66, II, Lisboa, setembro 2006, pp. 653-702.

FRADA, Manuel A. Carneiro, *A Responsabilidade dos Administradores Perante os Credores entre o Direito das Sociedades e o Direito da Insolvência, in:* "IV Congresso de Direito da Insolvência", Almedina, Coimbra, 2017, pp. 193-201.

FREITAS, José Lebre, *A Acção Executiva (À Luz do Código Revisto)*, 2ª edição, Coimbra Editora, Coimbra, 1997.

FREITAS, José Lebre, *Aplicação no Tempo do Artigo 164º-A do Código da Falência – ac. do STJ de 9.5.2006, Rev. 827/06, in:* "Cadernos de Direito Privado", nº 16, out./dez. 2006, pp. 56-71.

FREITAS, José Lebre, *Apreensão, Restituição, Separação e Venda de Bens no Processo de Falência, in:* "Revista da Faculdade de Direito da Universidade de Lisboa", vol. 36, 1995, pp. 371-382.

FREITAS, José Lebre, *Apreensão, Separação, Restituição e Venda, in:* "I Congresso de Direito da Insolvência", Almedina, Coimbra, 2014, pp. 229-239.

Furtado, Jorge Pinto, *Âmbito Subjectivo da Falência e Índices de Revelação do Estado de Insolvência, in:* "Revista da Banca", nº 13, jan.-mar., 1990, pp. 19-57.

Furtado, Jorge Pinto, *Curso de Direito das Sociedades*, Almedina, Coimbra, 1983.

García-Gruces, José Antonio, *Comentario de la Ley Concursal* (tomo II), org. Rojo/Ángel, Beltrán, Emilio, Thomson, 2004.

Gomes, José Ferreira/Pires, Catarina Monteiro, *Resposta à Consulta Pública Relativa ao Projecto de Proposta de Lei que Aprova o Regime Jurídico de Conversão de Créditos em Capital" in:* "Revista de Direito das Sociedades", ano IX (2017), n.º 1, pp. 143-156.

Gomes, Júlio, *Nótula sobre a Resolução em Benefício da Massa Insolvente, in:* "IV Congresso de Direito da Insolvência", Almedina, Coimbra, 2017, pp. 107-129.

Gomes, Júlio, *Nótula sobre os Efeitos da Insolvência do Empregador nas Relações de Trabalho, in:* "I Congresso de Direito da Insolvência", Almedina, Coimbra, 2014, pp. 285-297.

Gomes, M. Januário da Costa, *Assunção Fidejussória de Dívida – Sobre o Sentido e o Âmbito da Vinculação como Fiador*, Almedina, Coimbra, 2000.

Gomes, M. Januário da Costa, *Sobre os Poderes dos Credores Contra os Fiadores no Âmbito de Aplicação do CIRE. Breves Notas, in:* "III Congresso de Direito da Insolvência", Almedina, Coimbra, 2015, pp. 313-341.

Gonçalves, Filipa, *O Processo Especial de Revitalização, in:* "Estudos de Direito da Insolvência", coord. Maria do Rosário Epifânio, Almedina, 2015, pp. 51-98.

Gonçalves, Renato, *Recuperação de Empresas – um desígnio continuado, in:* "IV Congresso de Direito da Insolvência", Almedina, Coimbra, 2017, pp. 379-385.

Gouveia, Mariana França, *Verificação do Passivo, in:* "Themis – Revista da Faculdade de Direito da UNL, Edição Especial – *Novo Direito da Insolvência*", 2005, pp. 151-163.

Guglielmucci, Lino/Zanarone, Giuseppe/Di Chio, Giuseppe/Mangini, Vito/Tedeschi, Guido Uberto, *Effetti del Fallimento sui Rapporti Giuridici Preesistenti*, Editore Zanichelli, 1979.

Gutiérrez Gilsanz, Andrés, *Tutela de los Acreedores Frente al Convenio Concursal: Oposición, Nulidad y Declaración de Incumplimiento*, RCP, monografia nº 7/2007, Kluwer, Madrid, 2008.

Guyon, Yves, *Droit des Affaires*, tome 2, 8.ᵉ édition, 2001.

Henriques, Sérgio Coimbra, *Os Trabalhadores Após a Sentença de Declaração da Insolvência do Empregador: cessação de contratos de trabalho e qualificação dos créditos laborais, in:* "IV Congresso de Direito da Insolvência", Almedina, Coimbra, 2017, pp. 215-244.

Hörster, Heinrich Ewald, *A Parte Geral do Código Civil Português – Teoria Geral do Direito Civil*, Almedina, Coimbra, 1992.

Inzitari, Bruno, *Effetti del Fallimento per i Creditori*, Zanichelli Editore, Bolonha, 1988.

Júnior, E. Santos, *O Plano de Insolvência. Algumas Notas, in:* "O Direito", 138, III, 2006, pp. 571-591.

Labareda, João, *Providências de Recuperação de Empresas, in:* "Direito e Justiça", vol. IX, tomo 2, 1995, pp. 51-112.

Le Cannu, Paul/Lucheux, Jean-Michel/Pitron, Michel/Sénéchal, Jean-Pierre, *Entreprises en Difficulté*, GLN Joly Éditions, Paris, 1994.

LEAL, Ana Alves / TRINDADE, Cláudia, *O Processo Especial para Acordo de Pagamento (PEAP): O novo regime pré-insolvencial para devedores não empresários*, *in*: "Revista de Direito das Sociedades", IX, 2017, n.º 1, pp. 68-122.

LEITÃO, Adelaide Menezes, *Direito da Insolvência*, AAFDL, Lisboa, 2017.

LEITÃO, Adelaide Menezes, *Insolvência Culposa e Responsabilidade dos Administradores na Lei n.º 16/2012, de 20 de abril, in:* "I Congresso de Direito da Insolvência", Almedina, Coimbra, 2014, pp. 269-283.

LEITÃO, Luís M. T. de Menezes, *A Natureza dos Créditos Laborais Resultantes de Decisão do Administrador de Insolvência, in:* "Cadernos de Direito Privado", n.º 34, abr./jun. 2011, pp. 55-66.

LEITÃO, Luís M. T. de Menezes, *As Dívidas da Massa Insolvente, in:* "IV Congresso de Direito da Insolvência", Almedina, Coimbra, 2017, pp. 25-33.

LEITÃO, Luís M. T. de Menezes, *Código da Insolvência e da Recuperação de Empresas Anotado,* 1ª edição (2004), 2ª edição (2005), 5ª edição (2009), 6ª edição (2012), 9ª edição (2017), Almedina, Coimbra.

LEITÃO, Luís M. T. de Menezes, *Direito da Insolvência,* 2ª edição (2009), 3ª edição (2011), 4ª edição (2012), 8ª edição (2018), Almedina, Coimbra.

LEITÃO, Luís M. T. de Menezes, *Direito das Obrigações*, vol. II, Almedina, Coimbra, 2002.

LEITÃO, Luís M. T. de Menezes, *Pressupostos da Declaração de Insolvência, in* "I Congresso de Direito da Insolvência", Almedina, Coimbra, 2014, pp. 175-186.

LEITÃO, Luís M.T. de Menezes, *A Responsabilidade pela Abertura Indevida do Processo Especial de Revitalização, in:* "II Congresso de Direito da Insolvência", Almedina, Coimbra, 2014, pp. 143-188.

LEITÃO, Luís M.T., de Menezes, *A (In)admissibilidade da Insolvência como Fundamento de Resolução de Contratos, in:* "III Congresso de Direito da Insolvência", Almedina, Coimbra, 2015, pp. 89-114.

LIMA, Pires/VARELA, Antunes, *Código Civil Anotado*, vol. I (1987), vol. V (1995), Coimbra Editora, Coimbra.

LOUSA, Nuno Ferreira, *Crónica de Jurisprudência dos Tribunais da Relação (2015/2016),* in: "Revista de Direito da Insolvência", n. º 1, Almedina, Coimbra, 2017, pp. 194-222.

LOUSA, Nuno Ferreira, *Crónica de Jurisprudência dos Tribunais da Relação (2017),* in: "Revista de Direito da Insolvência", n. º 2, Almedina, Coimbra, 2018, pp. 147-168.

LOUSA, Nuno Ferreira, *Os Créditos Garantidos e a Posição dos Garantes nos Processos Recuperatórios de Empresas, in* "Revista de Direito da Insolvência", n.º 0, Almedina, Coimbra, 2016, pp. 147-167.

MACEDO, José de Sousa, *Novos Aspectos da Concordata e do Acordo de Credores, in*: "Revista da Banca", nº 27, 1993, pp. 65-92.

MACEDO, Pedro de Sousa, *Manual de Direito das Falências*, vol. I (1964), vol. II (1968), Livraria Almedina, Coimbra.

MACHADO, J. Baptista, *Introdução ao Direito e ao Discurso Legitimador*, Almedina, Coimbra, 1989.

MACHADO, Maria João Gil, *Da Falência em Direito Internacional Privado*, Universidade Portucalense, Porto, 2000.

MAGALHÃES, Carina, *Incidente de Qualificação da Insolvência. Uma Visão Geral, in:* "Estudos de Direito da Insolvência", coord. Maria do Rosário Epifânio, Almedina, 2015, pp. 99--146.

MAGGIORE, Giuseppe Ragusa, *Istituzioni di Diritto Fallimentare,* Cedam, Milano, 1994.

MAIRATA LAVIÑA, Jaime, *Los Efectos del Concurso en la Ley Concursal, in:* "Derecho Concursal – Estudio Sistemático de la Ley 22/2003 y de la Ley 8/2003, para la Reforma Concursal", Dilex, Madrid, 2003.

MARTINEZ FLÓREZ, Aurora/OLEO, Fernando, *Efectos sobre las Comunicaciones, Residencia y Libre Circulación del Deudor, in:* "Comentario de la Ley Concursal", tomo I, Thomson, Civitas, Madrid, 2004, pp. 822 e ss.

MARTINEZ, Pedro Romano, *Contratos em Especial,* 2ª edição, UCE, Lisboa, 1996.

MARTINS, Alexandre de Soveral, *Articulação entre o PER e o Processo de Insolvência, in:* "Revista de Direito da Insolvência", n.º 0, Almedina, Coimbra, 2016, pp. 121-133.

MARTINS, Alexandre de Soveral, *Estudos de Direito da Insolvência,* 2ª edição, Almedina, Coimbra, 2018.

MARTINS, Alexandre de Soveral, *O P.E.R. (Processo Especial de Revitalização), in:* "AB INSTANTIA – Revista do Instituto do Conhecimento AB", Ano I, n.º 1, 2013, Almedina, Coimbra, pp. 17-41.

MARTINS, Alexandre de Soveral, *O Penhor Financeiro e a Alienação Fiduciária em Garantia no Processo de Insolvência, in:* "Revista de Direito da Insolvência", n.º 1, Almedina, Coimbra, 2017, pp. 8-59.

MARTINS, Alexandre de Soveral, *Um Curso de Direito da Insolvência,* 2ª edição revista e atualizada, Almedina, Coimbra, 2016.

MARTINS, Alexandre de Soveral, *Votação e Aprovação do Plano de Reestruturação, in:* "IV Congresso de Direito da Insolvência", Almedina, Coimbra, 2017, pp. 249-267.

MARTINS, Cláudia Oliveira, *O Procedimento de Exoneração do Passivo Restante, in* "Revista de Direito da Insolvência", n.º 0, Almedina, Coimbra, 2016, pp. 213-230.

Martins, Sandra Bastos, *A (Des)crença na Administração da Massa Insolvente pelo Devedor, in:* "Estudos de Direito da Insolvência", coord. Maria do Rosário Epifânio, Almedina, 2015, pp. 147-188.

MATOS, Filipe Albuquerque, *Os Efeitos da Declaração de Insolvência sobre os Negócios em Curso, in:* "IV Congresso de Direito da Insolvência", Almedina, Coimbra, 2017, pp. 35-70.

MATOS, José Igreja, *Poderes do Juiz no Processo Especial de Revitalização. Divergindo de Edipianas Inevitabilidades, in:* "IV Congresso de Direito da Insolvência", Almedina, Coimbra, 2017, pp. 293-316.

MEDEIROS, Rui, *A Decisão de Inconstitucionalidade,* UCE, Lisboa, 1999.

Memorando de Enquadramento das Propostas de Alteração ao Código da Insolvência e da Recuperação de Empresas, de 31 de agosto de 2011, *in* www.dgpj.mj.pt.

MENDES, Armindo Ribeiro, *A Resolução e os Outros Mecanismos de Intervenção em Instituições de Crédito à Luz da Constituição in:* "III Congresso de Direito da Insolvência", Almedina, Coimbra, 2015, pp. 23-60.

MENDES, Armindo Ribeiro, *Processo de Recuperação de Empresas em Situação de Falência, in:* "Revista da Banca", nº 1, jan.-mar., 1987, pp. 67-90.

MENDES, Armindo Ribeiro/MENDES, Sofia Ribeiro, *Crónica de Jurisprudência Portuguesa em 2009, in:* "Revista Internacional de Arbitragem e Conciliação", Ano III, maio 2010, p. 270.

MENDES, João de Castro, *Acção Executiva*, AAFDL, Lisboa, 1980.

MENDES, João de Castro, *Direito Civil – Teoria Geral* (lições), vol. I, UCP, Lisboa, 1978.

MENDES, João de Castro, *Direito da Família* (lições ao curso jurídico de 1978-1979 da Faculdade de Direito da Universidade de Lisboa), Lisboa, 1979.

MESQUITA, Manuel Henrique, *Anotação ao Acórdão do STJ, de 25 de Fevereiro de 1993, in:* "Revista de Legislação e de Jurisprudência", 125, 1992-93.

MESQUITA, Manuel Henrique, *Obrigações Reais e Ónus Reais*, Almedina, Coimbra, 1990.

MONTEIRO, Nuno Líbano, *O Regime Jurídico da Liquidação Judicial das Instituições de Crédito à Luz das Alterações Introduzidas pela Lei n.º 23-A/2015, de 26 de março, in* "III Congresso de Direito da Insolvência", Almedina, Coimbra, 2015, pp. 61 a 86.

MORAIS, Fernando de Gravato, *A Motivação da Declaração de Resolução em Benefício da Massa Insolvente, in:* "Revista de Direito e de Estudos Sociais", Ano LV, jan./dez. 2014, n.ºs 1-4, pp. 161-174.

MORAIS, Fernando de Gravato, *Da Tutela do Retentor-Consumidor em Face da Insolvência do Promitente-Vendedor, in:* "Cadernos de Direito Privado", n.º 46, abr.-jun. 2014, pp. 32--56.

MORAIS, Fernando de Gravato, *Promessa Obrigacional de Compra e Venda com Tradição da Coisa e Insolvência do Promitente-Vendedor, in:* "Cadernos de Direito Privado", nº 29, jan.--mar. 2010, pp. 3-12.

MORAIS, Fernando de Gravato, *Resolução em Benefício da Massa Insolvente*, Almedina, Coimbra, 2008.

MORAIS, Rui Duarte, *Os Credores Tributários no Processo de Insolvência, in:* "Direito e Justiça", vol. XIX, tomo II, 2005, pp. 206-229.

MORGADO, Abílio M. de Almeida, *Articulação entre os Processos Especiais de Recuperação da Empresa e de Falência, in:* "Revista da Banca", nº 27, jul.-set. 1993, pp. 41-64.

MORGADO, Abílio M. de Almeida, *Processos Especiais de Recuperação da Empresa e de Falência – Uma Apreciação do Novo Regime, in:* "Ciência e Técnica Fiscal", nº 370, abr.-jun. 1993, pp. 51-113.

NERVI, Giovanni, *Il Contratto di Locazione di Immobili, in:* "Diritto Fallimentare – Effetti del Fallimento (collana diretta da Ivo Greco)", Pirola, Milano, 1994.

NETO, Abílio, *Código de Processo Civil Anotado* (13ª edição atualizada), Ediforum, Lisboa, 1996.

OLAVO, Fernando, *Direito Comercial* (vol. I), 2ª edição, 2ª reimpressão, Coimbra Editora, Coimbra, 1978.

OLIVEIRA, Ana Perestrelo, *A Insolvência nos Grupos de Sociedades: Notas Sobre a Consolidação Patrimonial e a Subordinação de Créditos Intragrupo, in* "Revista de Direito das Sociedades", ano I, 2009, n.º 4, pp. 995-1028.

OLIVEIRA, Ana Perestrelo, *Insolvência nas Sociedades em Relação de Grupo: de Novo pela Consolidação Substantiva das Massas Patrimoniais, in:* "I Congresso de Direito da Insolvência", Almedina, Coimbra, 2014, pp. 299- 306.

Oliveira, Ana Perestrelo, *O Novo Regime dos Grupos de Sociedades no Regulamento Europeu sobre Insolvência Transfronteiriça: primeira avaliação, in:* "IV Congresso de Direito da Insolvência", Almedina, Coimbra, 2017, pp. 203-212.

Oliveira, Ana Perestrelo, *Propostas de Alteração Relacionadas com a Insolvência de Sociedades em Relação de Domínio ou de Grupo, in:* "Revista de Direito das Sociedades", ano IX (2017), n.º 1, pp. 55-62.

Oliveira, Artur Dionísio, *Os Efeitos da Declaração de Insolvência sobre as Ações Declarativas, in*: "Revista de Direito da Insolvência", n.º 0, Almedina, Coimbra, 2016, pp. 75-89.

Oliveira, Artur Dionísio, *Os Efeitos Externos da Insolvência. As Acções Pendentes contra o Insolvente, in:* "Julgar", n.º 9, 2009, pp. 173-187.

Oliveira, Artur Dionísio, *Os Efeitos Processuais do PER e os Créditos Litigiosos, in:* "III Congresso de Direito da Insolvência", Almedina, Coimbra, 2015, pp. 199-228.

Oliveira, Madalena Perestrelo de, *Limites da Autonomia dos Credores na Recuperação da Empresa Insolvente,* Almedina, Coimbra, 2013.

Oliveira, Madalena Perestrelo de, *O Regime de Proteção do "Dinheiro Novo" no PER, in:* "Revista de Direito das Sociedades", ano IX (2017), n.º 1, pp. 42- 48.

Oliveira, Nuno Pinto, *A Qualificação do Crédito Resultante da não Execução de Contrato-Promessa, in*: "III Congresso de Direito da Insolvência", Almedina, Coimbra, 2015, pp. 115-135.

Oliveira, Nuno Pinto, *Responsabilidade pela Perda de uma Chance de Revitalização, in:* "II Congresso de Direito da Insolvência", Almedina, Coimbra, 2014, pp. 153-188.

Oliveira, Nuno Pinto/Serra, Catarina, *Insolvência e Contrato-Promessa: os Efeitos da Insolvência sobre o Contrato-Promessa com Eficácia Obrigacional, in:* "Revista da Ordem dos Advogados", Ano 70, jan.-dez. 2010, pp. 395-440.

Oliveira, Rui Estrela, *Uma Brevíssima Incursão pelos Incidentes de Qualificação da Insolvência, in:* "O Direito", Ano 142º, 2010, V, pp. 931-987.

Pajardi, Piero, *Codice del Fallimento,* 1ª edizione (1997) e 4ª edizione (2001), Giuffrè Editore, Milano.

Pajardi, Piero, *Manuale di Diritto Fallimentare,* quarta edizione, Giuffrè Editore, Milano, 1993.

Palma, Maria Fernanda, *Aspectos Penais da Insolvência e da Falência: Reformulação dos Tipos Incriminadores e Reforma Penal, in:* "Revista da Faculdade de Direito da Universidade de Lisboa", vol. 36, 1995, pp. 401-415.

Parecer da Associação Portuguesa dos Administradores Judiciais sobre o Anteprojeto de Alteração do Código da Insolvência e da Recuperação de Empresas, de 24 de novembro de 2011, *in* www.parlamento.pt (último acesso em 28 de março de 2012).

Parecer da Associação Sindical dos Juízes Portugueses sobre o Anteprojeto de Diploma que Altera o Código da Insolvência e da Recuperação de Empresas, de 24 de novembro de 2011, *in* www.parlamento.pt (último acesso em 28 de março de 2012).

Parecer do Conselho Geral da Ordem dos Advogados sobre o Anteprojeto de Diploma que Altera o Código da Insolvência e da Recuperação de Empresas, de 24 de novembro de 2011, *in* www.parlamento.pt (último acesso em 28 de março de 2012).

Parecer do Conselho Superior do Ministério Público sobre o Anteprojeto de Diploma que Altera o Código da Insolvência e da Recuperação de Empresas, de 24 de novembro de 2011, *in* www.parlamento.pt (último acesso em 28 de março de 2012).

Parecer do Sindicato dos Magistrados do Ministério Público sobre o Anteprojeto de Diploma que Altera o Código da Insolvência e da Recuperação de Empresas, de 24 de novembro de 2011, *in* www.parlamento.pt (último acesso em 28 de março de 2012).

PEDRO, António de Jesus, *Instituições de Crédito e Sociedades Financeiras, Re-gime Geral – Anotado*, Ediforum, Lisboa, 1994.

PERALTA, Ana Maria, *Os Novos Créditos no PER e SIREVE: conceito e regime, in:* "III Congresso de Direito da Insolvência", Almedina, Coimbra, 2015, pp. 279-312.

PEREIRA, Frederico Gonçalves, *A Declaração de Insolvência e o Penhor Financeiro (em particular a possibilidade de resolução pelo administrador da insolvência), in:* "III Congresso de Direito da Insolvência", Almedina, Coimbra, 2015, pp. 137-147.

PEREIRA, João Aveiro, *A Revitalização Económica dos Devedores, in* "O Direito", ano 145, 2013, I/II, Almedina, Coimbra, pp. 28-50.

PEREIRA, João Aveiro, *O Contrato de Suprimento*, 2ª edição, Coimbra Editora, Coimbra, 2001.

PEREIRA, Maria de Lurdes, *Comentário aos artigos 6.º a 17.º do Projeto: Conteúdo, Forma, Depósito, Efeitos e Incumprimento do Acordo de Reestruturação, in*: "Revista de Direito das Sociedades", ano IX (2017), n.º 1, pp. 177-185.

PIDWELL, Pedro, *Insolvência das Pessoas Singulares. O Fresh Start - será mesmo começar de novo? O Fiduciário. Algumas Notas, in*: "Revista de Direito da Insolvência", n.º 0, Almedina, Coimbra, 2016, pp. 195-211.

PIDWELL, Pedro, *O Processo de Insolvência e a Recuperação da Sociedade Comercial de Responsabilidade Limitada*, Coimbra Editora, Coimbra, 2011.

PIDWELL, Pedro, *Os Poderes e Deveres do Administrador Judicial [da Insolvência] na Reestruturação de Empresas, in:* "Revista de Direito da Insolvência", n.º 2, Almedina, Coimbra, 2018, pp. 60-88.

PIMENTEL, Francisco Vasconcelos, *Debt Restructuring: a sad tale for those left out, in:* "Revista de Direito da Insolvência", n.º 2, Almedina, Coimbra, 2018, pp. 90-121.

PINHAL, Alfredo Jorge, *Da Conta em Participação – na Doutrina, na Jurisprudência, na Legislação*, Livraria Petrony, Lisboa, 1981.

PINHEIRO, Luís de Lima, *O Regulamento Comunitário sobre Insolvência – Uma Introdução, in:* "Revista da Ordem dos Advogados", Ano 66, vol. III, dez. 2006, http://www.oa.pt/Conteudos/Artigos/detalhe_artigo.aspx?idc=1&idsc=54103&ida=54127.

PINTO, Carlos Alberto da Mota, *Teoria Geral do Direito Civil* (3ª edição atualizada), Coimbra Editora, Coimbra, 1990.

PINTO, Carlos Alberto da Mota, *Teoria Geral do Direito Civil*, 4ª edição (por António Pinto Monteiro e Paulo Mota Pinto), Coimbra Editora, Coimbra, 2005.

PINTO, Fernando Ferreira, *Contratos de Distribuição. Da Tutela do Distribuidor Integrado em Caso de Cessação do Vínculo*, UCE, Lisboa, 2013.

PINTO, Paulo da Mota, *Exoneração do Passivo Restante: Fundamento e Constitucionalidade, in:* "III Congresso de Direito da Insolvência", Almedina, Coimbra, 2015, pp. 175-195.

PIRES, José Maria, *Direito Bancário*, 1º volume (1994), 2º volume (1995), Editora Rei dos Livros, Lisboa.

PIRES, Miguel Lucas, *Dos Privilégios Creditórios: Regime Jurídico e sua Influência no Concurso de Credores*, Almedina, Coimbra, 2004.

PIRES, Miguel *Lucas, Penhor ou Penhores? O Regime Tradicional do Penhor e a Proliferação de Regimes Especiais – implicações para a unidade conceptual e natureza jurídica do instituto*, dissertação de Doutoramento, Universidade de Coimbra, 2012, vol. I.

PRATA, Ana/ CARVALHO, Jorge Morais/ SIMÕES, Rui, *Código da Insolvência e da Recuperação de Empresas Anotado*, Almedina, Coimbra, 2013.

PRAZERES, Manuel A. Gama, *Novo Regime de Arrendamento e Emparcelamento Rural*, Porto Editora, Porto, 1989.

PROENÇA, José Carlos Brandão, *Lições de Cumprimento e Não Cumprimento das Obrigações*, 2ª edição revista e atualizada, Coimbra Editora, Coimbra, 2017.

PROENÇA, José Carlos Brandão, *Para a Necessidade de uma Melhor Tutela dos Promitentes--Adquirentes de Bens Imóveis (*maxime, *com Fim Habitacional), in:* "Cadernos de Direito Privado", nº 22, abril-junho 2008, pp. 3-26.

RAMALHO, Maria do Rosário Palma, *Os Trabalhadores no Processo de Insolvência, in:* "III Congresso de Direito da Insolvência", Almedina, Coimbra, 2015, pp. 383-407.

RAMOS, António Fonseca, *Os Créditos Tributários e a Homologação do Plano de Recuperação, in*: "Revista de Direito da Insolvência", n.º 0, Almedina, Coimbra, 2016, pp. 267-288.

RAMOS, Maria Elisabete, *A Insolvência da Sociedade e a Responsabilização dos Administradores no Ordenamento Jurídico Português, in:* "Prima Facie, Revista de Pós-Graduação em Ciências Jurídicas", n.º 7, 2005, *in*: http://www.ccj.ufpb.br/prima/artigos/n7/insolvencia.pdf.

REIS, Alberto, *Processos Especiais*, vol. II (reimpressão), Coimbra Editora, Coimbra, 1982.

RUSSO, Anabela/SILVA, Fátima Reis, *O Processo Especial de Revitalização no Espaço de Conexão da Jurisprudência dos Tribunais Comuns e dos Tribunais Tributários, in:* "Revista de Direito da Insolvência", n. º 1, Almedina, Coimbra, 2017, pp. 146-178.

RUTE, José Maria de la Cuesta, *El Convenio Concursal – Comentarios a los articulos 98 a 141 de la Ley Concursal*, Aranzadi, Navarra, 2004.

SABINO, Rute, O Plano de Pagamentos, in: "Processo de Insolvência e Ações Conexas", CEJ, dez. 2014

SANTOS, Filipe Cassiano, *Plano de Insolvência e Transmissão da Empresa, in:* "I Congresso de Direito da Insolvência", Almedina, Coimbra, 2014, pp. 141-151.

SANTOS, Filipe Cassiano/ FONSECA, Filipe Duarte, *Pressupostos Para a Declaração de Insolvência no Código da Insolvência e da Recuperação de Empresas, in* "Cadernos de Direito Privado", n.º 29, jan./mar., 2010, pp. 13-24.

SERRA, Catarina, *As Novas Tendências do Direito Português da Insolvência – Comentário ao Regime dos Efeitos da Insolvência sobre o Devedor no Projecto do Código da Insolvência, in:* "Separata dos Estudos em Comemoração do 10º Aniversário da Licenciatura em Direito da Universidade do Minho", Universidade do Minho/Almedina, 2004, pp. 203--228.

SERRA, Catarina, *Falências Derivadas e Âmbito Subjectivo da Falência*, Coimbra Editora, Coimbra, 1999.

SERRA, Catarina, *Lições de Direito da Insolvência*, Almedina, Coimbra, 2018.

SERRA, Catarina, *Nótula sobre o Art. 217.º, n.º 4, do CIRE (o direito de o credor agir contra o avalista no contexto do plano de insolvência), in:* "Estudos Dedicados ao Professor Doutor Luís Alberto Carvalho Fernandes", UCE Editora, Lisboa, 2011, pp. 377-387.

SERRA, Catarina, *O Novo Regime Português da Insolvência*, 4ª edição, Almedina, Coimbra, 2010.

SERRA, Catarina, *PER, Processos e Créditos Laborais – uma análise tridimensional (jurisprudência, novíssimo Direito da Insolvência e projectado Direito Europeu, in:* "Prontuário de Direito do Trabalho", 2.º semestre de 2017, II, CEJ, pp. 159-184.

SILVA, Fátima Reis, *A Verificação de Créditos no Processo de Revitalização, in:* "II Congresso de Direito da Insolvência", Almedina, Coimbra, 2014, pp. 255-265.

SILVA, Fátima Reis, *Algumas Questões Processuais no Código da Insolvência e da Recuperação de Empresas – uma primeira abordagem, in:* "Instituto de Direito das Empresas e do Trabalho – Miscelâneas", nº 2, Almedina, Coimbra, 2004, pp. 51-80.

SILVA, Fátima Reis, *Dificuldades da Recuperação de Empresa no Código da Insolvência e da Recuperação de Empresa, in:* "Instituto de Direito das Empresas e do Trabalho – Miscelâneas", nº 6, Almedina, Coimbra, 2010, pp. 135-178.

SILVA, Fátima Reis, *Efeitos Processuais da Declaração de Insolvência, in:* "I Congresso de Direito da Insolvência", Almedina, Coimbra, 2014, pp. 255-268.

SILVA, Fátima Reis, *Paralelismos e Diferenças entre o PER e o Processo de Insolvência – o plano de recuperação, in*: "Revista de Direito da Insolvência", n.º 0, Almedina, Coimbra, 2016, pp. 135-145.

SILVA, Fátima Reis, *Processo de Insolvência: os Órgãos de Insolvência e o Plano de Insolvência, in:* "Revista do CEJ", 2.º semestre 2010, n.º 14, pp. 121-168.

SILVA, Fátima Reis, *Processo Especial de Revitalização – Notas práticas e Jurisprudência Recente*, Porto Editora, Porto, 2014.

SILVA, Paula Costa e, *A Liquidação da Massa Insolvente, in:* "Revista da Ordem dos Advogados", Ano 65, 2005, http://www.oa.pt/Conteudos/Artigos/detalhe_artigo.aspx?idc=1&idsc=44561&ida=44625.

SILVA, Paula Costa e, *A Litigância de Má Fé*, Coimbra Editora, Coimbra, 2008.

SILVA, Paula Costa e, *O Abuso do Direito de Acção e o Art. 22.º do CIRE", in:* "Estudos Dedicados ao Professor Doutor Luís Alberto Carvalho Fernandes", UCE, volume especial, 2011, vol. III, pp. 157-166.

SOUSA, António Frada, *Exoneração do Passivo Restante e* Forum Shopping *na Insolvência de Pessoas Singulares na União Europeia, in:* "Estudos em Memória do Professor Doutor J. L. Saldanha Sanches", Coimbra Editora, Coimbra, 2011, vol. II, pp. 57-98.

SOUSA, Miguel Teixeira, *A Verificação do Passivo no Processo de Falência, in*: "Revista da Faculdade de Direito da Universidade de Lisboa", vol. 36, 1995, pp. 353-369.

SOUSA, Miguel Teixeira, *Resolução em Benefício da Massa Insolvente por Contrato Celebrado com Pessoa Especialmente Relacionada com o Devedor – Anotação ao Ac. de Uniformização de Jurisprudência n.º 15/2014, de 13.11.2014, Proc. 1936/10, in* "Cadernos de Direito Privado", n.º 50, abril/junho 2015, pp. 46-62.

SOUSA, Rabindranath Capelo, *Lições de Direito das Sucessões*, 1º vol. (3ª edição, reimpressão), 2º vol. (2ª edição), Coimbra Editora, Coimbra, 1993.

Sousa, Susana Aires, *Os Crimes Insolvenciais, in*: "Revista de Direito da Insolvência", n.º 0, Almedina, Coimbra, 2016, pp. 45-55.

Subtil, A. Raposo/Esteves, Matos/Esteves, Maria José/Martins, Luís M., *Código da Insolvência e da Recuperação de Empresas*, 2ª edição, Porto, Vida Económica, 2006.

Telles, Inocêncio Galvão, *Dos Contratos em Geral* (reprint, 3ª edição, 1965), Lex, Lisboa, 1995.

Torrinha, Francisco, *Dicionário Latino-Português*, Porto, 1942.

Varela, J. M. Antunes, *Das Obrigações em Geral*, vol. II, 7ª edição, Almedina, Coimbra, 1997.

Varela, J. M. Antunes/Bezerra, J. Miguel/Nora, Sampaio e, *Manual de Processo Civil*, 2ª edição, revista e atualizada, Coimbra Editora, Coimbra, 1985.

Vasconcelos, Joana, *Insolvência do Empregador, Destino da Empresa e Destino dos Contratos de Trabalho, in:* "VIII Congresso Nacional de Direito do Trabalho", Almedina, Coimbra, 2006, pp. 217-232.

Vasconcelos, Miguel Pestana, *A Cessão de Créditos em Garantia e a Insolvência*, Coimbra Editora, Coimbra, 2007.

Vasconcelos, Miguel Pestana, *Contrato-Promessa e Falência/Insolvência, in:* "Cadernos de Direito Privado", nº 24, out. dez. 2008, pp. 43-64.

Vasconcelos, Miguel Pestana, *Direito de Retenção, Contrato-Promessa e Insolvência, in:* "Cadernos de Direito Privado", nº 33, jan.-mar 2011, pp. 3-29.

Vasconcelos, Miguel Pestana, *Dos Contratos de Cessão Financeira (Factoring)*, Coimbra Editora, Coimbra, 1999.

Vasconcelos, Miguel Pestana, *O Novo Regime Insolvencial da Compra e Venda, in:* "Revista da Faculdade de Direito da Universidade do Porto", Ano III – 2006, FDUP, Coimbra Editora, pp. 521-559.

Vasconcelos, Miguel Pestana, *Recuperação de Empresas: o Processo Especial de Revitalização*, Almedina, Coimbra, 2017.

Vasconcelos, Miguel Pestana, *Direito das Garantias*, Almedina, Coimbra, 2010.

Vasconcelos, Miguel Pestana, *O Regime Insolvencial do Contrato-Promessa de Compra e Venda, in*: "Revista de Direito da Insolvência", n.º 0, Almedina, Coimbra, 2016, pp. 57-74.

Vasconcelos, Pedro Pais, *Resolução a Favor da Massa – atos omissivos, in:* "III Congresso de Direito da Insolvência", Almedina, Coimbra, 2015, pp. 103-114.

Vasconcelos, Pedro Pais, *Responsabilidade Civil do Administrador de Insolvência, in:* "II Congresso de Direito da Insolvência", Almedina, Coimbra, 2014, pp. 189- 206.

Vasconcelos, Pedro Pais, *Segunda Oportunidade para Empresários? (o regresso do falido), in:* "IV Congresso de Direito da Insolvência", Almedina, Coimbra, 2017, pp. 363-376.

Ventura, R., *Sociedades por Quotas – Comentário ao Código das Sociedades Comerciais*, Vol. II, 2ª reimpressão da 1ª edição de 1989, Almedina, Coimbra, 1999.

Ventura, Raúl, *Associação em Participação, in:* "Boletim do Ministério da Justiça", nº 189, outubro 1969, pp. 15-136, e nº 190, novembro 1969, pp. 5-106.

Ventura, Raúl, *Novos Estudos Sobre Sociedades Anónimas e Sociedades em Nome Colectivo*, Almedina, Coimbra, 1994.

VICENT CHULIÁ, Francisco, *La Responsabilidad de los Administradores en el Concurso, in:* "Revista de Derecho Concursal y Paraconcursal", n.º 4, 2006, pp. 15-64.

XAVIER, Vasco da Gama Lobo, *Sociedades Comerciais* (Lições de Direito Comercial do 4º ano jurídico), Coimbra, 1987.

ÍNDICE DE ASSUNTOS

ÍNDICE GERAL